湖北省学术著作出版专项资金
Hubei Special Funds for Academic Publications

新 媒 体 与 数 字 出 版 研 究 丛 书

Research on Digital Publishing Cases

数字出版案例研究

主　编　刘锦宏

副主编　王一雪　陈姜同

WUHAN UNIVERSITY PRESS
武汉大学出版社

图书在版编目（CIP）数据

数字出版案例研究/刘锦宏主编.—武汉:武汉大学出版社,2024.4
新媒体与数字出版研究丛书
湖北省学术著作出版专项资金资助项目
ISBN 978-7-307-24186-2

I.数… Ⅱ.刘… Ⅲ.电子出版物—出版工作—案例 Ⅳ.G237.6

中国国家版本馆 CIP 数据核字（2023）第 234106 号

责任编辑:程牧原　　　责任校对:李孟潇　　　版式设计:马　佳

出版发行:**武汉大学出版社**　　（430072　武昌　珞珈山）
　　　　（电子邮箱:cbs22@whu.edu.cn 网址:www.wdp.com.cn）
印刷:武汉中远印务有限公司
开本:720×1000　1/16　印张:51.5　　字数:765 千字　　插页:2
版次:2024 年 4 月第 1 版　　　2024 年 4 月第 1 次印刷
ISBN 978-7-307-24186-2　　　定价:159.00 元

前　言

　　数字出版的快速发展对传统出版产业产生了巨大而深远的影响。它不仅丰富了出版形式和传播方式，也重构了出版产业的商业模式和运营方式。如今，伴随着全球信息传播技术革命和数字化浪潮的兴起，以数字出版为代表的新兴业态凭借其海量的信息内容、精确的市场定位和迅速的市场反应不断赢得读者的关注和喜爱，并逐渐发展成为主要的出版产业形态。根据中国新闻出版研究院发布的《2022—2023 年中国数字出版产业年度报告》的统计，2022 年我国数字出版产业实现了 13586.99 亿元收入，较 2006 年首次公布的 213 亿元年收入增长了约 63 倍。截至 2020 年，美国、德国、日本等国家的数字出版收入均已占各国出版产业总收入的 20% 以上。伴随着数字出版产业规模的不断扩大，全球数字出版产业发展前景极为广阔。

　　产业发展与消费需求相辅相成，消费需求与消费习惯密切相关。由数字传播技术引导的数字阅读习惯的不断增长，在促进数字文化消费不断增长的同时，也引领数字出版产业的快速发展。中国互联网络信息中心发布的第 52 次《中国互联网络发展状况统计报告》显示：截至 2023 年 6 月，我国网民规模达 10.79 亿人，其中网络视频用户规模 10.44 亿人，网络游戏用户规模 5.50 亿人，网络文学用户规模 5.28 亿人。另据中国音像与数字出版协会发布的《2022 年度中国数字阅读报告》，2022 年我国数字阅读用户规模为 5.30 亿，比 2021 年增长 4.75%，数字阅读消费需求不断扩大。在数字化浪潮的冲击下，作为我国文化产业的重要组成部分，传统出版产业的变革与成长必须与市场需求相适应，相契合。因此，随着数字出版市场消费需求的日益旺盛，消费者规模的日益扩大，加快我国传统出版产业数字化转型步伐刻不容缓。

"春江水暖鸭先知"，当众多传统新闻出版企业纠结于"做不做、怎么做"这一难题时，励德·爱思维尔（Reed Elsevier）、企鹅兰登书屋、生物医学中心（BMC）、高等教育出版社、知识产权出版社、中国科学院、麦格劳-希尔（McGraw-Hill）、华尔街日报、Ingenta、OverDrive、英格拉姆（Ingram）等国内外数字出版实践先行者早已大步踏入数字出版浪潮之中，硕果累累。当下，我国正处在新闻出版产业数字化转型与产业升级的关键时期，不仅将面临许多挑战和机遇，而且将遭遇诸多难题和困惑。数字出版技术创新与应用、出版资源整合策略选择、数字出版商业模式创新、数字出版流程再造等诸多难题和挑战需要我们去逐一破解。借鉴和学习数字出版先行者的成功经验，对于"加快我国新闻出版产业数字化转型步伐，实现弯道超车"的启发作用是不言而喻的。正因为如此，我们有针对性地精选了70多个国内外数字出版领域的成功个案进行剖析，较为深入地分析其成功经验，以启发我国业界数字化转型思路，进而推动我国的数字出版创新实践。

本书共分为5个部分，分别从不同角度分析了数字出版先行者的成功经验。第一部分析了阿歇特出版集团、凤凰出版传媒集团等15个大众出版领域内容提供商的数字出版实践，由张宁负责组稿与编写，徐丽芳、左涛、田峥峥、徐琦、罗婷、唐翔、丛挺、赵雨婷、骆双丽、刘艳、徐玲、阳杰、夏陈娟、刘锦宏、胡华倩、梁荣彬、刘光辉、谢天池、张宁等人共同完成。第二部分分析了麦格劳-希尔、培生集团、高等教育出版社等15个教育出版领域内容提供商的数字出版实践，由余孝雯负责组稿与编写，贺琳、朱婷婷、徐丽芳、邹青、龙金池、刘欣怡、章萌、王一鎏、张慧、陈迪、徐淑欣、李思洁、骆双丽、蒋璐、谢天池、余孝雯等人共同完成。第三部分分析自然出版集团、中国大百科全书出版社等15个专业出版领域内容提供商的数字出版实践，由曾怡薇负责组稿与编写，刘锦宏、徐丽芳、陈铭、何珊、王怀震、赵雨婷、闫翔、王一雪、郑珍宇、陈姜同、聂银、温宝、丛挺、许洁、卢芸、夏陈娟、曾怡薇等人共同完成。第四部分分析了 Ingenta、汤姆森等 15 个集成商/技术商的数字出版实践，由张攀负责组稿及编写，陈铭、徐丽芳、陆文婕、何珊、周伊、田峥峥、邹莉、卢芸、刘艳、谢天池、阳杰、左涛、何倩、陈姜同、龙金池、宁莎莎、张攀等人共同完成。第五部分分析了英格拉姆、亚马逊等 15 个渠道商的数字出版实践，由魏瑜负责组稿及编写，徐丽芳、王一鎏、陈姜同、宁莎莎、何珊、刘蓁、刘欣怡、胡华倩、王一雪、李梁玉、纪蕾、刘锦宏、阳杰、丛挺、张榕洁、邹莉、蒋雪瑶、任秀杰、魏瑜等人共同完成。全书由刘锦宏、王一雪、陈姜同负责提纲撰写、组稿、统稿、审稿等工作。

由于水平有限，书稿难免存在缺陷和不足，欢迎批评指正。

目 录

第一编 内容提供商：大众出版

1

第二编　内容提供商：教育出版

第三编　内容提供商：专业出版

第四编　集成商/技术商

第五编　渠道商

第一编

内容提供商：大众出版

阿歇特出版集团融合发展研究[*]

左　涛　徐丽芳

随着互联网与数字技术的发展，计算机和移动设备日益成为人们获取信息的重要渠道，并为图书出版企业开展新业态生产、营销和管理提供了可能。出版产业与广播电视电影及娱乐业之间的界限越来越模糊，技术运营商、平台运营商和电子终端生产商纷纷进入这一领域，行业竞争越发激烈。为应对数字革命所带来的挑战与机遇，国内外出版集团纷纷调整运营策略，积极寻求融合发展之路。作为法国最大的出版集团以及全球第三大大众图书出版商，阿歇特出版集团（Hachette Livre）致力于推动传统出版与数字出版的融合发展，其主营业务涉及教育、大众文学、图文书（含漫画）、小册子、词典、青少年文学、社交游戏和发行等多个领域，并主要扎根于英语、西班牙语和法语三大语言市场。与中国许多出版集团类似，它是由众多中小型独立出版社组成的联盟，下属企业大多具有独特的企业文化和经营理念。透视阿歇特出版集团在出版融合背景下的转型升级之路，分析其融合发展模式，对我国出版集团的融合发展具有重要的启示意义。

1　阿歇特概况

阿歇特出版集团的前身是 1826 年由路易·阿歇特（Louis Hachette）创办的阿歇特出版社。1992 年，阿歇特与创建于 1945 年

---

　　* 本文为发表在《出版参考》2021 年第 8 期上的同名文章修改而成。

的航天航空公司马特拉（Matra）合并成立马特拉-阿歇特公司（Matra-Hachette）。4 年后，该公司被拉格代尔集团（Lagardère SCA）整体收购。拉格代尔集团是一个跨国集团，业务遍及全球 40 多个国家和地区，2020 年的营收约为 44.39 亿欧元，在出版、旅游、体育等众多领域都居于领先地位。① 2007 年，拉格代尔集团领导人宣布围绕四个主要机构对集团进行重组：①拉格代尔出版部（Lagardère Publishing），即阿歇特出版集团，这里的"出版"特指图书（包括电子书）出版；②拉格代尔旅行零售部（Lagardère Travel Retail），由旅游必需品、免税及时尚、餐饮服务三个细分市场组成；③拉格代尔现场娱乐部（Lagardère Live Entertainment），主要开展活动制作、影院管理与运营咨询、内容制作、媒体权利管理、运动员代言、品牌支持等业务；④拉格代尔传媒部（Lagardère Active），负责集团的新闻杂志、视听媒体（广播、电视、视听制作和发行），以及数字媒体和广告等业务。由此基本奠定了拉格代尔集团多年来的组织结构（见图 1）。集团年报显示，2018 年阿歇特出版集团的收入占整个拉格代尔集团的 46%。② 随之拉格代尔做出了将战略重点转移到出版和旅行零售两个部门的决定，并延续至今。也就是说，阿歇特出版集团现已成为拉格代尔集团的重点发展对象。目前，阿歇特出版集团的融合发展主要从三个方面发力，即产品融合、市场和渠道融合、产业融合。

值得注意的是，阿歇特出版集团与国人熟知的桦榭-菲力柏契传媒集团（Hachette Filipacchi Media，HFM）并无直接联系。后者原是 1997 年专门出版大众期刊的菲力柏契出版公司（Filipacchi SA）与阿歇特报刊子公司（Hachette Filipacchi Press）合并的产物，于 2006 年被归入拉格代尔传媒部，又于 2011 年被赫斯特集团（Hearst

---

① The Lagardère Group. Reference Document（Including the Annual Financial Report）[R]. 2020-04-29.

② The Lagardère Group. Reference Document（Including the Annual Financial Report）[R]. 2020-04-29.

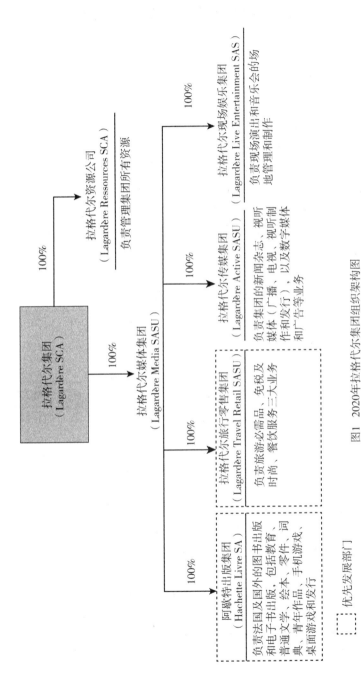

图1　2020年拉格代尔集团组织架构图

（注：SCA、SA、SASU、SAS 均为法国公司类型。其中 SCA 是股份两合公司，SASU是一人简易股份有限公司，SA 是股份有限公司，SAS是简易股份有限公司。）

拉格代尔集团
（Lagardère SCA）

100%

拉格代尔资源公司
（Lagardère Ressources SCA）
负责管理集团所有资源

100%

拉格代尔现场娱乐集团
（Lagardère Live Entertainment SAS）
负责现场演出和音乐会的场地管理和制作

拉格代尔媒体集团
（Lagardère Media SASU）

100%

拉格代尔传媒集团
（Lagardère Active SASU）
负责集团的新闻杂志、视听媒体（广播、电视、视听制作和发行），以及数字媒体和广告等业务

100%

拉格代尔旅行零售集团
（Lagardère Travel Retail SASU）
负责旅游必需品、免税品、时尚、餐饮服务三大业务

100%

阿歇特出版集团
（Hachette Livre SA）
负责法国及国外的图书出版、包括教育和电子书出版、普通文学、绘本、零件、词典、青年作品、手机游戏、桌面游戏和发行

优先发展部门

Corp）收购。① 拉格代尔传媒部则是与阿歇特出版集团平级的拉格代尔子企业。

2　产品融合

阿歇特出版集团是典型的大众出版集团。历年来，其大众文学业务收入都占集团总收入的40%以上（见表1）。一般而言，大众出版的内容具有普适性和娱乐性，其消费行为具有偶然性，而内容正是汇聚注意力资源的关键，因此大众出版的注意力经济特性明显。② 阿歇特出版集团清醒地意识到，"内容为王"仍未过时，只有掌握大量优质内容资源，形成品牌效应，出版商才能立于不败之地。

表1　2015—2020年阿歇特出版集团收入构成

年份	2015	2016	2017	2018	2019	2020
教育	15.9%	16.7%	16.0%	14.1%	14.6%	13.6%
图画书	16.6%	13.1%	12.7%	12.8	13.1%	14.0%
大众文学	40.5%	43.6%	42.6%	44.3%	43.4%	44.7%
杂志书	10.9%	11.4%	12.2%	12.2	12.3%	11.2%
其他	16.1%	15.2%	16.5%	16.6%	16.6%	16.5%

数据来源：拉格代尔集团2015—2020年度档案报告。

在内容制作加工方面，阿歇特出版集团授予下属各出版社极大的自主决策权，允许其保留自身独特的企业文化和出版方针，各自设有生产与营销机构，其人员的培养与激励机制也完全由出版社自

① Adweek. Hearst Corporation Completes Hachette Filipacchi Media Acquisition［EB/OL］.［2019-11-23］. https：//www. adweek. com/digital/hearst-corporation-completes-hachette-filipacchimedia-acquisition/.

② 邹海涛. 对融媒体时代"内容为王"的思考［J］. 今传媒，2017，25（11）.

身决定。① 一方面，这是由阿歇特出版集团的发展历史决定的。在此前持续的跨地域兼并过程中，下属各出版社来自不同的出版环境，具有不同的出版传统，贸然改变其一贯的风格以适应集团管理，显然不是最合理的做法。另一方面，这也是阿歇特出版集团一直以来秉持的管理理念。正如集团前首席执行官罗伯特·阿诺德（Robert Arnaud）所说："自主性符合编辑本性，是编辑创造性的源泉，从编辑手中诞生的每一本新书都紧密与市场、作者和读者相连。"②最大限度地保留各出版社的特色，可以营造良好的竞争氛围，充分激发员工的创造性与积极性，同时也能更好地适应细分市场的竞争。同一类型的出版物，不仅要与集团外的出版社竞争，还要与集团内部的其他出版社竞争。如今在法国，集团旗下便有哈蒂尔（Les Ditions Hatier）、阿歇特教育（Hachette Education）、哈蒂尔青年（Hatier Jeunesse）、迪迪埃（Didier）等8家出版社在同时争夺教育市场；大众图书市场则有12家出版社参与竞争。在数字出版环境中，竞争还将跨越地域限制，继续扩大范围。可以预见的是，竞争的最终结果就是同质化的、核心竞争力不强的出版社将被逐渐淘汰，而不断创新、发掘优质品牌的出版社将留存下来。

在内容建设方面，阿歇特出版集团专注培养精品内容，孵化优质内容品牌，树立品牌优势，进而扩大市场份额。因此，阿歇特并不单纯强调内容的数字化，而是热衷于在通过新兴技术增强阅读体验的同时，鼓励出版多种形式的出版物，如玩具书、杂志书、绘本等。杂志书是介于杂志和图书之间的一种出版形式。它把一本图书分成连续的几章，每周向市场推出一章，其中的一章就是杂志书。这是在欧洲各国和日本比较流行的一种出版模式。它采用杂志的固定发行周期，如单周、双周或每月，但页码一般较同类杂志少得多，是具有典型收藏意义的系列产品。除了纸质品，其通常还提供

① 吴锋，陈雯琪. 法国阿歇特出版集团最新动态及经营模式［J］. 出版发行研究，2014（2）.

② 党卫红，黎晓. 法国阿歇特图书集团发展战略分析［J］. 科技与出版，2012（4）.

和刊物内容相关的赠品。阿歇特出版集团于 1988 年开始投资杂志书，先收购了西班牙的萨尔瓦（Salvat）公司，随后于 1995 年在法国创立阿歇特收藏品公司（Hachette Collection）。多年来，该公司不断拓展国际网络，在多个国家设有分公司。如今，阿歇特收藏品公司以 15 种语言开展出版活动，业务遍及 35 个国家，在 8 个国家设有办事处，涵盖了从儿童兴趣到工艺品、美术、汽车、模型等几乎所有的经典主题。杂志书已经成为阿歇特出版集团的三大主营业务之一。

为了更好地开拓电子书市场，阿歇特出版集团增设了专门的数字出版业务团队。如致力于用大数据改进出版决策的阿歇特创新项目，自 2015 年以来便一直跟踪出版行业的创新动态，分析其中可能具有重要潜力的突破点以及合作伙伴，并进行可行性研究，以快速应对出版业变化。目前，该项目将研究重点放在聊天机器人、即时通信平台和语音助手上。目前，阿歇特出版集团已与聊天机器人 Yoto Player 的开发团队初步建立了合作关系，读者们能通过 Yoto Player 聆听系列畅销书《远方的魔法树》（*The Magic Faraway Tree*）。此外，交互式电子书一直是阿歇特出版集团关注的重点。早在 2011 年，阿歇特便成立了一个专门的数字团队开始开发交互电子书，名厨马利欧·巴塔利（Mario Batali）的《超级美式食谱》（*Big American Cookbook*）便是其代表作之一。该产品借鉴应用程序的功能设计，如商店清单、计时器、视频等，并利用结构化内容对各种来源的食谱进行了整合，可以在短时间内生成一本食谱。①

3　市场与渠道融合

依靠拉格代尔集团提供的雄厚财力支持，阿歇特出版集团几乎

---

①　Harvey E. How to Foster Innovation in Book Publishing, According to Hachette Digital Neil De Young[EB/OL].［2021-06-27］. https：//www. bookbusinessmag. com/article/foster-innovationbook-publishing-according-hac-hette-digitals-neil-deyoung/.

每年都有跨国收购、兼并、合资等跨国资本运作项目。如今，集团直接或间接控股的出版社已遍布全球30多个国家，并与70多个国家和地区保持着业务往来。通过资金的合理分配，阿歇特出版集团积极寻求增长机会，并将风险分散到大量不同的细分市场，以消除每个市场的周期效应。

3.1 市场融合

阿歇特出版集团2019年出版新书16013种，目前平均每年图书出版总量达2.3亿册，在法国、英国、美国、西班牙等地均设有分公司，以更好地经营和发展当地市场。其中，阿歇特法国出版集团(Hachette Livre in France)拥有大约40家出版社，几乎涵盖了整个图书消费市场，是法国市场的领导者。阿歇特英国公司(Hachette UK)是英国第二大出版集团，也是电子书市场的领导者，每年出版超过5000种新书，其中20%以上以电子书形式出售。其霍德教育(Hodder Education)部门，是英国位居前列的数字教育资源出版商之一，50%以上的英国中学都在使用它的动态学习电子书平台。阿歇特图书集团(Hachette Book Group, HBG)则是2006年阿歇特出版集团收购时代华纳图书集团的产物，每年出版约1800种书，主要专注于大众图书市场(小说和非小说)，是美国最重要的出版公司之一。阿歇特西班牙公司的前身是只进行教科书出版的安娜亚出版公司(Ediciones Anaya)，其现在的出版业务范围扩大到了文学类与专业类图书，目前是拉丁美洲(尤其是墨西哥)教科书市场的领导者，也是一般图书市场的主要参与者。同时，阿歇特出版集团也积极开拓全球潜在的消费市场，将收购和设立分支机构的工作集中在具有潜在市场的国家，在快速增长的市场(俄罗斯、印度和中国)则进行选择性投资，为其顺利开展全球出版业务增添筹码。它在中国、黎巴嫩、摩洛哥和俄罗斯等国与当地资本合作建立出版社。

阿歇特出版集团积极并购能够创造商业价值的出版社，并在全球范围内寻找能够吸引最大读者群的畅销书，不断拓展集团的收入来源。近6年来，阿歇特出版集团的营业额近70%都来自国际市场

（见表2），在美国市场更是表现亮眼。在进军英国、美国、西班牙等国家时，考虑到这些国家的出版业相对成熟、稳定，阿歇特出版集团通常以兼并当地出版社的方式进入该国市场。至于中国、印度、俄罗斯等新兴市场，阿歇特出版集团的进入方式则各不相同。如印度，其虽是英语图书市场增长最快的国家之一，但其进口图书以学术类和教育类为主，与阿歇特的主营出版业务并不相同，且印度公众对出版物的购买力较低，全国70%的出版物由各种图书馆购买。① 在这种情况下，阿歇特出版集团选择的是设立印度办事处。中国的出版市场特征与法国的差异明显。法国市场相对保守，对纸书的保护力度大；中国书业则显得日新月异，新变化令人应接不暇。再加上中国的出版政策限制，建立合资出版社便成了阿歇特进入中国市场的必然选择。如凤凰阿歇特就是其与凤凰出版传媒集团在中国共同创办的合资企业，从2011年开始合作，每年约发行250种图书。凤凰阿歇特位于北京，其工作人员大多拥有中法文化的双重背景，能讲两到三门外语。凭借大量优质版权资源与对内容的精益求精，凤凰阿歇特逐渐获得了中国读者的认可。

表2 2015—2020年阿歇特出版集团营业额分布（按地域）占比

年份	法国	美国	英国	西班牙	其他
2015	29.3%	22.8%	20.3%	6.4%	21.2%
2016	28.1%	24.7%	18.5%	6.3%	22.4%
2017	29.3%	24.6%	17.9%	6.0%	22.2%
2018	28.1%	25.8%	19.1%	5.7%	21.3%
2019	29.3%	25.5%	16.3%	6.0%	22.9%
2020	27.9%	26.5%	18.0%	5.5%	22.1%

数据来源：拉格代尔集团2015—2020年年度档案报告。

---

① 魏凯. 印度出版业现状［EB/OL］.［2019-11-23］. https：//www.jianshu.com/p/c01440480609.

3.2　渠道融合

阿歇特出版集团认为，出版不仅仅是制作图书，"也是在正确的时间和地点将一本书送到读者手中，无论是在连锁书店、市中心的独立书店、药店还是超市"①。因此，阿歇特一直将分销视为组织内部的业务核心，是利润中心和图书价值链中的战略环节。为此，阿歇特出版集团一直试图在所有市场中牢牢掌握对分销的控制权，以降低图书发行成本。最典型的表现是，阿歇特英国公司与阿歇特出版集团共享一个国际销售部门，以确保阿歇特的英语图书在全球市场的流通。目前，阿歇特出版集团在法国、比利时、瑞士、加拿大、英国、澳大利亚、新西兰、美国和西班牙等 9 个国家建立了分销中心。这些分销中心最多可处理约 10 万种图书，储存超过1 亿本书。2018 年夏季，集团在英国建立了新的分销中心"终点"（EnfiN），以补充现有图书发行服务中心"书点"（Bookpoint）和 LBS 的分销功能。"书点"则转而致力于在新加坡等东南亚国家提供零售和分销服务，创建强大的在线书店，以确保便利和效率。

为了保证对电子书分销的集中管理，早在 2006 年，阿歇特就开始了书目数字化工程，现已建立起从版权管理系统到数字仓储的全面现代化基础设施。作为一个中央数字图书储存、分销和销售设施，其数字资产分配系统（DAD）能够实现电子书格式与各数字阅读平台的兼容。阿歇特出版集团正利用数字渠道和社交媒体的增长来实施客户关系管理（Customer Relationship Management，CRM）战略，以建立与作者和读者直接联系的平台，为其提供个性化、全流程的数字服务。如在知名作家的电子书中，阿歇特出版集团添加了与最新营销内容相关的网页，包括新书预告、预订链接、作者简介与社交媒体链接，以尽可能缩短产品转化和变现路径。此外，阿歇特还开发了各种促销活动定制工具，如法国资讯网站"工厂"（L'Usine），它可以根据读者的订阅历史发现其阅读兴趣，从而向

①　Hachette Livre. Distribution［EB/OL］.［2019-11-23］. https：//www. hachette. com/en/a-threefoldbusiness/distribution/.

其邮箱发送个性化的推荐阅读内容。

4 产业融合

在产业组织形态上，媒介融合趋势的一个重要表现是传媒相关企业和机构间的兼并、联合和重组，从而使融合后规模更大的媒体组织拥有跨媒介的更强、更具综合性的传播能力和竞争优势。① 在这个过程中，资本运作成为大型出版集团最常用、也最有效的手段。

从横向上看，阿歇特出版集团不断并购与自身业务类似的出版公司，同时剥离其非核心业务。如集团先后于 2015 年、2016 年收购亥伯龙出版公司（Hyperion Books）和珀尔修斯图书集团（Perseus Books Group），以扩大其非虚构类图书的市场占有率。更典型的例子是集团在美国市场的退出与进入。历史上，阿歇特出版集团在美国的发展曾一度陷入停滞状态。2000 年，阿歇特出售了旗下当时唯一的美国出版企业葛罗里出版公司（Grolier），宣布放弃美国市场。2006 年，阿歇特收购时代华纳出版集团，不仅让它得以重返美国市场，而且使它成为全球第三大大众出版商。为解决旗下英美两国公司争夺英国市场的矛盾，阿歇特出版集团允许旗下英国出版公司独家享有欧洲地区版权作为补偿，而美国出版公司则拥有这些图书在亚洲和远东地区的版权。

从纵向上看，集团则收购了位于出版价值链下游的相关业务机构和企业。顺应全球移动游戏发展趋势，阿歇特出版集团从 2015 年开始陆续收购了"霓虹灯游戏"（Neon Play）、"脑虹"（Brainbow）、"酷娱"（IsCool Entertainment）3 家移动游戏开发工作室，并将其合并成立了阿歇特移动工作室（Hachette Mobile Studios）。目前，"霓虹灯游戏"工作室已发布了 30 多款游戏，总下载量超过 1.3 亿次；② "脑虹"开发的脑力训练游戏 Peak 已被下

---

① 汪曙华．媒介融合趋势下的出版变迁与转型［M］．北京：中国传媒大学出版社，2016：30.

② Neon Play［EB/OL］．［2021-06-28］．https：//www.neonplay.com/.

载了 1500 多万次，并于 2014 年被苹果评为最佳应用（Best App）。① 通过这种方式，阿歇特出版集团进入了移动应用市场，以一种互补方式实现出版与移动游戏的协同效应。此外，阿歇特还收购了英国数字和音频出版商"书柜"（Bookouture），从而进入英国有声书市场。

5　结语

融合发展是出版业转型升级的必经之路，也是目前出版研究领域关注的焦点之一。一直以来，许多学者都在追问"融合什么"，也就这个问题提出了自己的看法。如有研究者认为媒介融合的关键在于原本泾渭分明的媒介系统逐渐走向趋同甚至统一，表现在底层编码系统和载体系统融合、不同媒介类型融合以及产业融合三个方面。② 还有人基于出版业本体的视角，认为融合的本质由内容资源融合、业务流程融合和产业融合三者共同构成。③ 众说纷纭，莫衷一是。就全球出版领军企业之一的阿歇特出版集团而言，由于其母集团拉格代尔的干涉与重组，其主营业务与其他西方传媒集团相比显然纯粹得多——主要负责图书出版业务。这在一定程度上限制了它对融合发展模式的选择空间，却为研究者提供了一个难得的机会：回归出版业本身来考察出版融合的进路。总的来看，阿歇特出版集团选择在出版内容资源融合的基础上分别指向出版价值链的上游、中游和下游，以出版发行渠道和市场的融合为保障，致力于实现出版产业与相关产业在小范围内的深度融合。这种稳扎稳打的做法，不仅保证了集团在转型期间的平稳运行，也为集团指明了未来发展方向。

---

① The Lagardère Group. Reference Document（Including the Annual Financial Report）［R］. 2018-04-05.

② 徐丽芳，陈铭. 媒介融合与出版进路［J］. 出版发行研究，2020（12）.

③ 李文. 论出版融合发展的前提、本质与路径［J］. 出版科学，2021，29（3）.

凤凰出版传媒集团大众出版
融合实践及其启示[*]

罗　婷　田峥峥　徐　琦

2014 年 8 月 18 日，中央全面深化改革领导小组第四次会议审议通过《关于推动传统媒体和新兴媒体融合发展的指导意见》后，我国出版传媒单位依据自身情况展开了一系列融合实践，创新商业模式，拓宽价值空间，试图在新的生态系统中寻得立足之地。一些企业凭借洞察力、勇气和实力乘势而上，融合思路愈加开阔、明晰，转型卓有成效；而部分企业受种种因素限制，仍处于迷茫期，出版融合进程迟缓、流于形式。

江苏凤凰出版传媒集团(以下简称"凤凰集团")在 2020 年全国新闻出版业总体经济规模综合评价中名列第一，① 是中国出版行业的龙头企业之一，其"凤凰传媒"品牌上榜"2020 中国品牌 500 强"。近年来，凤凰集团在融合发展进程中逐步形成了新旧媒体有效融合、新老业务相辅相成的产业布局。2019 年，集团控股的凤凰出版传媒股份有限公司(以下简称"凤凰传媒")两个项目入选国家新闻出版署首次数字出版精品推荐计划。分析凤凰集团尤其是凤凰传媒在大众出版领域的融合实践，或可为国内其他出版企业的出版融合与高质量发展提供启示。

---

* 本文以发表在《出版参考》2021 年第 10 期上的同名文章修改而成。

①　资料来源于国家新闻出版署官方网站 www.nppa.gov.cn。

1 夯实内容产品与服务供给能力

凤凰集团下属有六家出版社被评为国家一级出版社。① 新时代，为了延续内容供给上的领先优势，集团颇为重视优质版权储备与资源数字化管理，并利用新媒体、新技术、新思维立体化开发内容，提供全方位满足用户需求的产品和服务。

1.1 集聚优质版权内容

为了确保企业能源源不断地产出高质量、受欢迎的出版物，凤凰传媒通过直接购买、合作策划、扩大作者团队等多种途径灵活融合外部力量以获得更多优质内容。其一，直接购买优质版权。企业常会将纸质图书的电子书和有声书版权一并购入，甚至会因渴求优秀版权内容而收购整个出版单位。2014 年，凤凰传媒以 8000 万美元收购美国出版国际有限公司（Publications International）童书业务及其位于澳大利亚、英国、法国、德国、墨西哥等五个子公司的全部股权和资产，借此完成对海外童书资源的吸收与整合。其二，携手外部团队、机构，共同策划内容产品。教育、科研和文化机构都是凤凰传媒原创出版的重要合作伙伴。其三，通过物质奖励、正向身份认同等激励机制发现、培育高水平创作人才，吸引更多有知名度和市场号召力的作者供稿，如设立"凤凰文学奖""第二届曹文轩儿童文学奖"，组织"东方娃娃原创绘本大赛"，进一步集聚高端作者作品资源，吸收优秀文学和绘本作品。

1.2 以市场需求为导向，立体化开发内容资源

早在 2011 年左右，凤凰传媒就预判纸质出版物不再是读者唯一的内容消费选择，于是开始将目光转移到新媒体。它将优质纸质图书资源电子化或有声化，借此快速拥有了一批数字精品出版物。

---

① 江苏凤凰出版传媒集团有限公司 2023 年度社会责任报告［R/OL］．［2023-12-19］．凤凰出版传媒集团官方网站，www.ppmg.cn．

顺应全民阅读与知识付费热潮，其以平台为载体，辅以硬件终端设备，向目标群体提供内容与服务。凤凰集团坚持机构用户和个人消费者两个市场并举，集合相关资源，着力建设 B2B（Business-to-Business）和 B2C（Business-to-Consumer）数字化阅读平台。针对党政机关、企事业单位、军队院校等机构用户，集团数字化建设主要管理机构、协调机构和实施机构——江苏凤凰数字传媒有限公司（以下简称"凤凰数媒"）推出"凤凰享读书"App，其图书资源能够同时满足用户行业阅读与泛阅读的双重需求。鉴于拥有丰富的党政学习类图书资源及规模可观的党员用户群，凤凰传媒还开发了相应的硬件设备，如联合中国移动咪咕数媒和亚马逊推出双平台电子书墨水屏阅读器"江苏党员干部 e 读本"。针对普通大众，凤凰数媒同各出版社一道合力打造融合出版旗舰平台"凤凰书苑"。该平台汇聚电子书、有声书、图书荐读、课程讲座等信息资源，以手机 App 和小程序两种载体形式为读者提供移动阅读和图书购买服务。

为全方位挖掘内容资源的价值空间，凤凰传媒的另一条支线是凭借版权、资金和制度优势跨界影视、游戏等高盈利性产业，激发 IP（Intellectual Property，即知识产权）品牌影响力与商业价值。2010 年，凤凰集团先后组建凤凰传奇影业有限公司、北京凤凰联动影视文化传播有限公司，专门负责图书影视化业务。此后，集团推出了多部市场、口碑俱佳的作品。除了改编图书这一常规版权运作手法，集团还反向操作，将经过市场检验的影视剧改编成图书或开发成游戏。2016 年凤凰传奇影业有限公司投资拍摄的电视剧《山海经之赤影传说》开播后一路高走，热播之际，其联合凤凰悦世泓文文化发展有限公司策划出版同名图书，开发同名手机游戏，以书影游联动的方式巧妙运作"山海经"IP。

1.3　持续建设资源数据库

数字技术革新内容输出形态的同时，也对内容资源的存储与管理提出了新要求，完善内容资产数字化管理体系是企业出版融合的必要条件之一。凤凰集团于 2011 年在集团层面启动存量内容数字化工作，逐步建立规模庞大的音频库、图片库、视频库、图书资源库等。同时，凤凰集团还支持各出版社根据自身专业优势与市场需求独立建设内部资源库。其中，江苏凤凰电子音像出版社基于已有的出版物和实施项目创建了音视频资源库，10多年来持续更新，入库资源数逾10万条。该资源库可用于员工检索和调取过往信息，是出版社策划产品时的宝贵源泉。

2 深化渠道体系建设

电商平台的超低折扣大大削弱了线下网点的竞争力。传统书店通过转型升级以为顾客创造新的价值迫在眉睫。此外，新媒体渠道的海量流量和强互动性也吸引着出版企业走向线上，以分享数字传播与分发带来的种种机遇。截至2020年，凤凰集团共有各类线下网点1300多个，为了应对新时代发行领域的变革，凤凰集团加快改造传统书店，布局各类线上渠道，并着力构建数字化营销矩阵。

2.1 升级传统渠道

凤凰集团的实体书发行业务主要由子集团江苏新华发行集团（以下简称"发行集团"）负责。在纸质出版式微、实体书店艰难运转的大环境下，发行集团逆向投资传统书店，实施连锁经营模式；利用新消费和文创产业孵化的政策红利，加快传统新华书店系统的改造升级与新兴书店品牌建设，打造集阅读、体验于一体的新文化消费中心。发行集团并非盲目地对所有门店进行统一的标准化升级，而是根据客户群差别划分出大书城、中心门店、专业书店、特色书店、小微书店和24小时书店六大类型，以"中心书城建平台、小微书店成产品"为方向，有的放矢，灵活转型，最终形成"大、中、小、特"相结合的线下发行体系。

凤凰苏州书城是典型的大书城类型，位于苏州凤凰文化广场3~5层，图书品种有10多万种。书城根据内容主题和目标读者划分区域、上架图书，设有"亲子""女性""人文"等14个各具特色的主题分馆；自主研发图书查询系统，便于读者快速找到目标书

籍。相比之下，提档升级后的 24 小时书店则是另一番景象。以
"凤凰云书坊"为例，凭借 100% 凤凰版图书的选品、垂直品种的有
机布局、温馨的氛围等特质，其于 2019 年 9 月转型为"凤凰版图书
展示销售活动中心"，意在借图书展陈发挥书店的品牌文化传播
功能。

凤凰集团借助实体网络升级来落地新文化消费业态、实现文化
和多元商业融合，并未止步于书店转型。为打造城市文化地标和文
化名片，凤凰集团启动"大型多元文化服务综合体"（文化 Mall）项
目，即以自有书店和品牌为依托，以图书经营为核心业务，引进多
元文化产品及服务，创建集书城、文体产品中心、娱乐文化休闲中
心等于一体的新文化商圈。2013 年，首个文化 Mall 项目——苏州
凤凰文化 Mall 正式营业。它将凤凰苏州书城、凤凰视听馆、凤凰
即印馆、凤凰文具等多个自有品牌纳入其中，又邀请餐饮、影院类
商家入驻商城，以扩充文化 Mall 的业态和体量。截至 2021 年元
旦，凤凰集团已建成 4 座文化 Mall。

2.2　发展数字渠道

一方面，目前凤凰集团已建成亚马逊、当当、京东等第三方图
书电商平台和自主平台并行的线上分发体系。2019 年，"阅点点"
电商平台正式上线，标志着集团在数字渠道开辟上开始从"借平
台"走向"建平台"。另外，集团旗下各出版社也尝试独立拓展一些
轻量级线上渠道来销售社内图书，如开设微店等。

另一方面，渠道数字化开启了凤凰集团在营销推广与品牌宣传
领域的无限可能。早期，各单位主要活跃于微博和微信公众号，其
中译林社表现尤为亮眼。截至 2022 年 11 月，译林社微博账号已拥
有 124.7 万粉丝，是国内第一家粉丝数突破百万的出版机构。它以
译林出版社官微为中心，联合"译林方尖碑""译林—文学与新知"
"凤凰阿歇特"等相关账号共同搭建微博营销矩阵，用以发布书讯、
推荐图书、提供购买链接和同读者互动。译林社微信公众平台的图
文阅读率和用户活跃度也始终位于同类型官方账号的前列。近年
来，短视频、直播等新型传播形式强势崛起，集团下属各单位纷纷

顺势而动。如译林社已举办多场不同定位的直播活动，分享图书背后的作者故事、译者故事和做书故事，为读者制造愉悦的场景体验，唤起其购买、阅读欲望，刺激销售转化。

2.3 全渠道运作

面对流量碎片化、用户需求升级等挑战，凤凰集团施以全渠道运作，结合渠道特性和用户偏好，灵活选择触达用户的方式，发挥电商和实体书店的互补作用，同读者展开多点连接，以增强发行能力，提升用户黏性和品牌价值。

一方面，凤凰集团依据图书特点确定相应直销、零售和网店销售渠道，即实体书店作为前台，主要放置头部书籍，以降低遇冷图书库存积压的风险；电商则作为后台，保障图书品种的丰富度，收割长尾市场。这种前后台协同的模式不仅有助于实现图书品种和经营成本的平衡，渠道间的数据流通也使得集团能及时感知变化，灵活调整网店、地面店、国有店、民营店的发货比例。另一方面，集团注重线上线下多渠道联动营销，相互借力。如网上商城"阅点点"于2019年同南京凤凰国际书城合作，以"阅点点"的凤凰书院用户可到书城兑换40元、60元现金券的促销形式，或是"阅点点"公众号为书城活动发布推文的宣传形式，将线上流量导入线下，带动实体门店图书销售。"阅点点"平台举办读者活动时，也会把场所布置在集团的线下书店。2020年，集团启动"凤凰读书会"项目，借助凤凰书苑、凤凰云书坊等线上线下空间共同为读者分享凤凰好书，搭建读者与作者、编者友好对话的桥梁。

3 提高技术水平，培育发展新动能

尽管众多传统出版传媒企业已就"大出版"理念和"知识服务商"定位基本达成共识，但囿于技术薄弱，转型之路仍困难重重。为此，凤凰集团积极布局高新技术研发与应用，提升自动化水平，以此缩小同新兴势力的差距。

3.1　技术赋能，重塑出版流程

凤凰传媒重视技术与数据的力量，在出版流程关键环节引入专业化系统，以提升工作效率，优化资源配置。编校环节，江苏凤凰报刊传媒有限公司推出凤凰智能校对系统。该系统拥有百亿级语料库，借助人工智能纠错引擎技术可检测文本存在的字词、标点、语法、知识、内容等多种类型错误，处理速度快、精确率高。印制环节，2011 年 11 月凤凰传媒正式启动一条连续喷墨数码印刷全连线系统，积极向按需印刷(Print on Demand，POD)和按需出版转型。随后又基于该系统搭建"凤凰印"云服务平台，以资源、订单和客户为中心，将出版商、印刷商、发行商、物流配送商、消费者等利益相关者紧密联系在一起，进一步推动资源聚合、价值共创。发行环节，发行集团采用 ERP 系统精细化管理货品，减少无效采购与分配活动。

在新媒体生态和知识服务定位下，服务于纸质出版的串联式工作流程已然不再适用，整个出版业务须融合到一个集成出版平台上，其中，编辑和发行环节将成为关键，印刷环节淡出。换言之，流程再造势在必行。以大众出版融合龙头项目"凤凰书苑"为例，凤凰传媒下属各出版社负责向平台提供、更新内容资源，因而其 App 上集合了各子单位的优质内容；平台的技术开发和日常运营工作则交由凤凰数媒团队全权处理。其后，江苏凤凰新华书店集团有限公司(以下简称"凤凰新华")又参与其中，通过打造"桃李书屋"暨"凤凰书苑"的实体文化空间，成功将"凤凰书苑"品牌延伸至线下。

3.2　关键核心技术研发与成果转化

凤凰集团密切关注前沿技术动态，持续投入大量资金用以研发关键核心技术。自 2012 年始，江苏凤凰数据公司、凤凰数联科技有限公司、江苏凤凰新云网络科技有限公司等陆续成立。作为信息技术服务企业，它们面向政府和企事业客户提供互联网基础设施服务、大数据和云计算服务等。百度网讯、合一集团等互联网龙头企业均是其曾经客户。2019 年凤凰传媒数据业务的营业收入超过总收入的 1%，为营收表现最佳的新业务。其中，凤凰数据公司一路高速增长，成功入选"2019 江苏省互联网企业 50 强"，其投资、管理、运营的凤凰云计算中心是目前华东地区第一、全国第三的数据处理中心，入选"国家首批绿色数据中心试点单位"。凤凰数据公司以该数据中心为平台主导，针对数字出版、智慧教育、智慧医疗、智慧城市等信息化系统工程建设，推出云存储、云主机、云桌面、行业云等系列产品，打造媒资行业云服务的头部品牌——"凤凰云"。

4 优化组织架构，创新管理机制

新技术、新媒体、新业态的引入意味着企业需要对组织架构与管理机制作出相应调整，以确保各项工作有序、顺畅、高效地展开。内部改革是企业践行融合发展战略的动力源泉，是摆脱形式性融合，真正实现有机、深度融合的有力保障。

首先，初期为快速切入，凤凰集团于 2008 年组建凤凰数媒，重点负责集团的新媒体与数字出版事项。在凤凰数媒的支持下，各出版社得以集中精力专注于内容生产。近年来，凤凰数媒一直保持快速发展态势。它的成功彰显出凤凰集团想要培育一批数字出版龙头企业的野心和决心。同时，旗下各出版单位也设置数字出版中心、数字营销部、数字出版部等专业部门，切实推进数字化升级。

其次，为改善子单位各自为政导致资源浪费甚至内部竞争的局面，凤凰集团实行"统分结合"模式，即各出版社既以法人身份自主经营、自负盈亏，又自觉接受集团指导，与其他兄弟单位共享资源，相互借力。集团层面主要起引领与协调作用，创新机制，扫除合作中存在的障碍。"凤凰书苑"项目无疑是这种模式下的产物。再如，在电子音像出版社和凤凰数媒的业务合作中，集团采取"一套领导班子、两个单位协作"的管理方式，成立音像数媒管理委员会用于处理两家公司的所有管理运营工作。双方保留各自法人地位，仅就数字出版业务展开资源交换与协同合作。

最后，为进一步增强发行业务的长板优势，凤凰集团整合发行部、新华发行分公司、物流分公司、海南凤凰和全省各市县新华书店资源等发行机构，于 2017 年 9 月恢复设立凤凰新华法人主体，并将过去的"母子公司"体制调整为"总分公司"体制，以便于对各方渠道和人才力量进行集约化管理与使用。作为总公司，凤凰新华迅速对各市县分公司实施标准化管控和运营，统一部门设置、机构名称、中层职数、业务流程和岗位职责，以简化财务会计工作流程，降低经营成本。

5　启示

为了在全新的大众出版传媒产业生态系统中抢占有利地势，寻求高质量发展，凤凰集团以出版融合理念为指导，立足出版发行主业，着眼于自身优势与特色，顺应媒介融合和场景化体验趋势，积极求变，强势推动新技术赋能、新消费需求驱动下的主业升级转型，以扭转传统出版业渐趋疲软的不利形势。同时，以技术创新为手段，加强与前沿技术的接轨能力，在不断引入与利用新技术中培育新的利润增长点与发展新动能。有效调整组织架构、优化管理模式，使之同集团转型升级的总体进程相适应，为实现深度融合与数字化发展保驾护航。通过对凤凰集团大众出版领域融合实践情况的分析，大致可得出以下几点启示。

首先，主业是出版传媒集团安身立命的法宝。在谋求融合发展时，企业应坚持聚焦出版发行主业，以巩固主业实力、深化品牌价值为目标，以重大项目为抓手，融合内外部要素，把握新技术和新媒体的工具属性，增强优质内容的活力、传播力、引导力、影响力和生命力。换言之，在新一轮竞争中，出版企业的关键发力点仍是内容建设与渠道建设，只是二者有了全新的、更为丰富的内涵。一方面，企业需要秉持"双效合一"的价值理念，积累优质版权资产，并顺应数字时代全民内容消费需求及方式的变革，转换单一的图书销售思维，对内容精耕细作，创新内容开发形式，为用户提供个性化内容产品与知识服务。另一方面，多元化分发渠道和营销方式给予了企业吸引消费者、同消费者互动的无限可能。而无论是线上还是线下路径，其工作重点均指向为目标受众创造友好的场景体验，以促成销售转化，并建立起目标受众对产品、品牌和企业的深度认可和情感联结。同时，企业可以充分利用新型连接方式所带来的对用户兴趣的精准洞察，不断调适内容输出，降低过于依赖编辑人员主观经验策划产品的潜在风险。

其次，技术短板是大多数传统出版传媒企业转型时期的痛点，但是，企业在数字技术特别是数字出版核心技术上的发展水平将直接影响其在内容生态系统中的话语地位。因此，重视技术投入、迎难而上拥抱技术是企业破局的必要举措。不过，企业仍需根据自身条件合理规划技术融合路径，初期可求助技术外包，此后可以技术合作形式共同研发面向自身出版内容资源的系统或工具，强化技术支撑，以之赋能业务流程。而类似凤凰集团这样有实力的大型综合集团，则可以考虑更进一步寻求技术自主，提升同互联网企业局部抗衡的竞争力，甚至还可凭此在高新技术服务领域开疆拓土。

最后，内部改革同样是融合发展的应有之义。一般来说，设立单一的数字部门或数字机构，以小规模数字化团队迭代试错、积累经验，最终逐步带动企业全面转型，是出版企业启动融合实践的常见思路，也是当下值得采纳的明智之举。只是这对出版主体内部各部门或集团内部各主体间的协作提出了更高要求，尤其是企业管理层需结合实际情况灵活落实"统分结合"模式，创新管理机制，鼓励开放合作的企业文化，以支持多部门、多主体间资源共享、业务整合。另外，依托组织再造整合资源、盘活存量，提升管理效能，打造企业竞争"长板"，发挥集团规模化效应，也是新时期出版集团在追求高质量发展时可以谋划与发力的方向。

混合出版：美国中小型出版社的成长策略*

——以她写作出版社（SWP）为例

徐丽芳　罗　婷

随着互联网和数字技术的进步以及阅读设备换新，自助出版已成为美国出版业一股不可忽视的力量。目前美国自助出版行业呈现出明显的集中垄断效应：亚马逊的 CreateSpace 及 Kindle Direct Publish（KDP）、Smashwords、Author Solutions 等平台快速成熟，牢牢占据了美国自助出版领域的大半个江山；五大传统出版集团（阿歇特、哈珀·柯林斯、麦克米伦、西蒙与舒斯特、企鹅兰登书屋）的市场表现也依旧强劲，且正利用兼并重组加速扩张，进一步稳固地位。当下美国出版界大型出版商发展势头迅猛，中小型出版社的生存空间和话语权持续被挤压，境况不容乐观。

然而她写作出版社（She Writes Press，SWP）创办不到 10 年，却能从激烈的同行竞争中脱颖而出，发掘多位女性作家，频频推出畅销书，建立了优质出版商的良好声誉。2012 年，Kamy Wicoff 和 Brooke Warner 成立了 SWP，并将之定位为采用混合出版模式的独立出版社，致力于为女性独立作者提供出版平台，以消除她们经常遇到的行业壁垒，提高女作家的话语权。近年来，SWP 快速崛起，合作作者包括明星、著名演员和 60 多位获奖畅销书作家，如美国国家图书奖得主 Joyce Carol Oates、美国富兰克林奖得主 Danniellc

---

＊ 本文以发表在《出版参考》2021 年第 7 期上的同名文章修改而成。

Wong 等。其出版的不少图书受到《她》(*ELLE*)、《纽约时报》(*The New York Times*)、《大西洋月刊》(*The Atlantic*)等多家知名报刊和《今天》(*TODAY*)等电视节目的重点推介，以及《出版商周刊》(*Publishers Weekly*)、《科克斯书评》(*Kirkus*)等行业媒体的评论。在某些类别图书出版上，SWP 的实力甚至可与传统出版商一较高下。2016 年，它凭借多本出众的畅销书在"独立出版商图书奖"(The IPPY Awards)评选活动中共斩获 17 枚奖牌，成为当年得奖数量最多的出版商。[①]

SWP 恰到好处地平衡了作者与出版商在出版全流程中的参与度和利益博弈，通过生产精品图书、增强作品可见性来逐步提升其女性出版品牌的影响力，并借助社交媒体同作者构建良好、稳定的关系，最终顺利在几大头部传统出版商和自助出版平台的垄断局面中找到了立足之地。其集传统出版商与新兴自助出版平台优势于一体的混合出版模式，或为当下中小型自助出版商和独立出版商创造了一种新的成长思路。

1　建立混合出版模式，为女性作家生产精品图书

SWP 成立时正值美国自助出版行业的上升期，初创企业层出不穷。创始人 Warner 注意到自助出版模式天然对作者友好、有吸引力，且能避开同大型传统出版集团的正面竞争，增加成功概率。鉴于此，SWP 选择采用自助出版模式切入出版业，并同更多女性作者展开合作，积蓄企业实力。选择书稿时，SWP 接受商业、文学小说、回忆录、诗歌、非小说、食谱等多种作品题材和类型，并且打破传统出版社以商业利益为导向、将作者的影响力等外部因素作为重点考量标准的惯例，完全根据内容本身的出版价值及其在目标群体中的销售潜力而决定是否出版。这最大限度地减少了普通作者发布作品的障碍，给予优秀的新人作者及其作品公之于众的机

---

① She Writes Press [EB/OL]．[2021-03-16]．https：//shewritespress. com/．

会。SWP 的整个出版流程高度透明。待作者提交完书稿后，它会赋予作者更多的自主性，即作者始终享有对其创意更大的控制权、决策权。在校对更改、封面设计和版式设计等环节，SWP 的工作人员会提前询问作者的喜好，据此给出专业方案，并再次征求作者意见，相互协作，共同完成图书生产任务。出版后，作者能得到较为可观的图书收入分成，即 60% 的纸质书净利润和 70% 的电子书净利润。①

SWP 虽成立于自助出版兴起的环境，但并未完全采纳自助出版模式。Warner 和创意总监 Julie Metz 拥有数十年的传统出版从业经验，坚信内容质量是出版社的立足之本和发展之基。倘若出版社放低甚至不设置出版门槛，并将校对、编辑和装帧设计等工作全部交由外行的作者主导，这必将导致庸俗作品泛滥，读者难以快速寻得好书，优秀的图书与作者仍难逃被埋没的厄运。因此，她们对自助出版模式进行了修正，改变付费即可出版的规则，增加书稿评选环节，以传统出版行业的内容标准审核与生产图书，从内容到设计全面保障图书品质，实施"以精品制胜"的战略路线（见图 1）。具体来说，作者要提交 DOC 或 PDF 文档格式的前 50 页书稿内容、简短的图书摘要和各章节摘要，同时支付 35 美元评审费。SWP 团队则会以代理商和组稿编辑的视角对来稿进行审阅。若通过初步评审，SWP 的编辑会在 4 周内对全书内容进行二次评审，挑出符合要求的作品，与作者签订出版合同，并将该书列入年度出版名单。少量作品可能由于同其他待出版图书的主题相近等情况无法立刻排期出版，SWP 会与作者再作沟通。但是，若书稿存在语言使用不当、情节或结构不一致等问题，未通过第二次评审，则作者可以选择购买 SWP 的有偿编辑与写作指导服务或采取其他途径完善书稿，重新提交、等待评选。对于没有可能改好、字数与要求范围（0.4 万~10 万字）相差甚远的书稿，SWP 会直接拒绝，不再对之作评审。但无论如何，作者都能获得专业审稿人和编辑对其作品的建设

---

① Our Process[EB/OL].[2021-03-16]. https：//shewritespress. com/our-process/.

性反馈，包括修改建议。评审环节结束后，合适的书稿将转入校对与设计环节。SWP 会专门分配经验丰富的工作人员同作者对接，给出专业化方案供其选择，由作者结合个人意愿及时修改，确保图书尽快面世。①

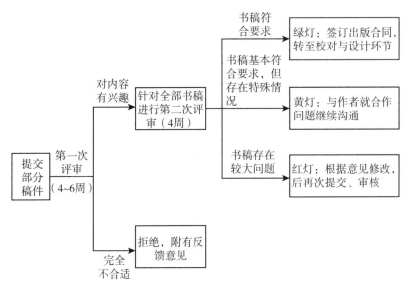

图 1　SWP 的"提交—审核"流程

2019—2020 年，SWP 每月收到 30~40 份投稿，但每年只出版约 80 种图书。2021—2022 年待出版名单的名额满后，SWP 着手为2023 年的候选图书清单寻找合适的书稿。② 事实证明，融传统出版模式中严格的内容把关、可靠的图书制作服务于自助出版模式中，建立全新的混合出版模式，为 SWP 带来了丰厚的回报。其生产的图书普遍水准较高，市场销售情况良好。作者一方也越发认可

---

① Our Process[EB/OL].[2021-03-16].https：//shewritespress.com/our-process/.

② Submit Your Manuscript[EB/OL].[2021-03-16].https：//shewritespress.com/submit/.

出版社的实力和专业性，乐意投稿给它。SWP 顺利地在女性作品出版领域崭露头角。

2 完善混合出版模式，提升作品可见性

自助出版作品的质量良莠不齐，销售风险较大，大部分书商不会考虑进货，读者自然也很难在实体书店买到这些图书。渠道障碍是自助出版模式明显的短板，对于中小型自助出版商而言，这一问题更为突出、致命。而 SWP 采取混合出版策略，在图书生产中遵循传统出版模式的标准和要求，其出版书籍品质堪比传统出版商。这使其赢得了全美图书发行业巨头英格拉姆出版商服务公司（Ingram Publisher Services，IPS）的青睐，实现了销售渠道和促销途径的通畅，从而轻松解决了图书无法被读者看到的"发现难"问题。2013 年，SWP 与 IPS 达成分销协议，由后者负责它的图书发行工作。① SWP 出版的纸质书会出现在英格拉姆的图书目录中，被 Edelweiss 在线数据库收录——大部分书商通常参阅此数据库的在线目录订购图书，SWP 的图书由此得以走进独立书店、图书馆和特色市场（specialty markets）。SWP 的电子书发行渠道则更为宽广，可在 IPS 合作的 127 个线上销售渠道如 Kindle、Nook、iTunes 和 Kobo 等进行发售。此外，借助 IPS 的国际影响力，国外书店和其他商店也能关注并高效地订购 SWP 出版的图书。② 简言之，这一合作帮助 SWP 构建了发行范围广、渠道类型多样的分销网络，解决了自助出版模式通常面临的发行能力不足的问题。

2014 年，SWP 被品牌代理公司 SparkPoint Studio 收购。该公司服务范围广泛，涵盖公共关系、品牌设计、社交媒体运作、网站

---

① Mutter A. She Writes Press：Publishing's "Third Way"［EB/OL］.［2021-03-16］. https：//www. shelf-awareness. com/issue. html？issue=2058#m21035.

② Our Process［EB/OL］.［2021-03-16］. https：//shewritespress. com/our-process/.

设计、活动策划、出版等多个方向，擅长为企业或个人"讲好故事"。① 此次收购弥补了 SWP 在宣传和营销能力上的缺失，有助于拓展其作者和作品的市场影响力。SparkPoint 还将旗下原有的部分出版业务同 SWP 合并，一批拥有独特出版经验、资源和能力的员工顺势加入 SWP 团队。为了更好地为女性作者和读者群体服务，2018 年 3 月 2 日，SparkPoint Studio 宣布收购女性电子书出版商 Shebooks 并将之整合入 SWP。Shebooks 于 2013 年创立，只出版女性作家为生活忙碌的女性所撰写的短篇电子书。它的企业使命同 SWP 的战略目标相契合。目前，Shebooks 负责适合以电子书形式出版的短篇小说(字数 8000～40000 字)业务。它采用同 SWP 相似的审核再出版流程，作者版税高达 70%。得益于 SWP 同 IPS 的合作，由 Shebooks 制作的电子书同样能流向 127 个线上零售平台。②

至此，SWP 初具传统出版商的图书销售渠道与宣传能力，有效摆脱了中小型自助出版商在分销和市场营销方面的短板。一个真正集传统出版商的全流程专业化服务优势与自助出版商的作者友好性特质于一体的、较为完备的混合出版模式已然形成。困扰其许久的作者与作品可见性问题迎刃而解，SWP 在出版竞技场中如鱼得水。③

值得一提的是，SWP 的混合出版模式还借鉴了自助出版商的商业逻辑，要求作者为服务付费。这实际上是它的核心收入来源。SWP 仅出售唯一一种服务套餐，定价为 8500 美元，覆盖纸质书和电子书出版发行全流程的各项服务，包括稿件修改、最终稿校对、

① Sparkpoint Studio[EB/OL]. [2021-03-16]. https：//gosparkpoint. com/services/.

② Acquisition of Shebooks Furthers She Writes Press as Gold Standard, Leader in Hybrid Publishing for Women [EB/OL]. [2021-03-16]. https：//gosparkpoint. com/acquisition-shebooks-furthers-writes-press-goldstandard-leader-hybrid-publishing-women/.

③ White L. She Writes Press Catching Up with the Multiple IPPY Winning Publisher[EB/OL]. [2021-03-16]. https：//www. independent- publisher. com/article. php? page=2058.

封面设计定制、版权备案和美国国会图书馆控制号获取、电子书文件转换与分销、纸质书分销、图书元数据管理、短版印刷书籍的仓储和邮寄等。① 相比于其他自助出版服务提供商的套餐价格，SWP的收费要高出一大截。譬如，iUniverse 推出多种套餐类型，价格在 1099~8399 美元，而与 SWP 服务范围相近的几个套餐，定价均在 6000 美元以下。②

SWP 的高收费源于其对服务质量和图书销售业绩的自信。这也将它的目标用户与一般的自助出版平台或服务商区隔开。选择向 SWP 投稿的作者在渴望创作与出版之余，还往往具备更加强烈的自我实现与利益获取动机。他们拒绝以低级趣味迎合市场，对作品质量的要求较高，期待与编辑、设计师或者营销人员合作，将作品打造为与传统书籍并无二致的畅销书，实现名利双收。因此，基于对 SWP 品牌的信任和对自己作品的自信，他们乐意提前投入高额资金，与 SWP 一道承担出版风险。

3 依托社交媒体，激发作者认同感与创作活力

大型出版商在渠道、资金、流量、技术、品牌等资源上具有显著优势，能大大提高图书畅销的概率，因此，中小型出版商很容易面临好作者流失、优质稿源匮乏等不利局面。③ SWP 通过创建社区及娴熟的社区运营技巧，帮助增强女性作者的黏性，发展长期合作关系，以尽力规避上述隐患。

作为女性作家的交流平台，She Writes 社区于 2006 年推出后的第一周就有 1000 多名用户注册，之后成员数量一直攀升。SWP 创建以来，She Writes 社区也被顺势用于目标作者的关系管理。此

---

① The She Writes Press Publishing Package [EB/OL]. [2021-03-16]. https：//shewritespress.com/our-package/.

② Publishing Packages [EB/OL]. [2021-03-16]. https：//www.iuniverse. com/en/catalog.

③ 香江波. 解构美国独立出版社[J]. 出版参考，2004(12).

外，其他志趣相投的女性作者也仍在不断加入。她们的存在不仅提升了社区的活力与吸引力，还扩大了 SWP 潜在付费用户的规模。在 She Writes 网站上，作者可以创建个人资料页，发表文章和博客来介绍她们的写作经验、出版过程等。She Writes 还鼓励成员建立各种各样的小组，讨论主题不局限于图书、写作和出版。目前社区共拥有 34144 名成员和 462 个讨论小组，是世界上最大的女性作者在线社交网站之一。社区投稿人包括 Christina Baker Kline、Hope Edelman 等畅销书作家、知名博主和出版专家等。另外，SWP 还单独在脸书（Facebook）上设置会员社区，一旦作者签订出版合同并支付费用，将有资格被拉入"SWP 秘密脸书小组"（Secret She Writes Press Facebook Group）。这也是大多数 SWP 的合作作者密切交流的空间。①

为了保持女性作家群体对社区与出版商的认同，增进成员间的感情，SWP 设计了不少定期的仪式与互动。例如，SWP 每周五会更新名为"周五击掌"（Friday High Fives!）的网络公告，主要是庆祝社区成员取得的杰出成就；通知未来几天内进行的图书展示、阅读活动等，提醒有兴趣的作者积极参加。② She Writes 还同全国小说写作月（National Novel Writing Month，NaNoWriMo）社区③合作制作了一款周更节目《写作智慧：作家的每周灵感》（*Write-minded*：*Weekly Inspiration for Writers*）。两个社区的负责人共同承担主持、采访任务，每期邀请一位作者或出版界人士分享创作生活中的趣事，以激发成员的创作灵感，舒缓写作和出版过程中的压力。采访音频支持网站在线播放或下载后播放，也可通过苹果播客、谷歌

---

① She Writes[EB/OL]. [2021-03-16]. https://shewrites.com/.

② Friday High Fives [EB/OL]. [2021-03-16]. https://shewritespress.com/friday-high-fives-march-13th-2020/.

③ 一项年度非营利团体文学活动，要求参与者在严格的期限内完成写作字数，宗旨是鼓励所有人——既包括成熟的小说家，也包括业余作者——每天耕耘不辍。目前约有 40 万名参与者承诺在一个月内写出一部完整的小说。

Play、Stitcher Radio 或电子邮件订阅。①

SWP 有意识的社区运作，加之女性作者这一共同身份，促使成员间频繁互动，连接颇为紧密。她们会以购买图书、分享信息、参加活动的形式互相支持、鼓励，甚至还相约旅行。这种集体归属感和协作互助的精神对女性作者的创作活动和私人生活有着莫大的价值，也成为 SWP 留住作者的一道护城河。② 如今，SWP 已拥有一个稳定的作者群体。

4　小结

探寻 SWP 取得长足进步的原因，可以发现它没有同自助出版领域的众多同行一样，被动地等待作者付费选择再提供服务，而是基于自助出版模式中提升作者自主性与收益的经营理念，融合传统出版商的专业化、一站式出版服务，以主动审核、筛选作品为着力点，打造优质图书，提升销售和宣传能力。伴随一本本畅销书和知名作家不断涌现，更多作者相信 SWP 能为之提供广阔空间与良好前景，于是自愿支付高额服务费同 SWP 合作，以换取后续的更多收入。至此，几大自助出版巨头的低价优势被它巧妙消解。而相比大型传统出版商，SWP 以退为进，给予作者充分的控制权和销售收入，从而收获作者群体的好感。简言之，SWP 的混合出版模式，重在通过传统出版和自助出版两种模式的融合，平衡作者与出版商间的诉求，为企业在同行竞争中创造更多筹码与加分项，以吸引优质作品源源不断地流入，并最终实现丰厚的经济收益与更高的品牌价值。对于当前的中小型出版商而言，这或许是一种有效的生存模

① Write-minded [EB/OL]. [2021-03-16]. https：//podcast. shewrites. com/.

② Schechner K. A Hybrid Publisher Seeking to Elevate Women's Voices[EB/OL]. [2021-03-16]. https://www. kirkusreviews. com/writers-center/publishing/hybrid-publisher-seeking-elevate-womensvoices/? utm _ source = Facebook & utm _ campaign = hots _ facebook&fbclid = IwAR04UBWC72zUZwHkhSQ0ysNkyjBGhFwOSC8k7qbDscV6sZqi-IeqK0m0Los.

式和竞争策略，有助于兼顾兴趣和利润、理想与现实。另外，SWP 还善于依托社交媒体进行作者关系管理，利用社区为女性作者提供创作支持、作品营销、社交等多种服务，并通过组织情感性和仪式性的活动全方位向作者释放友好信号，以避免作者流失，并培育潜在合作对象。不难看出，对社区的重视为 SWP 落实混合出版模式提供了有力支撑，也是其未来实现可持续发展的关键。

西方传媒出版领域转型
升级与融合发展[*]
——以华纳传媒为例

徐丽芳　罗　婷

数字化、网络化浪潮下，受众的媒介消费行为与偏好发生了重大改变。允许按需观看的线上流媒体平台逐步超越传统电视网及线下院线成为人们观看视频的首选，移动互联网技术的发展更是推动消费者转向以智能手机和平板电脑为代表的移动终端。脸书（Facebook）、苹果、亚马逊、奈飞（Netflix）、谷歌五大巨头企业凭借着技术和流量优势，强势入局内容行业，为消费者提供丰富的、个性化的媒体产品与服务，占据着他们的注意力。对于传统国际传媒集团而言，面对技术发展、需求倒逼以及竞争者威胁等内外多方力量的挑战，实现从传统媒体向新媒体的转型升级迫在眉睫。

华纳传媒（WarnerMeida）[前身是时代华纳（Time Warner），2018 年 6 月被美国电信商 AT&T 收购后，更名为华纳传媒（WarnerMedia）]作为历史悠久的传媒巨头，当前业务横跨传统媒休和新媒体，覆盖杂志、电视、电影、动漫、游戏等多种内容形态，通过横向与纵向一体化在影视娱乐领域构建了完整的产业链，

　＊　本文以发表在《出版参考》2020 年第 10 期上的同名文章修改而成。

从视频制作、发行到游戏和其他衍生品的开发等，环环相扣，紧密相连。① 从传统媒体起家的时代华纳拥有庞大的内容资源库、丰富的产品类型以及复杂的分销网络，并在多年运营中成功打造出众多知名品牌。多元化的业务版图充分发挥着规模经济和范围经济的优势，牢牢锁定了消费者的分众需求，使时代华纳成为世界顶尖的传媒集团。早在 20 年前，时代华纳就已开始涉足互联网相关业务，但是，由于数字化转型容易造成与传统渠道合作方的利益难以协调，风险较大，因此它采取了相对保守的态度，并没有大力发展线上业务。尤其是与美国在线（American Online，AOL）的"世纪合并"没有产生预期的良好效果之后，时代华纳更加坚定了"全球视频内容提供商"的定位，回归内容生产和广播电视网分销的主线，不再盲目涉足新媒体。但随着技术发展，以 Netflix、亚马逊 Prime Video、Hulu、Disney+和 Apple TV+ 为代表的流媒体平台来势汹汹，逐渐占领视频市场，尤其在自制剧业务上给时代华纳带来了巨大冲击；而且，这些平台能获得用户的观看数据，并据此进行个性化制作与视频内容分销。相比之下，时代华纳的优势地位不再。2013—2016 年，时代华纳的净利润几乎零增长，各项媒介业务都遭受了严峻挑战。2018 年 6 月，时代华纳被美国电信商 AT&T 收购，更名为华纳传媒。这次并购能帮助它解决内容生产所需巨额资金问题，更是其继与美国在线分开以后又一次适应融合发展趋势、重新拥抱网络媒体而作出的战略选择。两家计划通过将华纳传媒的电影制片和电视网络等业务与 AT&T 的电话、互联网、卫星电视分销业务相结合，充分发挥多渠道、多平台分发内容的优势，共享客户数据，实现内容产品和广告的精准投放，以更好地与对手竞争。

　　纵观华纳传媒的发展历程（见图 1 和图 2），虽然其在数字化转型中犯过错误，有过低谷期，但是整体来说，从纸质媒体到广电媒

---

① 彭剑锋，张小峰，陈静淑. 时代华纳：并购铺就的传媒帝国［M］. 北京：中国人民大学出版社，2016.

体、再到网络媒体，伴随新技术、新媒体、新需求的出现，其总能把握媒介消费趋势，使业务板块多元化，不断巩固自身实力，以实现可持续发展。从华纳传媒的发展之路可以发现，传媒企业的融合转型须自上而下作出适应性调整与改变。具体来说，即在战略层、战术层和业务层决策上，对于转型升级工作需要统筹安排、相互配合、贯彻一致，以实现真正的融合，并以融合促发展。

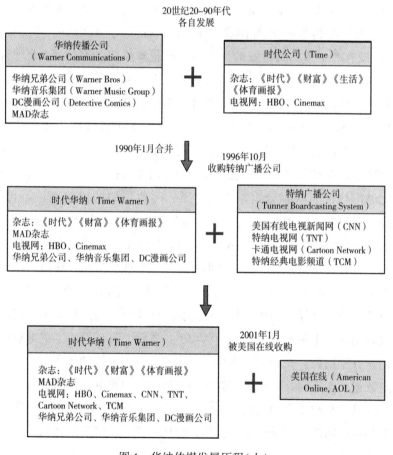

图1　华纳传媒发展历程(上)

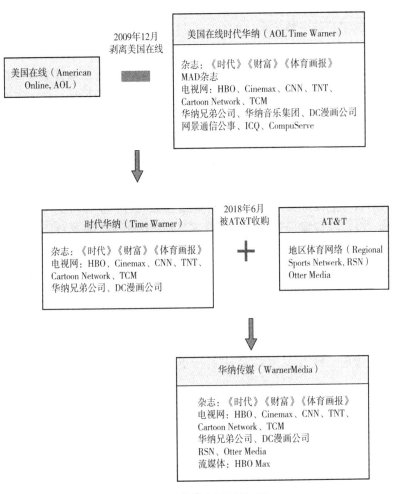

图 2 华纳传媒发展历程(下)

1 融合发展战略

企业战略是设计用于开发核心竞争力、获取竞争优势的一系列综合、协调的约定和行动,即企业须借助内外部环境分析来明确其资源、能力和核心竞争力,明晰公司要做什么及不做什么,选择合适的竞争方式，并形成愿景和使命，制定出长期战略。① 战略厘清企业的定位与总体方向，明确企业擅长做什么、该做什么等根本问题，并用于指导战术层和业务层的决策调整。在与新力量融合的过程中，企业需要根据变化趋势及时更新发展战略，明确其竞争优势和生存之道，坚持并进一步强化核心优势，从而使企业立于不败之地。

华纳传媒与美国在线的合并是并购失败的典型，也是它在转型过程中的一次重大失误。一直以来，华纳传媒强调"为人们讲生动的故事"。由于看重网络媒体的即时性与互动性，2001 年它选择与网络服务业巨头美国在线合并，试图强强联合，全面覆盖出版、电视、电影、广播、音乐和互联网等各种媒体形式。只是这次新旧媒体的结合与互动并不成功。其中最根本的原因，就是并购前没有制定清晰可行的融合战略，对于传统媒体与新媒体整合后企业的立足点、目标和发展路径缺乏长远规划，只是简单粗暴地将内容资源与渠道资源嫁接在一起，把网络媒体视为传统内容的延伸渠道，希望能以此在新兴市场占据一席之地。②模糊的战略造成下层相关决策缺乏指导，融合发展的具体执行更是无从谈起，导致最终收效甚微。

两家巨头企业彼此纠缠了近 10 年。美国在线在通信和网络服务领域的糟糕业绩给华纳传媒带来了很大的负面影响。2009 年 12 月 9 日，华纳传媒选择从美国在线分离出去。它第一次向新媒体领域的转型也由此宣告失败。之后，它愈发坚信自身的核心能力是内容资源，并重新回归内容提供商的角色，以提高内容价值、推动业务增长为目标导向，实行内容聚焦战略；从之前盲目向网络媒体全面扩张，转而走以内容为中心、多面延伸融合的转型路径。基于

---

① 迈克尔·A. 希特，R. 杜安·爱尔兰，罗伯特·E. 霍斯基森. 战略管理：概念与案例（第 8 版）［M］. 吕巍，译. 北京：中国人民大学出版社，2009：5-7.

② 刘婕. 由点及面的媒介融合策略——时代华纳的转型启示［J］. 东南传播，2015(6).

"内容无处不在"（Content Everywhere）的理念，华纳传媒集中资源投入电影和电视产品的制作与分销，增强视频内容的影响力，提升主业实力，进而发挥行业巨头在规模和优质品牌上的竞争优势，顺势开发其他家庭娱乐产品与服务，丰富利润来源。华纳传媒还通过与相关行业开展内容资源合作来进一步增加内容资产，比如购入美国职业篮球联赛（National Basketball Association，NBA）、美国职业棒球大联盟（Major League Baseball，MLB）、全国大学体育协会（National Collegiate Athletic Association，NCAA）等的大型赛事转播权，与其他影视企业合作投资、制作内容等。① 但是，它的核心目标仍是向消费者提供最具吸引力的内容，尽可能满足他们多样化的需求和喜好，以占据各种内容消费场景。

基于对"视频的未来是移动"的判断，为了把握住这一内容消费场景与习惯的变化，华纳传媒选择与 AT&T 合并。在被 AT&T 收购后，华纳传媒仍然坚守"以视频内容为中心，开发新技术和商业模式以提升内容价值"的战略，明确企业定位是"全球领先的媒体和娱乐企业"，即通过生产、分销能足够吸引受众观看的内容产品，满足消费者、内容创作者、内容分销商以及广告主的需求。② 比如，它利用 AT&T 在移动网络和用户数据等方面的优势，了解用户看什么、什么时候看、看多久等信息，以打造更好的内容产品，服务于大众；将过去丰富的、受到热捧的视频资源重新加工成短小、适于移动设备观看的形式；利用社交媒体扩大视频传播；像亚马逊等企业一样为品牌主精准投放广告，克服传统媒介在数据反馈上的弊病，等等。从近 2 年年报数据来看，华纳传媒的收入结构基本稳定，主要依赖用户订阅、内容付费和授权，尤其是华纳兄弟的电影业务在集团利润中占据较大权重；广告收入占比较低（见图3）。这种收入分布情况在某种程度上也反映出华纳传媒在践行"成

① 韩晓宁，杨毅. 优质数字内容与全球资本运营：时代华纳新时期战略研究［J］. 中国出版，2017（4）.

② WarnerMedia About Us ［EB/OL］. ［2020-04-20］. https：//www.warnermediagroup. com/about-us.

为领先视频内容提供商"这一长远战略目标上的优势与显著成效。

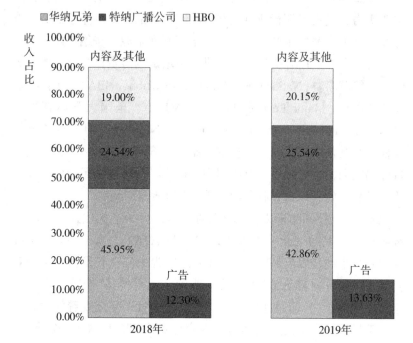

图 3　2018—2019 年华纳传媒的收入结构图

（注：根据华纳传媒年报中的相关数据计算、绘制而成，其中"内容及其他"收入主要是指通过销售、授权、订阅内容产品等形式获得的收入。）

　　另外，品牌形象与品牌影响力也是华纳传媒的一大竞争优势。这是多年来它用一部部精品内容所积累下的无形财富。因此，并购后的华纳传媒对外继续保留 HBO（Home Box Office）、美国有线电视新闻网（Cable News Network，CNN）、特纳电视网（Turner Network Television，TNT）、华纳兄弟电影（Warner Bros.）等品牌和部门，维持与消费者的情感联系；同时，在内部组织管理与业务安排上进行一定的变动与重组，以更好地践行融合发展战略。

　　简言之，华纳传媒充分认识到内容资源和品牌优势是其数字化转型升级的动力之源，并围绕它们规划长远战略，开展各项融合业务，持续增强内容实力与品牌价值。

2 华纳战术层和业务层的融合发展

明确组织的长远发展方向后，企业需要据此就各项局部工作规划制定短期执行方案，以解决战术层与业务层的相关问题，确保能够贯彻落实好战略目标。就融合发展而言，企业应在核心战略决策的指导下，充分考虑技术、竞争等外部影响因素及组织内部现状，探索切实可行、可操作性强的融合路径，确保转型工作有据可依；并且，企业须在吸纳新力量、全面深度整合资源与能力之前先行做好组织管理架构的调整与维护工作，为实施战略及各项具体策略保驾护航。

2.1 调整组织架构，夯实管理基础

融合发展涉及公司制度、业务模式、人员培养、企业文化等基础管理层面的调整，其为企业正常运转的保障，也对融合发展的成功起到后备支撑作用。华纳传媒的子品牌、子企业很多，业务范围相近，目标受众存在交叉、重叠，如何科学管理、协调以避免内部竞争消耗，是需要持续面对的问题；尤其是在并购发生后，是否能将新企业、新业务与原有生态有机协调、合为一体，放大内容价值，直接关乎融合的最终效果。

华纳传媒发展至今，多次利用收购、合并等手段快速切入新领域，扩大企业规模和经营范围，在应对融合后的管理问题上有一定经验；但是，也曾因为忽视管理层面的问题导致了不太如意的结果，这主要体现在与美国在线的合并上。在第一次向新媒体全面转型的过程中，它采取了直接收购的方式想要快速弥补自身短板。可是华纳传媒扎根于传统媒体的土壤，历经多年成长为传媒巨头，而美国在线崛起于快速发展的新经济与新媒体时代，从网络接入服务商中脱颖而出，擅长在短时间内抢占先机。截然不同的商业模式促使两者在经营风格、企业文化、员工行为规范等方面差异显著。而双方的管理高层在融合前期和中期不仅没有意识到相关问题，提前

做好应对准备，反而陷入争夺控制权的局面，多位高层前后出走。在出现巨额亏损时，两家企业互相推诿、指责。美国在线业绩的持续下滑和经济丑闻更是让华纳传媒想要甩掉这个包袱。① 这次并购只是实现了媒介组织规模扩大和形式上的结合，实则新企业内部仍处于分裂、混沌的状态，各业务板块间呈现各自为政的特点，在管理基础上缺乏统一部署和控制，结果导致双方并未如预期般完美结合、优势互补，而是互相对立，华纳传媒无法有效利用美国在线的数字渠道。② 而 2018 年在被 AT&T 收购后，高层高度重视业务重组及相随而来的组织管理问题。华纳传媒在原有架构的基础上收编了 AT&T 旗下的地区体育网络（Regional Sports Network，RSN）和数字媒体公司奥特传媒（Otter Media）（注：奥特传媒曾是十大订阅视频点播供应商 SVOD 之一，主要面向"千禧一代"推出流媒体视频服务，全球月度用户超过 9300 万，付费用户超过 200 万），并打破原有华纳兄弟、HBO 和特纳（Turner Broadcasting System，TBS）独立经营的局面，推动内部开展更深层次的合作与内容开发。目前华纳传媒可分为四大商业板块，分别是华纳兄弟影视、娱乐业务、新闻和体育业务以及销售和国际业务。③ 其中，华纳兄弟影视在原有业务的基础上，新增了"专注于全球儿童、动画和年轻人/千禧一代"的新兴业务。④ 它把家庭、儿童和整个华纳传媒的动画工作结合在一起，被视为未来流媒体服务中的重要组成部分。此外，Otter Media、特纳经典电影和全部授权消费产品开发活动也归属于华纳兄弟影视。娱乐和直接面向消费者部门（Direct-to-Consumer）则重点管理 HBO 和特纳的原创节目、Otter Media 的娱乐业务及流

---

① 王国平，刘黎. 国际传媒产业的资本运营观察与研究[J]. 江西社会科学，2006(1).

② 刘玲. 世界五大传媒集团新媒体战略比较分析[J]. 出版科学，2011(5).

③ WarnerMedia Business Units [EB/OL]. [2020-04-21]. https://www.warnermediagroup.com/company/business-units.

④ WarnerMedia Ann Sarnoff [EB/OL]. [2020-04-21]. https://www.warnermediagroup.com/company/management/corporate-executives/ann-sarnoff.

媒体计划。① 新闻和体育部门主要负责华纳传媒的所有直播节目、CNN 的新闻业务、特纳体育和 AT&T 地方体育电视台②，重在挖掘直播报道和 CNN 网站、Bleacher Report 两个互联网资产。相应地，华纳传媒进行了一系列结构调整和管理变更，尤其是领导团队。首席执行官和几大支柱业务的负责人几乎都是影视娱乐和媒体领域的领军人物，身经百战，对于网站、直播节目、流媒体视频、数字广告等新媒体内容的制作、运营与商业变现有着丰富经验和独到见解。同时，华纳传媒重组电视网络，合并特纳和 HBO 的广告、生产和发行部门，以及人力资源、会计和技术等后端职能，消除冗余岗位，仅保留各自的内容开发团队，部分高管职位也随之被取缔。

不难看出，并购后的华纳传媒高度重视以流媒体视频为代表的新媒体业务，自上而下积极布局。体现在管理层面，其一系列的裁员重组、精简公司架构的行为，大大削减了成本，从而能分配更多资金投入新兴平台的内容创作业务，为其流媒体计划保驾护航。而且，这种组织层面的重组优化，更可支持华纳传媒将内容资产化零为整，再度开发，并集中使用流媒体平台这一输出引擎面向消费者，以避免繁杂的组织层级给内容资源利用带来的阻碍，增强华纳传媒流媒体平台的竞争力，以更好地应对 Netflix 等对手的强有力攻势。比如，华纳传媒拥有一系列宝贵的动画资产，旗下 Cartoon Network 及其下属的 Adult Swim 动画频道成功打造了三只裸熊、小女警、阿宝、老皮、少年骇客（Ben10）等动画偶像，Hanna-Barbera 工作室制作的热门卡通系列剧《史酷比狗》(Scooby-Doo)使史酷比这只会说话的大丹狗成为全美家喻户晓的动画角色，《乐一通》(Looney Tunes)系列作品中则包含兔八哥、猪小弟、达菲鸭等知名动画形象，等等。这些华纳经典形象原来隶属于不同部门，经过组

① WarnerMedia Robert Greenblatt[EB/OL].[2020-04-01]. https：//www.warnermediagroup. com/company/management/corporate-executives/robertgreenblatt.

② WarnerMedia Jeff Zucker[EB/OL].[2020-04-21]. https：//www.warnermediagroup. com/company/management/corporate-executives/jeff-zucker.

织重构后，有价值的动画资源被统一移交到华纳兄弟的娱乐部门，针对儿童和年轻一代集中开发并以捆绑形式重新输出。① 如此不仅提高了对消费者的吸引力，还可能促进内容深度开发与互动，产生新的故事。

2.2 融合发展路径

以"提供优质内容"为目标导向的融合战略落实到更具体的战术与业务层面，则是要解决两大根本问题：一是"融什么"。企业需要选择融入最合适的新技术、新平台、新渠道等外部资源与要素，甚至切入其他行业、跨界融合，以发挥优势互补或强强联合的效果，提升核心业务的实力；同时又要剥离那些被市场淘汰或与企业融合战略不符的非核心业务，以集中资源发展主业，巩固企业在目标市场的领先地位。二是"如何融"。企业需要找到适当的方式，灵活地将这些外部资源整合、集成到既有业务版图中，使之能为我所用，形成企业的生产力，进而实现数字化转型与升级。

2.2.1 立足主业，剥离非核心业务

喻国明针对融合节点提出所谓"新木桶理论"，即传统媒介运用互联网思维融合发展应着眼于长板优势，将自己的长板与别人的长板对接，寻求新的商业模式和运营机制，通过强强联合来持续巩固核心主业的竞争力。② 区别于之前的短板决定论，"新木桶理论"指明，传媒集团在应对市场环境变化时，应立足主业这一支点，融合新技术、新媒介、新产品等外部资源，发挥整体效应；而不是单纯追求大而全的规模扩张，造成实践中的多点分散、难以协调配合。这也意味着，传媒企业在融合过程中，需要剥离那些市场表现差、与转型方向相悖的非核心业务，集中力量聚焦发展主业重

---

① WarnerMedia Ann Sarnoff [EB/OL]. [2020-04-21]. https：//www.warnermediagroup.com/company/management/corporate-executives/ann-sarnoff.

② 喻国明，姚飞. 强化互联网思维推进媒介融合发展[J]. 前线，2014（10）.

点，优化媒体组合，使之能互相配合。"新木桶理论"在华纳传媒的数字化转型进程中体现得淋漓尽致。近年来，华纳传媒在收缩业务、拆分重组上持续作为，适时舍弃音乐集团、图书出版甚至杂志出版等利润率偏低的传统媒体业务，退出并不擅长的网络服务业，回收资金投资于影视娱乐领域，使之表现更突出。

互联网兴起导致音像业举步维艰。2003 年，曾经实力强劲、控制全球音像业近 1/5 份额的华纳音乐集团（Warner Music Group）最终以 26 亿美元的价格出售给美国布隆夫曼投资集团。之后，考虑到图书出版业务与集团其他业务关联度较低加之业绩不佳，2006 年又将图书出版部门以 5.375 亿美元售予法国拉加代尔集团。2009 年，华纳传媒又从美国在线分离，退出网络服务业，重归内容提供者身份。华纳传媒虽是从杂志出版起家，但在全球报刊出版增长乏力的背景下，《时代》《人物》等旗舰刊物的利润也逐年走低，电子版杂志也没有带来很好的数字广告收入，整个杂志出版业务走向没落。而且，由于杂志出版业务在集团中属于单独的分支，只会增加管理和协调成本。于是，2013 年 2 月华纳传媒决定分拆时代公司，将除《时代》周刊、《财富》和《体育画报》外的其他杂志全部出售给美国杂志出版集团梅瑞狄斯（Meredith Corporation）。从此，华纳传媒更加专注于网络视频和付费电视等影视娱乐领域，其在 2014 年和 2015 年每股收益分别上涨 18% 和 14%。

目前，华纳传媒主要由特纳广播公司、HBO 和华纳兄弟三家子公司组成。其中，特纳广播公司拥有包括 CNN、TBS、特纳经典电影（Turner Classic Movies，TCM）、truTV、卡通电视网（Cartoon Network）和特纳电视网（Turner Network Television，TNT）在内的有线电视频道和它们的延伸品牌；此外，还管理着数字体育资产，如 bleacherreport.com、NBA.com、PGA.com 和 NCAA.com 等。特纳负责创建并制作品牌新闻、娱乐、体育和儿童等跨平台内容，将其分销给子公司，同时在网络和数字平台上销售广告。HBO 公司，即家庭影院，主要经营 HBO 高端电视服务和其姊妹频道 Cinemax，全天候播出电影、音乐、纪录片、体育赛事等娱乐节目。一方面，它以制作、播出《权力的游戏》《黑道家族》

等大量付费精品电视剧见长，不售卖广告；另一方面，开发内容分发平台如 HBO GO 和 HBO Max 等，通过在线和移动设备向用户传输内容。同时，倚赖优质内容授权模式，HBO 在美国以外的全球市场上也有不俗表现。① 华纳兄弟是全球娱乐业的领头羊，通过旗下子公司包括华纳兄弟影业、DC 漫画公司（Detective Comics）、华纳兄弟游戏、华纳兄弟家庭娱乐集团、CW 电视网等主营电影、电视、动漫的制作、发行和授权，家庭娱乐产品的发行以及游戏的制作和发行。这三大子公司在激烈的影视娱乐市场竞争中始终保持有利地位，对集团利润起到了支柱性的作用，是华纳传媒的主要收入来源；而且，它们在业务范围、目标受众上比较接近，便于相互之间实现内容共用、人才流动和渠道共享，发挥合作效应，降低运营成本。② 所以不难理解，华纳传媒会选择剔除其他业务，将资源投入重点业务单元，以强化长板优势。

2.2.2　利用技术深度洞察消费者，提升内容体验

华纳传媒一直重视新科技与媒体及其内容的碰撞。为了保持对前沿科技的敏感性，华纳传媒先后创建了多个媒体实验室，用于探索新技术在媒体业务上可能的革新与创新性应用，孵化面向客户的新产品、新服务和新体验。2012 年 1 月，华纳传媒成立媒体实验室，通过尖端技术观察消费者在模拟现实场景构建的节目、游戏、零售等实验环境中的身体表现，如个体的眼球运动、面部表情、心率变化等，辅以焦点访谈等形式，全方位研究产品从生产到零售的全过程中消费者的媒介接触习惯、心理偏好、关注重点等，理解消费者体验内容、与内容互动的空间和方式，并将所得数据与结论转化成产品和服务的组成部分，为华纳兄弟、HBO、特纳广播等部

---

① AT&T INC. 2019 Annual Report ［EB/OL］.［2020-04-29］. https：// investors. att. com/~/media/Files/A/ATT-IR/financial-reports/annualreports/2019/ complete-2019-annual-report. pdf. 14.

② 韩晓宁，翟旭瑾. 从时代华纳再次拆分看传媒集团的聚焦战略发展［J］. 对外传播，2014(12).

门的内容与服务创新提供支持，促使其更好地把握媒介融合的方向与趋势。

华纳传媒的媒体实验室共设有 6 大类，分别是模拟居家环境（In-home Simulation）、眼动追踪实验室（Eye-tracking Room）、可用性实验和观察室（Usability Lab and Observation Room）、谈话实验和观察室（Conversation Room and Observation Room）、零售结账实验室（Retail Checkout）和放映室（Theater）。这些实验室通常互相配合、补充，以完成有关测试方案。例如，观察并记录当一个商业广告中断时，观众是否会去看与广告主相关的网站或 Facebook 网页；游戏屏幕中哪些内容会吸引玩家的眼球，而哪些内容会被忽略；观众对不同类型的节目和影视剧有什么反应，何时会感受到滑稽或有趣；什么场景下曝光内容能够触发观众的购买行为，等等。除了能了解消费者需求以生产引人入胜的内容，实验室的模拟环境还可被用来对节目进行再造——相当于提前预演媒体产品的市场反应，从而能够有针对性地完善不足和细节，降低内容遇冷的风险。比如，在开发 IP 产品时，实验室会开展跨屏实验，以测试在电视、电影、网站、iPad、手机等不同屏幕上的表现，并及时调整，保证内容质量。[1]

为了应对 5G 时代内容产业面临的新挑战，2019 年 1 月华纳传媒宣布在纽约市推出华纳媒体创新实验室（WarnerMedia Innovation Lab），旨在加快 AT&T 在 5G、物联网、人工智能、机器学习、虚拟现实、混合现实等领域的技术成果与华纳传媒自身版权资产以及 NBA 等一流 IP 的创新融合，为客户打造个性化的、更具沉浸性和互动性的娱乐体验。目前，该实验室与即将推出的订阅服务背后的团队合作，以解决内容发现与推荐、用户界面等方面的问题，如将华纳兄弟、HBO、特纳的内容和数据目录标签化、分类化，以使其更易于搜索。另外，该实验室还会对品牌信息进行测试，帮助营销人员开发更有吸引力的广告，改善用户体验，实现广告、技术和

---

[1] 党东耀. 时代华纳媒体实验室如何开发更具吸引力的产品[J]. 中国记者，2017(3).

内容的新平衡。①

华纳传媒重视发掘数据驱动的潜力，利用消费者数据分析技术赋能品牌营销活动，通过与社交数据领导者 Shareablee 合作，为广告主提供细致的营销服务，其覆盖内容策划、中期活动优化和后期效果评估的全流程。2019 年，在 Shareablee 合作的媒体公司中，华纳传媒在驱动品牌内容社会参与度上排名第一。它每个品牌帖子的社交活动交付量是普通媒体和娱乐发行商的 36 倍。2020 年 3 月，华纳传媒与 Shareablee 共同开发了一款用户洞察工具 Launchpad，用于综合分析消费者数据、市场竞争性与品牌亮点，借此定制品牌的营销内容和广告产品。② 由于华纳传媒的姊妹公司 Xandr 能够借助 AT&T 的数据细分家庭用户群、定向分发品牌内容，在数据、先进的广告技术和跨屏投放上具有优势，③ 因此，华纳传媒决定利用 Xandr 和 Launchpad 协同指导广告主的营销活动，找到与品牌内容最相关的家庭，提高内容的曝光度和影响力，进而帮助品牌与消费者建立个性化联系。

2.2.3 围绕内容产品和服务，实现全流程数字化升级

华纳传媒很早就意识到内容资源数字化以及网络与新媒体渠道的重要性，提出"内容无处不在"的战略方针。但是，不同于初期略带莽撞和简单化的做法，即希望凭借与网络渠道商美国在线合并进军新媒体，迅速完成迭代升级，近年来，华纳传媒在转型之路上更为有的放矢，即围绕用户的多重需求和自身内容价值最大化，立足于在视频内容生产和发行中引入新技术、新媒体，实现从生产加

---

① WarnerMedia Innovation Lab Continues to Lean into Future Tech with Several Key Announcements[EB/OL].[2020-04-29]. https://www.businesswire.com/news/home/20190617005252/en/.

② WarnerMedia. WarnerMedia Deploys Next Generation of Its Audience Intelligence Practice, Fueling Branded Campaigns with Holistic Data [EB/OL].[2020-04-29]. https://pressroom.warnermediagroup.com/as/media-release/warnermedia-deploys-next-generation-its-audienceintelligence-practice-fueling.

③ Xandr[EB/OL].[2020-04-30]. https://www.xandr.com/.

工、存储管理再到营销、发行销售整个内容闭环的数字化升级与创新。

在内容生产上，华纳传媒注重运用新技术的力量优化制作流程、创新生产方式、促进资源集约化利用，在开发出众多符合用户兴趣和喜好的产品与服务的同时，提高内容生产效率。为此，华纳传媒对原有的生产流程进行重组再造。其高度统筹下的流水化作业模式减少了很多冗余环节与程序，确保充分共享内部信息、内容、制作人员和机器设备等资源。如特纳广播公司旗下的 CNN 在利用技术重塑信息采编流程与共享机制上表现得尤为突出。CNN 的主新闻编辑室（CNN Newsroom）作为中枢部门，负责随时收集记者、美联社、路透社、卫星平台等各方最新消息，并整理汇入媒体运作中心（Media Operation）；然后，各部门编辑人员只需要从媒体运作中心获取素材即可进行制作；最后，成品交由"消化站"（Digest Station）完成格式转化和数字化处理，上线分发。其中，CNN 的记者也由主新闻编辑室负责统筹调配，在各部门、各频道流转。

除了内部制作流程升级外，华纳传媒也巧妙借助新媒体时代受众的创造力，采用 UGC 方式迅速更新、扩充自身内容，提升用户的参与度与黏性。早在 2006 年 8 月，CNN 就开通了一个独立的线上互动新闻平台 iReport，引入"参与式新闻"（participatory journalism）模式，鼓励全球民众注册成为 CNN 的市民记者，分享身边的新闻故事、视频和图片，参与突发事件的话题发布和评论，[1] 而 CNN 官方会对市民报道进行测评，将其中 20% 表现优秀的作者标上"超级明星"的头衔作为激励。CNN 还会对一周内平台上的新闻素材进行甄别、筛选、修改与编排，制作成时长 30 分钟的新闻栏目，在国际频道的"iReport for CNN"中播放。[2] 紧随移动时代用户终端设备的变化，CNN 在 2014 年专门为"谷歌眼镜"（Google Glass）推出 iReport 程式，允许用户直接将眼镜拍摄到的视

---

① 郭婕湉. CNN 媒体创新之"ireport"栏目[J]. 卷宗，2014(6).

② 常江."参与式新闻"的理念与中外实践——以 CNN iReport 和新华社"我报道"为例[J]. 中国记者，2014(7).

频上传到 iReport 平台。影视娱乐方面，2008 年秋季 HBO 在新剧《明星伙伴》上线之时，邀请剧迷们在"明星伙伴"官网上互动。剧迷们可以针对剧中的某个角色设计有关剧情，并和其他剧迷一起表演；HBO 则充分考虑这些反馈和创意，对内容情节作出调整，最终该剧广受好评。① 这种用户变相参与影片生产的玩法让观众在追剧之余获得了更多有趣的体验，也有助于精准把握观众的喜好和兴奋点。为了弥补体育内容的不足，2012 年 8 月华纳传媒直接收购知名体育博客网站 Bleacher Report，由此获得大量用户上传的 UGC 内容。②

在内容存储与管理方面，华纳传媒自 21 世纪初推进数字化转型后，新闻、影视等内容都会被存储入相应的数据库，供之后查询或使用。集团及其各子公司均有数据中心，并统一通过集团的数据管理云平台实现云端共享。以往那些非数字化内容作为华纳传媒的重要财富，也陆续被数字化以便于后续的管理和深度开发。2014 年 4 月，特纳宣布与索尼(Sony)、国际商业机器公司(International Business Machines Corporation，IBM)合作，共同将 CNN 过去 21 年中 11.5 万小时的节目录像带制作成数据新闻档案库。此举不仅有利于新闻剪辑查询，也为华纳传媒增加了一项收入来源，因为用户可以付费观看 CNN 以往的任意一条新闻。③

在内容分发领域，华纳传媒通过自建、投资、收购或合作等多种方式不断拓宽分发途径，扩大辐射范围，并利用新媒体渠道在数据反馈上的优势，实现内容的智能化与个性化传播，改善消费体验。其中之一是与社交平台或其他视频网站合作，快速与新媒体用户建立联系。华纳传媒是首家在 Facebook 分销电影的大型电影制作公司。用户可以通过华纳传媒在 Facebook 的首页购买或租赁数

① 林小楠. 时代华纳:在融合时代坚守内容高地[EB/OL]. [2020-04-30]. https://www. sohu. com/a/8091250_117345.

② 林小楠. 时代华纳:在融合时代坚守内容高地[EB/OL]. [2020-04-30]. https://www. sohu. com/a/8091250_117345.

③ 林小楠. 时代华纳:在融合时代坚守内容高地[EB/OL]. [2020-04-30]. https://www. sohu. com/a/8091250_117345.

字影片；它支持视频内容分享至 Facebook、Twitter 等社交媒体；①
授权优兔(YouTube)播放其影视内容。② 2014 年 5 月，华纳兄弟还
与腾讯合作，为腾讯视频的"好莱坞影院"板块提供视频，等等。

近年来，用户对流媒体视频的需求持续增长。面对"电视无处
不在""按需观看"的要求，华纳传媒在流媒体这一数字渠道上不断
加码，其中最具代表性的两大自有流媒体平台分别是 HBO GO 和
HBO NOW。2010 年，面向有线电视付费用户的 HBO GO 的 PC 版
和移动客户端相继上线。用户不需要额外付费，就能够通过任何设
备收看订阅内容。2015 年 4 月，华纳传媒针对非付费订户推出
HBO NOW，每月收费 14.99 美元，不经过有线电视运营商而直接
采用 OTT(Over the Top，是指运营商以外的第三方直接通过互联
网向用户提供各种应用服务)模式分发 HBO 的电影、电视剧等，
彻底摆脱有线电视的技术和应用限制。③ 被 AT&T 收购后，流媒体
更被华纳传媒视为未来核心的视频内容销售渠道。AT&T 在 2020 年 5
月 27 日推出一个完整的"华纳传媒"流媒体平台 HBO Max。该平台
以 HBO 内容为主导，囊括 Cinemax、CNN、TBS、华纳兄弟、特
纳电视网等其他娱乐品牌的电视、电影、体育比赛等，以及专为
HBO Max 制作的原创电影，意在将华纳传媒的内容资产化零为整
输出，提升新兴平台的吸引力与竞争优势，以最大化旗下各品牌的
价值；而且 AT&T 还利用正在投资构建的更快的光纤网络和 5G 等
新技术助力 HBO Max 平台的发展，争取在这场流媒体领域的激战
中占据更多观众的时间与心智，以获得更高的市场渗透率。另外，
华纳传媒还提供了动漫的流媒体服务。2018 年 9 月 15 日，华纳传
媒推出流媒体平台"DC 宇宙"(DC Universe)。该平台不仅提供 DC
电视剧、电影，还拥有一个数字漫画库，将"80 年来数以千计的

---

① 林小楠. 时代华纳:在融合时代坚守内容高地[EB/OL]. [2020-04-
30]. https://www. sohu. com/a/8091250_117345.

② 林小楠. 时代华纳:在融合时代坚守内容高地[EB/OL]. [2020-04-
30]. https://www. sohu. com/a/8091250_117345.

③ 林小楠. 时代华纳:在融合时代坚守内容高地[EB/OL]. [2020-04-
30]. https://www. sohu. com/a/8091250_117345.

DC 漫画单本"收入其中，且之后 DC 发行的漫画单行本也会在印刷版推出 12 个月内上线此平台。①

　　不过，华纳传媒虽很早就布局流媒体渠道，但之前的 HBO GO、HBO NOW 服务进展较为缓慢。从订户规模看，截至 2018 年 2 月，HBO 在美国只拥有约 500 万流媒体用户，在全球拥有约 1.42 亿有线和流媒体用户。② AT&T 作为通信企业，更重视数据、流量与平台思维，在运营理念上与传统媒体企业有很大差别。它打破 HBO 一贯的"小众、稀缺、独家、精品"的定位，叫停 HBO 旗下原有的一些小众流媒体订阅服务，如 FilmStruck、DramaFever、Super Deluxe，③ 对流媒体平台 HBO Max 的发展方向做了新的规划，要求 HBO 快速制作、上架不同类型的和更大众化的内容，以量取胜，以吸引更大规模的、更广泛的用户群，延长客户留存时间，增加付费订户的转化率。④ AT&T 希望扩展用户数量及其参与时间，得到更多用户数据和信息，进而能优化广告模式和订阅模式，以发展旗下营业利润率极高的 Xandr 数字广告业务，获得更多利润。⑤ 不过，HBO 能否完成任务，制作更多受大众喜爱的爆款视频？在走向更广泛受众的同时，HBO 品牌是否会因此被稀释？HBO 过往基于精品的高定价策略使得对流媒体平台的收费居高不下，比起竞争对手 4.99 美元、6.99 美元、12.99 美元的月费，华

---

　　① CnBeta. DC 类 Netflix 流媒体服务明日上线：除了电视剧、电影，还有数字漫画［EB/OL］.［2020-04-30］. https://www. sohu. com/a/253998854_999 56743.

　　② 清华全球传播. 2018 年美国传媒产业发展报告［R/OL］.［2020-04-30］. http://www. ttacc. net/a/news/2019/0624/57266_4. html.

　　③ 执惠. 年投资 130 亿美元，Netflix 与巨头的流媒体大战一触即发［EB/OL］.［2020-04-30］. https://new. qq. com/omn/20181129/20181129A10FI4. html.

　　④ 钛媒体. 易主后的 HBO 还能拍出《权力的游戏》吗？［EB/OL］.［2020-04-30］. https://baijiahao. baidu. com/s? id = 16384798 27811048919&wfr = spider&for = pc.

　　⑤ HBO 遭 AT&T 施压："优质头部内容"战略或将被"更多内容"取代，目标是比肩 Netflix［EB/OL］.［2020-04-30］. https://mp. weixin. qq. com/s/uck Db01kd9vFHeUyWeBTyg.

纳高达 16~17 美元的订阅费是否具有优势?① 诸如此类的问题,都给华纳传媒新一轮的融合带来了风险与阻碍。

其中,海量内容与稀缺注意力的巨大落差无疑对内容分发环节提出了更高的要求,因此定向精准传播日益凸显出重要价值。为了提升公司在移动端分发个性化内容的能力,华纳传媒曾多次收购相关的应用程序开发企业。2011 年,特纳广播旗下的 CNN 以 2000 万美元的价格收购 iPad 个性化智能阅读应用 Zite。Zite 能抓取社交网络上的内容,还能根据用户的阅读喜好推荐内容。② 2019 年,为了布局全新的数字新闻项目,CNN 又全面收购了一家新闻阅读器应用程序开发商 Canopy。这家初创企业擅长个性化发现并保护隐私安全。它将人工编辑与机器学习技术相结合,帮助读者寻找他们真正想看的在线内容,并能很好地保护个人的隐私数据。CNN 计划将此优势用于即将推出的新闻与信息平台 NewsCo,以便为用户提供个性化的数字新闻服务。③

2.2.4　基于优质 IP,实现多元化运营

华纳传媒赖以生存和发展壮大的决定因素之一,是优质且独家的版权内容。订阅费和版权授权费始终是华纳传媒的重要营收来源。那些大热的 IP 更成为流媒体竞争中的吸睛利器,牢牢攥住一大批付费观众。为了确保 HBO Max 一经推出就能在市场上占据有利地位,华纳传媒分别花费 4.25 亿和 5 亿美元取得《老友记》和《生活大爆炸》的播放权,用于平台独家播出。截至目前,该平台已经拥有众多经典影视剧集的版权,如《老友记》《生活大爆炸》《新

---

① HBO 遭 AT&T 施压:"优质头部内容"战略或将被"更多内容"取代,目标是比肩 Netflix [EB/OL].[2020-04-30]. https://mp. weixin. qq. com/s/uckDb01kd9vFHeUyWeBTyg.

② 韩晓宁,王军. 国际传媒集团经营发展及战略转型分析[J]. 现代传播(中国传媒大学学报),2014,36(6).

③ CNN Acquires Canopy to Accelerate the Development of Its Forthcoming Digital News and Information Platform [EB/OL].[2020-04-30]. https://cnnpressroom. blogs. cnn. com/2020/04/07/cnn-acquires-canopy/.

鲜王子妙事多》《瑞克与莫蒂》《南方公园》，以及《哈利·波特》系列电影、DC 漫画公司的超级英雄电影、《龙猫》《千与千寻》等所有吉卜力动画电影，还有 BBC 的节目等。①

　　华纳传媒能建立起庞大、丰富的内容资源库，与它强大的精品原创制作能力密不可分，但更离不开它的"一个内容，多次开发，多个产品，多个渠道"的集约化资源利用模式，即：深度培育、沉淀有价值的头部经典 IP，通过时间、空间等叙事元素的置换进行翻新或再创作，增加故事的多元性，以持续输出多个原创系列，并将之开发为杂志、图书、电影、电视剧、动漫、游戏等多个类型的产品，通过各个平台与渠道分发传播，扩大影响力。这种基于强势内容资源的深度挖掘与跨媒介互动，不仅显著提高了内容资源的利用率，降低了内容开发成本与试错成本，且不同媒体之间的协同效应大大增强了"讲故事"的效果，强化了虚拟人物形象，塑造出一部部历久弥新的经典之作。进一步，华纳传媒成功地将这种优势效应从虚拟世界延伸运用至现实生活，极尽版权商业化变现的各种可能，包括建立主题乐园，授权制作、销售玩具，开设展览，与其他商家合作设计、销售衣服、鞋子等各种实体产品等 IP 衍生、利用方式，收割长尾收益。而这反过来又会增强观众对影视内容和虚拟人物的喜爱与追捧，促进付费订阅观看。例如，HBO 将乔治·R. R. 马丁创作的一卷不温不火的《权力的游戏》改编成电视剧，2011 年首播后迅速风靡全球。多年来，HBO 持续深耕《权力的游戏》，使之成为全球现象级的顶级美剧 IP，不仅名利兼收，更为华纳传媒在应对未来挑战时增加了一张"王牌"。

　　此外，HBO 十分擅长利用社交工具制造有关剧集的热点与话题，通过高频度、无死角的"病毒式"宣传发行增加《权力的游戏》的曝光率和受众关注度。比如，为虚拟人物"瑟曦女王""龙妈丹尼莉丝"设立社交账号；第 5 季上线前在推特上刷屏#Catch Dragon#；第 7 季上线前在 Facebook Live 上举行冰块融化直播；美国总统大

---

　　①　2020 年上线的 HBO Max,为什么收费这么贵？［EB/OL］.［2020-04-30］.https://mp.weixin.qq.com/s/uckDb01kd9vFHeUyWeBTyg.

选时发起"维斯特洛选举"话题；官方直接在社交媒体上对剧情吐槽，等等。HBO 还巧妙地运用播出前"意外流出正片"的手段为电视剧正式上线预热造势，促使很多观看了部分提前泄露的视频的观众付费订阅正版。① 在《权力的游戏》第 8 季开播首周，HBO NOW 和 HBO GO 共获得 170 万新增用户。

围绕《权力的游戏》IP，HBO 从人物、场景、服饰、道具等维度进行了全方位的衍生开发。2019 年第 8 季全部完结后，HBO 就开始筹备拍摄 10 集的前传系列作品《龙族》(House of The Dragon)，以续写传奇。游戏方面，HBO 与知名游戏工作室合作，陆续开发出多款主机游戏，近几年又发行了《权力的游戏：凛冬将至》《权力的游戏：征服》《权力的游戏：长城之外》三款手游，凭借精良的制作水准畅销于苹果 App Store 和谷歌 Google Play 两大应用商店。游戏中的故事线往往与电视剧相近但又有所差异，这样玩家能在游戏中与剧中的主要角色并肩作战，享受观剧之外建立起来的亲密感。② 游戏独具的互动性体验也反哺了电视剧，二者互相导流。线下，HBO 授权手办、服饰、彩妆、手机壳、生活用品、剧中等比例地图、主角雪诺的剑、玩具、邮票、食品、酒品、球鞋等多个产品，以实现优质 IP 的效应和价值。这些产品获得了众多"权迷"的支持，销量火爆，并可再次促使粉丝与剧中人物和内容发生互动，加强粉丝对 IP 的认可与喜爱。比如，2019 年 3 月初在《权力的游戏》最终季开播前，帝亚吉欧集团得到 HBO 授权，推出了一套《权力的游戏》主题联名威士忌，内有 8 支酒，分别对应《权力的游戏》中七大家族和守夜人军团。③ 除此之外，HBO 还开设快闪店、主题餐厅、酒店，《权力的游戏》大型沉浸式音乐会、主题公

---

① 《权力的游戏》最终季定档 414，IP 营销与衍生产业链之歌［EB/OL］．［2020-04-30］．https://baijiahao.baidu.com/s? id = 1629991455566919227&wfr = spider&for = pc.

② 《权力的游戏》最终季开播：IP 印钞机的全球吸金记［EB/OL］．［2020-04-30］．https://mp.weixin.qq.com/s/c3jGdw33rjiCqivMSqUsEw.

③ 全媒体研究所.《权力的游戏》最终季开播，这部神剧究竟多赚钱？［EB/OL］．［2020-04-30］．https://www.sohu.com/a/308552163_609520.

园等，吸引粉丝多次消费。简而言之，HBO 将《权力的游戏》IP 的商业变现做到了极致，成功将与剧集有关的各种因素植入粉丝生活的方方面面，全面激活观众的购买力。

华纳传媒在影视娱乐领域已经形成了一套较完整、成熟的 IP 商业模式。以旗下的 DC 漫画公司（以下简称 DC）为例，这是世界上最大的漫画和图画小说英语出版商之一，起家于漫画刊物，后逐步打造出蝙蝠侠、超人、神奇女侠、海王、闪电侠、绿灯侠等超级英雄和正义联盟、美国正义会社、末日巡逻队等超级英雄团队。① 多年来，凭借着对优质 IP 的持续运作，DC 一直屹立于北美漫画市场，那些招牌英雄角色已是其重要的文化符号。DC 通常先基于漫画、动漫传递故事，塑造角色，培育 IP；再利用人物故事开发出相关的动画电影、真人电影、电视剧、游戏等，面向更大的受众群体进行推广，扩大影响力，沉淀 IP；最后，内容出圈，落地到线下实体世界，探索 IP 衍生的各种可能，包括定期举办周年主题展与粉丝共同狂欢娱乐，以自营或授权知名产品品牌、联名合作的形式出售周边、手办、3C 等商品，以此延展 IP 的生命周期、影响力和价值。

DC 的过人之处在于它能塑造出超级 IP，充分挖掘其中的内容价值，与时俱进，持续不断地输出好内容。一方面，DC 引入平行宇宙的概念，各英雄在不同时空下有着独立的故事线，互不干扰，而有时又让他们身处同一世界，进行合作与对抗。这种独立—联盟的叙事模式构建了开放的创作空间，核心人物间的无限可能也激发了读者的好奇心与想象力。另一方面，世代更迭，原先的受众群体逐渐老龄化，过于繁杂的历史剧情会增加年轻一代观看视频的门槛；而且，新一代受众在英雄形象、人格特质、剧情偏好等方面也有不一样的要求。面对时间的考验，DC 会适时地梳理庞大的故事线，对所有超级英雄的世界进行重启，便于抒写新的故事；人物形象会在原有形象的基础上作调整，迎合时代的审美风尚；角色的来

---

① Company Overview［EB/OL］.［2020-04-30］. https://www.warnerbros. com/studio/about/company-overview.

历、背景、能力等也会被改写；还会对风格作出相应调整，如从高度理想化走向现实。正是在内容上不懈地归零、翻新和再创作，使得 DC 旗下的超级 IP 有着旺盛的生命活力，能一直抓住新生代的用户。

直到今天，纸质漫画依然是 DC 的基石与顶梁柱，维系着一批忠诚的粉丝。漫画期刊的销量可以清楚展现出受众反应，因此，只有经受住付费检验、拥有自我造血能力的漫画内容才能流转至后端环节。为了促进销售、巩固品牌效应，DC 高度重视漫画发行渠道的协调布局，多管齐下。其常规版本主要交由北美最大的漫画发行公司钻石发行公司（Diamond Comic Distributors）出版并销售给下游书店；单行本、电影本和幼儿本等非常规版本由兰登书屋专营；直接面向读者的订购业务则由 Strategic Fulfillment Group 公司负责。进入数字时代，DC 也顺势将内容搬上新媒体渠道。读者可以在 DC 的漫画 App、网站、流媒体平台或 Google Play、Comixology 等合作平台阅读数字漫画。但是，DC 始终鼓励读者看完数字漫画后去阅读或收藏纸质版，也就是说数字漫画更多被当作互补手段，主要还是服务于传统漫画。①

2007 年，DC 注意到漫画 IP 的价值后，开始着力将平面漫画故事改编为动画电影，并针对成年观众创建更大尺度、风格更为成熟的 DC 宇宙原创动画电影（DC Universe Animated Original Movies，DCUAOM）。这些电影主要以录影带的形式发行。2013 年前后，DC 意识到漫威电影的威胁，于是基于 DC 宇宙在真人电影上发力，制作了《钢铁之躯》《蝙蝠侠与超人：正义的黎明》《自杀小队》《神奇女侠》《正义联盟》等电影，将超人、蝙蝠侠、神奇女侠等形象推上大荧屏。不过，由于落后了 5 年，DC 在荧幕上的表现虽也抢眼，但票房和口碑都远不及竞争对手漫威。于是，DC 又将目光转向付费点播，在 2018 年 9 月 15 日上线 DC UNIVERSE 流媒

---

① 李泽．垄断的"英雄 IP 帝国"，盛世下的挑战与隐患——DC 漫画［EB/OL］．［2020-04-30］．https://mp. weixin. qq. com/s/o88etWhjHTFdZT TmgXGJQA.

体平台。只需每月 7.99 美元或者每年 74.99 美元，粉丝们就能享受到 DC 独家的原作和动画系列，经典的电视剧、电影，以及 DC 每日秀栏目，并且未来《少年正义联盟：局外人》《哈利·奎因》等人气系列都将在该平台亮相。①

为了让粉丝们在阅读和观影之余有更深的互动体验，增强身处 DC 宇宙的真实感，DC 从 1982 年起就授权游戏工作室开发了多款电子游戏，如《超人》《蜘蛛侠》《蝙蝠侠》，并于 2005 年将电影《蝙蝠侠：侠影之谜》改编成手机游戏，试水移动端。初期 DC 只是利用漫画英雄的形象发行一些浅显的固定格斗游戏，主要目的还是服务于其他内容产品。直至 2009 年，《蝙蝠侠：阿卡姆疯人院》游戏突然大火，因在同类型游戏中评分最高而荣获吉尼斯世界纪录，DC 才日渐重视漫画改编游戏。后来整个《蝙蝠侠》系列游戏备受欢迎，一扫大众对漫改游戏体验差的认知。DC 在改编游戏时，仍会选择内部专业人士执笔游戏脚本，故事不一定沿用原作，但游戏中的场景都会呼应原作，并由电影版的演员为相关角色配音，力求影游联动。

此外，DC 还在官网上建立网上商城和线下实体商店，出售品种繁多的授权商品，其中包括动漫中各个角色的玩偶、半身小雕塑，象棋之类的玩具，T 恤、睡袍、外套、鞋帽、袜子、围巾等服饰、水杯、海报、文具、珠宝、手机壳、手机指环、个性化礼物等日常家居生活用品，以及雨伞、钱包、背包等外出旅行用品等。

3　小结

从预判信息技术与互联网将颠覆传统影视娱乐产业，到如今大手笔布局流媒体，华纳传媒在数字化转型之路上已探索了近二十年。我们能够发现，这家百年传媒集团正逐步走出困局，积极把握

---

① CnBeta. DC 类 Netflix 流媒体服务明日上线：除了电视剧、电影，还有数字漫画 [EB/OL]. [2020-04-30]. https://www. sohu. com/a/253998854_999 56743.

融合发展带来的新机遇，以保持领先地位。

基于对过往经验教训的总结，华纳传媒愈发坚定无论什么时候，企业的生存之本始终是内容，并外化为通过开发新技术和商业模式来创建吸引观众的影视产品与服务这一内容聚焦战略。华纳传媒立足于多年来在内容和品牌上的长板优势向外多面发散、延伸，剥离非核心业务，专注华纳兄弟、HBO、特纳等几大支柱部门的合作、借势与协同，创作更多优质内容。为此，华纳传媒进行了合并冗余部门、重组组织架构、任用有新媒体工作经验的高管等一系列管理层面的调整。

华纳传媒一直重视技术、媒体与内容之间的碰撞，以用户需求为指导，寻找新技术、新媒体的应用契机。主要体现在三个方面：第一，时刻把目标用户的需求置于第一位，将媒体实验室的实证模拟研究和大数据分析相结合，以更精准洞察、掌握受众的内容消费特性，开发更多爆款作品，同时利用数据驱动品牌营销活动，优化广告效果。第二，对内容的生产、存储、管理、营销、分发等流程进行数字化升级，创新生产方式，大力建设流媒体平台，实现个性化精准分发，以迎合未来视频观看的发展趋势。第三，能持续开发好、利用好、保护好优质 IP，围绕头部 IP 跨媒体深度、长久地进行开发，将其做精做深，并基于内容实现跨界融合，延伸产业链，利用丰富多样的衍生产品触及更多用户，提升商业变现能力。

基于华纳传媒的转型历程，可发现西方传媒出版集团在应对融合发展问题时存在某些相似之处，具体分析如下：

第一，新时代背景下，内容与品牌仍是传媒出版企业发展的基石与市场竞争的制高点。华纳传媒、贝塔斯曼、迪士尼等传媒集团都大力盘活既有的优质内容资源，对头部经典 IP 进行翻新、再创作，开发成动漫、电影、电视、游戏等多种媒体产品形式，满足大众新的媒介消费需求，持续释放内容价值；同时采取加大对内部创作团队资源投入、主动与其他内容创作者合作、直接购买优质内容或发挥 UGC 作用等多种手段，保证能不断输出多元化的原创内容，牢牢吸引住受众的注意力，塑造更多顶级 IP，扮演好内容供应商的角色。它们擅于对有价值的 IP 进行深度运作，打造多样性经济，丰富收入来源，延长内容的生命周期。

第二，高度重视目标用户的需求变化及新技术、新媒体对内容生产和分销方式的变革。随着受众转向互联网和移动终端，西方传媒出版企业纷纷布局新媒体业务，集中资源开发新媒体产品和服务，加快数字分发渠道的建设，不断加码流媒体平台建设，以期在新媒体行业的激烈竞争中抢占有利地位；有机整合传统媒体与新媒体资源，发挥跨媒体协同效应，让用户能随时随地以任何方式观看喜欢的内容。传媒巨擘们敏锐地洞察到当下用户对个性化内容和互动性的偏好后，积极引入大数据分析技术、优化推荐系统，以精准投放内容，改善用户体验；它们还善用社交媒体等新兴平台将创作者与受众联结，消除两者之间的社交距离，在传统观看体验之上给予受众一种全新的参与感，最大限度激活其想象力与创造力，利用价值共创实现多赢局面。

第三，借助资本运作迅速、巧妙地提升企业在主流业务上的优势，巩固核心竞争力。这些早期通过大胆兼并和扩张来全面拓展经营范围、走"大而全"规模经济路线的传媒出版巨头们，此时对于并购有了新的理解，过去以规模效应取胜的思路已不再适用，企业需要在某一个或几个特定领域拥有强有力的比较优势，以占据该市场的主导地位。因此，在新的媒体生态下，西方传媒集团纷纷开始分拆、处理那些非核心业务，回收资源使之围绕主业配置；同时，投资、并购内容制作企业、社交网络企业、分发平台企业或新技术企业等可以赋能集团主业的企业，① 进一步强化核心实力。另外，大部分传媒集团都曾在前期发生过因盲目并购、忽视重组带来的管理问题而导致组织效益不尽如人意的情况；然而，近年来它们已能吸取教训，有效做好内部重组与整合工作，为后续的深度融合提供组织保障。

---

① 韩晓宁,王军. 国际传媒集团经营发展及战略转型分析[J]. 现代传播（中国传媒大学学报）,2014,36(6).

《华尔街日报》"无所不在"的数字化战略

唐 翔 张 宁

　　总部位于芝加哥的不列颠百科全书公司在 2012 年 3 月 13 日宣布停印已有 244 年历史的《大英百科全书》，从此改为提供电子版本。① 同年 10 月，美国著名杂志《新闻周刊》也宣布年底发行完最后一期纸质版杂志后，2013 年《新闻周刊》将转移到互联网上，并在全球范围内使用更名后的统一版本《环球新闻周刊》。② 数字化时代对整个纸质媒体带来了巨大冲击，除了图书和杂志之外，当然还有报纸。

　　2009 年 2 月，美国 150 岁的《落基山新闻报》停刊。同年 3 月，美国出版界巨头和多元化传媒集团——赫斯特国际集团（Hearst Corporation）宣布旗下的《西雅图邮报》脱离纸媒，完全转变成为电子报纸。这份具有 146 年悠久历史的报纸在 3 月 17 日出版了最后一期，并在同一天正式运营《西雅图邮报》网络版。③

　　此前，《洛杉矶时报》《芝加哥论坛报》《费城问询报》等多家报业集团申请破产保护。数字技术和新媒体的兴起，加上金融危机，让美国传媒业雪上加霜。然而，在噩耗连连的悲惨情况下，创办于 1889 年的美国发行量最大的报纸《华尔街日报》（*The Wall Street*

---

① 大英百科全书将停印纸质版[N]. 京华时报,2012-03-15(25).

② 杜鹃. 美《新闻周刊》明年改出电子版[N]. 广州日报,2012-10-20(A8).

③ 新华网.《西雅图邮报》脱离纸媒只保留电子版[EB/OL]. [2009-03-17].http://news. xinhuanet. com/newmedia/2009-03/17/content_11025515. htm.

Journal，简称 WSJ）却逆流而上，日发行量和订阅用户不跌反涨。《华尔街日报》到底是如何在数字化新时代下取得如此优异成绩的呢？

1　《华尔街日报》简介

《华尔街日报》是美国一家以财经报道为特色的综合性报纸，具有广泛的国际影响力。三位年轻的记者在 1882 年创立道·琼斯公司（Dow Jones），随着公司业务的发展将编写《致读者下午信》小规模活动变为报纸出版，就这样，《华尔街日报》于 1889 年 7 月 8 日问世了。

1.1　《华尔街日报》的发展进程

该报纸历经了克莱伦斯·巴伦（Clarence W. Barron）、休·班克罗夫特（Hugh Bancroft）、伯纳德·吉尔格里（Bernard Kilgore）三任主编的领导后，在 20 世纪 70 年代，出版了第一份面向亚洲读者的商业经济新闻综合日报《华尔街日报亚洲版》。1979 年，《华尔街日报》成为美国订阅发行量最大的报纸。① 接着 1983 年《华尔街日报欧洲版》在布鲁塞尔创刊，1992 年与赫斯特国际集团合作出版了《华尔街日报》的个人理财杂志——《财智月刊》（*Smart Money*），1994 年出版了《华尔街日报专版》（*The Wall Street Journal Special Editions*），1996 年开始运营《华尔街日报》网络版（online. wsj. com），1999 年开始每周日在美国各大城市发行转载与个人投资理财和职业生涯相关文章的《华尔街日报周日版》（*The Wall Street Journal Sunday*）。

2007 年 6 月 28 日，《华尔街日报》的记者和编辑们做出了让世界震惊的举动，他们拒绝上班、进行抗议，对新闻集团（News Corporation）收购母公司道·琼斯以及公司修改他们劳动合同的计

---

①　华尔街日报［EB/OL］.［2013-04-14］. http://baike. baidu. com/view/226083. htm.

划表示不满。因为他们认为道·琼斯被新闻集团收购后会导致报纸质量下降，难以保证新闻报道的真实性，从而影响《华尔街日报》的发行量。

然而《华尔街日报》并没有像记者编辑们预言的那样。相反的是，《华尔街日报》在鲁伯特·默多克(Rupert Murdoch)的新闻集团的带领下，顶住了数字浪潮的冲击，通过一系列传统变革，在社会影响力上更上一层。2009 年第三季度，《华尔街日报》的发行量正式超过《今日美国》(USA TODAY)，4 月至 9 月的平均日发行量达到 202 万份，比 2008 年同期增加了 1.2 万份。① 2013 年，在美国 593 家报纸总发行量同比减少 0.7%的背景下，《华尔街日报》却在 2012 年 10 月至 2013 年 3 月期间实现了 12%的增长，并且这部分高达 90 万份的增长主要来源于数字订阅量的增加，占到新闻集团报纸总订阅量的 40%。② 2014 年，《华尔街日报》内部开始消减部分岗位，减轻集团负荷以重新部署资源，开始应对逐步白热化的全球竞争。③ 2016 年，《华尔街日报》更是以买断员工合同的方式进行"自愿裁员"。

1.2　数字化发展概况

如今整个传统纸质媒体都开始涉足数字出版，《华尔街日报》的数字化进程在整个新闻报纸领域是备受瞩目的，并且为其他报纸的数字化树立了风向标。2010 年，《华尔街日报》平均日发行量达到 209 万余份，其中包括了电子版发行量 41 万余份，环比增长 0.5%，和美国其他报纸同期发行量相比是唯一一家发行量

---

① 新华网.《华尔街日报》超《今日美国报》成美最畅销日报［EB/OL］.［2009-10-15］. http://news. xinhuanet. com/fortune/2009-10/15/content_12236552. htm.

② 外电:《华尔街日报》发行量蝉联美国第一［EB/OL］.［2013-05-02］. http://news. xinhuanet. com/cankao/2013-05/02/c_132355003. htm.

③《华尔街日报》编辑部裁 40 人,含资深记者［EB/OL］.［2014-07-03］. http://media. sohu. com/20140703/n401741842. shtml.

增长的报纸。① 2011 年 5 月 3 日，美国发行量审计局（Audit Bureau of Circulations）公布数据称，截至 3 月底《华尔街日报》的发行量已增至 211 万余份，包括了电子版发行量 50 万余份，比上年 41 万余份发行量增加高达 21.9%。②

更新至 2012 年 1 月的《华尔街日报》数字版简介里给出了由网站收入在线分析供应商 Omniture 提供的分析数据："华尔街日报数字网络"付费数字用户超过了 130 万，平均每月超过 50 万人次；《华尔街日报》网络版提供免费和订阅内容，每月总的全球读者超过了 36 万人次。③ 2015 年，《华尔街日报》工程师和设计师进驻新闻编辑室，开始着手升级网站的分析功能和进行新功能的开发，并且开始逐步为手机、平板电脑、个人电脑桌面等不同端口设置不同的版面，以增强用户体验。④

《华尔街日报》的数字管理主编拉朱·纳里塞蒂（Raju Narisetti）在 2013 年接受媒体简报网（The Media Briefing，该网为媒体行业提供了实时新闻和信息资源）的采访时提到，目前《华尔街日报》有 230 万印刷版读者，但是网上读者数量高达 6000 万；2013 年 1 月的交易量中有 32% 来自移动终端，一年前的移动终端交易量占 20%，而今后一年将会占到 50%；对于 iPad 平板电脑而言，已有 13 万读者订阅了该 App 应用软件。⑤

① Pompeo J. Wall Street Journal's Circulation Up New York Times' Circulation Down[EB/OL]. [2010-04-26]. http://www. businessinsider. com/wall-street-journals-circulation-up-new-york-times-circulation-down-2010-4.

② Wall Street Journal Remains Number One Newspaper in U.S. [EB/OL]. [2011-05-03]. http://www. dowjones. com.

③ The Wall Street Journal Digital Network[EB/OL]. [2013-04-13]. http://www. dowjones. com/djcom/FactSheets/WSJDigitalFactSheet. pdf.

④ 《华尔街日报》网站改版：七大亮点布局数字版图争夺战[EB/OL]. [2016-05-12]. 人民网研究院, http://yjy.people.com.cn.

⑤ Jackson J. Digital Media Strategies：WSJ Digital Managing Editor Raju Narisetti on the Intersection Between Tech and Content[EB/OL]. [2013-02-19]. http://www. themediabriefing. com/article/2013-02-19/Digital-Media-Strategies-WSJ-head-digital-on-tech-and-content.

拉朱还表示,《华尔街日报》数字化体现在两个方面:一个是免费和付费并行模式,即《华尔街日报》网站一般性财经报道可供读者免费浏览,而深层次分析文章则需要付费获取;另一个重要的数字化策略就是"《华尔街日报》无所不在"(WSJ Everywhere),无论消费者想在何处获取内容,只要他们愿意付费,《华尔街日报》都会在那里。①

2 "无所不在"的数字化策略

《华尔街日报》提出的"无所不在"数字化发展策略可以从发行地区的广泛性、目标读者的细分性、报道内容的丰富性、数字产品的多样性和品牌产品的整合性这五个方面体现出来。

2.1 发行地区的广泛性

道·琼斯的旗舰财经出版物《华尔街日报》报系的"无所不在"策略,除了体现在其纸质版发行范围具有全球性,即分别在美国、亚洲和欧洲出版发行《华尔街日报》《华尔街日报亚洲版》和《华尔街日报欧洲版》并设立相应网站之外,更多的是体现在该报的网络版上。

早在1993年,《华尔街日报》就正式启动了电子版。直至今日,该报纸并不仅仅将纸质版内容数字化成单一的英文版网站运营,而是逐渐地针对9个地区分别开设了9种语言、10种字体的《华尔街日报》网络版,包括拉美地区、巴西、中国、德国、印度、印度尼西亚、日本、韩国以及土耳其(参见表1)。通过《华尔街日报》网络版在线查询的用户可随时获得各类最新商业新闻和分析报道。除此之外,《华尔街日报》还提供诸如个性化界面设置、突发

---

① Jackson J. Interview: Wall Street Journal Digital Chief Raju Narisetti on Innovation, Mistakes and Opportunities [EB/OL]. [2012-12-07]. http://www.themediabriefing. com/article/2012-07-12/interview-wall-street-journal-raju-narisetti.

新闻邮件提醒等独特服务。

表 1 《华尔街日报》网络版的不同语言版本

《华尔街日报》版本	语言	发行时间	内容文本样例
拉美地区	西班牙语	1997	América Latina
巴西	葡萄牙语	1997	República Federativa doBrasil
中国	简体	2002	中国
	繁体	2002	中國
德国	德语	2012	Bundesrepublik Deutschland
印度	英语	2009	The Republic of India
印度尼西亚	印度尼西亚语	2012	Republik Indonesia
日本	日语	2009	にっぽん
韩国	韩语	2012	한국
土耳其	土耳其语	2013	Türkiye

注：各《华尔街日报》语言版本的发行时间信息均根据道·琼斯网的新闻公告"Press Release"整理得来。

《华尔街日报》充分利用了互联网信息容量大、传播范围广且速度快的特点，从开始数字化到现在已逐步建立起 12 个财经新闻网站，针对全球不同地区的金融状况专门为读者提供不一样的金融信息，这样读者能通过自己国家相应的《华尔街日报》网站了解更贴合自身实际生活圈子的财经新闻，从而更准确地进行投资理财活动。另外，不同语种的网站给予了不会英语的读者阅读《华尔街日报》的机会，而《华尔街日报》也通过此举扩大了读者群，增加了发行量。

2.2 目标读者的细分性

从上述 9 种不同语言的网站可以看出，《华尔街日报》"无所不在"数字化策略考虑了不同国家读者的阅读需求,阅读《华尔街日报》不再要求必须熟悉英语了。

《华尔街日报》除了对不同语种的读者提供财经新闻之外,还会依照读者职业、学历等方面的不同进行细分,根据不同的要求和需求提供更有针对性的内容。虽然《华尔街日报》的读者绝大多数是高收入、高学历的金融管理人员,但是该报仍然会照顾其他领域和层次的读者。例如,一般大众读者只是需要了解当今国家和全球金融状况,他们通过《华尔街日报》一系列垂直网站免费浏览各项内容即可。如果是金融投资家、企业高层管理人员等专业人士,则可以采取付费订阅模式,获取更多深刻的、专业的报道。

2013 年,《华尔街日报》在美国的订阅费用为每月 25.99 美元(数字版和印刷版)或每月 21.99 美元(数字版),订阅前三个月一共为 25.99 美元或 21.99 美元,之后每个月再支付同样的费用(具体订阅内容见表 2)。《华尔街日报》是在线阅读收费的先行者,自《华尔街日报》在线阅读成立以来,用户几乎没有过免费阅读的体验,即使是《华尔街日报》互动版,用户能够免费阅读的时间也是少得可怜。付费制度虽然带来了营收的巨额增长,但报纸的网络和移动端的订阅人数却没有丝毫改变。为应对此种情况,2015 年《纽约时报》推出的全新移动版应用 NYT Now 2.0 取消了付费墙,用户在手机上面打开应用就可以随时浏览最新的新闻。① 但具体效果如何,还得看后续经营。

《华尔街日报》中文网络版支持读者用人民币支付订阅,读者可以选择分月订购或一次性按年订购。和美元订购优惠一样,2013年时,如果选择分月订购,读者订购的前三个月一共支付 136 元(数字版)或 417 元(数字版和印刷版),往后每月支付相同金额;

---

① 注重分享《华尔街日报》悄悄改革了付费墙[EB/OL].[2016-09-20]. http://media.sohu.com/20160817/n464666773.shtml.

表2　《华尔街日报》2013 年订阅内容①

订阅版本	订阅费用	订阅内容
数字版	前3个月一共21.99 美元	1. 无与伦比的全天24 小时、每周7 天的国际金融商业新闻 2. 网络、平板电脑、手机等数字产品的完全访问 3.《华尔街日报》"投资证券组合"（WSJ Portfolio），消费者个人投资管理，随时跟踪自己的投资并获得最关键新闻
数字版	之后21.99 美元/月	4.《华尔街日报·钱》（WSJ Money），在充满挑战的今天向消费者提供丰富的财富指导季刊 5.《华尔街日报·周末》（WSJ Weekend），提供更深的最新金融新闻、个人理财咨询、财经评论，改善生活方式 6. 未来4 年里无限制地搜索任何文章与视频资料
数字版+印刷版	前3个月一共25.99 美元	除了上述6 条之外，还有每周6 天《华尔街日报》报纸的投递
数字版+印刷版	之后25.99 美元/月	除了上述6 条之外，还有每周6 天《华尔街日报》报纸的投递

如果一次性按年支付，读者只订购数字版需要支付 1642 元，配套订购数字版和印刷版则需要 5004 元。② 对于金融工作者来说，详细专业的《华尔街日报》订购内容有助于他们的日常工作，是金融投资活动必不可少的参考资讯，不得不订阅。再说订阅费和他们的

---

① 3 Months for the Price of 1Save 67% + Get All Digital Access［EB/OL］.［2013-04-14］. https：//buy. wsj. com/offers/html/offerPrnDn. html? track Code = aap65kk7#pd.

② Subscribe Now，The Wall Street Journal Asia Edition［EB/OL］.［2013-04-13］.https：//secure. wsj-asia. com/rm01/index. php? source = PHOXX3B36AA.

收入相比实在微不足道。

并不是只有成年人才能阅读《华尔街日报》,孩子同样可以阅读。《华尔街日报》于1991年推出的教室版(The Wall Street Journal Classroom Edition),在每年9月至次年5月期间出版,以大、中学生为目标读者,每月定期提供财经、职业、生活、科技、媒体、体育、创意等报道,文章大部分内容来自《华尔街日报》,会改用通俗易懂的词语重新编辑,再搭配图表和插图以便学生进行浏览和学习。

从上文可以看到,《华尔街日报》的读者范围十分广泛,无论是不同地区还是不同种族,无论是普通大众还是财经专家,无论是在读学生还是从业人员。《华尔街日报》将其读者群进行细分,根据不同类型的特点丰富自身内容来吸引和保持读者,从而在数字化时代成功地扩大了读者群,增加了发行量。

2.3 报道内容的丰富性

内容是报纸的生命,内容的多少和好坏直接决定报纸是否能持续经营。《华尔街日报》数字化策略"无所不在"更是体现了内容的重要性。

《华尔街日报》为了吸引更多的读者群,必须满足其广大不同读者的需求,提供丰富多样的报道资讯。其"无所不在"的数字化策略不仅体现在地区和读者覆盖面上,还体现在财经内容覆盖面上。

首先,各网络版的内容栏目设置多样。《华尔街日报》美国版、亚洲版和欧洲版相对应的网站在栏目设置上大体保持一致,但仍会根据地区特点有稍许改变。基本相同的栏目有"国际""商业""金融市场""科技""文化生活""观点"等。不同的是每个网络版会根据地区范围设置具有代表性的国家栏目,例如美国版的栏目设置了"纽约",亚洲版的栏目设置了"中国""印度"和"日本",欧洲版的栏目设置了"英国"。

其9个语种网站的栏目设置也同样符合上述的特点。以《华尔街日报》中文网络版为例,有着以上所说的相同栏目设置,即"国际""金融市场""科技"等，也有新的栏目"奢华人生"，将美国版"文化生活"(Life & Culture)栏目里的相关内容抽出来组成了"时尚""华宅""旅途""驾驭""美食""乐事"六个方面。"奢华人生"栏目更有利于时尚品牌在《华尔街日报》网络版上投放广告。

其次，网络版话题和报道具有地区代表性。例如2013年《华尔街日报》中文网络版首页给出了中国当时热门话题如"2013年全国两会""中国领导层换届""中国新经济刺激计划"等，新闻报道了"中国信用评级下调未能阻止人民币升值"等最新财经资讯。由于某些原因，此中文版现已无法使用。

2.4　数字产品的多样性

数字化时代怎么少得了对数字技术的应用?《华尔街日报》认为，读者一般在早餐闲暇时间坐着阅读报纸，其他时间更多的是使用移动终端，《华尔街日报》"无所不在"的数字化策略就是保证读者可以在任何时候、任何地点、通过任何方式浏览到《华尔街日报》的各种内容。因此，《华尔街日报》结合智能手机和平板电脑逐渐推出了手机网站和一系列App应用软件。

《华尔街日报》纽约的数字首席产品官丹尼尔·伯纳德(Daniel Bernard)说道："我们相信《华尔街日报》应该是无所不在的，无论它是一个应用程序、手机网站、平板电脑应用程序还是计算机上的网站，关键是在这种环境中能够设计得合乎用户体验。"①

读者通过iPhone访问《华尔街日报》网站"wsj. com"时，会自动跳转到相应的"m. wsj. com"手机网站，用iPhone就能阅读整个《华尔街日报》的财经新闻、分析、观点、图片和视频等。手机网站在iPhone上的显示看上去十分简单(参见图1)，这是《华尔街日报》故意为之，该报拒绝将电脑网站照搬到手机网站中是因为时刻记住用户使用智能手机和平板电脑时的需求，页面中太多信息必然

① Khan M A. Wall Street Journal Debuts Mobile Site with Intentional Design Approach[EB/OL].[2013-04-12]. http://www. mobilemarketer. com/cms/news/media/14798. html.

会导致网页加载速度变慢，智能手机和平板电脑的屏幕也不适合阅读复杂版式的内容，所以《华尔街日报》手机网站的简洁设计更方便读者使用。

图 1　2013 年《华尔街日报》iPhone 手机网站界面

App 应用软件相比手机网站来说开发得更为齐全。安卓（Android）操作系统的智能手机和平板电脑、苹果的 iPhone 和 iPad、亚马逊的 Kindle Fire 以及蓝莓（Black Berry）智能手机都有《华尔街日报》相对应的 App 应用程序，而且不仅有《华尔街日报》的 App，还有将其中的一个栏目单独制作而成的 App 应用。

例如《华尔街日报》直播（WSJ Live）和招聘资源网 FINS。WSJ Live 是《华尔街日报》结合数字化开发的新栏目，读者可以通过网站上 WSJ Live 栏目观看财经信息视频，对报纸上的报道内容进行补充拓展。WSJ Live 可以通过 iPhone、iPad 观看，也可以通过电视进行数字节目订阅。《华尔街日报》在安卓手机的 App 应用软件有 FINS，可以通过该应用搜索到最新职业新闻、建议和工作机会。对于从事金融、科技、市场营销的人员以及本科毕业生、工商管理硕士（MBA）来说，FINS 都是十分有用的。

2.5 品牌产品的整合性

又一个体现《华尔街日报》"无所不在"数字化策略的方面是"华尔街日报数字网络"（The Wall Street Journal Digital Network，WSJDN）。"华尔街日报数字网络"包含了《华尔街日报》旗下一系列产品，即旗舰品牌《华尔街日报》三个网络版、《华尔街日报》九种语言版。

"华尔街日报数字网络"还整合了《华尔街日报》母公司道·琼斯的其他品牌产品。市场观察网站（MarketWatch）、大图表数据网（BigCharts）、虚拟股票交易所（Virtual Stock Exchange）、数字资讯网 AllThingsD、专业财经杂志《巴伦周刊》（*Barron's*）和《财智月刊》（*SmartMoney*）的网站以及前面所提过的招聘资源网 FINS 等，都通过《华尔街日报》网站连接起来，有的是在金融方面相关联，有的是在新闻方面相关联。

市场观察网站是一家财经新闻类网站，为用户提供商业新闻、金融信息和财经分析工具。大图表数据网就是 MarketWatch 的一款产品，是世界上投资相关信息最全面且最容易使用的免费投资研究网站，提供了专业级金融研究工具，用户可以结合互动式图表、股票行情、市场分析及新闻评论等丰富自己的金融研究。虚拟股票交易所是另一款 MarketWatch 的产品，它本质上是一款游戏，用户可以在其网站上进行虚拟的股票交易，从而来了解和熟悉股票市场。数字资讯 AllThingsD 是一个提供与技术、互联网和媒体相关新闻、分析和观点的网站。

"华尔街日报数字网络"与以上这些道·琼斯的其他品牌产品进行整合，通过《华尔街日报》网站链接形式进行对接，使得所有产品不再是独立的个体，而是形成了一个整体并且相互影响、互利互惠。

3 报网一体与社交互动

报纸和网站一体化是报纸数字化道路上被广泛采用的一种方式。报纸刚开始进行数字化探索时，都是将印刷版报纸的内容照搬到网站上，内容一样且免费浏览，导致了纸质报纸发行量的急剧下滑。渐渐地，报纸开始重视印刷版和网站间的互补关系，将网站内容作为对报纸新闻报道的补充和扩展。《华尔街日报》正是这样做的。

《华尔街日报》"报网一体化"首先使报纸和网站在风格上保持一致，报纸和网站的栏目设置是相同的，排版设计、色调风格方面也是相呼应的。其次，《华尔街日报》最著名的新闻写作形式"华尔街日报体"也被采用到网络新闻报道的写作中，即开头先讲述与主题相关的人和事，通过这个人引出所要报道的新闻内容，然后一步步地展开描述、深化主题，使抽象枯燥的新闻变得更有吸引力。再次，《华尔街日报》网站仍然通过"今日报纸"（Today's Paper）栏目向读者提供数字化后的印刷版内容，只不过仅能浏览最近 90 天的报纸。最后，由于网站时效性强、信息容量大，而报纸有利于反复阅读，携带也更方便，所以《华尔街日报》在网站上刊登即时信息，而在报纸上则刊登深度报道，并且将报纸和网站的内容关联起来，引导读者阅读，例如显示"更深内容请阅读报纸"或"更多内容请登录网站"等提醒。

当社交网站变得火热的时候，《华尔街日报》也紧跟潮流，在 Facebook、Twitter、Instagram（图 2）上创建了账号。《华尔街日报》开通这些社交媒体账号并不是为了简化新闻内容、将其转移到社交网站，而是希望通过社交网站的宣传来挖掘更多的潜在读者点击《华尔街日报》网站进行内容浏览，甚至订购《华尔街日报》的系列数字产品，来提高发行量，增加营业收入。

图 2 《华尔街日报》Instagram 主页

4 小结

《华尔街日报》的成功少不了其与时俱进、果敢创新的"无所不在"数字化理念。与时俱进是建立起相应的美国版、亚洲版和欧洲版英文网站；果敢创新是为了满足不同国家读者的需求逐渐建立九种不同语言的网络版。与时俱进是《华尔街日报》及时改变了数字化时代的传播观念，厘清了报纸和网站的互补扩展关系，报道内容不同但相关联，而不是一味地将纸质版内容照搬到网站当中；果敢创新是建立起"华尔街日报数字网络"，将一些报纸网站连接到一起，还把母公司道·琼斯其他品牌整合到了一起。与时俱进是《华尔街日报》开发了许多数字产品并提供网上订阅服务；果敢创新是对订阅产品收费，通过更深层次、更专业化的高质量内容让付费读者觉得物有所值。

　　《华尔街日报》"无所不在"数字化策略为国内外其他报纸的数字化起到了重要的引导和借鉴作用。

国家地理与中国国家地理期刊
网站运营模式比较
——传统期刊出版商新媒体发展探析

丛　挺　赵雨婷

1　内容组织

新媒体时代，如何进行合理的内容组织，实现内容资源的增值转化，是期刊运营发展的核心问题，而处理好这一问题的关键在于提高资源整合水平、掌握多媒体技术应用能力以及丰富资讯传播策略等。本文将从这三个方面对国家地理和中国国家地理期刊网站的内容组织进行比较分析。

1.1　资源整合

国家地理网站通过对旗下《国家地理·旅行家》《国家地理·探险》《国家地理·探险者课堂》《国家地理·儿童版》等众多期刊资源进行有效整合，打造出摄影、视频、科学、旅行、探险、动物、环境、历史、文化等主题栏目(参见表1)。网站根据自身资源优势，结合网络用户的阅读喜好设置相应的主题栏目及子栏目，比如"探险"栏目根据探险者的实际需求，下设优质评价、冒险家、活动、摄影比赛、带 USOur 指南的旅行、我们的小屋等二级栏目，同时包括珠穆朗玛峰、最新的故事、粉丝投稿等板块活动，静态图片视角、360 度环绕视角都在其接受之列；"文化"栏目则更加强调时效性和特色性，设置了最新出版、来源杂志、特色视频、派遣、照片景象、地图景象等二级栏目。不同栏目具有各自鲜明的主题特征，整体呈现出清晰的层次感。

相比国家地理网站，中国国家地理网的主题栏目更多，包括画廊、景观、谈资、作者、论坛、活动、商城、焦点、杂志、活动、社区、聚焦、征稿、新闻资讯等（参见表1），同样设有二级栏目，如"新闻资讯"就包括地球、太空、动物、史前、生命、科学、环境、能源、历史、考古、悬疑、探奇、旅游、传媒、推广等子栏目。但是从笔者浏览情况来看，子栏目之间存在层次不清晰和重复等问题，比如"新闻资讯"子栏目下的"考古""悬疑""探奇"在一定程度上属于重复栏目，在内容的呈现上必然存在交叉的地方，而诸如这些栏目设置中的问题势必影响期刊网站的美誉度。和国家地理一样，中国国家地理网专门为旗下子刊《中国国家地理》《中华遗产》《博物》设置页面，但是与前者不同的是，后者更多是以传统纸刊思维进行编辑，按照往期杂志的卷首语、封面、目录以及精彩节选等构建栏目，而不是将内容充分打散，结合多媒体元素，整合为新的网页结构。因此，从内容整合的效果来看，中国国家地理网还没有充分实现对资源的优化配置。

表1　国家地理和中国国家地理栏目内容比较

国家地理	中国国家地理
摄影、视频、科学、旅行、探险、动物、环境、历史、文化、儿童等	画廊、景观、谈资、作者、论坛、活动、商城、焦点、杂志、活动、社区、聚焦、征稿、新闻资讯等

1.2　多媒体技术应用

《国家地理》一直以来都非常注重多媒体技术的应用，并将摄影图片作为期刊的重要表达方式，这一优秀的传统在期刊网站上也得到了很好的延续，主要采用图片、音频、视频以及地图等多媒体元素。在其主页上，首先映入眼帘的是大幅高清图片集，读者可以感受到非常强烈的视觉冲击力。其次，主题栏采用了弹出条技术（flyout），用户在未进入栏目的情况下就可通过弹出条方便地了解该栏目的大致内容。最后，网站几乎每一个栏目都会在醒目位置向用户提供视频资源，以动态的方式展现地理风貌。除此之外，国家地理网站还专门建立了独立的视频栏目，下设"特色视频/相关视频""最受欢迎/编辑精选/最新视频"等子栏目，在子栏目下又细分了"探险""动物""环境""历史与文明""Nat Geo 独家报道""人类与文化""摄影""科学与空间""技术""旅行"等板块。"编辑精选"栏目主要是由编辑推选出每日的最佳图片，读者不仅可以欣赏宽幅高清图像，还可将其下载作为桌面背景使用。

作为同样强调多媒体技术应用的期刊网站，中国国家地理网对图片、视频以及地图等视觉元素的应用范围和强度都不及国家地理网。在其主页上，居于左侧的是文字信息栏，右侧是滚动图片集，而比之国家地理网整体采用宽幅高清图片，在视觉效果上有非常明显的差别，使读者缺少身临其境的体验。另外，与国家地理网在不同栏目中普遍使用视频元素不同，中国国家地理网将视频内容集中于"影视"栏目，尽管在一定程度上满足了用户获取视频资源的便利性，但却限制了视频元素在整个主题栏目中的表达作用。从最大限度吸引用户的角度分析，期刊网站不仅要广泛地采用多媒体技术，更需要考虑如何实现理想的传播效果。

1.3 资讯传播

Alexa 的全球流量排名显示某一网站的受欢迎程度，是以过去3 个月的时间为界，根据平均每日访问量和页面浏览量来计算的。Alexa 的所在国家排名显示某一网站在一个特定国家的受欢迎程度，是以过去 1 个月的时间为界，根据平均每日访问量和页面浏览量计算得出的。Alexa 2017 年 5 月数据显示，国家地理网的全球流量排名为 1146，相比于之前 3 个月的排名，下降了 93 位；而中国国家地理网则刚好相反，虽然全球流量排名为 54845，较国家地理网有较大差距，但却在过去 3 个月的时间里上升了 12823 位的排名，进步明显。观察图 1，可以看到两者在用户宏观影响力上的明显差距，这种差距源于中国国家地理网在关键词优化、原创内容制作以及内容更新频率等建设上的不足；但是在单用户浏览页数这一指标上，中国国家地理网波动幅度较大，整体上高于国家地理网，这也说明前者在维持现有用户关注度方面还是有其成功之处的。

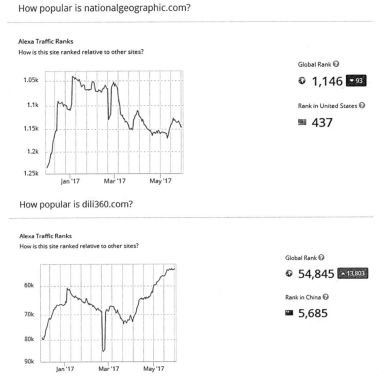

图 1　2017 年国家地理网和中国国家地理网访问率比较

　　国际化方面，《国家地理》一直坚持国际化的期刊定位，早在1995 年就出版了第一个外文刊（日文）；而具有鲜明本土特征的《中国国家地理》事实上也一直致力于开发国际市场，2009 年 4 月《中国国家地理》英文版正式创刊，是第一个面向全球读者发行的中国地理出版物。从 Alexa 的用户访问数据（2017 年 5 月）来看，国家地理网除了美国本土占据 50.4% 的流量，其他来自印度、加拿大、英国、日本等国的流量分别占到 4.8%、3.9%、3.8% 和 2.9%。而中国国家地理网来自中国大陆的流量占到 93.7%，相比于 2013 年1月的比例下降了 3.8%。① 由此可见，两者在国际化程度上有显著差距，从拓展国际影响力的角度看，后者网站应当在传递中国元素的文化时更多强调国际化的传播理念与表达方式，以提升国外读者对其关注程度。

2　服务功能

与传统出版环境相比，结合期刊内容所打造的完善服务已成为期刊网站运营的关键之一，其服务功能具体表现在搜索服务和个性互动服务两个方面。

2.1　搜索服务

随着期刊网站内容的不断丰富，提供理想的搜索服务已成为满足用户信息需求的核心环节，这里从搜索的范围和精度两方面比较分析两个网站的搜索服务。

搜索范围方面，国家地理网的搜索服务主要分为两类：其一是针对全站提供的搜索服务，同时可以选择时间搜索(参见图 2)；其二是针对子栏目提供的专门搜索服务(参见图 3)。中国国家地理网也有三类搜索服务：第一类是对不同栏目的集成搜索，包括资讯、日志、论坛、商城等栏目；第二类是对各板块提供的专门搜索服务；第三类就是由百度技术提供的站外搜索。以作者栏目为例(参见图 4)，中国国家地理网设置了"全部作者"和"认证作者"分类检索入口，然后又设置了人名首字母检索入口，还设置了作者名称检索入口，在最大限度上给读者提供了便利，满足了读者多样化的检索需求。从搜索范围看，两者基本都覆盖了各自的期刊资源，但是从细分搜索范围的角度来看，国家地理网的检索服务显然更易于读者集中搜索范围，以快速地获取信息。另外，对于网站的核心栏

---

① 数据详见 Alexa 官方网站 www.alexa.com。

目——视频栏目，国家地理网提供给读者针对性的搜索服务，结合页面左边的导航栏，提高视频搜索的效率和精度；相比之下，中国国家地理网则缺乏对特殊资源的搜索服务，且下设栏目过多，不方便读者快捷地获取信息。

图 2 国家地理网按日期检索栏（2017 年）

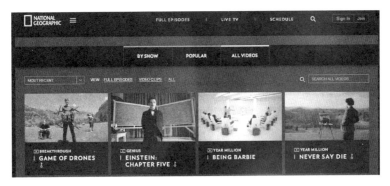

图 3 国家地理网视频检索栏（2017 年）

搜索精度上，国家地理网的搜索服务可以按摄影、视频、地方、通道、杂志和新闻进行细分，借助这样的搜索工具，读者可以比较精确地查找到相关信息。在这方面，中国国家地理网的搜索服务与其相比，还存在差距。2017 年时，笔者以"奥运会"为关键词进行搜索，返回的结果如图 5 和图 6 所示。中国国家地理网的前 4

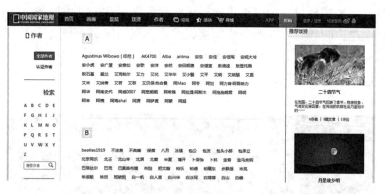

图 4　中国国家地理网栏目专门搜索服务（2017 年）

条结果"走进奥运训练基地""奥运风帆将来时""鸟之巢""奥运火炬接力"基本是以文字为主，对图片进行简单的描述，并没有任何新意。而国家地理网的返回结果也是如此。因此，国家地理网和中国国家地理网都还需从搜索范围细分与搜索精度两个方面全面提高自身搜索服务的质量。

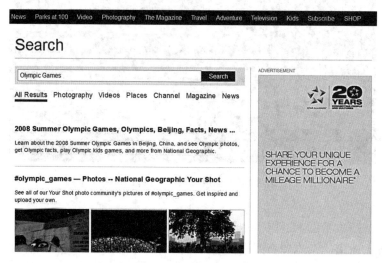

图 5　国家地理网"奥运会"搜索结果（2017 年）

奥运会　　　　　　　　　　　　　　　　　　　　　　搜本站　　搜全网

为您找到相关结果95个

走进奥运训练基地 | 中国国家地理网

2008年北京奥运会日益逼近,而此时此刻,许多运动员却在运动基地里紧张地备战。为什么选择这些地方作为运动基地来进行备战?怎样的自然条件能让运动员们训练出更好的成绩...
www.dili360.com/nh/article/p5350c3da... 2017-5-9

奥运风帆将来时 | 中国国家地理网

2008奥运被称为北京奥运会,但人们往往忽略了帆船比赛是在青岛举行,这次帆船比赛实际上就是作为2008年奥运帆船帆板比赛的预演,安全保卫措施自然也是严格按照奥运会的...
www.dili360.com/nh/article/p5350c3d9... 2017-5-10

鸟之巢 | 中国国家地理网

典型的血状编织巢,在人类的建筑中所对应的例子简直尽人皆知:2008北京奥运会的主会场,名字就叫做"鸟巢"嘛!当然,"鸟巢"的作用还是供人类居住的,人类的住房之...
www.dili360.com/nh/article/p5350c3d9... 2017-5-19

奥运火炬接力 | 中国国家地理网

2007年8月,还有一年,奥运会的圣火就将在北京点燃。4月,北京奥组委公布了火炬接力的计划路线,而就在前不久,奥运火炬手的选拔活动也拉开了帷幕。人们的视线再次...
www.dili360.com/nh/article/p5350c3da... 2017-5-22

2008年11期 | 中国国家地理网

它也是"瑟丽明"的后继者还记得奥运会闭幕式上"伦敦8分钟"吗?具有伦敦风

图 6　中国国家地理网"奥运会"搜索结果（2017 年）

2.2　个性互动服务

　　目前，期刊网站主要通过论坛、游戏等线上活动和 RSS 订阅、E-mail 通告等定制服务的方式，满足用户及时获取信息、互动交流等个性化需求。

　　线上活动方面，国家地理网为用户打造了完善的游戏服务，游戏类型包括战略类、益智类、动作类、家庭娱乐类等，游戏方式有线上单玩家、多玩家以及线下游戏。用户可以通过注册账户的方式设计自己的个性头像，在丰富多彩的游戏世界中，不仅分享快乐，而且收获知识。除此之外，国家地理网还提供 Twitter、Facebook、Instagram、YouTube 等社交网络功能，促进用户线上的互动交流。

　　中国国家地理网也非常注重网站互动性，专门建立"地理论坛"和"地理活动"网络社交栏目，该栏目借鉴曾在国内知名的人人网、开心网的运作方式，用户可以添加好友、写日志、发图片、使用各种道具等；另外，网站还打造出比较完善的论坛栏目，许多有趣的线上或线下活动都能在论坛、活动板块中引起用户的热烈讨论，如论坛板块的"原创摄影""驴游四方"等，活动板块的"2016校园行知客挑战赛""'明眸瞬间'公益摄影展图片征集""最美观景拍摄点摄影大赛"等。通过提供个性互动的在线服务，中国国家地理网赢得了较高的用户参与度。除此之外，中国国家地理网还提供中国国家地理官方客户端、ChinaScenic（英文版客户端）、官方微信、官方微博等新媒体服务。

定制服务方面，国家地理网提供7天24小时的在线杂志顾客服务和更新，用户可以根据自己的需求订阅杂志。根据2017年的数据，数字版《国家地理》的订阅费用为12美元/年，包括iPad、iPhone、Kindle Fire和Google Play等电子版本；印刷版《国家地理》的订阅费用为15美元/年，印刷版PLUS《国家地理》的订阅费用为19美元/年，并且包括iPad、iPhone、Kindle Fire和通过Google Play+在线存档的电子产品（见图7）。中国国家地理网现在主要通过商城入口以付费订阅购买为主，用户可以对《中国国家地理》《中华遗产》《博物》等期刊进行订阅，随时获取更新信息（见图8）。从以上比较来看，两者都在用户个性化服务方面投入了较大的精力，这对维持其用户忠诚度有不少帮助。值得借鉴的是，国家地理网在提供既有个性化服务的基础上，还通过用户在线调查等方式不断完善自身的服务体系。

图7 国家地理网订阅购买页面（2017年）

图 8　中国国家地理网订阅购买页面(2017 年)

3　盈利模式

期刊网站的健康运营离不开稳定的盈利模式的支持，一般依靠广告收入、期刊订阅、相关产品销售以及增值服务收费等。

3.1　广告经营

广告经营方面，国家地理网向广告商提供网站的宗旨、特征描述以及运行相关数据，除了访问量、访问时间等，还涉及网站用户特征的调查数据，如 94% 用户认为该网站信息质量较高，40% 用户更信任在该网站投放的广告。[①]　网站广告形式主要有横幅广告(banner)、视频播放前 15 秒滚动广告、活动赞助等。针对不同的广告形式，网站提出相应的细节要求，比如品牌标志的格式、广告图像的尺寸等。凭借国家地理自身的品牌影响力，诸如 IBM、

---

①　详见国家地理网 www.nationalgeographic.com。

PNY 等国际知名企业都在其网站上投放广告。

中国国家地理网专门针对网络平台发布网络广告刊例，并根据广告效果差异，将网站资源分为首页、资讯前沿以及各栏目代表的 A 类、B 类、C 类资源，具体的广告形式包括通栏广告、按钮广告、弹出窗口广告、流媒体、浮动标识及栏目冠名等。在网络广告刊例中，网站详细规定了每种广告形式的各种资源类别的尺寸规范与价格。哥伦比亚、乐斯菲斯等户外用品品牌与大众汽车等汽车企业都曾在中国国家地理网站上投放广告。

从广告经营情况来看，两者都将期刊网站作为重要的广告发布平台，并为广告商提供比较完善的发布方式，但中国国家地理网还缺乏对网站用户行为的准确描述，在一定程度上会影响广告商的投放选择。

3.2 期刊订阅

期刊订阅是网站经营的重要组成部分，一般包括纸质期刊与电子期刊订阅。出版商可以及时发布订阅信息，通过价格优惠及服务吸引用户订阅，最终依靠完善的支付系统获取收益。

国家地理网推出旗下几款主要期刊的订阅服务，包括《国家地理》《国家地理·儿童版》《国家地理·幼儿版》《国家地理·旅行家》，其中《国家地理》《旅行家》与 Zinio 平台合作向读者提供电子版订阅。这些期刊普遍采取较大的订阅折扣，比如订阅一年《国家地理》将获得 79% 的让利幅度，《国家地理·儿童版》也达到 69% 的让利幅度。另外，国家地理还延续期刊订阅的礼品功能，并且针对不同国家和地区的用户采用分地区定价策略，更好地实现全球市场的拓展。比如在 2017 年，《国家地理·儿童版》由加拿大寄送至美国定价 22 加元，由其他国家寄送至美国则定价 15 美元（参见图 9）。支付方面主要采用 VISA 等信用卡网上支付。

中国国家地理网提供较多的订阅品种，不仅有各类期刊全年 12 期订阅，还有 24 期、36 期订阅；除此之外，还可采取几类期刊的套组订阅，优惠程度依订阅价值增加而上升。当然，与国家地理相比，中国国家地理在让利程度上明显要弱，订阅折扣基本维持在

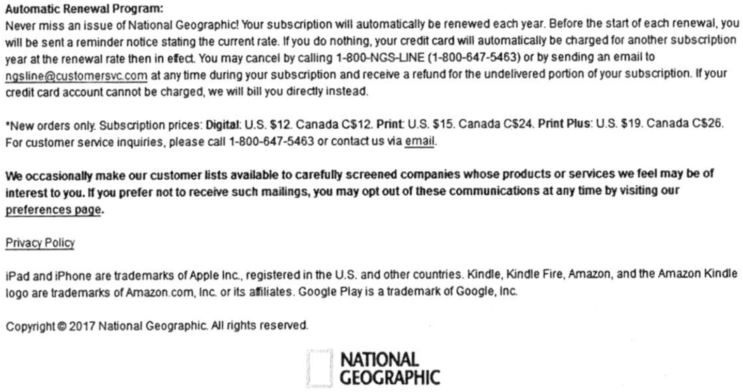

Automatic Renewal Program:
Never miss an issue of National Geographic! Your subscription will automatically be renewed each year. Before the start of each renewal, you will be sent a reminder notice stating the current rate. If you do nothing, your credit card will automatically be charged for another subscription year at the renewal rate then in effect. You may cancel by calling 1-800-NGS-LINE (1-800-647-5463) or by sending an email to ngsline@customersvc.com at any time during your subscription and receive a refund for the undelivered portion of your subscription. If your credit card account cannot be charged, we will bill you directly instead.

*New orders only. Subscription prices: **Digital**: U.S. $12. Canada C$12. **Print**: U.S. $15. Canada C$24. **Print Plus**: U.S. $19. Canada C$26. For customer service inquiries, please call 1-800-647-5463 or contact us via email.

We occasionally make our customer lists available to carefully screened companies whose products or services we feel may be of interest to you. If you prefer not to receive such mailings, you may opt out of these communications at any time by visiting our preferences page.

Privacy Policy

iPad and iPhone are trademarks of Apple Inc., registered in the U.S. and other countries. Kindle, Kindle Fire, Amazon, and the Amazon Kindle logo are trademarks of Amazon.com, Inc. or its affiliates. Google Play is a trademark of Google, Inc.

Copyright © 2017 National Geographic. All rights reserved.

NATIONAL GEOGRAPHIC

图 9　国家地理网分地区定价策略(2017 年)

8 折与 8.5 折之间。另外，网站还推出纯电子期刊《行天下》订阅服务，支持单期购买、3 期订阅、6 期订阅及 12 期订阅，订阅折扣较纸质期刊要大，最低折扣为 5 折。支付方面，包括银行卡在线支付、邮局汇款以及手机支付等。

通过比较发现，两者都积极开发电子版期刊以拓展盈利空间，但在订阅折扣上有较大差距，中国国家地理网尚没有开发期刊订阅的产品功能等盈利点。

3.3　网上商城

随着期刊网站的不断发展，多元化产品的网上销售已成为网站运营的重要环节。从国家地理网上商城销售的产品类型来看，不仅有与期刊内容相关的图书、杂志等(图 10)，还包括地图、地球仪、旅行用品、礼物、服装、儿童用品等非内容类产品。虽然网上商城销售产品种类繁多，但整体上依然是围绕国家地理的品牌向外延伸，并没有脱离其本身的发展理念与宗旨，即鼓励人们探索自然、关爱星球。为刺激销售，各种产品都有不同程度的价格优惠。另外，国家地理还推出针对网上销售的优惠卡，用户使用该卡每次购物即享受 9 折优惠，并按 1 美元 1 个积分累计，累积到 3500 个积分即可换购新商品。

图 10　国家地理网上商城购物窗口（2017 年）

中国国家地理于 2003 年正式推出网上商城，并在 2005 年开通网上支付功能。目前商城销售的产品仍以地理图书与期刊典藏版为主，如《同里——风物中国志系列》《佛堂——风物中国志系列》《空谷妙相》等。在商城首页，用户可以看到推荐商品、最新商品、热销商品、旅游类图书、地图类图书、摄影类图书、科普类图书等栏目，另外还支持用户提交邮箱地址以获取优惠信息。进入商品页面，可看到网站提供的商品内容介绍与其他相关产品推荐，但相比国家地理，中国国家地理网在商品的推介力度上有所欠缺，缺乏图文并茂的产品描述。短期内，后者在网上商城的经营范围和水平上，与前者存在较大差距。

4　启示

通过以上的比较分析，基于国内数字出版发展的现实条件，笔者认为，国内期刊出版商在网站建设及新媒体发展上应从以下几方面寻求突破：首先在内容组织上，应充分发挥网络平台的技术优势，对传统期刊内容进行必要的打散处理，结合优质图片与视频等多媒体元素，最终实现资源的优化配置，拓展期刊品牌影响力；其次在服务功能上，应进一步加强"搜索"这一基本服务的质量，同时积极打造个性互动服务，进一步维持用户对期刊品牌的忠诚度；最后在盈利模式上，应从广告服务、期刊订阅、商城销售三方面入手，加强对广告商的用户数据支持，开发期刊订阅的礼品功能，在增强网络营销水平的基础上逐步拓展网上商城的产品线，最终坚实期刊网站可持续的盈利模式。

美国《石板》网络杂志的经营之道

骆双丽　张　宁

　　技术是媒介形态变化的重要推动力，互联网技术和数字技术的产生与发展为全球化媒介的产生提供了条件，而每一种新的媒介的产生又为人类交往和社会生活开创了新的方式。兴起于 20 世纪 90 年代中期的网络杂志，正是新技术为人类新闻传播带来的福利。在经历约 30 年的白热化竞争和起承转合后，网络杂志基本格局已定，已确立起一些在该领域独占优势地位的赢家。如《沙龙》(*Salon*)、《石板》(*Slate*)和《风尚》(*Style*)等网络杂志，在全球已有大量的忠实读者，影响甚广。它们既是内容的权威，又是其他众多新起之秀的借鉴案例和竞争对象。

　　网络杂志不仅改变了杂志的制作方式和运营模式，更让人们对"杂志"的定义产生了颠覆性的认识。美国《石板》网络杂志自 1996 年创刊至今，二易其主，在探索中不断调整自己的业务和运营策略，成为一份人们一提起网络杂志必提及的成功杂志，其倡导的创作精神和写作方式，也成为新媒体争相模仿的样本。

1　《石板》杂志简介

　　《石板》是美国知名的网络杂志，和《沙龙》并称为网络杂志的鼻祖。就是这份纯网络杂志，曾获得美国国家杂志奖之"在线综合优秀奖"(The National Magazine Award for General Excellence Online)，并作为唯一一本网络杂志入选"期刊 TOP 100"，且于 2005 年被评为仅次于《华盛顿邮报》《纽约时报》和《华尔街日报》的第四大媒体。2011 年,《石板》获得了美国国家杂志奖综合优秀奖,作为完全独立的新媒体形式,《石板》的杰出成绩得到了专业人士的认可。①

1.1 产生及发展

1996 年夏天,《石板》杂志由美国有线电视新闻网(CNN)前主持人、前《新共和》杂志编辑、著名政论家麦克·金斯利(Michael Kinsley)担任总编辑,并在微软公司的资金支持下创刊,曾是该公司 MSN 业务的一部分。由于麦克·金斯利显赫的媒体从业经历和微软的雄厚财力支持,《石板》从筹办初期就一直备受关注,更背负了改造出版业、寻求新的网络媒体运营模式等使命。② 创办初期,由金斯利带领的《石板》杂志团队主要专注于阳春白雪式的政治文化评论,致力于打造一份权威的、严肃的新闻分析和政治评论类网络杂志。《石板》杂志凭借 2011 年的"9·11"事件专题获得了突破性发展,使它长年坚持的政治文化评论在一夜之间大受欢迎。尤其是它在伊拉克战争期间推出的"永别,祖国"(Never Coming Home)系列专题,讲述了美国士兵在伊拉克战场牺牲的悲壮故事。这个专题采用了"新闻图片+声音+文字"的组合,再辅以软件加工,使它既有视频的生动,又充满了文字的细节刻画,同时恪守新闻的专业精神,做到了准确报道、理智分析,且更新及时,在一时之间赢得了惊人的浏览量。据著名数字媒体调查公司 Media Metrix 估算,从 2001 年 9 月至 2002 年 1 月,《石板》的注册用户数量从 220 万暴涨至 420 万,使它从读者数目上可以与同时期的《时代》周刊或者《华盛顿邮报》平起平坐。③ 2002 年 4 月,在雅各布·韦斯伯格(Jacob Weisberg)担任总编后,为促进杂志内容的多元化,《石

---

① 何艳. 美国网络杂志 Slate 以品牌为核心的发展思路分析[J]. 中国出版,2012(14).

② 张琰. 互动多媒体网络杂志:数字化的传媒新品[D]. 河南大学,2007.

③ 十年不足论英雄:从电子杂志鼻祖说起[EB/OL]. [2016-10-08]. http://media.cnhubei.com/cmyj/201609/t3962913.shtml.

板》在新闻分析外还添加了运动、旅游和科技等板块，这使它的读者群从傲慢保守的哈佛毕业生逐渐扩大到普通网民。2004 年年初，《石板》拥有了约 600 万注册用户。①

2004 年 12 月，《石板》杂志被《华盛顿邮报》以 1500 万~2000 万美元的价格收购，作为一个独立的部分继续运营。2008 年 6 月 4 日，Slate 集团组建成立。② 其间，《石板》杂志根据自身业务需求和受众特征进行了几次改版和整合，最终呈现为今天大家所看到的《石板》页面，内容包括了政治、新闻、商业、科技、运动、艺术和生活等，成为全球独家最丰富的评论及时政漫画杂志。根据其母公司华盛顿邮报集团 2012 年的年报显示，《石板》杂志的月均独立访客量达到了 1.27 亿人次。③

1.2　受众定位

作为一份追求权威性和公正性的网络杂志，《石板》始终强调和秉承其"高品质新闻杂志"的品牌形象，由此也可见它的受众定位是接受过高等教育的读者。曾任职于该杂志的编辑塞勒斯·克罗恩（Cyrus Krohn）曾说，《石板》理想的读者应是 30 岁出头的具有研究生学历，且家庭年收入在 8 万美金以上的人群。这一批读者习惯并善于通过网络媒体获取新闻资讯，而且具有一定的购买力，能吸引实力雄厚的广告商，如汽车广告商。《石板》杂志的现任总编大卫·珀鲁斯（David Plotz）这样来定位《石板》的理想读者：具有独立的思想、智慧的头脑、卓越的影响力。

确实，《石板》杂志成立至今，从其围绕的政治、文化、公共政策等话题选择到具有独见性的分析评论，都以针对精英受众为

① Slate（Magazine）[EB/OL].［2013-04-08］. http://en. wikipedia. org/wiki/Slate_(magazine).

② Annual Report. The Washington Post Company 2012 Annual Report［R/OL］.［2013-04-28］. http://annualreports. com/Company/1635.

③ Friedman J. Slate Moves Beyond Its Growing Pains［EB/OL］.［2013-04-08］. http://www. marketwatch. com/story/slate-has-a-nice-problem-progress? page-number=2.

主。一方面，这有利于把《石板》打造得更具有专业精神，绑定一批忠实的读者，同时这批背景相似的读者的集群能使互动更有效；另一方面，这些读者的购买力相对较强，因此更容易赢得广告商的青睐，而细分的读者也使广告的投放更精准。

从全球受众的区域分布特征来看，由于《石板》杂志目前只有英语版和法语版，根据 Alexa 网站流量统计，其主要受众分布在美国本土，占全部受众的 72.7%，其次是加拿大（4.2%）、英国（3.7%）、澳大利亚（1.6%）、日本（1.6%）等国家。可见，除美国本土受众占 70% 多外，剩下不到 30% 的受众都以极小的比例分散在全球各个国家和地区，受众并不集中（图 1）。当然，这跟《石板》杂志主要报道美国本土的新闻和政治评论有关。

Country	Percent of Visitors	Rank in Country
🇺🇸 United States	72.7%	268
🇨🇦 Canada	4.2%	484
🇬🇧 United Kingdom	3.7%	1,046
🇦🇺 Australia	1.6%	1,006
🇯🇵 Japan	1.6%	5,034

图 1 《石板》杂志访问者国籍分布

1.3 盈利模式

《石板》不靠发行和订阅收费，而主要依靠广告支撑运营。目前，读者可以免费阅读《石板》杂志的任何内容，并免费下载和发送文章，它开发的 App 也是免费的。《石板》优质的内容、广泛的影响力和细分的精英受众，令它赢得了不少广告商。《石板》是亚马逊公司的成员，当读者通过《石板》页面的广告链接进入亚马逊购物，可获得利益分成；它还与谷歌开展广告合作，在《石板》页面上谷歌可根据页面布局发布网络广告；它还充分利用播客等新的营销工具和广告方式，为克莱斯勒汽车公司等大型跨国公司插播短广告，同样收入不菲。其实，《石板》杂志曾经向用户收取每年19.95 美元的低价订阅费，但由于人们更习惯于网络的免费阅读，免费内容比收费内容大概多了 20 倍的浏览量，《石板》最终放弃了内容收费业务。① 几年后，《石板》杂志又开始向用户征收第一年35 美元或者 5 美元/月的订阅费，享受《石板》报道、评论等会员特权。除此之外，会员还将享受到更高质量的新闻报道、无广告的流行节目、独家报道、1 年《纽约时报》订阅、早期《石板》事件访问、指定门票折扣、增强应用体验等服务。

2 《石板》杂志的视觉传达设计

美是人类永远的话题，在这个"视觉文化"时代，新媒体技术带来了人们对感官刺激的无限追求。网络杂志能否传达美的页面设计效果，是关乎其受众数量和用户使用效果的重要因素。《石板》杂志从创立初始到今天，历经多次改版，通过不断完善其页面布局与可用性来提升用户的使用体验。下文将《石板》杂志和《沙龙》杂志的页面设计作对比，探究《石板》杂志的视觉传达特征。

2.1 页面布局

网络杂志比印刷杂志的排版更具灵活性和创造性，针对越来越挑剔的读者，如何组织页面符号显得尤为重要。《石板》和《沙龙》都是严肃的新闻评论类杂志，因此在主色调的选择上都以暗沉为主，达到一种醒目而严肃、深沉中略带活泼的效果。两家杂志的视觉中心都依靠图片形成，设置在页面左上角，但显然，《沙龙》的视觉中心更鲜明。从整体布局上来看，《沙龙》也比《石板》更简洁，视域分块更清晰。不过，从首页信息的承载量来看，《石板》杂志

---

① Kinsley M. My History of Slate [EB/OL]. [2013-04-08]. http://www.slate.com/articles/news_and_politics/slates_10th_anniversary/2006/06/my_history_of_slate.2.html.

的内容更为丰富。从两种杂志的页面布局可看出（图2），《石板》以"博客式杂志"为特色，在页面左侧设置了一个博客导航，同时网站还嵌入新闻评论视频，增强其多媒体功能。相比于《石板》，《沙龙》的多媒体功能就不那么突出了，但可以看到，它强调的是一种互动、分享新闻资讯的精神——以《沙龙》网站为主平台，同时在 Facebook、Twitter、Google＋、Pinterest 等社交网站上创建分站点，即时发布最新信息，并供活跃在社交媒体上的读者分享和评论，要了解详细内容，就可通过超链接进入主平台阅读。

图2 《石板》杂志和《沙龙》杂志首页对比

在杂志首页的分栏上，《石板》采用了三栏式排版。由于《石板》以"博客式杂志"为特色，在它的左侧设置了博客导航区。右侧栏目主要是广告图片、固定的视频 Slate V 栏目和热读文章、热评文章排行榜等。中间一栏为不断更新的文章导航，由于受两侧栏目的挤压，就相对缩小了。这种三栏式排版呈现的内容多，信息量大，但缺失了简洁性。而《沙龙》则是两栏式排版，图片所占比例较大，以高清和精致的大图增强带给读者的视觉冲击力(图3)。两种杂志的页面都采用无刷新的超长信息流形式，这种不断下拉、不断出现新内容的方式能引导用户长时间停留，而且文章导航都采用"图片+标题+提要"的方式，读者不用点击就可了解文章概要，而感兴趣的读者可以点击进行深入阅读。这样的文章导航引导了读者从"标题—内容页"向"平行信息区块"的过渡。每一个信息模块都是独立存在的，用户不是必须进入次级页面才能浏览详情。① 从文章正文的编排方式上看，《石板》和《沙龙》都采用了两栏式排版，且图文混排，基本上每篇文章都是"一图+一文"的形式，并尽量保证信息的视觉化，通过图表、照片、视频，以及调整字体、字号、字体颜色等方式唤起读者的注意力；并善用小标题使文章分块，因为纯文字的排版易令人眼花，造成阅读压力。

2.2　多终端实用性

美观的页面设计固然对吸引读者阅读有重要作用，而页面的可用性和易用性同样是网络杂志界面设计的重要考虑因素。如何快速找到所需信息，如何明了地传达文章观点，都关乎用户的阅读体验。如上文所述，页面编排方式对界面易用性的影响很大。此外，随着手机、平板电脑等移动阅读设备的普及，网络杂志随时随地阅读的优势更得以充分体现。目前，《石板》杂志开发的移动阅读App 平台已包括 iPad、iPhone、Android、Kindle Fire，以及适用于黑莓等机型的手机阅读网站。为达到良好的用户体验，根据不同的

---

① The Daily Mail 的成功之路：从用户体验出发的反传统网页设计［EB/OL］.［2013-04-08］. http://www. geekpark. net/news/175379.

图 3　《沙龙》杂志的分栏

屏幕，其界面设计也不同。

　　网页版《石板》，由于电脑屏幕大，把一个宽屏的页面划分成了三个栏目。生理学研究告诉我们：在阅读时，眼球需要不断移动，视线由一行移到另一行时，眼球也需要移动。电脑的宽屏幕使人的视界也变宽，那么在换行时所需眼球转动的时间也相对变长，而眼球移动次数越多，越容易感到疲劳。分成多个栏目既出于审美的需要，也是基于用户体验的细节设计。而 iPhone 版《石板》采用了简洁的一栏式排列，因为手机屏幕宽度有限，视域狭窄，用户需要的是最简洁、最直接的呈现。对于 iPad 版《石板》来说，屏幕大小和操作功能都介于电脑和手机之间，因此在页面布局上存在一定的发挥空间，所以主页把上页面作为视觉中心，可滚动性播放新闻图片，使它具有一定的"动态感"，下页面就是简洁的"图片+标题+提要"式内容导航，读者可快速点击进入正文阅读或进行分享、评论等操作。此外，对于用户来说，页面加载的流畅度、缩放流畅度等都影响读者的阅读体验(参见图 4)。

图4　不同阅读设备的《石板》主页布局比较

3　《石板》杂志的内容特点

一份成功的杂志，仅依靠精美的界面布局显然是远远不够的。《石板》杂志自 1996 年创刊至今，已走过 20 多年的风雨，已经建立起了其特有的品牌价值和知名度。它主要围绕政治、文化和公共政策展开话题，始终坚持打造"高品质新闻杂志"的理念，凸显其"公正性、决断性和时效性"，以对时事的犀利评论及诙谐幽默的言论见长。正是它秉承的这种一贯的专业精神，支撑它越走越远。

3.1　高素质作者队伍

《石板》杂志坚持发布优质文章，这些文章大多数是由杂志自己的作者团队撰写的，以保证内容的原创性和独家性。同时，公正性、权威性和质疑的态度也是优秀的杂志不可或缺的品质。目前

《石板》杂志共有包括编辑、撰稿人、设计人员、视频剪辑人员在内的职员 60 多人。现任主编大卫·珀鲁斯曾是《华盛顿城市报》的高级编辑,并曾供稿于《纽约时报》、《华盛顿邮报》、《哈泼斯杂志》(*Harper's*)等多家杂志和报纸,其他撰稿人员也不乏一些名人,都有丰富的撰稿经历和资深的写作经验。

此外,《石板》杂志对时效性很敏感,保证内容更新及时,它从周刊到日报,再到如今的即时更新,不断适应人们对最新信息的迫切需求。以美国当地时间 2013 年 4 月 15 日下午 2 点 50 分左右发生的波士顿马拉松爆炸案为例,《石板》杂志在当天下午 5 点 28 分就以《波士顿马拉松爆炸案现场》(*Photos from the Boston Marathon Bombing*)①为题发布了一组高清的新闻图片,并于当天下午 6 点 03 分发表《波士顿爆炸案的同时,纽约时报正在欢庆荣膺普利策奖》(*Bombs in Boston：The NYT Celebrates Its Pulitzers*)②的批评性文章。截至美国当地时间 2013 年 4 月 16 日晚 7 点 18 分,《石板》的"波士顿马拉松爆炸案专题"已密集性地发布了近 30 篇评论性报道,③ 这绝对是印刷杂志无法比拟的;而其对于该事件评论的深度、广度和报道的连续性,又是新闻网站所不能及的。它的老对手《沙龙》并未对该事件设立专题,信息比较分散。

3.2 内容的交互性

《石板》杂志为推进内容的多元化,设立了新闻和政治、科技、商业、艺术、生活、健康与科学、两性等主题模块。这些内容又分为需要深度报道(如新闻和政治)的评论性文章和与受众工作或兴

①　Slate Mobile［EB/OL］.［2013-04-08］. http://www. slate. com/articles/news_and_politics/slate_fare/2009/07/slate_mobile. html.

②　Boston Marathon Explosions Two Bombs Went off by the Finish Line Photos［EB/OL］.［2013-04-16］. http://www. slate. com/articles/news _ and _ politics/photography/2013/04/boston_marathon_explosions_two_bombs_went_off_by _the_finish_line_photos. html.

③　Boston Marathon Bombing［EB/OL］.［2013-04-17］. http://www. slate. com/topics/b/boston_marathon_bombing. html.

趣相关的知识和信息类的专业性内容(如科技、商业、艺术、生活等)。众所周知，长篇的深度报道在网上并不十分有效，因为读者的注意力是有限的，在网上很容易分散，任何人都没有耐心阅读长篇大论。而网络杂志区别于新闻网站的重要特点之一，就是报道更具深度。但是，《石板》杂志的文章篇幅一般都控制在 1000 词以下，若超过 1000 词，则必须通过图片来打破或分页，以此保证读者的高效阅读。一些新闻评论或专业性强的文章是属于压力阅读内容，即读者需要从阅读内容中抽取要点，混合他的认知模型重新进行认知架构，这是一个耗脑的过程；而艺术、生活、健康、两性等属于轻内容，能给用户带来愉悦体验。两种类型的阅读选择能满足读者不同的需求。

作为"博客式网络杂志"，《石板》的另一种分类形式就是按博客分类，分为新闻库、犯罪、两性等共 14 个博客，这些博客由固定的专栏作家定期撰写。虽然与按主题分类的内容有部分重复，但由于按博客分类的文章都是固定的某些专栏作家撰写的，因此语言风格比较一致，符合一些喜欢关注自己所喜爱的专栏作家的读者的需求。

对网络杂志来说，最大的好处莫过于可以设置层层不断的超链接。《石板》杂志在正文中对一些专业名词、术语或特定地点、名称设置了超链接，读者可以快速进入维基百科或相关页面了解更详细信息。这种直接与外部网建立连接的方式大大方便了读者。《石板》在每篇文章的后面都设置了评论、分享(至 Twitter、Facebook)、订阅、下载和 E-mail 功能，尤其是其公开的评论功能，既丰富了文章内容，又允许多位读者就同一话题提出自己的观点进行交流，而一旦文章内容有错误，能很快被读者指出。

除平面内容外，《石板》杂志还融入了 Flash、播客等元素增强其多媒体性，从视听上丰富读者的阅读体验。2022 年，《石板》的三个系列播客节目获得了 1.9 亿次下载量。①

---

①　张建中. 视频播客为何大受欢迎[J]. 青年记者，2023(9).

4 强调特色资源及海外推广

《石板》杂志除按主题划分的七个版块的内容外，还有一些区别于其他网络杂志的特色内容资源和服务深受读者欢迎。同时，Slate 集团也积极扩展海外市场，扩大其规模和影响力，以期获得更高的收益。

4.1 出版特色资源

2007 年 6 月 25 日，《石板》杂志推出在线视频杂志 Slate V（http://www.slatev.com/），使网络杂志多了"电视"的功能。该网站以短视频的形式播放新闻和评论，目前开设了新闻与政治、艺术与生活、商业、科学与技术、查理·罗斯（Charlie Rose）访谈专栏五个频道。

Slate V 相当于一个新闻聚合器，《石板》杂志上最新的新闻报道和评论都会在此发布，具有海量的信息，获得了颇高的点击率。

"图集"（Photos）主要用图片说故事。每一张图片都采用了高清的精致图片，并辅以简短的文字说明，给读者以强烈的视觉冲击力，而图片与图片之间的连贯又使每一个图集具有叙事性。

"播客"（Podcasts）是专门为听众设立的栏目，用户可以通过手机或 MP3 听新闻、访谈和故事。为适应移动化阅读的趋势，播客除了可以在网络上在线播放音频文件外，还可通过 iTunes 下载 App 及支持 RSS 订阅。它使"看"新闻变成了"听"新闻，充分体现了网络杂志的多媒体性。目前，Slate 播客共推出政治、文化、两性等主题的播客共 15 个（参见表 1）。

表 1　Slate 主题播客

1. Slate V's Video Podcast	9. Slate's DoubleX Podcasts
2. Slate Magazine Daily Podcast	10. Slate Poetry Podcast
3. Slate's Audio Book Club	11. Slate's Live at Politics and Prose

4. Slate's Spoiler Specials	12. Slate's Culture Gabfest
5. Slate's Manners for the Digital Age	13. Slate's Political Gabfest
6. Slate's The Afterword	14. Slate's Hang Up and Listen
7. Slate's Negotiation Academy	15. The Root Podcasts
8. Slate Presents Lexicon Valley	

用户还可以在 MySlate 上创建自己的主页，这充分尊重了读者的个性化需求。读者可自定义添加自己在《石板》上喜欢的主题、作者和博客，并跟踪自己的评论反馈情况。当然，这些活动都是不对外公开的，只有读者本人知道。

《石板》的喜剧连环画（doonesbury. slate. com）历来以形象的漫画、诙谐的语言和犀利的讽刺受到读者的追捧，是《石板》杂志的一大特色。此外，它也将一些优秀的喜剧连环画结集成册，在亚马逊、巴诺书店和 IndieBound 上销售。

2008 年 9 月，Slate 集团还曾推出专注于财经新闻领域的"The Big Money"，它最初吸引了美国运通和英菲尼迪两大广告主，但在经营两年后，由于无法吸引更多广告主而宣布关闭。The Root 则是 Slate 集团推出的第一个面向非洲裔美国人的网站，提供每日新闻和一些激进的政治文化评论，并在《石板》杂志中设置了超链接，进行阅读推荐。

4.2 加强海外推广

除了致力于把原有的《石板》杂志越做越好外，Slate 集团也积极扩展海外业务，具有丌辟海外市场的雄心。2009 年，Slate 集团注资法国 E2J2 SAS 公司，建立 Slate. Fr 和 Slateafrique. com 两种法语在线杂志，Slate 集团为之提供内容、技术和品牌支持。①

---

① Annual Report. The Washington Post Company 2012 Annual Report [R]. [2013-04-28].http：//annualreports. com/Company/1635.

5 结语

Slate 集团的母公司华盛顿邮报集团 2012 财年年报显示,《石板》杂志在 2012 年的月均网页浏览量超过 8.74 亿。[①] 然而, 在媒体竞争日益加剧的背景下, 它同样面临诸多挑战, 它的竞争对手主要来自同类的网络媒体, 包括网络新闻媒体、信息聚合网站、用户生成内容网站和社交媒体, 以及具有权威性和影响力的印刷媒体和广播电视媒体。作为网络杂志的鼻祖, 它的发展历程是媒体从业者值得研究的样本。作为一份拥有 20 多年历史的纯网络杂志,《石板》经历一路风雨, 与时俱进, 仍能在同行中保持相当的影响力, 实属不易。数字化时代的杂志该怎么做, 或许以上《石板》杂志的特点及其发展历程能为我们提供一些启示。

---

① Annual Report. The Washington Post Company 2012 Annual Report[R/OL]. [2013-04-28]. http://annualreports. com/Company/1635.

DK 出版公司数字化战略

刘　艳

　　DK 出版公司成立于 1974 年，由制图师克里斯托弗·多林与搭档彼得·金德斯利在伦敦共同创办。公司创立初期，仅是一个帮助其他出版商进行图书装帧设计的工作室，并没有出版自己的图书。但是在此过程中，金德斯利第一次设想创造自己独特的工具书品牌：就普遍受欢迎的题材创作具有视觉冲击力以及包含丰富信息量的图书。DK 图书为处于人生各个不同年龄阶段的读者提供生活指南，主题涉及科学、健康、烹饪、旅游、园艺以及自然等。

　　2013 年，*The Animal Book*、*The Lego Play Book*、*Baby Touch and Feel*、*Sophie's Busy Day*、*Baby Knits Made Easy* 及 *Where on Earth* 6 本由 DK 出版公司出版的图书入选了美国学校图书馆协会的获奖名单，其中 *The Lego Play Book* 亦获得"2013 年国家育儿出版物大奖银奖"。① 目前，DK 出版公司所出版的图书以超过 40 种语言在全球范围内发行，并且在纽约、慕尼黑、多伦多、墨尔本、新德里和北京均设有分公司或办事处。② DK 出版公司现已发展成为世界领先的图解工具书(illustrated reference book)出版商，其为成人和儿童读者出版的非小说类图书享誉全球。随着技术的发展，

---

　　① DK 重点图书斩获 2013 年度美国多项童书大奖[EB/OL].[2011-07-01]. http://www. dkchina. com/per/Message _ view. asp? id = A201311511834 683468&pref = msn.

　　② History of Dorling Kindersley [EB/OL].[2011-07-01]. http://www. penguinbooksindia. com/dk_india/history. html.

DK 出版公司在过去的几十年里不断寻求突破。在公司在世界范围内扩展的过程中，数字出版的作用不容忽视。下面对 DK 出版公司的数字全球化战略措施进行具体分析。

1　率先进入光盘市场

与传统激光唱片不同，CD-ROM 的出现，使得包含文字、声音、图像在内的多媒体内容得以通过电脑呈现在读者面前。在 20 世纪数字出版并未如今天这般来势汹汹的时候，DK 便敏锐地觉察到市场需求，果断利用自身图文书的视觉和信息含量优势，制作出大量优质的光盘软件。

Reader Digest 公司于 1991 年将先前所占的 DK 公司股份售出之后，DK 亟须寻求新的合作伙伴以便为公司注入资本。金德斯利向微软公司总裁比尔·盖茨提出合作意向，两者共同注入多媒体风险资金，由 DK 提供内容，微软提供软件。盖茨最终同意以 230 万英镑购买 DK 公司 26% 的份额，在另外 200 万英镑贷款的资金补充下，DK 多媒体部门以独立出版公司的身份于 1991 年成立。[①] 公司很快推出第一张 CD-ROM《音乐器具》(*Musical Instrument*)。20 世纪 90 年代中期，DK 第一代多媒体经典系列作品，大卫·麦考利的 *The Way Things Work* 面世。多媒体市场的发展被认为是 DK 出版公司在 20 世纪 90 年代中后期成长起来的关键因素，其推出的 CD-ROM 以能链接到那些"会员专享"的网站为特色。1997 年年底，市场上 DK 公司的 CD-ROM 数量为 20 种。根据 1996 年的财务记录，其多媒体部门的销售额约为 2120 万英镑，占公司总销售额的 12%，较 1995 年的 1310 万英镑有大幅增长。[②] 但激烈的市场

①　Company Histories [EB/OL]. [2011-06-30]. http://www. fundinguniverse. com/company-histories/Dorling-Kindersley-Holdings-plc-Company-History. html.

②　Company Histories [EB/OL]. [2011-06-30]. http://www. fundinguniverse. com/company-histories/Dorling-Kindersley-Holdings-plc-Company-History. html.

竞争，使得这一看似硕果累累的多媒体市场也布满危机。当时一些行业观察家预言领先的多媒体公司将会牺牲利益以保持市场份额。尽管多媒体市场具有不稳定性，但 DK 公司的主管团队对于自身的多样化经营能力有充足信心。2000 年，全球软件出版公司 GSP 获得了出版及发行一系列 DK CD-ROM 以及 DVD-ROM 软件的权利。Macron 软件公司也被授权推出 DK CD-ROM 和 DVD-ROM 的翻译版本在全球范围内销售。

　　DK 的光盘软件最大的特点便是集趣味性与知识性于一身。以其知识类光盘为例，内容多以屏幕页面的方式呈现，且配有大量生动的图片（见图 1）。使用者可以随时点击资料中红色的专业术语，屏幕下方随即显示相关资料。DK 制作的光盘软件可以为初学者提供进入某领域的入门帮助，通过不断延伸的学习线索，激发他们的学习兴趣。DK 光盘软件大多改编自纸质本，就国内读者而言，可根据翻译版本对内容形成基本认识。

图 1　DK CD-ROM 界面 "I Love Science"

　　后来，DK 一系列的 CD-ROM 均由 GSP 公司（Global Software Publishing）出版，GSP 也提高了 DK 公司的光盘制作水平，以

DVD 的形式出版能兼容 Windows 系统的软件。对于 DK 公司一些旧版本的 CD-ROM，GSP 官网提供了技术支持，用户可以通过下载通用补丁更新软件，以适应新的计算机系统。GSP 公司是 Avanquest Software Group 这家个人和专业软件开发商旗下的一家子公司。CD-ROM 作为一种传统的多媒体形式，在数字浪潮奔涌的新时期，不再作为 DK 的主要发展对象，而是转而成为与图书配套销售的组合对象。在图文书原本的设计特色的基础上，DK 用 CD-ROM 或 DVD-ROM 这样的内容载体，进一步增强了公司内容资源呈现方式的生动性与灵活性。

2 构建强大的网络平台

尽管设立官方网站早已不是创新之举，但 DK 在实施这一策略时，有意识地将网站建设与海外扩张策略相结合，以便有效地发挥网络平台的宣传促销作用。同时，DK 还将部分网站的功能最大化，将其定位为集展示与销售于一体的服务平台。

2.1 建立特色鲜明的跨国网站

构建针对主要目标国家的网站群是 DK 首要的也是最基础性的工作。除了服务于英国本土读者的网站以外，DK 出版公司还建立了面向美国、加拿大、澳大利亚、德国、印度、南非、中国以及西班牙语国家的官方网站，覆盖范围几乎遍布全球各大洲。进入 DK 主页①，首先显示的是一个集齐 DK 官网对象国国旗的页面，点击任意一面国旗即可进入相应国家的 DK 官网。DK 中国公司网站首页见图 2。英国、加拿大和澳大利亚的 DK 官网均设有"DK Global"或"DK World"链接，选择便可立即进入各对象国国旗页面。通过将服务于不同国家用户的 DK 公司各大网站集中在同一页面的方式，DK 在虚拟空间形成了紧密相连的网络关系。

为了有效地实现对外传播和发行功能，本土化经营是 DK 各国

---

① 详见 DK 官方网站 www. dk. com。

图 2 DK 中国公司网站首页

网站的管理特点。为此，DK 网站利用当地语言、特色鲜明的内容及呈现形式等，尽力满足每个国家用户独特的要求。在 DK 公司美国官网上，其店名按照类型划分为艺术与文化、园艺、怀孕与育儿、商业、健康与美丽、参考、孩子们的历史、关系与约会、工艺品与爱好、语言学习、科学与自然、教育、摄影、体育与健身、食物与饮料、流行文化和旅行等板块，按照品牌又细分为愤怒的小鸟、DC 漫画、迪斯尼、白痴指南、詹姆斯·邦德、乐高图书、奇迹、普莉玛游戏、索菲长颈鹿、星球大战、史密森学会、WWE 等。除在全世界受到普遍欢迎的乐高积木图书和星球大战系列图书外，网站还提供美国漫画系列——《漫威漫画》(*Marvel*)。不管你是想网罗漫威漫画系列的热衷粉丝还是寻找相关工具书的艺术家，DK 的"漫威系列"图书都会提供全方位的信息。为庆祝美国童子军成立 100 周年，DK 联手 BSA 官方授权出版了聚焦年轻人六大基本要求，即指导、终身学习、信仰、服务他人、健康生活、塑造人格的系列图书。该系列图书的销售对象为美国社会任何具有社会责任意识的公民。受众明确的系列图书网络专卖店，有利于吸引目标读者，对他们进行集中宣传。这些网络图书专卖店里，还有美国某个领域杰出人才与 DK 合作出版的系列书籍，如女性健康领域的领先专家 Dr. Laura Berman、儿童营养学专家和畅销书作家 Annabel Karmel 的作品。

澳大利亚图书发行市场的细分工作周密、细致，针对性较强，图书定位和读者对象的区分极为精当，因此 DK 澳大利亚官网提供的图书销售渠道也具有多样性和细分化的特点。企鹅图书澳大利亚分公司是 DK 在澳大利亚的经销商。在充分考虑澳大利亚出版业特点的基础上，DK 公司在其网站上特别设置了"订购"（ordering）链接，详细告知读者获得 DK 图书的四种方式：①网上书店。由于澳大利亚网络发行渠道细分程度高，读者可以通过网站提供的不同类型的网络书店链接购买 DK 图书。综合类如 Angus & Robertson Bookworld、Australian Online Bookstore、Australia's QBD The Bookshop 等，旅游类如 Travel Guide Universe，专业类如 Adyar Bookshop、Boating Books & Charts 等，少儿类如 Stichybun、Westbooks Children's Book Centre 等。②定位离读者最近的实体书店，方便就近购买。网页上提供了澳大利亚书商协会会员名录以及澳大利亚书店名录，通过点击进入实现快速定位。③通过直邮从企鹅公司购书（最低订单金额为 100 澳元）。④将所有问题和要求发送到企鹅集团澳大利亚分公司的教育部门邮箱，便可获得教育审查副本。有效结合海外国家出版业的行业特色进行营销，不仅为读者提供了方便，而且促进了出版公司的图书销售。

"多样化下的统一"是对印度图书出版特征最恰当的概括。①印度每年出版的英语图书数量占年出版图书总量的 30%左右，印地语图书所占的比例略高于 30%，剩下的是以 20 种印度政府承认的语言出版的图书。② 除培生集团外，企鹅兰登书屋、阿歇特等大型出版公司纷纷在印度设立分支机构。DK 于 1998 年在印度首都新德里设立分公司，由最初不到 10 名员工发展为今天超过 200 名成员。DK 印度公司成立绿色委员会以确保纸张的合理使用，并在

---

① 刘道捷. 印度图书出版业概况[J]. 出版参考，2007(8).

② 印度出版市场概况［EB/OL］.［2011-07-01］. 出版商务网，www.cptoday. cn.

每月举办的"绿日活动"中邀请许多 NGO 组织出售他们的产品以及为他们所需要组建的捐赠营募集基金。公司还考虑与政府、学校和图书馆联系，以捐赠额外的印刷书籍。DK 印度网站的设计理念准确体现了公司浓厚的人文关怀。其主页以大幅滚动出现的图片显示，配以"Nurture your talents""Enjoy your space""Enhance your skills""Exult your excellence""Welcome to the world of creative freedom"等标语链接，分别向读者介绍 DK 印度公司员工所能获得的成长机会、舒适的工作环境、公司的发展历程和前景，带领读者了解 DK 公司重视人才以及和谐健康的出版氛围。据相关报道，2014 年印度国民每周花在阅读上的时间达到了 10.42 小时，在世界首屈一指。① DK 印度官网并不直接提供图书的展示与销售功能，而是贴近印度人热爱书籍的传统，通过员工工作状态与环境的图片展示以及介绍公司运作、团队、部门的文本，传达 DK 公司勤奋创新、健康和谐的企业文化形象，加深当地读者对公司的认同。

　　本土化战略是跨国公司快速融入当地文化环境的一种重要策略。DK 出版公司在利用网站实行全球化的过程当中，注重将海外出版市场的特点与公司网站建设与管理结合起来，充分发挥网络平台本地化建设的优势，而不是简单地复制主网站。2011 年，DK 公司发布 DK Quiz 有奖竞猜栏目，包括 1000 多个关于电影、食物、明星等多维度的问题，充分实现了与网站用户的互动。② 借助 DK 系列图书的品牌影响力，DK 出版公司将其网站建设成了既具备销售功能的渠道，也发挥宣传功效的综合平台。

2.2　打造旅游互动平台

　　DK 还重点借助数字技术推广自身的特色强势品牌，即利用旅游系列图书出版的传统优势，通过建设旅游互动平台深度挖掘品牌价值。

---

　　① 印度人缘何爱读书［EB/OL］.［2013-06-15］. http://news. xinhuanet. com/globe/2014-04/04/c_133226980. htm.

　　② 详见 DK 官方网站 www.dk.com。

　　DK 的品牌系列图书"目击者旅游指南"（DK Eyewitness Travel Guides）自 1993 年推出以来获得了广泛认同。作为对传统倚重文字的旅游指南的创新再造，DK 该系列旅游图书以丰富的色彩创作了在质量、插图、实用性方面都无与伦比的产品。[①] 与"目击者旅游指南"系列相得益彰的，有"目击者旅游口袋地图与指南"系列（DK Eyewitness Pocket Map & Guides），除适合旅行者的短期旅行这一特点，后者中可随意抽取的地图能方便游客进行即时的导航搜索。语言障碍是跨国旅行者大多会遇到的问题，DK 公司适时推出的"目击者旅游短语书"系列（Eyewitness Travel Phrase Book）与"目击者旅游 15 分钟语言指南"系列（Eyewitness Travel 15 Minute Language Guides）可以有针对性地帮助旅行者快速掌握必备语言交流能力。由"目击者旅游指南"系列延伸出来的"DK 目击者旅游十佳排行榜"（DK Eyewitness Travel Top10）旅游指南，构成了旅游互动网站 traveldk. com 的内容基础。与"目击者旅游指南"系列不同的是，"DK 目击者旅游十佳排行榜"主要为旅行者的短途旅游提供服务。这些口袋书以大量"Top10"列表帮助旅行者寻找旅途中有关衣食住行的最佳选择。上述五大"目击者旅游"丛书（Eyewitness Travel）形成了一张完整的网络，囊括了旅行者所需的各方面信息支持。"目击者旅游"的品牌效应又反过来增强了其各个子系列图书的影响力。

　　traveldk. com 于 2007 年 2 月建立，是唯一允许旅游者自行创作、定制和印刷个人旅游指南的网站，并且赢得了包括 Travolution 颁发的"旅游网站最佳技术奖"（Best Use of Technology in a Travel Website）在内的三个奖项。traveldk. com 提供的 75% 的旅游地图片都是由 DK 选择的作者实地拍摄的，其余则来自博物馆、档案馆，偶尔会选自图片代理机构。[②] 使用该网站，可以让用户感到万千世界近在眼前：点击主页的"目的地"（Destination）链接，进而直接选

---

①　About DK：History［EB/OL］.［2011-07-02］. http://www. dorlingkin-dersley-uk. co. uk/static/cs/uk/11/about/history. html.

②　数据来源于 www. traveldk. com。

择屏幕显示的世界地图上的相应地点，便可进入某座城市"最值得一看"的十个景点概述页面，分别点击具体景点图表可以看到 DK 罗列的"最佳十景"（Top10）景点特写。免费注册的会员可以对 DK 提供的景点内容进行评分和评论，还可将这些内容添加到自己的旅游指南中。如果用户认为网站里有任何内容不正确、误导读者或者不合适，可以将意见及邮箱一并留下，DK 旅游指南团队会尽快调查处理。此外，用户还可以将内容分享到诸如 Facebook、Twitter、Delicious、Myspace、Friendster 等社交网络或 Baidu、Google 等搜索引擎的收藏夹，方便随时储存旅游信息。为获得网站有关旅游的最新消息，用户仍可通过注册会员，接受 traveldk. com 发送的新闻通信邮件。

traveldk. com 这一主打旅游系列品牌的网站，旨在为全世界的旅行者提供外出旅游的方便快捷的信息与细致周到的服务。根据 Alexa 官网的统计数据，2011 年英国访问该网站的人次占网站访问总人次的 17.9%，印度占 17.2%，美国占 13.3%，意大利占 7.0%，澳大利亚占 3.5%，西班牙占 3.4%，德国占 3.0%，新加坡占 2.6%，其余占 32.1%。由此可见，traveldk. com 已经走出英国本土，在其他国家也拥有广泛影响力。截至 2017 年 5 月底，驱使用户从搜索引擎进入 traveldk. com，为其带来访问流量的前十个检索词当中，"milan archetechturte"占 6.70%，"milan architecture"占 6.12%，"east coast national parks"占 4.00%，"national parks east coast"占 3.17%，"dk"占 2.01%。① 这表明 traveldk. com 在广大网络用户中具有较高的认知度。依靠互联网平台的传播和辐射能力，DK 不仅加强了公司的品牌优势，而且提高了各国 DK 读者对品牌的认知度。

2.3 开设 App 商店实现"移动化"销售

随着手机、平板电脑等移动阅读设备的兴起、流行，信息的传递摆脱空间的束缚，使人们得以收获更快速、即时、便捷的阅读体

---

① 数据来源于 Alexa 官方网站 www.alexa.com。

验。互联网技术的发展，能通过用户付费下载等各种方式，将移动内容经由多种渠道推送到读者面前。DK 出版公司于 2010 年 12 月 13 日设立了 App 商店，以便为使用 iPhone、iPad 以及 Android 系统的用户提供 App 应用。它是第一家推出自己的 App 商店的出版商。除主要推出 DK、Rough Guides 以及 DK Travel 的应用程序外，DK App 商店还直接对用户出售非苹果品牌的应用程序。虽然传统的零售商和连锁书店为出版商提供了电子书销售渠道，但目前其站点并未出售 App 应用程序。DK 此举措对公司的发展具有以下两大积极影响：

（1）设立移动内容的直销渠道

对出版商而言，利用一切机会深度挖掘潜在用户尤为重要。在不放弃常规数字产品销售渠道的同时，DK 公司在官网首页设置了"App shop"链接，用户在浏览页面时可以发现并选择相应图书的移动应用程序。这样既保证了内容传输过程的安全性，又顺应了数字出版的发展趋势，有助于 DK 在移动内容领域占据图文书的市场利基点。商店面世之日，DK 便向用户提供了大约 70 项应用程序。① DK 公司市场与人力资源管理主管表示，不管是其他出版商还是其他应用程序开发商，DK 欢迎更多开发者将他们的产品置于 DK 平台进行销售。

（2）利用移动内容巩固国际化战略

DK App 商店目前只对英国和美国的用户开放。与 DK 公司国际化发展步伐一致，DK App 商店以英语国家市场为主要目标，不断推进公司在其他海外市场的发展，如澳大利亚和加拿大。移动出版被视作数字出版的重要拐点，国内外市场参与者纷纷以各种方式加入这股竞争浪潮。作为出版商中第一个吃螃蟹的，DK 公司立志将自身发展成为提供全方位产品的出版商。现阶段其 App 商店销售的应用程序内容主题主要为娱乐、游戏、育儿以及旅游。2009 年，DK 就"最佳十景"旅游指南推出了适合 iPhone 和 iPod touch 用

① Williams C. DK Launches App Store [EB/OL]. [2011-6-30]. http://www. thebookseller. com/news/dk-launches-app-store. html.

户的 App 应用程序。图 3 清晰展现了 travel. com 上可以为用户提供的各种应用。在 DK 开发的旅游系列应用程序中，现今能涵盖的旅游地区包括伦敦、纽约、巴黎、巴塞罗那、罗马、阿姆斯特丹、柏林、布拉格、佛罗伦萨、圣弗朗西斯科等。DK 承诺，未来其余国家或地区中将会有更多旅游目的地进入 DK 的数字化发展计划。

Which app is for you?		
Features	DK Eyewitness apps	DK Top 10 apps
Suitable for iPad	●	● (in x2 mode)
Suitable for iPhone + iPod Touch		●
Suitable for Android		●
Features cutaways	●	
Offline maps	●	●
Locate yourself on maps offline	●	●
Interactive city walks	●	
Create favourite sight lists	●	●
Pin favourite sights on map	●	
Extensive listings *sights, hotels, restaurants, museums, shops and more*	●	●
Photo gallery	●	
Share information via email	●	●
'Inspire me' feature		●

图 3　DK Eyewitness 与 DK Top10 应用程序

　　此外，DK 英国与印度分公司就许多畅销书的数字格式转化展开了合作。DK 印度公司的数字媒体部分超过 300 名员工[①]，是由编辑类、技术类、设计类人才组成的优秀团队。编辑人员为标准化、定制化的创新内容传输准备了大量内容素材；技术人员则负责为内容的自动化操作和创造性再利用设计编码；设计人员除提供适合数字图书的图片之外，还服务于网站以及互动式 CD 的建设。这支极富想象力、创造力以及奉献精神的队伍，为多种多样的内容授权许可交易提供适合互联网与手机移动形式的数字内容。这些内容将部分或全部用于顾客网站和移动服务提供商。DK 印度公司应用程序的设计秉承 DK 出版公司一贯的风格：知识性与趣味性并存，实用性与创造性相辅相成。DK 移动内容重视对品牌风格的延续和

---

①　数据来源于 www. penguinbooksindia. com。

继承，巧妙发挥图文书的视觉优势，顺应出版数字化发展趋势，推动了 DK 的数字化和本土化进程。

图 4　DK Eyewitness Paris 在 App 上的应用①

　　DK 公司的数字化道路仍在继续，2011 年 DK 公司与数字媒体公司 Cogapp 合作在 iTunes 商店推出了 5 项 App 应用。② 其中人体工学知识科普类 App"The Human Body App"荣获三项应用软件大奖。③ 技术的推动与指导加快了 DK 公司海外扩张的步伐。公司在传统优势品牌的护航下，积极利用多种先进科技手段，不断寻求突破，巩固自身在国际市场上图文工具书的领先地位。

---

　　①　图片来源于 http://store. handango. com。

　　②　Williams C. DK to Release Five Apps[EB/OL]. [2011-07-01]. http://www. thebookseller. com/news/dk-release-five-apps. html.

　　③　详见 http://itunes. apple. com。

中国出版集团数字化战略研究

徐 玲 阳 杰

在踏足数字出版领域的几年时间内，中国出版集团就建设了工具书在线、百科在线、中国可供书目数据库、《东方杂志》数据库、中华古籍语料库、中图海外图书采选系统、中图链接服务（CNPLINKER）平台、中国图书对外推广网、三联韬奋网上书店、多语种翻译资源数据库及应用系统，并且逐步实现了盈利。《东方杂志》数据库在建成的第一个月就卖出 4 套，收入 32 万元；中图链接服务平台被数百家图书馆订购；中国可供书目数据库在 2009 年实行有偿服务之后，截至 2010 年也获得了 20 万元收入。此外，在"2010 年中国十佳电子书"获奖名单中，集团旗下人民文学出版社《毛泽东最后七年的风雨路》占据了一席之地；工具书在线以及各类数据库和网站也都纷纷获奖，不胜枚举。其经济效益和社会效益由此可见一斑。2011 年 5 月底，中国出版集团的数字出版行业应用服务平台大佳网正式上线，这是集团在数字化转型道路上浓墨重彩的一笔。"十二五"期间，集团资产总额、销售收入双双翻番，利润总额逼近翻两番，在中国出版政府奖、中宣部"中国好书"、国家新闻出版广电总局（现为国家新闻出版署）"大众喜爱的 50 种图书"、鲁迅文学奖、国家出版基金项目、国家古籍整理项目、农家书屋推荐书目、全国各类重要媒体榜单、中国图书对外推广计划等 12 个指标名列全国第一。2016 年集团资产总额近 200 亿元，净资产和营业总收入均逾 100 亿元，迈上"三百亿集团"台阶。① 历数

① 中国出版集团公司概况［EB/OL］.［2017-06-03］. http://cn. cnpubg. com/overview/.

这几年中国出版集团的大动作，每一次都给中国数字出版带来生机，促使格局逐渐变化。在这一过程中，中国出版集团本着强化出版主业的理念，与时俱进，积极参与数字化建设，完善数字出版产业链，努力积累数字化生存的实力。

1 中国出版集团数字出版思路

早在 2002 年，中国图书进出口公司就建成了中图链接服务，商务印书馆也开始了"辞书语料库"的一期工程，可供书目数据库建设的初期工作更是可以追溯到 1999 年。中国出版集团成立之后，集中各成员单位的优势资源进行统一部署和规划，制定了以下数字出版重要步骤：2010 年 7 月，完成多种数字形态产品发布，形成垂直门户网站群；2011 年 7 月全面提供对个人和机构的服务，建成国内出版社自主数字产品销售平台；2012 年 7 月实现中国数字出版网平台的全部必备功能，建成数字内容创作、数字资产创建等全流程的出版服务，全面开展商业化运营。① 2016 年 12 月集团召开"十三五"数字化工作推进会，在数字化推进的战略重点、战术手段上，提出了"六强三抓"：在战略上"六强"——强内核、强平台、强运营、强优势、强融合、强管理；在举措上"三抓"——抓开放融合、抓机制融合、抓投入产出。② 中国出版集团的数字出版整体思路可以概括如下：

一是集约统一，规模生产。具体包括：内容统一加工，产品统一管理，平台统一运营，渠道统一推广。在服务方面，提供资源备份、格式转换、信息资源管理，提供系统、工具，保证技术、培训。

二是三位一体，打通产业链。由简单授权模式转向自主研发数

① 王坤宁. 中国出版集团拓展数字出版"新版图"[N]. 中国新闻出版报, 2010-05-17.

② "六强三抓"强力推进数字集团建设[EB/OL]. [2016-12-12]. http://www.cnpubg.com/news/2016/1212/32088.shtml.

字出版产品，自主搭建运营平台，形成内容、平台、产品三位一体格局。

三是建立联盟，共享资源。主要内容包括：合作共建中国数字出版网；以联盟名义与电信运营商、渠道商谈判，获得利益最大化；分担区域运营，体现地域优势，更切合当地读者需要；渠道资源共享，互通信息资源，强强联合，优势互补。

四是版权第一，建设资源基础。主要是简化版权交易流程，以资源优势赢得市场。

五是全面合作，共赢市场。主要是与技术提供商、运营商全面合作，为出版社提供平台，实现共赢。

2 中国出版集团数字出版领域

面对数字化转型，不同出版商选择了不同的发展领域，如中南出版传媒集团将自身定位为数字内容经销商、全球最大的华文内容经销商，选择的重点目标市场是大众精品阅读。① 虽然中国出版集团的数字化触角几乎涉及数字出版产业链的全部环节，无论是内容提供、硬件、渠道还是行业服务都能看到它的足迹，但就集团整体而言，其数字化工作的重点始终是平台建设(见图1)。

2.1 集团的平台与基础设施建设

平台就意味着服务，中国出版集团的大佳网就是一个面向业内方方面面环节与机构的应用服务平台。"我们面向创作者、出版商、技术提供商、渠道商、机构用户、个人用户、行业主管部门以及产业链合作者。"大佳网负责人之一祁兰柱如是说。②

但是，大佳网并不只是一个服务平台，它还是一个专业产品生产平台、版权运营平台，给创作者提供来源于中外权威品牌出版社

---

① 陈彬. 电子阅读袭来 传统出版扬帆[N]. 科技日报,2010-06-07.
② 任晓宁. 数字化转型 传统出版何处发力？[N]. 中国新闻出版报, 2010-07-08.

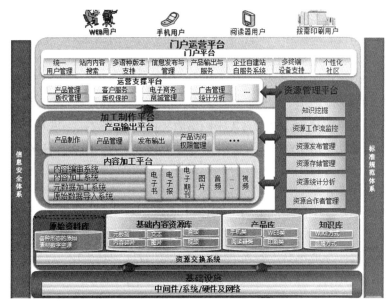

图 1 中国出版集团数字出版运营流程图

的最新选题策划，为出版社提供创作者的最新作品，交易双方可直接通过大佳网平台达成版权交易。大佳网也是全媒体产品制作和跨媒体产业经营的技术支撑平台，为出版商提供行业公共信息定制查询、数据交换、资源交易和供需交流服务。大佳网还是全面而专业的内容资源供给平台，为电子书阅读器提供下载的内容资源，同时也是图书馆等内容资源采购机构购买数字内容产品、参与在线教育、下载网络音视频、接受按需印刷等服务的商务平台。①

　　大佳网上线使中国数字出版告别了没有统一信息平台的状况，吸引了大批传统出版社进驻，许多著名的作者也入驻网站，以此为平台宣传自己的作品。2014 年，"大佳移动出版平台"上线"大佳书城"，大佳网由此成为一个精品阅读平台。

　　2008 年 6 月，中国出版集团与华旗爱国者共同开发了"妙笔听书"产品。此项产品运用数字水印技术以及具有自主知识产权、全

---

　　① 详见中国出版集团官方网站 www. cnpubg. com。

球领先的隐形码红外识别技术，点触发声，智能识别，变看书为听书。阅读者只需用"妙笔"轻点植入数字水印的出版物，其对应的声音就智能地播放出来。

中国出版集团还参与了国家新闻出版总署《手机出版标准体系》的起草工作。2009年5月，全国信息与文献标准化技术委员会出版物格式技术委员会召集中国出版集团、万方数据、北大方正等公司成立专门小组起草《手机出版标准体系》。中国出版集团作为小组成员进行了调研和文件起草工作，于2010年4月完成了《手机出版标准体系》。

此外，中国出版集团于2010年成功获得"增值电信业务经营许可证"，能够独立地在全国进行增值电信业务的经营。技术提供商和供应商不能没有内容提供商，因为它们自己创造的内容过于零散和碎片化，只适合一时的消遣和娱乐。如果传统出版企业不再依赖于电子书阅读器制造商的技术和运营商的渠道，那么这些原先的霸主就要反过来谋求内容资源，数字出版格局就会发生彻头彻尾的变化。可以说，当传统出版企业拥有自己的技术和渠道时，就把握了主动权。

如果说大佳网、妙笔听书、参与制定数字出版标准和获取增值电信业务经营许可权是中国出版集团集合全集团人力、物力、财力进行的一次集体发力，那么下述数字产品更多的是在中国出版集团整体规划下各成员单位的自主行动。其中集团成立的专门从事数字出版的中国数字传媒公司和中版通数据信息技术公司在数字出版领域进行了一些开创性的工作。

2.2 数字出版子公司的软硬件产品

中国出版集团数字传媒公司和中版通数据信息技术公司主要涉及的领域包括硬件、数据库、信息平台和移动内容的开发。

（1）大佳阅读器

大佳阅读器是中国出版集团数字传媒公司与卓望公司联合开发的一款自有品牌阅读器。它的诞生是中国出版集团构建完整的数字出版产业链的第一步。2011年大佳移动阅读器推出之后，中国出版集团便开始与电信运营商深度合作，开通小额支付通道，为手机和阅读器收费奠定基础。

大佳阅读器的售价在 4000 元左右，当时国内一些品牌阅读器的价格也就在 1200 元左右，有的厂家甚至已经卖出几百元一个的手持阅读器。在这样的市场状况下，大佳阅读器虽然预装了正版图书并提供三年免费下载，却并没有赢得读者的掌声，反而是在巨大的电子阅读器市场上沉寂了。

相比较而言，国外亚马逊和 kobo 的阅读器都是以低价销售硬件，通过图书销售赚钱。哪种方式更适应市场不言自明，没有读者会为那些预装了自己并不喜欢的正版图书的阅读器而付出高价。

（2）中国可供书目数据库和书业公共数据交换中心

中国出版集团下属中版通（北京）数据信息技术有限公司于 2006 年开始中国可供书目数据库建设，并向出版单位、发行单位、图书馆、教育科研单位的资料室以及其他各种购书团体和广大读者提供全面的书目信息服务。

该数据库在现有 200 万条书目数据、20 万种样本数据的基础上，实现向市场传播图书产品信息、动态更新产品可供状态、形成全周期书目服务，从元数据、电子样本，到交易流通数据；服务对象从出版社、书店、图书馆、大中专院校扩大到内容运营商、网上书店、渠道商等网络及数字出版领域，最大限度地满足终端客户需求，提高订单采到率，直接保障图书销售的实现，促进出版发行及图书服务企业效益的提升。①

而继中国可供书目数据库之后建设的书业公共数据交换中心，是中国可供书目的上级系统。这一项目是以"中国可供书目数据库"为基础的。这一中心最重要的作用是统一书目的商品供应链运转过程中的数据交换。

书业公共数据交换中心最显著的优点是它能和贸易伙伴一起简化公司的交互过程。这能提高库存周转率、降低库存总量，加速企

---

① 中国可供书目数据库系统［EB/OL］．［2016-08-12］．http://www.cnpubg.com/digital/2016/0812/30229.shtml.

业之间的信息流动，改善产品和销售预测，改良投入市场的时机，改良现金流动，促进供应链协同，改进贸易伙伴关系；能减少差错，减少环节，提高效率；能节约环节用工以及办公设备与消耗；能缩短发货周期，提高商品周转率；能减少备货成本，增加品种覆盖；能减少退货，提高订单命中率、满足率，提高客户满意度，从而提高销售业绩。

2.3　出版社资源数字化开发

中国出版集团下属的传统出版社和图书公司等成员单位主要依托丰厚的内容资源进行数据库和平台建设。

（1）商务印书馆数字化产品

商务印书馆是我国最大的工具书出版单位，已有 100 多年历史。《辞源》作为一部兼收古汉语普通词语和百科词语的大型综合性辞书，在内容、注释、体例、编排、检索等方面为中国现代辞书的编纂开创了科学范式，是 20 世纪初社会文化思潮发展的产物，是中国文化转型期的一项标志性成果。《辞源》（第三版）网络版是商务印书馆第一款古代汉语工具书的数据库产品，项目组克服困难，敢于创新，终成正果。在内容建设上，制作了专用的加工标准，并对纸质图书的内容（字头、归部、笔顺、注音、反切、声类、韵部、义项、书证、专有名词等字段）进行了深度结构化标引。在软件设计上，针对结构化数据进行了索引分类优化，开发了丰富多样的检索和辅助功能，还在版权保护和支付方式等方面实现了突破创新；实现了纸电同步，为中华优秀传统文化与现代数字技术的有机结合提供了一个成功的范例。①

"工具书在线"是一个以互联网为载体，以权威、专业、高质量的工具书为基础，集文字、图像、声音、动画、视频于一体的全方位、立体化的多媒体数字出版平台，向全球互联网用户提供各种工具书的检索。目前已发布《新华写字字典》《新华正音词典》《新华拼写词典》《中华人民共和国地名大词典》的网络版。互联网用户可

---

① 详见商务印书馆官方网站 www. cp. com. cn.

以通过读音和字形等多种查询方式对汉语字词的字形、笔画、结构、读音、例词、拼写规则等进行跨库检索。每个汉字的检索结果都配有真人发音，并利用 Flash 动画给出汉字的规范笔顺。"工具书在线"二期工程完成后网站内容更为丰富，各类工具书网络版在100 种以上；三期工程则提供字典和辞典、类书和政书、目录、索引、年鉴等各类工具书的在线版，内容涉及中国政治、经济、文化、科学、哲学、宗教等各领域，数量超过 1000 种。读者可通过数目庞大的在线工具书精准查找所需的信息。

商务印书馆还于 2007 年 7 月 16 日开通了"按需印刷网"。它以商务印书馆 1897—1949 年的书刊资源为基础，面向图书馆等机构和个人提供全面的历史出版资源个性化定制和印刷服务，一册起印。商务印书馆的按需印刷业务利用美国 ODB 公司的专利技术生产的"中版闪印王"，用户可以通过 ExpressNet 软件系统选择数字文件，也可以把自己需要输出的文件放在 CD 上或 U 盘中。自"按需印刷网"开通，商务印书馆已经印刷了许多古籍、孤本，为古典文献的保存和流传作出了突出贡献。

商务印书馆还开发了《东方杂志》数据库。《东方杂志》创办于1904 年 3 月，终止于 1948 年 12 月，共 44 卷 819 号（期）。发文22442 篇、图画 12000 多幅、广告 14000 多则，历时 45 年。杂志以"启导国民，联络东亚"（创刊号发刊词）为宗旨，是影响最大的百科全景式老期刊，是中国杂志中"最努力者"，也是"创刊最早又养积最久之刊物"。①《东方杂志》数据库将 44 卷 819 期 813 册杂志全部数字化，其中含 3 种增刊、46 种专号，纪念号，22 种专辑、特辑，形成文章库、图画库、广告库等，用户可对约 30000 篇文章、12000 多幅图画、14000 多则广告，按照标题、作者、关键词、摘要等进行检索。2013 年 9 月，《东方杂志》全文检索数据库面世，不仅为用户提供了方便快捷的检索工具，还提供原文对照功能。为保持原始信息，数据库对所有文本内容采用繁体字显示，并且支持简繁转换方式的检索功能，同时，对于少量的超过系统大字符集范

---

① 详见百度百科"《东方杂志》"词条。

围的集外字，都采用贴图方式进行了处理。

（2）中华书局的"中华古籍语料库"

中华书局是我国现存历史最悠久的古籍出版单位。早在 2003 年，中华书局便开始了"中华古籍语料库"项目的研制开发。项目一期完成了系统平台的开发和硬件采购工作；二期完成了 5000 万字古籍语料的加工工作；三期完成了 5000 万字的古籍语料加工和入库工作，同时对古籍语料的专家标注做了大量尝试与研究。到 2011 年，中华古籍语料库已累计整理 1 亿余字的古籍语料，5000 万字的语料可以进入系统。2017 年 1 月北京图书订货会上，"中华经典古籍库"第四期发布，古籍库总字数达到 7.5 亿字。中华古籍语料库的成果目前已经应用在中华书局经典古籍的再版制作和"二十四史"的修订中。下一步将向更高层次发展，逐步完善专家标注体系，构建智能化的知识分析系统。

（3）中国大百科全书出版社的"百科术语数据库"和"百科在线"

中国大百科全书出版社是我国最大的百科全书出版单位，其出版的《中国大百科全书》是我国重点文化工程，在其基础上建立的"百科术语数据库"已经有二十几年建设历程。其数据库检索和跨介质出版系统，为出版界提供了利用计算机技术改造编辑流程的示范；在中文辞书编辑自动化方面独具特色，做到了编辑出版一体化，曾处于国内领先水平；在大型综合性术语数据库领域属国内首创，达到国际先进水平。百科术语数据库的三期工程——跨介质出版系统，可以做到出版资源一次加工，多次利用。中国大百科全书出版社还利用该数据库制作出版了《中国大百科全书》光盘 1.2 版、《新世纪百科全书》光盘版和《中国大百科全书》网络版。百科术语数据库的建设在国内和国际已经产生了良好的影响。从 2011 年 11 月，国务院办公厅发布国办函第 127 号文立项，到 2014 年中国科学院、中国社会科学院和中央各大部委下文支持，《中国大百科全书》第三版项目已动员 2 万余位全国高等院校和研究机构各学科的权威专家学者。在各界专家的协作努力下，该项目至今已启动全部 103 个执行学科。

124

"百科在线"系统是基于中国大百科全书出版社现有的信息服务系统而建设的专业百科全书服务平台。它一方面以百科在线网站为依托，提供百科全书知识的在线访问服务；另一方面结合百科数据库，建立类似 WIKI 系统的读者互动、RSS 订阅等功能，实现对百科条目的补充，更好地满足读者对知识的需求。与"百度百科""互动百科""中文百科在线"等相比，中国出版集团推出的百科在线首页界面类似百度、谷歌的搜索界面，简洁实用，但是在功能种类上没有前者齐全；另外由于对外推广力度不够，知名度也没有前者高。

(4)中国对外翻译出版公司的"多语种翻译资源数据库及应用系统"

中国对外翻译出版公司(以下简称"中译公司")的多语种翻译资源数据库及应用系统是利用最新的计算机、网络和数据库技术，将中译公司成立以来为联合国和各类大型机构翻译过程中所积累的翻译资源进行有效整合和利用，进而在其基础上建立现代化翻译业务管理系统和公司内外网门户网站，改善公司为国内外各类客户提供服务的质量。

该系统建设了多语种翻译资源数据库的整体架构，完成了中英文翻译数据的录入工作，并以多语种翻译资源数据库为依托建立公司的翻译业务管理系统和与之相应的网上营销系统。此外，中译公司还积极探索全新的互联网服务模式，最终，其互联网版图在全球首个智慧语言云——译云的诞生中开启全新航线。译云，是基于语言大数据和云计算技术的智慧语言服务综合平台，拥有亿万级语料库、最前沿的自然语言处理技术、智能机器翻译技术和传承 40 多年的高质量翻译和服务经验，能够在线高效地为商业用户、专业译者和语言服务商提供一体化智能语言服务的生态系统。

(5)中国图书进出口(集团)有限公司的 CNPLINKER 和 PSOP系统

中图链接服务平台(CNPLINKER)是由中国出版集团下属的中国图书进出口(集团)有限公司开发的国外期刊网络检索平台，并提供部分国外期刊的全文镜像服务。

中图链接服务平台虽然在各高校图书馆的点击率很高，使用也很广泛，但是大部分文献都只提供摘要，不能阅读全文。因此，实力较强的图书馆和科研单位更倾向于选择 Elsevier、Springer、EBSCO 等国外出版商和集成商开发的期刊平台。如果中图链接服务不大力完善全文服务，在激烈的竞争中将很难取得优势。

中国图书进出口（集团）有限公司开发的海外图书采选系统（PSOP）是集资源、营销和服务于一体的创新型外文图书交易电子商务平台，也是国内最大的海外图书可供书目资源库。该系统是图书馆外文图书采选工作的必备工具，为我国外文文献资源保障体系的建设提供了有力支撑。①

从中国出版集团涉足的数字出版领域来看，它试图通过销售硬件，向团体读者、机构读者等提供数据库包库销售，为移动用户提供内容，与运营商分成和开发数字出版物的综合价值这几种方式来盈利。但是在硬件销售方面，大佳阅读器上市不久就遇上 iPad 和 iPhone 大行其道，专门的电子书阅读器市场整体滑坡，加之大佳阅读器本身价格昂贵，并没有赢得预期的市场。而大佳网提供综合性数字服务，成效不大。因此，就现状而言，真正给中国出版集团带来盈利的主要是数据库平台的包库出售和信息交换渠道的提供。中图链接服务、《东方杂志》数据库、中国可供书目数据库、按需印刷网是目前几个效益较好的产品。这些都是在丰富的内容资源和数据库平台的基础上进行盈利的。可以说，出售产品和服务是最直接也是最可能带来收益的盈利模式。

以中国可供书目数据库为例，它主要为客户提供以下两项服务：一是互联互通服务。通过系统对接，根据客户要求按照约定时间自动更新书目数据，如用户方每日新品种和客户数据库自动匹配及查重，客户一开机即可查看经过查重的每日最新数据。二是链接服务。通过网络向网上书店等客户传送数据，将电子书样本与所传送的数据进行链接，客户通过点击链接查看真实的电子图书样本。这两项服务包含的具体内容非常广泛，可以说可供书目数据库基本

---

① 详见中国出版集团官方官站 www.cnpubg.com。

上满足了客户对于书目信息获得和使用的需求。客户可以根据具体的需求定制具体的服务项目，而中国出版集团只收取服务费用（参见表1）。虽然每一项服务的价格都不高，但是由于成本低廉、客户众多，也能获得良好的收益。

表1　中国可供书目数据库提供的服务种类及价格（2016年）

服务项目	价格
采访数据	0.1元/条
CNMARC 数据	0.1元/条
USMARC 数据	2元/条
ONIX 数据	2元/条
图书流通信息交换规则	0.1元/条
网上书店专用格式数据	3元/条
大中专教材专用数据	0.2元/条
图书封面	0.5元/种
电子样本	10元/种
电子样本链接服务	1元/种·年
代加工 CNMARC 数据	1元/种
代加工网站专用数据	6元/种
代加工电子样本	5元/种
代出版社加工书店个性化 ERP 系统数据	0.5元/种

3　中国出版集团的经营策略

3.1　整体决策、有效协作

在中国出版集团正式组建之前，其各下属单位就已经看到了数字出版的巨大潜力，集中了优势力量踏足数字出版领域，商务印书馆等老品牌社的数字出版项目一经问世就获得了良好的口碑，较快地获得了收益。但是庞大的数据库建设光靠一两家出版社的努力并不够，要建立统一的数字出版平台就离不开集团的统筹。同样，在数字化发展的道路上，每家出版社都有着自己的目标和计划，没有统一的领导，力量难免散乱，目标或出现偏差。

反过来，中国出版集团能够在如此迅速的时间内完成各类数据库建设，录入如此之多的图书信息，与各成员单位的通力合作是分不开的。在风起云涌的数字化趋势面前，内部的有效沟通和执行力的提升对于整个企业的发展有着至关重要的影响。而这又依赖于转制后新体制下集团的有效运营，可见灵活的市场体制和事事关乎每个员工切身利益的现实给予了集团充分的动力和活力。这种动力和活力对于在数字化时代出奇制胜是相当有利的。

中国出版集团下属的黄河出版集团在进军数字出版领域后，不仅原本的亏损局面得以改善，员工的收入水平也有了明显提高，这种看得见摸得着的利益使得员工在数字化道路上越走越有信心，也越走越好。

3.2 根据自身优势和特点，抓准时机主动出击

数字出版在中国面临的问题大致如下：缺乏统一的信息协作平台，形成了许多信息孤岛；产业链上下游在制定价格时忽略了各自的决策对彼此利润的影响，整个产业链存在双重加价问题，效率偏低；产业链各环节为了自身利益最大化充当多重角色；消费者已经不满足于电子阅读终端的时尚新奇，更加不满内容的粗制滥造和同质化，等等。中国出版集团正是针对这些问题制定了能够及时解决问题的对策，如推出大佳阅读器，预装多种正版的高品质电子书，以满足读者对于优质电子书的需求。这一产品最终失败，原因在于中国出版集团只考虑了自己的能力所及，却没有以合适的方式满足读者的真正需求。读者需要的的确是高品质电子书，但是预装图书资源抬高了阅读器售价，而这些资源不一定是读者所需要的。矛盾出现，大佳阅读器表现不佳也就成为一种必然。

知道自己能做什么，不能做什么，再审时度势，有所为而有所不为，正是中国出版集团的经营理念。中国出版集团拥有从图书制作到印刷发行的一流机构，自身优势十分明显。既有丰富的文化资源和图书资源，适合做内容提供商；也有翻译公司和对外出版机构，可以获得最新的国外出版信息和图书版权资源，可以便利地将其翻译成多种文字，进军国际市场。本着"共建、共享、共赢"的原则，中国出版集团建立了目前国内最大的数字出版平台，在壮大自己的同时也为其他出版商和运营商谋福祉。这一平台的建成，不仅可以解决信息沟通的问题，同时也可以解决内容粗制滥造的问题。由此可见，中国出版集团介入数字出版全流程是有实力和能力的，尽管其探索过程中不可避免地遭遇失败，但它的举动并非盲目，而是十分理性地分析自身优缺点做出的。

3.3 利用外在优势资源和先进技术

数字时代建立在先进科学技术的基础之上，谁掌握了最新科技，谁就掌握了生产力。中国出版集团深谙此道。集团下属出版社建立的数字资源库数量很多，只有利用先进技术统一管理，才能达到信息及时沟通、资源及时共享、行动共同响应的效果。因此，中国出版集团利用 Oracle 数据库建立数据库管理平台，并由甲骨文公司合作伙伴北京云因信息技术有限公司负责具体实施工作，来打造统一的数字出版资源管理平台，以实现下属各个出版社数字出版资源的规范、集中和统一管理。① 如此，一来便于集团统一指挥，二来也便于各成员单位集体发力，从而实现集团整体效益。

另外，中国出版集团独家引进的由美国 ODB 公司专利技术生产的快速印刷机（EBM）中版闪印王也是可圈可点的。正是中版闪印王的引进，解决了一直困扰古籍和专业出版领域按需印刷的问题。这一技术在给商务印书馆带来经济效益的同时，也保存了一批珍贵文献，促进了专业领域的学科发展。

---

① 焦清超. 中国出版集团借甲骨文搭上数字快车[N]. 中国新闻出版报,2010-04-28.

3.4　注重版权保护

版权保护一直是数字时代的大难题。借助中国数字出版网的平台，该问题得到了一定程度的解决。其中，创作者可以直接在数字出版网上查看国内外各个出版社的选题情况，可以直接跟出版社联系，向出版社投稿；出版社也可以在网站上相中书稿，直接与创作者联系；电信、移动等运营商也可以在网站上查看出版社新出的图书，直接与出版社联系，将纸质本转换为电子书。而这些举动都被网站记录在案，有证可查。数字出版网就像一个版权代理中介，而与版权代理商不同的是，它只收取基本的服务费用就能提供大量版权信息，全程监督版权流向和交易，但是并不介入具体的版权交易流程。

由于版权不必易手、内容全程保护、资源收益归己、交易可控透明，各种资源按照互惠协议汇入中国数字出版网平台实现增值运营，出版商和著作者的利益在一定程度上也就得到了保障。

3.5　强调对外传播

中国出版集团的对外出版，主要使用的是在国外创办实体、连锁经营的方式。与本土化的企业合作出版，可以更好地制定市场策略。如中国出版集团下属中国图书进出口总公司，利用其与海外出版发行网络的紧密合作，自主策划并在海外合作出版外文图书80多种，涉及英、法、德、日、韩等文种，实现了双赢的市场效果。此外，中国出版集团多次邀请国际知名作家、汉学家和出版人集中与集团内出版社开展出版洽谈签约，发挥海外汉学家、智库和媒体的作用，共同策划出版中国主题图书。同时，其还大力实施中国出版物国际营销渠道拓展工程，加强与全球性和区域性大型连锁书店和网店的积极合作，整合海外华文出版物营销网络和渠道，搭建数字内容资源跨境投送平台，实施网络书店等海外销售计划，使线上线下合为一体。可以说中国出版集团版权输出成绩斐然，其中，毫无疑问其数字出版的成功起到了一定的推动作用。

例如前文所述，引进美国ODB公司专利技术生产的快速印刷机(EBM)中版闪印王,搭载中国出版集团的数字资源数据库,随着按需印刷设备向海外客户的输出,实现了中文图书在国际市场上的印刷和销售,我国许多珍贵的文化古籍得以有副本向国外流传,从而将中华文化传播出去,开辟出一条中国文化"走出去"的新途径。

此外,其积极开发的多语种《中国大百科全书》网络版的数据库检索和跨介质出版系统,为全球不同语种的客户提供了我国辞书出版资源的一次加工、多次利用。2006年,比利时的Vartec公司与中国大百科全书出版社合作,联合推出面向欧洲读者的《中国大百科全书》网络版,并于2006年法兰克福书展上举行发布仪式,书展期间就实现了销售,取得了良好的经济效益和国际影响。这为欧洲人民更好地了解中国,了解中国灿烂的历史文化,了解中国的科学技术水平,提供了一个丰富的信息平台。并且,中国出版集团在2016年伦敦书展期间正式推出了英文版网站,让海外出版人、书探、媒体甚至读者可以直接进行图书的采选和试读。

中国出版集团的重头戏无疑是建立数据库平台。数据库建立的宗旨之一就是"加强国际出版交流与合作,促进实施走出去战略,构建多语种平台"。其中"多语种翻译资源数据库"就在对外出版传播上起到了积极作用。利用这一平台建立的对外图书网站,在宣传集团形象、弘扬中华文化、实现国外订购上都起到了一定作用。

最后要说的是,中国出版集团数字化转型的成功之处值得借鉴,但是也需要看到成功背后的风险,踏足数字出版全流程是利大于弊还是弊大于利,还有待时间和读者检验。在2015年上半年出版集团的年收益排名中,中国出版集团落在了山东出版和南方传媒两家出版集团之后,从盈利来说,并没有做到最强。虽然多元化和全产业链竞争可以充分利用企业的资源和能力,但战线太长,势必会减少某项业务特别是重要业务在竞争中所需的资源与支持。中国出版集团会在范围经济中登峰造极,还是会因为主业过宽而迷失,尚是未知之数。

喜马拉雅电台运营及盈利模式

夏陈娟　梁荣彬

伴随经济的发展，私家车增多，交通网络快速普及，广播曾以车载形态获得过快增长，但是在移动互联网时代，传播模式发生重构，传统媒体和新兴媒体不断融合发展，企业需要从传媒生态环境升级迭代的角度对广播的角色定位作出新的思考，而在这一点上，喜马拉雅 FM 无疑是个中翘楚。基于此，本文将通过分析喜马拉雅处理挑战和抓住机遇的模式，为其他企业提供建设性意见。

1　喜马拉雅简介

喜马拉雅由上海证大喜马拉雅网络科技有限公司于 2012 年 8 月开发成立，致力于在线音频分享平台的建设与运营，是国内首个创建个人电台、分享好声音的网络平台，被誉为音频领域的 YouTube。

旗下移动客户端"喜马拉雅 App"于 2013 年 3 月上线，原计划首年实现 1000 万的用户规模，实际上仅半年即达到千万用户的目标。① 2014 年 5 月初，喜马拉雅激活用户超过 5000 万，而达到同样的用户规模，Sound Cloud 则足足用了 6 年时间。② 2014 年 5 月

---

①　新华网. "喜马拉雅 FM"余建军、陈小雨：2 年撬动 2 亿用户的"2 架马车"［EB/OL］.［2015-11-26］.https：//www.sohu.com/a/49729645_119998.

②　新浪财经. 国内最大音频分享平台喜马拉雅获 1150 万美元风投［EB/OL］.［2014-05-22］.http：//finance. sina. com. cn/stock/usstock/mtszx/20140522/0850191898 13. shtml.

22 日，喜马拉雅宣布公司成功获得 1150 万美元的 A 轮风险投资，投资机构分别为 SIG（海纳亚洲）、KPCB（凯鹏华盈）、Sierra Ventures，成为中国互联网音频行业有史以来金额最大的融资个案。① 2015 年 11 月 16 日，中国最大音频分享平台喜马拉雅 FM 作为唯一一家音频应用独家入驻"Vision 远界"，也曾作为唯一一家内容平台成功入围由清科集团主办的 2015 年中国最具投资价值企业"风云榜 50 强"，排名位居第六。② 喜马拉雅联合创始人余建军表示："我们得到 VC 青睐，下一步将加速在移动音频领域的布局。"③ 截至 2020 年 12 月，喜马拉雅 FM 平台内拥有 8000 多万媒体大咖和 700 万有声主播，共同创造了覆盖音乐、财经、新闻、小说、汽车等 328 类领域的有声内容。④ 公开资料显示，截至 2020 年年底，喜马拉雅音频总量已超过 2.8 亿条，喜马拉雅全场景月活跃用户达到 2.5 亿，平台总用户规模突破 6 亿。⑤ 2022 年，喜马拉雅的估值为 43 亿美元(约 273 亿元人民币)。⑥

2 "互联网+用户"的运营模式

喜马拉雅利用互联网思维的商业决策与运营在较短时间内成功

---

① 腾讯科技. 国内 UGC 音频分享平台喜马拉雅融资 1150 万美元[EB/OL]. [2015-05-23].http://tech. qq. com/a/20140523/042402. htm.

② 中国经营网."中国最具投资价值企业 50 强"公布喜马拉雅 FM 成唯一内容平台[EB/OL]. [2015-12-03].http://www. cb. com. cn/info/2015_1203/1154960. html.

③ 腾讯科技. 国内 UGC 音频分享平台喜马拉雅融资 1150 万美元[EB/OL]. [2014-05-23].http://tech. qq. com/a/20140523/042402. htm.

④ 腾讯网. 让知识发声,喜马拉雅如何做到国内音频第一? [EB/OL]. [2020-12-23]. https://new. qq. com/rain/a/20201204A0640S00.

⑤ 江晓. 有声阅读平台的运营策略研究——以喜马拉雅 FM 为例[J]. 新闻世界,2021(9).

⑥ 中国经济网. 在线音频第一股已暴跌 90% 喜马拉雅还能撑起 270 亿的估值吗? [EB/OL]. [2022-04-20]. http://finance. ce. cn/stock/gsgdbd/202204/14/t20220414_37495297. shtml.

实现了盈利，成为互联网有声读物综合平台市场里的黑马。喜马拉雅作为一个典型的科技创业项目，在启动之初采用的是一种相对单一的纯技术优势型商业模式。无论是前面创始之初的全景视频，还是后来的虚拟社区，喜马拉雅试图以富有特色的互动技术为切入点激活媒介商业，数次尝试都惨遭失败。尽管它的前身"那里世界"与51.com达成合作，在2012年3月上线后很快获得盈利，3个月盈利近百万，但项目的复杂性却远远超出运营团队的预计。例如，现实商圈有叠加效应，如吃饭、购物、娱乐等互动元素相结合时，可能出现相互导流的情况。而当线上游戏、音视频、购物等行为相加时，用户选择实际变成了三方的交集。这在具体的互联网线上运营中，要求同时熟悉三个甚至多个领域。在发展的第二阶段，喜马拉雅觉察到用户对互联网音视频产品的需求，将网络音视频作为核心功能大力推广，避免以前的"重技术、轻内容"的误区，以用户需求为出发点来把握公司的经营方向，获得成功。喜马拉雅的互联网思维主要体现在平台移动化、媒体社交化、移动终端化策略这三个方面。

2.1　平台移动化

工信部公布的2021年通信业统计公报显示，2021年，移动互联网用户数达14.16亿户，比上年末净增6713万户；移动互联网接入流量达2216亿GB，比上年增长33.9%；全年移动互联网月户均流量达13.36GB，比上年增长29.2%。① 喜马拉雅在移动互联网浪潮的推动下，于2013年2月上线"基于互联网和移动互联网的喜马拉雅声音云平台"项目。至2015年3月，两年时间用户数已突破1.3亿。截至2021年9月，每日人均收听达146分钟，市场占有率达65.5%。② 喜马拉雅声音云平台同时支持iPhone、iPad、

---

① 中华人民共和国工业和信息化部.2021年通信业统计公报[Z].
② 腾讯网.6.4亿人每天收听145分钟，喜马拉雅做大音频"声"意[EB/OL].[2020-12-28].https://new.qq.com/rain/a/20201204A0640S00.

Android、Windows Phone、车载终端、台式电脑、笔记本等各类智能手机和智能终端。其通过信息技术创新，颠覆了传统广播单一的直播模式，实现了个人和机构自由创建云电台、无限存储历史声音资讯的功能。平台上的声音资讯可通过智能手机和平板电脑等移动设备精准推送给感兴趣的人听，主播、听众双方可及时互动。

2.2 媒体社交化

喜马拉雅利用网络电台构建音视频自媒体平台，让数以亿计的互联网用户加入音视频内容以及相关衍生内容的生产流程中，用户可以使用微博、微信登录喜马拉雅，通过手机通讯录寻找听友。喜马拉雅和网络电台、社交平台之间的诸多交叉关联，使其在发挥传统广播媒体资源优势的同时，以转发、评论、订阅等互动方式引导了互联网用户的平台交互行为，成为一款具有社交属性的原创"UGC(用户生产内容) + PGC(专业生产内容)"的声音媒体。这种社交属性成为喜马拉雅的核心优势，建构了喜马拉雅独特的平台生态系统。也正是网络平台生态与产业业态的建立，使喜马拉雅在有声读物与网络电台市场上独领风骚。

据统计，喜马拉雅 FM 上来自购买和合作的内容占 40%[1]，剩下都来自 UGC(用户创造内容)。同时，喜马拉雅 FM 还将从 UGC 中发掘出来的一部分优质内容进行筛选聚合，作为 PGC 内容进行优质推荐，这种方式就与单纯依靠 UGC 为内容来源的广播媒体平台形成了对比。只依靠 UGC，产品质量会受到很大限制：一方面，UGC 用户活跃度和积极性会给产品带来很大不确定性；另一方面，无法有效保证 UGC 内容质量，内容把关上存在难度和风险。喜马拉雅 FM 利用自身平台优势推行主播认证模式，已拥有 20 万认证主播；[2] 与此同时，致力于挖掘粉丝经济，扩大平台用户群。喜马

---

[1] 沈王恒. 喜马拉雅:互联网新媒体的新星[J]. 软件产业与工程,2015(3).

[2] 详见喜马拉雅主播手册。

拉雅和专业内容生产者合作，向他们购买版权，把传统电视台热门节目和网络热门自媒体节目音频版作为其专业优质内容进行推荐，借力热门节目粉丝进行引流的同时，保证内容更新频率和质量，比如《今晚 80 后脱口秀》《百家讲坛》《罗辑思维》《天天逗文涛》《凯叔讲故事》等。另外，喜马拉雅也将一些专业声音媒体从业者开办的广播节目和在喜马拉雅开办的频道作为 PGC 部分播出，比如中国之声的青音、文艺之声的李峙、河北交通广播的小强等自媒体人，这些措施都有助于平台实现个性化推荐，吸引不同层次、不同喜好的用户，用户可以选择关注自己喜欢的主播。这些特点从喜马拉雅推出 App 手机客户端的页面布局可以观察出来，首页是最新热播节目推送，首页上方则包括有声图书 、音乐 、综艺 、相声评书、历史、外语等多达 22 个频道(见图 1)。喜马拉雅利用海量优质内容实现了平台类别全面覆盖，从而使互联网线上用户群跨度产生了质的飞跃，让所有用户都有机会使用喜马拉雅软件。

2.3　移动终端化策略

喜马拉雅 FM 在移动智能终端的抢夺当中占据了领先优势，探索出一套适合当前移动互联网传播的运营方式，成功成为当下网络电台的佼佼者。在万物互联的浪潮之下，移动智能终端的外延将会得到更多扩展，涵盖越来越多的设备，它们都具备信息接收和处理能力，甚至能够对数据进行分析并作出实时智能反应。音频传播生态圈面对如此局势，需要做出超前布局，真正基于移动互联网的音频传播生态将会借助于物联网技术实现各种智能终端协同传播。喜马拉雅 FM 意识到问题，努力与不同硬件厂商进行深入合作，把硬件厂商在各自渠道的"场景"特点与自身音频内容优势高度结合，使音频内容可以借力不同硬件融入人们的生活场景，进而构建场景化音频传播生态圈。比如，喜马拉雅 FM 与音响品牌漫步者开展合作，二者互补实现音频终端扩展。在智能硬件和可穿戴设备潮流中，国内最大音频内容供应商喜马拉雅，更是受到多家厂商青睐，已有智能音箱等多款产品进入市场。喜马拉雅为加速布局端口市场，独自研发了车载硬件，使普通车也能随时随地收听到喜马拉雅FM的高品质内容。2021年，喜马拉雅宣布和特斯拉、奔驰、吉利以及比亚迪等76家汽车制造商达成合作，喜马拉雅将通过预装软件的方式介入车载场景中。

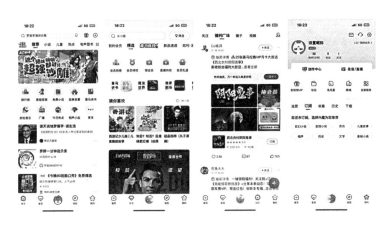

图1 喜马拉雅页面设置图集

为了使场景化音频传播生态圈更加成熟，喜马拉雅FM推出了"In-side"战略①，即自主研发喜马拉雅FM智能芯片，将芯片植入合作厂商的产品中，使它们同时具备音频内容接收、播放以及数据反馈的功能。利用这个核心优势可以与更多厂商开展合作，在多方共赢的基础上不断完善音频传播生态，扩展到人们日常生活的场景中。喜马拉雅FM的目标是让电台新媒体声音无处不在，除了已开发出的多款智能玩具，很多智能家居产品也被提上了开发日程。通过这样的布局，一方面可以做到无论硬件形态如何变化，喜马拉雅FM都能够掌握音频生态主动权；另一方面又可以推动基于移动互联网的音频传播生态圈场景化进程，让音频可以快速走进不同场景细节中，真正实现"新声活"。（图2）

---

① 刘峰. 音频传播生态圈的构建:移动互联时代的机遇与挑战——以喜马拉雅FM为例[J]. 中国广播, 2016(3).

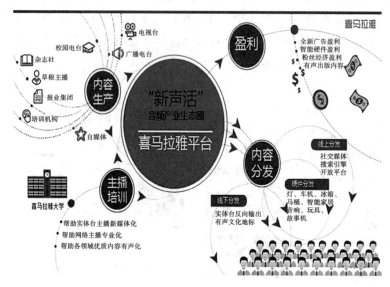

图 2 "新声活"音频产业生态圈

3 喜马拉雅 FM 创新型盈利模式

制约电台发展的一个重要因素就是盈利模式单一。① 面对持续加剧的听众分化趋势，网络电台在未来传媒竞争中的发展已经不能只依靠单一的广告模式，其能否继续扩大音频传播生态圈的关键在于盈利模式是否多样化。如果自身不能够形成有效的盈利模式，仅靠融资支持是不能够保证网络电台在新兴媒体与传统媒体的融合发展过程中存活下来的。与传统电台相比，喜马拉雅网络音频独特的传播生态圈为实现盈利模式创新创造了优越条件。

---

① 邓庄,谢诗华. 突破单一经营模式延伸广播产业链[J]. 中国广播, 2010(1).

3.1　新广告盈利模式

网络电台依然能够在很大程度上借鉴传统电台的广告盈利模式，但是其运营方式必须做出一定改变与创新，使其符合移动互联网的特征。由于传统电台的现行收听模式和多年来形成的收听习惯，受众对于硬广告的忍受程度相对比较高，但是如果将硬广告过多地加入网络电台节目中，势必会导致用户频繁"换台"。喜马拉雅 FM 尝试通过为商家提供量身定做的广告方案，寻找合适的软广告形式，努力使广告与音频节目定位、内容、风格相吻合，避免用户收听体验因为广告的介入而受到影响。此外，前期积累的大数据也能够为商家选择广告产品提供更为科学的参考。

3.2　基于移动社交机制的粉丝经济

从诸多新兴媒体快速成长的案例经验可以知道，网络电台是否盈利的关键之处在于能否形成粉丝经济、社群经济效应，而粉丝经济的关键之处则是产品和平台要充分了解受众，尊重和满足他们在情感上的需求。在上线之初，喜马拉雅 FM 便把粉丝互动、社群运营放在了至关重要的位置，努力加深平台和用户之间的联系，让黏度高的主播、用户都自动成为喜马拉雅 FM 的代言人与传播者，形成口碑效应，基于社交机制开展多元化运营，从而实现盈利模式创新。

3.3　打造衍生音频内容产品

经过这些年的累积，喜马拉雅 FM 已经拥有大量的高品质音频内容，具备创建衍生内容的条件。比如后台数据显示某本书收听率超过 50%，说明这种内容具有很好的群众基础，就可以开始考虑出版这种有声书内容。再如为盲人群体制作了无障碍公益电影，数据显示它同样也受到司机这些群体的欢迎，这又为音频内容衍生提供了一个新的选择。

3.4 聚合自媒体创造力，提升音频内容专业化水平

目前很多传统电台和自媒体人、"草根"主播都将喜马拉雅作为实现自身价值的平台，其平台影响力也还在继续扩大。喜马拉雅 FM 努力寻找有潜力的"草根"主播，对他们进行专业化的培训，让他们尽快成长为能够适应移动互联网浪潮的人才，借助他们在实现自我价值的同时进一步推动喜马拉雅 FM 音频生态构建。此外，喜马拉雅 FM 同样重视出版社、名人名家、报社等优质资源挖掘，目前已经有很多优质内容在向传统媒体反向输出，喜马拉雅 FM 内容的商业价值也会随着音频数量与质量的进一步提高得到凸显。

3.5 开启内容付费模式

2016 年 6 月，喜马拉雅开始推出付费内容，马东奇葩说团队的《好好说话》率先试水，每天上线 6~8 分钟音频内容，全年定价 198 元。该付费内容上线 24 小时，卖出了 2.5 万套，销售额突破 500 万元，10 天后销售额超过 1000 万元。随后，《财经郎眼》《逻辑思维》等大 IP 内容纷纷入驻。[①] 2018 年 9 月，喜马拉雅 FM 与腾讯推出联合会员，截至 2021 年，喜马拉雅全场景平均月活跃用户达 2.68 亿，月活跃付费会员数量为 1440 万。[②] 订阅是当前喜马拉雅最成熟的变现渠道，其收入来自会员订阅及付费点播收听服务。但从近几年的趋势来看，用户对付费内容的兴趣正在减弱，相关头部内容的播放量正在大幅降低，喜马拉雅用户的付费习惯还有待培养。

---

① 腾讯网.6.4 亿人每天收听 145 分钟,喜马拉雅做大音频"声"意[EB/OL].[2020-12-28]. https://new.qq.com/rain/a/20210915A02TO500.

② 虎嗅网.喜马拉雅的"声意"不好做[EB/OL].[2022-09-21]. https://pro.huxiu.com/article/666073.html.

4 小结与未来展望：基于用户体验的二元创新

通过平台移动化、媒体社交化、移动终端化策略，凭借其独特的传播生态圈和创新盈利模式，喜马拉雅网络音频在移动互联网浪潮中成功占据了一席之地。为了不被其他竞争对手"弯道超车"，喜马拉雅 App 网络音视频平台一方面不断创造新的市场盈利增长点，另一方面又通过互联网经济的两大基石"体验与技术"建构起网络音视频产品的新优势。"大数据"成为当前移动互联技术的一个关键词，其具有的"4V"特性［Volume（海量规模）、Variety（数据多样化）、Velocity（快速处理）、Value（价值）］可以帮助喜马拉雅 App 实现跨应用、跨设备的全样本数据搜集与分析，从而精确掌握用户使用习惯，分析推算出用户使用需求。这种可能性的运用又会反过来增强用户体验，优质体验将会带来更多用户，而更多用户为技术支持提供了大量样本数据，由此可以形成一个封闭良性循环模式。类似于 HCI（智能人机交互技术）、TTS（语音合成技术）、ASR（语音识别技术）等有潜力和价值的技术创新，在将来也能够突破整个行业的局限性，为用户提供更深层次的个性化推荐，潜移默化中增强用户对喜马拉雅 App 的黏性。总之，喜马拉雅 App 的未来之路始于互联网，它的未来发展也将归于互联网。

《楚天都市报》的主流化转型之路[*]

刘锦宏　赵雨婷

于 1996 年 11 月试刊、1997 年 1 月 1 日创刊的《楚天都市报》在 2000 年发行量就已突破百万，常年稳居湖北省都市报纸类发行量之首，其快速崛起的历史被一些学术人士称为"楚天都市报现象"。自 1998 年同类都市领头报《华西都市报》提出"报道主流资讯，打造权威新闻"的主流化转型后，《楚天都市报》也一直在摸索其在数字和移动互联网时代的转型之路，而《楚天金报》《武汉晨报》《武汉晚报》《长江商报》等在定位、受众、信源等多方面相似和雷同的都市报的相继崛起无疑加剧了武汉报业都市报纸的同质竞争，这在很大程度上消减了《楚天都市报》的内容优势，更促进了《楚天都市报》转型的决心和进程。2007 年，《楚天都市报》正式拉开其主流化转型的序幕，十几年的主流化转型是否成就了《楚天都市报》的今天，其主流化转型的规律和方向是否也值得其他报纸借鉴，成了报业人员和相关学术人士关心的话题。

1　定位：于宏观和细微处寻求差异化

在新闻报道内容上，《楚天都市报》长期坚持报道传统的贴近生活、服务生活的本土新闻信息，在坚持明确自身定位、明确自身责任、明确受众需求、明确新闻事件中心的新闻策划方向的基础

---

　　* 本文以发表在《传媒》2016 年第 14 期上的同名文章修改而成。

上，充分发挥传统报纸内容在读者心中的品牌价值，加强平民英雄的专题式深度报道，弘扬主流价值观，打造全新良性循环的媒介生态圈。

生活水平的提高使得作为都市报消费主体的市民阶级开始寻求文化刺激，作为特殊商品的报纸，满足读者不同文化层次的需求自然就成了《楚天都市报》转型首先需要考虑的问题。在转型座谈会顺利召开后，《楚天都市报》就开始综合比较其他较有实力的都市报，以期寻找到差异化的媒介定位，这从《楚天都市报》屡次的改版尝试中就可以初见端倪。2012年尝试转型的《楚天都市报》将其版块设为要闻、深度聚焦、深度视点、深度关注、社会现场、社会法制、体彩、社会荆楚、养生、民生经济、悠游、民生教育、互动跑腿、旅游资讯、娱乐体育、健康咨询、时事综合、广告等24个，在注重深度报道的同时也不忘其立身之本——娱体、健康、互动等民生新闻，但却始终陷在"小报"和主流报两不像的泥潭中，无法真正抽身而出。而在2015年大刀阔斧的改版之后，其报道思想似乎开始有了质的飞跃，2016年其修订版也更为精简，共设要闻、深度焦点、深度关注、深度视点、评论、社会现场、体彩、社会街巷、养生、社会法治、社会荆楚、都市车风、广告、民生经济、旅游资讯、专版等19个版块，一版一栏各司其职，将几大民生问题合而为一，并逐步将其深度化、头版化，透过街头巷尾的小事报道其背后关联的利益链条，作系列深度报道，坚持《楚天都市报》以民为中心的报道理念，从政治、经济、文化多个方面发散开去。

2　内容：向主流人群报道主流新闻，传播主流价值

在移动互联网时代，读者即记者，UGC（用户生产内容）大行其道，专业的新闻采编工作者在更多的时候是作为一个顾问，从专业的角度再次核对和解构新闻。以城市文化为基石，将新闻报道和城市化建设联系起来，将服务产品化，再将产品细分，充分挖掘故

事背后的人文和社会教育意义，在突发事件和群众性事件中坚持做好社会舆论的引导工作，不炒作、不添乱，坚持自身舆论监督者和社会守望者的记者角色定位，成了《楚天都市报》内容的方向。例如2012年针对武汉驾校额外费多、考试周期长、教练态度差等"潜规则"问题做了《日均五起投诉，拷问驾培市场》的系列深度采访，引起了省物价局、运营部门等对此事的重视，加速了问题的解决，加强了其在武汉市民心中的公信力。2015年《楚天都市报》经过多次暗访，对香肠原料进行了深度报道——《多部门联合端掉3家香肠黑作坊》，促进了当年新修订的《食品安全法》在武汉市的实施，并对食品药品监督部门工作人员告知广大群众鉴别好坏香肠的方法进行大范围传播，以起到警醒的作用，《楚天都市报》的舆论引导力进一步增强。

转型后的《楚天都市报》改变了传统的在新闻题材选择上偏向于社会、娱乐类等爆发力较强的新闻，而对于时政、财经、评论等却关注较少的报道思想，采取更为简单直接的信息叙述方式，增加新闻报道的深度，不仅仅包括增加传统调查类新闻报道的比重，而且加大对某一事件的策划、解读和传播力度，以深度评论、解析类新闻和视觉冲击弥补移动式浅层阅读习惯和偏好。在新闻选题上注重有新闻价值的大新闻，合理调整硬新闻、软新闻、社会新闻、民生新闻、经济新闻、政治新闻等的报道比例，注重时事报道的时效性和可读性，独家报道的可信性和及时性，连续报道的系统性和全面性，热点报道的精准性和贴近性。转型后的《楚天都市报》软、硬新闻比例各占一半，政治、经济新闻的报道比例明显增加，在呈现新闻细节弱化的基础上，凶杀、灾祸类等负面社会民生类新闻的报道比例也迅速下降。在"大事小情"的新闻报道中，顾全大局，兼顾新闻特色，从多个角度、以多重身份报道目标读者需要和应该了解的新闻内容，充分体现了《楚天都市报》新闻报道的高度、精度、深度和气度。

3 发行：与电商、网络媒体等建立互助合作关系

进入 21 世纪后，在发行方式上，传统内容加广告的报业产品形态受到移动互联和数字化的强烈冲击，社区、城市管理的成熟在很大程度上也遏制了"扫楼"、摊贩等都市报早期确定的"上门服务"的发行方针，荆州、十堰、宜昌等分印点早已通过卫星传版实现了同步发行和全范围覆盖，零售加订阅的自办发行模式也已进入了成熟期，改变《楚天都市报》传统的发行方式和盈利模式亟须纳入《楚天都市报》主流化转型的步伐。于是，在"2014 中国报业新趋势论坛"上，《楚天都市报》等 42 家主流都市报和阿里巴巴签署了合作意向书，企图借助"码上淘"电商业务打造"媒体+电商"新模式，借助阿里巴巴平台实现线下到线上的转移，帮助实现读者和用户身份的重合，使得读者在阅读的同时也可以使用消费等多种增值服务，从而获得来自平台、物流、支付等的第三方分成。① 但从后来的成效看，新的用户习惯并未形成。在传媒业全面转型的大环境中，作为都市市民化报纸的《楚天都市报》只有与网络新媒体建立起互帮互助的合作关系，才能实现内容和渠道的双赢。

在媒介传播渠道上，《楚天都市报》最初以纸质内容上网的形式创建了楚天都市网这一门户网站，主打热闻、报料、亲子、婚恋、拍客、社区等都市内容，并提供《楚天都市报》的电子版本和"两微一端"②的其他流量入口。在微博运营上，截至目前，楚天都市报的官方微博"极目新闻"已发表微博数 17 万多篇，拥有粉丝2200 多万人，并提供报料方式、订报热线、报纸投递三大粉丝服务菜单。③ 在微信运营上，目前"极目新闻"微信公众号预估活跃粉丝数超过 100 万，日平均阅读数为 3.3 万，日平均头条阅读数为

---

① 电商+报纸：阿里巴巴探索媒体电商"码上淘"模式［EB/OL］.［2014-04-23］. http://it.gmw.cn/2014-04/22/content_11108115.htm.

② 即微信、微博和新闻客户端。

③ 见楚天都市报官方微博首页。

8.9万，腾讯公布的新榜指数中最近一个月基本在990左右徘徊，在类似媒体排行中也基本维持在12名左右的水准。① 在独立App"极目新闻"的运营上，目前其在安卓市场的下载次数已超过1600万次，截至2021年3月，极目新闻全平台用户已达3700万。"极目新闻"由楚天都市报倾力打造，2021年3月28日正式上线，是一个以原创新闻为主的全媒体新闻资讯平台，拥有互联网新闻信息服务资质，全天候为用户生产、聚合优质原创全球时事、观点、财经类内容。"极目新闻"充分运用视频、图文、VR、MG动画等多样的传播形态，生产H5、长图、动图等更加丰富的融媒体产品，利用5G、人工智能、大数据等更加尖端的传播技术，打造全新的智慧融媒体平台。极目新闻App以原创新闻为主，充分运用视频、图文、VR、MG动画等多样化传播形态，生产H5、长图、动图等丰富的融媒体产品，利用5G、人工智能、大数据等尖端的传播技术打造全新的智慧融媒体平台。

4　管理：重新建构人才机制，打造品牌责任媒体

随着区域性同质媒体竞争的加剧，民众生活水平的提高，传统降价、搭送其他物品等促销方式已无法满足读者日益增长的文化需求，提供"一站式"信息接收服务、节约读者寻找其他途径获取消息的时间成本，成了主流化转型的重中之重。以大数据技术、互联网技术等为依靠，以用户为核心，重构都市报传播的生命周期，打造品牌项目、核心栏目，成了《楚天都市报》主流化转型"打出去的拳头"。

纵观《华西都市报》等主流都市报的转型之路，《楚天都市报》将其主流化转型之路确定为"借船出海"②，打造其特有的品牌活动，从多方面摆脱"小报"标签。开展资助贫困大学生活动、海选

---

① 数据来源于新榜网 www. newrank. cn。
② 李春明. 楚天都市报成功实施主流化转型（专访）[J]. 新闻前哨，2010(9)。

江城最美社区活动、楚天之夜江滩纳凉晚会暨楚天之夜江滩电影节活动、"中三角名歌大型演唱会"公益活动等，举办大学生年度人物评选、少儿诗词朗诵大赛、"咱爸咱妈咱老家"春节征文活动，是迈上转型之路后《楚天都市报》作为责任媒体传播文化、服务社会的举措之一。

自20世纪80年代党中央放宽报纸自主经营权以来，主体意识渐渐占据了报纸的整个经营理念。2010年《楚天都市报》以"事业部制"为中心对业务部门进行了组织重构，按行业和方向对广告客户、广告要求、营销方式等进行了一对一分配，实现了专业人才操作、专门部门负责的扁平化管理局面，以"媒介顾问"岗位取代了之前的"业务员"岗位，重新制定了与个人业绩挂钩的激励机制，增加新闻采编人员的工薪待遇，以调动其工作积极性。与此同时，取缔了互动版块后，总编辑信箱、《市民之声》版块的相继恢复和24小时值班热线也增加了报社和民众之间的互动性，扩宽了新闻消息的来源渠道，《楚天都市报》多媒体报、楚天都市网、腾讯·大楚网等互联网报料入口、社区之家的设置，也在一定程度上满足了年轻一代读者互联式的浏览阅读和互动交流的需求。

5　广告：主动寻求和筛选广告客户

提高广告投资者的投资回报率是《楚天都市报》广告部自提出主流化转型以来的主要工作。以文字、图像、条码等多种不同形式在不同版面和版面区域上投放针对性广告，是《楚天都市报》广告部实现广告商广告定制化服务的指导思想。2010年《楚天都市报》广告经营额达到5.44亿元，2011年《楚天都市报》策划的首支地产广告实现广告收入212万元。减少并仔细核对药品广告，增加房地产、汽车等热门消费品的广告投入比例，在省内实行累积递进广告代理制，在社内打造年轻的广告队伍，是《楚天都市报》在21世纪10年代主流化转型的一大方向。

转型后的《楚天都市报》不再被动地在一些低档次的广告投资者中进行选择，而开始主动寻求并筛选适合某一时期、某一版块、某一事件的真实有效的广告。例如《楚天都市报》在聚焦、关注等深度报道版块一般刊登房地产广告、公益广告等，例如中国网络电视台等就在其核心版块刊登过广告；体彩版块一般刊登旺铺招租、现房出售、酒店转让等小型广告，以组合方式呈现；悠游版块就以旅游类广告为主，湖北峡州国际旅行社有限公司、湖北省海外旅游(集团)有限公司、湖北省中国国际旅行社等都曾在该版块刊登过中型或大型广告；娱乐体育版块则以陪练、租赁等汽车资讯，搬家、拆装、家政、征婚等便民服务类广告为主；都市车风版块则主要为车展、汽车折售等信息类广告……直接面向消费者的广告消息不再像以前那样毫无章法而以寻求利益刺激为主。追求真相、坚持真知，体现道德和文化内涵，在坚持新闻人的职业操守底线上选择广告，是《楚天都市报》打造责任媒体的基本要求。

6　总结

转型后的《楚天都市报》不再仅仅向读者传递新闻信息，而且开始向读者传递某种观念，从经济人的视角紧紧把握时代脉络，在新闻内容上用时政新闻建立权威性，用民生新闻建立影响力，用评论、解读类新闻建立公信力，在遵守相关新闻报道原则的前提下于细微处着手，淡化政治环境的影响，淡化市场和眼球经济。主流化转型路径是实现受众中心论、舆论引导力和社会责任感的传统媒体的转型路径。[①] 宣传主流人物，弘扬主流价值，客观公正地报道新闻事件，引导社会舆论的正确走向，是《楚天都市报》转型后必须背负的社会责任。

---

① 陈浩 . 我国都市报主流化转型趋势探讨［J］. 新闻前哨,2010(10).

羊城晚报报业集团数字化战略布局

赵雨婷　梁荣彬

　　于1998年5月正式批准建立的羊城晚报报业集团，拥有"五报"(《羊城晚报》《新快报》《广东建设报》《可乐生活》《羊城体育》)，"两刊"(《优悦生活》《秋光》)，两网(金羊网、新快网)、"一端"(羊城晚报客户端羊城派)、一出版社(羊城晚报出版社)，以及羊城创意产业园等30多家子公司。① 相比于其他报业集团，其成立时间较短，文化底蕴相比于其他党报较弱，但正缘于此，羊城晚报报业集团更强调"依靠科技争时效"，创新性的竞争优势明显。2009年羊城晚报报业集团正式提出数字化战略，强调最大限度地发挥内容优势，做精传统媒体，做强新兴媒体，做大活动平台，以形成新的立体式的传播格局的转型重点。② 时任《羊城晚报》总编辑黄斌增提出了由报网互动到报网互通、由报网竞合到报网融合、由报网融合到数字统合的"三步走战略"。2011年广东省文化建设项目《广东省建设文化强省规划纲要(2011—2020年)》的出台更是从政策上对羊城晚报报业集团数字化战略给予了支持。基于此，羊城晚报报业集团数字化战略布局正式拉开。

1　数字化内容资源布局

　　新的互联网背景下，报纸的目标受众群更加不确定、不稳定，

---

① 详见羊城晚报报业集团官方网站 www. ycwb. com. cn。
② 贺俊浩,筱舟. 立足现实 认清方向 突出优势 找准路径——羊城晚报报业集团融合转型观察[J]. 中国记者,2015(9)。

149

多样化的需求也是层出不穷，报纸、广播、电视等传统资讯通道被互联网开放性的通道所打破，突出内涵、提高采编质量、照顾各方利益的目标对报业的整体改革提出了更加精细的要求。

第一，创办数字新闻门户网站。羊城晚报报业集团数字化战略布局中最为重要的一项，是以扩大网络版《羊城晚报》覆盖人群为龙头，以建设 SNS（社交网）社区为重点，以全力做大做强金羊网为目标的计划，包括建立新闻门户网站、传统报纸上网、尽快实现报网融合等战略步骤。创办独立于传统报纸的新闻门户网站，是羊城晚报报业集团数字统合战略实施的第一步。作为羊城晚报报业集团旗下唯一的数字新闻门户网站，金羊网自 2000 年成立以来一直保持盈利状态，下设资讯、广州、广东、原创、时评、图库、娱乐、体育、视频、军事等十大综合板块。金羊网作为羊城晚报报业集团数字化转型的先驱，通过整合国内外特别是广州、广东地区的新闻信息资源，借助文字、图片、音频、视频、GIF 动态图等多种展示方式，通过官方网站、手机报纸、移动客户端、微博、微信公众号推送等多样化渠道，向网民及时、系统、详细地推送新闻资讯。除此之外，金羊网还通过和羊城晚报报业集团旗下品牌合作，顺利开展了"羊城新八景""广东大学生辩论赛"等一系列品牌活动，将线上资源带向线下，充分满足了金羊网主流人群对于娱乐、生活、学习等的多元化、个性化诉求。

第二，传统纸质内容直接上网。传统报纸直接上网是羊城晚报报业集团报网数字统合战略的第二步，是报网互动的试水实验。2007 年羊城晚报报业集团推出包含其旗下各系列传统报纸的多媒体数字阅读平台，2010 年金羊网在其首页首屏上推出正式网络版《羊城晚报》。迄今羊城晚报报业集团旗下的数字报系列包括数字报《羊城晚报》、数字报《新快报》、数字报《可乐生活》、数字报《足球大富翁》、电子版《民营经济报》、电子版《广东建设报》、数字报《家园周刊》、数字报《羊晚地方版》、数字报《优悦森生活》、数字报《E 财富》等，提供检索、日历、分享、PDF 下载、全屏阅览等功能。免费的电子报在线阅读既为网民读者提供了信息在线阅览的便捷性，也为投放广告的客户和报纸广告代理公司查询广告投放、版面情况、广告流量等信息提供了方便，信息获得更加及时。至此，羊城晚报报业集团传统和数字结合的四种形态——平面纸质出版物、版面完整重现的多媒体数字报、按条目阅读的电子报、摘要信息形态的手机报布局基本完成。

第三，加速报网融合趋势。实现报网融合是羊城晚报报业集团报网数字统合战略的第三步，也是其整个数字化战略布局中最为重要的一环。传统报纸上网和网络自主出版已不能满足信息大爆炸环境下受众需求的爆发增长，实现报网融合发展、多方位综合加工信息成了报业转型的又一要求。2009 年 9 月 3 日《羊城晚报》宣布开设国内唯一由网络供稿的报纸版面——《网事博览》版，在工作日更新。《网事博览》版的版面内容全部由金羊网供稿，根据真实性、时效性、重要性、偏向性等原则选取网络上的热闻、热图、热议和热点人物，以吸引年轻一代读者的目光。自此，羊城晚报报业集团传统和数字结合的形态又加上了网络供稿纸质化的形式。

2 数字化渠道资源布局

为了满足微博、微信等不同社交用户的多样化需求，羊城晚报报业集团将记者、读者反馈回来的信息在同一个平台上进行分流再加工，形成了独具风格的金羊网专题报道、金羊微博、羊城晚报公众号等多种数字化内容产品。[①] 羊城晚报报业集团在移动社交即时工具上实施的战略依旧是以完善新媒体社交圈为核心，打破各个工具间的使用壁垒，实现共赢。

第一，多种公众号并存，深挖新闻背后的真相。羊城晚报报业集团十分重视新媒体的建设，仅羊城晚报社旗下就设有羊城晚报、羊城晚报掌上羊城、羊城晚报娱塘、羊城晚报岭南名医馆、羊城晚报校园达人、羊城晚报粤直击等数十个微信公众号。以其影响最大的羊城晚报微信公众号为例，羊城晚报微信公众号是由羊城晚报社

---

① 周燕群. 嫁接传统报业优势 探寻全媒体转型新渠道——访羊城晚报报业集团党委书记、管委会主任、羊城晚报社社长黄斌[J]. 中国记者,2012(8).

主营的、以向受众推送好看好玩的新闻资讯为目标的移动社交平台，下设听羊晚、读羊晚、小羊爆料等板块。2014 年 8 月《羊城晚报》在其纸质版和微信公众号平台上同步推出《大数据图解：教你如何从"堵城"广州突围》专题报道，这篇报道是由电子地图公司通过大数据挖掘方式生产的报道，向其目标读者以表格、图片、柱状图等形式提供了更为直观的信息服务，比如在电子地图上标注高峰期堵车路段、方向等，该新闻浏览量达 80 多万次。① 利用粉丝活跃度极高的微信朋友圈进行裂变式传播，紧贴用户体验，以产生品牌效应，是羊城晚报公众号运营的主要方向。例如 2015 年 5 月两会期间，羊城晚报官方微信公众号上推出了 19 条相关报道，头条推送次数为 8 次，总阅读量高达 68 万次，平均每篇阅读数超 3.5 万次。② 除了时事热点外，羊城晚报微信公众号也关注民生民情问题，特别是和人民群众息息相关的饮食问题，这从其公众号的板块设置中就可见一斑。2015 年 7 月，羊城晚报官微头条推送的《吃木耳炒蛋竟进了 ICU，他犯了一个致命错误！8 种毒菜，你家有吗?》一文在短短数天的时间里收获了 250 多万的阅读数，1.7 万的点赞数，以及超 1.5 万次的转发量。转发次数越多越容易形成裂变，尤其是不同地域、不同领域的群体的转发，③ 而羊城晚报明显对此十分精通。

　　第二，多种微博号并举，传递新鲜新闻资讯。和微信公众号的运营一样，羊城晚报报业集团在其微博的运营上采取的也是"遍地开花"的战略，旗下的子报在腾讯和新浪两大平台上都开设了自己的官方微博，影响力较大的有羊城晚报、金羊网、旅游周刊、汽车周刊、东莞新闻、人文周刊、新快报、可乐生活 Color、优悦森生活 ULife 等。以羊城晚报为例，在新浪微博上拥有 1200 多万粉丝，

---

① 刘红兵. 羊城晚报报业集团:加快媒体转型 推进融合发展[J]. 传媒，2014(24).

② 孙爱群.《羊城晚报》全国两会报道的全媒体传播策略与实践[J]. 中国记者,2015(5).

③ 郑华如."100 万+"的启示:你推送的微信内容紧贴用户了吗? ——以羊城晚报官方微信头条选题为例[J]. 中国记者,2015(9).

是华南地区最早开通的媒体官博，旨在为公众维护和争取其生活权、生存权和生命权，为受众提供有价值的新闻资讯。对传统新闻进行改造再加工后，以微博的形式进行发布，是羊城晚报微博运作的基本流程。除了"新闻标题+链接"的简单方式外，羊城晚报官微也在探寻"新闻标题+重要内容提示+链接+静态图片/GIF 动态图/视频+可选项（某人/##话题）"的精加工形式，打造出能吸引年轻人的轻松、活跃、权威的形象。① 市场竞争环境下，新闻专业主义和商业利益的双重博弈愈发激烈，广告信息传播力度的增强、对经济效益无操守的追逐在很大程度上伤害了新闻媒体的公信力。② 因此，在微博运营上，羊城晚报报业集团将生活板块、娱乐板块从新闻资讯板块中独立开来，新建立了羊城晚报娱乐新闻部等平台，专项负责娱乐新闻信息的传播。除此之外，其广州新闻部等部门也开设了自己的部门微博。评论部时评编辑室主任张齐、体育部采访室主任周方平、羊城晚报报业集团副总编周建平等领导也都开设了私人微博。自此，报业微博、部门微博、个人微博形成新的裂变传播圈。

第三，兴建网络新闻电视，实现内容源多端口输出。2009 年，金羊网取得了国家广电总局颁发的信息网络传播视听节目许可证，以此为契机，羊城晚报报业集团创办了羊城网络新闻电视，以金羊网的视频新闻、羊城晚报文字新闻为内容核心，借助广东省的政策支持和数字出版、三网融合的态势借力打力，以双向互动的形式24 小时不间断地为用户提供新闻资讯。目前，羊城晚报采用的是新华社卫星接收系统及其他专用通信系统来接收新华通讯社和其他记者的文稿，而报纸生产的核心部分——稿件的编辑、审校、签发组版，图片的扫描、制作、签发，大样的画版、组版、审清样、签大样等生产环节则全部由方正新闻采编系统完成。这在很大程度上

---

① 秦珠芳. 浅谈微博在报媒中的应用——以《羊城晚报》为例[J]. 新闻世界,2012(6).

② 倪晓婕. 论新闻专业主义遭遇商业利益——以《羊城晚报》为例[J]. 新闻传播,2014(6).

节约了报业印刷的时间，数字化控制和处理的过程也为报业内容的再次整合、向数字视频终端推送新闻提供了便捷通道。至此，羊城晚报报业集团在全数字化生产和渠道运营上已走在了报业的前列。

3　数字化用户资源布局

数字化用户资源布局是羊城晚报报业集团的特色战略资源布局形式，主打移动端口的流量引入，在具体的操作层面包括设置 QQ 报料平台、建立互动手机社区等。

第一，设置 QQ 报料平台，让用户创造内容。自 1997 年羊城晚报成立专门负责新闻接报与采写工作的夜间工作站以来，一直坚持"信息灵通、反应快速、报道准确"的运作模式。① QQ 报料为传统媒体的发展找到了一条链接新媒体的道路，为公民参政议政提供了表达的平台，也为传统媒体的转型提供了契机。在具体的运作模式上，羊城晚报报业集团有自己的一套方法。一是坚持 24 小时畅通的报料渠道。除保留传统的电话报料和手机短信报料外，2009年羊城晚报和腾讯公司合作推出了"QQ 报料平台"，同年又和广东移动公司合作推出了"飞信报料热线"；2010 年羊城晚报通过对其副刊进行改版再次增设了读者交流栏目，进一步丰富了羊城晚报的新闻获取渠道。② 通过这种开放、及时、互动的，权威发布和民间发布相结合的新媒体渠道，羊城晚报报业集团实现了资讯服务和社区交往、媒介介入和受众参与的深度结合，其报纸的公益性形象得到了很大程度的提升。二是坚持高素质的报料采访队伍。由于 QQ 报料平台提供的新闻基本是违法犯罪、意外事故、市井小事、公民维权等和本地居民生活息息相关的新闻类别，新闻报料量大，没有新闻记者特有素养的报料人对于新闻价值的判断不及记者，这就给

---

① 黄熹. 耳聪目明 又快又准——《羊城晚报》经营"报料新闻"的经验和体会[J]. 岭南新闻探索,2007(5).

② 雷鸣. 报网竞合加速羊城晚报向现代综合传媒集团转型[J]. 中国报业,2010(8).

报料采访队伍、报料接收编辑的工作增加了难度。报料记者需要根据 QQ 报料人提供的线索进行现场新闻调查，然后反馈给编辑，编辑再对报料内容进行整理、分析和审核，以挖掘出具有深层社会意义的、有代表性的新闻资讯。

第二，建立互动手机社区，与用户面对面沟通。以抢占手机客户端为目标，既利用传统媒体的优势，又嫁接互联网新的形式、方法、理念、技术等进行新渠道的建设，形成跨媒体的"羊城手机社区"，是羊城晚报报业集团移动化战略的首要目标。2012 年，羊城晚报开始对其在搜狐新闻客户端上的产品进行全面改版，以广州为客户端中心，覆盖珠三角地区，以地域性和民生性为向导，每日两刊，上午刊主打新闻，下午刊主打生活资讯。2013 年，随着改版，用户数量极速增加，羊城晚报开始了在电商导购业务板块广告的试水经营，在强调内容、累积用户的基础上发布广告，将广告打造成能够满足用户需求的增值服务。除了和用户量庞大的新闻资讯类 App 进行战略合作外，羊城晚报报业集团也推出了以消费者维权为核心的手机客户端——羊城派。羊城派是羊城晚报报业集团打造的首款以"为你而动"为主张，聚焦生活解难、本土热闻、生活互动等民生问题的移动端，也是首次将新闻、社交、服务融合起来实现媒体融合转型的 OTO 产品。羊城派的核心目标是解决本土老百姓在市场消费、公共服务、政务沟通等日常生活领域遇到的难题，例如家中水管维修、诈骗短信揭发、地铁线路及其开通日期查询，都可以通过羊城派首页的"记者帮"寻求解决，在"记者帮"板块下设"记者跟进""最新爆料""帮话题""AI 寻亲""寻 TA""突发""公共服务""消费维权""社会""爆料"10 个小板块。除此之外，羊城派也提供新热榜、活动派等来发布最新、最热的话题和活动，其关注民生的方式形成了与网易、搜狐等全国性新闻客户端的差异化竞争态势。

4　衍生性周边产品布局

羊城晚报报业集团为打通其数字化产业布局，除在内容、渠道、用户等资源上展开布局以外，还注重打造周边产品展开衍生性布局。羊城晚报报业集团数字化衍生性周边产品布局自开展以来，在旅游、网购、文创等领域均取得了不错的成效。

第一，打造旅游资讯平台，深入羊城百姓生活。2002年以TOGO自游网为基础建立起来的TOGO（途歌）自游俱乐部，是羊城晚报报业集团广东羊城晚报社数字媒体有限公司集合其整体的媒体宣传力量打造的大型旅游媒介传播平台，拥有自己独有的域名、播客、论坛、超市等互动服务板块，具有十分突出的广东岭南特色，旨在为旅游爱好者们提供最新、最全面、最系统、最真实的旅游产品资讯，为旅游企业提供品牌宣传和旅游产品展示的平台，充分利用网络资源来实现旅游产品的电子商务化。成立初始，途歌自游俱乐部只专注于会员大型户外活动策划及互动交流，如400人"夜游长隆"活动、500人花都定向越野活动等，后来随着会员人数的不断增加，团队的不断扩大，途歌自游俱乐部在2010年的时候再次进行了改版，全面借助羊城晚报报业集团旗下的报纸、杂志等的专业新闻资讯打造专业的旅游资讯平台，以优惠的价格为个体用户提供机票预订、酒店预订、门票团购等商旅产品，为企业机构用户提供景区推广、营销渠道、公关策划、活动策划等专业服务，以便民惠民为宗旨，致力于打造一个领先于行业的、以互联网技术为支撑的在线旅游资讯平台。

第二，建设日用网上商城，满足羊城百姓需求。羊城晚报羊城惠商城主打线上商城，以售卖日用品为方向，主张超市价送到家。羊城惠商城强调价格惠民、品质保障、方便快捷，以羊城本地为中心点向外扩散，消费者可以自己在商城选购喜欢的产品，也可以要求客服根据自己的需要和偏好进行推荐。每逢节假日，羊城惠商城基本都会根据消费者流量举办大型或小型的优惠活动，并在羊城晚报报业集团旗下的各宣传渠道上进行广告宣传。即使是促销的产品，羊城惠商城也会保证其质量，并以厂家直销的最优价格出售，让用户感觉到商城的诚意，以产生口碑效应，打造值得消费者信赖的本土品牌。

第三，文创领域多产品发力，实现跨行业"共赢"。2006年，羊城晚报旗下《旅游周刊》和韶关市旅游局就韶关市旅游资源整合推介专题报道方案进行了合作，不仅举办了"百粤之秀万禅之宗——韶关"的专题介绍，还邀请省内著名旅游专家、学者和相关记者做了"大韶关整合旅游研讨会"。2009 年，广东移动与羊城晚报报业集团在战略合作协议签署仪式上共同宣布于 11 月 18 日正式启用我国报纸媒体的第一个"飞信报料热线"，就新媒体战略的长期合作进行了签约仪式。2012 年，羊城晚报报业集团与广东省工商联启动战略合作协议，以广东民营经济发展成就专题新闻采访为契机，就坚持弘扬人民当家作主和中国特色社会主义建设的主旋律，突出报道促进非公有制经济健康发展，能为中小企业的发展和人民群众的安定生活树立信心的事件。2016 年，羊城晚报报业集团和广东省作家协会签署战略合作框架协议，双方就推动广东作家网的升级改版、《新世纪文坛报》的扩版改版、"粤派批评"项目、全国都市文学创作基地等项目达成了合作意向。在创新合作道路上，羊城晚报报业集团一直坚持广东网络联盟的横向战略思想，不仅和相关传统媒体机构、其他行业领先企业，而且和地市级政府机构，在联合采访、流量互换、技术支撑、业务代理等方面均有所合作。羊城晚报报业集团作为广东传媒产业领域的中坚力量，一直坚持创新与合作，多年来与影视、旅游、教育等行业的合作都取得了共赢的成效。

5 数字化辅助战略布局

除上述布局外，羊城晚报报业集团为顺应时代的发展，根据本公司的发展需要，也制定了其他的辅助战略，包括建设并完善羊城晚报智慧信息研究中心，对羊城创意产业园园区进行信息化升级，组建全媒体与国际传播研究院以培养高新技术、媒体从业人员等。

5.1 建设羊城晚报智慧信息研究中心

为推动媒体的融合发展，羊城晚报报业集团数字化媒体转型的关键一步就是打造大数据平台。2015 年 10 月，羊城晚报报业集团宣布和百度、国双科技签署战略协议，开展在大数据业务方面的合作。区别于以往针对个体用户的内容产品，羊城晚报智慧信息研究中心成立之后，以政府和企事业团体用户为目标，利用大数据技术和分析计算能力，为其提供以数据集为中心的，包括政策决策、商业参考、品牌传播、舆情监测、数字营销、一体化购物等的数据产品和服务，其产品和服务主要包括数据分析、研究咨询、数据报告、数据资讯和行业指数等五大产品，大数据咨询、数字化传播、舆情监测、政务服务包、品牌包装、新媒体培训以及微创企业整体化服务等七项内容服务。除此之外，羊城晚报报业集团和电子地图等第三方公司合作，利用大数据挖掘的方式生产出数据报道，再将数据报道转化为新闻内容，在相关渠道上进行发布。①

5.2 升级羊城创意产业园园区

2007 年，羊城晚报报业集团在广州东部新城区建立了羊城创意产业园。2010 年，该产业园受到各级政府的重视和支持，被命名为"国家文化产业示范基地"，纳入"广州市国民经济和社会发展第十二个五年规划纲要""广州市战略性新兴产业发展规划""广州市重点建设项目"等。2012 年，该产业园被划入广州国际金融城的扩展区，羊城晚报报业中心、酷狗音乐、滚石中央车站、华阳工程设计等 100 多家文化传媒、艺术设计、科学技术类企业先后入驻。2013 年后，其年产值均在 50 亿元以上。该产业园以文化创新为核心，以科学技术为支撑，以金融为驱动，联合互联、文化、金融三大产业积极推进其融合发展的步伐。以羊城创意产业园内入驻的欢聚时代为例，欢聚时代年增长率均超过 200%，2012 年还在纳斯达克进行了上市。现在作为领先通信业务运营商，该公司致力于利用先进科技、文化创意和网络金融为用户提供完善富集通信服务的社会化创新平台。除此之外，园区的报业文化区还建有报业印务中心、印艺报业博物馆等文化项目，被原国家旅游局（后改为文化和

---

① 张培超. 传统报业的新媒体产品同质化问题——以南方报业、广州日报报业、羊城晚报报业为例[J]. 新闻论坛,2015(6).

旅游部)认定为"全国工业旅游示范点"。和羊城晚报报业集团旗下子公司类似,羊城创意产业园也建有自己的网络宣传平台,包含新浪微博、微信公众号等,其网络公共服务平台"羊城创意网"已开通,致力于为用户提供更多的信息、资讯、市场、法律、媒介等。

5.3　组建全媒体与国际传播研究院

2015 年 3 月,羊城晚报报业集团捐赠了 10 万册图书用于"广外—羊晚"新闻传播图书资料中心的建设。2015 年 6 月,羊城晚报和广东外语外贸大学新闻与传播学院共同建设了全媒体与国际传播研究院,志在打造涵盖科学研究、媒体发展、人才培养、社会服务全方位的新型高端智库型平台。该研究院包括卓越新闻传播人才培养基地、多语种国际舆情研究中心、全媒体创新实验中心、政府传播与危机管理咨询实训中心、区域形象与品牌传播咨询策划研究所、全媒体与国际传播研究博士后工作站等,以期在媒体转型、调整的大环境中得到来自学术界的理论指导,做到"产学研一体化",为新闻教育与新闻传媒在数字化时代的相互扶持、资源共享以及协同发展探索出一条创新之路。

6　总结

为适应市场的发展和扩大,羊城晚报报业集团自 2011 年就将其战略重心集中在内容聚合、读者聚合和市场聚合上,通过建立、整合更为完善的数据库,利用新兴媒体技术和传统资源纽带推进数字化营销进程,实现一条资源多次开发的关联运营线,以实现扩大广告效应、社会效应覆盖范围的目标。2014 年,面对新媒体的冲击和传媒格局的不断变化,羊城晚报报业集团为进一步巩固读者群,扩大其传播影响面,进行了新一轮的改版,强调对传统媒体和新媒体的统筹,强调全媒体建设的方向,形成"一个内容生产中心、多个渠道终端出口"的立体传播格局是其全媒体建设的基本目标。在具体操作层面,随着建立金羊网、成立数媒公司、推出数字杂志、培养公民读者、创办中央厨房、组建新闻学院、开发数字电视、完善社交服务、强化社区服务、推出融合媒体等一系列数字化举措的成功实现，在坚持产品战略定位紧随时代变化的前提下，羊城晚报报业集团的数字化进程必将迈上一个新的台阶。

企鹅兰登书屋的网络营销之道

胡华倩　刘光辉　徐丽芳

全世界最大的图书出版公司——企鹅兰登书屋，是 2013 年兰登书屋的母公司德国贝塔斯曼集团与企鹅出版的母公司皮尔松公司合并旗下的图书出版公司而诞生的一家新公司。随着电子商务的兴起，移动电子商务在发达国家，甚至在中国、印度等部分发展中国家越来越流行。对于这些国家而言，电子商务就是商务，网络营销就是营销。网络营销对于各大企业的重要性不言而喻，尤其对于在互联网浪潮冲击下的传统企业，它们更要学会把握时代脉搏，搭上网络营销这一艘巨轮滚滚向前，出版行业当然也应如此。作为出版业领军企业的企鹅兰登书屋自合并以来，延续了两家企业的优良作风，积极践行网络营销举措，从而继续在全球出版行业独领风骚。

1　网络销售平台的全面建设

互联网是当今社会一家企业的重要销售渠道，建设网络销售平台有利于企业全面覆盖线上与线下不同用户的购物需求，因而企鹅兰登书屋非常注重网络销售平台的全面建设，主要从全面启用网络发行渠道和增加发行渠道投资两方面着手。

1.1　全面启用网络发行渠道

早在合并之前的 2004 年，兰登书屋就首次在其自营的网络书店进行直销，采用了 D2C 模式，利用网络平台直接向读者售卖图书。它向读者提供了包括作者签名本在内的多种图书，其中"折扣""直销""签名本"这三个关键词正中读者需求，对读者极具吸引力。① 此后，随着亚马逊的 kindle 商城和苹果的 ibookstore 的逐渐壮大，兰登书屋选择与这些平台进行进一步的合作，扩大自己的网络销售平台面。至此，企鹅兰登书屋有三种网络发行渠道：一是网络书店，即包括销售印刷书、电子书、有声书等的亚马逊和巴诺书店等综合性网络书店；二是百货型网上书店；三是以会员价向会员出售图书的在线读书俱乐部。② 正是由于企鹅兰登书屋注重网络发行渠道的全面建设与发展，不仅直接增加了图书销售收入，使得2014 年企鹅兰登书屋取得了数字销售占总销售额 22% 的成绩③，而且为读者提供了更为人性化和便捷化的服务。

1.2　增加发行渠道投资

企鹅兰登书屋不仅全面启用网络发行渠道，还增加了发行渠道投资。此前在美国，许多独立书店遭到了亚马逊的挤压，但 2015年这类书店呈现出复苏势头。2015 年的美国图书经销商协会在2227 个地点，拥有 1712 家成员书店，这一数字远高于 5 年前即2010 年的 1660 个地点与 1410 家成员书店。④ 美国图书经销商协会CEO 奥林·特切尔（Oren Teicher）表示，电子书表现平平给它们带来了利好，这也创造了相对于以往更健康的独立书店市场。为了顺应这一趋势，企鹅兰登书屋作为发行商，对发行基础设施和发行渠道进行了更多投资。企鹅兰登书屋已投入近 1 亿美元，来扩大及升级当前的仓库，加快纸质书的配送速度。例如其位于印第安纳州克劳福兹维尔（Crawfordsville）的仓库就扩建了 36.5 万平方英尺（约

---

① 赵秋慧. 浅析国际数字出版营销现状——以企鹅兰登书屋为例［J］.科技传播,2016(11).

② 刘光辉,徐丽芳. 兰登书屋网络营销策略［J］. 国外出版瞭望,2014(7).

③ 兰登书屋的全球出版和数字化进程［EB/OL］.［2023-02-17］. http://news. xinhuanet.com/book/2012-10/30/c_123886887. html.

④ 纽约时报:美国电子书市场增速放缓 纸、电大战将鹿死谁手［EB/OL］.［2016-03-14］.http://www. 199it. com/archives/389081. html.

合 3.39 万平方米），较此前的规模扩大超过一倍。物流方面，企鹅兰登书屋向独立书店承诺，在 11 月至 1 月的销售旺季将确保图书在两天内送达。更快的配送速度意味着书店不必维持大批量库存，只要在图书售完之后及时补货即可，这使得未售出图书的退货率降低了约 10%。①

企鹅兰登书屋增加了发行渠道投资来扩建自己的仓库和提高线下物流的速度，极大地提升了自己的市场竞争力。

2 利用网络进行宣传与促销

对于企鹅兰登书屋来说，拥有多种类型的网络发行渠道还不够，还要让读者发现并主动购买图书，这就要做好网络宣传与促销工作。总体而言，企鹅兰登书屋非常擅长把握信息时代的潮流，通过多种手段来利用网络进行宣传，灵活运用多种社交平台形成交叉、互动、互补的多层次信息网络进行图书营销活动。②

2.1 利用大数据手段，善于发现消费者

大数据时代，以数据为主导的商业模式悄然兴盛。这种商业模式可以帮助商家了解读者在读什么，并通过分析推断他们想读什么。因此，出版商建立消费者平台，首先考虑的应是提取信息和建立读者忠诚度，然后才是销售图书。③ 企鹅兰登书屋洞察了这一先机，对此进行了业务布局调整。2014 年 3 月中旬，企鹅兰登书屋宣布重建以消费者为中心的消费者数字开发部，把兰登书屋的 Bookmarks 网站拓展到企鹅兰登书屋，使注册的 3500 多位读者用户在参与调查时能获取集团所有内容资源。此外，企鹅兰登书屋还

---

① 纽约时报：美国电子书市场增速放缓 纸、电大战将鹿死谁手［EB/OL］.［2016-03-14］. http://www. 199it. com/archives/389081. html.

② 刘光辉、徐丽芳. 兰登书屋网络营销策略［J］. 国外出版瞭望，2014（7）.

③ 大数据时代"让消费者发现你"［EB/OL］.［2016-03-14］.http://www. 199it. com/archives/207351. html.

开发了由数据驱动的方式，为最大的客户管理纸质书库存。这样的策略效仿了宝洁，后者能够自动为客户补充肥皂等家用日化产品的库存。企鹅兰登书屋每天跟踪超过 1000 万条销售记录，并对这些数据进行分析，根据当前的销售情况建议客户每次的进货量。① 企鹅兰登书屋集团策略总监保罗·凯利认为，从消费者在线上和零售渠道生成的信息中可以获得重要的数据，这对了解消费者、零售商和商业环境的未来都能起到关键作用。② 企鹅兰登书屋利用大数据手段，善于发现消费者，并在此基础上为大客户进行精准服务与跟进后续服务，有利于企业的长远发展。

2.2　利用社交媒体，做好互动营销

2016 年 Clutch 发布的社交媒体营销调查发现，80%的企业表示社交媒体对网络营销的成功至关重要。YouTube 是很受欢迎的社交媒体营销渠道之一，全世界61%的企业正在使用 Youtube 作为营销活动中重要的社交媒体渠道。③ 由此可见，社交媒体成为网络营销中的重要环节。为此，企鹅兰登书屋全面布局，建立了官网、播客、博客、社交媒体全平台营销网络。社交媒体方面，企鹅兰登书屋主要在 Facebook、Twitter、Google +、Pinterest、Youtube、Instagram 和 Newsletter 等时下用户最为活跃的社交媒体上开设官方账号，并针对不同平台展开不同的活动，确保其活动信息覆盖不同群体的读者，从而吸引读者的参与，与消费者保持良好的互动关系。以 2014 年兰登书屋与美国出版商协会（AAP）及 Twitter 联合举办的"2014 年小说节"活动为例，该活动由《今日美

---

① 电子书今年前五个月销量减一成:纸质书的好事？［EB/OL］.［2016-03-14］.http://news. cnfol. com/it/20150928/21519505. shtml.

② 大数据时代"让消费者发现你"［EB/OL］.［2016-03-14］. http://www.199it. com/archives/207351. html.

③ Clutch:Facebook 仍然是最受企业欢迎、营销效果最好的社交网络［EB/OL］.［2016-03-14］.http://www. 199it. com/archives/510774. html.

国》赞助,吸引了众多作家和读者参与。截至 2022 年 11 月 25 日,企鹅兰登书屋在 Twitter 中已发布 4.6 万余条内容,拥有将近 127.6 万粉丝。企鹅兰登书屋还通过举办小说评奖活动来与读者、作者进行互动营销,例如企鹅兰登书屋子公司 Grosset & Dunlap 在网络上举办了一场根据 1982 年电影《黑水晶》(*The Dark Crystal*)改编 YA 系列小说的评奖活动,设立奖金 1 万美元来吸引更多的消费者成为出版商的忠实拥趸。①

除了举办特定主题活动外,企鹅兰登书屋还会定期在社交媒体上举办讨论活动,维持与粉丝的互动关系,例如在 Twitter 网站的书友会页面邀请粉丝加入每月的"话题#readpenguin"图书讨论,使读者可以与作家及图书编辑交流。②

总的来说,企鹅兰登书屋积极利用社交媒体,通过多平台、多渠道做好互动营销,与消费者建立积极良好的互动关系,从而提高了企鹅兰登书屋的知名度,保持了消费者的忠诚度,促进了企鹅兰登书屋图书的销售。

2.3 以读者为中心,实践个性化营销

企鹅兰登书屋在个性化营销方面也做得面面俱到,以读者为中心,建立不同官网来实践个性化营销。其官网类型以国家来分。企鹅兰登书屋建立了企鹅兰登书屋美国、企鹅兰登书屋英国、企鹅兰登书屋加拿大等多个官网,以不同国家地区来划分用户人群,举办不同的活动。以内容来分,企鹅兰登书屋建立了儿童企鹅兰登书屋、电子书企鹅兰登书屋、有声书企鹅兰登书屋(图 1)、游戏企鹅兰登书屋、烹饪类企鹅兰登书屋等多个官网,细分不同读者群体。而对于儿童读者,企鹅兰登书屋还进一步将其细分为年幼听众、中

---

① 大数据时代"让消费者发现你"[EB/OL].[2016-03-14]. http://www. 199it. com/archives/207351. html.

② 大数据时代"让消费者发现你"[EB/OL].[2016-03-14]. http://www. 199it. com/archives/207351. html.

等年纪听众、青少年听众，这种专业细分消费人群的方法使得它的儿童出版业务 2016 年在全球有 7.5 亿美元的份额。① 个性化营销是针对确切目标群体的有效营销方式，提供优质的个性化服务是企业取得竞争优势的关键。企鹅兰登书屋实践以读者为中心的个性化营销，能巩固图书品牌优势，有利于实现图书的常规性销售与长远性销售。

图 1　企鹅兰登书屋有声书官网页面

2.4　推出网络社区，建立核心作者圈

2013 年，企鹅兰登书屋重新推出了它的书国社区（Book Country），面对不同创作类型的作者开放，网站服务对象拓展至 60 多种包括神秘、科幻、浪漫、惊悚、青少年小说和非小说等类型的作者。新的电子书店允许作者面对亚马逊、苹果书店、巴诺、谷歌、Kobo、Scribd 和索尼等终端平台进行自助出版。各类出版品牌的编辑可以选取其中的流行品种，为作者提供传统出版方案。同时在社区中，作者们可以相互浏览彼此的手稿，帮助其他作者发展故事情节、角色和对话等。当网站推出时，新的用户在上传稿件之

---

①　CEO TALK：我们不应该逃离纸书——我们也不应该把业务分为老的和新的［EB/OL］．［2016-03-14］．http://www.bookdao.com/article/258051.

前必须先浏览其他 3 篇小说(目前减少至 1 篇)。如今作者为网络社区带来更多回报,平均每部作品能获得 5 个甚至更多的反馈。这样不仅增加了作者的数量,而且提高了作者产出作品的质量,因而从长远来看也可以增加图书销售收入。①

同时社区允许并吸引了大量读者进驻,企鹅兰登书屋的全球数字部主任认为,书国社区模式可以为某位作者建立小众的消费者核心群体,其会自发传播这位作者的作品。她希望创建一种方式,使作者在他们写作期间就能与读者建立起联系。② 书国社区的建立不仅能够使作者被读者所发现,还能提升作者的工作效率,从而使其获得良好稳定的发展路径;对于读者而言,有利于发现新的优质作者和获得大量免费文章来阅读;对于企鹅兰登书屋来说,可以开发新的用户,帮助作者开发作品,在作品创作完成之前一同培育读者,使得读者和作者一同进步,建立核心粉丝集群。因此,企鹅兰登书屋这种推出网络社区、建立核心作者圈的做法,是一种互利共赢的模式(图 2)。

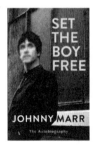

图 2　企鹅兰登书屋官方网站上的作者介绍

---

① 企鹅兰登书屋:推出网络社区 Book Country 经营作者和读者[EB/OL].[2016-03-14]. http://www. bookdao. com/article/67260/.
② 企鹅兰登书屋:推出网络社区 Book Country 经营作者和读者[EB/OL].[2016-03-14]. http://www. bookdao. com/article/67260/.

3　开发基于网络的图书衍生品

　　企鹅兰登书屋在持续、积极地借助网络做好宣传促销工作的同时，也在进一步积极地开发基于网络的图书衍生品，主要集中在游戏与影视两个方面。

　　在游戏方面，企鹅兰登书屋致力于与游戏制作商合作，例如与育碧等游戏公司合作开发游戏(图3)。以图书内容为基础将之改编为在线游戏，是企鹅兰登书屋一种常态化的营销手段。以《夜晚的马戏团》(*The Night Circus*)为例，该书当初预计2011年9月上市，但7月兰登书屋就与游戏公司费厄拜特(Fairbetter Games)合作开发了一款基于该图书的在线战略游戏并开展营销。之后的两个月内，其宣传网页吸引了超过13000名用户通过Facebook、Twitter或直接注册参与，这一举措被评价为在图书、网络和游戏之间建立了一座桥梁，是一个全新的尝试。① 同时，企鹅兰登书屋也自主研发游戏，例如2015年适逢《蠢特夫妇》这部作品问世35周年，企鹅兰登书屋便于7月下旬发布了第一款英国儿童文学作家罗尔德·达尔的游戏应用产品，这款名为"TwitorMiss"的游戏应用就是根据达尔的作品《蠢特夫妇》改编的，面向6~11岁儿童。这是一款抢夺食物的游戏，玩家将食品从熟睡中的蠢特夫人那里偷运到蠢特先生的胡子里就可得到奖励的积分。游戏设有无限多个级别，但是一旦玩家惊醒了蠢特夫人，她就会打蠢特先生的后背，这意味着游戏结束了。② 这款游戏应用，最终带动了相关电子书和有声书的重新出版及销售。由此可见，企鹅兰登书屋已经在游戏方面建立了成熟的盈利模式与图书营销模式，即通过将图书的内容改编成游戏形成互动营销，促使图书和游戏合作共赢。

---

　　① 刘光辉,徐丽芳. 兰登书屋网络营销策略[J]. 国外出版瞭望,2014(7).

　　② 企鹅兰登书屋开发儿童文学作家App游戏及有声书[EB/OL].[2016-03-14]. http://www. chuban. cc/gjcb/201507/t20150728_168825. html .

图3　企鹅兰登书屋官方网站上关于开发游戏的界面

在影视方面，企鹅兰登书屋设立电影制作部门后与福克斯电影公司联合，计划每年推出两部作品，每部进行2000万美元的适度投资，电影内容由企鹅兰登书屋出版的作品改编，以电影的媒介表现来宣传。① 虽然合作的影片并未造成轰动，但这种图书与电影的结合也是传统出版业大亨跨媒介的创新尝试，值得推广。此外，企鹅兰登书屋也寻求专业影视公司来运营旗下电影制片厂。2016年7月，亚太未来影视（亚太未来）和FrementleMedia北美（简称FMNA）在中美两地同时宣布结成重要战略合作伙伴，共同运营全球第一大出版集团企鹅兰登书屋旗下的兰登书屋制片厂。亚太未来负责开发、投资、制作兰登书屋制片厂的电影项目并管理、运营其电影相关业务，FMNA则负责运营电视相关业务，双方还在影、视内容互相转化方面进行大量互动及合作。这项举措使得双方能够集结全球最有才华的文学作者和丰富的出版资源，打开了蕴藏大量可供改编影视作品的IP宝库之门。由企鹅兰登书屋出版并被改编成影视作品的包括《蒂芙尼的早餐》《阿甘正传》《朗读者》《达·芬奇密码》，以及几年前大热的《火星救援》《了不起的盖茨比》等大量

---

① 德国出版的数字化转型研究——以兰登书屋为例[EB/OL].[2016-03-14]. http://www.199it.com/archives/345448.html.

经典作品。① 这些电影作品不仅使得企鹅兰登书屋获得了良好的票房回报，而且促进了相关图书的销售。

　　网络营销时代，出版业在努力做原创图书的同时，也需要打开思路，不断开发图书的网络衍生品。企鹅兰登书屋利用网络积极开发图书衍生品的实践，一方面促进了其图书产业链的不断延伸和扩大，另一方面也有利于进一步巩固图书宣传营销活动，提升其图书品牌影响力，拓展盈利空间。

　　作为老牌出版商，企鹅兰登书屋向来重视网络营销，除前述活动外，还经常运用搜索引擎、娱乐门户网站、电子邮件推广等手段进行营销。互联网改变了信息共享方式，网络营销已逐渐成为企业不可忽视的营销手段。出版商对网络营销处于不断探索的阶段，在网上商店、社交网络等平台逐渐壮大，内容营销空前繁荣的今天，企鹅兰登书屋的网络营销经验值得我国出版商学习和借鉴。②

　　①　入主全球 IP 宝库 亚太未来拿下兰登书屋制片厂[EB/OL]. [2016-08-12]. http://t. m. youth. cn/transfer/toutiao/url/fun. youth. cn/gnzx/201607/t20160
719_8305194. htm? tt_group_id=6308744221608624386.

　　②　刘光辉,徐丽芳. 兰登书屋网络营销策略[J]. 国外出版瞭望,2014(7).

Rdio："用户至上"的社交化数字音乐服务平台*

谢天池　张　宁

音乐，是生活中不可或缺的娱乐元素。随着移动互联网的普及，单一的音乐服务，如传统的在线听歌与下载，已经不能满足用户日益增长的多方面需求。用户对音乐的欣赏方式不再仅仅满足于听，还在于与他人交流、分享，甚至成为音乐内容的生产者。① 由此，"音乐社交化"的理念逐渐被相关行业所接纳和重视。

社交属性是人作为群居动物的基本属性，而音乐早在远古时期就是一种天然的社交介质。智能手机的大范围普及将各类社交媒体带入人们的生活，社交媒体作为人们发表意见、建立圈子、分享生活和个性创作的平台，逐渐使人产生了依赖心理。智能手机上的移动化社交平台跟 PC 时代相比更加多元化，特别是音乐类软件，作为"后起之秀"开始在移动终端担当起社交媒体的角色并进行更多的尝试和突破。据 Mob 研究院发布的《2020 中国移动音乐行业报告》显示，国内"酷狗音乐""QQ 音乐""酷我音乐"占据移动音乐平台前三的位置，资源上也相对完善。② 而国外，My Space 的成功率先打开了音乐社交化的大门，之后纷纷涌现出 Rdio、Spotify、

---

* 本文以发表在《出版参考》2015 年第 16 期上的《Rdio：社交化数字音乐服务平台引领者》修改而成。

① 吕欣. 基于移动端应用的"音乐社交化"创新探索[J]. 设计,2016(1).

② Mob 研究院:《2020 中国移动音乐行业报告》[EB/OL].［2022-11-25］. https://www.mob.com/mobdata/report/117.

Turntable、Playground 等平台，也走上了音乐社交化的道路。其中 Rdio 作为国外数字音乐平台激烈市场竞争中的一员，凭借强大的社交功能、极致的用户体验与个性化的订阅服务脱颖而出，成为行业的佼佼者。

2010 年 8 月 3 日，作为首个在美国提供音乐流媒体服务的平台，Rdio 出现在了大众视野。它由 Skype 创始人尼古拉斯·普斯特罗和弗里斯创立，初衷是创建一种"无广告、可靠的在线音乐服务"①，一进入市场难免与已经相对成熟的 Spotify、Napster、MOG 和 Rhapsody 等音乐平台进行竞争。但在短短几年的时间中，Rdio 就取得了大量的音乐资源，包括与全球最大的四家唱片公司建立合作关系，曲目数量从最初的 700 首增加到 3000 万首。Rdio 提供的服务可以覆盖全球 80 多个国家和地区，尽管官方从未对外公布其具体的用户人数，但由其自身优势带来的用户数量呈爆炸式增长，甚至将巴西、乌拉圭、南非、智利以及阿根廷等南半球国家也包含在内。

1 强大的社交功能

在音乐平台发表个人评论、向好友推荐和分享音乐、了解其他人的歌单和收听喜好已经变成用户的使用习惯，可以看作是"音乐社交化"的三个具体表现。Rdio 也整合了知名社交网站的客户资源，用户对于自己喜欢和值得推荐的音乐，都可以在 Twitter、Facebook 和个人邮箱中无限制分享 Rdio 的音乐链接地址。而 Rdio 的强大之处是并不将音乐社交限定在"好友"范围，其范围可以扩展到"任何人"，也就是说世界范围内的 Rdio 用户都可以在这个平台上进行音乐的交流与分享。具体来说，用户通过"搜索"功能寻找到的除了好友，还可以是陌生人、音乐创作人、歌手或者电台（如 Paste Magazine、NPR Music）等，从而进一步扩大了自己的收

---

① 维基百科：Rdio [EB/OL]. [2016-10-22]. https://en. wikipedia. org/wiki/Rdio.

听范围。值得一提的是，在 Twitter 上分享的 Rdio 歌曲都能在点击后通过嵌入式播放器进行即时播放，此功能在数字音乐平台中属于首创。①

　　Rdio 提供的音乐社交分享可以分为三种形式：一是当收到他人的推荐或分享的音乐时，可以点击"回复"按钮与之进行进一步交流；二是"智能共享"的方式，通过搜索过滤器用户可以在听歌过程中发现与自己有着相同喜好与音乐品位的"同道中人"（图1）；三是搭建起普通歌迷与歌手或制作人连接与沟通的桥梁，通过"推特艺术家"的功能，在用户分享的页面上自动添加关于音乐创作人或歌手的歌曲推文。而对于艺术家来说，这无疑是一种贴近大众生活、与歌迷进行线上沟通和交流的有效的音乐宣传方式。

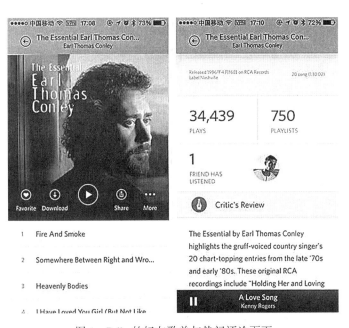

图 1　Rdio 的好友歌单与热门评论页面

　　① 音乐应用大评比：Spotify、Rdio、Pandora、Grooveshark［EB/OL］.［2016-05-18］.http：//www. leiphone. com/news/201406/music-apps. html.

尽管 Rdio 作为移动客户端会根据定期测评进行不断更新和完善，但建立一个以社交为要素的音乐服务平台的初衷始终没有更改。对听众来说，Rdio 为音乐分享增添了更多的便捷性与趣味性；对于音乐人来说，在 Rdio 上能充分利用社交媒体使音乐作品得到更有效的推广与宣传。

2　极致的用户体验

用户体验是用户在与产品交互过程中形成的对该产品的完整心理感受。[①] 对于音乐类 App 开发者而言，找到用户的真实需求进而设计与创新 App 的用户体验，可以在提高用户满意度的前提下抢占移动音乐市场的蓝海；对于音乐 App 用户而言，关于音乐 App 的用户体验设计研究开展得越多，高质量的音乐 App 就越可能出现。因此，Rdio 可谓在保证用户享有更卓越的数字音乐体验上下足了功夫。

2.1　多设备无缝体验

Rdio 作为一个在线音乐服务网站，在 2011 年已经实现了移动应用、个人电脑、家庭流媒体三位一体的线上线下数字音乐体验系统。移动应用包括 iPod、iPhone、iPad、安卓、黑莓和 Windows Phone 移动设备的客户端软件；个人电脑上配套有网页和桌面的 Rdio 客户端；家庭流媒体的外设包括 Sonos、Roku 等。[②] 风格统一的用户体验是 Rdio 所追求的，尽管面临不同的平台环境，Rdio 的技术人员也尽量减少功能与界面差异给用户带来的不适感，悉心处理每一个细节。因此，不论从电脑更换到 iPad，还是由 iPhone 更换到家庭流媒体，用户几乎体验不到设备更换带来的不适，相

---

①　万昀晖. 基于心理学的音乐 App 用户体验设计研究［D］. 武汉:华中师范大学,2016.

②　Rdio:让音乐无所不在［EB/OL］.［2012-03-14］. http://www. it-times. com. cn/zhang-zhongqiankun/4585. jhtml.

反，感受到的是服务无缝转换的协同性。

2.2 个性化服务提供

网络环境将个人差异性不断放大且使其得到了更广阔的展示平台，用户对于个性化定制服务的需求日益增长。Rdio 于 2012 年推出个性化播放列表的服务，用户可以根据自己的喜好设计个人专属的独一无二的歌单。其于 2013 年与音乐数据服务平台 Echo Nest 合作，继续推出个性十足的电台服务"You FM"（图 2），它可以通过用户的收听列表与收听习惯智能化地调整实时服务。可见，Rdio 通过后台数据与技术的支撑，同时担当了"知己"与"设计师"的角色：一方面洞察和记录用户的性格与习惯，增加了使用过程的趣味性与积极性；另一方面迎合了多样化的需求，增强了用户黏性。

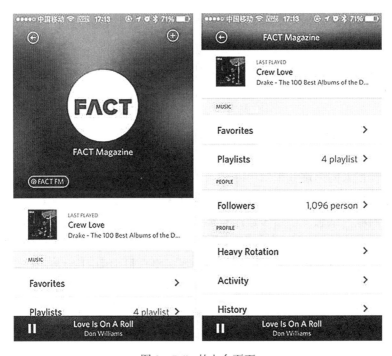

图 2 Rdio 的电台页面

175

2.3　赏心悦目的视觉体验

Rdio 在设计上追寻一种极致的赏心悦目，力求在纷杂的社交形态下显得不那么高调，所以采用"轻量化"社交元素。① 其对社交功能并不是单独开辟一个菜单栏目，而是与首页的"发现"相融，即用户在同一页面就能看到好友正在听的音乐、最新收藏的电台或最新发表的一个高质量评论等。尽管其社交化的类型有很多种，但整体让人感觉轻松、不烦琐且很有价值。

交互性和简洁悦目的视觉体验是 Rdio 的亮点。其界面呈现扁平化风格，简洁干净，布局之间保持着一定的整体性，也舍弃了之前流行的拟真视觉效果，比如渐变、阴影、高光等。而为了避免用户觉得过于单调，播放页面采用毛玻璃效果(图3)，带给他们沉浸式体验，弥补了扁平化的弊端。

令人欣喜的是，在"为您推荐"这个栏目，Rdio 进行了微交互处理。其推荐的内容一般分为三组，每个组分别展示组名条和内容。当其中一组进行展示时，不属于该组的内容区域就会呈现令人耳目一新的"半透明白化"遮挡效果(图4)。

3　独特的盈利模式

在人们追逐和挖掘由互联网带来的丰厚利润时，音乐产业却在遭受听众无版权意识、传统唱片业低迷和演唱会利润空间收缩等业界困境。试想一下，多数用户都能通过数字音乐平台不花一分一厘满足自己的音乐需求，谁还会出高价钱去市场购买正版 CD 或付费收听有版权费用的歌曲呢？目前，音乐平台最大的困境在于如何培养人们从购买一张唱片到支付月费获得网络或移动音乐渠道使用权的消费习惯。② Rdio 相对于 Spotify、Pandora 等主流的数字音乐服

---

① Rdio 的 iPhone 客户端在产品和用户体验方面有什么特色[EB/OL].[2016-07-18]. https://www.zhihu.com/question/28538414.

② Wang J. Rdio：音乐分享与微支付[J]. 创业邦,2011(6).

图 3　Rdio 毛玻璃效果播放页面

务平台，并未对此困境做出妥协。在大部分收入仍然来源于向免费用户插广告的业界大环境中，Rdio 干脆抛弃了任何形式的广告插入。无论是免费还是付费用户，所获得的都是无广告干扰的优质体验，因此 Rdio 的主要收入是由用户付费与战略合作两部分构成的。

3.1　用户付费制度

与网易云音乐的"在线听歌免流量"试听活动相同，Rdio 也采用了先试用、后付费的用户订阅服务，试用期统一为 14 天。Rdio 为了满足用户的差异性需求，付费方式也相应提供了四种类型：一是 2015 年才引入市场的 Rdio Select 低价订阅服务，用户每月仅花3.99 美元即可无限制收听音乐和同时下载 25 首歌曲；二是 Rdio 专门为家庭成员推出的优惠套餐，即两名成员同时订阅每月 14.99 美元的服务（合计 29.98 美元），就可拥有 Rido 对五个账户的权限支持；三是针对各种移动设备与家庭流媒体外设的无限制音乐服务，称为"Rdio Unlimited"，获得这项服务用户仅需每月花费 9.99 美元；四是 Web 版服务，除美国用户免费外，其他用户月供 4.99

177

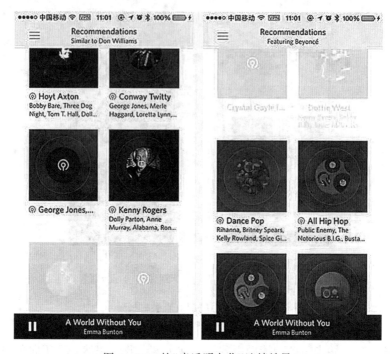

图 4 Rdio 的"半透明白化"遮挡效果

美元就可通过网页版 Rdio 享受无限收听服务。

3.2 多重战略合作

Rdio 为了让技术更多地支持音乐平台的社交化功能，吸引更多的订阅用户，曾在 SXSW 大会上推出 Web playbak API。这种新的 API 带来了一个不错的激励机制，意味着开发人员可以利用它创建自己的应用程序，通过吸引新的订阅用户增加额外收益。2011年 Rdio 与音乐元数据平台 Echo Nest 进行合作，旨在利用 Echo 强大的开发团队创建新的应用程序，加强其平台对音乐进行分类、筛选、分析以及操作的能力。① 同时，Rdio 还注重对音乐艺术家的扶持，力求自身服务平台与艺人合作实现共赢，并于 2012 年推出

---

① Rdio 推出新的移动 API[J].硅谷,2011(10).

"艺术家计划"（Rdio Artist Program）。该计划是通过艺术家的"明星效应"吸引更多的用户，每吸引一位用户成功入驻，Rdio 就会提供 10 美元酬金给该艺术家。此外，为了进一步扩大平台的合作范围，Rdio 还积极寻求与汽车生产商、智能电器商的合作模式。可以看出，Rdio 无论采取哪种合作战略，始终将用户的利益放在首要位置，即在不损害用户体验的前提下才会进一步提升公司的盈利水平。

4　总结

在不断洗牌、竞争激烈的音乐流媒体行业，Rdio 最终仍未逃过被收购的命运。2015 年 11 月 16 日，主打随机放歌的音乐电台模式的行业巨头 Pandora，花费 7500 万美元将 Rdio 的核心资产——技术与专利资产收入麾下，部分 Rdio 员工也转到 Pandora 工作。① 2016 年，Rdio 最终在"加州北区美国破产法庭"申请破产。回顾 Rdio 五六年的奋斗历程，作为一个没有"大树"依靠的自创性平台，能获得北美地区近 10 万的订阅用户已属成绩斐然，并且许多忠实用户依然对其精美绝伦的设计、社交化分享功能、无任何广告干扰的播放体验念念不忘。Rdio 坚持用社交化体验将用户与音乐终端紧密联系在一起，尽管以失败告终，但仍值得我们学习和借鉴。

---

① Pandora 斥资 7500 万美元收购破产对手 Rdio[EB/OL].[2015-11-17]. http://tech.163.com/15/1117/08/B8K0BN7F000915BF.html.

《人民日报》全媒体矩阵布局

夏陈娟　张　宁

随着新媒体的兴起，媒体传播方式不再是单一的"媒体输出、受众接收"模式，而是变成了双向互动的新型传播方式。面对媒体格局深刻变迁的局面，很多传统报纸不得不尽快进行转型，以迅速融入新媒体浪潮中，从而抢占先机。《人民日报》作为中国共产党党报，成功抓住了新媒体机遇，较早启动全媒体转型战略，给已经逐渐呈疲乏态势的纸质报纸注入了一股新生力量。《人民日报》的新媒体化方式、传播模式转型具有一定的代表性，值得其他众多传统报纸学习借鉴。

1　《人民日报》发展历程简介

《人民日报》是中国共产党面向社会的媒介，是党的喉舌。通过60多年积极创新和对新闻事实的高度尊重，《人民日报》目前已拥有了一流团队、一流设备和一流新闻人才，这些对于新媒介形势下媒体转型的成功起着至关重要的作用。其发展历程参见表1。

表1　《人民日报》的历史变革

时间	历史变革
1948 年 6 月	《人民日报》创办于河北省邯郸市，同月被迁到西柏坡，并和《晋察冀日报》合并被当作中共华北局机关报
1949 年 2 月	《人民日报》(北平版)应运而生

续表

时间	历史变革
1949 年 3 月	《人民日报》(北平版)对外宣布停刊
1949 年 8 月	《人民日报》正式成为中共中央机关报
1978 年	《人民日报》参与了关于"实践是检验真理的唯一标准"的大讨论,对于提升全中国人民的思想具有重要意义
1985 年	《人民日报》为了紧跟中国改革的步伐,让海外华人也能了解国内政治信息,开办了海外版
1992 年	《人民日报》被联合国教科文组织评为世界十大报纸之一
1997 年 1 月	《人民日报》网络版正式上线
2010 年 10 月	世界报业与新闻工作者协会在巴黎发布了"2010 年世界日报发行量前 100 名排行榜",《人民日报》列第 10 位
2011 年	《人民日报》在海外社交媒体平台 Facebook 和 Twitter 上注册官方账号
2012 年 7 月	《人民日报》官方微博在微博平台正式上线
2013 年 1 月	《人民日报》微信公众号上线
2014 年 6 月	《人民日报》客户端在 2014 年移动互联发展大会上正式上线
2015 年	《人民日报》"中央厨房"工作机制试运行
2017 年 10 月	《人民日报》英文客户端上线
2018 年 6 月	"人民号"诞生,是《人民日报》推动媒体融合的尝试
2021 年	《人民日报》海外社交媒体平台账号总数达 18 个,总粉丝数量超过 1.25 亿

从表 1 可以看出,《人民日报》一直在跟随时代需求进行自身的改革和变迁,也正是这种与时俱进的精神让《人民日报》如今成功借助微博、网站、手机软件、电子报纸等多种新媒体,摆脱了人们对党报刻板保守的固有印象,融入大众生活,让更多受众可以根据自己的兴趣主动阅读。《人民日报》新媒体化的方式主要体现在

兴办人民网、登录新浪微博平台、开办报纸电子版、开发手机客户端以及开通微信公众号等。

2　兴办人民网，实现"报网融合"

人民网的发展过程分为三个阶段。在刚开始创办的两年里，人民网仅仅完成了对纸媒内容的二次传播和发布，依附于纸媒，未体现出自身的特色。从 1999 年开始到 2006 年，人民日报进入了发展的第二个阶段。这个时期里，人民网通过与网民的互动交流以及发布具有独创性的内容，逐渐找到了自身的定位，摆脱了《人民日报》附属网站的地位。从 2006 年开始，网、报之间的主次关系逐渐模糊，二者从原来的互相转载、推荐，向共同策划、同步实施、后期深化、延长链条等方向转变，人民网的发展进入第三阶段。在新的信息生产产业链条上，网、报分工有序，协同作战。在这种良性互动之下，人民网逐渐向着多媒体的信息服务商发展。目前，人民网已成为党报网站中的执牛耳者。除中文版本外，已拥有 7 种少数民族语言版本和英、法、俄、阿、西、日、韩、德、葡、斯瓦希里、意、哈(基里尔)、泰、马来、希腊等 15 个外文频道，用文字、图片、动漫、音视频、论坛、博客、微博、播客、聊吧、手机、聚合新闻(RSS)、网上直播等多种手段，依托人民日报社国内外 70 余个分社的采编力量，每天 24 小时在第一时间向全球网民发布丰富多彩的信息，内容包括政治、经济、社会、文化等各个领域。截至 2022 年 11 月，人民网累计获得中国新闻奖 41 次，其中特别奖 1 次，一等奖 16 次。① 作为国家重点新闻网站的排头兵和第一家上市的中央网络媒体，人民网对于宣传其母媒体《人民日报》起到了积极作用。

---

① 数据来自人民网 www. people. com. cn。

3 打造"亲民权威，实时互动"的官方微博

2010 年被称作微博元年，很多突发事件、社会热门话题和重大事件在微博上快速发酵，引起网民广泛关注。《人民日报》在2012 年 7 月 22 日在新浪开通了官方微博，从开通的第一天起，就受到了网民和媒体的广泛关注，吸引了大批的粉丝。截至 2022 年11 月 25 日，《人民日报》新浪微博拥有粉丝数超过 1.5 亿，发布微博超过 15 万条。①《人民日报》官方微博的开通是党报的一个重大转折点，改变了读者对《人民日报》以往的看法，推动了《人民日报》的蓬勃发展。在《人民日报》发布的微博中，转发量最多的超过10 万次。据相关学者分析，《人民日报》官方微博在更新方式上，一是直接运用网页版新浪微博，二是运用媒体版微博，三是运用长微博工具。②《人民日报》微博与《人民日报》纸质版严肃庄重的文风有所不同，变得幽默风趣，经常在报道中穿插网络语言，比如"截图""有木有""那些年我们一起××"等。这些网络语言给网民更多熟悉、亲和的感觉，拉近了《人民日报》官方微博和网民之间的距离，赢得了受众的阅读偏好，对树立《人民日报》官方微博口碑有不可忽视的作用。

在板块设置上，《人民日报》官方微博有晚安帖"你好明天"，内容一般是对当天新闻事件的总结、励志温馨语录、对新闻事件的追踪计划，又或者是为用户设置的议题等；新闻板块包含了《人民日报》母媒的新闻信息和转载的其他媒体的新闻内容，报道内容言简意赅、客观中立，读者浏览后可在评论区发表对事件的主观看法；评论板块"人民微评"，主要发布关于新闻事件的看法观点，在作出评论的同时，也会提出问题，引发大家共同思考；"中国好声音"发布一些权威人士或者专业人士对某件事情的评论，这部分

① 数据来自人民日报官方微博。
② 张丽. 人民日报新浪官方微博发展探析[D]. 吉林大学文学院,2014.

评论有一定的权威性，可以帮助受众深层次了解事件的真相；还有发布议题的"微投票""微议录""微话题"板块，不定期与网民互动；此外，针对特殊活动还会及时开辟相关的特殊板块，例如两会期间、奥运会期间的专栏板块；《人民日报》官方微博还开设了"生活服务""平凡人事"等栏目，这些栏目的可读性和互动性都比较强。

在内容更新上，《人民日报》官方微博的内容主要集中在政治、经济、文化、军事、民生和热门新闻事件，并及时发表对相关事件的看法，积极回应粉丝的反馈，互动性强。在日常更新频率上，笔者统计了《人民日报》官方微博从 2022 年 11 月 10 日到 11 月 19 日为期 10 天的博文情况，这 10 天的博文数分别为 28、32、31、28、31、28、28、30、27、27 条，计算可得出平均每 50 分钟更新一条微博。在面对重大和突发事件时，《人民日报》官方微博会时刻关注事件的最新发展，并进行相关的评论，所以微博的更新数量会有所提升。比如在 2021 年 7 月 23 日—8 月 8 日举办东京奥运会的时间里，《人民日报》官方微博总共发博 861 条，平均每天发布 50.6 条，这十几天的博文并非按照平时固定的规律来更新，而是密切追踪着奥运比赛情况，让网民第一时间知道奥运进展。这样的更新频率可以迅速、有效地将信息在第一时间传达给网民，并且与网民进行互动，从而掌握舆论的话语权。

《人民日报》新浪官方微博有着其他报纸媒体微博所具有的便捷性、互动性、碎片化等一般特征，同时作为党中央机关报官方微博，它也拥有权威性、亲民性、引导性等独特之处。具体来说，《人民日报》官方微博报道在一般情况下不会使用任何浮夸的噱头，只是用最真实、最直接、最客观的方式传达信息，以满足网民了解新闻原貌的需求。在网民关注的热点新闻事件上，《人民日报》官方微博不缺席、不逃避，及时地表明自己的立场和观点，发布了大量直面问题、贴近民生的信息。《人民日报》官方微博的亲民性还表现在其关注平凡人物、事物，贴近群众，关注群众生活中的琐事，例如关注普通保洁员(图 1)，倡导网民文明游玩等。

图1 《人民日报》"关注保洁员"微博截图

　　《人民日报》利用强大的运营队伍，直接把其官方微博打造成了一个整合新闻的平台。从其上线的第一天起，它就绝非微博运营室在独自战斗，这种举全社之力办微博的优势让《人民日报》微博能在短时间内脱颖而出，做到热点和深刻兼顾，实现了其宗旨：提供有观点的信息。① 这一切都是《人民日报》能够在新媒体化的道路上越走越远的重要原因。

4　打造"权威观点，清新表达"的公众号

　　2013年1月1日，《人民日报》微信公众号上线。根据微信公开的文章阅读量统计，《人民日报》微信每篇文章的阅读量都在10万以上，在各媒体微信账号中居于前列。在2018年"新榜"依据公众号阅读量排名列出的中国微信500强排名榜中，人民日报以超过

① 张丽．人民日报新浪官方微博发展探析[D]．长春：吉林大学文学院，2014.

3.5 亿的阅读量高居榜首。①《人民日报》遵循"权威观点，清新表达"的理念，将其微信号"人格化"，语言表达具有"人情味"，努力与用户建立情感连接。文章内容的贴近性、报道的及时性、鲜明的判断力、有人情味的报道方式也使得《人民日报》微信公众号长居报纸类公众号排名第一位，粉丝数呈井喷式增长。简要分析《人民日报》微信图文页阅读量前 100 名的文章发现，这些文章主要集中于政策解读、励志文章、提醒类信息、大阅兵、教育等方面，很多会议或者政策看似"高大上"，实则与每个人都息息相关。比如在 2022 年 3 月 11 日全国两会闭幕，《人民日报》微信发布《2022 年两会将这样影响你的生活》一文，以信息图的形式为网友梳理了两会影响、改变人们生活的相关决策，短时间内阅读量就超过 10 万。

《人民日报》微信公众号坚守自己的价值定位，在立场、观点和判断力等方面均具有"鲜明性"，发挥舆论引导作用，传递主流价值观，引发网民思考。在突发事件的报道方面，《人民日报》微信公众号进行了有态度、有温度的报道。如在 2015 年 6 月 1 日晚，"东方之星"客船在长江中游湖北监利水域沉没。6 月 2 日清晨 6 时许，《人民日报》微信公众号即推送《【突发】一艘载有 400 余人的客轮在长江沉没　搜救正在进行》，阅读量迅速突破 40 万，成为最早发布"东方之星"客船翻沉消息的中央媒体之一。

5　上线客户端　形成全媒体矩阵

2014 年 6 月 12 日，《人民日报》客户端正式上线，这是《人民日报》社适应媒体变革形势，加快推进传统媒体与新兴媒体融合发展迈出的重要一步。自上线之初，《人民日报》客户端就秉承着可信、简约、亲和的理念，突出原创，突出独家，突出评论，立志做有品质、有观点的新闻，以一流的内容为广大用户提供优质信息服务；同时，加大技术支撑，把握个性化、社交化、视频化的趋势，

---

① 搜狐 . 2018 年中国微信 500 强年报 | 新榜出品 [EB/OL]. [2020-03-11]. https://www.sohu.com/a/287179727_108964.

实现一流用户体验,成为中国移动互联网上深具公信力和影响力的主流新闻门户、权威观点引擎、聚合信息平台。在 2014 年 11 月 2 日,《人民日报》客户端上线 4 个多月后,进行了一次升级。升级后的《人民日报》客户端,在原有基础上添加了图片和视频的浏览等多媒体功能,提高了信息传播的趣味性和多样性。截至 2020 年 12 月 30 日,其客户端累计下载量突破 2.6 亿。[1]

以客户端的上线为标志,《人民日报》形成了法人微博、微信公众账号、客户端三位一体的移动传播布局,《人民日报》社已从传统单一的纸质媒体,演变为融合报纸、刊物、网站、微博、微信、客户端、电子阅报栏、二维码、手机报、网络电视等多种传播形态的现代化全媒体矩阵。

6　小结

在如今互联网的浪潮中,《人民日报》向全媒体报业集团转型是必然的结果,也是时代对我国党报的要求。《人民日报》顺应时代潮流,尝试新媒体的各种方式,先后创建了《人民日报》电子版、人民网、《人民日报》官方微博、《人民日报》微信公众号、《人民日报》客户端,在已有的权威性和公众的信赖度的基础上,充分利用不同新媒体平台的优势与特点,采取合适的报道风格、运营策略等,成功搭建了移动传播布局,从传统的单一纸质媒体演变为如今多种传播形态的现代化全媒体矩阵。

---

① 袁婷婷. 融媒体时代新闻客户端建设的探索与思考——以人民日报新闻客户端为例[J]. 新闻论坛,2022(3).

第二编

内容提供商：教育出版

K-12 教育出版商数字化转型之路[*]
——以霍顿·米夫林·哈考特集团(HMH)为例

贺　琳　朱婷婷　徐丽芳

霍顿·米夫林·哈考特集团(Houghton Mifflin Harcourt Corporation，HMH)专注于 K-12 市场，为全球 150 多个国家的 5000 多万名学生和 300 万名教师提供服务，在我国常被称为美国的"人民教育出版社"。随着互联网、云计算、移动应用与大数据等信息技术日益应用于教育领域，教育内容和教学的数字化推动着教育领域的重大转变。作为传统教育出版巨头，HMH 积极迎接数字化革命所带来的机遇与挑战。2006 年与 2007 年进行的兼并重组开启了它的转型之路。2010 年，随着终端设备兼容性的提高和一批对高质量数字阅读材料有需求的受众出现，HMH 的数字教学资源开始快速发展。凭借其印刷与数字化产品线良好的发展，HMH 于 2013 年 11 月成功上市。为适应日新月异的市场环境，公司发展战略不断更新。在 2017 年 6 月的投资者日，HMH 阐述了其新的战略方向，提出了为期三年(2018—2020 年)的转型路线。该路线的三个核心战略分别是：增强和扩展核心业务(enhancing and extending our core business)；开发集成解决方案(developing integrated solutions)；实现卓越运营(achieving operational excellence)。

2018—2020 年发展战略规划了 HMH 数字化转型的蓝图，其于公司前几年的发展中已初见端倪。以下将探讨 HMH 如何整合各类

---

[*]　本文以发表在《出版参考》2020 年第 2 期上的同名文章修改而成。

191

资源，将世界一流的教育内容、产品和服务与前沿技术、数字创新和研究相结合，从而使学习和教学更加有效、更吸引人。

1　多途径提升技术实力

近 200 年来，HMH 在制作高品质教育内容上已经积累了丰富的专业知识和经验。但在教育出版数字化转型背景下，IT 巨头纷纷进军教育行业，抢占教育出版数字化高地。此外，HMH 还面临着来自小型数字技术创业公司的威胁。它们拥有各种新兴技术，非常适合在数字教育出版领域加以使用。因此，公司亟须依靠科技来实现自身内容资源更好的开发、传播和应用。而聪明的办法是借力打力，吸纳优秀的技术团队为已所用。

1.1　持并购技术平台，快速占领市场

为了增强自身的科技基因，HMH 积极进行资本化运作，并购技术平台，以实现市场的快速占领。纵观公司发展历史，数字化产品在 20 世纪 90 年代就已出现，但是，HMH 数字化转型进程的开始还得从两场并购说起。2006 年，HMH 的前身霍顿·米夫林出版公司（Houghton Mifflin，HM）与全美最大的互动教学提供商瑞沃迪互动学习公司（Riverdeep Interactive Learning Company）合并，成立霍顿·米夫林-瑞沃迪集团（Houghton Mifflin Riverdeep，HM-Riverdeep，即 HM 瑞沃迪）。该集团于次年又一举收购英国最大的教育出版商哈考特出版公司的 Harcourt Education、Harcourt Trade 和 Greenwood-Heinemann 等三项业务。于是，上述机构组建成为今天的霍顿·米夫林·哈考特集团，形成以原霍顿·米夫林近 200 年的教育内容为支撑，以原瑞·沃迪互动学习公司强大的多媒体数字技术为平台，以原哈考特出版公司为评估和辅助内容支撑的教育出版体系。至此，HMH 将自己定位为 K-12 教育产品和解决方案提供商，并开发和提供交互式的、以结果为导向的学习解决方案，以提高教师的效率和学生学习的成效。

在 2008 年金融危机以后，HMH 数字化转型步伐不断加快，通

过收购技术平台来补齐技术短板。如收购教育技术公司 Tribal Nova，增加游戏开发的专业技能；收购教育系统专业服务提供商 Choice Solutions，这是 HMH 在安全数据分析方面的战略投资；收购 Channel One News，提升数字内容跨媒体制作能力。值得一提的是，2015 年 HMH 收购学乐出版公司旗下的 EdTech 业务，使公司在干预课程和服务（Intervention Curriculum and Services）方面处于领先地位，并在教育技术、早期学习和教育服务等关键增长领域拓展了公司的产品线，从而能为学生、教师和学校提供更全面的服务。

如今，HMH 已占据美国 K-12 领域核心市场 40% 的份额。通过多元化的教育投资，HMH 有了更强大的数字化基础设施，也掌握了更专业的支持下一代产品可持续发展的技术。

1.2 寻找合作伙伴，建立战略联盟

HMH 积极与目标市场中的竞争者建立和扩展业务关系，并与世界领先的科技公司结成联盟。2010 年以来，它陆续与 Apple、Intel、Samsung、Knewton、Kno 和 Google 等技术领先公司签订内容开发或分销协议，使集团能够为所有平台和设备的学习者提供下一代学习解决方案和媒体内容。2016 年 6 月，HMH 推出基于谷歌"远征计划"（Google Expeditions）的虚拟现实技术应用程序 HMH Field Trip，学生通过它可进行身临其境的学习体验。同年 9 月，推出一款适用于 iPhone 和 iPad 的数学学习应用程序"GO Math! GO"，为 3~7 岁的孩子提供有趣、引人入胜的互动学习体验。

通过系列兼并与合作，HMH 已具备自主进行数字产品创新的能力。但数字技术与教育紧密结合的过程中产生了大量数据，通过分析与利用数据以做出更好的教学决策成为推动教育变革的又一力量。为此，2018 年 4 月，HMH 与 Renaissance 建立独家战略合作伙伴关系，将深度数据分析、评估能力与其核心课程计划相结合。这种整合有利于公司进行数据收集、分析与反馈，将使教育工作者能够以更高的效率和准确性促进学生的成长。

1.3　建设技术型人才队伍

　　HMH 积极引入经验丰富的行业领导者，着手打造一支经验丰富、以革新为导向的技术型管理团队。其与技术平台的合作不仅带来了技术手段，还带来了技术型人才。HMH 的高层管理团队大多出自 IT 行业如 IBM、微软、甲骨文、谷歌、汤森路透，以及麦格劳-希尔等传媒企业。如其于 2015 年收购 EdTech 后，EdTech 包括总裁马格丽·迈耶(Margery Mayer)在内的管理团队以及约 800 名员工均加入了 HMH。

　　在数字化转型过程中，管理团队所累积的业务、组织架构、IT战略等方面的经验和技能切实帮助 HMH 确立并保持了在行业中的领导地位。2014 年 10 月，HMH 推出了 HMH Labs——一项内部研发和人才培养项目。该项目由 HMH 收购的 SchoolChanpters 公司的 CEO 克劳迪娅·路透(Claudia Reuter)领导，利用公司总部城市波士顿作为教育创新中心的优势，引进新的技术人才，并发掘公司内部的存量人才。HMH Labs 团队与公司内外的设计师和开发人员合作，通过新技术解决方案的构思、实验和快速开发来促进教育创新。该项目的实施，为公司正在进行的数字转型翻开了新篇章。公司大举投资教育科技人才，尝试利用新的技术实验室来增强公司创新能力，进一步推动其作为一家数字教育内容和媒体公司的增长。

1.4　开放 API 吸纳第三方创新

　　HMH 正从一家以出版为主的公司转变为从不同角度运用科技来创新的公司。但是，它也清楚地知道，自己很难垄断创新的想法和独特的内容。因此，它依靠第三方来进行一些软件和技术开发，其中开放应用程序接口(Application Programming Interface，API)就是一种不错的方式。2015 年 5 月，HMH Labs 推出了在线开发门户网站(Developer Portal)，目的是提供一个环境，让教育技术开发者、设计师和教育工作者可以利用开放的 HMH API 来开发应用程序，以满足学生、教师和家长不断变化的需求。开放 API 给 HMH 与新兴科技公司、教育技术开发者等的协作提供了很好的机会，后者可以通过连接到 HMH 生态系统，创造教育解决方案，帮助学习者改善和提升学习体验。

2016 年 3 月，HMH Labs 设计开发了一个教育者发现、分享和销售资源的在线平台 HMH Marketplace。利用 HMH API 开发的程序可以在该平台发布，其连接了教育工作者和开发者，为教师、教育内容和应用程序创建者提供了一条通往市场交易的无缝通道，并为广大教育工作者提供销售机会。

在技术驱动下，HMH 所有的 K-12 内容产品都已经数字化。也就是说，HMH 的数字化水平走在了学校教育的前面，一旦需求产生，产品可以随时投入市场。随着 K-12 教育市场向购买更多数字化、个性化教育解决方案转变，HMH 不断在提供跨平台和设备的嵌入式评估、自适应学习、实时交互和个性化教育内容方面累积竞争优势。

2　增强和扩展核心业务

HMH 原有的核心业务是为美国幼儿园及中小学学生和教育者提供教材、教辅、评估方案和培训服务。在数字化的过程中，HMH 主要产品和服务如表 1 所示。

表 1　HMH 数字产品和服务

数字产品和服务名称	描　　述
核心课程	包含教师和学生在课堂学习中所需要的纸质或电子版教材、补充材料、评估材料、辅助练习、教育游戏及其他服务
辅助资源	核心课程之外有针对性的解决方案，包含纸质或电子版练习册、备考材料，相关软件、游戏或 App

续表

数字产品和服务名称	描　　述
干预方案	主要针对成绩落后于同龄人或在一些学科上低于平均水准的学生。这些个性化定制方案（主要以数字内容的形式）致力于加强学生的学习成效，缩小学生之间的差距
评估材料	包含期末测试、课堂测试以及认知评估
专业服务	主要针对学校或学区的教师、校长和管理者，为他们提供相关专业培训、行业研讨、技术支持及解决方案，以帮助他们提高学生的学习成效

在进行数字化转型的过程中，HMH 扭转了传统的"产品—中心"思维模式，转为"客户—中心"的思维导向，即着眼于客户的真正需求，而不仅是为客户提供优质的数字内容及设备。随着客户对数字内容及个性化学习方案的需求不断增长，这些不同类型的产品边界也逐渐变得模糊，不同产品之间的联系则变得更紧密，呈现出集成化解决方案的形态。一些主要的解决方案简介如下。

2.1　Collections+Writable：用技术引导自适应学习

为了让电子教材更加符合客户的使用习惯并能充分满足其需求，HMH 不只是将传统纸质教材转变为电子形式，而是根据数字形式的要求和特点组织优质内容。电子教材为个性化学习带来了更多可能。通过超链接等技术，学生可以根据自身程度和需求在教材的基本框架之下进一步拓展学习，对已有知识体系进行补充。HMH 在组织电子教材时还很注重数字内容之间联系的紧密程度，避免内容过于分散而造成学生在课堂上注意力分散，实现沉浸式学习体验。

Collections 是一项针对 6～12 年级英语语言艺术（English Language Art，ELA）的教学项目，以文本类型丰富且划分了难度等级的阅读材料（这些阅读材料有纸质的，也有电子的，同时还配备根据当下热点及时更新主题的网站）作为产品核心，配合促进学生对文本进行深入阅读、探究以提高分析能力和养成创造性思维的微课，同时搭载基于 HTML5 的在线学习工具，以帮助学生为文本添加注释，对文本进行评价，规划自己的学习进度，并与同学、老师进行课堂讨论；其搭配的课后练习则致力于培养学生的听力、口语表达与写作技巧。学生在使用这些工具中产生的数据都会被系统记录下来。根据不同使用者的程度及特点，系统将为学生提供适应性的指示与向导。教师则可以通过控制面板监控学生学习进度，上传课后学习任务，对学生的学习情况进行测评，并与学生进行直接交流。这些功能具有高度灵活性，提供了多种处理方式。教师可根据不同学习情境及不同类型的学生对这些功能进行调整，还可以选择数据库中的资源或上传自己偏好的作品以补充阅读材料。Collections 不仅旨在使每一个学生的语言能力能够符合州共同核心标准（Common Core State Standards，CCSS），而且致力于将他们培养成具有批判思维和深入阅读能力的读者和作者。HMH 的首席内容官（Chief Content Officer，CCO）玛丽·库里纳内（Mary Cullinane）表示，Collections 旨在深入地介入学习过程，并通过将纸质和数字材料、组件相结合，促进有意义的技术使用。

2018 年 3 月，HMH 将集成写作练习及阶段性评估的 Writable 平台纳入其 ELA 核心项目，将 Collections 的阅读资源与 Writable 强大的反馈及修订功能结合起来，辅助教师指导学生写作，以进一步帮助学生提升写作能力。Writable 提供数百种写作任务模板，帮助教师节省写作课程的前期准备工作与评估反馈时间，从而能够更加专注于为不同特质的学生提供进一步的引导，帮助他们磨炼技能。Writable 还具有同伴互评的功能面板，以此让学生互相激励，促进共同进步。Writable 与 Collections 的集成增强了 Collections 原有的写作练习功能；学生和教师可按实际需求对 ELA 核心课程进行扩展。除了与 Collections 进行内集成，Writable 也作为 ELA 项目中可独立选择的辅助资源，以适应不同学校或学区的需求。

2.2 "GO MATH! GO"：提供个性化沉浸式学习体验

为了顺应 Z 世代（Gen-Z，又被称作网络世代）"网络原住民"

使用互联网技术的特点及当下移动网络的发展趋势，HMH 为 8 年级学生定制了一款交互性强的跨平台 App——"GO MATH! GO"，以趣味游戏的形式提供个性化学习指导，以便用户可以在不同情境中、不同设备上实现无缝对接的自适应学习，提高学生从课堂和现实生活中学习基础数学的技能。

HMH 组成了专业的数学专家与教学专家团队对产品进行开发设计，在不同学校、学区进行深度测试，并对测试结果进行研究和分析，从而不断改进产品。产品开发者充分利用一般游戏的设计策略，将数学知识与趣味性强的游戏相融合，不断在游戏过程中设置障碍和难题以提高用户参与热情，同时又提供相应的激励机制以帮助用户建立信心。趣味性的学习情境及可爱、熟悉的卡通品牌形象使得用户自发投入深度学习，逐步提高他们对概念的理解能力和应用能力，以提升学习效果。

因不同学生之间存在巨大差异，针对同样的课题，教育者不应该只为学生提供一种解决方法或路径。但是，学校和教师往往无法根据每一个学生的个人特性和具体表现提供私人定制式的辅导，而在技术的辅助下，这一难题就有了解决的可能性。教育游戏这种交互性强的学习工具为平台提供了大量使用者相关数据。通过对这些数据的收集、处理和应用，平台能够根据用户的程度、学习习惯和学习成果制定个性化学习方案，满足不同用户的个人需求，真正实现差异化教学。

3 开发基于数据和过程的集成方案

为了实现从传统纸质教材出版商到学习方案提供商的转变，HMH 将自身定位为学习型公司，并为客户提供集成的教育解决方案。数字化转型并非简单地将数字内容与数字设备打包销售给顾客以替代原来的印刷材料，而是要深入探索技术在不同教学阶段的应用潜力，分析教育产业中不同身份的客户现有和潜在的需求，深入教学全流程；用技术有效融合从教学到评估的各个环节，为用户提供一套完整的集成解决方案，从而最大限度地发挥技术在教育中能够实现的价值。

3.1 edFusion：有效利用数据进行决策支持

edFusion 是 HMH 为州、学区的教育机构打造的全面的数据管理和分析系统平台。它集成了 HMH 其他应用程序和数字资源使用情况的数据，学生在学习的各个阶段所产生的数据，以及各州、学区可分配的教育资源及相关业务流程，并可将这些数据转换为具体的决策建议，为教育者和管理者提供决策支持。

HMH 科技服务部门高级副总裁斯蒂文·史密斯（Stevin Smith）指出，通过 5 个步骤可实现数据向决策的有效转换：①提出问题；②定义与问题相关的数据模型；③收集数据；④分析数据；⑤进行决策。edFusion 根据教育者和管理者的决策需求提供相应模型，并给出与问题相关的数据。用户可以在该平台上获得直接、原始的数据，并从中发掘有价值的信息，监测各学区、各学校的教学进度和教学质量，在操作面上根据不同权限获取定制的查询功能、上传各类预分配智能报告，从而更好地对教育资源进行分配，以提升各地区 K-12 教育的整体竞争力。

3.2 Buzz：利用过程控制取得卓越成果

在传统 K-12 教育过程中，学生、教师和家长之间的沟通匮乏是亟待解决的问题。为满足沟通需求，HMH 将数字内容与学习管理相结合，搭建了个性化学习管理系统（Learning Management System，LMS）Buzz。学生可以根据老师的指导和学习任务，安排、制定适合自身特点的学习计划，并与同学和老师进行合作，了解自己在不同阶段表现的评估结果，并据以对学业进行合理规划。教师则可在系统中查看各州为学生制定的学术标准，根据这些评估标准规划教学目标与进度，并向相关管理者报告教学进度。通过与学生的交流，教师可以对自己的教学成果进行评估，近距离观察每个学生的成长表现，了解不同学生的切实需求，以对自身的教学计划进行调整和改进。此外，Buzz 为教师提供教学材料，并辅助教师进行标准化评估与反馈，从而节省原本大量花费在机械重复工作上的时间，使其得以专注于对学生进行教学与辅导。家长则可以通过系统查看孩子的个人作业和测验成绩，及时了解他们近阶段与整体的学习表现和老师的教学安排。

HMH 的这一辅助学习工具将其核心产品——各学科电子教材、教辅资料与学习管理过程进行集成，系统而有引导性地帮助教师和学生更充分地利用这些宝贵的学习资产，实现良好的过程控制，从而进一步提高教学和学习成果。

4 小结

作为全球领先的 K-12 教育解决方案供应商和历史最悠久的出版社之一，HMH 致力于为数字时代打造高质量内容与服务。2014 年，公司主要教育项目收入的 50% 以上来自数字内容，而在转型开始时这一比例还不到 20%。

数字化转型受到诸多方面影响，包括政策扶持、技术研发、产品培育、国际合作、企业建设等。HMH 以开放的战略思维、积极的资本运营、完整的数字内容资源产业链、多元化的渠道及优秀的管理团队，在美国 K-12 教育市场上与培生、麦格劳-希尔形成了三足鼎立之势。然而，风险因素依然存在。近年来，HMH 的业务受到了立法和教育政策变化的影响。为改善美国基础教育（K-12），提高联邦各州的整体教学质量，美国政府于 2015 年年底颁布《每一个学生成功法案》（Every Student Succeeds Act，ESSA），在如何评估问责、支持和改进表现不佳的学校以及如何计算联邦项目资金支出方面，给了各州更大自由，使各州对教育产品和服务产生了新的需求。因此，HMH 亟须投资开发新的项目或改善已有项目来应对政策变化。

2017 年 2 月，拥有丰富 K-12 教育技术经验的杰克·林奇（Jack

Lynch）成为 HMH 新一任 CEO。他表示，HMH 的转型依旧是进行时，公司必须努力以新颖的方式构建未来，用全新方法解决遗留问题。数字创新有很大前景，同时也制造了很多杂音。面对 K-12 教育市场的挑战，HMH 做出了任命新领导者、加强人才基础以及实施组织变革等诸多努力，为 2018—2020 年发展战略规划奠定了坚实基础。但是要想在未来发展得更长久，HMH 仍任重道远。

Top Hat 教材集市：数字教材混合出版新模式[*]

徐丽芳　邹　青

　　近年来许多国家大学教科书的价格居高不下。以美国为例，其大型基础课程所需新版课本如《现代物理学》《微观经济学原理》《公司财务基础》等，零售价格动辄高达数百美元。2016 年，美国企业研究所的调查显示，1998—2016 年该国大学教材消费者价格指数（Consumer Price Index，CPI）上涨 181%，约为所有商品类型平均水平的 3.8 倍，年均涨幅超过 10%；而在此期间大众类图书的 CPI 指数下降 4.2%（图 1）。高校教材的可负担性问题亟待解决，且已

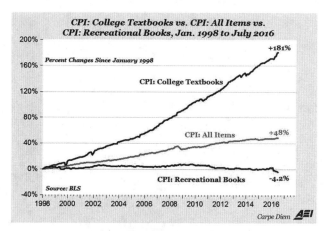

图 1　1998—2016 年美国高校教材消费者价格指数涨势图（来源：美国企业研究所）

----

　　* 本文以发表在《出版参考》2019 年第 5 期上的同名文章修改而成。

经受到许多国家政府乃至国际组织的关注。而涵盖开放教材的开放教育资源（Open Educational Resources，OER）及相关运动的蓬勃发展，有可能为解决这一问题提供有效思路。

1 OER 背景下的 Top Hat 教材集市

2002 年，联合国教科文组织（UNESCO）举办"首届全球开放教育资源论坛"（Global Open Educational Resources Forum），正式提出 OER 的概念，即在公共域中或者在开放授权协议下发布的，数字媒介或其他任何媒介上的教、学和研究资料，可供其他人在毫无限制或有限限制的条件下低成本地获取、使用、改编和再分发。联合国教科文组织发表的《2012 年开放教育资源巴黎宣言》则明确指出："包括开放教材在内的开放教育资源有助于实现《世界人权宣言》《达喀尔全民教育行动纲领》等国际声明中有关降低教育成本、促进教育公平和利用知识促进人类社会发展的目标。"开放教材（Open Textbook），又称为开放获取教材（Open Access Textbook），指通过开放版权协议授权学生、教师和公众免费或低价在线使用的教材。许多开放教材以印刷书、电子书、有声书等形式分发，可以免费下载或者以极低价格购买。使用者不仅可以保留和分发开放教材的复制件，还可任意拆解和修改教材内容，并和其他数字教学资源进行重组和混合使用。

美国一些高校和区域性教育机构联盟最早开始构建开放教材平台，其中 MERLOT 和 OpenStax 是两个颇具代表性和影响力的平台。1997 年，加利福尼亚州立大学分布式学习中心创建综合性 OER 平台 MERLOT，并仿照美国国家科学基金会资助的"创作工具和教育对象经济项目"（Authoring Tool and Educational Object Economy）与其他大学、行业机构和政府合作，构建学习资源知识社区。随后该大学和佐治亚大学系统、俄克拉荷马州高等教育委员会和北卡罗来纳州大学系统等成立非正式联盟，领导了一系列扩大 MERLOT 资源规模、规范资源研发的项目，其中开放教材是十分重要的一个教学资源类别。现在，MERLOT 拥有全球规模最大的开放教材社区，并与谷登堡计划（Project Gutenberg）、开放教材网络（Open Textbook Network）等开放图书和开放教材平台实现了资源联通。与 MERLOT 追求规模不同，美国莱斯大学的 OpenStax 采取精品化路线，自 2012 年以来共开发完成 46 种经过同行评审的大学通识课和选修课教材。这些教材的呈现形式也比 MERLOT 更加灵活，不仅提供 PDF、EPUB 和 Kindle 等多种文件格式以适应不同阅读设备和教学系统，还单独提供教材内的图片和音视频等多媒体资料，以方便教材使用者根据实际教学需求进行教材内容的改编和定制。为提高开放教材的利用率，OpenStax 和其他 OER 社区开展资源互通，并与培生、麦格希等主要教材出版商和一些教育技术商合作，提供教材内容二次加工、教材内容订阅等服务。此外，还通过按需印刷和批量印刷服务，以及通过与 Vital Source、亚马逊等数字教材分销平台合作，来拓展开放教材的分发渠道。开放教材的发展尽管已经取得一些成果，但仍然存在诸多不足。首先，开放教材生产和分发模式的成熟度不及商业教材。其次，不同的开放教材平台也暴露出各自的短板。比如 MERLOT 提供的开放教材多是静态的线性文本，交互性不足，而且下载格式也较单一；OpenStax 的开放教材品种太少，覆盖的学科和知识领域有限。最后，开放教材散落于不同平台而且平台之间的连通性较差，削弱了开放教材的可发现性和可见性。

　　加拿大教育技术商 Top Hat 意识到开放教材的发展潜力和不足，顺应数字教材的发展趋势，于 2017 年开始自主研发和出版数字教材，并推出 Top Hat 教材集市（Top Hat Textbook Marketplace，以下简称"教材集市"，见图 2），加快向数字教育内容领域转型。当年它被评为"加拿大创新交换项目 20 强"和"加拿大年度最佳初创公司"。Top Hat 教材集市是一个集数字教材制作、出版和分销于一体的数字教材平台，旨在提供价格低廉、具有较强交互性和兼容性的数字教学资源。截至 2019 年 2 月，"教材集市"上可供使用的数字教材共计 228 种，此外还提供约 2000 种免费或价格极低的课程笔记、题库、幻灯片等补充性课程材料。

图 2 Top Hat 教材集市标识

2 教材集市：混合型数字教材出版平台

现在全球有许多数字教材平台，其教材规模、出版模式和相关服务各有特色。这些平台可分为营利性和非营利性两种，前者以全球五大教育出版商的教材平台为代表，后者以 MERLOT、OpenStax 这样的开放教材平台为代表。这两种类型的平台不是完全对立的竞争关系，也可以进行合作。比如 OpenStax 便与圣智、麦格希等多家教材出版商达成内容合作协议，后者可对 OpenStax 的教材进行二次加工和利用。从平台提供的资源类型来看，有的平台只提供教材，如 OpenStax、培生的 eText 等，也有些是包含课件、题库等各种教学资源的综合性教育资源平台。有些平台会为用户提供教材研发和定制化工具，用户可以使用这些工具创建自己的教材或对平台提供的教材进行修改和重组。如 MERLOT Content Builder 允许用户自行编辑、制作教材，并输出能够上传至 MERLOT 平台的文件；而培生的 Pearson Collections 可以让用户将其所提供教材的不同章节重新组合在一起，同时还可对教材内容进行标注。此外，不仅培生、圣智这样的老牌教材出版商正在搭建教材出版与教学应用一站式平台，OpenStax 等一些开放教材平台也开始基于所拥有的教材资源研发相应的教学工具。这些教学软件不仅能够方便学生在具体学习场景中使用数字教材，还方便教师追踪教材的使用情况；而且，教材平台也可以从中获取相应数据，对教材和服务进行改善。不同平台的比较见表1。

表1 Top Hat 教材集市和主流高校教材平台的比较

	资源类型	教材研发和 定制化工具	教材自出 版平台	基于教材的 教学工具
Top Hat 教材集市	商业教材 开放教材 课件教辅	✓	✓	Top Hat 教室 Top Hat 任务 Top Hat 考试
OpenStax	开放教材	无	否	OpenStax Tutor
MERLOT	开放教材 教辅课件	MERLOT Content Builder	✓	无
培生	商业教材	Pearson Collections	否	MyLab MyMastering
圣智	商业教材 课件教辅	无	否	Cengage Now 4LTR Press Online
麦格劳-希尔	商业教材	无	否	Connect ALEKS SIMnet

从表1可以看出，"教材集市"综合了其他开放数字教材和商业教材平台的优点：一是采用混合型出版模式，既出版付费的商业教材，也出版免费的开放教材，同时还提供免费或价格极低的课件与教辅材料；二是广泛吸收不同的高校数字教材；三是提供数字教材制作、出版和教学应用的"一站式"服务。"教材集市"是一个数字教材"枢纽"，集中了不同利益诉求和运作模式的教材生产链。

首先，它采取的混合出版模式是开放教材和商业教材出版模式的混合。如前所述，开放教材和商业教材本身各有优劣。与商业教材相比，开放教材的优势主要体现在价格和使用方式的自由度上，但迄今为止商业教材在选题丰富度、教材质量和数量规模等方面仍具有压倒性优势。而数字教材出版商一直饱受产品价格高昂的诟病。为此，它们积极地与开放教材社区之间展开合作，但多数是将开放教材直接，或经过拆解和二次加工后间接嵌入商业教材和课程当中。这既导致教材使用者无法直接、免费地获取开放教材内容，也让出版商自己陷入了"开放洗稿"的质疑。而"教材集市"的混合模式是将开放教材和商业教材相互独立地并置在一个平台上，教材使用者可以根据自身经济条件和需求进行自由选择。若用户选择使用开放教材则无须支付费用，其与商业教材之间不存在捆绑关系。

其次，混合出版模式也体现在教材生产模式的混合上。"教材集市"的教材来源主要有三类：一是开放图书和教材；二是自主研发教材；三是用户生成（User Generated Content，UGC）教材。第一种来源指"教材集市"与谷登堡计划、OpenStax 等非营利性开放图书和教材平台进行合作，让师生能够通过"教材集市"访问这些免费的图书和教材，也为开放图书和教材拓宽了分发渠道。第二种指"教材集市"和教材出版商一样寻找高校教师、行业专家等作者资源，进行商业教材的自主研发。为了吸引作者，它支付的版税更为丰厚，一般高于主要教材出版商所给的 10%～12%，最高可以达到教材收入的 45%。第三种指"教材集市"为平台用户提供标准化工具，鼓励用户进行教材和其他辅助材料的自出版。这种 UGC 教材既可以是以盈利为目的的，也可以是免费共享的。这取决于作者的意愿。但是，"教材集市"会参与价格制定，以保证价格不过于高昂。混合出版模式让"教材集市"的教材规模得到快速扩张，不到 2年就已经有 228 种教材。相较之下，OpenStax 经过 7 年建设，仅能提供 46 种教材；Merlot 虽然以规模著称，但它自 1997 年创建以来发展至今，也只能提供 6900 多种开放教材，其中经过同行评审的教材更只有区区 253 本。[①] 因此，"教材集市"如能以这种速度成长，有可能实现其兼收开放教材和商业教材，以方便用后进行跨平台检索、节省教材搜寻时间的初衷。

最后，混合出版模式也体现在内容资源和教学工具的结合上。"教材集市"基于快速增长的教材资源提供开放教材制作、出版、

---

① 数据来源于 MERLOT 官方网站，时间截止到 2019 年 4 月。

分发和教学应用的"一站式"服务。它为平台用户提供免费的标准化教材制作工具，通过门户网站和客户端提供开放教材的下载、存储和上传功能。此外，还有课堂管理工具"教室"（Classroom）、作业工具"任务"（Assignment）和测评工具"考试"（Test）等三款软件方便使用者将平台上的教学资源投入实际教学活动。其中，"教室"支持教师在课堂上直接展示"教材集市"的教材内容，并提供课堂讨论、提问等课堂上可能用到的功能组件；教师还能直接将其中的考试试题导入"考试"应用，搭建模拟考试环境；"任务"则能让教师根据学生的学习情况布置个性化的作业。

3　小结

通过上述混合型出版模式，"教材集市"让开放教材和商业教材出版优势互补，为平台用户提供教材内容、教学工具和价格等方面的多重选择，从而满足多元化的教材需求。Top Hat 首席营销官 Nick Stein 表示，要让"教材集市"成为教育界的 GitHub，通过高效、可扩展和大规模的协作，打造一个集教学资源创建、共享、评价、交流和分销于一体的社区。不过，当下"教材集市"的精力主要放在扩大教材规模和提高学校、课堂采用率上，距其所描述的开放型数字教育资源共享与交流社区还相差甚远。未来"教材集市"能否顶住竞争压力，给数字教材出版市场带来新气象，值得密切关注。

WriteReader：培养儿童作者的摇篮 *

徐丽芳　龙金池

在 2017 年法兰克福书展上，来自丹麦的 WriteReader（图 1）从全球 36 家新创公司中脱颖而出，被评为该年度内容新创公司。WriteReader 旗下同名产品是一个专注于为 3~10 岁儿童提供集写作与阅读训练服务于一体的数字学习平台，目前已在 40 多个国家和地区发行平台上的学习者们累计创作了 100 多万册图书。自 2012 年成立以来，WriteReader 已经将不少教育科技类奖项揽入囊中。2015 年，它作为唯一一家非美国公司被英特尔公司选中参与 EdTech 加速器项目（Intel Education Accelerator Program）。2017 年 3 月，它成为荷兰出版商协会（Dutch Publishers Association）"图书更新项目"（Renew The Book）的最终赢家。"通过改变写作来改变生活，将写作变成一种有回报的经历，让孩子们通过分享成为自豪的作者"是这家公司的宗旨所在。

图 1　WriteReader 公司标识

---

* 本文以发表在《出版参考》2018 年第 9 期上的同名文章修改而成。

1 通过写作学习阅读的教育理念

"我们正在试图改变教授孩子读书写字的方式。"WriteReader 创始人巴巴·贝格(Babar Baig)说。在丹麦，每 5 个孩子中就有 1 个是功能性文盲。这一现象在美国更严重，21%的成年人阅读能力低于 5 年级水准，还有14%的人根本无法阅读。在贝格看来，这个现象与教学方式有关——学校教导孩子先学习字母和拼写，然后再鼓励他们阅读和写作。一般来讲，孩子学会了字母 ABC 就可以把它们用到单词中，进而再运用到句子里，但是这个过程通常需要 1~3 年。而 WriteReader 正在通过调整教学的起点重构这个过程，即从写作而不是从阅读开始。

2012 年，WriteReader 的应用程序 Write to Read(后改名为 WriteReader)的开发得到了丹麦科技与创新局(The Danish Agency for Science，Technology and Innovation)的支持，因而有机会与丹麦教育部的研究团队合作。来自丹麦教育部的叶普·邦茨加德(Jeppe Bundsgaard)拥有信息技术、丹麦语和教学法方面的专业知识，在应用程序开发期间对其进行了为时 1 年的追踪研究。为了鉴定 Write to Read 对儿童读写能力的影响，该团队对儿童初次使用应用程序的体验进行了实证分析。研究表明：首先，孩子们在非正式学习环境中也能学习阅读与写作。与学习口语的方式相似，学习阅读与写作不必局限于特定场合或年纪，它能发生在包括家庭在内的任意情境中。其次，相较于理解别人创作的内容，让孩子直接体验字母与发音之间的联系，是一种更具激励和积极作用的过程。而创造这种联系的方式之一就是写作。总的来说，这项研究证实了儿童通过写作学习阅读的理念是可行的。在之后几年里，WriteReader 还与其他学校合作进行了类似研究，且得到了正面结论。

WriteReader 就是在将研究结果中被证实可行的教学理念设计为应用程序中可操作的使用方法的过程中产生的。由于它面向的是 3~10 岁的孩子，所以产品的操作页面和使用方法都十分简便。在创建带有标题和作者姓名的封面之后，孩子们可以添加任意数量的内容页面。每个页面允许插入手机或平板电脑拍摄的照片，或是从平台的图片库里选择图片，以创作任何主题的故事。图片库包含大量不同主题的图片，比如宠物、太空、表情等。主题图片由具有多年教学经验的教师精心选出，兼具故事性和关联性。每个页面底部有两个文本输入框：一个由孩子使用，另一个由成人使用。前者让孩子描述图片内容，后者让家长或老师将孩子们的语言"翻译"成正确的书面语言(图 2)。孩子们可以同时看到两种版本，他们在对比两种文字的过程中读写能力逐渐得到提高。在先识字、再阅读、最后写作的传统教学方式中，拼写不仅是孩子们写作和阅读的最大障碍，还降低了他们创作的乐趣。而 WriteReader 通过"手把手"教儿童写作的教学方式避开了拼写障碍。写作过程既增强了孩子的兴趣和自信，也通过"零基础"写作方式培养了他们理解、使用书面语言的能力，从而实现提高阅读能力的目标。

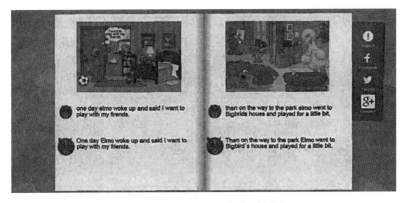

图 2　WriteReader 上的作品展示

(注：这幅作品中的图片来自图片库中的《芝麻街》主题图库。图片下的第一排文字是学生输入的内容，第二排是教师修改后的正确版本。)

为了降低写作门槛，WriteReader 在功能设计上还采用了将字母、词汇与读音结合起来的语音策略。比如，它设计了注音键盘，每当学生点击一个字母，键盘会发出相应读音。同时，它还采用了新颖的视觉策略，把元音字母显示为红色，辅音字母为蓝色，标点符号则是灰色，以帮助孩子们辨认。另外，WriteReader 还允许作者为自己的故事配音，每个页面可录制 60 秒的音频。语音策略和视觉策略让孩子们将字母、单词与读音一一对应起来，提高了他们将口语转化为书面语言的能力。

2　分层次、多主题教学方案

为了服务好最重要的客户——学校和教育机构，WriteReader 结合自身功能和特点开发了适用于不同年级的教学方案。另外，它还积极与经典儿童教育品牌合作。这既丰富了图片库和教学方案的素材，还提高了产品知名度。

WriteReader 为不同年级的学生设置学习目标，并根据其年龄段特点和能力开发教学方案。以面向一年级学生、为期 6 周的教学方案为例，其目的是提高学生的读写能力，并培养其合作意识。在这个方案中，以 2 周为 1 个阶段，共包括 3 个教学主题："我们的字母书""你的书包里面有什么？""关于我的一切"。主题教案"我们的字母书"的目标是帮助学生认识字母，识别首字母的读音并将其与字母表中的字母一一对应。比如，老师要求学生按照"A is for apple"的格式创建自己的字母书，让学生对字母的读音、拼写及其在单词中的应用形成初步认识。第二个主题教案"你的书包里面有什么？"鼓励学生描写自己书包里包含的物品，如学生通常会说"我的书包里有笔（I have pens in my bag）"，"我也喜欢在笔记本上记笔记（I also like to keep notes in a notebook）"等。通过对物品的简单描述，该教案旨在提升学生的语言组织能力。第三个主题"关于我的一切"对学生提出了更高要求。不同于前两个阶段的组队合作创作，这个主题要求学生独立完成写作，并首次鼓励学生使用录音功能——即为自己的作品配音。最终，每个学生都要提交一部包括文字、图片和声音的作品。在教学过程中，学生把自己听到的所有音节拼写出来即可，无须担心拼写错误，但同时老师也会对正确的拼写规范进行一一指导。另外，每个教案为合作、交流与分享设置了专门环节，如鼓励学生在同学面前朗读自己的作品等。从 3 个主题教案可以看出，不同阶段的学习内容与目标呈现出层层递进的关系。这既体现在写作主题的开放程度上，也表现在对学生写作能力的要求上。这些教学方案将 WriteReader 的拍照、录音、分享等功能合理运用到教学过程中，丰富教学内容的同时也增强了教学的趣味性。

另外，WriteReader 还积极寻找第三方合作伙伴以丰富教学方案的主题。2017 年它与芝麻街工作室达成合作。后者旗下同名作品《芝麻街》是美国公共广播协会（PBS）于 1969 年制作播出的儿童教育电视节目。它综合运用木偶、动画和真人表演等各种表现手法向儿童教授基础阅读、字母和数字等基本知识，深受儿童喜爱。发展至今，《芝麻街》衍生了大量教育项目，并已成为一个经典的儿童教育品牌。双方合作以后，WriteReader 根据《芝麻街》的经典故事内容策划了"友谊和同理心""故事开创者"两个主题的教学方案，目的是加强孩子们讲故事的兴趣和能力。此外，孩子们可以在 WriteReader 图片库里使用《芝麻街》主题的图片，作为自己作品的插画（图 3）。WriteReader 与芝麻街工作室的合作不仅丰富了平台内容，更借助后者在全球尤其是在美国的影响力，提高了自己的知名度，为产品进入美国市场赢得了更多机会。

图 3　WriteReader 的《芝麻街》主题图片库

3　基于分享与出版的激励机制

21 世纪，日新月异的科技对学生使用数字技术和工具的能力提出了更高要求。学生越早适应在数字环境中进行研究、协作与共享，越有利于其以后的发展。为此，除了破除创作中的拼写障碍、降低写作门槛，WriteReader 成功的另一个诀窍是为孩子们的写作开发完善的数字环境，通过分享与出版等激励机制让孩子们喜欢上写作。WriteReader 的儿童图书馆（图 4）是一个数字图书馆，WriteReader 上所有由孩子创作的图书都将自动保存在这里。这是一个完全属于孩子的虚拟社区，作品是连接他们的纽带。作为作者，孩子们的作品在这里存档，也供他人评阅。这种家人、朋友之外的分享行为，会让创作这件事情显得更"正式"，从而加强孩子们对作者这一身份的认同感。而作为读者，孩子们可以自由阅读和评论图书馆内所有的图书，还能为自己喜爱的图书送上一枚"赞"（Like）。儿童图书馆让孩子们在无广告的、内容适合的环境中分享他们创作与阅读的经验，也激发了他们对创作的热情。

图 4　儿童图书馆

同时，出版功能也是 WriteReader 的激励机制的一大亮点。回顾 WriteReader 的使用流程，先由学生进行创作，再由教师和家长对其作品进行修改与润色，最后通过儿童图书馆进行传播与分享。这种利用数字技术进行内容编辑加工和发行的活动与数字出版的内涵不谋而合，而学生就是最重要的出版要素之一——作者。事实上，WriteReader 还提供了下载与打印作品的功能，让孩子们拿到一本真实的图书。比如，2017 年春季瑞士一所小学举行了一次特殊书展，共展示了学生通过 WriteReader 创作的 600 多本图书。在书展上，孩子们认真朗读自己的作品，也专注地阅读他人的作品，相互交流与分享。得到他人认可对于每一个孩子来说，都是一种无可取代的体验。

4 结语

WriteReader 的目标是通过改变写作来改变生活：让孩子们出版和分享自己的作品，成为一个自豪的小作者。技术上，它借助语音支持和交互技术降低孩子们的创作门槛，使拼写不再成为写作的绊脚石；功能上，它通过儿童图书馆、出版等鼓励孩子们交流与分享，激发他们对写作的兴趣。但最突出的仍是 WriteReader 的教学理念，即用教孩子说话的方式教会他们写作与阅读。但是，这种"说/教式"的教学理念也受到了质疑。尽管已有研究证实其对儿童提高书写能力有积极效果，但不少人仍认为如果将学习写作视为游戏，那么写作本身将会从一种理性的交流方式变成一种愚蠢的潜意识行为。

技术改变的不仅是教学工具和手段，更是教育理念。WriteReader 的做法究竟是儿童教育在数字技术冲击之后的"返璞归真"，还是一种盲目追求简单便捷的"退化"，或许还需要更多研究来证明。

基于区块链的在线教育平台研究[*]
——以按需教育市场公司（ODEM）为例

徐丽芳　　刘欣怡

区块链本质上是一种以"区块"（block）为单位不断增长的记录清单，各区块间以加密方式连接，其中每一个区块都包含前一区块的加密哈希值（a cryptographic hash）、时间戳和通常以哈希树（Merkle tree）形式存在的交易数据。通俗来讲，区块链被认为是一种通过公共或私人计算机网络共享资源的分布式分类账（distributed ledger）或数据库。由此可见，区块链技术的核心优势在于分散性（分布式）、加密安全性、透明性和不变性。它能够不依靠第三方授予的权限直接进行点对点信息验证和价值交换，并且以高度透明化的方式记录整个数据变化过程，从而阻止数据篡改现象。因此，区块链技术通常被用于保存数据记录和加密性交易。表1是麦肯锡咨询公司归纳的6大区块链应用场景。在过去几年里，区块链技术已经在金融、法律、医疗、保险等领域成功应用。事实证明，区块链的信息存储和认证功能可大大提高交易的安全性，减少中间方的价值损耗，从而降低整个交易过程的成本。

区块链技术在教育领域的应用起步较晚，但近年来的投资情况显示了其所具有的巨大潜力。全球教育市场情报公司HolonIQ称，2018年"区块链+教育"大约获得4000万美元的风险投资，并主要集中于在线教育领域。在线教育是一种基于互联网的学习方式，强调基于网络的知识和技能验证、共享及获取。在线教育发展至今一

---

   * 本文以发表在《出版参考》2019年第9期上的同名文章修改而成。

方面享受着互联网带来的便利，另一方面也面临着随之而来的挑战，如师生和教学机构资历认证、网络交易安全等。而区块链技术的分布式数据库恰好可以为学习记录和资格认证创造条件，基于加密货币的交易方式则能够有效地保障交易安全，从而优化在线教育的管理体系，提高教学质量。

表1　区块链基本功能和主要应用场景

功能	应用场景	特点	案例
记录保存：存储静态数据	静态注册	储存相关数据的分布式数据库	地契
			食品安全和原产地
			专利
	身份认证	与身份相关的分布式数据库	身份诈骗
			民事登记和身份记录
			投票
	智能合约	区块链上满足预设条件即触发的条件集	保险索赔支付
			现金股权交易
			新音乐发布
交易：登记交易信息	动态注册	数字平台上的资产发生交换即更新的动态数据库	微型投资
			药品供应链
	支付基础设施	现金或加密货币发生交易即更新的动态数据库	跨境点对点支付
			保险索赔
	其他	由前例构成的用例	货币首次发行
		不适用于任何前例的独立用例	区块链服务

区块链技术在教育领域具有广阔的应用前景，其中点对点在线教育是其突破口之一，代表公司如 ODEM、NTOK、Woolf

University 等。其中，按需教育市场公司（On-Demand Education Marketplace，ODEM）是一家全球教育服务提供商（图 1），总部在瑞士楚格（Zug）。它的按需教育平台基于区块链技术创建安全可靠的教学活动和支付流程，并以人工智能技术管理用户请求，旨在将全球的学生、教育工作者和服务提供者联系在一起，打造去中心化的在线教育服务。

图 1　ODEM 公司标识

1　去中心化的在线教育业务

区块链技术改变了传统在线教育的业务模式，实现了在线教育的"去中心化"。首先，它打破了教育机构对教育资源的垄断，让所有人都有机会获得均等的教育资源；其次，它公开学生在线教育平台的学习数据以及教师的教学数据，保持教与学的透明化，使得教学活动有迹可循。此外，区块链技术提供了更加安全可靠的在线交易方式。

1.1　在线教育服务模式

在去中心化的环境下，在线教育的参与主体更加多元化："教学服务提供方"包括提供教育服务和技能培训服务的机构和个人，如高校和学术机构、技能培训公司等；"学习者"范围扩大到所有学生和求职者；"第三方"参与主体如资历认证机构、雇佣公司等。此外，在线教育的商业模式也更加多样化，主要有 B2C 和 C2C 模式两种。

B2C 模式主要匹配教育服务提供商和学习者的服务与需求。例如，ODEM 直接与南艾伯塔理工学院、日内瓦大学、开罗美国大学等高校和学术机构合作，开发和提供课程服务；通过 Looker等国际教育服务提供商，ODEM 还与哈佛大学、纽约大学、麻省理工学院、早稻田大学等名校合作，开发和运营短期课程项目。与传统在线教育服务不同的是，ODEM 能够为学生提供基于区块链的资历认证，该认证与传统学历凭证具有同等的认可度。

C2C 模式则直接沟通教育者与学习者的需求。在去中心化环境下，教育者与学习者的关系及其职能发生了改变，学习者获得了较大主动权，教育者则获得了更多样的收入模式。ODEM 提供的按需教学具有如下特点：首先，学生和老师可以自由地双向选择。它允许学生自定义学习需求，通过投注"押金"的方式选择合适的老师；教师则通过课程竞标获得生源。其次，教师可以自定义并发布教学内容。该教学资源被存储在平台区块链上，其他人可以通过区块链支付版权费来获取该资源的使用权。

1.2 教学质量评估与背书

在线教育活动伴随大量用户数据的生成，包括学习者的学习数据、师生交流数据、交易数据等。由于网络环境的虚拟性，一般在线教育平台通常很难保证这些数据的可信度和可靠性。NTOK. ico的教学发展顾问表示，在获取真正能证明学生成绩有所进步的数据方面，教育软件行业一直比较含糊——这些数据可能早在企业内部就被人为污染了。不仅如此，平台也无法把控教师的质量，教学评估标准也难以统一。因此，虽然许多平台不乏优秀教师和优质课程，但一些行为不端者在平台上发布虚假宣传信息来获取好的评价和评级，甚至自建虚假在线教育平台，严重破坏了在线教育市场的秩序和学生权益。但区块链技术可为教学质量背书。ODEM 将所有教师和课程的评价和评级信息存储在区块链中，平台无法篡改教师和课程信息；同样的，教师自身也被置于公开透明的环境下，其教学质量将由学生进行评价。如此，一方面学生可以轻松地追踪、验证相关信息，并选择适合自己的教学和培训项目；另一方面，透明的信息和评估机制也对教师起到了激励作用，迫使他们改进教学内容和形式，以适应评估要求。

2 学历和资格认证

传统在线教育平台作为中间方沟通教育者和学习者的需求，存储了大量数据，但无法保证信息的真实性和安全性。因此，不可避免地会出现教师和学生资历作假的现象。这也是在线教育证书长期以来难以被认可的重要原因之一。区块链技术的加密安全性、透明性和不变性恰好能弥补这个缺陷。在不依赖第三方认证的情况下，区块链能够进行信息验证，从而确保师生双方的价值交换，并为雇主提供可靠的学习者相关信息。

数字教育证书（Digital Education Certificate，DEC）记录了学习者的学习过程和成果，是对学习者资历的认证。首先，ODEM 把学习者每一步的学习数据都存储在分布式区块中，从根本上防止数据被篡改。这是数字证书的重要基础。其次，数字资格证书将获得 ODEM 和项目教师的双重签名认证，并对该签名进行加密，再一次确保学习成绩的真实可靠。最后，认证成功的数字资格证书和学习者数据都将被存储在区块链中，并通过公匙加密，任何用户只有获得 ODEM 授予的私钥（ODEM 收取一定费用）才能访问该证书，因此确保了信息的安全性和可靠性。

目前 ODEM 已经与部分高校和机构联合颁发了部分课程学习的数字资格证书，包括南艾伯塔理工学院、开罗美国大学、日内瓦大学等；开发的课程项目涉及信息科技、历史人文、经济管理等领域。2018 年 12 月 17 日，ODEM 联合南艾伯塔理工学院为汽车技术人员培训项目的学生发放基于区块链的学术证书（academic certificate）。该虚拟证书上印有阿尔伯塔省的徽章和 SAIT 学院的官方印章，以及该机构董事会主席、总裁兼首席执行官和注册教师的签名，和传统学历证书具有同等效力，学生可以直接凭借该电子证书升学和求职。

基于区块链强大的数据库和安全认证功能，ODEM 旨在建立一个沟通学习者、教师、认证机构以及雇佣公司的"学习—求职"生态链。其中，学习者通过完成平台规定的学习任务获得相应的成果认证。该凭证将存储在"ODEM 职业网络"中，成为雇佣公司人才招聘的重要依据。教师完成教学任务获得学生评价以及平台的资格认证，资历丰富的教师将获得更多工作机会和酬金。而雇佣公司也可以在 ODEM 发布招聘需求，并且基于求职者的技能进行有针对性的招聘，以及开展职业培训活动。

此外，ODEM 还提供学习评估和认证服务。学习者可以向平台申请对自己已获得的知识和技能进行评估和认证。认证渠道有两种：一种是由相关培训机构直接出具凭证；另一种是通过 ODEM 合作的认证机构和专家进行资历认证——只有通过超过 5 个机构或专家的认证，该知识技能才能获得认可，否则 ODEM 驳回认证。

3　加密货币的交易方式

记录交易数据、保障交易安全是区块链技术的重要功能之一。由于交易过程中所有数据都会被存储在区块里，不再需要中央控制人员的管理，因此，网络中的任何人都能够获取该数据库网络的副本，而区块链中的每一个"区块"都包含最近的交易记录。除了存储新的交易数据，每一个新产生的区块同时还会储存上一个区块的散列值。这意味着最近的交易记录包含截至该交易发生时的整个交易记录。如此紧密缠绕的区块链很难被篡改——如果任何地方有任何一点数据被改变，那么该笔交易涉及的整个区块链便会崩溃，变得无效，如此一来，作弊者的攻击也就变得毫无意义了。因此，区块链用于在线教育时，其交易具有天然的可靠性。

3.1　基于"ODEM 券"的交易规则

为了更好地完成交易，ODEM 引入了"ODEM 券"(ODEM Token，以下简称 ODE)。这种可流通的代币实质上是一种加密数字权益证明。ODE 将抽象的权益(如学生和教师的资历)物化为一

221

种可计量的数字凭证，并赋予其流通价值；另外，还通过密码学对该数字权益证明加以保护。目前，ODEM 交易平台的证券已初具规模。其技术白皮书称，截至 2018 年第一季度，平台已经筹措大约 1 亿 ODE，相当于 1000 万美元。

在 ODEM 平台，ODE 是获取资源访问权限的唯一凭证。学生通过 ODE 支付学费，教师和其他服务提供方则通过 ODE 收取酬金。作为一种服务兑换工具，ODE 将教师的劳动价值转化成等价的代币，并作为"押金"预付给平台。当师生完成学习任务，"押金"自动退还给教师。同样的，学生选课前也需预付一定数额的 ODE 作为"押金"（通常低于课程价格的 10%），等到完成学习任务并支付学费后，系统会自动退还"押金"。这些代币均可在 ODEM 平台上购买、交换或退还。随着区块链的发展和普及，ODEM 券得到很多高校和机构的认可，被赋予了超越一般代币的价值。例如，尼科西亚大学（University of Nicosia）等开始接受以区块链货币计价的学费，打通了线上线下教育的支付渠道。

这种基于代币的交易规则鼓励在线教育活动参与主体发挥主观能动性，并促进主体间的互动，激活了平台的资金流。在 ODEM，学习者不仅是"消费者"，也可以是"生产者"。他们可以投标课程项目并且设计课程内容（由适合的教师竞标教学），优秀课程可以获得平台奖励。针对困难家庭，ODEM 联合有能力的机构和个人为学习者提供资助。由于受资助的学习者通常具有较高的综合素质且许诺反馈社会，这种资助对于资助方来说也是一种投资。

对于教育者来说，人才代币的交易规则合理地量化了他们的能力，激发了他们的自我完善意识。由于减少了中间方分成，教师在 ODEM 的收益通常比在传统在线教育平台上更高一些。除了常规课程外，教育者自定义的优质课程内容也是一种拥有知识产权的商品，通过加密方式存储在 ODEM 平台上。教育者可以选择出售课程使用权来获得一定报酬。此外，基于代币的预付"押金"机制实质上为教师提供了自我发展的平台，猎头也会根据教师的 ODEM

券的数量挖掘人才。

3.2 基于以太坊电子钱包的支付方式

为了保障安全性，用户在 ODEM 按照以下步骤进行交易(图2)：

一是兑换代币。用户使用法定货币(大部分平台支持美元、英镑、欧元、日元等)，在 BitForex、DragonEX、Ethfinex 等数字货币交易平台购买 ODEM 券，无须支付任何手续费。ODEM 课程费用以用户使用的法定货币价格为基准，从而避免 ODEM 券通货膨胀带来的风险。二是暂时性存储代币并进行交易。兑换后的代币将存储在 ODEM 钱包中。这种以太坊电子钱包实质上是一个运行智能合约的去中心化平台，可对存储的代币加密，并形成智能合约。它允许用户与系统在没有第三方参与的情况下自动执行可靠的交易。这些交易是可追踪且不可逆转的。目前，ODEM 可以支持 Ether Wallets、ETHOS、Trust Wallet、Enjin、imToken 等多种形式的以太坊电子钱包。以 imToken 为例，它无须第三方服务商，基于区块链和加密技术为用户提供自主身份管理系统。在交易过程中，则通过冷钱包(离线钱包)授权和热钱包(在线钱包)支付的双重保障，增强交易的安全性。

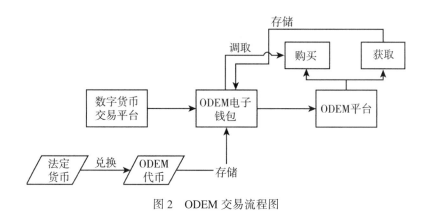

图 2 ODEM 交易流程图

4 小结

目前在线教育领域的区块链技术应用仍处于初级阶段。其于在线教育领域的应用价值主要是由它的去中心化和安全性等特点决定的。分布式的数据存储方式能够追踪和验证教师和学生的所有数据，有利于客观真实地评估教师的教学质量，也提高了学生的学习效果。区块链支持下的数字证书更具可靠性和影响力，目前已经在高等教育和职业教育领域得到了较为成功的应用，未来将会有更多高校和培训机构加入。数字证书的认可度也会大大提升。而基于区块链的支付方式则大大提高了在线教育中交易的安全性。

不过，迄今为止，区块链技术在在线教育领域的应用仍存在很大局限。首先，就像 Audrey Watters 指出的那样，这项技术应用于教育领域可能存在隐私问题、技术不成熟以及缺乏灵活性等问题。其次，传统在线教育的商业模式根深蒂固，去中介化的改革可能会触及多方利益。因此，ODEM 这类平台的合作对象仍受到限制，其数字证书的认可度也因此遭到质疑。最后，Barbara Kurshan 指出，在线教育平台的教学评估和资历认证不仅仅是技术问题，还涉及多方评估的合理性和跨平台的适用性等；数字证书的认可度还需要通过高等教育公共政策改革的支持。

综上所述，首先，未来区块链技术应用于在线教育重点要解决的问题有两个方面：一方面是完善区块链技术，增强安全性和灵活性；另一方面是增强区块链技术与在线教育的适配性，特别是未来在线教育不断发展，其产业链和商业模式会更加复杂，在线教育平台与教育服务提供商、高校的合作更加密切，这为拓展数字教育证书的应用场景创造了条件，也对各方利益的协调工作提出了挑战。其次，在线教育平台要充分利用区块链技术优化评估和认证流程，增加多方面评价指标。最后，在线教育的国际化需要平台扩充交易的支持渠道，保障跨国安全支付。

儿童创意写作教学平台 Authorfy：
教育与出版的融合[*]

徐丽芳　章　萌　王一鎏

2013 年 9 月英国推出新的国家课程标准对小学生的读写能力提出了更高的要求：在原有基础上拓展写作范围和语法体系，提高阅读量，掌握叙事、说明、描述、比较、总结等多种写作手法，提高阅读理解能力。这种"工具"取向的课程标准降低了学校中习作教学的趣味性，学生课堂参与度下降，甚至害怕写作，老师也面临前所未有的压力。

在此背景下，强调创新性和启发性的儿童创意写作教育理念应运而生。课外创意写作教育如火如荼。2012 年，梅尔·泰勒-贝森特（Mel Taylor-Bessent）成立创意写作公司"小星星写作"（Little Star Writing，LSW），主要提供线下写作课程培训。通过多年的资源累积，公司于 2017 年 1 月与 50 所学校合作推出创意写作在线教学平台 Authorfy（图 1）。目前，Authorfy 定位于为 KS2 阶段（Key Stage 2，即 7~11 岁）的儿童定制大师视频课（masterclass）和教学活动包（activity pack），分学期邀请不同作家为孩子讲授写作课程，并通过一系列教学活动，激发学生的阅读和写作热情。同时，Authorfy 与诸多童书出版商合作，借助社群工具扩大公司品牌的影响力。在 2017 年的法兰克福书展上，英国《书商周刊》（*The Bookseller*）公布 Authorfy 在"未来图书奖"（The Futurebook Awards）评选活动中荣获

---

*　本文以发表在《出版参考》2018 年第 4 期上的同名文章修改而成。

"年度图书技术公司"（The BookTech Company of the Year）称号。无论在推动教育体制改革还是促进出版创新上，Authorfy 都作出了卓越贡献。

图 1　Authorfy 介绍主页面

1　多位一体，打通教育、出版产业链

Authorfy 以付费订阅方式提供与课程体系相适应的教育资源，因而可广泛应用于课堂、学校、家庭等教育场景中，老师、学校、家长成为订阅主体。其在线课程的教案来自原 LSW 教育团队；一些大型出版商如西蒙与舒斯特（Simon & Schuster）、哈珀·柯林斯（HaperCollins）和阿歇特（Hachette）等则提供作为教学资料的图书版权内容。平台创建者泰勒-贝森特的目标是激励学生爱上写作，帮助老师有效教学，同时给出版商和作者等以支持。作为一个融合性的中间平台，Authorfy 将教育和出版产业链中多个环节的参与者组织起来，形成了多位一体、多方受益的闭环（图 2）。

将在线教育平台与传统出版商无缝衔接是 Authorfy 最大的特色。当然，与出版商的稳固联系建立在 LSW 公司多年经营的基础之上。在 Authorfy 平台上线之前，LSW 公司就与诸多出版商开展了形式多样的合作，如与英国儿童书籍出版商奥斯本（Usborne）合

图 2　Authorfy 与各环节参与者关系图

作，为部分学生提供体验出版社工作的机会，受到家长、老师及其他教育界人士的广泛认可。在 2016 年的"年轻作者作品展示竞赛"（Screen Your Story Competition）中，LSW 公司的 2 名小将在数百名选手中杀出重围，得到最高奖励——参赛作品由专业电影制作人改编为电影放映（只有 5 位选手获此殊荣）。萨里皇家绿色预备学校①（Kew Green Preparatory School）的读写部门领导（Literacy Coordinator）吉利斯夫人（Mrs Gillis）赞叹："你们所做的事情非常有魔力。感谢你们的爱心与热情，帮助孩子们提高了写作能力。"

　　借助在儿童中积累了一定影响力的 Authorfy 平台，出版商可以更方便地向"油管一代"（Tubing generation）推广图书。Authorfy 把童书与其受众捆绑在一起，实现了高效率的精准营销。众多儿童通过作者视频的吸引和基于作者作品的习作训练，顺势被"俘虏"为作家及其著作的忠实读者。童书在它的受众中得到了推广，出版商可以直接得利，Authorfy 也多了收入来源，即向出版商出售广告位和与电商的引流分成。在这个过程中，零售商也乐见其成。Authorfy 在网站首页提供课程相关图书的购买链接，用户通过点击操作，即可在亚马逊或英国连锁书店瓦特斯通（Waterstones）的电

---

　　①　预备学校指英国为准备升入公学者而设的私立小学。

商平台上进行购买。Authorfy 十分注重用户反馈，鼓励用户投票评选年度最佳作家、最佳图书和最佳大师课视频。投票结果可以在一定程度上反映出大多数用户的偏好和需求，方便平台对自己提供的服务及时作出调整。对出版商和零售商来说，这也是可供参考的消费者市场数据。

另外，Authorfy 还通过出版商与儿童作家建立联系，合作开发原创视频：由作家本人授课，打造出有吸引力、大众化、互动式的创意写作大师课。Authorfy 工作团队每学期精选 5 位作者作为授课人，负责上传课程视频并安排教学活动。不同于传统教学模式，作者不会受固定教学规划的束缚，而可以根据课堂情况和学生反馈，灵活调整教学方法和教学活动。学生用户每学期需要向平台支付 19.75 美元以参与这项独特的线上课程，并获得与大师零距离沟通的机会。作者在课程讲授中以聊天口吻讲述写作的魅力，或引导学生采用正确的写作思路与方法；孩子们通过视频能了解到作者写作时的状态和心理，更容易产生对作者和写作本身的热爱。作者还会规定写作训练任务，鼓励学生以创造性思维写文章，体裁不限。学生每学期可上传两部个人作品，并有机会得到作者的点评和建议。

类似这种凭借作家的名人效应吸引学生阅读或写作的活动，在国内也屡见不鲜。例如作为出版人和教育作家的三川玲，她组织的童书妈妈读书会聚集了诸多作者和教育界专家，除了邀请他们在线下进行主题演讲外，还在直播平台进行读书会的现场演示。另外，国内一些网络音频平台也邀请知名作家或教育工作者以聊天式授课或脱口秀等方式向孩子们传授写作经验，同时设置了答疑互动区。不过，在我国缺乏像 Authorfy 这样将作者、出版商和学校等有机整合的平台，自觉地打破出版与教育的边界，实现融合创新发展。

2　独特的教育理念与教学方式

叶圣陶先生曾经说过："阅读是吸收，写作是倾吐，倾吐能否合乎法度，显然与吸收有密切的联系。"阅读和写作是一个互动过程，它们彼此依赖，相互促进。Authorfy 的一大教育理念在于巧妙地将阅读纳入作文教学，让学生从作家的作品中学习写作，同时又引导学生结合自己的写作经验有目的地阅读。Authorfy 从作家作品中选取一定篇幅的文本作为课程学习素材，并依照作品类型设计写作训练项目，提供相关写作指导。以儿童作家艾比·爱芬斯通（Abi Elphinstone）的大师课为例，该课程选取她的著名作品《掠梦者》（*The Dream Snatcher*）作教材，对学生进行探险类写作训练，并条分缕析地列出探险文学的写作要领。学生在阅读中吸收语言表达、文章结构安排等方面的技法，而后进行有限制的主题写作。经过写作实践，再去阅读同类型或类似内容，学生可以收获更多知识与技能。Authorfy 在首页附上每期课程所有配套作品的购买链接，为学生进行拓展阅读提供便利（图 3）。

图 3　Authorfy 的图书展示页面

视觉学习通常被认为是一种从文本、图片、图表、电影、电视、计算机屏幕等视觉信息载体中获取新知识的方式。它借助视觉感官经验促进学习者的学习，提升他们认知和读写方面的能力。著名儿童教育家斯图尔特·墨菲（Stuart J. Murphy）是视觉学习的倡导者之一，他认为视觉学习策略对于儿童的发展有着举足轻重的作用。长久以来，文本学习作为视觉学习的一种形式几乎成了传统写作教学的全部，因而显得单调乏味，难以激起学生的学习兴趣。为了改变这种状况，Authorfy 采用视频为主、图文结合为辅的教学方式。视频的有效应用不仅能够激发学生的学习积极性，也有助于提升他们对学习内容的理解以及对跨媒介表达手段的了解。作家艾比的课程要求学生进行探险主题写作，其中一项活动是让学生列出探险计划、画出探险路径图。这种图文结合的方式可以引导学生进行有效的情节构思，帮助其形成清晰的写作思路。语言活动和视觉活动的结合能够培养学生的发散性思维，激发其创造性，也是创意写作教育的必然要求。

激励策略的实施是 Authorfy 平台的另一突出特色。Authorfy 会从订阅者上传的练习作品中挑选一部分发到作家手中，作家在阅读后择优给出反馈。想做幸运儿的小学生要尽最大的努力写出好作品，以争取这个宝贵的机会。根据调查，91.4%的老师都认为这种做法可以带给小学生极大的鼓舞。基于庞大的作家资源，Authorfy 还专门在网站上开辟了一个名为"作家建议"（Author Advice）的板块，这里汇聚了众多深受儿童喜爱的作家和插画师，他们以视频方式和孩子们交流自己的想法，提供阅读写作建议。考虑到儿童有限的注意力集中时间，视频时间基本控制在 3 分钟以内，以避免他们丧失观看兴趣，起到更好的激励效果。

更为吸引人的是 Authorfy 上多种多样的竞赛活动。其中有常规的赠书活动，比如单个作家的系列图书、作家签名书和万圣节图书礼包，用户可以直接在平台上报名参与。此外，学生还有机会去剧场观看表演，甚至和喜欢的作家零距离接触。这类活动对于参与者的要求比较高，需要其完成特别的任务。举例来说，如果想赢得和作家罗斯·蒙哥马利（Ross Montgomery）单独见面的机会，就得写一篇 100 字以内的恐怖小说出来，并在报名时上传。这些激励举措对增强文学作品的吸引力、提高儿童的读写水平是有帮助的，同时满足了老师、家长和学生的需求。

3　利用社群工具扩大平台影响力

英国通信管理局（OFCOM）2017 年 11 月发表的报告《儿童与家长：媒体使用与态度》（*Children and Parents：Media Use and*

Attitudes）指出："8~11 岁的儿童每周在网上花费约 13.5 个小时。"此外，家庭区（Family Zone）发布的报告《2016 互联儿童：社交媒体快照》（2016 Connected Kids：Social Media Snapshot）指出："8 岁以下的孩子上网时花费了 65% 的时间在 YouTube 上。"而随着教师课程计划和教学的压力增大，将创意融入写作课程的时间渐少，通过社群工具分享互动式预备课程似乎是更好的选择。"我们现在可以分享学习资源，并为孩子们介绍比以往更多的书籍和作者。这样可以吸引学生，同时支持出版业发展。"泰勒-贝森特说。她还认为，孩子们阅读的童书范围太窄。2017 年 6 月，Authorfy 工作团队对600 个 7~11 岁的儿童进行调研发现，在过去一年里 59% 的孩子钟爱类似大卫·威廉姆斯（David Walliams）和杰奎琳·威尔森（Jacqueline Wilson）等作者的畅销书，19% 的孩子阅读父母推荐的经典作品，18% 的孩子阅读 Authorfy 平台在俱乐部研讨会板块推荐的图书，只有 4% 的孩子阅读过其他书籍。在社交媒体盛行的当下，Authorfy 着力运用社群工具来向儿童推荐新的作者、体裁和图书以及分享课程视频。与同样在 2017 年"未来图书奖"（The Futurebook Awards）评选活动中荣获"年度图书技术公司"称号的三大阅读和写作教学平台相比，Authorfy 的人气最高（表 1）。

表 1　Authorfy 与三大阅读和写作教学平台对比

平台名称	推文数	关注人数	喜欢人数
Authorfy	2584	3100	3514
Time Traveler Tours	10400	2353	2101
Sweek	731	2607	490
Reeding in Heels	331	470	414

　　泰勒-贝森特坚信，借助社群工具有助于将受众扩大到全球，未来的孩子喜爱 Authorfy 大师课会像喜爱社交平台上其他有趣的视频一样。尽管 Authorfy 在社群营销方面领先于其他同类平台，但调查显示仅有 38% 的孩子会选择在 YouTube 上观看作者讲授的

写作教学视频。如何通过社群工具激发孩子对作者及其教学视频的兴趣，仍是难点。即便如此，Authorfy 未来的目标群体还会扩展到 KS1 和 KS3 阶段的学生，并筹备成立图书奖项 Authorfy Book Awards，以推动教育和出版业的创新与变革。

4　小结

我国目前的儿童写作培训多采用线下授课形式，坚持儿童本位思想，以情境教学和趣味教学等寓教于乐的方法增强学生的想象力和写作自信。例如，2005 年中国写作学会小学作文教学研究会与《快乐作文》杂志社共同发起成立的石家庄快乐作文培训学校，秉承快乐教学理念，通过夏令营、活动课和作文大赛等鼓励学生写作。在儿童阅读方面，诸多中文阅读产品层出不穷，如考拉阅读通过细化内容颗粒度，用分级阅读标准衡量文本难度，从而为学生提供难度适宜的图书。截至 2017 年 11 月，考拉阅读已采集全国 30 余万 K-12 学生的阅读能力信息。

然而，与 Authorfy 不同的是，我国的写作教育和培训机构缺乏与大型出版商和作者的稳定合作，且没有建立成熟的课外读物推荐机制，没有将阅读与写作紧密融合。其对于社群工具的应用也尚未挖掘充分。教育部 2017 年 11 月印发的《中小学幼儿园教师培训课程指导标准（义务教育语文学科标准）》中写作教学的目标要求，在阅读教学中适时介入多种写作活动，以写促读，以读带写。因此，我国的出版机构、学校和在线教育平台可借鉴 Authorfy，在整合多方资源、促进阅读和写作融合以及借助社交媒体推广教学资源等方面加大实施力度，力求让儿童写作与精神丰盈、生命成长的过程紧密联结。

教育游戏化：将课堂变成一场协同冒险游戏*
——以 Classcraft 为例

徐丽芳　张　慧

有时候，学生上课时可能不得不先应对一场会让他们失去生命值（Health Points，HP）的"地震"；有时候，也可能会从一个小测验开始，回答正确的话能打败一只绿毛浣熊模样的名为 Wazler 的野兽。这种不寻常的课堂体验就来自 Classcraft———一家总部位于加拿大魁北克省舍布鲁克市的公司（图 1）。在新媒体时代，学生能从互联网、社交媒体和游戏中获得丰富的数字互动体验，但在学校里，这种体验是缺失的。Classcraft 就是为了解决这个问题而创建的。2013 年，当时还是一名物理老师的肖恩·杨（Shawn Young）创建了一个基于教室的在线角色扮演游戏（Role-Playing Games，RPG），目的是吸引学生更多地参与课堂。该游戏在社交新闻站点 Reddit 上发布后一周内，就登上了网站游戏社区的榜首。抓住这个契机，肖恩和兄弟德文·杨（Devin Young）以及他们的父亲劳伦·杨（Lauren Young）决定共同创立 Classcraft 公司。① 该公司将在线角色扮演游戏作为课堂教学手段，帮助教育工作者开展培养学生团

　＊ 本文以发表在《出版参考》2021 年第 5 期上的同名文章修改而成。

　① Day E. Classcraft：Transforming the Classroom into a Cooperative Challenge ［EB/OL］.［2021-03-06］. https：//www. gettingsmart. com/2017/09/classcrafttransforming-classroom-cooperative-challenge/.

队合作的相关教育活动，以及常规的教学课程。Classcraft 公测版本于 2014 年 2 月发布，8 月全球发行。公司目前拥有来自 160 个国家的约 600 万用户，可使用 11 种语言。①

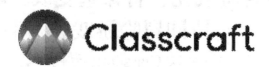

图 1　Classcraft 公司的标识

1　教育游戏化

数字时代，电子游戏（Video Games）的出现使得游戏作为一种文化产品强势回归。游戏的本质在于互动，在于赋予玩家自主权；而游戏最大的乐趣也在于玩家在互动中去经历自己的故事。② 互联网统计公司 Statista 的数据显示，2020 年全球共有约 27 亿电子游戏玩家，其中亚太地区有近 15 亿玩家，是全球最大的电子游戏市场。③ 同年，我国游戏用户规模超过 6.6 亿人，游戏市场实际销售收入达到 2786.87 亿元，衍生品和文创产品的开发以及教育产业游戏化思维的深入发展将成为未来"游戏+"跨界联动的重点。④ 而在北美地区，电子游戏的消费人数甚至超过了电影与音乐。

---

① Millward W T. Classcraft Raises ＄7.5 Million to Turn Classrooms into Collaborative Adventure Games［EB/OL］．［2021-03-06］．https://www.edsurge.com/news/2019-09-17-classcraft-raises-7-5-millionto-turn-classrooms-into-collaborative-adventure-games.

② 邵萍. 大型电子游戏的数字叙事[J]. 出版科学,2016,24(3).

③ Clement J. Number of Video Gamers Worldwide 2020, by Region［EB/OL］．［2021-03-08］．https://www.statista.com/statistics/293304/number-video-gamers/.

④ 中国音数协游戏工委. 2020 年中国游戏产业报告［EB/OL］．［2021-03-08］．http://www.cgigc.com.cn/gamedata/22132.html.

在美国，电子游戏玩家总数超过 2.14 亿人，而且 75% 的家庭都有电子游戏受众，73% 的父母认为电子游戏是具有教育意义的。① 电子游戏的风靡使学生们了解游戏中的一般规则与文化，也享受游戏的过程。而教育本应包含所有学龄儿童正在接触的事物，所以将游戏带入课程非常重要。"游戏"一般用于娱乐，但它也可帮助培养问题解决的规划、合作和分析能力，甚至促进主动性学习，让学生产生成就感。②

"游戏化"（gamification）是源自数字媒体领域的新词。它于 2002 年被创造，在 2008 年被记录下来。2010 年以后，因为讲座和会议的引用，该词得到了普及并传播到学术研究、市场营销和游戏设计领域。③ 目前学界和业界对游戏化比较认同的定义是："在非游戏环境中使用游戏设计元素。"④近年来，很多公司践行着游戏化的理念，探索游戏化的应用价值。例如盛大网络实行的经验值管理模式、脸书（Facebook）游戏化绩效管理模式、惠普（Hewlett-Packard）的游戏化销售绩效管理模式等，均是成功典范。⑤ 三星（Samsung）和玩具公司孩之宝（Hasbro）等大企业也与专业提供游戏化服务和解决方案的公司 BunchBall、Badgeville 进行合作，尝试游

① Entertainment Software Association. 2020 Essential Facts About the Video Game Industry [EB/OL]. [2021-03-08]. https://www. theesa. com/wp-content/uploads/2020/07/Final-Edited-2020-ESA_Essential_facts. pdf.

② 苏云. 高校信息素养教育游戏化策略[J]. 图书情报工作, 2014, 58 (8).

③ Sanchez E, Young S, Jouneau-Sion C. Classcraft: From Gamification to Ludicization of Classroom Management[J]. Education and Information Technologies, 2017, 22(2).

④ Deterding S, Dixon D, Khaled R, et al. From Game Design Elements to Gamefulness: Defining Gamification [C]//Proceedings of the 15th International Academic MindTrek Conference: Envisioning Future Media Environments. ACM, 2011: 9-15.

⑤ 用游戏化玩转律所管理[EB/OL]. [2021-03-09]. https://www. sohu. com/a/210751787_328962.

戏化道路。① "教育游戏化"（Gamification in Education）则是商业领域中的游戏化思想在教育领域的应用与延伸。不过教育游戏化并不是"严肃游戏"（Serious Games）那样的产品，也不是对"基于游戏的学习"（Game-based Learning，GBL）的简单继承和发展，②而是研究者跳出游戏软件这一技术牢笼后，将游戏的基本原理与教育教学巧妙融合的实践过程。③ GBL 是以游戏软件为基础的学习，教育游戏（Educational Games）的设计与开发是当前研究的主流方向。教育游戏模糊了学习与游戏、正式学习与非正式学习的边界，④而有别于教育游戏的软件性质（见表1），教育游戏化是一套解决方案，服务于教育情境中的各类问题，如激发学习者的动机和兴趣、引导学习者面对学业失败、激发学习者对学校生活的积极情绪等。⑤虽然有时教育游戏化中也会包含游戏软件，但它超越了游戏应用取向，更侧重于教育而非游戏，且更擅长从本质层面融合游戏和教育。

国外研究者对教育游戏化的理论和应用进行了一系列探索。早在 20 世纪 80 年代，游戏在教育和学习领域的应用就已经引起了学者关注。托马斯·马龙（Thomas M. Malone）通过对用户使用电脑游戏的研究，提出了内在动因（Intrinsic Motivation）的概念。这一概念在游戏化领域一直沿用至今。詹姆斯·保罗·吉（James Paul Gee）

---

① 张振东. 游戏化视角下的互联网产品设计策略研究[D]. 无锡:江南大学,2015.

② 严肃游戏是为训练玩家特定技能或学习一些学术内容而设计的数字游戏。基于游戏的学习是指将教育目标或学习规则融入电子游戏，促进学习者主动参与学习活动的一种教学方法。二者有时会被当作同义词使用，但严肃游戏比基于游戏的学习应用范围更广泛。

③ 石晋阳,陈刚. 教育游戏化的动力结构与设计策略[J]. 现代教育技术,2016,26(6).

④ 徐丽芳,池呈,张琦. 基于增强现实技术的教育游戏研究[J]. 湘潭大学学报(哲学社会科学版),2015,39(2).

⑤ 石晋阳,陈刚. 教育游戏化的概念及应用图景探析[J]. 软件导刊(教育技术),2016,15(8).

表1　教育游戏化与教育游戏的比较①

比较项	教育游戏化	教育游戏
本质	解决方案	计算机软件
目的	鼓励参与学习活动	辅助教育、训练
设计思想	在教育中应用游戏化思维	软件教育性与娱乐性平衡设计
设计要素	游戏动力、游戏机制、游戏组件	游戏软件的要素
设计技术	激发用户参与的技术	游戏软件开发技术
与学习活动的关系	内在于学习活动中	可外在于学习活动而独立存在
与数字技术的关系	泛在的技术环境背景	本身就是计算机程序

强调了游戏在认知过程中的作用，以及将游戏应用于学习过程的潜在可能性。他的观点不仅是游戏化研究领域的经典依据，也指出了游戏化学习的前景。② 在具体应用层面，库特·斯奎尔（Kurt Squire）将《文明》（Civilization）系列游戏用于社会学习课程，并在此实验基础上提出游戏化教学的5个步骤。杰林斯基（Zielinski）曾将《模拟城市》（Sim City）用于教学中以测试它对提高设计能力和决策能力的作用。国内对教育游戏化的研究起步较晚，目前主要停留在理论探讨阶段。对国内有关游戏化文献和游戏化应用案例梳理后发现，国内教育领域通常将GBL译为"游戏化学习"或"基于游戏的学习"；同时，将Gamify以及Gamification也译为"游戏化"，二者通常被当作同一件事。③ 目前国内学者的研究方向主要集中在对

①　石晋阳,陈刚. 教育游戏化的概念及应用图景探析[J]. 软件导刊（教育技术）,2016,15(8).

②　鲍雪莹,赵宇翔. 游戏化学习的研究进展及展望[J]. 电化教育研究,2015,36(8).

③　张靖,傅钢善,郑新,张海钟. 教育技术领域中的游戏化:超越游戏的学习催化剂[J]. 电化教育研究,2019,40(3).

教育游戏实践与理论的综述性研究、基本理论研究、技术设计与开发的研究以及学科应用研究等方面。①

研究表明，随着游戏在当代文化中的地位日益提高，其在教育中能够扮演的角色也越来越多样化。Classcraft 作为受到游戏启发开发的教育解决方案，它对于学习的积极作用和游戏非常相似。

2　Classcraft 的游戏与学习机制

Classcraft 是专为高中的课堂管理而开发的，旨在将所有课堂都变成一个角色扮演平台，以改善教师和学生每天的课堂体验，促进学生的团队协作能力和积极行为。它的游戏规则很简单，就是在一个部落寻找神秘塔秘密的故事中，学生被安排组成 4~6 人的团队，然后选择治疗师、法师和战士等虚拟角色(图 2)，通过团队合作完成挑战。

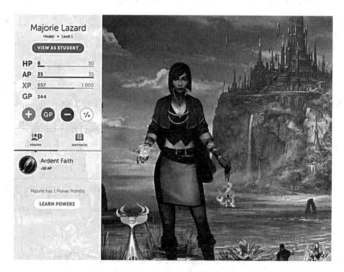

图 2　Classcraft 的角色属性界面

---

① 龙云飞. 教育游戏化在小学生玩具设计中的应用[D]. 北京:北方工业大学,2017.

　　教师将课程计划设计成不同的任务（Quests），并在整个过程中使用数字地图标记进度点。任务包括阅读课本中的章节、完成布置的课堂测验等；学生可以通过"对战"形式完成教学评测。学生按时完成任务可以获得奖励，并用来升级角色的经验值（Experience Points，XP）——这将使角色提高战斗水平并学习新的技能。如果一个学生违反了课堂纪律，就会失去生命值，甚至最终导致角色在"对战"中失败。如果学生获得经验值点数，对相应角色及其团队都有益处；相反，如果一个学生失去了生命值点数，其团队的其他成员角色也会受到伤害，并且大家必须完成各种额外任务。无论如何，学生们需要共同努力才能使团队获得成功。一般而言，没有学生愿意自己的不当行为损害团队利益，导致他人失败。游戏团队中，学生还可以帮助彼此成长。例如，如果学生的虚拟角色是一名战士，而队友因为上课迟到面临生命值点数降低，则该学生可以通过完成额外的学习任务来挽救队友。学生知道他们在课堂上的行为会影响整个团队的进度，这会激励他们强化课堂上的积极行为和团队合作，提升课堂学习效率。Classcraft 每个月都会发布新的故事情节和场景供教育工作者选择，帮助提升学生的课堂参与感。① 除了在预制故事中添加课程任务外，Classcraft 还允许教师自己编写课程，通过上传不同的学习任务来教授不同的科目。根据在课堂活动中收集的数据，教师还可以查看学生的行为并进行分析。

　　有学者提出，教育技术领域中游戏化应用的三种方向分别是融合游戏化的课程教学设计、大规模在线开放课程以及教育 App，② Classcraft 的设计属于第一种方向。教育游戏化是在教育环境下将游戏机制（Game Mechanics）运用在非游戏活动中。因此，提炼并应用使学生能沉浸其中的游戏机制正是 Classcraft 成功的关键。游

---

① Millward W T. Classcraft Raises ＄7.5 Million to Turn Classrooms into Collaborative Adventure Games ［EB/OL］. ［2021-03-10］. https：//www. edsurge. com/news/2019-09-17-classcraft-raises-7-5-million-to-turn-classrooms-into-collaborativeadventure-games.

② 张靖,傅钢善,郑新,张海钟. 教育技术领域中的游戏化:超越游戏的学习催化剂[J]. 电化教育研究,2019,40(3).

戏元素（Game Elements）是游戏机制的基本组件，但目前国内外学者对于游戏元素的分类并没有达成共识。游戏化产品公司邦趣宝（Bunchball）认为，游戏机制中包含 6 类游戏元素，即分数（Points）、等级（Levels）、挑战（Challenges）、虚拟商品（Virtual Goods）、榜单排名（Leaderboards）和获利/馈赠（Gifting/Charity）。在实践过程中，这些游戏元素与玩家的游戏动力（Game Dynamics，即游戏目的）相互作用（见表 2）。例如，分数是人类对回报（Reward）的渴求，同时能显示身份地位（Status）、表达成就感（Achievement）；挑战最能满足玩家对成就感的渴望，同时也能满足自我表达（Self Expression）、获得回报的需要。①

表 2　游戏机制和玩家游戏动力②

游戏机制	自身愿望（Human Desires）					
	回报	身份地位	成就感	自我表达	竞争	利他
分数	●	○	○	—	○	○
等级	—	●	○	—	○	—
挑战	○	○	●	○	○	○
虚拟商品	○	○	○	●	○	—
榜单排名	—	○	○	—	●	○
获利/馈赠	—	○	○	—	○	●

注：图中●表示一个特定的游戏机制实现的主要游戏目的，○表示它影响的其他次要目的。

———————

①　姚洁. 教育游戏化元素研究[J]. 宁波大学学报（教育科学版），2016，38(6).

②　Bunchball. Gamification 101：An Introduction to the Use of Game Dynamics to Influence Behavior[EB/OL]. [2021-03-11]. http://jndglobal. com/wp-content/uploads/2011/05/gamification1011. pdf.

在教育环境中，游戏化对学生学习效果的改善主要基于相互作用的游戏机制所产生的激励效果。在教育游戏化实践中，提供进度指标(如等级、关卡)和即时反馈(如分数、徽章)可以满足学生自己把控学习进度的愿望；对于完成不同学习任务给予一定的奖励(如虚拟商品)，有助于对学生在课堂上的积极行为进行正强化；排名机制(如排行榜)和挑战则允许学生通过竞争或合作来增强自己与他人的关联感，并通过向上的比较积极地影响学生对学习的投入。有研究表明，通过培养学生的学习热情、提供关于成绩的反馈、满足学生被认可的需求以及促进学生的目标设定，游戏化可以对学生的学习成绩产生显著的正向影响。① Classcraft 正是通过让教育工作者在教学中使用常见的游戏机制激励学生成为更好的学习者。这种激励方法基于自我决定理论(Self-Determination Theory)，即 Classcraft 通过满足学生行使自主权、发展能力和增加关联感的需求，激发其内在学习动力。此外，Classcraft 还非常重视学生的社会情感学习②(Social Emotional Learning，SEL)，通过关注学校、家庭、社会力量等资源的整合增加学生的良好社会行为(如善良、分享和同理心)，改善学生对学校的态度。据估计，在 SEL 上每投资 1 美元可以节省 11 美元的干预成本。它可以帮助减少休学和退学率，还能通过减少校园霸凌来改善学校氛围。③ Classcraft 为学校和地区系统地解决 SEL 问题设计了情绪智能应用程序。这对诸如合作、沟通和自我管理等学生素质的发展有利。

---

① Bai S, Hew K F, Huang B. Does Gamification Improve Student Learning Outcome? Evidence from a Meta-analysis and Synthesis of Qualitative Data in Educational Contexts[J]. Educational Research Review,2020(30).

② 社会情感学习指一个人在其成长和发展的过程中，为了更好地适应社会环境、建立社会关系、履行社会义务、完成社会工作而进行的情感领域的学习活动，其主要内容指向从事这些活动所必备的情感行为和情感技能。

③ Moon R W. Engagement,SEL and Positive Behaviours:A Conversation with Classcraft CEO Shawn Young[EB/OL]. [2021-03-15]. https://www. profweb. ca/en/publications/articles/engagementsel-and-positive-behaviours-a-con-   versation-withclasscraft-ceo-shawn-young.

3 Classcraft 的运营方式

当今在线教育迅猛发展，学生足不出户就可以在网上学习所有课程，因此学校需要为学生提供他们无法在家中获得的体验。就像音乐发烧友虽然可以在家里播放歌手的专辑，但他们仍然会购买门票去听现场演唱会一样。Classcraft 从创立之日起，其设计原则就是为学生提供良好的学习体验，并让他们积极地投入学习。它并非简单的计分系统，而是能让学生拥有控制自身学习进度的能力。Classcraft 通过积极行为干预与支持(Positive Behavioral Interventions and Supports，PBIS)系统帮助学校日常监测影响学生成绩的所有数据，并通过个性化的支持改善他们的行为和学校氛围。由于在使用 Classcraft 中会发生各种无法预知的事件，因此学习体验显得更加有趣。Classcraft 主要面向学区/学校、教师、家长和学生提供教育服务。在 PBIS 营造的学习环境中，教师主要负责教导和强化积极行为，而不仅仅是惩罚学生的不当行为。他们可以将 Classcraft 与日常教学无缝衔接，比如使用互动论坛安排功课与发布资源、规定学生在正确回答问题时加分，还能整合学生的表现并进行数据分析，让家长清楚地了解其子女在课堂中的具体表现。家长在 Classcraft 中可以随时查看老师在线发布的所有课程和作业，了解孩子的学习进度，也可以在孩子完成预定任务时给予一定的奖励以鼓励其学习行为，发现问题时还可以通过在线联系孩子的老师进行咨询。对于学生而言，其学习动机因为"真实的冒险与奖励"得到显著增强，同时游戏化的学习体验让班级行为整体得到了改善。在此基础上，学区可以查看每个学校的整体学习状态。

Classcraft 实行版本差异化的定价策略，即根据用户所能享受的产品功能差异，制定不同的收费办法。对于新用户而言，可以先试用免费的基础版(Basic Version)进行课堂管理，其功能可以满足教师的基本教学需要。该版本的使用时间没有限制。高级版(Premium Version)每月收费 10 美元，在基础版之上增添了装备和宠物、个性化学习任务等功能，拓展了学生角色的成长空间，赋予其完成特殊学习任务并获得成长的可能性。如果想要在学校或者学区进行大规模推广使用，那么学校及学区版（School & District Version）更为可行，其定价通过双方协商确定。它能提供前两种版本所没有的功能，如学生分析、学校管理、全校指数等（见表3）。学校和学区管理者可以通过数据驱动对学校或地区的整体学习状况进行分析和决策（见图3）。这种差异化的定价策略能充分满足不同客户的需要，使企业在更广阔的市场范围内获利。在进行购买决策时，联邦基金可以资助学校购买 Classcraft，而且使用它的教育工作者也可根据《关爱法案》（CARES Act）和《每一个学生都成功法案》（Every Student Succeeds Act，ESSA）获得资助。目前，Classcraft 已被数千所学校用于进行课堂管理。①

表3　Classcraft 提供的 3 种版本及对应功能

版本	对应功能
基础版	游戏化课堂管理、自定义角色、家长跟踪
高级版 （10 美元/月）	游戏化课堂管理、自定义角色、家长跟踪、个性化学习任务、交互类工具、装备和宠物
学校及地区版 （协商定价）	游戏化课堂管理、自定义角色、家长跟踪、个性化学习任务、交互类工具、装备和宠物、学生分析、学校管理、全校指数、安全保障、手机端支持、自定义支持

在营销管理上，Classcraft 主要针对北美市场，其业绩迅速增长的优势在于它可以与已有的多种平台集成。例如它整合谷歌课堂（Google Classroom），并将其中的作业成绩转化为 Classcraft 的分数，还能轻松地跨平台调用谷歌云端硬盘 Google Drive 的文件；与教育应用分发平台 Clever 合作，与不同学区的数十种信息系统进行全盘整合等。除了自身积极向外扩张，Classcraft 还得到了政府对于出口的大力支持。加拿大政府在 2018 年通过魁北克经济发展

---

① Classcraft. Play for Free, Upgrade the Adventure with Premium［EB/OL］.［2021-03-14］. https://www.classcraft.com/pricing/.

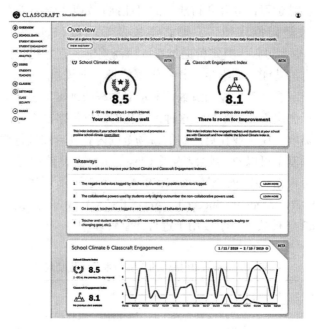

图 3　Classcraft 数据页面

（注：图中的数值"8.5"对应校风指数的具体数值，上层折线表示它在某一时期内的数值波动；"8.1"对应学生参与度指数的具体数值，下层折线表示它在某一时期内的数值波动。）

计划（Quebec Economic Development Program）向 Classcraft 提供了40 万美元的财政援助，以帮助其发展国际市场（主要是美国市场）。

4　结语

教育游戏化的确可以成为一种有价值的课堂实践，但是从目前的应用来看，还存在一些问题：第一，过度使用游戏元素。过于丰富的游戏元素不但不能有效促进学生学习，反而会对学习过程产生干扰。当滥用游戏元素致使游戏的应用取向超过学习，教育游戏化产品开发的初衷也就荡然无存。第二，浅薄的游戏化倾向。仅采用游戏元素而缺乏相应的应用机制，无法为学习带来实际的效用，进而会导致学生丧失挑战兴趣。只奖励徽章并不能鼓励学生多做练习，只有当徽章能转化为有形的分数并计入实际课程成绩时，游戏化才会产生更大的效果。第三，削弱学生的学习动机。现在被广泛应用的游戏元素主要是等级、积分、徽章、排行榜、虚拟货币等外部奖励机制。① 这种过于强调运用奖励手段的方式会激发学生的好胜心而非内在学习动力。而 Classcraft 正是在将游戏化与课堂教学融合方面做得恰到好处。它合理运用游戏机制鼓励学生完成学习任务，并将其所获得的虚拟奖励转化为实际奖赏；它通过难度递增的课程任务提高学生的成就感，并让学生通过小组合作互相帮助，以提升整体学习效果；它还帮助教师通过控制使用时间防止学生沉迷其中，以尽量避免上述误区。由于更贴近学生的日常数字体验且能带来实际学习效果的提升，教育游戏化前途一片光明，Classcraft 也将迎来更大的发展空间。

---

① 鲍雪莹,赵宇翔. 游戏化学习的研究进展及展望[J]. 电化教育研究,2015,36(8).

美国数字教育市场新进入者及其策略[*]

徐丽芳　　张　慧

美国一直积极推动教育信息化的发展，教育、教材数字化则是教育信息化的重要组成部分。因此，许多学校都开始采用数字教材来升级教学方式，提升教学效果。数字教材能够向学生施加正向影响，建构智能型学习环境，同时也是革新教育环境、教育内容和方法、教育评价体系的推动力量。① 奥巴马政府在 2013 年发表 ConnectED 项目启动宣言时，就极力呼吁、鼓励美国的教育技术公司研发 K-12 数字化教育产品，为美国学生适应数字化时代的学习做准备。② 2015 年 10 月，美国教育部进一步发起了由教育技术公司、非营利组织等多方加入的"#Go Open 计划"，鼓励各地区和各州放弃传统教材，转向可自由获取的、开放许可的教育资源。③ 根据科技咨询公司 Technavio 的研究，2019 年美国教育技术市场规模达到 430 亿美元，④ 其中就包括数字教材收入。在此背景下，数字

＊ 本文以发表在《出版参考》2020 年第 12 期上的同名文章修改而成。

① 刘忠波. 韩国中小学数字教科书的政策推进、开发出版及问题对策[J]. 出版科学,2020(3).

② 鲍娟. 数字化时代美国链接教育(ConnectED)项目规划与实施策略研究[D]. 重庆:西南大学,2018.

③ Office of Ed Tech. #GoOpen:More than a Hashtag[EB/OL]. [2020-03-07]. https://medium. com/OfficeofEdTech/goopen-more-than-a-hashtag-293357-a550f1.

④ Schoolov K. Google is Winning in Education,But Apple and Microsoft are Battling for Market Share[EB/OL]. [2020-02-24]. https://www. cnbc. com/2019/03/20/apple-google-microsoft-are-battlingfor-dominance-in-education. html.

教材市场已不仅是各大教育出版商争夺的目标，它同时也吸引了许多 IT 公司的注意力。经过多年经营，苹果、谷歌和微软等 IT 巨头在美国教育技术市场上已经占据了主导地位，并以此为基础积极介入数字教材市场。

1 市场进入策略和表现

相对于谷歌和微软而言，苹果公司更早注意到教育市场。追溯历史，早在 1978 年苹果就曾与明尼苏达电脑教育协会（The Minnesota Educational Computing Consortium）合作，为该州学校提供 500 台计算机。[①] 1982 年，通过"孩子们不能再等待计划（Kids Can't Wait）"，苹果公司向加利福尼亚州 9000 所符合条件的中小学捐赠了电脑。[②] 2013 年，苹果联手培生（Pearson）与洛杉矶联合学区（Los Angeles Unified School District）签订协议，由苹果向学区学校提供 iPad，培生则提供内置课程。然而，因为培生内置课程的质量不高，该项目在 2015 年被学区叫停。[③] 2014 年以来，苹果积极响应奥巴马政府的 ConnectED 计划，向计划内的学校捐赠硬件设施、内容和专业开发工具，提供无线基础设施升级和持续支持服务。目前它的参与范围已涵盖 114 所学校，遍及 29 个州。[④] 现在，苹果主打硬件业务并不断完善应用服务，抢占美国教育市场。Mac 和 iPad 设备一度受到消费者青睐，作为学习工具被应用于多种教育场景。但是，由于受谷歌低价平板网络笔记本电脑 Chromebook 的冲击，苹果移动电脑在教育领域的占有率一路下滑。根据英国咨

---

① MECC［EB/OL］.［2020-02-29］. https://en. wikipedia. org/wiki/MECC.

② Watters A. How Steve Jobs Brought the Apple Ⅱ to the Classroom［EB/OL］.［2020-02-29］. http://hackeducation. com/2015/02/25/kids-cantwait-apple.

③ Blume H. L. A. Unified to Get ＄6. 4 Million in Settlement over iPad Software［EB/OL］.［2020-02-29］. https://www. latimes. com/local/lanow/la-meln-la-unified-ipad-settlement-20150925-story. html.

④ 文中谷歌、微软和苹果三大公司数据，如非特别说明，均来自其官方网站。

询公司未来源(Futuresource)的统计，2018 年苹果移动电脑出货量在美国 K-12 市场上位居第三，紧随谷歌和微软之后。其中 iPad 占13.6%，Macs 占 4.1%。① 因此，苹果在 2018 年 3 月推出廉价版教育用 iPad，作为对谷歌的反击。除了硬件设备，Mac 和 iPad 中可下载的丰富应用程序和先进内置技术在教育市场上也颇受青睐。App Store 中有来自教育软件开发商的数千个应用程序，其中Classroom 应用程序是一种多功能教学助手，可让老师掌管教室中的所有 Mac 和 iPad，以保证学生正常学习；Schoolwork 应用程序帮助教师向学生提供数字讲义，包括笔记、PDF 和 Web 链接，同时教师还能轻松地分发和收集作业，关注学生学习进度，并与来自任何地方的学生实时进行一对一协作；ARKit 3、Reality Composer等应用程序借助增强现实技术在学习中融入体验性内容，允许用户在 Mac 和 iOS 上创作动画和进行交互。

谷歌 2015 年对其业务架构进行重组并更名为 Alphabet 公司，旗下分为新谷歌和 Other Bets 公司。其美国教育出版市场主要由母公司下属的 GV/CapitalG 以及新谷歌负责。GV/CapitalG 作为股权基金，主要开展教育领域的对外投资。GV 和 CapitalG 两只股权基金的投资重心有所差异：前者立足战略布局，后者注重投资回报。尽管投资策略不同，它们在教育领域的标的选择上却方向明确、思路一致，即投资教育内容和有一定技术积累的在线教育公司。目前在线教育平台、STEM 课程、教育数据管理是三个主要投资方向。② 谷歌本身与苹果公司类似，主要依靠硬件产品和应用服务的组合参与教育领域的竞争。它于 2011 年左右进军教育领域，紧接着推广 Chromebook 及教学工具。Chromebook 是搭载 Chrome OS

---

① Molnar M. U. S. K-12 Market for Mobile Devices Remains Flat; Only 2 Percent Growth in 2018[EB/OL]. [2020-04-15]. https://marketbrief. edweek.org/marketplace-k-12/u-s-k-12-marketmobile-devices-remains-flat-2-percentgrowth-2018/.

② 姜娅 . Google (GOOG. US) 是怎么在教育行业的路上越走越宽阔的？ [EB/OL]. [2020-04-18]. http://finance. sina. com. cn/stock/hkstock/hkstocknews/2019-02-13/doc-ihqfskcp4721395. shtml.

系统的个人电脑，具有云计算概念，是当前美国教育领域被指定使用最多的笔记本电脑。根据未来源的统计，自 2012 年以来 Chromebook 在美国 K-12 市场的出货量持续增长，并在 2014 年实现对苹果和微软的成功超越，且至今牢牢占据第一的市场份额。在 Chromebook 的逐步推广中，谷歌还将 GoogleDocs 的内容应用聚合开发平台模式引入教育行业，将一系列应用软件组合为一个整体。2014 年 8 月，随着"谷歌课堂"（Google Classroom）服务的正式推出，Google 教育的核心产品——教育核心服务 G 套装（The G Suite for Education Core Services）的体系基本构建完整。G Suite 不仅包括 Google Classroom，还将谷歌旗下的办公效率工具如 Google Docs、Google Calendar、Gmail、Gtalk、Google Tasks 等囊括其中。①

微软布局美国教育出版市场，主要集中于开展合作计划、开发课程以及软硬件产品。2016 年 1 月，微软与惠普合作开展"重塑课堂（Reinvent The Classroom，RTC）"计划，为全球 60 所学校的教室配备新科技学习设施。RTC 使用先进的硬件设备与微软、惠普的学习软件（如 Office365、Skype 和惠普自适应学习软件）支持混合式学习，激发教学创新，塑造未来学习模型。② 2018 年 6 月，微软收购社交学习平台 Flipgrid，为教师和学生提供在线视频交流服务。微软还打造了自己的课程产品，如 2016 年微软与培生（Pearson）联合推出引入混合现实技术的多学科课程内容，并在多家中高等教育机构进行试用；同年 11 月，微软上线专为教室学习场景打造的教育版 Minecraft（一款 3D 沙盘游戏产品），让学生能在搭建的游戏场景中辅助学习学科课程。但是，微软在美国教育市场的活动重心始终在其最具优势的软件系统上。微软公司提供包括

---

① 徐丽芳,陈铭.谷歌:远征教育市场之路[J].出版参考,2018(1).

② Anderson K. Microsoft Helps "Reinvent the Classroom" with New HP Education Edition Notebooks and Solutions[EB/OL].[2020-06-29].https://www.onmsft.com/news/microsoft-helpsreinvent-classroom-new-hp-education-editionnotebooks-solutions.

OneNote 教育版、Office365 教育版和 Microsoft 学习工具在内的教学工具，帮助教育工作者实现大规模个性化学习。OneNote 教育版为每名学生提供个人工作区、讲义内容库、课程和创造性活动的协作空间，帮助学生记录所有想法。Office365 教育版则是包括 Word、Excel、PowerPoint、OneNote、Microsoft Teams 和更多课堂工具在内的套件。Microsoft 学习工具则是一款提高学生阅读能力的沉浸式阅读器，包含可朗读文本、划分音节及增加行距和字母间距的工具等，促进学生阅读理解。在硬件产品方面，教育市场对低价硬件设备的需求使得微软调整价格策略，推出与市场需求相适应的产品。2017 年 6 月，微软发布售价 800 美元起的笔记本电脑 Surface Laptop，敲开了进军教育硬件市场的大门。2018 年 3 月，微软与惠普、联想等原始设备制造商联手推出 Windows10 装机设备，起售价低至 189 美元，直接对标谷歌的 Chromebook。

苹果的产品体验、谷歌的硬件、微软的软件，是它们在教育市场上最具竞争力的部分。就其各自的经验来看，想要拿下教育市场，软硬件、内容、渠道和性价比一个都不能少。①

2 数字教材策略

谷歌、苹果、微软三大技术公司在互联网领域的绝对统治地位使其在进军美国教育出版市场时具有开发教育产品的先天优势。以下进一步探析它们开发数字教材的状况，以加深对其教育战略布局的理解。

2.1 苹果公司

苹果公司全球产品营销高级副总裁菲尔·席勒（Phil Schiller）曾表示，教育深深植根于苹果的 DNA 中。而在其布局教育的战略中，开展数字教材业务是必不可少的组成部分。

---

① 红印儿. 谷歌、苹果、微软在教育市场上的抢夺战［EB/OL］.［2020-04-17］. https://www.iyiou.com/p/87424.html.

iBooks1.0(现为 Apple Books)于 2010 年 1 月 17 日发布，是专用于苹果设备的电子书阅读软件。不过，当时相应的 iBooks Store(现为 Book Store)中并未提供专门的"教科书"类别供用户下载学习。《史蒂夫·乔布斯传》作者沃尔特·伊萨克森(Walter Issacson)在 2011 年接受《纽约时报》采访时说："他(指乔布斯)想重塑三件事：电视、教科书和摄影。"在乔布斯去世之后，这样的梦想仍然指引着苹果的前进方向。2012 年 1 月 20 日，苹果公司正式推出iBooks2.0①，同时在 iBooks Store 中专门销售"数字教材"，为学生提供价格远低于纸质教材的数字教材。这标志其正式进军数字教材领域。为此，苹果同时与培生(Pearson)、麦格劳-希尔(McGraw-Hill)及霍顿·米夫林·哈考特(Houghton Mifflin Harcourt)三大传统教育出版商签约合作。如今 Book Store 的数字教材作者可以不断更新内容，学生可以在其中的"教材"分类下找到这些数字教材，然后下载样本或一键购买整本书，数字教材整体价格远低于纸质教科书。教师可以分学科浏览这些教材，用户可以对教材打分和评论。

目前 Book Store 上的数字教材主要有艺术与设计、计算机技术、数学、社会科学、自然科学、音乐、生命科学和人文学科等科目。出版商以麦克米伦(Macmillan)、圣智(Cengage)、约翰·威利澳大利亚出版公司(Jacaranda Wiley Ltd.)、牛津大学出版社(Oxford University Press)、常识教育(Common Sense Education)、你的老师(YourTeacher)等为主。教材中，K-12 教材占比不高。教材整体价格偏低，多在 20 美元以下；高等教育数字教材则定价相对更高。Book Store 还发布付费和免费数字教材排行榜。从Book Store 购买的数字教材可以立即使用，还可以进行更新而无须额外付费。Apple Books 数字教材提供全屏体验，其中可包含交互式图表、照片和视频。但是，Book Store 中的数字教材质量

---

① iBooks 是应用在各种苹果设备中的一个阅读和购买书籍的工具，2.0版本在此基础上推出了新的数字教科书服务，2018 年苹果在其世界开发者大会上将 iBooks 更名为 Apple Books。

差别很大。其中一些是纸质教材的简单数字化版本，附带嵌入一些动画或视频；而另一些则充分利用数字化格式，实现了更强大的交互功能。①

　　与 iBooks2.0 同期，苹果发布了电子书创作工具 iBooks Author（主要用于 K-12 的电子化教科书的创作），以使任何人都可以为 iPad、iPhone 和 Mac 创建精美的数字教材并进行分享。利用这一工具，用户可以将 Word 文件、图像、视频和窗口小部件直接拖到程序中，并在 iPad 上进行预览，然后直接发布到 iBooks Store。根据环球股票研究机构（Global Equities Research，GER）对苹果 iBooks 销量的监测，在数字教材上线可下载之后的 3 天内，有超过 35 万种通过 iBooks Store 被下载；这期间，iBooks Author 的下载量也达到 9 万多次。② 但是，由于苹果公司迄今尚未发布其 Apple Books 应用程序的安卓系统版本，学生需要一台苹果设备才能访问数字教材。而相对昂贵的硬件价格使苹果在争夺教育市场时，在一定程度上处于劣势地位。

2.2　谷歌公司

　　2013 年 7 月，谷歌在 I/O 开发大会上表示 Google Play 书店将推出教科书，同年 8 月该功能正式上线。谷歌更新了 iOS、安卓的 Play 书店客户端以及网页版 Play，增加了数字教材内容。Google Play 书店既包含 K-12 基础教育书籍，也包含高等教育书籍，但 K-12 数字教材占比较低。其数字教材内容涵盖法律、政治学、心理学、社会科学、商业、计算机与技术、建筑与设计、工程与能源、数学、护理、世界历史、医学、写作、教育、商务与投资、艺术、语言等诸多学科领域。出版商以钱德出版社（S. Chand Publishing）、奥斯瓦尔图书公司（Oswaal Books）、盛利出版社（Shing Lee

① 刘春林. 美国数字教科书出版概览(上)——数字教科书挑战美国 K12 学校[J]. 中小学信息技术教育,2013(5).

② 吴明宜. 苹果与三大传统教科书出版社合作,将用 iPad 为课本升级[EB/OL].［2020-02-24］. http://blog.udn.com/jason080/6078856.

Publishers Pte Ltd)等教育出版机构为主。书店中既有付费教材，也有免费教材。对于付费数字教材，用户可以在免费试阅之后再进行购买。对于一个出版社同系列的教材，还会有套餐购买价，给予一定的折扣。由于学段、学科等差异较大，教科书之间的价格差异也较大。Google Play 书店中数字教材的类型主要包含电子书和有声读物两大类。有的数字教材既有普通电子书版本，又有有声读物版本，并且不同版本的页面之间可以进行跳转。另外，普通电子书版本的售价要低于有声读物版本。用户除了使用电脑网络浏览器进行阅读外，只要安装了安卓系统和 iPad/iPhone 版的 Google Play 图书应用，不仅应用内容会自动与账号同步，还能随时随地在线或离线阅览图书。用户若要在 Sony eReader 或 Barnes & Noble Nook 等电子设备上阅读图书，则需要下载文件，并将其传输到用户设备上。

2.3　微软公司

2012 年 4 月底，微软承诺对巴诺书店（Barnes & Noble）投资 3 亿美元与其共建一家新的子公司，该子公司将包括巴诺书店的数字图书和数字教材业务。微软将在其中拥有 18% 的股权，这也标志着微软正式进军全球数字教材市场。这本是一项共赢的交易，微软可以通过此项合作发展数字教材项目；而巴诺书店可以将旗下数字教材业务延伸至 Windows 8 系统平台，继续与苹果、亚马逊等对手竞争。但是，由于种种原因，两家公司已在 2014 年终止合作。

初涉数字教材市场未果后，微软逐渐将注意力转移到经营应用程序上。2015 年，HMH 在微软应用市场推出 HMH eTextbooks 应用程序。该程序提供 HMH 获奖教材的数字版本，学生和教育工作者可以在设备上阅读。但是，这些数字教材并不能通过该应用程序进行购买——它只是教育机构下载并查看从 HMH 购买并获得授权的数字教材的应用程序。2015 年 11 月，微软与英国数字教材平台 Kortext 展开合作，希望能为全球大学提供内容广泛、质量较好的数字学习材料。在这次合作中，Kortext 将其数字教材软件集成到微软办公软件 Office365 云计算平台中。这为 Office365 平台带来了超过 20 万种教育类图书，包括来自培生（Pearson）、圣智

（Cengage）、威利（Wiley）等大型出版社最重要的数字教材。
Office365 云平台可通过对学生参与量的详细分析，为每个大学推
送所需的数字学习内容。Kortext 还为 Windows 10 平台开发了新的
应用程序，能帮助学生解决在使用该平台时遇到的问题。时任微软
教育高级主管大卫·兰里奇（David Langridge）曾表示，微软将继续
与内容合作伙伴 Kortext 一起把 Office365 云平台推广到全球教育
市场。①

3　小结

　　体量庞大的教育市场不仅是传统出版商激烈争夺的领域，也吸
引着苹果、谷歌、微软、亚马逊、IBM、Sonic Foundry、Echo360
等众多技术公司参与。美国高定价、低折扣的教科书向来是教育出
版行业中高利润的业务，一直以来给学生和家长带来了极大的经济
负担。因此，价格相对较低的数字教材就成为新的竞争领域，众多
技术公司也被吸引并参与其中。相比于谷歌和微软，苹果显得更加
特殊，因为其数字教材的购买和使用必须通过苹果自身的硬件设备
及搭载的应用程序实现。这也许能够拉动苹果 Mac 和 iPad 产品的
销量增长，追回被谷歌 Chromebook 抢夺的市场，但也可能是掣肘
苹果数字教材业务拓展的重要因素。尽管如此，苹果对数字教材市
场仍然野心勃勃。相比之下，虽然谷歌和微软也进军数字教材市
场，但是业务发展稍显逊色。总的来说，不同于大型教育出版商，
目前技术公司自身并不具备足够支撑平台发展的数字教材版权资
源。因此，它们争夺市场的主流趋势是与顶尖教育出版商进行合
作，将其数字教材集成到自己公司已有的软硬件平台上进行分发。
虽然相比于纸质教材价格大大降低，但这些技术公司仍能从相当可
观的数字教材套件销量中抽取利润并快速发展，为其整体教育发展
战略服务。在美国内容产业领域，硅谷系技术公司凭借内容分发平

---

　　①　[15]Cowdrey K. Kortext Partners with Microsoft[EB/OL].[2020-03-08].
https://www.thebookseller.com/news/kortext-partners-with-microsoft-316006.

台，取代传统以纽约、好莱坞为据点的内容制作公司、内容提供公司的市场地位，是颇为明显的市场权力转移现象。① 在教育内容产业，是否将重演产业链各环节权力博弈的过程和结果，则有待进一步观察。

---

① 约瑟夫·R. 多米尼克. 大众传播动力学:转型中的媒介[M]. 北京:中国人民大学出版社,2015.

数字教育出版自适应智能教学与评估系统研究[*]

——以麦格劳-希尔的 ALEKS 为例

刘欣怡　　徐丽芳

全球教育和教育出版领域正在发生巨大的变革。全球市场洞察公司(Global Market Insights)的报告数据显示，2018 年全球在线教育(E-learning)市场规模约为 1900 亿美元，预计 2025 年将超过3000 亿美元，年平均复合增长率为 7%。① 在中国，根据艾媒咨询的预测，2020 年在线教育用户规模将达 3.09 亿人，市场规模将达4538 亿元人民币。② 因此一变局，全球领先的教育出版集团培生(Pearson)、麦格劳-希尔(McGraw-Hill)、霍顿·米夫林·哈考特(Houghton Mifflin Harcourt，HMH)等多年来一直积极进行数字化发展布局，以实现从教材、教辅出版商向数字化教育、教学解决方案提供商的转型。③ 其产品和服务层面的数字化教学解决方案，往

---

* 本文以发表在《出版参考》2020 年第 6 期上的同名文章修改而成。

① Wadhwani P, Gankar S. E-Learning Market Size by Technology, by Provider, by Application, Industry Analysis Report, Regional Outlook, Growth Potential, Competitive Market Share & Forecast, 2019-2025[R/OL]. [2020-04-19]. https://www.gminsights.com/industry-analysis/elearning-market-size.

② 艾媒未来教育产业研究中心. 2019—2020 年中国在线教育行业发展研究报告[R/OL]. [2020-03-07]. https://www.iimedia.cn/c400/68955.html.

③ 徐丽芳,王心雨,张慧. 国外教育出版数字化发展对我国的启示——以培生集团为例[J]. 出版广角,2019(1).

往涵盖从数字教材、教辅、评估等数字化教育资源，到软件应用（App）、计算机系统、一站式教学平台等多个层次。其中，智能化的自适应教学与评估系统可谓"兵家必争之地"，如麦格劳-希尔的ALEKS、培生的 MyLab & Mastering、HMH 的 Waggle，以及与培生、麦克米伦（Macmillan）、HMH 等均有合作关系，并于 2019 年被威利（Wiley）收购的 Knewton 等都是其中有代表性的系统和平台。从本质上来讲，智能教学与评估系统属于一种特殊的数字教育出版物，它是教育资源和服务的集成体。作为全球最大的教育出版商之一，麦格劳-希尔有着多年的教材教辅出版经验，面对出版产业数字化的挑战，早在 1999 年它就开始与 ALEKS 合作并负责后者高教数字产品的分销，帮助它建立起在高等教育领域的市场基础。① 此后，麦格劳-希尔集团不断加大对数字教育产品和服务的投资力度。2013 年，它成立"数字平台组"（Digital Platform Group），负责集团数字教育产品和服务的开发和运营，打造自己的数字出版产业生态；同年，它正式收购 ALEKS 公司。经过多年努力，ALEKS 的产品不断完善，市场也逐步扩大，由高等教育延伸到 K-12 教育领域，学科也拓展到了科学和商学。这无疑增强了麦格劳-希尔数字化平台和数字教育出版的实力，同时也肯定了它将智能教学系统研发和推广作为数字化转型的一个重点这一战略的正确性。② 目前，ALEKS 是麦格劳-希尔最重要的数字学习产品/

---

① ESchool News. Web-based Math Tutor from McGraw-Hill ［EB/OL］.［2020-04-22］. https：//www. eschoolnews. com/2001/06/01/web-based-math-tutorfrom-mcgraw-hill/；Autm. ALEKS Tutors Students in Learning to Succeed［EB/OL］.［2020-04-22］. https：//autm. net/cmswebparts/custom/bwp/generatePDF. aspx？story =% 2FAbout-Tech-Transfer% 2FBetter-WorldProject% 2FBWP-Stories% 2FALEKS.

② McGraw-Hill Education. McGraw-Hill Education Agrees to Acquire ALEKS Corporation，Developer of Adaptive Learning Technology for K-12 and Higher Education［EB/OL］.［2020-03-09］. https：//www. prnewswire. com/news/mcgraw_ _hill-education.

服务之一，主要涉及的课程为数学、商业（包括会计学、统计学等）和科学（包括化学、行为科学等），细分学科有 100 多种，业务领域涵盖 K-12、高等教育、职业教育等。截至 2018 年年底，其高等教育业务已拥有 190 万用户，K-12 业务拥有约 260 万用户，覆盖美国、加拿大以及其他海外市场。①

1　系统构建的理论基础

先进的智能教学与评估系统的背后往往有强大的理论支撑，ALEKS 系统的架构建立在知识空间理论的基础之上。该理论是由 Doignon 和 Falmagne 教授提出的一种表示知识结构的理论，它认为学习者的知识状态由他所能解答的问题的集合构成，通过跟踪学习者的学习路径可以形成特定的知识空间，从而能准确地判断学习者目前的知识水平和学习状态。②

1.1　知识表示和知识结构

从广义上讲，知识表示（Knowledge Representation）就是对知识的符号化、形式化或模型化。在计算机科学领域，知识表示是把人类知识表示成机器能处理的数据结构和系统控制结构；③ 而知识建构（Knowledge Construction）则是对知识的进一步系统化、结构化组织，以此形成知识网络。因此，从本质上看，知识空间理论就是建立在知识表示基础上的一种知识建构模式。以 ALEKS 为例，智能教学与评估系统中知识是基于优先关系（Precedence Relation）、

①　McGraw-Hill Education. 2018 Final Annual Report［R］. New York：McGraw-Hill Education,2018.

②　Shute V J, Psotka J. Intelligent Tutoring Systems：Past, Present, and Future［D］. Defense Technical Information Center,1994.

③　Pentland P. Fractal-based Description of Natural Scenes［J］. IEEE Transactions on Pattern analysis and Machine Intelligence,1984(6).

内缘(Inner Fringe)、外缘(Outer Fringe)①等基础逻辑构建的。其中，优先关系定义了系统中知识节点之间的先后关系。如图 1 所示，a、b、c、d、e、f 均为知识节点，其中 a 优先于 c，则表示知识 c 的掌握需要建立在掌握知识 a 的基础上，无法越级。在 ALEKS 数学课程中，"整数加减"就是"整数乘除"的优先条件，先掌握加减法才能进行乘除法的学习。所以在学习过程中，如果学习者无法正确掌握整数的乘除法，系统很可能认定他没有完全掌握加减法运算，从而回溯到上一级的学习中；以此逻辑遍历，直到学习者掌握所有知识点。

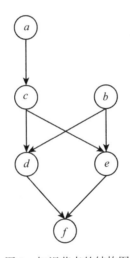

图 1　知识节点的结构图

由于知识点之间的优先关系，在知识结构中知识的遍历存在着不同路径，称为学习路径(Learning Paths)。它记录学习者的学习轨迹。如图 1 中的学习路径可以分为图 2 所示的 6 种，意味着学习

①　Falmagne J, Doignon J, Thi'ery N, Cosyn E. The Assessment of Knowledge, in Theory and in Practice[EB/OL]. [2020-03-07]. https://www.aleks.com/about_aleks/Science_Behind_ALEKS.pdf.

者可能会以这 6 种方式完成整个知识的学习。智能教学与评估系统拥有庞大的知识体系，每个学习者不同的学习行为又会产生迥异的学习路径，这便成为智能教学与评估系统个性化教学的基础。

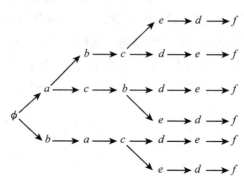

图 2　学习路径

在知识节点遍历规则下，每一种知识状态（Knowledge State）都有至少一种直接后继知识状态（Immediate Successor State）；其中所谓知识状态是指在知识节点无限的前提下，学习者当前掌握的所有知识的集合，除顶端最小知识状态外。直接后继知识状态涵盖原知识状态所有的知识点，有且仅多了一个知识节点。比如知识状态 $\{a, b, c\}$ 加上新的知识节点 $\{d\}$ 或者 $\{e\}$，就形成了新的知识状态 $\{a, b, c, d\}$ 和 $\{a, b, c, e\}$。这里我们称 $\{a, b, c, d\}$ 和 $\{a, b, c, e\}$ 为 $\{a, b, c\}$ 的后继知识状态；$\{d\}$ 和 $\{e\}$ 是 $\{a, b, c\}$ 的外缘（Outer Fringe），也就是下一步可能要学习的知识。图 3 形象地展示了知识内外缘的关系。

同理，每一种知识（除底端最大知识状态外）都至少有一个直接前导知识状态（Immediate Precursor State），即上一步已掌握的知识。例如 $\{a, b\}$ 和 $\{a, c\}$ 是 $\{a, b, c\}$ 的前导知识状态，$\{b\}$ 和 $\{c\}$ 就是 $\{a, b, c\}$ 的内缘。

在 ALEKS 课程中，掌握了"同分母分数的运算"（实际上包括了众多知识点）后，如果继续学习"分数的通分"，则能够掌握新的

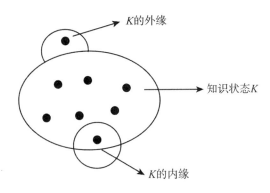

图 3　知识的内缘与外缘

知识点"异分母分数的运算"。这里可以认为"异分母分数的运算"是"同分母分数的运算"的后继知识状态，"分数的通分"就是"同分母分数的运算"的外缘。

　　ALEKS 智能教学与评估系统的知识空间，原理就是通过内外缘的变化更新知识状态：外缘用来指导学习者下一步的学习计划；内缘用来诊断纠错，复习知识。

1.2　知识空间理论

　　基于知识节点的组织方式与结构特点，可用知识域（Knowledge Domain）来表示一系列知识的集合（用"X"表示）。它包含了学生所有能解答和不能解答的试题。例如在 ALEKS 的 K-12 数学课"算术 LV 3"的教程中，"整数位值"章节可以看作一个知识域 X，它又可以分为 6 个细分知识点（见图 4），其中灰色部分（序号 1、3、4）是学生所有能解决的知识点的集合，称为"知识状态"（用"k"表示），它是知识域的子集。因此，当学生所有问题都不能解决时，k 就是一个空集；当学生能够解决所有问题时，k 就表示为全集 X。在此基础上，将 (X, k) 定义为知识结构（Knowledge Structure）。在不严格限定的情况下，也可以称 (X, k) 为知识空间（Knowledge Space）或者空间（Space）。知识域、知识状态和知识空间的关系表示如图 5 所示。

　　如图 1 所示的 a、b、c、d、e、f 六个知识节点，根据优先关

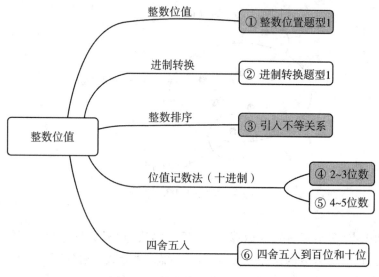

图 4 "整数位值"知识域的构成

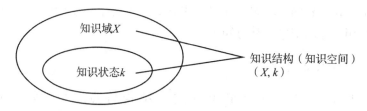

图 5 知识状态、知识域、知识结构(知识空间)的关系

系定义，知识状态并非知识节点的任意组合，比如 {c, d} 就不是知识状态，因为它没有包含 c 的前置知识节点 a。所以，知识空间 (X, k) 共有 16 种不同的知识状态：∅、{a}、{a, c}、{a, c, d}、{a, c, d, f}、{a, c, e}、{a, c, e, f}、{b}、{a, b}、{a, c, b}、{a, b, c, d}、{a, b, c, d, f}、{b, a, c, e, f}、{a, b, d, f}、{a, b, d}、X。其中，∅ 表示学习者还未掌握该领域的任何知识；X 表示学习者已经掌握了该领域的所有知识；其他 14 种知识状态则反映了学习者当前不同的学习状态、知识水平和学习路径。

在智能教学与评估系统中，知识空间理论最有效的应用在于测试评估。基于该理论的系统评估最大的特点是，向学习者展示的是知识状态而不仅仅是量化的评估结果。如现在有 a、b、c、d、e、f 六个基本知识点，在不考虑优先关系的情况下构成了如图 6 的 16 种知识状态：最底端空白的椭圆表示没有掌握任何知识；最顶端的椭圆表示已掌握所有知识；中间部分的椭圆代表知识状态；带箭头的线代表学习路径。以灰色椭圆为例，它表示掌握了 a、b、d 三个知识点的知识状态 $\{a, b, d\}$；f 和 c 是该学习者接下来可能要学习的知识点，$\{a, b, c, d\}$ 和 $\{a, b, d, f\}$ 即为其接下来可能出现的知识状态。

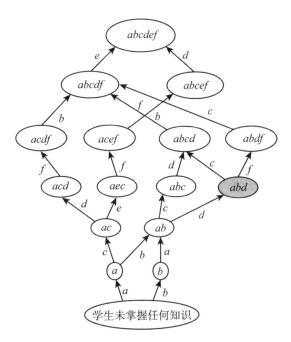

图 6　ALEKS 知识状态图

在实际教学中，每个科目都有众多基础知识点，会形成数以亿计的知识状态和学习路径。因此，学科的知识结构往往异常庞大。然而，借助基于知识空间理论的智能教学与评估系统，就能够实现精准高效的学习诊断与评估。

2　系统的结构与功能

目前绝大多数关于智能教学与评估系统的研究和开发都围绕 Hartley 和 Sleeman(1973)提出的智能教学系统结构框架展开。以该框架结构为基础，ALEKS 开发了一系列具有用户友好性的功能。其中，建立在知识空间理论基础上的自适应测评和评估功能是系统的核心。

2.1　系统结构

典型的智能教学系统包括三方面知识：一是领域知识，主要解决教学内容问题，包含系统需要教授给学生的内容；二是学习者知识，主要解决教学对象的问题，揭示学习者已知和未知的问题以及学习者的认知特征、知识水平；三是教学策略知识，主要解决教学策略问题，通过数据分析等功能为机器导师提供教学建议。① 这三方面知识加上相关功能，共同构成智能教学系统的三大模型，即专家模型、学生模型和导师模型。这三大模型又共同构成智能教学系统的基本框架结构(图 7)。

专家模型(Expert Model)是系统的基础。其中的领域知识库存储着完整的知识体系和详细的解答策略。专家模型还为导师模型(Tutor Model)提供强大的数据支撑，是导师模型教学策略的基础。学生模型(Student Model)是系统的核心。它储存着学习者知识，通过学习者的人机交互行为分析其知识水平、知识结构和学习状态，帮助导师模型制定个性化的、科学的学习策略，并完善专家模型的领域知识库。导师模型包括教学策略知识，它通过分析学生模型，为学习者提供下一步的学习建议。

三大基础模型为智能教学系统提供了基本的结构框架。由于系

---

① 许高攀,曾文华,黄翠兰. 智能教学系统研究综述[J]. 计算机应用研究,2009,26(11);赵建华. 智能教学系统概述[J]. 中国电化教育,2007(7).

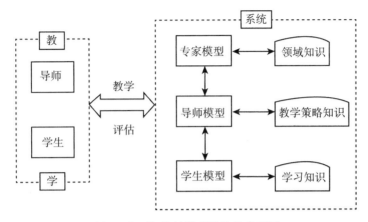

图 7 典型智能教学系统结构关系图

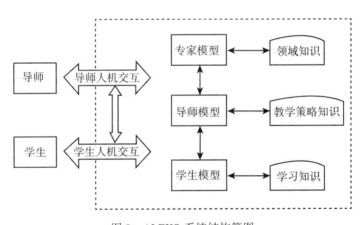

图 8 ALEKS 系统结构简图

统的差异性，不同的系统对这三大模型的架构方式可能有所不同，同时也会根据需求增加新的模型。ALEKS 建立了"学生人机接口"和"导师人机接口"两种人机交互模型（图 8）。这种安排，一方面可以提升沟通效率；另一方面，也为学生和导师间接沟通留下了通路。例如当学生遇到问题时，不仅可以在系统的"字典"板块中寻找解答方案，还可以通过"消息中心"向导师留言求助。

2.2 系统功能

根据不同使用者的需求，ALEKS 系统分为两大板块：导师/管理员板块和学生板块。各板块的主要功能见图 9。

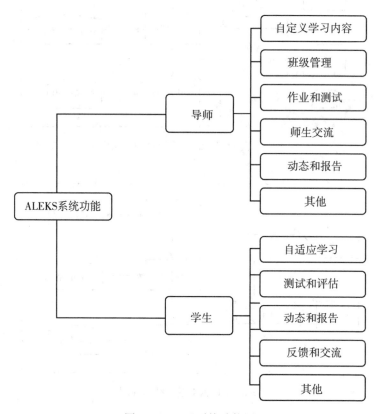

图 9 ALEKS 系统功能图

导师/管理员角色的使用对象包括教师、家长、行政管理人员等，他们在 ALEKS 中充当着管理者的角色，对学生进行统一管理和有针对性的指导。首先，导师/管理员可以创建班级，在后台管理学生和班级数据库，监督学习进度。和其他教学管理系统一样，导师/管理员可以通过 ALEKS 统一地发布作业和测试。此外，因为每个学生的知识状态存在差异，ALEKS 也支持针对性的指导功能，导师/管理员可以根据不同学生的情况，自定义学习的内容和形式，实现了个性化和统一化的有效结合。当学生完成作业和测试后，ALEKS 会自动生成一系列评估报告(图 10 展示了部分评估报告)，从不同的评估维度细致地剖析每个学生以及整个班级的学习情况，并科学地指导导师/管理员安排学习计划。

图 10　ALEKS 导师报告

　　学生板块是 ALEKS 的核心。学生能够自主地或者在导师的安排下进行自适应学习(见图 11)。ALEKS 基于学生当前的知识掌握情况更新其知识状态图，并自动规划接下来的学习；当完成该阶段的学习后，系统会安排测试。此外，学生或者导师也可以根据需要自主地进行测试，ALEKS 会根据测试结果自动生成可视化评估报告，并根据当前的知识状态合理地帮学生规划接下来的学习进度。当学生遇到问题时，既可以根据 ALEKS 的自适应指导自主学习，也能够通过系统向导师咨询。

2.3　自适应测评功能及其原理

　　学生板块的核心是自适应测试和评估功能，它是建立在知识空间理论上的重要实践，是整个 ALEKS 系统的核心功能。自适

图 11　ALEKS 测试页面

应性即系统能够通过与用户的实时交互，捕捉个体在学习过程中的差异性，为其提供针对性的学习支持。① ALEKS 是测试导向型的智能教学与评估系统：系统并不直接教授知识点，而是通过测试循序渐进地引导学生利用已掌握的知识进行解答，从而强化学习效果。所以，ALEKS 的自适应性主要体现在其测试和评估功能上。具体来说，测试是为了了解受测者的知识结构和学习状态而对其进行的专业性测度；评估则是建立在测试结果基础上的分析与展示。以下笔者将把测试与评估作为一个具有连续性和整体性的过程来描述。②

　　学生在最初使用 ALEKS 时会进行一次知识状态测评，以创建其最基本的知识状态。一般来说，系统会提出 20~30 个问题，根据学习者的作答情况构建知识状态(如图 12)。在学习之初，每一个知识状态的初始可能性都相同，我们用渐变的颜色来表示可能性的大小：颜色越浅，可能性越大。假设第一个知识点为 a，且学习者回答正确，那么，ALEKS 接下来会增加包含 a 的知识状态的可能性，降低不含 a 的知识状态的可能性，结果如图 13(1)所示。为

　　①　Pearson. Decoding Adaptive[R]. London：Pearson，2016；徐丽芳，王莹超 . Newsela：探索自适应学习之路[J]. 出版参考，2017(5).
　　②　廖轶 . 面向基础教育的自适应学习服务系统研究与应用[D]. 北京：北京交通大学，2017.

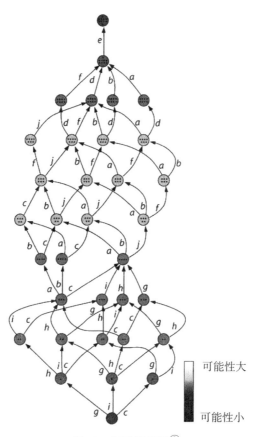

图 12　知识状态图①

了进一步理解该过程，这里给出一个数学实例：假设 *a* 代表"整数加减法"，当学生掌握了该知识点后，ALEKS 可能会安排学习"整数乘除法""整数交换律"等知识点，因为这些知识点是"整数加减法"的进一步应用。同理，ALEKS 不会直接安排学习"分数约分"等知识点，因为学生这时可能还没有掌握"分数基础"。

假设下一个知识点是 *f* 且学习者回答错误，那么 ALEKS 会降

① What Makes ALEKS Unique［EB/OL］.［2020-03-08］. https://www.aleks. com/about_aleks/tour_ai_pinpoint.

低含 f 的知识状态的可能性，增加不含 f 的知识状态的可能性，结果如图 13(2)所示。假如 f 代表"乘法分配律"，在学生已掌握"整数加减法(即 a)"的基础上，ALEKS 接下来很可能安排复习"整数乘除法"和"括号运算"，因为学生可能还没有掌握这两个知识点。

最后，图 13(3)展示的是变化后的知识状态图，其中只有一种知识状态的可能性最高(被圈出的圆点)——这个包含了 a、b、g、h、i 的知识状态就是该学习者目前的知识状态。在 ALEKS 的实际操作中，有大量的学科知识点以及它们之间的复杂关系，因此学习者的当前知识状态非常庞杂。

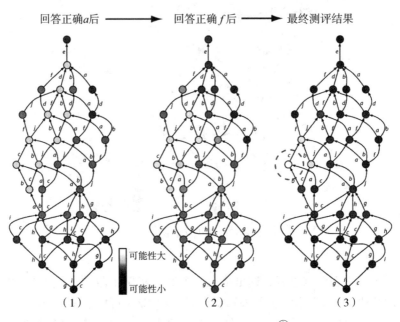

图 13 测评过程知识状态变化图①

除了初始测评，ALEKS 还有知识点测评和阶段性测评，其原

---

① 陈仕品,张剑平. 智能教学系统的研究热点与发展趋势[J]. 电化教育研究,2007(10).

理相同。因为系统采用的是"提问—回答"的教学模式，问题都是知识点的具体化，因此可以把学习者每次的回答看作一次基于知识点的测试，而测评结果也是通过知识状态呈现的。学习者在整个学习过程中会接受阶段性测评，系统会基于学习者的知识状态提出25 个问题，以此检查学习者的知识掌握情况，更新其知识状态。

ALEKS 不同阶段的测评都是基于知识状态的。不同于传统智能教学系统通常采用量化指标来展现测评结果（比如分数和等级），基于知识状态的可视化测评结果能够最大可能地展现学习者的知识掌握情况。这不仅便于系统科学地进行教学决策，也便于学习者了解自己的学习进度，增强学习信心。

3 小结与展望

基于知识空间理论的智能教学与评估系统目前被广泛运用于教学与培训领域，大大提升了学习者主体的学习体验，提高了教学效果，也减轻了教师和家长的负担。但系统的评估机制仍不够完善，尤其对于复杂问题及分布式解答等解决问题的方法，系统较难厘清知识点。此外，其在人文社会科学科目的知识表示存在很大问题，导致系统在该领域的应用不太理想。另外，目前智能教学与评估系统在功能性和用户体验方面仍有待提升。因此笔者认为，未来的智能教学与评估系统会从知识建构、功能和使用体验三大方面实现突破。

在知识建构方面，未来智能教学与评估系统会侧重于解决知识的非良构性问题①（又称劣构问题，Ill-structured Problems）。比如文学、管理学、法学等学科的知识表示和建构，因其所包含的很多知识相较而言缺乏明确界定，很多学科问题没有唯一的、最佳的解

---

① Wadhwani P, Gankar S. E-learning Market Size by Technology, Provider, Application, Industry Analysis Report, Regional Outlook, Growth Potential, Competitive Market Share & Forecast, 2019-2025［R/OL］. ［2020-03-08］. https://www. gminsights. com/segmentation/detail/elearning-market-size.

决方案。为此，系统首先需要解决非良构性问题的知识表示，找到合适的计算模型、检索逻辑和学习路径等，把非良构性问题转化为计算机可识别的问题。

随着在线教育市场的扩张，为了满足用户日益增长的需求，智能教学与评估系统会进一步优化功能。比如建立协作学习和学习监督等机制；增加师生互动方式，提高沟通效率；进一步优化自适应测评和反馈功能，从而提升人类导师的自主性，增强学生以及师生的互动。

在学习体验方面，系统可以利用虚拟现实（Virtual Reality，VR）和增强现实（Augment Reality，AR）技术模拟现实课堂，打造沉浸式学习环境，让学习者全身心投入学习。还可以纳入游戏化（Gamification）设计思想——基于知识空间理论的智能教学与评估系统在知识构建方面与游戏的支线叙事有着极大的相似性，将严肃游戏引入该系统，将能够有效地培养学习兴趣，增强学习效果。

Chegg 的"无纸化学习"服务

陈　迪　余孝雯

1　Chegg 简介

Chegg 成立于 2007 年，它的前身是三名爱荷华州立大学学生乔什·卡尔森（Josh Carlson）、迈克·西格尔（Mike Seager）和马克·斐德克（Mark Fiddelke）在 2001 年创办的"Cheggpost. com"。之后，企业家艾宇希·冯布拉（Aayush Phumbhra）和他的朋友加入该网站，于 2005 年 8 月正式启动"Chegg，Inc. "。经过一段时间的发展，2007 年，该公司推出了模仿 Netflix 租赁模型的"textbookflix. com"，同年 12 月更名为"Chegg. com"，也就是如今的 Chegg。

Chegg 是一家为高中和大学学生提供在线教科书租赁、家庭作业帮助、在线教师辅导和实习匹配服务的网站，其中最核心的业务是为美国高中生和大学生提供教科书销售和租赁服务。"Chegg"一词是"chicken"和"egg"的缩写，这个名字来源于三位创始人的经验：他们大学毕业后，找不到不要求工作经验的工作，也无法没有工作就获得经验，这就陷入了一个先有鸡还是先有蛋的窘境，Chegg 的名字由此应运而生。①

经过初期短短几年的发展，Chegg 就已经成为全美最大的大学教科书租赁服务公司。2013 年 11 月 13 日，Chegg 在纽约证券交易

---

① Chegg[EB/OL]. [2014-05-10]. https://en. wikipedia. org/wiki/Chegg.

所公开交易，初始市值约为 11 亿美元。但是 Chegg 并不甘心就此
止步，而且传统的教科书租赁业务在为 Chegg 带来机会的同时也
带来了持续的亏损，因此，Chegg 进一步拓展服务领域，并往数字
化的方向发展。通过一系列的收购与合作，在 2015 年 2 月之后，
Chegg 完全转入了发展数字化业务的轨道。截至 2020 年 3 月，
Chegg 已拥有 290 万订阅用户，服务全美 6400 多所大学的学生。

2　Chegg 模仿 Netflix 的教科书租赁模式

最开始，Chegg 的创始人从 Netflix 在线影片租赁服务的成功
中注意到在线出租教科书这一商机。因此，在 2007 年的夏天，拉
希德(Rashid)和艾宇希·冯布拉对公司进行重新定位，模仿 Netflix
公司的运作模式，把教科书租赁给学生。早期的 Chegg 缺乏资金，
在接到订单时，员工需要在互联网中搜寻廉价的教科书副本，然后
使用拉希德的信用卡进行购买，再将之运送给学生。后来，他们把
这一过程变成了一个自动化的系统。但随着订单的增多，拉希德使
用信用卡进行了大量的交易，信用卡公司认为拉希德涉嫌欺诈并威
胁他要暂停该账户，最终拉希德说服了信贷供应商保持信用卡的
活跃。①

Chegg 的成功在很大程度上是因为能够解决教科书交易流动过
程中的低效问题。虽然 Chegg 的主要业务是租赁教科书，但其本
质上却是一个"市场制造商"，在一个学期结束时从卖家那里回收
教科书，在新学期开始时再把教科书租赁出去或者卖出去。在这个
过程中，Chegg 作为中间商，大大降低了学生用于购买教科书的支
出。据估计，2009 年，美国大学生在他们的教科书上的平均花费
为 667 美元一年，后又一次的估计是 1000 美元一年；而且有迹象
表明，教科书价格增长的速度比通货膨胀还快。而在 Chegg 网站
上租赁教科书的价格只是教科书零售价格的一半，因此，用租赁的

---

①　We Rent Movies, So Why Not Testbooks? [EB/OL]. [2011-03-27].
http://www.nytimes.com/2009/07/05/business/05ping.html.

方式获得教科书，对学生群体来说是最经济实惠的。

初期的 Chegg 业务增长速度非常快，2008 年，Chegg 的财政收入约为 1000 万美元；在 2009 年，仅仅 1 月的财政收入就达到了 1000 万美元；到了 2010 年，Chegg 的财政收入增长到 1.5 亿美元。除此之外，Chegg 在 2009 年获得了 C 轮 5700 万美金的融资，是 2006 年 A 轮融资的 20 倍。① 从上述足见 Chegg 的发展势头强劲。

3 Chegg 的数字化转型发展

Chegg 公司初期的定位是教科书租赁经销商，这种租赁模式既为 Chegg 带来了机会，也带来了持续的亏损。与此同时，在全球崇尚共享经济的今天，教育服务领域的数字化发展已经成为一种压倒性的趋势。因此，作为靠租赁经济养大的教育服务公司，Chegg 也开始转变发展方向，逐渐放弃传统租赁业务，拓展服务领域，努力满足目标学生市场多样化的服务需求。

3.1 集中资源拓展数字化业务

（1）多元化收购：CourseRank、Cramster、Notehall

截至 2010 年，Chegg 已经收到了超过 2.19 亿美元的融资，财政收入达到了 1.3 亿美元。② 在这一年，它先后收购了 CourseRank、Cramster 等网站，丰富了自身的服务内容。

CourseRank 是一个在线教育服务网站，它的发展目标是为每个学生选择正确的课程，并帮助学生更好地利用大学提供的各种机会。网站提供的服务包括学生课程评级和评论、学术生涯规划以及

---

① 在线教育：美国在线教育巨头 Chegg 布局中国[EB/OL]．[2014-05-10].http://lx. huanqiu. com/2014/lxnews_0516/3118. html.

② Amid Reports of IPO Plans, Chegg Acquires Lecture Note Marketplace Notehall [EB/OL]．[2011-06-23]．https://techcrunch. com/2011/06/23/amid-reports-of-ipo-plans-chegg-acquires-lecture-note-marketplace-notehall.

每周课程安排。① Cramster 是一个成立于 2002 年的在线学习社区，拥有 2000 多名成员，由一批大学或高中学生、教师、教授、父母和问题解决专家组成，主要提供在线作业的帮助，这些帮助涵盖问答帮助、教科书解决方案、实践测试、学习小组等。② Chegg 收购 Cramster 之后，拓展了在线学习问答等服务领域，使自身的数字化服务更为人性化和多元化。

2011 年，Chegg 又收购了 Notehall。Notehall 是由一批在校大学生创立的网站，它为学生提供了一个买卖课程材料的平台。该网站发展势头强劲，截至 2011 年年底，它在美国的 54 所大学里提供的服务增长了将近 400%，并达到了 75 万的用户规模。③ 被 Chegg 收购后，该网站帮助完善了 Chegg 的租赁服务，使其覆盖面更广。

（2）并购 Zinch，拓展院校咨询服务

2011 年 9 月，Chegg 收购了 Zinch。Zinch 是美国最大的升学网站，拥有 2000 所本科院校和 5000 所研究生院，以及总额高达 100 万美元的奖学金数据库的详尽信息。Zinch 在美国已经拥有约 300 万注册用户和超过 900 家包括耶鲁大学、斯坦福大学、哥伦比亚大学等在内的美国大学的签约。美国大学在 Zinch 上投放学校形象广告和招生广告，而学生通过点击其感兴趣的学校在 Zinch 上的"让学校找到我"按钮，就有机会和美国大学招生官建立起联系。Zinch 的所有收入都来自美国的大学，它面向学生和家长完全免费。Zinch 网站最早由一名美国高中生创立，由于他的 SAT 考试分数不如意，因此他想要通过 SAT 以外的方式向美国的顶尖大学展示他的天赋。之后，他开发了 Zinch 这个网站以分享自己的方式。

---

① Chegg's First Acquisition：CourseRank［EB/OL］.［2011-07-19］. https：//techcrunch. com/2010/08/18/cheggs-first-acquisition-courserank.

② Chegg Acquires Cramster［EB/OL］.［2011-07-19］. http://www. publishersweekly. com/pw/by-topic/digital/retailing/article/45447-chegg-acquires-cramster. html.

③ Amid Reports of IPO Plans, Chegg Acquires Lecture Note Marketplace Notehall［EB/OL］.［2011-06-23］. https://techcrunch. com/2011/06/23/amid-reports-of-ipo-plans-chegg-acquires-lecture-note-marketplace-notehall.

Zinch 的服务加入 Chegg 之后，Chegg 成了美国最大互联网学生教育服务平台，Zinch 也巩固了自身美国最大院校信息互动平台的地位；同时，在收购过程中，Chegg 触及了高中生源。

（3）收购 InstaEDU 和 Internships. com，增加在线家教和实习指导业务

2014 年 6 月，Chegg 收购了 InstaEDU。InstaEDU 是一个在线辅导公司，根据学生的需要为学生提供在线老师指导。收购之后，Chegg 允许学生用户从 Chegg 网站内点击进入 InstaEDU，也正因为这样，InstaEDU 的点击量在 3 个月内逐月增长 103%，这远远高于 InstaEDU 前 3 个月 34% 的增长量。① 同年 10 月，Chegg 与世界上最大的实习市场 Internships. com 也建立了伙伴关系。由此，作为世界上最大的以学生为中心的实习市场，Internships. com 向 Chegg 职业中心增加了 200 万名注册学员、380 所大学关系和 90000 名来自 60000 家公司的实习生。② 收购后，Chegg 建立就业指导中心以帮助学生开拓事业，打造适销对路的技能，以找到实习和入门级的工作为目标。对于学生来说，实习对于消除技能差距和提高就业能力来说是必要的，Chegg 与 Internship. com 的合作是双赢的。这两次收购为 Chegg 拓展多样化的服务奠定了坚实的基础。

（4）收购 Thinkful 和 Mathway，拓展多元化在线学习业务

2019 年，Chegg 斥资约 8000 万美元现金收购了在线编程训练营 Thinkful。Thinkful 是一家位于布鲁克林的在线编程训练营，提供工程学、数据科学、数据分析和产品设计等课程。Thinkful 因明确的面向终端消费者的战略以及较低的对大学合作伙伴的依赖程度而得到 Chegg 的青睐。这项收购帮助 Chegg 拓展了其直接面向学生的学习平台，为用户增加了更多技术职业课程。

---

① Online Tutoring Center InstaEDU Acquired by Chegg for $ 30 Million [EB/OL]. [2014-09-21]. https://techcrunch. com/2014/06/03/chegg-acquires-online-tutoring-site-instaedu-for-30-million.

② Chegg Acquires Internships. com [EB/OL]. [2014-09-21]. http://investor. chegg. com/press-releases/press-release-details/2014/Chegg-Acquires-Internshipscom/default. aspx.

2020 年，Chegg 以近 1 亿美元收购数学解题软件 Mathway 以加强数学工具业务，扩充自己的庞大题库。Mathway 是目前评分最高的教育 App 之一，覆盖的学科范围很广，有 400 多个不同的主题，包括初级代数、代数、三角函数、初级微积分、微积分和线性代数以及其他相关学科。对现代学生而言，数学能力是全世界公认的学习的基础和关键支柱。Mathway 的加入，进一步扩大了 Chegg 的学科覆盖范围、语言和国际影响力，极大地扩展了 Chegg 的潜在市场范围。

3.2 完全转入数字业务：与英格拉姆合作

随着数字化时代的到来，传统教科书租赁的业务为 Chegg 带来的亏损呈逐渐增长的趋势，因为许多教科书过时得快、经常替换新版本，而教科书租赁盈利的关键在于一本书可以长期反复租赁；不同于租赁车、租赁书的使用寿命难以计算。截至 2013 年年底上市前，Chegg 的租赁书目达到 18 万条，其成本之巨大可想而知。而后公开的财报也证明了 Chegg 的亏损在持续增加。2014 年，教科书租赁业务为 Chegg 公司带来 2.13 亿美元的收入，但是同时，公司的亏损也从 5580 万美元攀升到 6470 万美元。①

因此，放弃这项业务是必然的结果。在 2014 年 8 月，Chegg 公司就与英格拉姆内容集团合作，开始减少处理库存和直邮的开销成本。2015 年 2 月，Chegg 与英格拉姆内容集团签订协议，Chegg 于 2015 年 5 月 1 日正式把教科书租赁这个长期亏损的庞然大物转给更具备运营能力的美国英格拉姆内容集团，且不再为此项业务投入资金。Chegg 继续推销书籍，而英格拉姆处理分销、物流和仓储等事务。学生仍然可以在 Chegg 网站上进行教科书租赁，佣金为租金的 20%。② 此后，Chegg 全力运营电子教科书、答疑和帮助大

---

① Chegg：教育租赁经济，小游戏玩出大庄家［EB/OL］.［2015-07-13］. http://view.inews.qq.com/a/20150629A00OID00.

② Chegg 转手教科书租赁业务，全力投入电子教科书与答疑［EB/OL］.［2015-07-13］. http://www.duozhi.com/industry/201502272873.shtml.

学生找工作等业务，朝着百分之百数字收入的方向发展，并启用新品牌"student hub"，即"学生中心"。

3.3　渠道数字化发展

在互联网时代，人们越来越习惯于通过数字化渠道来获取信息和知识。Chegg 公司在进行自身业务数字化转型的同时，也在不断发展和创造基于各种渠道的数字化产品，以更加顺应学生用户的使用习惯，更加便利他们的学习过程。在完全转入数字化业务之后，Chegg 提供的所有服务都要通过数字化渠道来获取，门户网站与电子教材阅读应用软件是 Chegg 的主要数字化发展渠道。

（1）门户网站

现今，Chegg 的门户网站以"The Student Hub"为主题，主要包含以下几种服务：租赁或买书、寻找教科书解决方案、学习问题咨询和在线家教（见图 1），除此之外还提供实习和大学选择服务。这些服务都是 Chegg 在数字化转型过程中，通过一步步的并购合作拓展而来的，基本覆盖了其目标学生市场的多样化需求，为高中生和大学生提供了全方位的学习服务。用户首先需要在 Chegg 门户网站上创建一个自己的账户，点击所需服务的名称，随后再通过搜索栏搜索自己要租赁的书、要询问的问题或者要寻找的某个学科老师等，然后就可根据搜索结果自由选择，享受网站所提供的服务。除此之外，用户可以参加 Chegg 网站上发起的问题讨论、投票等活动，参与活动既能够帮助网站改进服务，还可拓宽视野。以"Find an online tutor"也就是在线教师辅导服务为例，用户首先需点击如图 2 所示的"Find an online tutor"选项，然后在下面的搜索栏中输入自己想要寻找的老师对应的学科，如"math"，搜索之后就会出现可选择的数学老师列表，如图 3 所示，对每一位老师都有详细介绍，用户可以按照左边筛选栏进行筛选，也可以按照点赞数进行选择。可以看出，Chegg 网站提供的服务具有很强的个性化和用户自主化的特征。

（2）电子应用软件服务

2012 年 1 月，Chegg 推出了基于 HTML5 的电子教材阅读应用

图 1 Chegg 网站的"The Student Hub"

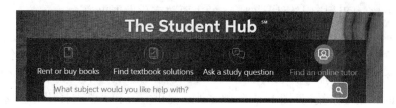

图 2 Chegg 网站的"Find an online tutor"

图 3 Math Tutor 搜索结果

软件，进一步涉足电子教科书领域。该软件可以安装在 PC、iPad、Kindle、智能手机等任何可联网设备上，用户可以使用该软件购买、租赁纸版和电子版教材，阅读和学习课本；在浏览自己的电子版教材时，用户还可以随时添加笔记、重点、书签等标记。

但是电子教科书领域有很多竞争者。例如英特尔推出的英特尔教育研究应用 Kno，它是一个电子书和 PDF 阅读器，可以帮助学生充分利用学习时间。① Kno 软件以"互动学习"理念打动人心，用户可以在 Kno 上做亮点、笔记、日记、报告和期刊，所有记录都可以同步到云，用户能通过任何网络连接设备进行访问；通过统计数据，Kno 还可以跟踪用户的学习。除 Kno 外，苹果推出的 iBooks 也是同样类型的电子书阅读软件，以"神秘感和舒适的体验"为特点，② 但并不专注于教科书学习这个市场。

与竞争对手相比，Chegg 希望它的电子教科书能够以模仿或改进学生阅读实体书的习惯和行为的方式在竞争中脱颖而出。因此，Chegg 的电子教科书服务主要是将纸版教材的内容移植到各种终端的 Chegg 阅读应用软件中实现数字化，并通过软件的标示、搜索、笔记、在线问答等智能化功能，为学生提供一种更有效、更便捷的互动学习方式。Chegg 阅读应用软件所做的，是既发挥电子教材可以随时随地学习的优势，同时又尽量符合人们传统的学习习惯，从而使之成为由纸质教科书向电子教科书过渡的桥梁。因此，它的平凡之处就是它的独特之处：没有人会因为它太"独特"而不会使用或无法适应。

Chegg 电子教材阅读应用软件的口号是" Save time, save money, get smarter"，即"省时，省钱，更智能"。经过几年的发展，Chegg 应用软件已经拓展为三个提供不同服务的 App，分别是 Chegg Mobile App、Chegg Tutors 和 Flashcards +。其中，Chegg Mobile App 提供一站式的作业服务，用户可以从实时授课和在线家教中获得学习帮助，还可以访问数以万计的教科书解决方案来完成作业；Chegg Tutors 提供一对一的专家辅导服务；Flashcards+应

---

① Intel® Education Study [EB/OL]. [2015-07-21]. https://www. study. intel. com/features.

② 徐丽芳,骆双丽. 无纸化学习:Chegg 的电子教材服务[J]. 出版参考, 2013(Z1).

用是一个快速、有趣、自由的抽认卡制造商，旨在帮助用户更快地学习，顺利通过困难课程。这三个软件进一步丰富了 Chegg 的移动数字化服务。

4 总结

纵观 Chegg 公司的发展历程，不难看出，从最初的在线传统教科书租赁网站到现今覆盖目标学生市场的全面数字化教育服务网站，Chegg 公司目标明确、定位清晰、考虑周详，敏锐地发现了自身的优缺点，果断舍弃亏损业务，转而发展数字化业务，并成功完成了蜕变。Chegg 一直致力于为高中生和大学生群体提供学习服务，它不断拓展服务范围，借助数字化手段和渠道为学生打造了一条完整的学习服务链，从教科书租赁、问题解决到学校选择、实习工作，极大地便利了学生的学习过程。Chegg 始终以时代发展和用户需求为导向来进行产品和服务升级，根据需求提供服务，在满足用户普遍需求的同时，也更加关注用户的个性化需求，为用户提供个性化的服务。

Chegg 公司数字化转型的发展历程，对于同样处在转型背景下的我国教育企业具有重要的借鉴意义。现今 Chegg 包含的业务中，最亮眼的还是与电子教科书、学习问题解决和在线教师辅导相关的服务，期待 Chegg 在未来的发展中能更加完善其与实习工作与院校选择相关的服务，力求服务全面化，将"无纸化学习"发展到极致。

Smarthistory：在线多媒体开放式教科书

陈　迪　余孝雯

1　Smarthistory 简介

Smarthistory 由贝斯·哈里斯（Beth Harris）博士和史蒂文·朱克（Steven Zucker）博士于 2005 年联合创建，是一个专注于艺术和文化遗产研究的在线资源平台，是可汗学院艺术史方面的官方合作伙伴。他们最初创建该网站是因为不满于传统教材内容缺乏创造力、价格高昂以及出版商对在线教育资源的封闭性保护，也正因为这一初衷，网站迄今没有与出版商合作。① Smarthistory 的定位是在线多媒体艺术史开放教科书，它与超过 200 位的艺术历史学家、考古学家、博物馆馆长和其他专家合作，致力于把高质量的在线艺术史学习内容免费提供给全球的受众，并力图成为学习研究艺术史最易使用的和内容最广泛的资源平台。该网站提供免费且没有广告的视频和文章，内容不仅迷人且具有双向对话性，时间跨度覆盖从旧石器时代到现在的整个历史时期。Smarthistory 自创建以来获得了多项殊荣，2009 年获得被《纽约时报》评为互联网最高荣誉奖的威比奖（Webby Award）；2011 年入选《时代》杂志全球最好的 50 个网站，位列教育类前 3 名；2012 年被授予技术创新开放课程卓越奖，因为它使用对话性和多媒体的方式提供人文内容，使受众对艺

---

① 徐丽芳，徐淑欣，王帆 . Smarthistory：在线多媒体艺术史开放教科书[J]. 出版参考，2013（7）.

术史的接近和了解更加容易且有意义。

　　Smarthistory 在 2007 年推出了第一个专门设计的网站，从那时开始直到现在，Smarthistory 的用户数量增长显著，包括各年级学生、教师和一些非正式学习者。2011 年 10 月，Smarthistory 加入可汗学院，获得了更多教育视频资源的支持。但可汗学院的支持并没有使 Smarthistory 丧失自己的初衷，它仍是一个独立的非营利性组织，也仍然致力于在多个平台上发布高质量的艺术史内容，包括 Smarthistory. org、可汗学院、YouTube 和 Flickr。从 2013 年开始，Smarthistory 开始大规模地运用社交网络，成了一个拥有数百万用户的网络平台。经过十多年的发展，Smarthistory 的用户数量和内容点击量相当可观：截至 2016 年夏，Smarthistory 的视频在 Youtube 上的点击量已经达到了 2000 万，订阅量也将近 6 万；仅在 2015 年 7 月 1 日到 2016 年 6 月 30 日这一年间，Smarthistory 页面的浏览量就达到了 2500 万之多；同时，为 Smarthistory 提供学术贡献的人也在逐渐增加。①

　　自创建以来，Smarthistory 就致力于做艺术史领域的在线多媒体开放式教科书，为用户提供免费优质的数字化服务，是数字出版领域的优秀实践者。

2　Smarthistory 提供的数字化服务

2.1　门户网站

　　Smarthistory 的门户网站于 2007 年推出，至今已经成为其提供在线艺术史学习资源的主要阵地。该网站上丰富的资源不仅免费而且即时更新，内容分类清晰明了，用户可以按照自己的需求进行自由选择，还可借助网站对内容的多媒体式的呈现方式进行有如亲临现场般的学习。提供人性化的数字服务是 Smarthistory 门户网站的主要特征，其具体的数字化服务内容如下：

---

　　①　详见 Smarthistory 官方网站 smarthistory. org。

（1）免费且即时开放的平台

Smarthistory 的门户网站拥有众多的开放资源，并且即时更新。就在传统教材因为成本等原因迟迟不能推出修订版本的时候，Smarthistory 却可以做到随时更新内容，教师也可以根据需要定制个性化教材，因为它专门开辟了教学板块鼓励相关人士制作教学内容与视频并上传到网站。[①] 此外，在现今信息爆炸的时代，Smarthistory 还能够帮助用户高效聚合优质的学习资源，节省时间和精力。

（2）自由选择的内容

Smarthistory 网站为用户的学习提供了多种选择方式，用户可以根据自己的喜好、习惯等进行自由选择。用户可以按照时间线、艺术风格、主题等多种分类方式，浏览网站提供的开放内容；而且无论点击进入哪一个艺术作品，都可以通过网站左侧的时间轴查看此作品所处的时间阶段和地理位置。以时间线为例，网站按照时间段将艺术史内容分为 12 个部分，分别是史前、古地中海时期、中世纪欧洲和拜占庭时期、伊斯兰教世界、欧洲 14—19 世纪、欧洲19—20 世纪、美洲至 20 世纪、现代主义 1900—1980 年、全球文化 1980 年至现在、亚洲、大洋洲、非洲。如图 1 所示，以其中的欧洲 14—19 世纪为例，网站又将这个时间段分为 12 个子阶段，每个子阶段里都有清晰详细的介绍和分类，用户可以按照自己的需求快速地找到自己想要学习的内容。

这样人性化的服务不仅符合 Smarthistory"在线艺术史开放教科书"的定位，而且能够大大增强用户学习时的系统性和时空感知。更关键的是，网站的选择自由性能够有效地提升用户的忠诚度，因为清晰有序的内容展现为用户浏览提供了极大的便利。

（3）多媒体全方位的优质内容呈现

Smarthistory 除了为用户提供开放自由的选择之外，还突破了传统教材的呆板形式，通过多媒体的方式为用户营造身临其境的学

[①] 徐丽芳,徐淑欣,王帆.Smarthistory：在线多媒体艺术史开放教科书[J].出版参考,2013(7).

图 1 Smarthistory 网站 "Europe1300-1800" 类别

习场景。对于学习艺术史的用户来说，能够在线上模拟亲临现场的感觉是再好不过的，而 Smarthistory 恰恰就很好地做到了这一点。在 Smarthistory 上，用户可以通过文本、图片、音频、视频等多媒体形式全方位地了解、学习艺术作品，网站上每一个艺术作品的两侧都有相关学习信息的多媒体超链接，从各个角度提供补充和对比信息，还包括权威媒体的相关报道，这种主题化的学习模式能够帮用户节省不少时间和精力。① 除此之外，网站上的视频和图片并不只有一个角度，用户可以多角度甚至全角度地观赏艺术作品，有时连游客在博物馆参观的现实场景也能通过网站看到。用户在 Smarthistory 网站上就像是一个身处艺术博物馆的观众，可以随意浏览艺术作品，而且还是数字化、高分辨率的。

与此同时，Smarthistory 与许多学校、专家学者建立了合作关

----

① 徐丽芳,徐淑欣,王帆. Smarthistory: 在线多媒体艺术史开放教科书[J]. 出版参考,2013(7).

系，所以 Smarthistory 虽然是"在线教科书"，却不像教科书那样死板单一，专家学者们可以发表各自不同的意见。艺术本就是没有标准答案的，各专业人士的不同意见和即兴讨论更增加了 Smarthistory 的多样性。Smarthistory 还时常邀请大学教授或者艺术家就一个主题即兴对话，随着讨论的深入，用户也感觉自己似乎成了其中一员。

2.2　移动平台服务

数字化时代，由于生活速度的加快和媒介形式的快速发展，人们越来越倾向于依靠网络和移动媒体来获取日常生活、工作和学习所需的各种信息。Smarthistory 作为在线教育平台也及时跟上了潮流，在不断完善网站平台的同时，尝试开辟移动平台和社交网站服务，努力满足学生随时随地学习的需要。例如，2010 年，Smarthistory 在苹果商店推出了一款极具特色的 App 应用"第一眼罗马"。这是一款将艺术史学习与旅游相结合的罗马人文旅游多功能指南，通过文字、图片、音视频等多种方式为用户展现不同时期罗马伟大的艺术作品。该应用内置了关于罗马博物馆、教堂等各大景点的信息，并且提供关于美食、购物、天气和注意事项等方面的旅行小建议，充满了人文气息。

除了开发移动平台的 App 之外，Smarthistory 还更为积极地在各个社交网站发展服务。2009 年，Smarthistory 在 Youtube 上建立了自己的频道；2010 年，Smarthistory 又在 Twitter 上建立了官方账号，至今已发布 2400 多条信息；从 2013 年开始，Smarthistory 大规模地发展社交网络。经过几年的发展，Smarthistory 在社交网络上的用户数量和内容点击量已经相当可观。前文已作相关论述。

3　Smarthistory 免费平台的运营模式

Smarthistory 是一个免费的、没有广告的在线学习平台，由于其创始人创立网站最初是出于对传统教材的某些不满，所以网站迄今没有与出版商合作；而且，Smarthistory 在 2011 年加入可汗学院之后，虽然获得了更多资源支持，但仍然是一个独立的非营利性组织。这样一来，Smarthistory 的运营模式及其经济来源问题就亟须关注。作为免费提供内容的平台，它是如何运作的？总结下来，主要有以下几点。

3.1　广泛合作：线下整合资源，线上提供内容

Smarthistory 作为一个在线学习平台，其线上内容主要来源于与各个艺术博物馆、学者的广泛合作：Smarthistory 和世界各地的众多博物馆建立了伙伴关系，把博物馆的艺术品数字化。这样一来，Smarthistory 在为博物馆开放教育提供新模式的同时，也为网站自身积累了大量珍贵的艺术史资源。除此之外，它还与各个大学、艺术机构以及谷歌艺术项目合作，从而聚集了一大批历史学家、艺术家和知名教授，可以为网站提供多元化的教育内容。

如今，Smarthistory 的视频在各平台的播放量已经十分可观，增长趋势也相当明显。目前，Smarthistory 已被许多高校当作艺术史教材，其中包括普林斯顿大学、牛津大学等，越来越多传统的艺术史老师也倾向于在课堂上使用 Smarthistory；除此之外，学界还进行了许多关于 Smarthistory 这样的在线开放教育网站是否会在将来完全取代艺术史教科书的讨论。可见，Smarthistory 的发展势头强劲。

3.2　经济和技术支持：机构捐赠，个体支持

Smarthistory 在发展过程中没有忘记自己的初衷，一直保持着非营利性组织的定位，而且一直致力于为各种类型的学习者提供在线开放的艺术史学习资源。所以直到现在，Smarthistory 网站的运营还是主要依靠一些个人和基金会的捐赠支持，例如 John and Ann Doerr，Samuel H. Kress Foundation，The Andrew W. Mellon Foundation，Khan Academy 等，这些个人和基金会为 Smarthistory 的运作和发展作出了突出的贡献。除此之外，Dr. Joseph Ugoretz 等

人为 Smarthistory 的网站提供了技术支持。

现今，Smarthistory 急切地需要学习者、老师和其他个体或组织尽可能地把为网站提供高质量的人文内容的使命分享给世界各地更多的学习者,① 让更多的人了解、认同并使用 Smarthistory 进行学习。

4　Smarthistory 的成功之道

几个世纪以前，艺术教师手工复制画作或通过辛苦地生产印刷传播图像；到了 19 世纪，平版印刷广泛使用，直到黑白摄影出现并被用来制作"机械"的艺术复制品；20 世纪的大部分时间里，艺术历史的教学以幻灯片的彩色图像投影为主，学生接触一些世界上最重要的、崇高的艺术作品的方式主要是投影仪，或者是静态的、常常模糊不清的印刷文本。今天，Smarthistory 的数字化技术提供了具有高分辨率数字化图像的在线数据库，这意味着学生可以访问或者通过虚拟空间感受数以百万计的清晰艺术品，极大地便利了他们的学习过程。总的来说，Smarthistory 之所以能够受到用户的广泛欢迎，主要取决于以下几点因素。

4.1　免费优质的学习内容

Smarthistory 之所以能够迅速发展，和它超越传统教材的优势密不可分。美国高校教材连年涨价，艺术史教科书售价更是在 100 美元以上，这对美国学生来说实在是一笔不小的支出。② 而 Smarthistory 免费提供更为优质的在线教学内容，这样的内容还具有高分辨率，不是之前幻灯片上或者教科书上不清晰的画面和印刷文本。除此之外，多媒体全方位的服务可以使学生能够如临现场般

---

① 　详见 Smarthistory 官方网站 smarthistory. org。
② 　徐丽芳，徐淑欣，王帆 . Smarthistory：在线多媒体艺术史开放教科书[J]. 出版参考,2013(7).

地理解艺术。免费而优质，方便而生动，这对现代学生的吸引力无疑是巨大的。

4.2　即时开放的平台

Smarthistory 的线上内容主要来源于世界各地艺术博物馆艺术品的数字化形式。学生足不出户，就可以通过一个网站浏览到世界众多博物馆的艺术品；而且，Smarthistory 网站随时更新内容，省去了传统教材烦琐漫长的版本修订过程，这种即时开放性对生活在新媒体时代的用户来说犹如一场及时雨，能够将他们从落后烦琐的艺术教学中解放出来。

4.3　促使高等艺术平民化

一直以来，普通人对艺术的接触基本仅限于普通的了解和认知，更进一步的学习只能通过书本和普通的网络搜索，以这种方式进行的学习是略微滞后并带有局限性的。Smarthistory 的出现就解决了这个问题，其即时开放的平台使得所有人都能够对艺术史进行专业化学习，网站提供的关于艺术品的各个角度的补充、对比信息以及超链接更能丰富学习内容，而且这些内容不是普通的谷歌搜索就能搜到的。Smarthistory 的发展不仅使高等艺术变得更容易接近，还可能影响高校艺术类专业的基础设施系统建设。

5　总结

在如今的数字出版时代，艺术的教育已经可以通过 Smarthistory 这样数字化的平台来进行。Smarthistory 在近十年的发展过程中显示出了强劲的势头，网站上的艺术史视频数量、文章的浏览量稳定增长，以至于在谷歌搜索"艺术史"时，Smarthistory 上的内容体量仅次于维基百科。可以看出，教育数字化已经成为一个不可阻挡的发展趋势。但是在不远的将来，Smarthistory 这样的在线开放教育网站能否让人们完全摒弃传统的艺术史教科书呢?① 这个问题的答案还有待观察。但就目前的发展状况来看，这种教育开放数字化的发展方式势必在很大程度上改变传统教育方式。单纯的载体的转换并不能带来知识消费的颠覆性增长，数字化时代下的传统艺术教育会如何转变？Smarthistory 网站与数字化技术会如何进一步结合发展？此类网站的盈利模式会怎样转变？这些问题的答案都留待日后观察。

① Is Smarthistory the Art History Textbook of the Future？［EB/OL］.［2015-07-11］. http://www. huffingtonpost. com/john-seed/smarthistory_b_1847324. html.

霍顿·米夫林·哈考特集团教育产品的数字化之路

陈　迪　余孝雯

1　霍顿·米夫林·哈考特集团简介

霍顿·米夫林·哈考特集团（Houghton Mifflin Harcourt，HMH）是全球最大的教育出版集团之一，如今专注于 K-12 市场。HMH 集团拥有 180 多年的发展历史，近年来，随着数字化浪潮的涌动，该集团逐渐向数字化方向进发，加入了数字出版的阵营。

1.1　概况

HMH 集团是美国教育贸易出版商，是全球最大的教育出版集团之一。作为一个全球性企业，HMH 现今专注于提供 K-12 用户的教育内容、服务和前沿技术解决方案。其出版范围包括教材、教学技术、教学测试以及相关教育资料，主要服务于教师和各年龄段的学生。此外，集团还面向成年人特别是青年读者出版一系列的参考书、获奖小说和非小说类图书。

1.2　发展历程

（1）前身——霍顿·米夫林公司

HMH 集团的前身为霍顿·米夫林出版公司，霍顿·米夫林出版公司的历史可追溯到1832 年。这一年，美国人威廉·蒂克纳和詹姆斯·菲尔兹成立了河滨出版社(Riverside Press)，集合了朗费罗、梭罗、艾默生、霍桑、马克·吐温等众多美国著名作家；不久后，霍顿与米夫林也合伙创办了一家出版公司；1880年，两家出版公司合并经营，更名为霍顿·米夫林公司。合并后的公司继续出版知名作家作品，第二次世界大战期间，出版了希特勒的《我的奋斗》；战争结束后，霍顿·米夫林向英国首相丘吉尔约稿，并成功出版了丘吉尔的回忆录；后又出版了巴顿的作品。除此之外，霍顿·米夫林公司还在1882年成立了教育部门，开始进入教材出版的高速发展期。1916年后，霍顿·米夫林公司开始涉足标准化考试教材出版，与当时全美的教育研究中心——爱荷华大学联合，确立了自己在该领域中的领袖地位，成为全美四大教育出版商之一。此外，新公司还创造了一种廉价的新版式，一共开发了200多个品种的简缩图书，轰动了20世纪30年代的美国。

(2)两次大型并购

2006年和2007年，霍顿·米夫林公司连续完成了两次震动国际教育界的大型并购：2006年与全美最大的互动教学提供商瑞沃迪互动学习公司合并，更名为霍顿·米夫林·瑞沃迪集团；2007年，又一举收购英国最大的教育出版商——哈考特出版公司的三项业务，更名为霍顿·米夫林·哈考特集团。

①2006年的并购。随着网络和数字技术的发展，教育出版领域也开始呈现出多媒体的高科技手段与内容相结合的发展方向。霍顿·米夫林出版公司和瑞沃迪互动学习公司的合并正是在这一背景下实现的。瑞沃迪互动学习公司(Riverdeep Interactive Learning Company)成立于1995年，是一家跨国教育软件出版公司，总部位于美国旧金山。它的产品畅销全球20多个国家和地区，被45000多所学校所使用。该公司提供K-12全套的在线教学课程，专注于互动教育软件的开发，拥有并经营众多享誉世界的互动教育品牌。该公司业务主要集中在美国和英国，是美国发展最快的互动教学及

消费类软件开发公司。① 2006 年年末，瑞沃迪以 17.5 亿美元现金和 16.5 亿美元债券的价格从私人股权投资公司手中收购了霍顿·米夫林公司，并购后的公司被称为霍顿·米夫林·瑞沃迪集团。

②2007 年的并购——成为全球最大的中小学教材出版商。哈考特教育出版公司(Harcourt Education)是世界最大的教育出版商之一，其出版内容以学校为出发点，涵盖初级教育和中级教育所有课程的教学及参考图书，以阅读、英语、科学和数学为主。同其他大型教育出版社相比，哈考特教育图书更"专"，更注重教育性和可用性。2007 年，霍顿·米夫林·瑞沃迪以 40 亿美元从励德·爱思唯尔集团收购了哈考特出版公司的哈考特美国中小学教育(Harcourt Education)、哈考特大众读物出版部(Harcourt Trade)和参考书出版部(Greenwood-Heinemann)三项业务，随后改名为霍顿·米夫林·哈考特集团(Houghton Mifflin Harcourt Group)，即现在的霍顿·米夫林·哈考特集团。并购之后的集团成了全球最大的中小学教材出版商。

(3)对华业务

2005 年，瑞沃迪公司进入中国考察市场。经过将近 2 年的调研和开发，2007 年 6 月，霍顿·米夫林·哈考特集团在中国成立了首家专注于提供"RISE 瑞思学科英语"教育项目的合资公司——北京瑞沃迪国际教育科技发展有限公司。这标志着霍顿·米夫林·哈考特集团正式进驻中国。集团将目标锁定在中国的少儿英语教育市场，以"Destination Success 系列"构建"RISE 瑞思学科英语"。这一教育项目采用全英文授课，以互动多媒体"浸入式学科英语"课程体系为教学支撑，以与美国小学同质、同步的学科知识为传授内容，服务于 4~12 岁的中国儿童。

(4)数字时代的兼并重组

2007 年，霍顿·米夫林·哈考特集团以 7 亿美元的价格将集团的大学出版业务出售给圣智，从此专注于中小学教育市场。2010

---

① 瑞沃迪互动学习公司[EB/OL].[2016-06-07]. http://www.zwbk.org/MyLemma Show.aspx? lid=223514.

年，霍顿·米夫林申请破产保护以减轻债务负担。2013 年，霍顿·米夫林·哈考特在美国重新上市以募集资金。2015 年 4 月 24 日，霍顿·米夫林·哈考特集团宣布斥资 5.75 亿美元收购著名教育技术公司 Scholastic 旗下的教育技术（EdTech）业务，为教育出版的数字化转型铺平道路。据统计，2015 年时，霍顿·米夫林·哈考特集团占据美国 K-12 市场 52% 的市场份额，这次并购有助于该集团进一步巩固其在 K-12 市场的领导者地位。①

2 霍顿·米夫林·哈考特集团的数字化发展战略

在数字出版时代，传统教育出版机构面临着巨大的挑战。要如何从传统出版发展到从不同角度运用数字技术来创新集团的服务，为受众提供更优质和个性化的教育服务，是全世界教育出版业所必须要思考的。为应对数字出版的发展趋势，霍顿·米夫林·哈考特集团主要采取以下发展战略。

2.1 资本与技术联姻——与行业内教育出版巨头兼并重组

随着网络和数字技术的发展，海外出版业，尤其是教育出版领域，开始呈现出技术手段与内容相结合的数字化发展方向。为顺应时代趋势，霍顿·米夫林·哈考特集团的前身霍顿·米夫林出版公司首先做的就是与各个教育出版业巨头进行并购、重组，通过并购产品线扩大市场份额，用其他公司的技术业务来充实自己的内容服务。

2006 年，瑞沃迪对霍顿·米夫林出版公司的收购正是在这一背景下实现的。霍顿·米夫林公司主要的业务在出版领域，而瑞沃迪的强项则是互动多媒体的教学软件，其旗舰产品 "Destination Success" 系列是一套丰富的多媒体互动教育软件，覆盖了数学、自然科学、语言艺术、社会科学等诸多学科教育领域，其课程设计在

---

① 王一鸣,王涵.2015:技术主导下的国外数字教育出版业[J].出版参考,2016(2).

多媒体的基础上具备了专业教学的特征。瑞沃迪具有高科技的手段，但却缺乏教育内容。霍顿·米夫林通过瑞沃迪提供的高品质电子课件在教育出版市场上占据了更领先的地位；瑞沃迪则可以将内容注入其数字平台，从而为公司的发展开辟了更广阔的前景，双方的合作由此产生了共赢的效果。

2015 年 4 月 24 日，霍顿·米夫林·哈考特集团收购了 Scholastic 旗下的教育技术业务，为教育出版的数字化转型铺平了道路。此举旨在借助 Scholastic 公司的技术优势，将其静态的教育内容改造成为"易获取、自适应和可交互的"结构化数字内容。之后，霍顿·米夫林·哈考特集团以技术傲视 K-12 市场，1 个月之后的 2015 年 5 月 20 日，集团就宣布开放其核心部门 HMHLabs（霍顿·米夫林·哈考特实验室）的 API 入口，这意味着集团所拥有的内容资源将在开放平台上运行，集团外部的技术人员可以借由其教育出版平台，参与数字教育产品的开发，与集团一道共同打造开放、多元的教育出版生态圈。①

2.2　基于内容和大数据，开发智能学习平台和个性化教学方案

当下，大数据的浪潮已经席卷了很多领域，教育出版业当然也不例外。在这个背景下，霍顿·米夫林·哈考特集团通过并购重组已经具备了数字化的技术资源，因此也开始基于已有的教育内容和用户需求的资源，利用大数据技术，着手开发智能学习平台和个性化教学方案。② 集团一方面不断完善门户网站平台的服务，为用户提供多样化、个性化的选择；另一方面也顺应移动自媒体的发展趋势开辟移动平台和社交网站的服务，努力满足 K-12 学生及其家长

---

① 王一鸣,王涵.2015:技术主导下的国外数字教育出版业[J].出版参考,2016(2).

② 刘银娣.欧美传统出版企业大数据应用策略探析[J].中国出版,2014(23).

随时随地学习和教育的需要。

3 混合学习模式的数字教育服务

霍顿·米夫林·哈考特集团专注于为 K-12 学生提供教育服务，但该年龄段的学生自学、自控能力较差，对于他们来说，独立地进行在线学习难以实现。因此集团提供的数字教育服务采用混合学习模式，将学校学习、家庭学习与在线学习相结合，以便于推进 K-12 年龄段学生的学习进程。

3.1 门户网站：多样化自由选择

数字时代，教育出版企业已经意识到了数字教学的重要性和普及性。霍顿·米夫林·哈考特集团的门户网站是其数字教育服务的"大本营"，为 K-12 用户提供了多样化的服务内容，学生及其家长可以根据自己的需要进行购买和教育学习。

该网站将学校学习和家庭学习相结合，用户首先可以选择学习场景是"At Home"（家里）还是"Classroom"（课堂），如图 1 所示。针对"At Home"即家庭学习，该门户网站提供了根据年龄、书的种类等分类进行选择的购买方式。以年龄分类为例，如图 2 所示，网站把 K-12 又细分为四个年龄段——0~2 岁、3~5 岁、6~8 岁和 9~12 岁，三个年龄种类——儿童、青少年和成年人。集团旗下的电子书按照该标准进行了分类，用户可以据此精准地进行购买。除此之外，网站还提供了针对家庭学习的解决方案——"Family Learning Center"（家庭学习中心），用户可以在该学习中心获得各种服务，包括数字移动端学习方法、家长使用方式指导、阅读指导、家庭作业帮助等。

针对"Classroom"学习，该网站同样提供了多种选择方式。如图 3 所示，用户可以根据年级、学科、产品类型等分类方式来选择购买内容。以年级分类为例，如图 4 所示，网站把 K-12 分为 5 个种类——幼儿园、学前班、小学、初中和高中，12 个年级——从 1 到 12 年级。网站为不同年级种类提供了相应的课堂

图 1 选择学习场景

图 2 At Home 学习场景下的按年龄段购买

教科书，用户也能够按照需求自行购买。除此之外，还有专为课堂提供的课堂解决方案，包括考试评估、数字化学习、预习、课堂文学阅读等。

图 3 Classroom 学习场景下的分类

3.2 移动自媒体服务

早在 2010 年 9 月，霍顿·米夫林·哈考特集团就启动了一个试点活动，专为苹果 iPad 开发了一套代数课程，使用 iPad 代替传统的代数教材；而且在 2011 年进行了一场关于 iPad 代替传统教程的实验，面向加州 4 个学区的 6 所中学发放 400 台 iPad 课本，实验

298

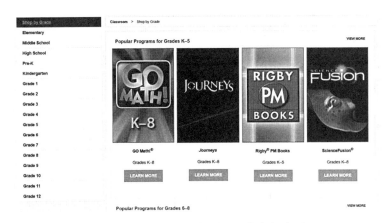

图 4　Classroom 学习场景下的按年级购买

期定为 1 年。① 尽管只是试验阶段，但是仍然可以看出，霍顿·米夫林·哈考特集团很早就进行了移动自媒体服务的尝试。

至今，霍顿·米夫林·哈考特集团已经针对不同的平台开发了许多移动 App 服务，且分类详细、种类多样。这些 App 服务还是以混合学习模式为基础，将学习场景分类为"At Home"和"Classroom"两种。针对"At Home"即家庭学习，集团提供了针对 iOS、Google Play 和 Amazon 等不同平台的学习 App 和电子书，用户可以根据需要自行下载。针对"Classroom"即课堂学习，集团除了提供针对不同平台的学习 App 和电子书之外，还开发了"HMH Player"软件，以实现一对一的个性化学习。通过使用 HMH Player，用户可以创建定制的课程，并且上传自己的内容或者链接到外部的资源，当连接互联网时，用户的内容会自动同步，老师和学生也可通过该软件进行实时报告。

2015 年，集团基于其出版的"好奇世界"系列丛书，专为学龄前和幼儿园儿童设计了"好奇"系列的 App 应用服务。该系列应用

① 沈荣.iPad 走进美国校园取代传统教科书［J］.基础教育参考,2011
(13).

除了囊括 8 个关键学习科目，如科学、数学、创造性表达等之外，还包括其他多个"好奇"应用，例如"Curious About Colors and Shapes""Curious About Letters""Curious George at the Zoo"等。这些产品为父母了解和掌握孩子的学习情况提供了管理功能，并根据孩子的兴趣和学习进度提供了反馈功能。

3.3 搭建教辅实验室

搭建教辅实验室，指的是通过数字化技术和终端为受辅导人群提供仿真的学习和考试平台，并借此实现对教辅出版作品的使用。教辅实验室的搭建可以依据不同个体的学习基础和学习能力等，提供个性化的针对性辅导和考试模拟，从而大大地提高受众的辅导学习效率和效果。霍顿·米夫林·哈考特集团成功搭建了教辅实验室，例如其在中国市场建立了两大教辅实验室——互动多媒体"浸入式学科英语"（Immersion Subject English）课程体系、"RISE 瑞思学科英语"教辅实验体系。①

4 总结

在数字化浪潮袭来的时候，很多人认为教育出版领域的数字化前景是比较灰暗的。② 但纵观霍顿·米夫林·哈考特集团的数字化发展和扩张之路，经过资产、内容等出版资源的并购、重组与整合，集团在教育出版行业的地位逐渐提高、竞争力逐渐增强，应对数字化挑战的能力也大幅度增强。除霍顿·米夫林·哈考特集团外，欧美教育出版行业的其他大型集团、公司的数字化转型也已经卓有成效。

霍顿·米夫林·哈考特集团的数字化发展之路能为我们国家的

① 李倩. 数字出版时代欧美出版企业成功经验与启示[J]. 中国出版，2013(16).

② 刘银娣. 欧美传统出版企业大数据应用策略探析[J]. 中国出版，2014(23).

教育出版业提供许多有益的经验。例如，教育产品的设计要与各学习阶段、各层次的教育规律相符，提供与不同年级、不同学习层次相对应的产品；产品功能要与目标受众的定位相符，霍顿·米夫林·哈考特集团专为 K-12 的用户提供服务，其所有的产品也都是根据这一受众定位进行分类设计的。因此，我们现在有足够的理由相信，教育出版业在数字化时代有着光明的前景。

培生集团拥抱教育数字化改革

陈　迪　徐淑欣

1　培生集团简介

　　培生集团(Pearson Group)是全球领先的教育集团之一，致力于为教育工作者和各年龄层的学生提供优质的教育内容、教育技术、测试测评、职业认证，以及所有与教育相关的服务，迄今已有超过 170 年的历史。目前，培生在全球 70 多个国家和地区设有分支机构，拥有超过 48000 名员工。它的诞生则可以一直追溯到1724 年托马斯·朗文(Thomas Longman)在伦敦创立的朗文出版社，而真正意义上的培生集团是塞缪尔·皮尔森(Samuel Pearson)于 1844 年在英格兰北部约克郡创立的一家小型建筑公司"S. Pearson and Son"的基础上发展起来的。如今的培生集团与当初的出版社相比已经焕然一新，在全球高等教育领域占据最大的市场份额。根据《全球出版企业排名报告》的统计，培生集团已经连续几年位居全球出版企业的榜首。

　　培生集团在其一百多年的发展过程中，经历了三次大的业务转型：第一次是从建筑商向产业集团转型(1844—1997 年)；第二次是从工业集团向媒体、教育出版集团转型(1997—2013 年)；第二次是从媒体教育出版集团向教育服务集团转型(2013 年至今)，退出媒体行业，百分之百专注于教育出版行业。① 目前，教育出版是整个集团发展的核心业务和重中之重。

---

① 练小川 . 培生教育集团转型简史［J］. 中国出版史研究,2016(2).

培生集团的数字化转型起步很早。1999 年，培生就成立了培生技术集团（Pearson Technology Group），成为全球最大的技术出版商，这标志着公司开始立足于数字技术，着手数字化发展。经历多年的发展，培生集团的数字服务比例逐渐增加。现今，全球教育出版业已经进入了数字出版的时代，从印刷产品转移到数字产品，从课堂教学转移到网络教学，培生集团也已经进入了第三个发展阶段。为了抓住百年一遇教育转型的机会，培生集团积极拥抱教育的数字化改革。正如培生集团的前总裁约翰·法伦（John Fallon）所说："我们必须加快数字化转型，加快从产品向服务的转型，尽快建立在新兴市场成长的业务。"如今的培生集团服从于统一的"全球教育战略"，大大减少了在传统出版领域的投资，从印刷产品转向数字产品，从教育投入向教育服务转型。培生的教育产品和服务正在帮助人们实现前所未有的成就。①

2　培生集团教育数字化改革宏观战略

培生集团高度重视数字化改革。为了集中资源实施教育出版的数字化改革，培生着力布局业务转型，并由此进行了集团的大规模改组；除此之外，还通过并购集中资金和技术，以期为其数字化改革服务。

2.1　业务转型，专注教育领域

近年来，随着数字技术和网络技术的发展，培生集团开始着力于制定数字化战略，实现数字化转型。在 2013 年，约翰·法伦接手出任培生集团总裁之前，培生集团的业务集中在教育出版（培生教育集团）、大众出版（企鹅出版集团）和商业信息（金融时报集团）三大板块，当时的培生集团是一个兼顾媒体和教育出版的巨头，其中教育出版占集团销售总额的比重较大。

法伦接任总裁之后，又极大地推动了培生向教育转型并数字化

---

① 详见培生集团官方网站 www.pearson.com.cn。

发展的过程。法伦认为教育是 21 世纪最大的成长行业，为了抓住这个机会，培生必须尽快进行教育数字化转型。具体来说，培生集团的教育数字化转型主要有以下几点发展战略：

①重新确立投资方向，并快速投资于前景可观的领域。加速投资发展中的新兴市场；减少对纸质教科书的出版、生产、发行和营销人员的投资；减少传统纸质的测试业务，转换到网络测试。

②让培生集团成为一家全球统一的企业。如今培生的运营全部服从于集团统一的"全球教育战略"，而非过去相对独立的业务部门的简单组合。

③公开承诺并完善学习效能。培生集团进行自我评价并邀请其他人评价，但是这种评价并非为了测评培生的产品，而是为了评估培生的产品对于学习者的影响。今后，培生的所有行动都遵从这个新评价标准。培生集团已经公开提供了其部分产品和服务的学习效果数据和量化评估报告。

④以学习者为中心，为他们竭尽全力。虽然培生的客户一般是教师、教育机构、教育主管部门或家长，但培生的工作归根结底是要让学习者受益。①

2.2　集团大规模改组

培生集团的数字化转型发展战略对其经营发展有着颠覆性的影响，甚至从很大程度上改变了培生每名员工的工作方式。培生集团由此进行了大规模的改组，向教育和数字化转型。

2013 年 2 月，法伦宣布，以 2.3 亿美元开始为期 2 年的公司重组计划，将培生的业务调整为三个板块——K-12 教育、高等教育、职业教育，三个市场——北美、核心市场（英国和西欧其他国家）、成长市场（中国、南非、巴西等）。将来对新产品的投资主要来自缩减传统印刷产品业务腾出来的资金。这是培生历史上最大的一次重组，其规模和成本超过了过去 6 年所有的重组。②

---

① 详见培生集团官方网站 www. pearson. com. cn。

② 练小川. 培生教育集团转型简史[J]. 中国出版史研究,2016(2).

2016 年 1 月 21 日，培生集团宣布法伦上任以来第二次业务重组，裁员 4000 人，占公司员工总数的 10%。重组后，法伦手上的培生只剩两个业务板块：大众出版和教育服务。

2016 年 1 月，培生推出了集团的新标志。标志是由一个惊叹号和一个问号组成的字母 P，其中惊叹号表示兴奋，问号表示好奇，组成的字母 P 既表示培生集团（Pearson），又表示"个性"（personality）。培生称，这个新标志显示了公司百分之百向教育转型的决心。

2020 年 10 月，安迪·伯德接任培生集团首席执行官，次年 3 月 8 日，他宣布了集团重大战略决定：由"面向学校"的策略转向"直接面向消费者"的策略，将其业务重组为五个新部门——虚拟学习、高等教育、英语学习、劳动力技能、评估和资格，并据此进行一系列的部门重组和高层人事变动。伯德称，新战略围绕三个以需求为导向的全球市场，即在线和数字学习的兴起、缩短劳动力技能差距、满足对可靠认证的不断增长的需求，帮助培生更好地融入教育数字化。

2.3　通过出售与并购集中资源

纵观培生集团的发展历史可以看出，培生本身壮大的历史就可当作一部出售与并购史。培生出售了许多与教育出版无关的产业和业务，并将收益用于投资全球教育战略，专注于发展教育出版领域；在并购方面，培生集团的并购主要集中在教育出版的数字技术领域，通过一系列的并购获得各个领域的技术平台，积累数字出版资源。

早在 1998 年 11 月，培生就从维亚康姆公司（Viacom Inc）手中收购了 Simon & Schuster 国际出版社的教育出版业务，并与原有的 Addison-Wesley Longman 公司合并，成立了培生教育集团，引领了美国及全球教育出版业务的主要分支领域，包括中小学教育、高等教育、职业教育、英语教学和教育技术。[①] 到了数字出版时代，培

---

① 详见培生集团官方网站 www. pearson. com. cn。

生集团依然借助并购集中资源，与教育技术企业和教育内容企业合作以进行教育数字化改革，力图在数字化学习和新兴市场中占据强势地位。2000 年 7 月，培生集团收购了美国领先的教育测试和数据管理公司 National Computer Systems（NCS），被收购的 NCS 公司为培生连接家庭和学校的目标奠定了基石，并为培生连接个性化课程及相关的评估、测试目标做足了准备。2007 年 5 月，培生集团收购了 Reed Elsevier 旗下的哈考特教育评估和国际教育出版业务，这次收购使培生集团成为英国最大的教育出版商。同年 5 月 14 日，培生再次以 5.38 亿美元收购远程在线学习服务商 eCollege 公司，这次收购增强了公司在在线教育和远程教育方面的实力。2009 年 4 月，培生集团宣布收购华尔街英语（国际）总公司旗下的华尔街英语（中国），这次收购进一步奠定了培生集团向教育业务转型的基础。2011 年，培生集团收购了美国学习管理系统公司 Schoolnet 和环球教育。2012 年，培生的技术收购范围不断扩大，投入 9.96 亿美元收购了基于绩效认证考试和模拟考试解决方案的供应商 Certiport 和美国在线教育服务商 EmbanetCompass 等公司；同年，培生集团与德国贝塔斯曼集团决定将企鹅出版社和兰登书屋合并。

在出售方面，2013 年，培生集团同意向 BC Partners 集团出售旗下的金融数据服务公司 Mergermarket。2015 年 7 月，培生集团以 8.44 亿英镑现金的价格将旗下经营商业信息媒体业务的金融时报集团出售给了日本经济新闻社，同年 8 月又出售经济学人集团 50% 的股份，并将这些收益用于其全球教育事业。2017 年 7 月 11 日，培生以 10 亿美元向合资伙伴德国媒体公司贝塔斯曼出售了其所持有的企鹅兰登书屋近一半（22%）的股份。可以看出，培生集团通过大规模的并购和出售，逐渐专注于教育出版，并进一步向数字化的方向发展。

3　培生集团的教育数字化服务

培生集团作为教育出版行业的领导者，高度重视数字化转型。

大规模的结构性重组、并购、数字化投资等，使其在教育数字化转型的大趋势下抓住了重要的增长机遇，并为集团今后的发展奠定了稳固的基础。培生集团为学生提供一体化、个性化、全面化的数字教育服务，可以总结为"数据库+个性化定制出版+网络在线学习"的模式，为学生和教师提供学习和教学解决方案，并提供附加服务。

3.1 基础：数据库

培生集团的教育数字化服务的基础依托是数据库。通过长时间的收购与发展，培生集团扩充并提升了自身教育服务的资源与技术，建立了在线教学资源库，并能够利用技术对海量数据进行分析，从而为用户提供个性化的学习或教学服务。

（1）在线教学资源库

归功于大规模的收购和发展，培生集团拥有可观的教育服务资源，依托这些资源和技术，培生集团建立起了可以为不同用户提供海量数字化教学资源的在线信息资源库，并增加附加服务。例如，培生集团分学科地提供每一门学科的电子教材等学习资源，每一本教材都捆绑了一系列教学资源和服务，包括在线课程、题库、PPT课件、教学参考书、在线作业、测验和练习、模拟、视频等，还可以连接到其他与教学内容相关的网站资源。集团开发的 EQUELLA 就是一个专业的教育内容数字在线仓储，该资源库可以方便读者随时随地获取需要的内容，同时还从读者需求的角度出发，提供各种在线内容的搜索、创建和管理等功能。①

（2）大数据分析

培生集团利用大数据技术分析学生的学习数据，从而为不同阶段的学生提供相适应的服务。比如，培生旗下于 2011 年收购的 SchoolNet. com 公司的主要业务是利用大数据技术开发学习评估软件，以改善主要学区（例如亚特兰大）学生的课堂学习能力和学习水平。该软件已拥有超过 830 万名学生的学习过程数据，对于各学

---

① 详见培生集团在线学习网站 www. pearsonmylabandmastering. com。

区评估学生学习水平起到了重要作用。再如，培生集团有"Higher Education Research"服务，与高等学级的学生和教育工作者进行密切合作，跟踪记录学生的学习收益，根据这些跟踪数据深入了解和分析高等学级学生的学习，从而改善自身的在线学习服务，使得在线学习更有效和灵活地为高等学级学生服务。除此之外，培生集团还利用大数据技术为用户编排符合其个性化学习的学习内容，根据数据分析学生的能力、兴趣、学习风格等因素，然后进行个性化服务的提供并及时调整。此外，教师还可精准获得学生的学习数据、学生课堂测评和考试测评的结果，从而及时对授课内容和教学方式进行调整。

3.2　特征：全面多样化、个性化、一体化

培生集团的数字教育产品与服务具有鲜明的全面多样化和个性化特征，主要表现在其数字教育产品和服务覆盖范围全面、种类多样，并且为学生用户和教师用户提供个性化的方案。

（1）全面多样化的服务

培生集团提供的教育数字化产品和服务覆盖范围十分全面，不仅包括 K-12 教育和高等教育方面的服务，还包括针对专业教育、职业教育提供的服务，以及与此相关的各种类型的教育测试系统。各阶段、各类型的学习者都可以在培生所提供的服务里找到适合自己的那一种。除此之外，培生集团的教育数字化产品和服务还具有多样化的特点，集团针对不同的目标市场和需求开发了丰富多样的产品与服务，有基于传统教材出版而衍生出的数字教科书，还有针对学生学习和老师管理需求而开发的在线辅导和家庭作业课程管理助手。另外，虚拟学习系统可以帮助学生化抽象为具体，提升学习效果。

（2）个性化的方案

①学生的个性化学习方案。

培生集团的教育产品以数据库为基础，为各阶段的学习者提供个性化的学习方案。以在线学习和辅导工具 MyLab & Mastering 为例，学生可以使用该产品进行及时且有反馈、互动的教程练习，然

后写作业并进行测试；根据作业和测试结果，系统会为每位学生生成个性化的学习计划，之后，系统会根据该学习计划直接为学生最需要加强的部分提供相应的练习以及个性化的错误答案反馈服务。

②教师的个性化教学方案。

除了学生，培生集团的数字化教育产品还为教师提供个性化的教育方案。以其互动学习产品 REVEL 为例，该产品为教师提供学习跟踪服务，即教师可以对学生的学习进行追踪，确保学生完成了阅读和学习任务。其中，Performance Dashboard 可以帮助教师更直观地监控学生的任务完成程度和个别学生的成绩，并以图表这种直观的方式显示学生的成绩是提高还是下降，帮助教育者识别可能需要帮助的学生。

培生致力于帮教师做好教授每门课程的所有工作。教师可通过填写课程资料、邮箱等信息来定制某一课程的教学资源，并与全世界的专家一起备课，分享教学过程和教学效果。培生集团还为教师提供附加服务，教师可以通过网站和终端形式管理个人教学或研究过程中收集的图书、多媒体、研究资料等各种资源，还能够获得多种培训课程。除此之外，教师可以对某一本书或某一个学科的内容进行个性化编辑，还可以从培生的特定资源或者是版权清晰的第三方资源中选择自己需要的内容章节、片段，并加入自己的内容，再将它们组织起来，制作成自己的个性化图书和教案，可用于印刷、教课或者是销售给学生。①

（3）一体化战略

培生集团的教育数字化改革实行一体化战略，具体表现为产品与服务一体化和教学流程一体化。教育数字出版产品是无形的产品，亦是一种服务，这种产品与服务在多数情况下已经合二为一，并通过其一体化来满足用户在整个学习过程中各个环节的不同需求。培生集团的数字化教育产品基本实现了产品与服务的一体化，实现了从内容产品向内容服务的转型。集团开发了 MyLab、

①　张桂玲,张海英. 从培生教育集团看国外数字化教材出版的新发展[J]. 科技展望,2015(31).

SuccessNet、LearningStudio、EQUELLA 等许多针对不同市场和需求的服务产品，这些无形的产品都以提供满足不同需求的服务为目的。

另外，培生集团也实现了教学流程的一体化。数字时代，学习变成了一个可以随时随地进行的持久过程，整个流程可以由很多不同的环节构成，教育出版机构应该考虑到用户对流程一体化的需求。在这方面，培生做到了既专注于个性化需求，又重视各个教学环节的不同需求，做好各个环节的铺垫与衔接工作，提供了整个教学流程的一体化方案服务。

3.3　主要产品与服务

培生集团提供的数字产品和服务种类多样、覆盖范围广，主要包括在线学习产品 MyLab & Mastering、互动学习产品 REVEL、提供在线专业考试服务的 VUE 以及其他各种教育数字化服务。

（1）在线学习产品——MyLab & Mastering

2007 年，培生教育开发了在线学习和辅导工具 MyLab，经过多年发展，成为现在的 MyLab & Mastering。该产品集在线作业、辅导和评估于一体，致力于一对一地提高所有高等教育学生的成绩。① 至今，MyLab & Mastering 产品已经为超过 4200 万名学生提供了在线学习服务。该产品以"24/7"为核心数字，代表了一天 24 小时、一周 7 天，用户可以随时随地灵活使用，根据自身需要合理安排学习时间。该产品分为 MyLab 和 Mastering 两部分。

MyLab 的服务包括以下几个部分：

①为学生提供及时并有反馈、互动的教程练习，里面的作业和练习与教科书同步；除此之外，还提供许多额外练习，如果学生做错了，还会收到反馈。其中，用户可以随时随地使用 Writing Place 写作业、访问作业指导和检查清单并上传作业，之后可以获得关于作业的分数和反馈。

②根据测试结果，为每位学生制定生成个性化的学习计划，系

---

① 详见培生集团在线学习网站 www. pearsonmylabandmastering. com。

统根据学习计划直接为学生最需要加强的部分提供相应的练习，这些练习为学生提供许多额外帮助。

③提供 Pearson eText 移动应用产品服务。该产品使学生能够随时随地访问教科书，除了访问在线教科书，学生还可以使用该 App 对教科书做笔记、书签等标记，并且进行在线互动和分享。教师可以在该 App 上分享学习重点，学生也可以添加自己的内容，从而建立一个紧密的学习社区。

④"24/7"的在线教师辅导服务。为学生提供一对一的教师辅导，而且师生可以使用实时交互性白板进行以解决问题为目的的教授讲解，致力于为学生解决学习问题。

Mastering 的服务包括以下几个部分：

①对深入的、具有挑战性的课业问题进行指导。

②个性化的错误答案反馈服务。通过从应用程序中收集的学生学习数据来为学生提供个性化的错误答案反馈，而不是简单的"正确/错误/再试一次"。

③提供两种类型的提示指导服务。一种是声明型的提示，为学生提供如何解决问题、得到正确答案的建议；另一种是苏格拉底式的提示，即把一个问题分解为更小的子问题，使之变得更容易解决。

④综合自习区服务。为学生提供一个自由学习的领域，学生可以在此观看视频，进行练习测验，浏览关键概念，访问学习工具，等等。重要的是，在这里进行的学习并不会影响系统中用户的学习成绩，所以这是一个学生自我练习而不受惩罚的理想区域。

⑤考试准备服务。提供随时随地的章节测试和实践测试，帮助学生判断自己是否已经为考试做好了充足的准备。①

⑤学生完成老师布置的作业后，系统评分会自动反馈给老师，方便老师进行有针对性的辅导。此外，该产品还可以对作业等级进行设置，以满足不同水平学生的需要。

（2）互动学习产品——REVEL

---

① 详见培生集团在线学习网站 www. pearsonmylabandmastering. com。

2014 年，培生集团发布了互动数字学习产品 REVEL，学生可以利用这一工具通过线上测试、观看视频等方式学习。同时，REVEL 支持手机等无线设备，还附带电子笔记及学习日历设定等功能。REVEL 的研发不仅能够方便学生的在线学习，还能够为教师及其他教育工作者提供及时全面的信息反馈。2014 年秋季，该产品已被 50 家教育机构的 1.2 万名学生使用。

该产品主要提供以下服务：

①连续性的、集成的学习服务。学生可以使用该产品做笔记、标记重点等，使用自己喜欢的方式学习；教师也可以添加笔记，包括学习重点和小诀窍等。

②互动性视频学习。这种学习方式能够提高学生的学习积极性，产品中的媒体互动内容较为简短，有利于集中学生的注意力。

③学习测试服务。在进入下一个学习内容之前，REVEL 会对学生的学习和理解进行定期的测试。

④移动 App 应用——Revel by Pearson。学生和教师可以在任何时间、任何设备上使用该应用进行学习，而且学习记录会跨越所有注册的设备进行同步。特别的是，该应用程序还有任务日历功能，教育者可以设置学习任务的截止日期，以便于提醒学生按时学习。

⑤综合写作工具。拥有详细的写作功能，教师可以用它来分配写作任务，学生可以用它来写作以自由表达自己的想法。

⑥为教师提供跟踪服务。教师可以对学生的学习进行追踪，确保学生完成了阅读和学习任务。Performance Dashboard 可以帮助教师更直观地监控学生的任务完成程度和个别学生的成绩。如图 1 所示，趋势列可以显示学生的成绩是提高还是下降，帮助教育者识别可能需要帮助的学生。[①]

（3）在线专业考试服务——VUE

在专业教育范畴内，培生集团旗下拥有 VUE 电子化考试服务机构。VUE 为考试拥有者和应试者提供服务，全球超过 450 种专

---

① 详见 www. pearsonhighered. com。

图 1　Performance Dashboard

业考试选择 VUE 开发、管理、交付和发展它们的测试程序。而且，VUE 考试服务是电子化考试行业的领导者，提供几乎涵盖每个行业的专业考试服务，包括金融、政府、卫生保健、IT、军事等。①其中，IT 认证、国家标准认证及专业化证书等类型的电子测试容量以每年 9% 的速度增长，目前使用人数已达到 13 万人次。

（4）其他教育数字化服务

培生集团在中小学教育、高等教育、职业教育领域的服务覆盖都十分全面，除 MyLab & Mastering、REVEL 之外，还为用户提供其他许多教育数字化服务。例如，针对职业教育，培生还提供 UK Qualifications 服务，即英国学术和职业资格测试系统。该系统根据变化更新和改造测试内容，以确保为学习者持续提供他们需要的职业或教育准备。② 针对 K-12 教育，培生集团还提供一项名为 TestNav 的服务。TestNav 是一个有创新性的在线测试交付方案提

---

① 详见 VUE 官方网站 home. pearsonvue. com。

② 详见 qualifications. pearson. com。

供者，每年为 K-12 学校提供数以百万计的测试，并为学生提供参与式和互动式的测试体验。它主要在移动设备上运行，学生可以登录并进行在线测试，然后得到详细的答案及讲解。① 除了以上这些，培生集团还提供电子书、专业英语教育等服务，可见其教育数字化发展已十分深入。

4 培生集团教育数字化发展情况

在十几年数字化发展过程中，培生集团极大地拓展了营销市场和发展空间，且其数字化发展不仅局限于产品方面，在运营效率上也有所体现。培生集团的经营情况虽然总体上乐观，但近几年仍有问题出现。

2006—2011 年，培生集团对数字化内容采集的长期投资高达 40 亿英镑，同时加大了对数字出版新技术的投资；另外，培生集团通过并购积极占有数字出版各要素，使得集团在数字化教育内容和技术领域都占有和保持着领先地位。数字服务的发展为培生集团赢得了可观的营销收益。2006 年，培生集团来自数字服务的营收同比增长 18%，截至 2011 年，在美国已经有超过 6700 万的大学生至少参加一门培生的在线课程，比例高达 30.2%（参见图 2）。而到了 2012 年，培生集团的数字内容服务销售额已经超过了实体书销售额，占到了总销售额的一半以上。2014 年，培生集团数字业务的收入已经达到 30.3 亿英镑，占集团总销售额的 62.1%；除此之外，在 2010—2014 年的 5 年内，集团效率也获得了大幅度提升。②

而到了 2015 年，培生的三个业务市场面临的环境都极为不利。英国教育政策的变化导致职业学校入学率下降；南非教育经费紧张导致教科书市场萎缩了 60%；在美国，高校入学率在 2015 年的降低导致培生营业利润减少了 3.3 亿美元，同时，培生在美国中小学

① 详见 www. pearsonassessments. com。
② 侯鹏. 英国培生集团加速数字化转型[J]. 出版参考,2015(13).

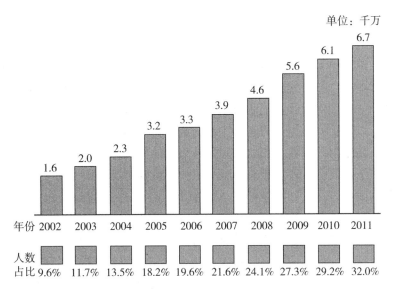

单位：千万

图 2　2002—2011 年美国大学生至少选择一门培生
在线课程的人数

教育市场的统治地位使其在教育改革争论中成为众矢之的。因此，
2014 年和 2015 年，培生先后失去了几个大型的测试合约。而培生
的股市表现也不容乐观，2015 年培生已然成为全球最大的教育公
司，但其股票价格却低于 2007 年的价格。① 2016 年 2 月 26 日，培
生公布 2015 年财报，显示运营收入 45 亿英镑，下降 5%，运营亏
损 4 亿英镑。

　　可以看出，培生集团的教育数字化改革给集团带来了明确的统
一化发展目标，表明了集团在未来会更加专注于教育领域和数字
化，同时也巩固了培生集团在教育出版业的龙头老大地位。但是近
年来，由于市场环境变化等原因，培生集团也遇到了各种各样的问
题。在未来的发展过程中，培生集团会采取怎样的应对行动和发展
计划？值得我们期待。

---

① 　练小川 . 培生教育集团转型简史［J］. 中国出版史研究，2016（2）.

5　总结

纵观培生集团的教育数字化改革过程，可以看出培生集团一直朝专业化、数字化的方向发展，认准时势实施转型，专注于教育业务，并据此对集团进行改组；同时在全世界范围内进行并购和出售，以便更好地以学习者为中心，为他们提供有效的教育服务。

培生集团在教育出版数字化转型中的努力，对于同样处在转型背景下的我国教育出版企业具有重要的借鉴意义。培生的发展过程告诉我们，在全球出版业进入数字出版时代的 21 世纪，出版集团要注重塑造自身的竞争特色，避免贪大求全。培生集团在早期也是多元化发展，涉足出版、建筑、石油、煤矿、电力、航空、金融等多个行业；到了中期开始从工业集团向媒体和教育出版集团转型；到了 21 世纪，这个过程加快并更加集中，逐步对与教育不相关的业务和资产进行剥离，将投资的重点聚焦在教育领域中的数字出版以及在线教育等领域。① 在如今的市场细分化的时代，中国出版企业也要找到自己的竞争特色，确定主营方向，进行专业化发展。培生集团在数字出版方面取得了巨大的进展，数字出版已经是培生的一个主营业务，并且近年来发展稳定。与之相比，我国数字出版的发展较为落后，大多数出版单位在数字技术研发方面非常薄弱，缺乏复合型人才，对于技术的研发投入和积累都微乎其微。为此，我国出版企业要向培生集团学习，明确经营模式，加强技术研发，创新数字产品，引进复合型人才，从生产方式、管理方式、传播方式和经营方式等各个方面全面实现出版的数字化和网络化。②

---

① 练小川. 培生教育集团转型简史［J］. 中国出版史研究,2016(2).
② 周爽. 英国培生集团的经营战略研究及其启示［J］. 出版广角,2013(3).

麦格劳-希尔集团数字化发展研究

李思洁　余孝雯

1　麦格劳-希尔集团概述

美国麦格劳-希尔集团（The McGraw-Hill Companies）是著名的世界 500 强企业之一，成立于 1888 年，总部设在美国纽约，是国际领先的教育、商业信息及金融服务机构。麦格劳-希尔集团旗下拥有麦格劳-希尔教育出版公司（McGraw-Hill Education）、标准普尔（Standard & Poor's）、《商业周刊》（*Business Week*）、普氏能源信息公司（Platts）、麦格劳-希尔建筑信息公司（McGraw-Hill Construction）及营销信息服务机构（J. D. Power and Associates）等一系列在全球经济中备受尊崇的企业和品牌。①

麦格劳-希尔集团在全球 40 多个国家和地区设有 300 多个机构，员工 17000 人左右。自 1992 年以来，该集团的市场股本已翻了四番多。1997 年以来，股东总回报率年均增加 12.2%。2003 年销售额为 48 亿美元，2004 年达到 53 亿美元，2005 年高达 60 亿美元。麦格劳-希尔也在大踏步地进行数字化改革，2015 年，麦格劳-希尔的数字业务营收首次超过了其印刷业务营收。② 一个多世纪以来，麦格劳-希尔集团一直领导着信息及咨询业的发展，提供着最

---

① 详见麦格劳-希尔集团官方网站 www. mcgraw-hill. com。

② 老巨头拼转型，麦格劳-希尔 2015 数字业务营收首超印刷品［EB/OL］.［2016-03-22］. http://www. sohu. com/a/64925714_112831.

有信誉的服务，其业务范围主要包括：图书出版与教育服务、信息与媒体服务、金融服务。

在图书出版与教育服务领域，麦格劳-希尔教育出版公司是美国最具影响力的教育出版公司。作为跨国界、全球性的出版机构，麦格劳-希尔教育出版公司以年出版 3000 多种新书的规模、40 多种语言同步出版的优势处于世界出版业的领先地位。其出版物涉及大中小学教材、学术著作以及大众畅销书等各个领域。麦格劳-希尔教育出版公司致力于从小学、中学到大学以至于终身专业学习的教育服务及教材提供，在美国 K-12 教育市场中排名第一，并且在高等教育及职业信息方面列首位，专长于英语语言培训及高等教育领域。其麾下的 McGraw-Hill Contemporary ELT、School Division、SRA、Glencoe 出版社是全美最著名的教材出版与服务机构，每年出版 700 多种新版各科类教材，更有近千种常备教材长盛不衰。①

2　麦格劳-希尔集团的数字化战略

麦格劳-希尔集团前董事长、总裁兼 CEO 哈罗德·麦格劳三世曾断言"数字化也许是这个世纪最大的机遇"。这也几乎是这个时代所有领导者的共识。然而，究竟谁能够抓住这个"最大的机遇"并胜出，却是每个管理者都仍在寻找着答案的关键问题。

2.1　谋求新出路

麦格劳-希尔集团，是在 1888 年成立，并从一本名为《美国铁路设备》的杂志开始的。其创始人詹姆斯·H. 麦格劳和约翰·A. 希尔在此后的 15 年内，一个专攻技术出版物，另一个专攻行业出版物，最终将公司合并成一个初具规模的出版公司，也由此逐渐形成了麦格劳-希尔犀利的市场判断力，在选择出版物的目标时，总是扣准当下最重要或是最有潜力的领域和技术。

---

① 刘彤，付海燕. 出版业巨头——麦格劳-希尔公司[J]. 出版广角，2006 (8).

在超过一个世纪的发展历程中，麦格劳-希尔一次又一次地证明了其独到的眼光，从而成功地抢占了市场先机。其中一个著名的例子就是，1917 年，美国参加第一次世界大战之后，麦格劳-希尔敏锐地预见到，战时社会将会出现对机械及手工技能类书籍的大量需求，于是他们加紧进行相关产品储备，在美国教育部向各出版公司紧急征订技术类书籍时，麦格劳-希尔在十几天时间内印制、包装 15 万册技术类书籍并将其送达法国前线，一时被奉为传奇。而二战后，麦格劳-希尔对于"婴儿潮"形势的判断，又使其成功地抢先在 12 岁以下儿童教育市场进行了战略布局。

从 20 世纪 70 年代末 80 年代初开始，市场出现了新变化，而让麦格劳-希尔开始感知到市场变化的正是其业务本身的增长率。由于传统印刷和出版业务的增长逐渐放缓，麦格劳-希尔旗下的一些子业务开始出现不同程度的下滑或增长停滞，行业的整体低迷同样拖累了麦格劳-希尔原本稳定的业务。

媒体板块也遭遇到同样的危机，在信息膨胀甚至爆炸的时代，人们不再愿意为信息付费，他们只需要他们想要的、对他们手头工作生活有帮助的、具有参考价值的高质量信息。与泛滥的关联性低的信息相比，人们的时间和关注开始成为稀缺资源。当广告盈利模式在市场状况的直接影响下风雨飘摇时，凭借出售稀缺的信息来赚取眼球的注意力经济日渐式微，变革势在必行。

2.2 业务改革与合并

为了使旗下的业务组合适应信息时代的特殊需求，从 1998 年出任麦格劳-希尔集团 CEO 伊始，哈罗德·麦格劳三世就开始对业务进行大刀阔斧的改革，将 15 项业务逐步浓缩为教育出版、金融信息与媒体/信息三项核心业务。

教育出版是麦格劳-希尔自创立以来就深耕的业务领域，曾经赶上"婴儿潮"大好时光的麦格劳-希尔一直深知教育对于社会进步的意义。由于对业务本质有着深刻的理解，它并没有把自己简单定义成印刷儿童书籍或是学生课本的公司，而是定义为一个为学生和任何希望学习的人提供他们所需要的信息和知识的公司。教育出版业务本身永远不会过时，但纸质印刷的形式却会过时，因此，以怎样的方式为社会提供教育出版，以怎样的界面分享信息、传播知识，就成了麦格劳-希尔在这个阶段考虑的重点。

为了维持一贯的优势，麦格劳-希尔进行了一系列的收购，包括针对 12 岁以下学生的著名出版商 Tribune Education、高等教育出版社 Open Press 等，以巩固其在各条产品线的强势地位。另外，麦格劳-希尔还在探索研发侧重于内容的深度制作和提供高附加值教育解决方案的在线教育交流平台，并瞄准了电子阅读的新形式，率先为亚马逊 Kindle、苹果 iPad 等电子书硬件商提供内容。① 除此之外，麦格劳-希尔还进行了一些其他的合作与出售。2014 年 7 月，麦格劳-希尔教育出版公司宣布与 Follett School Solutions 公司建立合作关系，以进一步扩大电子书业务。Follett 公司是美国最大的教育内容和技术解决方案提供商，该公司的学校图书馆管理软件 Destiny Library Manager 能够让学生无缝搜索和访问图书馆中的所有纸质书和电子书。全球有超过 3000 万学生和教育工作者在使用 Follett 提供的电子书，他们分布于世界各地的 42000 所学校。② 麦格劳-希尔此举有助于自身拓宽用户群体，并为 K-12 学校图书馆提供新的内容获取方式。2015 年，麦格劳-希尔以 600 万欧元的价格收购了语言学习社交平台 Busuu 的少数股权，并探索将自身的自适应学习技术添加到 Busuu 的产品中。③ 同年，麦格劳-希尔教育测评中心将很大一部分测评业务出售给 Data Recognition Corporation（DRC）公司，④ 退出总结性考试市场。该决策表明，考试服务提供商对于非总结性考试的兴趣越来越大，麦格劳-希尔越来越重视

① 柴文静. 麦格劳-希尔：一个出版集团的数字化"重生"［EB/OL］.［2013-03 06］. http://www. bookdao. com/article/14824/.

② 内容与渠道商再合作：麦格劳-希尔 Follett 合作扩张电子书［EB/OL］.［2014-07-25］. http://www. duozhi. com/company/20140725/1765. shtml.

③ 麦格劳-希尔 600 万欧元收购 Busuu 部分股权［EB/OL］.［2015-07-17］. http://edu. qq. com/a/20150717/033461. htm.

④ 不敌 ETS，麦格劳-希尔教育出售总结性评测业务［EB/OL］.［2015-07-09］. http://www. duozhi. com/company/201507093533. shtml.

以"个性化学习"为中心的教育产品和服务。

对麦格劳-希尔来说，金融业务的成功既有妙手偶得之的幸运，也是其长期耐心和决心的胜利。当年，麦格劳-希尔收购标准普尔时，这是一个不起眼的业务，在20世纪60年代末及整个70年代期间，它对集团的盈利贡献都很小。当时，银行是资本市场的主宰，它们自己评价贷款的对象。而20世纪70年代之后，当华尔街开始风生水起，投资者可以选择投资对象时，他们需要第三方的评价机构来提供对资产质量评定的专业意见，于是标准普尔的业务开始好转，而随着资本的全球化，标准普尔的业务也不断在全球拓展，现在已经成了麦格劳-希尔最赚钱的业务。

实际上，标准普尔的崛起是理解一个业务潜在价值的很好示范，一项业务也许在彼时看起来微不足道，但并不一定就意味着这是一个没前途的业务，相反，也许在另一个时期或是环境里，它会是一项明星业务。从无数微不足道的业务中发现潜藏着的未来之星，这任务非常艰难，当然，这也是为什么具有深刻市场洞察力的公司能够从大多数平庸的公司中脱颖而出的原因。

媒体业务的重新定位，更加凸显出麦格劳-希尔对数字化本质的理解。它没有固守自己曾经最成功的领域，反而大刀阔斧地进行了改革，砍去那些过时的业务冠军。另外，麦格劳-希尔还通过收购一些调研分析公司，加强了对信息的处理和驾驭能力，因为要实现从信息的提供商到信息服务的提供商的转型，麦格劳-希尔也需要更新自身的组织能力。过去是通过专有渠道来收集信息，统一地出售给所有的客户；现在则是通过更好地理解客户的信息需求，建立强大的数据库，为客户提供定制化的信息服务。所以，麦格劳-希尔原属于媒体板块的60本杂志，除了本身具有业务延展性的《航空周刊》之外，都被其逐一出售。

2.3 出售《商业周刊》

2009年12月1日，麦格劳-希尔完成了《商业周刊》的出售，购买方是彭博资讯公司。对于麦格劳-希尔这一家族企业而言，出售创办历史已有80年的《商业周刊》仅仅从情感上来讲都是个艰难的决定。麦格劳三世将这次出售形容为"正确的决策，令人伤感的决定"。

一直以来，《商业周刊》是全球财经媒体中的翘楚，拥有高质量的编辑与制作水准，与《财富》《福布斯》并称为"美国商业杂志的三驾马车"，在全球 140 余个国家拥有超过 500 万名读者。《商业周刊》曾是麦格劳-希尔最引以为傲的业务之一。然而，数字时代改变了人们的阅读习惯，读者的流失带动广告主更多地选择信息更新速度更快、视觉效果更佳的数字化媒体，这给在很大比例上倚重于广告收入的《商业周刊》等平面媒体带来了致命性打击。2005—2008 年，该杂志广告页的比例不断下降，2008 年更是亏损了 4300 万美元。对于每年营业利润超过 20% 的麦格劳-希尔而言，《商业周刊》像是还停留在上个时代的异类，而对麦格劳三世而言，对眼前这份"品质毋庸置疑"的全球知名杂志，他宁愿将其 1 美元"贱卖"，也不想继续运营了。

实际上，麦格劳-希尔并非没有试图改造《商业周刊》，希望它能够更加适应数字化时代。早在 1998 年，《商业周刊》的网站就已上线（比雅虎成立还早一年），网站通过减少深度报道、增加即时新闻报道以弥补杂志在时效性上的不足；通过建立商业交流（Business Exchange）等社区板块吸引用户在线交流与分享感兴趣的话题，使杂志读者之间以及编辑人员之间实现更多互动；专题化的讨论方式聚集了关注点相似的读者，使广告投放更为精准。这些在今天看起来依然正确的变革方向，却与当时的市场环境以及麦格劳-希尔的核心能力不完全匹配。而在缺乏更新的商业模式之下，网站的盈利仍旧主要来源于广告，虽然在线广告实现了一定幅度的增长，但它难以弥补平面广告的下降带来的损失，这场挽救行动最终归于失败。

于是，麦格劳-希尔"挥泪斩马谡"，就有了这场媒体界 21 世纪以来最著名的收购案之一。作为新兴的媒体形式，彭博公司安装在每个投资者案头的信息终端机，成为一份每天发行在管理者办公桌上的定制化的商业报纸。

由于彭博终端能为彭博带来稳定的现金流，因此，维持《商业周刊》的继续运转并非难事。而这场收购，彭博看中的并非是财务上的获利，而是《商业周刊》财务报表之外的资产为彭博社带来的协同效应。彭博社董事长彼得·格劳尔这样解释："它品牌上的效应，对我们来说是扩展的领域，接触到以前接触不到的人。这是非常吸引人的。"在收购《商业周刊》之前，彭博终端的主要用户集中在 40~45 岁的男性群体，他们的年掌控资金在 20 亿美元左右，主要从事金融业。彭博社渴望将用户群拓展至企业界和政界精英，因此希望能够通过收购《商业周刊》这样优质的传统媒体延揽高端用户群体。

《商业周刊》在两个集团中天壤之别的境遇，正是很多企业在业务转型过程中常常遭遇的情况。如何判断一项业务的价值，一项业务是否应该保留，是剥离还是收购，除了要看账面上的和其他人都看得到的资产，也需要看清楚这项业务所包含的隐性资产，以及这些资产与公司现有业务和能力的匹配度。

2.4 传统业务换新颜

在对盈利前景堪忧的问题业务进行剥离的同时，麦格劳-希尔也在为传统业务寻找新的业务增长点。《航空周刊》（*Aviation Week*）的转型即是一个典型的例子。《航空周刊》与《商业周刊》等 60 余种杂志曾同属于麦格劳-希尔原来信息/媒体板块下的"出版服务部门"，现在它是唯一被保留下来的品种。

一直以来，《航空周刊》针对航空与防卫领域的专业人士提供内容服务，因此，在麦格劳-希尔向信息服务提供商转型的过程中，它被认为是最有可能整合为专业信息定制平台的传统媒体。在保留原有杂志内容的基础上，通过加强数据分析能力，现在《航空周刊》信息平台为全球超过 120 万航空业高管、专家、军队及政府高级官员提供集杂志、客户资源数据、每日行业报告和即时信息服务智能系统于一体的个人定制信息服务客户端。这样定制化的信息服务，有利于麦格劳-希尔培育忠诚度更高的客户群和更成熟的收费模式。比起原本依靠杂志订阅和平面广告进行收费的媒体，现在多媒体方式呈现的定制化信息向用户提供付费服务的形式，不仅改变了用户获取信息的方式，使服务的黏性更大，而且降低了广告依赖模式在市场不稳定状况下的风险。《航空周刊》还提供了一个综合信息服务平台，利用其掌握的丰富客户资源，为行业内企业提供精准广告投放服务。①

麦格劳-希尔另一个让旧业务换新颜的例子，则是发生在教育业务板块中。一直以来，教育出版业的业务模式是出售一本教材，再配套出售一本习题集或学生参考书，再卖一些测试题给教师。在传统教材为主的时代，出版商根据学生的平均水平制作教材，教师用同一种教材对数十位智商和学习能力各不相同的学生进行教学，少有学生能享受"课外辅导"的优待。由于前期制作成本大，不可能针对每一位学生的个性化需要提供独一无二的内容。

数字化趋势使信息呈现方式逐渐多元化，数据分析能力的增强也使个人教学信息定制成为可能。Connect就是麦格劳-希尔对传统教材模式创新的成功尝试，Connect为学生提供了一种截然不同的学习方式。他们可以通过订阅选择在任何时间、任何地点、用移动数码设备阅读教材。它有更完善的搜索和信息更新系统，学生可以任意搜索数据库中其感兴趣的教科书、参考资料、讲座视频。学习完之后，可自行进入测试环节自我检测，之后与参考答案对比，分析出未能掌握的内容继续加强复习。它将传统教学中的几个流程用一套开放式的教学解决方案代替。在21世纪初，Connect强大的数据库就已经涵盖了34个学科的250多个主题，得到全美大约600所大专院校180多万名学生和教授的使用。②

教育出版领域的数字化转型在很大程度上节省了该领域与印刷

①　孙然. 麦格劳·希尔公司的数字化发展探究[J]. 中国报业,2012(9下).

②　鲍红. 认识麦格劳·希尔教育出版公司[J]. 国外出版瞭望,2002(14).

相关的制作成本、仓储成本和全球发行成本。个性化教学解决方案为学生们省去了搜集学习资料的时间成本，与传统教材的威胁者——免费的电子书和在线教学资料相比，它提供了系统性和智能化程度更高的服务，它关注学生的学习效果更甚于关注卖出一本书，因此也更能打动学生或学校为其付费。

历经 20 多年的持续战略转型，现在麦格劳-希尔终于成功地摆脱了数字时代媒体业利润流沙化的厄运。而且，在 21 世纪的头 10 年里，麦格劳-希尔股东的年回报率增长了 17.85%，超过了标准普尔 500 强的平均年回报率 11.1% 的水平，也超过了同业 14.6% 的水平。① 今天来看，这场未来之战，麦格劳-希尔赢得了个不错的开局。

2.5　新兴市场的开辟

虽然麦格劳-希尔教育出版公司 77% 的业务量集中在北美地区，但是作为世界出版业的巨头，麦格劳-希尔教育近十几年来特别重视发展中国家的市场，尤其是在中国的发展。数字化产品作为麦格劳-希尔教育出版公司开拓新兴市场的利器，促使麦格劳-希尔教育进军新兴市场的步伐加快。麦格劳-希尔教育出版公司曾预测，中国经济从低成本制造业向增值服务型转变的过程中，将产生 40 亿美元的职业教育市场。麦格劳-希尔教育出版公司曾与安博教育集团分别和大连、昆山签订了关于技术领域人员的职业英语培训项目。在该合作中，麦格劳-希尔为参加安博职业培训项目的 IT 工程师开发定制英语培训课件和培训材料，重点讲授工程师在工作中使用的职业英语；麦格劳-希尔与安博还为该教程的教师提供培训。根据该计划，麦格劳-希尔将与安博教育在头三五年内每年培训和认证 2 万名工程师。可以看出，麦格劳-希尔集团已经由一个简单的教材提供商转变成为教育服务

---

① Kim J. 未来三年高等教育将实现全面数字化？——七问麦格劳-希尔集团 Brian Kibby［EB/OL］.［2013-03-06］. http://www.bookdao.com/article/50970/.

的提供商。①

3　小结

　　纵观麦格劳-希尔集团的发展历史和数字化转型道路，可以看出清晰的战略发展思路、完善的管理体系是其在历经百年风雨而愈发壮大的根本原因。在数字时代的浪潮中，麦格劳-希尔为了适应环境的变化更加注重企业转型，"舍弃"了传统印刷媒介，打造核心数字产品，不断增强自身的核心竞争力，打造适合集团发展的数字产品产业链。在开辟新兴市场方面，我们发现麦格劳-希尔对发展中国家，尤其是中国的重视。但是更应该引起我们关注的是，在合作中数字化产品和数字化服务是推动合作顺利进行的有力保障。可以说，正是由于数字化产品的推广、数字化服务的展开，才使得麦格劳-希尔集团有机会、有能力、有途径进入发展潜力巨大的新兴市场。

　　目前，国内的出版企业已经基本完成了转企改制的任务，并且成立了中国出版集团、中国教育出版集团等几家大型的出版集团。但是，我国出版集团的实力和规模同麦格劳-希尔这样的国际大型出版集团相比还有一定差距。面对数字化时代带来的机遇与挑战，我国出版集团在未来的市场竞争中应当积极学习外国大型出版集团的经营理念，借鉴其成功经验。中国出版业应积极适应数字化时代的变化，积极推进数字化战略，实现可持续发展。

---

　　①　陈谌,刘益. 麦格劳-希尔教育出版公司的经营管理分析[J]. 北京印刷学院学报,2012(6).

圣智学习出版公司：从教材到教学解决方案

骆双丽　　余孝雯

技术正带来出版产业的大变革。当今世界，数字出版发展势如破竹，新技术不仅改变着阅读载体，更重塑了人们的阅读和学习方式。教育出版作为出版产业的重要领域之一，更是在数字化背景下迎来了大好发展机遇。尤其随着社会学习和终身学习的普及，教育出版的市场规模正在不断扩大，师生、家长和教育机构对数字教育的认可度也在不断提高。数字教育出版目前的产业现状是：出版商、书商、技术公司以及一些教育机构都争相介入，纷纷研发数字化教学产品，提出数字化教育出版方案。

虽然印刷教材和教辅在当今教育市场上仍占据主体地位，但数字化教学解决方案捆绑课本出售已越来越受到欢迎，数字化教学素材也广受重视，各大出版社都把推进数字化作为未来发展的突破口和制胜的关键。新技术的发展又极大地满足了教育市场不断提升的需求，今天的教育出版所致力于的"数字化"显然已不仅仅局限于把纸质教材照搬到电子屏幕上，而更多地延伸至各种数字化教学解决方案。在教育出版的佼佼者中，圣智学习出版公司（CENGAGE Learning）以独特的个性化数字教学解决方案脱颖于林立的竞争者。

圣智学习出版公司作为全球教育出版领域的领袖和巨头，它的发展规划、战略调整和业务转型，对整个行业影响甚大，能有力地为教育出版的数字化提供可资借鉴的策略和适应性反思。本文以圣智学习出版公司为个案①，厘清该公司数字化发展的脉络，介绍它的数字化教学解决方案。

1　公司概况

圣智学习出版公司(简称圣智学习)是全球领先的提供创新型教育、学习、研究方案的教育出版集团之一，其所提供的学习解决方案包括专业内容、应用及服务，涵盖高等教育、职业教育、语言学习和图书馆参考四大领域。圣智学习在教育出版和图书馆文献两大领域占有独特优势。圣智学习提供的产品和服务致力于随时随地提供全方位的学习资源，确保信息权威性，提高学生参与度，促进学术卓越和专业发展，提高学习效果。

圣智学习出版公司总部位于美国康涅狄格州斯坦福市，拥有全球员工约 5500 人，在全球 50 多个国家或地区设有分支机构，2013 财年营业额约为 20 亿美元。圣智学习致力于从传统纸本图书出版向增值数字化出版及提供定制解决方案转型，协同各业务领域，为用户提供竞争者所无法比拟的创新型产品和服务。②

1.1　发展历程

圣智学习出版公司的前身是隶属于汤姆森集团的子公司——汤姆森学习出版集团(Thomson Learning)。2007 年，汤姆森学习被全球最大的私募基金之一的 Apax-Partners 和加拿大的 OMERS Partners 基金收购后，更名为"CENGAGE Learning"，并成为独立运营的公司。后来，通过不断的整合并购和对外合作，圣智学习出版公司最终在教育出版领域确立了其作为整合型学习解决方案服务商的稳固地位。

以下列举了圣智学习在 2012 财年(2011 年 7 月 1 日—2012 年 6

---

① 2019 年 5 月，圣智学习出版公司与麦格劳-希尔合并，本文主要研究合并前的圣智学习。

② 详见圣智学习出版公司官方网站 www.cengage.com.cn。

月 30 日）的并购项目和部分对外合作项目：

①2011 年 6 月末，收购麦格劳-希尔在澳大利亚的中学教材业务。

②2011 年 8 月，完成对美国国家地理学会出版部门（National Geographic Society's School Publishing Unit，NGSP）的收购，同时启用新品牌"国家地理学习"（National Geographic Learning），丰富英语语言学习资源。

③2011 年 7 月，与 Moodlerooms 成为战略合作伙伴，在数字化解决方案上进行合作，兼容 Moodlerooms 的产品，丰富教学资源，提升用户体验。①

④2011 年 11 月，与教学平台提供商 Desire2Learn 公司合作，把圣智学习出版公司的 MindLinks 与 Desire2Learn 的 Learning Suite 整合在一起。②

⑤2012 年 2 月，与美国最大的大学体系加利福尼亚州立大学达成协议，向该校分散在 23 个校区中的 40 万学生提供折扣电子书。③

⑥2012 年 5 月，与 Blackboard 公司进行合作，教师和学生可通过 Blackboard 学习管理系统获取圣智学习的数字化学习解决方案和核心课程教材。④

此外，在本土化合作战略上，圣智学习因地制宜，积极与本土出版商达成各种合作协议。如在中国，圣智学习积极与政府、出版社建立良好关系，与北京师范大学出版集团、中国国际出版集团下

① Cengage Learning and Moodlerooms Partner to Deliver Interoperability of Moodle and Digital Content and Solutions[EB/OL].[2013-01-30].http://www.cengage.com.cn/index.php/news/news/id/38.

② 圣智学习集团联手 Desire2Learn 推整合解决方案[EB/OL].[2013-03-17].http://www.bookdao.com/article/30907/.

③ 圣智与加利福尼亚州立大学签约提供折扣电子教材[EB/OL].[2013-03-17].http://www.bookdao.com/article/35491/.

④ 圣智与 Blackboard 合作推进教育数字资源整合[EB/OL].[2013-03-22].http://www.bookdao.com/article/39227/.

属外文出版社达成战略合作关系；2013 年下半年，圣智学习又与中南传媒集团、中国出版集团、商务印书馆、中华书局和中国大百科全书出版社签署了战略合作协议。

但随着互联网时代的到来，许多人开始从纸质教科书转向通过智能手机、平板电脑等工具选择的网络学习资料，再加上美国国家以及地方政府削减了在教科书上的预算，因此圣智学习的用户流失十分严重。从 2012 年 6 月至 2012 年年底，圣智学习的销售额下滑了 18%。2013 年 7 月 2 日，圣智学习因为 58 亿美元的高额负债向美国法庭提交了破产申请。① 2014 年 4 月 1 日，圣智学习宣布走出破产保护并完成重组，② 加快向数字化发展。2013 年，圣智学习的数字学习产品 MindTap 大获成功，实现了 400% 的增长，这也让圣智学习更加坚定了加快数字化转型的决心。③

1.2　业务模块及旗下品牌

圣智学习出版公司提供了自学龄前儿童到成人的印刷教材、数字教学产品和学习解决方案，服务内容涵盖了从课堂、课后辅导到图书馆参考的全方位教学资源。与麦格劳-希尔合并前，圣智学习的业务主要由三大模块组成：学术和专业性教育服务，图书馆参考和英语教学出版，高等教育市场和研究机构的数字化解决方案。

经过多年经营和沉淀，圣智学习形成了不少著名的出版品牌，它旗下的 South-Western、Wadsworth、Brooks/Cole、Course Technology、Delmar Learning 在高等教育出版市场上拥有庞大的用户群，Heinle 更是英语语言学习(ELT)中首屈一指的出版品牌。它旗下的 Gale 集团是在线资源中心的发明者，是全球顶尖的在线数据库供应商和全球最大、最权威的参考书出版商。在多媒体教学资

---

① 圣智学习集团向美国法庭提交破产申请[EB/OL].［2013-07-03］. http://finance. sina. com. cn/world/20130703/055915995752. shtml.

② 圣智学习以"用户为中心"加快转型[EB/OL].［2014-09-15］. http:// www. chinaxwcb. com/2014-09/15/content_302354. htm.

③ 圣智学习以"用户为中心"加快转型[EB/OL].［2014-09-15］. http:// www. chinaxwcb. com/2014-09/15/content_302354. htm.

源上，圣智学习推出 CengageNOW、CengageBrain、MindTap 等数字化教学平台，帮助个人和组织发现合适的学习方案，为学术机构在不断变化的教育环境下导航。圣智学习同时也开发了一些适于中小学使用的如 Nelson Primary Resource、Gage 等出版产品。

作为国际性教育出版巨擘，圣智学习出版公司以稳步提升国内市场份额为重心，同时看好教育全球化的前景，雄心勃勃地开拓国外市场，将全球化和本土化战略结合，除了把产品和服务销往海外市场，还积极与本土出版社合作，从事翻译、改编等出版活动。

在国内业务上，圣智学习出版公司在高等教育、科研、中小学教育、职业技术和专业技能教育五个领域拥有举足轻重的地位。基于高质量的作者团队和紧密的产品联系，圣智学习为学生、教师、科研人员定制功能强大的数字化解决方案和配套服务，赢得了客户忠实度。圣智学习的国际业务主要集中在提供适应当地市场的国际性课程教学资源，出版本地作家的教材，并根据特定的客户需求帮助用户找到合适的学习解决方案。总之，圣智学习以对用户的尊重，对产品和服务的专注，对质量和创新的坚持，为学习者、研究者和教育者提供了综合性的、自定义的、集成的教学解决方案。

1.3　数字化战略

2012 年 8 月，圣智学习出版公司总裁兼首席执行官罗纳德·邓恩（Ronald G. Dunn）曾以"教育出版的转变：从教材到教学解决方案"为题在第 19 届北京国际图书博览会期间展开了主题演讲。[1]罗纳德·邓恩先生提到，圣智学习的转型，是由最初开发领先的教材、百科全书和原始档案，转向以数字化技术为先导的电子书等数字产品，并开发学习型应用，整合资源，来营造个性化学习体验。以技术为支撑的教育手段正在不断创新，教学管理平台、学术资源数据库、在线课程、电子书包等教育服务都被纳入教育出版的扩张版图。培生教育集团、圣智学习出版公司、麦格劳-希尔集团等国

---

① Dunn R G. 教育出版的转变：从教材到教学解决方案[R]. 第 19 届北京国际图书博览会，2012-08-29.

际领先的教育出版"巨鳄"展开激烈角逐，依托已有的内容优势和人才资源优势开展各项数字化教育出版项目，推出数字化教学产品和服务，在全球范围内争夺数字教育市场。

与传统教育出版相比，数字化教育出版不受限于印刷成本，不需要考虑受众的普适性，可以满足个性化的读者需求。对于教育出版所面向的读者而言，数字出版带来的便携性、多媒体和互动式教学、资源共享、非线性阅读等优势极大地惠及了学习，但由于教育的特殊性，教育出版的使用者——学生、教师和科研人员显然并不仅仅满足于像浏览电子报纸和阅读文学读物那样的需求，他们需要产品能够对学习和科研给予最为广泛的数字支持，这对数字化教育出版提出了很高的要求。而圣智学习的电子教材、数据库、教学软件、自主教程、在线学习辅导网站等数字化教学资源丰富，能够满足学生、教师和科研人员的高需求。

圣智学习出版公司的数字化转型方式主要有三种：一是依托原有的内容优势，完成产品和服务的数字化转型，如对内容再整合和深度加工，进行二次开发，再如对组织形式进行重组和创新，创造衍生产品；二是通过收购或兼并技术公司和产品，完成技术支持，如收购教育技术公司 Aplia；三是与其他公司或平台合作，打通整个平台，共享资源与用户，如与 Desire2Learn 公司的合作。① 销售渠道上的数字化则体现在，圣智学习早在 2009 年秋季就已通过 CengageBrain 进入纸质教材的租赁市场，成为首家直接向学生推出教材租赁服务的高等教材出版商。

圣智学习出版公司 2012 年 6 月 30 日的年报显示，其在 2012 财年数字产品收入占总收入的 37.5%，而上一财年数字出版产品收入占总收入的 31.95%，尤其是在两年制和四年制的大学教育市场上，其数字产品收入较前一财年增长已超过 52.0%。在 2012 财年，约有 340 万学生使用圣智学习的某种数字化家庭作业

---

① 圣智学习集团联手 Desire2Learn 推整合解决方案［EB/OL］.［2013-03-22］. http://www. bookdao. com/article/30907/Cengage Learning Enters Textbook Rental Market with Launch of CengageBrain. com.

解决方案，其活跃用户数量较上一财年增长了 24.5%；与此同时，其用户在线学习的次数也达到 9480 万场次，较上一财年增加了 28.2%。

2 数字化教学解决方案

圣智学习出版公司不计成本地研发创新型数字教学技术平台和学习工具，整合学习资源，提供学生自学教程、个人兴趣拓展课程、语言学习平台、专业技能培训系统，配套教学内容、作业解决方案和测试系统，为学习者提供的是一种"学习路径"。此外，数字化的教学管理系统和评估系统为教师提供了科学的教学素材和管理方案。

圣智学习出版公司数字化教育出版的核心在于强调沟通与互动，注重用户体验。目前，其在线产品有 Aplia、CengageNOW、ELTadvantage、WebAssign、HeinleCommunity、iLrn、MyELT、OWLv2、SAM、WebTutor、CourseMate 等，这些产品和服务针对不同教育阶段的学习者和用户需求(参见表 1)。

表 1 圣智学习出版公司的主要数字化教育产品①

数字化产品	定位	用户群	主营业务及特色
Aplia	互动家庭作业解决方案	高等教育和职业教育学生和教师，科研人员	为大学专业课程提供辅导，旨在提升学生的努力程度和参与性。它的自动分级功能能够帮助教师节省时间。其特色在于即时、详细和可操作化的反馈，目前已在生物、政治、经济等众多科目中应用

---

① 根据圣智学习出版公司网站的资料整理,只选取了有代表性的数字产品,未囊括全部的产品。

续表

数字化产品	定位	用户群	主营业务及特色
Cengage NOW	家庭作业管理	K-12 学生和教师，高等教育院校的学生和教师	提供与教材相关的混合课堂模式和可信的数字评估解决方案，衡量学习表现
ELTadvantage	英语语言学习	英语语言学习者	提供英语语言学习全方位的听、说、读、写资源，包括发音、语法、专业英语、学术英语等教学资源
SAM	技能评估辅导	电脑技能学习者	帮助学生在互动式网络环境下掌握微软的各种办公技能和电脑相关知识，并提供教学评估。目前已有 500 万个教学项目，月均使用学生数达到 62 万
OWLv2	化学专业在线互动教学平台	高等教育化学专业领域研究者，包括学生、教师、科研人员	提供化学专业领域的教学问答、作业辅导、评估测试，支持多媒体、互动式教学，提供详细的分步教学视频辅导，提供阶段分析和实时分析服务

　　在从传统印刷图书出版向增值数字化出版及定制解决方案提供的转型过程中，圣智充分发挥了各业务的协同作用，以丰富的内容资源和服务方式为用户提供其他竞争者所无法比拟的产品和服务。它的数字化教学解决方案，以原有的内容资源为依托，以创新型技术为支撑，充分注重用户的个性化学习体验，在质量和服务上优于其他竞争对手。

2.1　依托庞大丰富的内容库

　　无论科技怎样发展，出版方式如何更新，出版业如何转型，其核心始终离不开内容。圣智学习出版公司旗下有众多历史悠久的出版社：创立于 1945 年的 Delmar 为教育机构、商业和职业机构提供丰富的图书、软件、DVD 和在线教材；创立于 1966 年的 Brooks/Cole 以出版数学、统计学和科学领域图书见长；Gale 集团更是在出版人文科学工具书以及机构名录方面颇具权威性，它的数据库系列，其核心内容及全文期刊的智能集成闻名于全球。如 Gale 数据库的文学资源中心是 Gale 最著名的旗舰产品，其中的参考资料很多来自 Gale 集团多年来出版的众多参考书系列，并为 Gale 集团独家拥有。

丰富的内容资源、高要求的出版品位和高质量的编辑队伍——圣智学习出版公司在数字化转型过程中正是充分利用了这些优势，把丰富的、优质的内容纳入数字化解决方案，并邀请一大批高水平的教师和科研专家提供教学指导。此外，各项业务的协同也是圣智学习出版公司在数字化教学解决方案领域制胜的重要原因，它在产品和服务的深度和广度上做得很好。圣智学习的教育出版涉及的领域广，包含的学科类别多，数字出版产品也多样化，这样，各种数字教学产品的交叉和协同有利于完善教学解决方案，甚至能提供终身教学服务。

2.2　基于用户需求的技术创新

不同于大众数字出版，数字化教育出版产品具有其特殊性。数字化手段满足了用户对教学产品丰富的多媒体呈现形式、社交功能、多平台兼容等的需求，但为达到最佳学习效果，这些功能是否都需要？应如何组合？会不会分散学生的注意力？这些都是在数字产品研发过程中需考虑的问题。圣智学习始终带着四个疑问对数字化教育出版产品开展研发：如何吸引学生？如何提高教学效果？如何合理地组织教学实践？如何提高教学软件的质量和覆盖率？无疑，圣智的众多数字教学产品都融合了创新型理念和技术。以圣智的家庭作业解决方案 Aplia、SAM 和 OWLv2 为例，这些产品都是建立在交互性的基础上的。家庭作业解决方案中异步和同步的交流协作，教学资源的发布、更新和管理，学习成果的评估和计分功能……这些完全是印刷教材和电子教材难以比拟的技术优势。此外，数字化教学解决方案使信息收集和反馈变得更容易，数据更新更及时，还可跟踪和分析用户的学习特点，使产品和服务更有针对性。

在技术创新中，产品功能是用户选择的关键考虑因素，而数字产品和平台的易用性也有助于提升用户体验，一个友好型、高易用性的界面更有利于平台的推广和普及。此外，学习管理系统的稳定性和安全性也是使用者选择数字化学习产品的考虑因素之一。未来的教育出版市场，谁掌握了技术，谁就掌握了未来。

游戏是人类自然、自发的活动。当代的教育理论认为，对于年轻人的生活和学习能力而言，游戏有着重要作用。① 圣智在其教学解决方案中也融入了不少小游戏，寓教于乐，增强学习的趣味性。这些技术的融合和创新将一步步提高教学服务的质量和学习效果，无不体现着数字化教学解决方案的优越性。而如何达到内容资源与新技术的契合，满足用户需求，达到学习效果最大化，则需要用户和研发者的共同探索。

2.3 个性化解决方案

古语有云"因材施教"，在当代教育理念中，"因人施教"的个性化教育更加得到推崇，人才培养模式的多元化也在呼吁教育出版的个性化。个性化教育关注个体间的差异，但在现实大班式的教学中，几乎难以实现因人而异的教学。数字化教学解决方案最大的特点就是能够为每一个体或组织提供量身定制的教学方案，可以针对某一地区、某一学校甚至某一位学生制定专门的教学方案。圣智学习出版公司推出的 CengageCourse 业务，由 CourseMate、CourseMaster 和 Course 360 三部分组成，为学生提供动态的个性化教学服务。每个学生对问题难易程度的接受情况不同，对每个知识点的掌握程度也不同，学生在这里可以根据个人情况确定自己的学习方式和学习进度，给自己设定基础性习题和提升性练习。在教学软件的制作中，圣智贯彻分层原则，突出个性化施教。这种个性化服务能提高学习

---

① 罗杰·迪金森,拉马斯瓦米·哈立德拉斯纳斯,奥尔加·林耐. 受众研究读本[M].单波,译. 北京:华夏出版社,2006:14.

的有效性，实现学习效果最优化。

圣智众多的数字化教学解决方案能够满足从学龄前儿童到成人的不同学习需求，也为管理者、教师和学习者提供不同的平台。对管理者来说，可以根据学校的实际情况设置课程安排、知识体系分类；对教师来说，可以灵活地通过教学素材组成个性化的教案，发布课程信息和教学内容，分析学生学习成果和进步情况；对学习者来说，学生掌握了学习的主动权，可以对自己感兴趣的内容进行深入学习或对自己掌握较差的知识点进行巩固训练，一切都按自己的需要而选择。

3 MindTap——圣智学习未来数字化解决方案的核心平台

2012 年，圣智学习出版公司的 MindTap 平台投入商业性使用，它为学生和教师提供了新一代的数字化解决方案，主要针对高等教育市场。MindTap 是一种"个人学习体验"新系统，它提供多个可修改的学习途径和学习活动，教育者可根据学生们的需求从中进行选择(见图1)。

图 1 MindTap 服务介绍页面

MindTap 将学生学习过程中使用的学习工具——阅读、多媒体、互动和评估等整合成一条通畅的"学习路径"，以此引导学生完成课程，并且内置了许多测量指标，最大限度地开发学生的潜力；另外，学生还可以使用 MindTap 重新整理课本章节，添加笔记或者嵌入各种其他内容。教师同样可以获得个性化体验，不仅能定制通过授权的圣智教学资源和教学工具，还能将自己的教案通过 App 加入"学习路径"，这些 App 将 MindTap 框架和学习管理系统无缝地整合在了一起。①

目前，MindTap 已上线人类学、社会科学、商务等 20 余个门类的课程，每一个 MindTap 课程都配备了一系列丰富的 App，这些 App 就叫 MindApps。这些 App 由圣智独立开发，包括家庭作业助手、文本—语音转换工具、字典、网络视频、社交媒体等。有了 MindApps，就可以充分享有创新性的数字化学习体验。②

MindTap 拥有权威的、系统化的教学资源，又有高度灵活和可扩展的交易平台，而且可以跨平台阅读，支持在台式机、笔记本电脑、平板电脑或手机上使用，为学生提供学习资源和考试准备。2013 年，MindTap 大获成功，实现了 400% 的增长。③

4 小结

数字化教学解决方案已成为教育出版必争之利器，众多出版商、技术公司都看好这个大市场，积极投入人力、物力、财力，探索创新型的教学解决方案。数字化在教育出版领域的优越性已无可厚非，如何利用新技术打造满足特定用户需求、契合用户个性的教学解决方案，是未来教育出版领域的攻坚重点。圣智学习出版公司未来的发展趋势是个性化出版和教学解决方案推进。从角色定位上看，圣智学习已经意识到从出版商到服务商的转变的重要性，要让

---

① 根据 www. cengage. com/mindtap 的内容编译。

② 根据 www. cengage. com/mindtap/mindapps_assignment. html 的内容编译。

③ 圣智学习以"用户为中心"加快转型［EB/OL］.［2014-09-15］. http://www. chinaxwcb. com/2014-09/15/content_302354. htm.

教育服务贯穿学习的始终，为用户创造一个反思性的学习环境，引导用户主动去探索发现。从战略眼光来看，售卖服务的收益是长线循环收益，而卖产品的收益是一次性收益，出版商转型成教学解决方案服务商，能通过提供的增值服务实现盈利。

在商业方式上，圣智学习出版公司的数字化教学解决方案主要采用了学生注册收费的模式，而且一些在线教学产品和服务是捆绑在印刷教材上销售的。在数字化教学解决方案的市场上，虽角逐者甚多，但尚未出现执牛耳的赢家，大家都还处于投入和探索阶段。对于数字出版而言，任何产品的研发和平台的搭建，都是一个周期长、投入大、风险高的过程，圣智学习除了继续研发创新性数字教学解决方案，和其他出版商与技术公司建立良好的合作关系外，仍继续在印刷教材、电子教材和数字产品上保持优势，树立品牌，绑定用户忠实度。

帮助学习者发现最佳学习方案，强调对用户的沟通与尊重——圣智学习出版公司从教材提供商到数字化教学解决方案服务商的转型，为教育出版商的数字化转型提供了良好的借鉴。

高等教育出版社的数字化之路

蒋　璐　谢天池

　　教育是一个各类新技术都能得到施展和运用的领域。教育出版则是此领域中的一个重要组成部分。但由于教育出版在内容方面的专门性和针对性，其出版物和所提供的服务所具有的需求弹性较小。因此，出版社在进行教育出版数字化的过程中将面对较高的机会成本。基于这种情况，国外的教育出版集团，如培生集团等着重在技术和服务方面加大投入，以获得数字化所带来的收益。在我国，高等教育出版社不仅在教育出版数字化方面，还在企业生产和管理流程数字化方面，都走在了前列，对其数字化道路进行探讨，具有一定的意义。

　　高等教育出版社(以下称高教社)成立于1954年5月，是中华人民共和国成立以来设立的专业教育出版机构。经过近70年的发展，它已成为以出版教育类、专业类和科技类出版物为主的综合性大型教育出版社。2021年9月23日，在中宣部召开的文化高质量发展座谈会上，光明日报社和经济日报社联合发布了第十三届"全国文化企业三十强"名单，高教社所属的中国教育出版传媒集团再次上榜，这已是中国教育出版传媒集团连续11年获此殊荣。

　　从出版规模、市场占有率、产品数字化、版权输出情况以及综合实力等方面来看，高教社都处于我国出版行业的前列。目前，它的各类出版物达到近万种，形态包括图书、音像制品、电子出版物、网络出版物和期刊等。

　　2013年9月，高教社发布《加强数字化业务，推动出版转型升级工作要点(2013—2015)》，全面提升在数字技术、信息网络技术条件下开展教育教学资源研发、生产、营销、服务的能力和水平，并将其作为构建数字化产品体系的顶层设计方案。① 顶层设计方案着眼于体制、机制和业务流程规范建设，传统业务升级转型，数字化新业务多元探索实践多个方面，以期带动业务全面发展。

为了实现"数字化"的目标，高教社的数字化战略主要围绕"内容、服务和技术"实施。其内容主要包括：数字化教学资源库的建设、数字化管理系统的创立、数字化内容平台的建设以及数字化管理标准的制定。

在实现数字化战略的过程中，高教社完成了由教材到教学资源、由单纯的编辑加工到研发和集成服务、从国内走向国际的三个重要转变。

1 开发与整合数字资源

教学资源的数字化是教育出版数字化的基石。高教社在保持在传统纸质教材领域的优势的同时，也着手对数字教学资源进行开发与整合。它一方面将传统的教学资源转化成具有交互性、表现形式生动多样的数字资源；另一方面进行了数字化内容服务运营平台的开发，以实现数字化教学资源的价值，达到盈利的目标。

1.1 建立数字化教学资源库

数字化资源数据库的积累，是发展网络平台和跨媒体复合出版系统的基础。高教社首先对原有的资源进行了梳理和整合，为教学资源的数字化打下了基础。早在 2002 年年底，高教社就启动了"高等教育百门精品课程教材建设计划"，并特设了基金作为对项目的资金支持。高教社曾出版了大量的精品教材，包括列入"十五"国家教材建设规划的教材，"面向 21 世纪课程教材"等。这一项目则

① 冯文礼,涂桂林. 高教社社长苏雨恒:做中国教育出版的引领者[EB/OL]. [2014-06-11]. http://www. cssn. cn/ts/ts＿dsft/201406/t20140611＿120 5712. shtml.

是其"精品化"战略的延伸和发展。高教社结合高校课程体系改革和教材建设的情况，选择了一批本科的教育公共课、基础课和专业主干课来进行"立体化教材"的开发制作。

"立体化教材"是高教社所提出的新概念，既包括纸质的教材和教辅，也包括数字化的电子教案、教学课件、网络课程等。"立体化教材"的开发是通过对原有优秀教材以及经过较长时间试用的新编教材进行改编和修订而完成的。这些"立体化教材"可以实现教材、教师参考书、学生指导书等不同内容出版物的横向立体化配套，以及纸介质、音像、电子、网络等多种媒体出版物的纵向立体化配套。① 该项目的实施分为立项、开展研究、检查与验收、推广使用四个阶段。在立项阶段，先由高校教职工个人（或联合）填写立项申请，经学校推荐申报至高教社，经高教社组织成立的"高等教育百门精品课程教材建设计划"专家组评审后立项并公布。检查与验收阶段同样由该专家组组织专家进行，分为中期检查和成果验收两个步骤。经过中期检查，专家们将对立项项目的进展状况做出评估，并对部分项目的资助金额进行适当的调整。② 经过十余年的努力，高教社出版的"立体化教材"数量达到上千种，并获得了国内外教育出版界的认同。

21 世纪初，高教社开始为教材大规模配套包含 PPT、习题等内容的教学课件，受到高校教师的普遍欢迎。伴随着信息技术在教学中的不断应用，高教社人文社科类出版物的数字化特征日趋明显，"立体化"教材与新业态教学服务模式开始涌现。以《大学语文》为代表的一批教材开创了"图书+学习卡+辅学/辅教光盘+课程网站"的新模式；以《文学理论教程》为代表的一批教材下属的课程教学资源库、试题库相继建立；以《计量经济学》作者李子奈教授为代表的一批老师开始在 4A 网络教学平台解答读者疑问；以国际

---

① 余强. 高等教育教材立体化出版初探［J］. 出版科学,2006(4).

② 高等教育出版社启动"高等教育百门精品课程教材建设计划"［EB/OL］.［2013-02-09］. http://www. sinobook. com. cn/guide/newsdetail. cfm? icntno =827.

贸易实务系列模拟教学系统、智能备课系统等为代表的若干教学软件瞄准解决教学重难点问题；以产品检索系统为代表的网络营销探索数字教学服务的新模式……上述产品和服务，在出版界独树一帜，体现了高教社人文社科教材出版贯彻精品和数字化战略，不断创新的意识与能力。

而今，伴随大规模在线课程（MOOCs）的推出，高教社人文社科人开始了新的征程——走进课程，审读课程，研发课程。经过编辑逐字逐帧地审读加工，已有900多门文科类国家精品开放课程在爱课程网上线。

1.2 建设数字化内容运营服务平台

从2005年起，高教社就做出了战略决策，与北京师范大学合作，开发4A网络教学平台，并推动了该平台的改版。这是我国最早的网络教学平台。通过安装该平台，学校可以以课程为基本单元，进行全面的教学管理以及全面的教学资产累积。同时，各类开展数字化教学、混合式教学的学校，都可以通过该平台进行内外部信息交流。该平台可以提供灵活的自测策略支持，并具有强大的数据分析能力。老师可以在智能中心创建自己的课程，做教学笔记、开通博客等；也可以在课程中心进行课程管理，并按照其课程资源布置作业。学生既可以在该平台就学习过程中的疑惑进行交流，也可以利用购买教材后所获赠的学习卡免费在网站上进行50个小时的学习，下载免费的学习资源。4A网络教学平台的开发，使得基于Web2.0的任何一个用户，不管是老师还是学生，都能自主建设和分享教学资源。

除了开发4A网络教学平台外，高教社还与德国施普林格公司合作设计与开发了全英文系列期刊的学术期刊在线出版平台"journal. hep. com. cn"，即中国学术前沿期刊网。它是高教社前沿（Frontiers）系列英文学术期刊的内容发布平台。该平台注重开放性、标准化与国际化，可提供面向全球用户的访问服务。中国学术前沿期刊网采用Just Accepted、Online First、Issue三种版本更替上网机制，在保证论文学术质量的前提下实现即时发布、快速传播；

在遵循国际开放标准的结构化全文数据的基础上，提升对图表及参考文献的处理能力；实时提供包含浏览、引用、分享和讨论的单篇论文评价数据；努力与作者写作环境融合；支持开放获取和传统订阅两种模式；与国内外第三方平台广泛合作，努力提升学术论文的可见度。① 同时，该平台还提供资源共享和资源选择服务，根据学科领域划分主干和下属分支专业，其中人文社会领域 8 种，生命科学 9 种，工程技术 16 种，自然科学 3 种，共计 36 种，并在陆续地完善和增加中。目前，这个平台已经和高教社内部的 ERP 系统、内容管理系统以及学术期刊在线投稿系统形成了期刊出版从投稿到出版发布的整条工作链。这条工作链可以被视为一条无形的资源链条，能实现资源的共享以及信息的互通。为进一步推广 Frontiers 系列期刊的访问与阅读，惠及我国更多科研工作者，更好地促进高校"双一流"建设，高等教育出版社决定自 2022 年 1 月 1 日起，面向国内用户提供 Frontiers 期刊数据库的免费访问服务。

值得一提的是，秉承"植根教育、弘扬学术、繁荣文化、服务社会"的理念，高教社针对高校教师的内容运营服务平台也已初具规模。"全国高校教师网络培训中心"是面向全国高校教师的网络培训平台，截至 2020 年高教社已开设了 2000 余门培训课程，600 多位国家精品课程主持人作为主讲教师登上网络培训讲堂，30 万高校教师参加培训。而针对学生开发的"中国大学生在线"，以服务大学生成长成才为宗旨，设有资讯、校园、就业创业、读书等 10 多个频道，50 余个栏目。

1.3　建设内容管理系统

内容管理系统即"Content Management System"，简称 CMS。自 2002 年起，英、美等国的出版商中开始兴起了使用 CMS 系统的热潮。该系统可以将分散在企业内各个部门的资源数字化并进行统

---

① 自然科学学术出版事业部：Frontiers 系列期刊［EB/OL］.［2014-10-13］. http://www. hep. com. cn/news/details? uuid = 41c42a0a-1490-1000-0837-3fafc67de19c.

一管理，通过使用该系统，出版企业可以打破内容资源壁垒，盘活内容资源，提高满足读者个性化需求的能力。爱思唯尔和斯普林格等国际专业出版商利用 CMS 系统实现了对期刊文章的管理。使用该系统后，从作者投稿、专家评审，到文章属性的标注和后期的排版、网上发布、印刷阶段以及销售，都能通过网络完成。就国内出版社来看，在高教社使用该系统之前，仅有大百科全书出版社和商务印书馆这两家辞书类出版社对此进行了尝试。高教社实施 CMS 系统既是必要的，又是具有较高难度的。高教社所需的内容资源十分庞杂，每年所使用的图片就超过 10 万张，而其出版物往往是独立和固定的。因此，唯有使用内容管理系统，才能实现内容的高效利用。但高教社的内容资源数量庞大、形式多样，为其内容管理系统的建立带来了难度。

自 2005 年起，高教社开始着手建设内容管理系统。经过一系列的系统开发以及调试工作，该系统的第二期工程于 2008 年年底上线。在平台上进行的从 Word 或 LaText 提交的文件，经过转换处理、编辑加工和内容拆分标注，就可以转换为标准的 XML 文件，套用了各种形式的样式文件后就能发布为各种类型的出版物。同时，高教社还为内容管理平台制定了专门的内容结构化标准——HEPDTD0 和元数据标准，为资源的共享在技术层面打下了基础。平台上储存了大量的数字化内容资源。系统上线后，编辑可以方便地浏览、下载和使用这些 PDF 文件、图片资源和 XML 文档。其中，XML 文档可以为图书内容的多媒体发布和深层次加工提供基础。①

1.4 开发数字内容权利系统

数字内容的权利管理是出版社实现盈利的前提和基础，也可以称之为出版企业所设置的利润屏障。有效的数字内容权利管理可以确认用户，测定用量，防止盗版，进而保障出版社在所发布的数字

---

① 高教社内容管理平台二期工程成功上线［EB/OL］.［2013-02-09］. http://www.sinobook.com.cn/press/newsdetail.cfm? iCntno=7569.

内容中获利。

在早期，高教社通过和 Adobe 公司、微软公司合作，采用加密和加水印的方式来防止无限制的复制和传播行为。自 2009 年起，高教社自主研发版权保护技术，主要的突破是将包括 doc、flv、jpg 等的大部分文件类型转化成以 swf 为后缀的文件，并根据不同需求，对 swf 文件进行基于 java 技术的加密，实现各种 DRM 需求的应用。同时，高教社还在探索数字出版物离线管理技术，希望借此实现数字出版物的离线管理，即控制内容的离线使用、分发、打印，限定播放次数、时间，定期销毁内容等。

高教社对所开发的在线学习平台和数字化教学资源也实行严密的用户权利限制。用户只有通过购买正版教材才能获得账户和密码，进而阅读和使用全部的数字教学资源和进入在线学习平台。

2　进行 ERP 管理

2.1　背景

高教社在全国多个省市都设有子公司和发行代理商，是一个大型出版社。因此，优化企业内部管理是一项艰巨的任务。高教社曾经自行开发了编辑系统、财务系统和销售系统。但由于这些系统的集成性较差，无法实现数据的共享和信息的畅通交流，反而给管理带来了更大的难度。而且，当时高教社所采用的 DOS 系统无法快速地处理大批量的数据。这些内部管理方面的掣肘之处，都限制了高教社的发展壮大。出于建设具有国际竞争力的教育出版集团的战略目标的考虑，时任高教社社长的刘志鹏从 2001 年起开始着手构建信息化管理系统。2003 年 9 月，高教社正式宣告该系统成功上线，成为我国第一个使用 ERP—SAP 的出版企业。ERP 是"Enterprise Resource Planning"（企业资源计划）的简称，是一种建立在信息技术的基础上，以系统化的管理思想，为企业决策层及员工提供决策运行手段的管理平台。它由德国的 SAP 公司开发，最早应用于制造业，而后应用范围越来越广。德国的 SAP 公司还推出了针对包括媒体行业在内的数十个行业的相关解决方案。根据美国相关部门统计，投入这样一个系统，能够为企业带来巨大的效益，包括：库存下降 30%~50%，延期交货减少 80%，采购提前期缩短 50%，停工待料情况减少 60%，制造成本降低 12%，管理人员减少 10%，生产能力提高 10%~15%。大型 ERP 软件项目的实施是高教社实施"数字化"战略的重要举措，标志着高教社的 IT 应用走向了"全面集成、标准软件定制"的新阶段。①

2.2 引进过程

高教社在国内出版社中率先实施大型 ERP 软件项目，面临着巨大的压力和风险。其一，尽管在该项目实施之初，世界最大的十个出版集团中已经有八家采纳了 ERP 系统，但在国内，还存在着 ERP 系统不适用于出版企业的成见。其二，ERP 系统是一个信息化的管理系统，因此，对于管理基础较好、组织结构和业务流程稳定的企业来说，实施该项目的成功率较高；而高教社当时正面临着环境、政策的变动，其业务流程和范围也在不断发生变化。在这种情况下，实施该项目面临较大的风险。其三，当时高教社需要赶在 2003 年秋季教材销售期之前使用 ERP 系统，以应对快速增长的业务量。因此，从时间上来看，十分紧迫。其四，由于 ERP 系统以信息为基础，该系统的上线可能会增大相关员工的信息录入量，可能会造成内部员工不适应的问题。②

为了应对这些压力和风险，成功实施 ERP 项目，高教社进行了周密的调研和准备。2002 年年初，高教社组团前往德国对 SAP 公司进行实地考察，并向 IBM、普华永道等公司详细咨询了国外出版集团实施 ERP 项目的情况。经过 8 个月的论证，最终决定采用 SAP 公司的 mySAP. com 系统 4.6D 中文版，并由普华永道公司

① 让大象跳舞——记高教社试水 ERP 系统［EB/OL］.［2013-02-26］. http://www. sinobook. com. cn/press/newsdetail. cfm? iCntno=1099.

② ERP 在高教社落地生根［EB/OL］.［2013-02-26］. http://cio. ccidnet. com/art/44/20050916/334497_2. html.

担任项目实施方，后来由于该公司被 IBM 公司收购，所以实施方转为 IBM 公司。

在项目实施之前，高教社就组成了 ERP 项目小组，其成员都是从各个部门中抽调的业务骨干。这支项目小组一方面接受咨询公司的培训，了解该系统的特点和操作流程，另一方面也结合所在部门的工作特点向项目实施方提出修改建议。

该项目的实施过程分为四个阶段。第一阶段是 2002 年 12 月至 2003 年 5 月，项目组搭建了 ERP 项目核心的信息基础架构，其组成部分是七大模块，分别为：财务管理（FI）、成本会计（CO）、销售分销（SD）、生产计划（PP）、物料管理（MM）、项目管理（PS）和人力资源（HR）。这一信息架构的搭建密切了各部门之间的联系，初步建立了高教社的统一的信息平台。2004 年 5 月至 11 月为该项目的第二个实施阶段，即在第一阶段信息基础平台建成之后，高教社将项目的实施范围逐步扩展到供应链管理（SCM）、客户关系管理（CRM）以及系统集成（XI）、数据仓库（DW）和企业门户（EP）的应用上。这一工作的完成，使得高教社能及时了解客户及合作伙伴的需求，并将其需求和企业内部管理有机联系起来，进而提高他们的满意度和忠诚度。随着 2005 年 9 月至 2006 年 4 月第三阶段的到来，高教社着手对全部业务流程进行深入的梳理和优化，将诸如选题种类的非 SAP 应用集成到该平台上，建成了一个集中统一的信息管理平台。直至 2009 年，接近引进过程的尾声，EPR 项目进入了"基于 SOA 架构优化"的第四阶段，也就是被称为"超越 ERP"的阶段。该阶段实现了从客户下单到订单所有业务（包括研发和审批工作在内）完全在流程中运行，无需人工干预，还消除了纸质文档。2019 年 3 月 6 日，高教社升级 S/4HANA 1709 项目取得圆满成功。

2.3　项目实施效果

尽管该系统的实施所带来的收益难以量化统计，但高教社通过此次信息化建设，着实提高了企业的核心竞争力，为其实现国际教育资源集成服务集团的目标打下了坚实的基础。

其一，ERP 系统的实施促进了各部门间的信息集成，业务流程得到了梳理和优化，数据信息可以被各个部门共享。由此，从前端的选题组稿环节到后端的发行营销环节都融为一体，工作效率大大提高。过去，编辑部门和生产部门各司其职。系统上线后，由策划编辑在系统中确定产品的主数据，再由生产部门执行，策划编辑的编辑意图得以实现。

其二，系统的实施实现了财务管理环节的优化。项目实施后，每笔委外业务进行前，生产管理部门都要在系统中创建采购订单，以记录供应商、采购内容等信息，而供应商在结账时则必须提供相应的订单号。这样一来就制约了财务部门，控制了财务管理过程中的漏洞。系统还具有记录客户信用状况的功能，一旦客户出现了信用危机，其账户就会被自动冻结。这样就避免了人工记账的工作失误。同时，系统的上线为业务人员核对业务账、财务账提供了便利，大大降低了坏账率和呆账率。

其三，该系统上线后，各部门员工的经营意识得到了提升。项目小组的成员为各自所在的部门编写了详细的系统使用手册，同时还对部门成员进行了培训和指导。各部门的员工都开始关注整个业务流程，整个高教社的经营管理模式也因此有了巨大的改善。

3 小结

出版企业的数字化并非数字产品的开发或某一出版环节的数字化，而是从生产到管理的整个过程的数字化。出版社选择数字化的道路，不是摒弃在传统出版领域的优势，而是以数字化为手段，优化内容资源和管理模式，以寻找新的发展契机。自 2005 年起，高教社开始进军数字出版领域，它以建立融教育资源研发、集成、服务为一体的国际教育资源企业集团为目标，从内容、服务和管理等方面进行了全方位的出版企业数字化。数字内容开发和整合方面，高教社在"高等教育百门精品课程教材建设计划"的基础上，进行了"立体化教材"的开发制作、教学资源库的建设以及教学方案集成建设，这些项目实现了大量传统内容资源的数字化。为了向读者提供数字化的服务，高教社开发了 4A 网络教学平台，与施普林格公司合作设计了学术期刊在线出版平台，以及全国高校教师网络培训中心和中国大学生在线，为读者的分享或自主建设教学资源及线上学习提供了机会。在内部生产流程中，高教社通过建设 CMS 系统及引入 ERP 系统，实现了出版资源的数字化和科学管理、使用。在出版企业内部管理方面，高教社通过引进 ERP 系统，对业务流程及财务管理工作进行了优化，为实现建设具有国际竞争力的教育出版集团的战略目标打下了基础。

第三编

内容提供商：专业出版

Voyant：分析文本中的"大数据"*

陈　铭　　徐丽芳

　　试想一下，如果手头上有字符数超 4000 万的文献资料，我们能用什么办法最快了解全部文献并进行有序整理？传统的文本研究方法需要大量人员开展合作阅读（Collaborative Reading），对这些文献进行阅读理解并整合。这是一种直接的"近阅读"（Close Reading），但是它能够处理的文本量非常有限，而且整合得出的内容缺乏客观性。2000 年，针对传统文本阅读方式的不足，意大利学者弗兰克·莫莱蒂（Franco Moretti）首次提出了"远阅读"（Distant Reading）理论。因为依靠人力只能阅读现存文本中极其微小的一部分，因而远远不能揭示人文学科的全貌。以维多利亚时代的小说研究为例，只凭学者人工阅读无法全面了解当时小说这一文学体裁的全部相关状况，因为仅仅 19 世纪的英格兰就出版了多达 6 万本小说。

　　这一理念在 10 年后发展为使用机器处理大量文本，进行计算、聚类和分析，多个研究中心和学术机构着手建立文本分析平台和门户网站。Voyant 就是一个基于网络的文本阅读和分析平台（图 1），旨在帮助数字人文学科的学者、学生以及普通大众阅读和整理文本。它是由麦吉尔大学的数字人文学者斯凡特·辛克莱尔（Stéfan Sinclair）和阿尔伯特大学的人文计算学学者杰弗里·罗克韦尔（Geoffrey Rockwell）开发而成，于 2003 年年初发行，并于 2016 年 4 月发布 Voyant 2.0 版本，适用于英语、阿拉伯语、法语和意大利

---

* 本文以发表在《出版参考》2018 年第 10 期上的同名文章修改而成。

语等 10 种语言。Voyant 平台提供的 Voyant Tools 前身是早期的文本分析软件 HyperPo、Taporware 和 TACT，支持用户上传和使用多种工具分析海量文本。目前，Voyant 拥有庞大的国际用户群，仅在 2016 年 10 月其主服务器的页面浏览量就已高达 81686 次，主服务器的工具被调用 1173252 次。毫无疑问，在信息体量不断增长的数字时代，Voyant 提供了更有效的文本筛选和分析方式，帮助用户处理体量庞大的语料库。

图 1　Voyant 标识

1　产品形态：多功能文本分析环境

计算机技术在科学领域的广泛应用创新了现代科学研究方式，将常用于社会科学与自然科学的定量研究方法带到原先以定性研究为主的人文学科中，使数据统计成为文本研究中被普遍接受的必备手段。Voyant 允许用户从各种格式的数字化文本中提取定量数据，包括纯文本、HTML 和 XML 等格式，并通过轻量级文本分析（Lightweight Text Analytics）来增强用户的阅读能力。所谓轻量级，指的是用一些相对简单的形式表示文本分析的结果，让用户能通过自身视觉感知的并行化处理能力轻松地获取信息。Voyant 采用基于词频统计的程序对文本进行自动聚类，归纳出人工难以总结出的模式特征，并用词频表、词频分布图和上下文关键词索引（Key Word in Context，KWIC）等方式显示分析结果。以莎士比亚 37 部剧集为例，该语料库中共有 895737 个单词，包括实词和虚词。实词能单独充当句子成分，传达文本的重要内容特征，一般包括名词和动词等。Voyant 将实词和虚词进行区分，根据实词使用情况进行单词类型划分。以图 2 中的《爱的徒劳》（*Love's Labor's Lost*）为例，它包含2万多个单词，其中3767种实词共占比16%。在用户需要获得具有实质内容的关键词时，提供“过滤器”选项筛掉虚词，即to、that、this这一类本质上的语法辅助词汇。通过测量不同文本的“语言指纹”信息，帮助用户识别不同作品之间的语言差异和风格特征。

Summary　Documents　Phrases

	Title	Words	Types	Ratio
1	1590 Love's Labour's Lost	23,153	3,767	16%
2	1591 Comedy of Errors	16,339	2,534	16%
3	1591 King Henry VI (Part I)	23,286	3,886	17%
4	1591 Romeo and Juliet	26,144	3,713	14%
5	1591 Two Gentlemen of Verona	18,443	2,737	15%
6	1592 Titus Andronicus	21,897	3,426	16%
7	1593 King Henry VI (Part II)	27,168	4,106	15%

图2　莎士比亚37部剧集语料库部分文本的单词类型和语言密度统计情况

除了基于文本内容统计和抽取词语，Voyant还擅长借助视觉符号形式来表达文本中复杂的或难以通过文字和表格传达的规律，为用户提供与视觉信息快速交互的功能。在莎士比亚37部剧集语料库中，Voyant按照词频统计算法生成相关词云图（图3）。king（国王）、lord（上帝）、love（爱）等关键词在词云中被突出显示，大略反映了莎士比亚创作时期的某种时代风貌，即当时仍深受王室和宗教的影响。除了词云功能，Voyant还有“Micosearch”和“TextualArc”等功能帮助用户将复杂的文本数据转化为可用且可辨别的图形。Micosearch通过热点分布的条状图形表示整个语料库中某个单词的频率和重复情况，以及在文本的特定章节该单词被使用的频率。此外，受到交互设计师W.布拉德福·佩利（W. Bradford Paley）开发的TextArc文本可视化分析软件的启发，Voyant增加了TextualArc功能选项，可针对单一文本进行交互式可视化分析，将信息以文本原始的线性顺序呈现。简言之，Voyant这一多功能分析平台能让用户更好地探索复杂的词汇语义关系网络，帮助用户快速获取文本大数据中所蕴含的关键信息。

图 3　莎士比亚 37 部剧集的词云图

2　技术优势："大分析"与"小阅读"交融

　　量化文本和基于词频的统计不是文本研究的全部内容，Voyant 也不是为了给用户提供自动聚类的速食信息而存在。它旨在介入深度学术分析环节，而不是机械地切割文本。传统研究模式下的阅读一般是线性的、带有研究目的，研究者充分尊重文本顺序和逻辑，关注单一文本中所包含的信息，可这样的阅读方式覆盖的文本量相对于文献整体而言极其有限。而基于计算机技术的文本分析方式可以对海量文本进行挖掘，如当前极具代表性的 Google Ngram 大规模图书词频统计工具。它"阅读"海量书籍并生成一个易于使用的、低门槛的智能语料库，用户可以在上面查到某个单词在 19 世纪以来 800 多万册书中出现的频率（见图 4）。但是和统计自身固定图书语料库词频的 Ngram 不同，Voyant 可以灵活接受用户提供的语料库并加以统计。此外，为了更加贴近信息时代的用户需求，Voyant 一直在扩充语料库计算能力。相较于之前只能处理几兆（MB）字节的 HyperPo 和 Taporware，现在的 Voyant 可以处理几十兆甚至更大的语料库并进行微观分析。

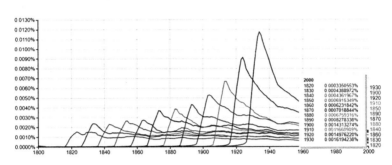

图4　Google Ngram 对于 1820—1930 年某词频统计图

正如学者金雯和李绳在《"大数据"分析与文学研究》一文中所表明的观点，人脑和电脑在解释文本时可以互补短长，互为体用。① Voyant 的海量文本分析功能和用户个人的"小阅读"存在许多可以调和与合作的空间。例如，文学研究者在解释文学形式的变化时，很难仅凭有限的阅读量证明自己的观点；但是，其可以通过 Voyant 获得有力的数据支持。换言之，用户通过"小阅读"得到的思维结果为 Voyant 对文本的大数据分析提供重要导向，或者直接得到后者的数据。此外，Voyant 可以追踪一些人脑难以注意的封闭词类和标点符号，帮助用户对文体和不同文本之间的相似度进行判断。斯坦福研究者发现，美国小说中"the"的出现频率比在英国小说中大约低一个百分点，这或可成为小说文本国别区分的判断依据之一。学者肯顿·兰布西（Kenton Rambsy）利用 Voyant 对佐拉·尼尔·赫斯顿（Zora Neale Hurston）和理查德·赖特（Richard Wright）创作的 10 篇短篇小说进行文本分析，通过测量语言密度探究非裔美国作者短篇小说的文体特征，发现赫斯顿相较于赖特在创作中更倾向通过描述特定对象和细节特征来塑造人物。Voyant 将计算机和人脑在不同层面上触摸到的关于文本的"事实"相结合，

———————————

① 金雯，李绳."大数据"分析与文学研究[J].中国图书评论，2014（4）.

以实现"大分析"和"小阅读"的交融。如今，越来越多的人文学者乐于使用 Voyant 之类的电脑算法工具为传统的人文研究方法提供必要的补充。

3　发展方向：研究基础设施和专业教育工具

作为一个文本分析平台，Voyant 一直专注于在人文科学领域推广数据思维、数据技术和数据方法。随着纸质资料的数字化和数字原生型人文数据的增加，现代人文科学正朝着可计算的方向发展。卢森堡大学的马克斯·肯曼（Max Kemman）在完成"电子邮件共和国"（A Republic of E-mails）项目时，通过维基解密（Wikileaks）获取了 30000 封希拉里的电子邮件，并借助 Voyant 在"远阅读"和"近阅读"之间来回切换，发掘出一些有价值的研究路径。例如通过"CC"（Carbon Copy，抄送）链接图可以发现杰克·沙利文（Jacob Sullivan）和彻列尔·米尔斯（Cheryll Milss）这两位希拉里集团中的核心顾问经常出现在其电子邮件的抄送名单中（见图 5）。除了学者个人的小型研究，Voyant 还被多个国际数字人文项目视为文本处理基础设施的一部分。Huma-Num 是法国一个关于数字人文研究的大型研究基础设施项目（Très Grande Infrastructure de Recherche，T. G. I. R），为人文和社会科学研究中数字数据的长期存储、处理、显示、传播和保存提供一整套服务。Voyant 是 Huma-Num 项目主要的文本处理工具，为用户提供阅读和分析数字文本的在线环境。此外，Voyant 还为德国数字人文项目 DARIAH-DE 和加拿大写作研究合作实验室（Canadian Writing Research Collaboratory，CWRC）开展学术研究提供基础设施服务。在数字人文研究中应用新型工具和网络平台不仅是为了提供专业技术解决方案，也有助于推动文本分析技术在与人文学科教育中创新型路径的探索。Voyant 现已在数字人文教育中占据一席之地，在多家高校图书馆网页上被列为教学资源，其中包括宾夕法尼亚大学、杜克大学和加利福尼亚大学洛杉矶分校。在美国埃默里大学的本科生课堂上，学生被要求学习如何借助 Voyant 平台开展原创性数字人文研究，以及"远阅读"大量文学资料。除此之外，Voyant 还出现在许多高校课程的教学大纲中。圣母大学的计算机文学史课程指导研究生使用 Voyant 平台学习人文领域的量化工作，乔治梅森大学在数字人文理论与实践课堂上借助 Voyant 帮助学生理解数字媒体和技术对历史理论研究的影响。利用文本分析技术和方法改进数字人文学科的教育已经成为 Voyant 的一项重要功能。同时，这些教育活动也在帮助 Voyant 理解和界定数字人文学科。

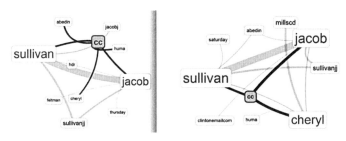

图 5　希拉里的电子邮件中与"CC"共同出现的相关链接

4　结语

如今，虽然已经有许多人文学者采纳数据统计作为文本研究的必要手段，但"远阅读"仍是一个备受争议的理论。一方面，远距离阅读在发现问题的同时并不能给出合理解释。例如，Voyant 汇总和分析海量文本时多是在探索文本之间的相关性，忽视了传统文本研究一直重视的因果性分析；将科学研究范式套用到文本研究后得出的研究成果缺乏可靠的理论支撑。另一方面，对于许多读者和文学学者而言，"远阅读"将人文世界变成了没有"美感"的科学领域；人文领域本身的魅力被有用的数据和信息取代，读者对文本信息进行深度理解的意愿被分散和降低。

过分"展示"数据和"聚合"事实并不能让人文学科取得实质性进展，因此学者须进一步探讨远距离阅读的合理性和可行性。同时，文本分析技术和工具也面临着"远阅读"带来的难题：在技术实现方面，如何做到把文本数据分析和学者的文学阐释结合起来，介入更深层次的学术分析环节，让数据分析服务于研究理念。毫无疑问，文本分析技术是要创新传统人文研究方法，而非取而代之。未来在运用"远阅读"相关的文本分析技术和工具时，究竟要调适到一个怎样的"距离"（distance）来配合文本研究，才算恰到好处？这是每个像 Voyant 这样的平台都要思考的问题。

Glasstree：云端学术内容自出版平台[*]

徐丽芳　　何　珊

　　自 2002 年美国大型自助出版平台 Lulu. com 成立以来，已经有 225 个国家和地区的作者在其平台上自助出版了 200 多万种出版物。据 Lulu 统计，在其出版的图书中学术著作所占比例高达 38%，为此 2016 年 11 月专门成立 Glasstree，一个支持独立出版、按需印刷及开放存取（Open Access，OA）出版的云端学术内容传播平台，旨在将学术交流和传播的主导权交还给学术作者。2017 年 1 月，Glasstree 对英国的 300 位学者进行了一项调查，结果显示其中 64% 的学者对传统学术出版流程感到不满意，且 83% 的学者认为传统学术出版需要作出改变。可见，Glasstree 的诞生符合学术界的切实需求。

1　服务于学术界的云端自出版平台

　　Glasstree 平台提供出版工具和营销工具，并将学术作品分发给全球在线书店网络，其中包括一系列具有竞争力的附加服务，如翻译、同行评议、个性化编辑、文献计量跟踪和营销协助等。平台在创建之初便提出四大愿景，直击传统学术出版模式的痛点。一是作者完全掌控内容。在调查中，77% 的学者认为应该被给予更多的作品控制权。通过 Glasstree 平台，作者不仅拥有其作品的知识产权（Intellectual Property，IP），而且可以选择出版许可方式、确定出

---

　　* 本文以发表在《出版参考》2018 年第 11 期上的同名文章修改而成。

版日期、设定零售价格，也可以随时修改和重新发布作品，以使内容适应不断变化的学术环境。二是加快出版速度。传统出版模式出版周期较长，无法应对如医学、生物学这样发展日新月异的学科的需要。如一项对生物医学文献数据库 PubMed 收录的 1980—2016年所有包含了投稿日期和录用日期信息的论文分析表明，论文审稿周期的平均值为 100 天，见刊周期则从开始的 50 天左右逐渐降低到目前的 30 天左右。而 Glasstree 可将自出版的全部流程缩短为 15分钟至 3 个月。三是提高作品出版的透明度。这体现为定价的透明度和同行评议的透明度两个方面。四是调整收入模式。2015 年度基于对爱思唯尔（Elsevier）、施普林格（Springer）、泰勒-弗朗西斯（Taylor & Francis）等国际知名出版商以及 BMC、PLoS、MDPI 等国际主要 OA 出版商关于 OA 论文处理费（Article Processing Charge，APC）的调查，当年完全 OA 期刊的 APC 为每篇 1000～5000 美元，混合型（订阅+OA）期刊的 APC 相对较高，大多为 3000美元左右。而 Glasstree 不仅为发布金色开放存取内容提供了业内最低的文章处理费用（基础费用仅包含 40 美元的出版发行费及 40美元每年的托管费；如需附加服务，则有具体的附加服务类型及收费标准），且允许学者及其所在机构获得其作品销售利润的 70%，不仅高于 9% 这一行业平均水平，而且远高于英国的 Veruscript——一家与 Glasstree 具有相似模式的开放存取学术出版平台 25% 的比例（见表 1）。

表 1　Glasstree 出版收费标准

	出版发行费	托管年费
纸质版	5 美元	无
电子版	20 美元	20 美元
开放存取电子版	40 美元	40 美元

　　注：托管服务可以按折扣价一次性购买多年：3 年 100 美元，5 年 150 美元，10 年 300 美元。而且，图书一旦售出即可减免当年托管费。

Glasstree 的用户不仅是学者个人，还包括初创的大学出版社（New University Presses）、小型学术出版社、学术图书馆等学术团体和机构。对几乎所有类型的客户，Glasstree 除了提供学术交流和传播的平台，更为其增加了收入来源。同时，Glasstree 还为大学生群体提供便利。美国劳工部数据显示，自 1977 年 1 月至 2015 年 6 月，美国大学教科书价格上涨超过 1000%，是通货膨胀的 3 倍多，而通过 Glasstree 购买教科书要比通过传统出版商及其分销渠道购买便宜得多。例如卡内基梅隆大学的一位物理学教授出版一本物理学教科书，通过出版社出版的售价为 400 美元，而通过 Glasstree 平台出版的售价仅为 65 美元。

2 优化学术自出版流程和模式

Glasstree 承袭了 Lulu 的自助出版模式，整个出版流程步骤清晰、操作简单，完全可以由作者在网站上根据选项提示独立完成（图 1）。同时，有纸质版和电子版两种形态供作者选择。学术作品发布后可以仅供个人使用或在 Glasstree 学术商店上架出售，电子版还可以选择开放存取模式。其整个流程增强了学术出版的时效性，同时考虑到了增加作者收入的措施。

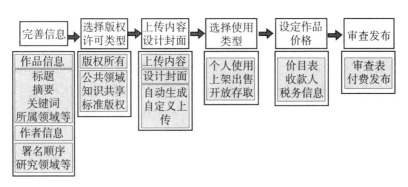

图 1　Glasstree 自助出版流程

在收费模式上，Glasstree 为作者提供两种选择：一种是完全免

费的，作者可以在账户中免费创建和发布书稿内容，不在 Glasstree
书店上架，读者和用户只能通过作者的私人账户获取；第二种是将
书稿内容作为印刷书籍、电子书或开放存取出版物出售，为此作者
需支付出版发行费用和托管费两种相关费用，具体收费标准如表 1
所示。对于选择开放存取电子书出版服务的用户，Glasstree 推出了
购买其 Glassleaf 个性化编辑服务可免除 10 年电子书托管费和出版
费的优惠政策。总的来看，这一收费标准要远低于上文提及的
Veruscript 每篇文章 300 英镑的收费标准。

　　目前，Glasstree 学术商店上架的出版物共涉及生命科学、物理
与数学、工程学、社会与行为科学、健康科学、艺术与人文科学六
大类，各类别出版物数量如图 2 所示。其中物理与数学、工程学类
别数量较多，分别为 66 种和 64 种；生命科学及健康科学类别数量
较少，仅为 5 种和 7 种。从售价上看，除免费获取出版物外，售价
最低的 1.99 美元，最高达 167 美元，其余大多分布在 1.99 美元至
40 美元之间不等。从版本类型看，纸质版和电子版数量大体相当，
其中，物理与数学、工程学类电子版占较大比重，社会与行为科
学、艺术与人文科学类纸质版占较大比重。

　　目前，Glasstree 学术商店上架的出版物共涉及生命科学、物理
与数学、工程学、社会与行为科学、健康科学、艺术与人文科学六
大类，各类别出版物数量如图 2 所示。其中物理与数学、工程学类
别数量较多，分别为 66 种和 64 种；生命科学及健康科学类别数量
较少，仅为 5 种和 7 种。从售价上看，除免费获取出版物外，售价
最低的为 1.99 美元，最高达 167 美元，其余分布在 1.99 美元至 40
美元之间不等。从版本类型看，纸质版和电子版数量大体相当，其
中，物理与数学、工程学类电子版占较大比重，社会与行为科学、
艺术与人文科学类纸质版占较大比重。

　　最后，Lulu 先进的按需印刷技术为 Glasstree 提供了保障。建
立集成的基于云的印刷系统，通过使用按需打印技术和全球打印机
网络，Glasstree 可最大限度地降低生产成本，从而提供高品质、价
格合理的学术出版物。Glasstree 可在几天至几个月的时间内在世界
任何地方打印和传送作品。这不仅满足了个性印刷需求、减少了浪

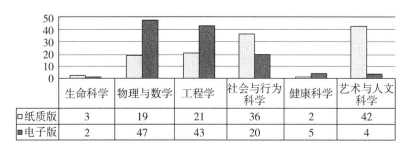

图 2　Glasstree 学术商店各类别出版物数量

费，而且实现了零库存；同时，作者不需要支付昂贵的存储成本。

3　建立多平台合作关系

Glasstree 的另一大特色是通过与众多学术出版领域内的工具性平台建立合作，从学术自出版的各环节为作者提供全面的服务，目前的合作平台及合作情况如表 2 所示。

表 2　Glasstree 合作平台及合作状况

合作环节	合作平台	合作目的
编辑环节	**MPS**	应用全球领先的学术出版作品编辑、制作和技术服务完成发布流程，以满足学术作者的更高要求
服务环节	◇ Clarivate Analytics	提供值得信赖的数据与分析，帮助用户更快地发现新想法、保护创新，并助力创新成果的商业化
	Ⓨ Yewno	借助机器学习技术、计算语言学、内容分析和图形理论等，帮助研究者基于现有图书、期刊、专利等图文资料建立概念之间的相互联系，发掘知识的内在深层次联系

续表

合作环节	合作平台	合作目的
服务环节	Crossref	实现文献引文跨出版社及服务平台的参考链接服务系统。提供的链接服务包括从文献的参考文献链接到全文，还可以设定从引文链接到全文
营销环节	TREND MD	吸引高端作者和读者群，提升期刊的国际影响力，扩大期刊的海外宣传和推广
	KUDOS	帮助研究者、科研机构以及基金扩大自身知名度以及已发表文章及研究的影响力
保障环节	creative commons	一种创作的授权方式，宗旨是增加创意作品的流通可及性，作为其他人据以创作及共享的基础，并寻找适当的法律以确保实施
	COPE	致力于教育和支持编辑、出版商和参与出版道德建设的人，旨在将出版文化推向道德实践

　　如果作者对作品内容和形态质量有更高要求，Glasstree 基于 Glassleaf 平台为作者提供附加服务。Glassleaf 由全球领先的学术出版编辑、制作和技术服务提供商 MPS 开发。附加服务主要从出版、创意、宣传及营销三大环节入手：在出版环节主要提供编辑服务，包括稿件评估、审稿、校对、索引、事实检查等与传统出版相似的步骤，同时还提供同行评议（双盲、单盲、协作、开放等形式）及翻译服务。同行评议服务使用与传统出版社同样权威的同行评议执行网络（Peer Review Implementation Network），评议人均为专业学者。Glassleaf 的内容项目经理负责整个同行评议过程，并在结果中突出显示同行评议中重要而且一致的评论。在创意环节，主要提供封面设计、书评、插图渲染等服务项目。在宣传及营销环节则提供

营销文案撰写、社交媒体宣传等服务。以上服务项目，作者可根据自身需求选择不同的套餐，价格最低为 2000 美元，最高达 7875 美元。

Glassrtee 与英国科研服务提供商 Kudos 合作，以确保更多人能够发现、浏览并引用所出版的学术作品。当作者使用 Glasstree 发布学术作品时，出版物被分配一个数字对象标识符（Digital Object Unique Identifier，DOI），作者将收到来自 Kudos 的邀请对其出版物进行简单易懂的解释、说明，也可附加其他参考资料（如视频、幻灯片等）。作者可授权 Kudos 将作品直接张贴到脸书（Facebook）及推特（Twitter）账户，或采用可跟踪的链接，并通过电子邮件、网络或其他社交网络与同行分享。此外，Kudos 还提供文献计量跟踪服务，统计出版物的点击次数、观看次数、下载次数和影响因子等。目前，Kudos 是唯一将各项学术交流计量指标（Communication Metrics）与来自不同渠道的出版指标（Publication Metrics）相结合的系统。它提供一个操作界面，允许作者监控所有相关文献计量指标值以及用于宣传出版物内容的工具和说明，并了解如何更有利于扩大作品的读者群。研究表明，使用 Kudos 工具的出版物比未使用这一工具的出版物的读者数量增加了 23%。

在权利许可上，Glasstree 与美国知识共享（Creative Commons）合作开发开放存取电子书服务，因此后者提供的许可选项及标准许可选项都可被作者使用，从而有效拓宽了学术作品的信息共享渠道。如作者可以"保留部分权利"，包括署名、非商业用途、禁止演绎以及相同方式共享，并提供多种可供选择的授权形式及条款组合；作者可与大众分享作品，授予其他人再散布的权利。

4　结语

Glasstree 处于起步发展阶段，仍面临着诸多挑战和亟待解决的问题。第一是学者的接受程度与使用意愿。Glasstree 发展的一个明显绊脚石在于，目前其在平台的学术权威性和认可度上相较于传统知名出版商处于劣势，这对学者的使用意愿产生了一定影响。第二是透明度和出版物质量的把控。同行评议质量仍然是研究者们决定其投稿方向的重要因素之一，任何新的独立出版平台持续发展的关键就是保持"诚信"和"透明度"，以平息对质量、速度、成本和利润分配等方面任何可能的质疑。第三是其收入模式将财务风险转移给了学者。在 Glasstree 模式下，虽然学者有可能收到较高版税，但选择使用附加服务须预先承担出版物编辑、制作、营销、发行等所有环节的额外费用。同时，尽管平台为学者提供了详细的使用指南，但其仍需付出相当时间和精力来处理复杂的出版细节。因此，这种模式不仅将财务风险转移到了学者身上，还为学者带来了一定程度的管理负担。

　　学术出版的目的是交流科研成果，分享知识，推动教育和社会发展。虽然 Glasstree 是否最终能够成功仍有待观察，但不可否认的是它为学术出版界的转型提供了一种可能的方向。因为只有撼动传统学术出版中的顽疾，把学术内容的创造者和支持学术的机构牢固地放在学术出版业的中心位置，才能为新的数字学术出版模式敞开大门，为学术界和学者们的研究提供更公平的出版和传播解决方案。

专业出版知识服务盈利模式探究[*]
——以法制专业数字出版为视域

刘锦宏　王怀震

1　背景概述

自 2010 年数字出版元年以来，出版行业已经历了转型试点、央企转型、整体转型、深化转型、融合发展等阶段，目前正向深度融合方向发展。① 就专业出版、教育出版和大众出版的转型程度来看，专业出版社凭借其所在行业的内容、作者等方面的资源储备，在数字化转型发展中走在了出版行业的前列。而法律类专业出版社在数字出版产品研发和盈利模式方面更是有其独特的地方：一方面，法律类专业出版社所出版的法律图书属于"相对刚需"型产品，其转化为相关的数字出版产品也具有较高的市场占有率和用户忠诚度。另一方面，有着先天盈利模式优势并取得初步盈利成效的法律类专业出版社，在很长一段时间内难以达到爱思唯尔、斯普林格等国际出版集团数字出版收入占总发行收入 70% 以上的营收格局，其数字化程度、规模、水平还有很大的提升空间，同时也将面临来自国内外出版企业的诸多挑战。

鉴于此，在落实出版业数字化战略、贯彻深度融合出版战略的

---

* 本文以发表在《出版广角》2021 年第 23 期上的同名文章修改而成。

① 张新新. 基于出版业数字化战略视角的"十四五"数字出版发展刍议[J].科技与出版,2021(1).

时代背景下，寻找适合自己的盈利模式成为法律类专业出版社数字出版发展的当务之急，成为衡量其转型升级成功与否的关键，成为考评其提质增效成果的外在性标志之一。

2　法律专业出版知识服务盈利模式分析

关于盈利模式，牛伟提出盈利模式是企业从考虑收入来源问题开始，围绕价值创造、传递、保持以及分配这一系列问题而形成的一种逻辑设计，主要包括要确定企业的客户是谁，能够向客户提供什么产品及服务，能够获得多少收入及利润等。① 熊光政进一步通俗地解释道：盈利模式就是企业赚钱的途径和渠道。② 对于数字出版，有学者提出其盈利模式可以分为 B2G、B2C、B2B、B2B2C 等③，每种不同的盈利模式适用于不同的产品，符合不同类型用户的消费需求。而法律类专业出版社受众相较固定，根据服务对象不同，可将盈利模式分为 B2G、B2C、B2B2C、B2B 等进行分析。

2.1　基于 B2G 的垂直机构用户服务模式

法律类专业出版社采取主流盈利模式之一的 B2G 商业模式，是将垂直机构用户作为主要服务对象，以自身法律数字产品和资源为主要服务内容。法律类专业出版社一般为中央级出版社，上级主管单位对其负责，且主管单位多为中央机构，例如法律出版社、中国法制出版社的主管单位为司法部，中国检察出版社的主管单位为最高人民检察院，人民法院出版社的主管单位为最高人民法院等。这类出版社借助历年图书资源进行数字化转型升级，将存量资源进行数据化加工，从而为公安、检察、法院、司法等系统以及有关协

① 牛伟.家庭网络产业价值链及其盈利模式分析[D].北京:北京邮电大学,2009.

② 熊光政.企业盈利论[M].成都:四川科学技术出版社,1989.

③ 张新新.数字出版产业化道路前瞻:以专业出版为视角[J].出版广角,2014(18).

会、科研院所提供专业知识服务。

法律类专业出版社的职能不单是出版法律、法规、司法解释、实务丛书等图书，还承担垂直系统某些政策落地实施的任务，由此催生了"政策驱动型"知识服务模式。① 2016 年最高人民法院提出了"智慧法院"的概念，同年《国务院关于印发"十三五"国家信息化规划的通知》中明确指出了要支持"智慧法院"建设，推行电子诉讼，建设完善公正司法信息化工程。"智慧法院"政策的出台，为人民法院出版社建设中国法律应用数字网络服务平台（以下简称"法信"）提供了有力支撑。"法信"是以服务中国特色社会主义法治为宗旨，承担主管单位政策落地实施任务，为法院系统提供专业知识服务的典型案例。目前，"法信"已步入良性循环发展阶段，年收入可达数千万元，已为 3200 家法院同步资源，为 135 万法律人士提供专业知识服务。②

2.2　基于 B2C 的大众用户服务模式

该模式以广大公民为服务对象，以高新技术为普法手段，以 B2C 为主要盈利模式，是法律专业知识服务模式的未来方向所在，也是当下各法律出版企业积极尝试和探索的商业模式。"八五"普法中强调要全面落实《青少年法治教育大纲》，教育引导青少年从小养成遵法守法的习惯。司法部、最高检察院、全国普法办等单位都承担着青少年普法的重任，法律类专业出版社作为其下属的单位，又是内容出版商，扛起了为青少年提供优质普法资源的重任。普法资源由单一的内容产品形式呈现转变为借助动画、虚拟现实（VR）、增强现实（AR）等技术的多形态展现，在视觉力、表现力、感受力上打破了传统出版的局限。例如中国法制出版社建设的"法趣乐园"平台，利用 AR 技术打造了"AR 乐园"，用户可以使用手

①　张新新. 知识服务向何处去:新闻出版业五种知识服务模式分析[J].出版与印刷,2019(1).

②　张承兵. 专业出版社知识服务平台的建设运营探索:以人民法院出版社"法信"平台为视角[J]. 科技与出版,2018(12).

机、平板电脑等，身临其境地进行普法学习。目前平台已在近百个图书馆开展平台落地计划，盈利已超百万元。

在个人用户方面，传统纸质图书只能实现单一功能的内容供给，无法满足更高层次需求，围绕图书提供更多的增值服务已是行业共识。法律类专业出版社出版的图书大多是法律法规、司法实务、法律工具书等十分厚重的图书，携带困难、查找不便，这是用户使用的难点。为了更好地提供服务，出版社将此类图书加工并打造成图书数据库，便于用户使用、查找、携带。法律出版社打造的"手机律师项目"拥有法规、案例、普法自助查询等功能，专业人士使用手机输入关键词就可以查询相关知识。不仅如此，"手机律师项目"还可以提供在线查询法律援助机构、律所律师信息等功能以及法律咨询服务，为客户提供增值服务。[1]

2.3　基于 B2B2C 的数字版权第三方平台服务模式

该模式以第三方平台为服务对象，采取法律资源数字授权许可的方式，以 B2B2C 为主要盈利模式，旨在构建转化型知识服务销售渠道。阅读平台可为出版社提供第三方电子书销售渠道。电子书的销售可分为 B2B 和 B2B2C 两种，目前 B2B 的阅读平台有"畅想之星"馆配电子书平台、"书香中国"全民阅读网、"可知"平台等。以"可知"平台[2]为例，中国法制出版社授权 5138 本电子书，法律出版社授权 2468 本电子书。B2B2C 的阅读平台有"得到""掌阅""亚马逊 kindle"等，以"亚马逊 kindle"平台为例，中国法制出版社授权 4752 本电子书，法律出版社授权 6400 本电子书，人民法院出版社授权 246 本电子书。由此可见，在电子书内容资源 B2B 与 B2B2C 方面，中国法制出版社及法律出版社的电子书服务具有一定的优势，其他法律类专业出版社授权电子书数量与以上两家相比

---

[1]　周洋,邹隐. 法律出版社知识服务产品建设情况及思考[J]. 出版参考,2017(4).

[2]　亚马逊已于 2023 年 6 月 30 日在中国停止电子书店的运营，这里的数据为此前的数据。

存在一定的数量差距，这两家出版社每年的电子书 B2B 与 B2B2C 盈利也均在百万元以上。

虽然电子书 B2B 与 B2B2C 是法律类专业出版社盈利的一个重要方面，但是电子书的销售无法支撑整个数字出版发展，其应是法律类专业出版社数字出版的盈利点之一，而不应成为支柱点。2014—2020 年，数字出版产值由 3387.7 亿元飙升至 1 万亿元以上，整体趋势大好。但从互联网期刊、电子书、数字报纸的整体发展趋势上来看，其收入自 2014 年至 2019 年逐年下降，自 2014 年占数字出版总收入的 2.06% 下降至 2019 年占数字出版总收入的 0.9%。由此可见，数字出版的盈利重心仍应放在知识服务等其他业务方面。

2.4　基于 B2B 的自主平台服务模式

该模式旨在构建自主型知识服务平台，以 B2B 为盈利模式，面向广大的律师事务所、法学院校、图书馆等提供法律数字资源服务。法律类专业出版社的出版范围一般包括法律法规、法律实务、法律学术、普法类读物等，在数字化转型升级时期，法律类专业出版社已将社内的存量资源进行数据加工，按一定的标准进行分类。用户根据自身的实际需求，进行模块化的个性组合，便可享受到定制化的资源服务。法律出版社整合数据资源，打造了"有章"阅读平台，目前平台已拥有 4809 本电子书、17212 篇论文、130 万条法律法规、8000 万件案例等资源。这些资源均单独成库，并按学科、案由等体系进行分类，为律师协会、图书馆、科研机构等第三方机构提供 B2B 服务。[1] 此外，法律类专业出版社也可根据机构的特定需求，将资源按分类抽取，再以重新组合的方式，为第三方机构提供定制服务。

3　法制专业出版知识服务盈利模式的现状

法制专业出版作为我国法律专业出版的重要组成部分，在出版

---

① 邱俊明. 探索数字出版盈利的全新模式[J]. 出版广角,2019(8).

品种上占据了一席之地，在出版规模上约占 1/3 的比重，在机构分布上，包含了"以法制出版为主体"的中国法制出版社、中国民主法制出版社以及"以法律教学、法律考试、司法审判等为主体，以法制出版为辅"的法律类出版机构。法制数字出版业务的发展先后经历了资源数字化、平台网络化、知识服务化这三个阶段，相应产生了图书数字营销服务、在线教育、在线培训、知识服务平台、知识服务解决方案等盈利模式。

3.1　法制图书数字营销服务

新媒体背景下，用户的阅读习惯逐渐由传统媒体转为新媒体。比如中国法制出版社自数字化转型升级以来，首先，注册了微信公众号及微博官博等账号，用于介绍新书发布，并在微信公众号中增加当当网、京东、文轩网等微书店，便于用户了解新书后直接购买；其次，在掌阅、得到、Kindle 等移动阅读平台上架电子书，增加数字出版盈利途径；再次，在抖音、快手等短视频平台开通官方号，通过直播带货等方式进行图书销售；最后，成立了移动资源管理平台，为法律考试辅导中心的微信公众号提供"考试资讯""飞跃课堂""新法速递"等增值服务，也为《中国法院年度案例》这一系列丛书提供数据支持等。我们可以看到，中国法制出版社在法制图书数字营销模式方面的尝试已初具成效，但仍需积极探索传统发行与新媒体发布路径的融合之路，更好地服务用户，为自身创造更多的盈利渠道。相关法律类专业出版社可借鉴这些成功经验。

3.2　在线法治教育服务

2016 年 4 月，中共中央、国务院转发了《中央宣传部、司法部关于在公民中开展法治宣传教育的第七个五年规划（2016—2020年）》，规划中要求法治宣传教育坚持从青少年抓起，切实把法治教育纳入国民教育体系，为此中国法制出版社建设了专门针对青少年法治教育的互动平台——"法趣乐园"。该平台以根据教育部、司法部和全国普法办制定的《青少年法治教育大纲》核心内容编写出版的精品教辅系列图书《中小学法治教育读本》为基础，应用

3Dmax、AR、智能终端机器人等新技术，向青少年提供优质服务。平台分为故事影院、AR 乐园、图书资料馆、模拟法庭、社交互动、竞技擂台、排行榜、休闲驿站八个功能板块，以二维动画、三维动画、AR 动画、电子书及图片等形式展现，涵盖青少年法律意识培育、青少年道德情操教育、青少年法律实践能力培养、青少年法律知识教育、法治安全教育等主要内容。该平台与我国推进全民普法及青少年法治教育的活动相结合，进一步传授法律知识，培养全民的法治意识和守法习惯。鉴于平台资源丰富多样的展现形式，以及终端机器人智能化的浏览方式，该平台已在全国近百个大学图书馆、公共图书馆、中小学进行推广试用，收益已达百万元，受到青少年的青睐。

3.3　在线执法培训服务

2021 年中共中央、国务院印发的《法治政府建设实施纲要（2021—2025 年）》明确要求：统一执法人员资格管理，除中央垂直管理部门外，由省级政府统筹本地区行政执法人员资格考试、证件制发、在岗轮训等工作，国务院有关业务主管部门加强对本系统执法人员的专业培训，完善相关规范标准。纲要中这一要求表明我国对行政执法人员法律水平和素质提高"最后一公里"的重视。① 目前，各省司法厅可以与相关机构组织开展行政执法人员培训及资格考试，而中国法制出版社、中国民主法制出版社等法制专业出版机构也积极参与其中。

行政执法学习培训平台作为在线法律学习平台，旨在大力提升行政执法人员的法治思维，深入推进依法行政，加快建设法治政府，全面提升行政执法人员的执法能力，坚持规范公正文明执法。平台提供网上在线和本地镜像学习模式，主要面向全国行政执法人员开展培训考试工作，经过不断完善与发展，平台按照"行政法基础理论""中国特色社会主义法律体系""综合执法及部门执法"三大

---

① 闫光永. 法律出版服务融合发展探索：以构建行政执法人员法律网络学习培训平台为例[J]. 中国出版,2021(8).

板块和国家级、省部级、地市级三个层级构建不同经纬度，推动行政执法人员的培训学习。平台首创"智慧执法以考促学"培训模式，具有权威性、时效性、针对性、实操性等多种特点，形成了"视频课程+知识拓展+读书笔记+课后练习"的线上学习闭环，可以满足不同执法领域、不同工作岗位的行政执法人员碎片化分散学习的需求。自 2019 年上线以来，平台服务人次已超过 1 万，得到了司法部、中宣部等国家部委、党政机关的充分认可。"学习强国"等学习平台也将部分课程纳入其平台体系，作为行政执法领域的专业权威内容资源，供全国党员干部使用和学习。

3.4　自主型法制知识服务平台

2016 年中共中央、国务院印发的《法治政府建设实施纲要（2015—2020 年）》及《国务院办公厅关于全面推行行政执法公示制度执法全过程记录制度重大执法决定法制审核制度的指导意见》明确要求：行政执法信息平台和行政执法监督网络平台（"两个平台"），行政执法公示制度、执法全过程记录制度、重大执法决定法制审核制度（"三项制度"）依托"数字政府"云平台和地方政务服务网统一建设，这对于"法融"平台的立项具有实际推动作用。

"法融"平台是一款利用知识本体构建技术、大数据分析挖掘技术以及新媒体平台工具构建的法律知识服务平台，平台将统一的法制知识服务转变为基础专业领域知识服务、深度专业领域知识服务及按需定制法律知识服务，包含国家法规规章知识服务、地方性法规规章知识服务、法律法规适用分析服务、青少年道德与法治教育知识服务、知识产权法律实务服务等 12 种知识服务内容。平台内容资源中的部门规章、地方性法规和规章等由专业出版机构进行审校、整理、加工，司法部法制督察局进行备案审查及合法性审查工作，确保法律法规资源权威、无误。由于平台中资源的权威性，"法融"平台自推出以来获得多家单位的信任，目前已被广东省司法厅、内蒙古司法厅、贵州省司法厅等单位的行政执法系统采用。

3.5 法制知识服务解决方案

中国法制出版社在提供内容定制化服务方面紧抓"一批内容、多种组合"的新理念，每年出版的新书品种为1000种左右，多种图书入选国家重点出版物出版规划、国家出版基金资助项目或重点图书推荐目录，多种图书获得中国出版政府奖、"三个一百"原创图书出版工程等省部级以上的优秀图书奖，该社在品牌文化、内容积淀上都有较好的口碑，因此提供知识服务解决方案具有一定的基础。在"内容为王"的时代，优质内容是稀缺品，满足用户需求的优质专业内容更是众多平台苦苦寻找的资源。中国法制出版社将内容资源库中法律法规、司法实务、普法读物等图书、音频、视频、动画资源按一定的内容体系进行加工、标引，并进行多维度抽取组合，重新组成一批适用于公职人员、律师、青少年等固定人群的专业内容资源，为第三方机构提供服务。目前其已服务数十家专业机构客户，开辟出一条新的法律类专业数字出版盈利路径。

4 法制知识服务盈利模式问题与创新路径展望

法律类专业出版社在法制专业出版探索盈利模式的过程中遇到了一定的问题，如没有坚持以 B2G 为盈利重点，融合发展不够充分，在人才、内容、技术等方面投入不够，版权保护意识较为淡薄等。为有效解决这些问题，笔者提出以下五点建议，为实现法律类专业出版社盈利提供路径参考。

4.1 以服务法治大局为宗旨

法制专业出版社数字出版的重点方向不是跟风，而是要以服务中国特色社会主义法治为宗旨，以研究阐释习近平法治思想为主题，积极自觉落实法治主管部门的法规政策精神，以出版的载体、出版的工具来服务我国行政许可、行政处罚等行政执法事业。法律类专业出版社数字出版的重点方向要与其所属的中央机构工作规划重点相统一，便于中央机构开展工作。熟悉中央机构的工作规划是中央级出版社的职责所在，提前部署相关数字出版项目，将资金、人力、资源匹配好，集中力量投入到项目中，必能把握住机遇，为中央机构、地方单位简化工作流程、提高工作效率、提升法律素养。

4.2 以深度融合发展为战略

法制专业出版承担着出版法律法规单行本、法律法规工具书、法律实务等"硬通货"传统书籍的职责，每年依靠图书就有不错的收益，但是媒体融合是大趋势。习近平总书记多次在全国宣传思想工作会议谈到媒体融合发展，强调要运用信息革命成果，推动媒体融合向纵深发展。因此法制知识服务，要坚持传统出版向新型出版业态转型的原则，坚持创新驱动与释放活力的原则，坚持正确导向与满足市场需要相统一的原则，要以深度融合发展为战略，积极探索，不断革新，提高融合发展的本领，基于数字内容生产理念、运营思维和新兴技术，让有价值的产品、内容不断扩大影响，传播得更广。

4.3 以内容建设、技术应用、人才建设为主体

法制专业出版开展知识服务，应以内容建设为根本，以技术应用为关键，以人才资源为第一资源，牢牢抓住知识服务产业链的全过程和各方面，推动盈利模式的清晰化、线性化和实然化。具体来看，一是要加强内容资源建设，对自身的资源进行深度分析，全面开发能适应数字出版发展的优质内容，提高产品质量，唯有这样，才能让自身的产品在浩如烟海的数字产品中站得住脚。二是积极应用新技术，利用好5G、区块链、人工智能等数字技术，为数字出版赋能。三是要树立人才资源是第一资源的理念，高度重视人才的培养、教育和使用，打造数字出版的管理人才、内容人才、技术人才、运营人才、销售人才等人才队伍体系。

4.4 以盈利模式创新为核心

目前我国数字出版依然没有成熟的盈利模式，各个出版社仍在

摸索阶段，要想探索出适合出版社发展的盈利模式，就要有破旧立新的勇气，否则无法实现数字出版的"自我造血、自我供血"。出版社可以向国内外企业学习相关的经验及教训，去其糟粕，取其精华，学习和借鉴国外出版企业的盈利模式，并根据出版社自身发展情况进行调整，以盈利模式创新为核心，以提质增效为目标，不断开创出版社盈利"蓝海"新渠道。

4.5 以版权保护、制度体系为保障

法律法规虽然是公开资源，但是由此出版的图书、音像出版物都具有相应版权。加强版权保护不仅能打击盗版，肃清市场乱象，还能保护出版社的合法权益不受影响，增强消费者为优质资源付费的意愿。版权保护可以围绕国家、行业机构、出版社展开。第一，国家需出台相应的版权保护政策，完善版权保护法律体系，切实落实版权保护政策，加大版权侵害的监管、执法及处罚力度。第二，出版行业应成立数字出版版权保护机构，由此机构管理信息网络传播权、改编权、复制权等，并对数字版权侵害事件进行统一处理。第三，出版社可应用较为成功的数字版权保护技术，并严格限制电子书、音视频资源的授权，尽可能从源头切断版权资源泄露的途径。

《中国大百科全书》的数字化

赵雨婷　曾怡薇

1949 年大百科全书的编撰计划被列入"中国科学文化 12 年发展规划",但未能实行,1958 年该计划再次被提出但也未能得以实施,直到 1978 年姜椿芳先生提出《关于编辑出版〈中国大百科全书〉的建议》,才引起了学术界的高度关注。1978 年 5 月,经中央批准成立了以胡乔木为主任的《中国大百科全书》总编辑委员会,正式着手编纂出版《中国大百科全书》,11 月中共中央下达批文成立中国大百科全书出版社,开始《中国大百科全书》的编撰,图书内容涵盖哲学、社会科学、自然科学、工程技术等 66个学科领域。

1　《中国大百科全书》成书背景

从人类文明的角度来讲,人类进入文明社会的标志就是发明和发展了适合于群体识辨的记忆符号,为各种类型的文化创造了人体之外更永久、更大范围存储与传播文化记忆与文化成果的工具,而辞书这一工具书就是更加精练地集中记载特定人类族群文化的特种图书,它代表着当代学术界对文化价值判断取舍的标准。① 辞书作为一种文化产品,具有传播知识、传承文化以及形成社会发展动力

---

① 张层林.《中国大百科全书》与《大美百科全书》的专业对读[J]. 图书与情报,2003(4).

源等功能，它不仅是一个国家软实力的表现，其带来的社会效益也是长远的，不可估量的。①

从中国文化的角度来讲，中华人民共和国成立之初，世界上已有五六十个国家编辑出版了现代百科全书，清末民初我国也有学者提出类似想法，但最终由于战乱和任务的繁重而中断。和狄德罗在铁窗后面构思《百科全书》类似，当时任中央编译局副局长的姜椿芳先生也是在受到"四人帮"迫害而入狱时萌生编辑出版《中国大百科全书》的想法。1978年1月27日，中国社会科学院编发的《情况和建议》第2期发表了姜椿芳先生所写的《关于编辑出版〈中国大百科全书〉的建议》一文，在学术界引起轰动，并受到了胡乔木、胡愈之、许立群、王益、陈翰伯、于光远、王子野等人士的大力支持。再者，我国自古以来就有编辑类书的传统，但因战乱导致的类书失传，因改朝换代导致的体制不一，使得类书在巩固和提高民族文化教育、科学技术水平和科学文化素养等方面发挥的作用有限，再加上学术界对一些问题长期没有定论，亟须用权威的现代化百科全书的形式加以裁定。

因此，此时出版一本介绍中国历史、文学、艺术、科学、文化等各类知识的大型综合性百科全书进一步提高整个民族的科学文化水平和文化素养，加快"四个现代化"建设，有着非凡的意义。

2 《中国大百科全书》的无纸化编辑

2.1 严谨的选题策划

选题策划是整个出版流程的源头，编辑人员需要根据编辑方针、受众需求等多种要素确定最终的工作目标。和一般以市场为导向，注重经济利益的选题策划不同，《中国大百科全书》作为特殊

---

① 贾淑品,高嵩.关于辞书的准公共产品属性及其价值实现方式的探讨——由"中国大百科全书"现象引发的思考[J].出版发行研究,2009(10).

的图书，其文化整理及传承的定位更需要以社会利益为主，兼顾经济利益，这一点在其整个的选题策划过程中表现得尤为明显。以时任国防科工委副主任的邹家弊先生全权负责的《中国大百科全书·航空航天卷》为例，在条目调查期间先是组织专业人员对《不列颠百科全书》《苏联大百科全书》《美国科技百科全书》等 20 余种国内外百科全书、百科词典以及期刊和有关书籍等资料进行充分的调研，然后筛选出有关航空航天的词条、事件标题、文章标题(可列为条目的)、历史人物、名词术语等，最终确定了约 1.4 万个条目；接着在调查和研究了本学科知识的起源、发展、现状和趋势，本学科在人类知识体系中的地位及其特点，本学科知识的范围、核心部分和边缘部分，本学科内部和外部的交叉衔接关系和其他百科全书中处理本学科知识的原则及优缺点等问题的基础上，设计《中国大百科全书·航空航天卷》的框架,① 可见编撰的前期工作之烦琐、谨慎。

2.2 审慎的辞书编撰

《中国大百科全书》在稿件处理上严格遵守稿件管理的程序规则，稿件信息的录入、添加、显示、查询、删除、修改等在每一次生成新稿件时都需要附上发稿时间、回收时间、稿件编号、作者姓名、稿件名称、作者简介、审定人员等信息，以便需要查找稿件信息时可以更加方便快捷，或者在出现问题时可以直接锁定项目负责人。参见《中国大百科全书》第二版审稿情况一览表、稿件(A-E)周转表、审稿登记表、专项登记表、稿件校对登记表、稿件排版登记表和稿件流转检查情况表(见图 1 至图 7)②。

---

① 仇继光. 大百科全书编纂中的调研与资料工作[J]. 辞书研究,1984(6).

② 王慧霖.《中国大百科全书(第二版)》的稿件管理——稿件流转进度和稿件质量控制[J]. 中国编辑,2011(5).

顺序号	总条目号	审读人员	发稿日期	回稿日期	汉拼及中文条头	发稿日期	回稿日期	外文条头	发稿日期	回稿日期	参见及索引	发稿日期	回稿日期	作品、著作推荐书目	发稿日期	回稿日期	人名及机构名	发稿日期	回稿日期	地名	发稿日期	回稿日期	责编或审定人员	发稿日期	回稿日期
		文：																							
		理：																							
		文：																							
		理：																							
		文：																							
		理：																							

图 1　二版审稿情况一览表

学科编辑姓名	条目数	包　数	编辑签字	领稿日期	还稿日期	备　注

图 2　稿件(A-E)周转表

稿件页码	审稿人姓名	发稿日期	回稿日期	备　注
A1：1—119	文：			
	理：			
…				
A12：1—108	文：			
	理：			

图 3　审稿登记表

稿件页码	行政区划	英文条头	补生卒年	公式	表格	参见、索引	图片	…
A1:1—119								
…								
Z12:1—108								

图 4　专项登记表

序　号	原稿页码	校稿页码	校对人员签字	发稿时间	回稿时间	备　注

图 5　稿件校对登记表

383

序　号	旧稿页码	新稿页码	排版负责人签字	发稿时间	回稿时间	备　注

图 6　稿件排版登记表

序　号	二审人员	检查人员	三审人员	检查人员	备　注
A1:1—60	文： 理：		文：		
A1:61—119	文： 理：		理：		

图 7　稿件流转检查情况表

2.3　严慎的辞书修订

辞书不仅可以体现一个国家的编撰水平，还可以展现一个国家学术界对文化价值判断取舍的标准。① 辞书编撰前期对卷数规模、编写速度、出版日期等的要求，对条目数、条目框架、文字数、拟收入的学科、某学科所占比重、目标读者群、读者检索需求预期等的设定，在流程设计、框架设计、体例设计、装帧设计、编辑程度及图书整体样式设计等方面的创新，都是为辞书的内容质量服务的。1982 年，由国务院总理赵紫阳颁发聘书任命姜椿芳为《中国大百科全书》总编辑，专项负责《中国大百科全书》的编撰工作。姜椿芳先生被一些同志称为"中国大百科全书之父"，还有出版界人士称其为"中国的狄德罗"。朱光潜评价"姜椿芳这个人头脑清楚得令人吃惊。姜老就靠这惊人的头脑，把大百科讲得有条有理，头头是道，古今中外，人名书名一一说得清清楚楚"，季羡林回忆说"大百科出版社成立时，我参加了许多与大百科没有直接关系的学术会议。姜老每会必到，每到必发言，每发言必很长。不管会议的内容

---

① 张层林.《中国大百科全书》与《大美百科全书》的专业对读[J]. 图书与情报,2003(4).

如何，他总是讲大百科，反复论证，不厌其详，苦口婆心，唯恐顽石不点头"，正是这种精神造就了《中国大百科全书》的高质量。与此同时，负责《中国大百科全书》各个分卷的也都是各个领域的权威人士，如负责外国文学卷的冯至先生，负责天文学卷的张钰哲先生，负责语言文字卷的季羡林先生，负责数学卷的华罗庚、苏步青先生等。这些权威专家的存在从大的方向和体例上保证了《中国大百科全书》的高质量。

1993 年，中国大百科全书出版社正式推出纸质版《中国大百科全书》第一版，自此中国第一套全面介绍人类各类学科知识的大型现代综合性百科全书诞生,① 一整套反映了中国上下五千年的历史文化，中华人民共和国成立特别是改革开放以来的重大文化、科技、政治成果的著作以工具书的形式展现在世人面前。1999 年《中国大百科全书》光盘版面世，2009 年修订后的《中国大百科全书》第二版出版，删除了第一版中的 4600 多个条目在不同学科卷中重复的设条，撤销了不少偏专过细和失去时代意义的条目，从原来大类分卷编法改为全书条目按汉语拼音字母顺序从 A 到 Z 编排的全书条目统编法②，新增加了杂技、木偶戏、皮影戏等民间表演艺术条目，增补了欠缺的知识总论、国家、能源、材料、信息、旅游、民俗以及服饰、烹饪、家政等方面的条目，重新调整科技、社科和人文学科的比重。《中国大百科全书》第一版反映的是 20 世纪 80 年代各领域的研究状况，第二版则补入了第一版问世后出现的新知识，更新了资料和数据，对第一版的错误进行了再修正。

3 《中国大百科全书》的数字化检索

《中国大百科全书》被誉为"没有围墙的大学"，设分类目录、笔画索引、内容索引、条目外文索引以及书内条目参见、书眉标引

---

① 王坤宁. 新版《中国大百科全书》今日上架[N]. 中国新闻出版报 . 2009-04-16(1).

② 金常政. 中国大百科全书的创建[J]. 出版史料,2003(3).

和彩图插页目录等，我国著名学者周有光先生曾以"路路通"誉之。百科全书的检索系统直接关系到该书的使用价值，也是评价百科全书质量的重要标准之一。

《中国大百科全书》第一版的检索系统主要分为基本检索系统（大类分卷与字顺相结合的排列方式）和辅助检索系统（目录系统、索引系统和参见系统）两部分。其中辅助检索系统下的目录系统主要采用分类索引型目录系统，索引系统主要采用条目索引和内容索引相结合的方式，参见系统则仅仅提供检索的标题而不提供具体的内容，要想检索到目标内容还需进行二次检索。① 要系统论述《中国大百科全书》第二版的检索系统，需要先弄清楚其框架体系和内容构建，《中国大百科全书》第一版每一分卷的编排方法都是根据其固有的特点来进行取舍的，全部按照拼音、笔顺等排序，并且全书几乎不附外文名，这样做无疑在一定程度上增加了部分读者检索、查阅知识的难度。而《中国大百科全书》第二版则是在第一版的基础上重新修订而来，第二版的框架体系是在本体论的基础上再加上学科论构建而成，具有基底扎实、稳定性好、开放性高、兼容性强、盖全率高、遗漏点少等优点。就其内容而言，第二版不仅删减了大量无效重复的条目，而且对之前错误或模糊的定义也都进行了修正，并在已有的基础上新增添了大量的条目。如经济卷中就新增加了居民消费价格指数、恩格尔系数、洗钱等条目。《中国大百科全书》第二版另一个较为突出的特点就是重新调整了国内内容和国外内容的比例，其中有关中国国内的内容占一半以上，如像"邓小平理论""'三个代表'重要思想""科学发展观""三峡水利枢纽""'三北'防护林工程""青藏铁路""神舟号飞船""863计划"等独具中国特色、外国百科全书很少涉及或不够准确全面的条目，在第二版中都得到了充分反映。和第一版专业性的综合型百科全书不一样的是，第二版从修订初就将其定义为纯综合性百科全书以面向大众读者，这在一定程度上对其检索方式也提出了新的要求。而与大量

---

① 李桂龙. 试评《中国大百科全书》的检索系统[J]. 台州师专学报，1998(2).

新内容的添加、重复条目的删减、本体论加学科论的框架体系、定位的改变等相适应的，就是编排方式的彻底更新，第二版彻底改变了第一版按学科门类、分卷出版的方法，减少了条目在不同卷中的重复性，采用汉语拼音字母排序以符合国际编纂百科全书的通行做法，降低了检索的难度，也更加便于大众读者的查阅。

4 《中国大百科全书》多版本推送

2011年，以数字化、网络化形式出版的《中国大百科全书》第三版正式立项，2014年中国大百科全书出版社与东软集团股份有限公司在京举行《中国大百科全书》数字化编纂平台项目签约仪式，标志着该项目正式启动。2015年，《中国大百科全书》进行第三次改版，家用纺织品等作为独立分支增加到《中国大百科全书》中。2021年7月，《中国大百科全书》第三版出版。目前《中国大百科全书》已有纸质版、光盘版、网络在线版、局域网版、手机版等多种形态，呈现出多点多面的发展趋势。

4.1 纸质版出售

《中国大百科全书》完整版非常注重学术性和准确性，因此其适用的对象也十分有限。为了让更多的人能够享受到这一文化成果，中国大百科全书出版社于2011年发行了《中国大百科全书（第二版）》。中国出版集团公司专门成立了《中国大百科全书（第二版）》简明版推广领导小组；作为该书的代理商，各省新华书店大多也成立了相应的领导小组。简明版在充分体现知识性、准确性、权威性的前提下，增加了可读性，使其兼具工具书查检功能和大众读物的阅读功能，读者可以尽享阅读带来的愉悦。就线上销售平台而言，《中国大百科全书》在京东、当当、亚马逊等网站都有出售。包括《中国大百科全书（第二版）》（全32册共3箱）、《中国大百科全书（第二版）》（简明版，全10册）、《中国大百科全书（第二版）》（精粹本）、《中国大百科全书（第三版）》（全5册）。各销售平台出售过程中都主打第二版的简明版，面向大众发行。

4.2 光盘版发行

1995 年，中国大百科全书出版社开始了《中国大百科全书》图文数据光盘的开发。1996 年，以《中国大百科全书》第一版中的《文物·博物馆》《图书馆学·情报学·档案学》《新闻·出版》三卷为内容的第一张测试光盘面世。1999 年 10 月 1 日，以最新的科技手段收录了《中国大百科全书》74 卷图文数据的 24 张光盘面世，成为我国现代第一部大型综合性图文数据库电子出版物，销售额达数百万张。中国大百科全书出版社而后又出版了数十个光盘版本，包括压缩成 4 盘的 1.1 版本和之后广受好评的 1.2 版本。《中国大百科全书》光盘版采用的是可清楚表达大百科条目之间逻辑关系的非线性超文本数据库结构，每一学科均独立成册，正文前均列有该学科的概论和条目。除了光盘版外，中国大百科全书出版社还制作了满足大型机构用户需求的网络版、多媒体版、硬件设备制造商售前软件预装的 OEM 版等。

4.3 数据库出版

中国大百科全书出版社是中国第一个开发建设图书内容数据库的出版社，也是最早开始以净利润作为数字出版业务考核目标的出版社。其主要收入，2011 年来源于手机阅读，2012 年来源于数据库销售，2013 年来源于数字内容定制服务，这一切均为《中国大百科全书》的数字化和网络化打好了基础。2015 年中国大百科全书数据库在线版和移动版上线，2017 年中国军事百科全书数据库上线，中国大百科全书出版社带动相关数字出版项目，最好时百科数字出版当年完成收入 1000 余万元，利润达到 500 余万元。

早在 1993 年，《中国大百科全书》完成出版之际，武汉大学图书情报学院的白继红就从必要性和可能性的角度提出了建设《中国大百科全书》全文数据库的想法。①《中国大百科全书（第三版）》网

---

① 白继红. 论《中国大百科全书》全文数据库的建立[J]. 图书与情报，1993(3).

络版的设计条目数约为 100 万条，对于内外部内容数据和用户数据进行半结构化和非结构化的分析，从而建构起不同知识之间的相同、相似或相反的关系，相同知识之间的相反、相似或相同的关系体系。中国大百科全书数据库不仅仅是由纸到网的转移，更是知识内容的衍生、扩展，"变"是指产品形态和运营策略的调整变化，"不变"的是内容产品提供者的自我定位，中国大百科全书出版社坚持只做产品，不做平台，不做技术，也不做第三方渠道。① 由中国科学院第四届 336 位学部委员，共 1100 多人参与编撰修订的《中国大百科全书数据库》是目前国内唯一的百科全书式的，具有权威性、系统性、准确性和完整性的可升级性知识集成型资源数据库。该数据库目前拥有约 16 万条目、100 万知识点、2 亿文字量，并配含数万张高清图片、地图，收录有国家、人物、世界遗产名录、国家级非物质文化遗产名录等多种附录，并设有"历史上今天"（收录各学科每年拥有重大历史意义的事件）、"大事年表"等特殊数据资源，并提供跨库检索、多卷检索、条目顺序检索、条目分类检索、全文检索、组合检索和逻辑检索等多种检索方式，适用于各类局域网，力图满足各类用户的多样化需求。

5 总结

《中国大百科全书》不仅是一个知识存储库，而且是一个集知识组织、知识获取、知识分析、决策帮助、知识共享、知识交易为一体的智慧型知识服务平台，② 但是其三个版本在逐步修订的过程中还是存在些许问题的。例如在第一版发行之后，颜长珂就曾质疑《中国大百科全书·戏曲卷》的词条收录问题，他认为第一版的《中国大百科全书》对于一些很有现实意义的题目并没有给予充分的重

---

① 张新智. 中国大百科全书出版社夜幕中的锦衣独行者[J]. 出版人，2014(4).

② 王瑜. 大数据对百科全书知识生产和传播的作用——以《中国大百科全书》第三版为例[J]. 新闻传播，2016(10).

视，如清代花部乱弹的兴起，百余年来戏曲发展的情况等。① 张岩也曾质疑《中国大百科全书·体育卷》对"体育学"的界定，他认为其中混淆了科学知识体系和科学研究对象的概念。② 与此同时，第一版并没有包含教育卷，直到上海教育出版社出版发行包含 20 多个以中国教育问题为核心的教育学分支学科，以改革和发展为方向，共 1100 多个条目，有 700 余万字的我国第一部大型教育专业百科全书——《中国教育大百科全书》，才填补了《中国大百科全书》未涵盖"教育"板块的空白，但诸如此类的许多问题在第二版和第三版的出版过程中都得到了纠正。自康有为于 1898 年把"百科全书"这一人类知识总汇的概念引进我国知识界，到我国正式为百科全书编撰立项，中间整整花了 80 年。编纂出版《中国大百科全书》是我国科学文化事业一项重要的基础性、创新性工程，是对中国传统文化和改革开放成果的展现，对传承和发展我国编辑出版、科学文化事业，提高全民族科学文化素质，建设创新型国家具有重要意义。

---

① 颜长珂. 一个承先启后的努力——读《中国大百科全书·戏曲》卷[J]. 文艺研究,1983(4).

② 张岩. 对《中国大百科全书·体育》等辞书两词条的质疑[J]. 成都体育学院学报,2004(6).

商务印书馆精品工具书数据库平台

赵雨婷　曾怡薇

1　背景概述

作为中国历史最悠久的现代出版机构，诞生于 1897 年的商务印书馆出版了内地第一部英汉字典《商务书馆华英字典》，大众使用率较高的《新华字典》《现代汉语词典》等也出自商务印书馆之手。100 多年来，商务印书馆一直秉承着张元济先生"昌明教育，开启民智"的出版宗旨，承载着发展中国出版事业、普及大众文化的社会责任①，始终坚持与时俱进、推陈出新，尤其是在工具书及数字工具书出版这一领域。

在数字出版大热，全媒体出版已成大势所趋的背景下，商务印书馆对形势的判断却冷静而理智。其总经理于殿利认为纸质出版和数字出版只是出版形式不同，但是都是以内容为出版核心，对于时代的变化只需要做到逐步准备，渐次备好数字出版的条件即可。②2002 年，商务印书馆正式着手数字语料库的建设，同年提出"四化二网"③的建设。2006 年 7 月，商务印书馆推出"工具书在线"测试

---

①　潘曈. 论编辑出版的文化意义——以商务印书馆为例[J]. 新闻传播，2016(15).

②　张健. "工具书王国"商务印书馆，不慕流行求传世[EB/OL]. [2016-01-11]. http://culture. people. com. cn/GB/87423/15640839. html.

③　"四化二网"主要是指办公自动化、管理网络化、资源数字化、商务电子化，外部互联网站建设和内部局域网建设。

版，将《新华正音词典》《中华人民共和国地名大辞典》《新华写字字典》等品牌工具书数字化后供用户在线检索使用，该项目于 2007 年获得首届中国出版政府奖的音像电子网络奖。2009 年，商务印书馆成立数字出版中心，加大数字出版力度；2012 年着手开发"商务印书馆·百种精品工具书数据库"①，供网络用户在线使用；2014 年，商务印书馆推出《商务馆学汉语字典》供移动客户端用户查询，② 自此商务印书馆开始将工具书出版的热点转移到手机出版和流媒体出版上。工具书数字出版生产线作为商务印书馆四条数字出版生产线之一，近些年一直保持着其作为数字出版核心的地位。

至此，百种精品工具书数据库项目、工具书 XML 数据加工项目、与 Kindle 合作内嵌《新华字典》和《现代汉语词典》项目、和英国精制绘图公司合作开发外国人学汉语工具书 Linguap 以及开发牛津系列词典 App 项目等，搭成商务印书馆主要的工具书数字产品线。而在其中又以"百种精品工具书数据库"为其在继承传统和开拓创新间做到完美权衡的典型代表。

2　出版内容数字化

在同方知网(北京)技术有限公司提供技术指导和广泛调研的基础之上，商务印书馆成功于 2012 年建设完成了百种精品工具书数据库，该数据库汇集了商务印书馆 100 多种诸如《新华字典》《朗文当代英语大辞典》《柯林斯高阶英汉双解词典》《新时代西汉大词典》等常销工具书和畅销工具书，并且其内容都是在对工具书进行碎片化分类后再次整合、重组的基础上形成的，包含汉、英、法等 21 个语种，360 余万词条，3.5 亿文字量。除结构化动态重组外，商务印书馆精品工具书数据库也增加了许多新的数字工具书的功

---

① "商务印书馆·百种精品工具书数据库"官方网站为 www. icidian. com. cn。

② 余桂林. 在创新发展中经营品牌——以商务印书馆工具书产品线为例[J]. 出版参考,2014(31).

能，如音、视频等多媒体内容，6.5 万个基本词都配有播音员真人发音，2500 多个常用字都配有笔顺动态 Flash 演示等。

另外，商务印书馆和中国知网强强联合，共同开发了在百种精品工具书数据库中所应用到的，将字典、词典和语典集结起来的，以词目为中心的词语知识系统。该系统的词语知识单元网络在严格遵循"知识学习—知识积累—知识应用—知识拓展"①的认知规律下，对古汉语、词语、歇后语、名人名言、古诗词、专科词等字典、词典和语典中的字词打碎，再以数字化的形式重新整合，以方便用户更快捷地检索，满足用户的多样化需求。以字词为例，呈现给用户的非线性检索结果不仅包括该字词的音标、释义和笔画顺序，与该字词有关的歇后语、成语、字词等语义信息也是有序呈现，从而实现知识的关联跳跃，为用户提供词语查考加知识学习的双重服务，从内容上贯彻"务实、切实、应时"这一工具书编撰思想。②

总而言之，商务印书馆精品工具书数据库的最大优势在于其内容。从质量上讲，商务印书馆精品工具书数据库依托商务印书馆等中国出版集团旗下丰富的出版资源建设而成，其专业、权威、系统、规范的品牌印象有利于加深互联网受众对其的信任，从而避免因网络的自由化和低门槛造成的庞杂无序的局面。③ 从数量上说，商务印书馆精品工具书数据库以较强的开放性容纳了诸多不同类型的工具书，并借助先进的数据库技术实现了跨库检索，用户可以同时选中多部工具书来查询词目。从形式上讲，商务印书馆精品工具书数据库不再以单本的形式呈现，而是以字典、词典、百科全书、年鉴、索引、文摘、表谱等各类工具书同时呈现来实现网络版工具书的批量生产。从管理上说，除传统的审稿编辑、策划编辑之外，

---

① 钟楚．国内首个汉语工具书查检数字平台将面世[J]．中国出版,2012(19)．

② 王铮．新环境下传承与创新的图书情报工具书佳作——《图书馆学情报学大辞典》评价与思考[J]．图书情报工作,2013(21)．

③ 郑东炜．浅谈传统工具书检索与网络信息检索及其在图书馆实践中的应用[J]．福建图书馆理论与实践,2015(1)．

商务印书馆还设立了发展管理型编辑，成立了大众学术与大众文化编辑部，在保证学术质量的前提下尽量以通俗的形式对工具书进行再处理，从而拉近与普通读者的距离，搭起连接的桥梁，做到了"天下路人尽识君"。总之，商务印书馆推出的"商务印书馆·百种精品工具书数据库"的意义，不仅在于数字存储技术的进步和库存压力减少的优势，更在于其开发的集成式的数字化平台实现了各文本的相互链接，读者可以实现跨库检索和智能化阅读，自此一套由辞书语料库及编纂系统、数据库排版系统和工具书在线系统组成的工具书内容出版系统就更加完善了。

3　出版流程数字化

从出版流程来看，商务印书馆的精品工具书数据库采取的是内容管理系统（RCM），相关内容的创作、编辑和发布人员均是使用该系统来实现内容数据的提交、修改、审批和发布。编辑从辞书语料库、辞书资料库、辞书数据库等仓储中提取相关内容数据，经过编辑编撰和排版系统平台的加工存储到工具书发布库中，个人和机构用户可以根据自己的需要在库中提取，其中辞书语料库及编撰系统提供词目、标注、例证等的多语料采集，辞书数据库排版系统负责小样分离、自动排版。就商务印书馆数字工具书的出版流程来看，辞书语料库、辞书资源库和辞书数据库属于工具书出版的上游部分，主要负责工具书内容的生产，而编辑编纂系统平台和排版系统平台则属于出版的中游部分，主要负责编辑方式、生产方式、出版效率等问题。目前，商务印书馆的辞书语料库的规模已达到国际领先水平，入库语料达 10 亿字，生产过程已实现了全流程化（见图 1）。

一般而言，工具书出版社都比较偏爱数据库这一数字出版模式，即将多本工具书数字化后，再进行碎片整合重构，集结成较大规模的数据库，这一出版模式相对于其他的直接上网、开发新产品等模式更容易控制内容资源，在整个工具书出版流程中也会增加其竞争优势和话语权。虽然如今商务印书馆的重点仍旧是传统工具书上网和部分资源线上整合，全新的数字产品还处于开发阶段，但是其已经开始有将工具书出版由数字出版转向数字产品和纸质图书同步出版的全媒体出版，一、二级产品线向成长性三级产品线衍生的趋势。其于 2020 年 3 月上线的语言资源知识服务平台"涵芬 App"正是这一趋势的体现。

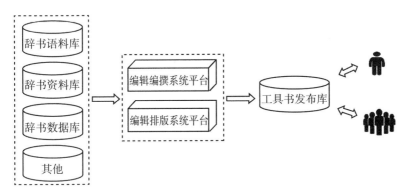

图 1　商务印书馆数字工具书出版流程①

4　出版服务数字化

商务印书馆精品工具书数据库提供多个检索入口，可以输入字、词、语、句进行检索，也可以通过任意组合工具书类型进行检索，还可以通过书名索引、词目索引、词类索引进行检索。除此之外，该数据库还提供 Flash 笔顺展示功能、书目导航、常用实用附录等其他辅助服务，以提高用户检索的满足感。

（1）检索服务

和其他数据库类似，精品工具书数据库的常规检索也是通过输入字、词、语、句进行检索，提供词目、词条（全文）、书名、出

---

①　刘成勇.从"工具书在线"谈商务印书馆数字出版理念与实践[J].科技与出版,2006(5).

版者、作者等多种检索入口，提供精确、模糊、通配符等多种匹配方式。网络用户既可以选择在单本书内检索，也可跨书、跨学科检索，从而缩小检索范围。这一数据库的特色检索有专项检索、组合检索、通配符检索、据意查词等个性检索方式。专项检索是指在用户遇到生僻字时，可利用部首和笔画查询；组合检索是指通过任意组合工具书类型进行检索，这和中国知网等数据库平台的高级检索有异曲同工之妙；通配符检索是指当用户对某些词组及术语不甚熟悉时可利用"?"和"＊"代替相应的字词进行检索，"?"代表一个字符，"＊"代表零个及多个字符，如当用户需要检索后两个字是"缤纷"的四字成语时，只需要输入"?? 缤纷"即可；据意查词是指用户根据想要表达的意思输入多个关键词语，用";"隔开，即可检索出相关词，然后选择目标词汇即可。

（2）结果再展示服务

精品工具书数据库的常规检索结果一般按照文字量、相关度、下载量或出版时间等多种方式进行排序。在检索结果较多的特殊情况下，用户还可按工具书类型、学科分布、检索入口、结果排序等门类对检索结果进行再筛选，以便准确、快速地定位到目标信息，提高检索效率。例如，在检索"手持式按摩器"后，对于检索的结果要想得到更为精确的定义和概念，就可以选择医疗器械下的家庭保健器材类；在检索"电工仪器仪表"后，出于同样的目的可以选择机械行业下的仪器仪表类。除按学科分布再检索外，通过词目、释文、书名、索引等检索入口也可以筛选结果。

（3）语音朗读和 Flash 笔顺展示服务

除检索服务外，商务印书馆精品工具书数据库还利用 Flash 动画插件提供笔顺动态展示功能，包括普通话朗读、汉字的笔画顺序、字词的演变史、相关知识链接等，以让用户更加直观形象地感受汉字的魅力。在该数据库中，约有 65000 个基本词配有播音员级别的真人发音，约有 2500 个常用字配有笔顺动态 Flash 演示。这些基本词和常用字检索结果与一般字词一样不仅提供注音释义、主要属性等结果展现形式，还提供同音、同义、反义、用法、例句、词语苑、名言警句、词汇扩展、知识窗、其他释文、最近查询等多种功能项。一个词的检索结果也不仅只提供顺序词(语)、逆序词(语),还提供相关成语、谚语、惯用语、歇后语、新词语等,以拓宽用户的视野,增加其检索的附属价值。

(4)书目导航服务

从用户服务和需求上来说,商务印书馆在工具书的服务上采用的是从书本到知识、再到服务的出版模式,其新开发的精品工具书数据库不仅对工具书内容进行了二次重组,对检索方式等也进行了新的探索。多媒体技术的应用使得工具书数据库无论是在呈现方式上,还是在检索的便捷立体上,都得到了很大的提高。用户仅通过一个检索系统就实现对海量数字资源的一站式检索,不仅是对商务印书馆精品工具书数据库内容丰富的要求,更是对服务提升的考验。① 书目导航服务即是该考验中工作量较大的一种,即给数据库中的每本书都配上唯一的网址导航,知识的聚合在一定程度上可以显著提高用户的使用效率,同时也可以促进内容系统、全面地编排,使编辑修改和用户检索更为方便。

(5)常用实用附录服务

让用户不仅能快速有效地检索到所需内容,而且得到更多的附加服务,是目前商务印书馆工具书出版增加用户黏度的重要途径。目前,商务印书馆精品工具书数据库收集了 32 种典型的常用附录,主要以较为重要的原始数据、框图、结构图、文章、文件、年谱、年表、统计图表、索引、大事记、译名对照表等形式展现,以作为对词典的补充部分。这些阐述详细研究方法和技术的补充部分,一般因为篇幅过大或者编入正文有损正文逻辑而作为附录部分存在,对于读者了解正文内容具有重要的补充意义。

5 总结与启示

继 20 世纪 90 年代金山词霸盛行之后,上海世纪出版集团易文

---

① 肖珑,张春红,刘素清,等. 数字信息资源的检索与利用(第 2 版)[M]. 北京:北京大学出版社,2013.

网工具书在线、商务印书馆工具书在线、中国大百科全书出版社"中国大百科在线搜索"等工具书在线网站、工具书 App 的尝试就正式拉开了帷幕，许多出版社都参与到了数字出版生态圈的建设。普遍而言，现如今商务印书馆工具书出版因转型存在的问题和采取的措施，也是整个工具书出版领域的一个缩影，对工具书领域的出版转型甚至整个行业的发展都具有借鉴和指导意义。

（1）内容开发

除开放式网络工具书外，传统工具书转型的模式不应该仅仅局限在在线工具书集锦平台上，综合工具书内容丰富、有权威性和系统性，出版商可以对其进行再整合和二次开发，数字教育出版的移动出版模式和电子书包模式在工具书资源整合的过程中就是可以借鉴和利用的模式。如果内容出版商不具备相应的技术而需要寻求其他合作商的话，在其进行内容开发和盈利模式探讨时，需明确和肯定内容提供商的地位。传统出版社须牢牢抓住其自身的内容资源、版权资源和编辑资源，以增强内容开发的后续动力。在"知识服务"愈发重要的今天，消费者唾手可得的知识资源越来越丰富，因此抓住用户体验就成了重中之重。对内容资源进行结构化整合，使得用户获得知识的效用得以提高，满足用户随时随地个性化的精准检索需求，是现阶段转型后工具书出版的重中之重。

（2）定制出版

一般来说，工具书的主要功能是检索，但是有实力的出版社也可以开发工具书的教育功能，比如将文言文讲解、注释类的工具书进行整合，开发成适合中考、高考的不同难度的文言文词解教辅类工具书。工具书的个性化、定制化出版在保留一部分权威出版以记载传承文化以外，更需要注重其商业价值。传统工具书出版社需要在全面调查消费者数量分层、内容偏好、文化程度、工具书使用用途和方式、接触渠道、终端自适应等基础的前提下，"对症下药"，通过互联网和数字出版技术对工具书的出版流程进行再组合。在人们越来越偏向移动工具，追求简单、便捷的今天，工具书出版也应该顺应时势，以移动出版的方式打开新的局面，比如开发各种雅思考试、中考、高考、转型考试类工具书的 App 等，使工具书集锦大平台和工具书定向出版小平台两个"拳头"同时发力。

（3）多样化出版

依靠单一的盈利模式固守数字化时代的工具书市场，显然是不行的。开发不同版本、适应不同终端的工具书数字产品，创造多种盈利方式，是实现工具书产品市场扩展的有效途径。以商务印书馆的《牛津高阶英汉双解词典》为例，我们可以发现现在工具书市场上出现的很多类似的词典都不是商务印书馆授权修改发布的，其权威性、科学性和系统性都有待商榷。除了版权维护以外，商务印书馆其实也可以开发这一方面的资源，开发 PC 软件、移动 App 等提供正版的权威产品，在内容资源的质量上进行控制，也可以取得不错的成效。与此同时，开发与工具书配套的图片、音频、视频等资源，通过多样化的动态产品展现工具书的活力和表现力，增强用户的视觉体验，同时转变其销售模式，不仅可以售卖工具书这一产品，而且对其服务进行整合升级之后也可以进行售卖。

（4）版权保护

加强数字版权保护技术，是工具书得以发展的基石。现阶段在数字出版领域，超星的 PDG 技术、方正的 168 位加密算法在工具书出版中都是可以借鉴的技术。通过加密、认证和追踪的多重保护，首先可以确保工具书数字资源的安全，同时也可以对资源的二次传播和合法拷贝进行数量控制，工具书的授权使用情况也可以被工具书出版产业链上的内容提供商、技术提供商等实时控制。除了技术方面的版权保护以外，加强该领域法律法规的建设，完善其版权保护细则，也是其应有之义。目前，我国在工具书出版方面的立法主要有《著作权法》和《信息网络传播权保护条例》，从相关法律法规的惩罚力度来看，侵权者的侵权成本较低而被侵权人的维权成本相对较高，较低的赔偿力度使得许多被侵权人都主动放弃版权保护，这在一定程度上影响了著作权人的积极性和工具书出版的健康发展。从政策上支持，从法律上保护，是保证工具书甚至其他数字产品健康发展的必备"良药"。

自然出版集团学术期刊出版模式*

刘锦宏　闫　翔

自然出版集团（Nature Publishing Group，NPG）的《自然》（*Nature*）创刊于 1869 年，是历史悠久、影响力大、世界公认的综合性自然科学期刊中的佼佼者。2021 年，自然出版集团更名为 Nature Portfolio，并和 Springer 出版集团进一步合并成了施普林格·自然（Nature Springer）集团，提供超过 3000 种范围广泛的一系列期刊。130 多年来，《自然》一直履行着"将科学研究和科学发现的伟大成果展示于公众面前"①的承诺，客观、准确地报道世界科技领域的重要发现和重要事件。它是最先报道电子的发现、机械飞行的成功和电视的可能性的杂志，它也报道了中子的发现、维生素 C 的分离、原子的分裂和铀的裂变。在整个 20 世纪，50 年代 James D. Watson 和 Francis H. C. Crick 关于 DNA 结构的论文在《自然》杂志发表，这一成果标志着分子生物学的诞生；60 年代，《自然》杂志报道了板块构造的发现，从而迎来了地学研究的一场革命；70 年代，该刊发表了关于生产单克隆抗体的原始论文；80 年代，该刊报道了关于艾滋病、癌症、超导体和遗传疾病等方面的重大发现；90 年代，该刊陆续发表了人类基因组的第一个目录、富勒烯的结构，以及震惊世界的克隆羊多利的培育成功，等等。创刊

---

* 本文以发表在《出版科学》2008 年第 2 期上的同名文章修改而成。

① 详见自然出版平台 www. nature.com。后文中与《自然》杂志有关的数据，如非特别注明，均搜集自此网站。

以来,《自然》一直是科学研究成果报道的前沿阵地,在科学研究领域占据极为重要的地位。以下,本文将从出版策略、质量控制、版权管理和收入来源四个方面探讨自然出版集团(Nature Publishing Group,NPG)的成功经验,以供参考。

1 自然出版集团期刊出版策略

作为世界上著名的 STM(Science,Technology,Medicine)出版集团之一,自然出版集团有其独特的经营之道。正是对不同经营策略的综合运用,造就了自然出版集团在 STM 出版领域的领先地位。

1.1 持续不断创办新刊,走规模化发展道路

由于科学技术的快速发展,《自然》的投稿量急剧增加,为了容纳不断增加的优秀稿件,并将这些新兴领域的原创性科学研究成果向科学界和社会公众传播,《自然》从 1983 年起就创办了一系列新刊,尤其是 1996 年开始实施的姐妹刊计划更是大获成功。其中《自然遗传学》(*Nature Genetics*)、《自然结构生物学》(*Nature Structural Biology*)、《自然医学》(*Nature Medicine*)、《自然生物技术》(*Nature Biotechnology*)、《自然神经科学》(*Nature Neuroscience*)和《自然细胞生物学》(*Nature Cell Biology*)等姐妹刊的影响因子在各自领域中居于前列。

1999 年,自然出版集团成立。自然出版集团主要通过两种方式创办新刊。一是独自创办新刊,如 2004 年创办《自然临床实践》(*Nature Clinical Practice*)和《自然疗法》(*Nature Methods*),2005 年创办《自然物理学》(*Nature Physics*),2006 年创办《自然备忘录》(*Nature Protocols*)和《自然纳米技术》(*Nature Nanotechnology*),2007 年创办《自然光子学》(*Nature Photonics*),2009 年创办《自然化学》(*Nature Chemistry*),2010 年创办《自然通信》(*Nature Communication*),2011 年创办《自然气候变化》(*Nature Climate Change*)等一系列期刊。2017 年新增五个子刊,其中包括《自然——

天文学》(*Nature Astronomy*)、《自然—生物医学工程》(*Nature Biomedical Engineering*)、《自然—生态学与进化》(*Nature Ecology & Evolution*)、《自然—人类行为》(*Nature Human Behaviour*)和《自然综述—化学》(*Nature Reviews Chemistry*)。二是与相关机构合作办刊，如2003年与欧洲分子生物学组织合作出版了《EMBO学报》(*The EMBO Journal*)和《EMBO报告》(*EMBO Reports*)，2004年与美国加拿大病理学学会合作出版了《实验室调查》(*Laboratory Investigation*)及《远程病理》(*Modem Pathology*)，2005年又在EMBO的资助下创办了开放存取期刊《分子系统生物学》(*Molecular Systems Biology*)，2006年与上海生物科学研究院合作出版了《细胞研究》(*Cell Research*)，2007年与黏膜免疫协会合作出版了《黏膜免疫学》(*Mucosal Immunology*)，2008年与黏膜免疫协会等合作出版了《自然地球科学》(*Nature Geoscience*)，2009年与日本抗生素研究协会联合创办《抗生素杂志》(*Journal of Antibiotics*)等一系列期刊。2010年，日本的《高分子杂志》(*Polymer Journal*)和中国的《细胞与分子免疫学》杂志(*Cellular and Molecular Immunology*)也加入该计划。2016年3月1日，施普林格·自然旗下的自然出版集团与南京大学正式签约，合作出版开放获取期刊《npj-量子材料》(*npj Quantum Materials*)。这些新刊的创办一方面提升了NPG的企业形象，另一方面帮助集团迅速扩张，并利用规模优势增强了其市场竞争力。

目前，自然出版集团共出版169种期刊，这些期刊覆盖了物理、化学、医学、生命科学、地球与环境科学等多个领域，以最快的速度、最严格的标准发表最高水平的研究成果。

1.2 积极推行"让客户满意"出版策略

其实，自然出版集团并没有采用太多特别的战略或战术，其成功的秘诀是长期不懈地坚持"让公众了解科学的发展，从而促进科学教育和文化的发展；给从事科学研究的人们提供所需要的信息"的办刊理念。这种理念归结到一点，就是为客户提供高质量服务，

"让客户满意"。自然出版集团正是围绕这个目标集中了刊物和集团的全部优势，并以全球化运作的方式来满足不断变化的读者需求。

例如，自然出版集团通过网络提前在线发布期刊，让读者了解期刊出版前的相关信息；自然出版集团还充分利用分布在世界各地2000多名记者的力量，在全球大力宣传它的作者及其发表的重要论文，使作者和论文受到世界上最重要的报纸、杂志、广播和电视等新闻媒体最大程度的关注；自然出版集团还与 Digital Science 宣布合作，自然出版平台(www. nature. com)整合了 Digital Science 公司的 ReadCube 页面阅读工具，为用户提供在浏览器中对研究文献进行标记和注释的功能和服务。① 自然出版集团的这种"让客户满意"的出版策略，不仅使其刊物成为全球科研人员发布科研成果的首选刊物，而且使自然出版集团被认为是最新科学信息最可靠的来源地之一。

1.3 利用数字技术促进学术期刊发展

顺应学术出版的数字化发展趋势，1996 年自然出版集团推出了自然出版平台。该平台在向读者提供自然出版集团期刊全部内容的在线检索及使用服务的同时，还为读者提供期刊在线订阅和为作者提供期刊在线投稿等服务。此类网上服务扩大了自然出版集团期刊的覆盖面，加快了其传播速度，使自然出版平台成为世界上最著名的网络学术出版平台之一。目前，该平台拥有超过 1000 万的各类用户，每月的访问量超过 1200 万次。

随着全球开放存取运动的高涨及其影响力的扩大，自然出版集团于 2007 年发布了自己的机构仓储，计划逐步典藏自 1869 年以来集团出版的全部内容，并为读者提供在线检索等服务。而随着 iPhone 等移动阅读终端的普及，移动阅读逐渐盛行，为此自然出版

---

① 自然出版集团整合 ReadCube 页面阅读工具[EB/OL].［2013-04-21］. http://www. sinicprint. com/news/news_detailed_29187. html.

集团于 2010 年推出了 iPhone App 服务。此客户端包含集团旗下 20 多种期刊，已经订阅的用户可直接访问 App 中的内容，非订阅用户可以浏览期刊论文的摘要；整合了多媒体资源，如视频、播客等，用户可针对其内容进行讨论和互动；其基于多媒体特征的服务主要涉及音频和视频资料、继续教育考试等。① 2011 年，自然出版集团宣布加入《知识共享学科协议》［Creative Commons（CC）Agreement］，以进一步表明其对开放存取运动的支持。2012 年，自然出版集团推出了链接数据平台（data. nature. com），向用户提供链接数据相关服务，包括最近新闻、最近研究重点、学科概览等。自 2021 年 1 月起，所有作者向《自然》及 32 本《自然》原创研究系列期刊投稿时，都能以金色 OA 形式发表。目前集团旗下有 80 多种期刊提供开放获取的选择。2015 年集团网站上发表的原创科研论文有 60% 以上实施了开放获取，约为 1 万篇文章。上述举措无疑极大地提升了自然出版集团在数字出版时代的核心竞争力。

1.4　严谨的内容与生动的表达并重，扩大读者群

自然出版集团认为，它的期刊编辑有权利、有义务修改作者论文以使论文符合期刊的出版宗旨和出版风格，并满足读者的阅读需要。发表在自然出版集团期刊上的论文，大多数需要经过大量修改或补充实验，同时还要经过数次编辑审议或同行评议，直到符合出版的质量要求为止。正是因为经过大量认真的修改，自然出版集团期刊发表的论文才真正具有影响力和说服力。在出版目标方面，自然出版集团的编辑还十分注意把深奥的科学知识表述得生动有趣，在满足专家类读者需要的同时，充分满足非专家类读者的需要，以真正有效地扩大期刊读者群，普及科学知识，帮助更多的人去了解科学、热爱科学，从而为科技发展奠定良好的社会基础。

---

① 孙怡铭,彭远红 . 自然出版集团期刊移动端特点及启示[J]. 科技与出版,2014(12).

2 自然出版集团期刊质量控制机制

百余年的出版经验使自然出版集团深明质量是学术期刊生命线的道理。具体来看，它主要通过编辑审议和同行评议相结合的方法来控制期刊的出版质量，提高期刊竞争力。

2.1 编辑审议机制

期刊编辑在收到作者稿件后，会在第一时间内决定是否对其进行同行评议。至于什么样的稿件最符合读者的利益并值得送审，其选择权和决定权都在期刊编辑手里。一般来说，编辑不会将所有稿件都送出去进行同行评议，有大约一半的稿件经过编辑初审后就被直接退回。编辑会将稿件初审结果及时通知作者。

对于正式经过同行评议的稿件，责任编辑还要根据评议专家的意见再进行审议。在所有评议报告都完成后，责任编辑会将稿件的主要内容、评议意见以及准备给作者的信件整理成文，在同事中传阅。其他编辑将阅读这些文件，以确保其所采用的编辑标准与其他稿件所采用的编辑标准一致，并确保所涉及的稿件经过同行评议。稿件是否发表由编辑决定，而不是由评议专家或编委会决定，期刊主编对期刊的整体出版质量负责。

最后，编辑会将是否采用稿件的决定通知作者，并附上评议报告。对于需要修改的论文，编辑会要求作者根据评议意见修改稿件，直到符合出版要求为止。作者在修改稿件时，应根据评议意见来进行修改；如果作者不同意评议意见，应向编辑阐述自己的看法，及时沟通和解释，以便期刊能够以最快的速度处理稿件。一般来说，发表在自然期刊上的稿件都要根据专家意见至少修改一次。

2.2 同行评议机制

除了编辑审议以外，同行评议是自然出版集团期刊保证内容质量的另一个重要手段。其具体的规定和流程如下：

（1）评议专家的选择

一旦期刊编辑认为稿件值得送审，将选择2～3名能够从专业角度对稿件进行充分以及公正评议的同行专家对稿件进行评议。编辑在选择评议专家时非常慎重。他们要与世界范围内的相关专家进行联系与接触，确保让最合适的同行专家来审阅稿件，以保证评议质量。当然，作者也可以向编辑提供候选专家，并提供专家的联系地址、电话、电子邮箱等相关资料。为了保证评议的公平、公正，期刊编辑一般不会选择作者建议的专家作为评议人。

（2）评议专家的职责

与评议专家达成协议后，稿件会在2～3天的时间内寄送到评议专家手中。一般来说，自然出版集团的期刊编辑要求评议专家能够在三周内完成评议工作，并将稿件和评议报告一并寄还。如果专家在这个时间内没能提交评议报告，编辑就会通过电话或电子邮件不断催促直至他们完成评议。评议专家要对稿件绝对保密，不能复印留存，不能使用稿件的任何内容，不能让其他人知道或看到所审稿件。如果由于技术上的原因需要他人协助评议，则评议人需向自然出版集团报告相关情况。评议专家要评价稿件的科学性、重要性、新颖性以及是否适合在集团期刊上发表，并提交评议报告。专家还可以向编辑表明是否可以让作者知道自己的名字，否则所有评议意见将以匿名方式寄给作者。

（3）评议报告的撰写要求

自然出版集团认为，理想的评议报告应指出：哪些读者会对稿件的研究成果感兴趣及其感兴趣的原因；论文有何突出之处；论文的主要结论是什么，它们有何重要意义；在作者结论成立之前，作者或稿件还需要解决哪些学术上的问题，等等。虽然评议专家有时会指出稿件是否适合在杂志上发表，但期刊编辑并不要求专家提出这样的评议意见。编辑需要专家回答他们是如何看待所评稿件的贡献及其重要性的，并根据这些评议意见以及期刊的编辑标准来决定稿件是否适合在期刊上发表。虽然编辑认为评议专家指出的稿件所存在的所有专业问题都很重要，但他们并不会完全受这些意见约束。

（4）坚持重复评议

要提高期刊的质量和权威性，重复评议非常重要。如果评议专家认为稿件存在严重问题或稿件涉及的课题研究意义不大，编辑可根据专家的意见正式退稿。当评议专家意见不统一时，为了追求学术公正，编辑通常会选择其他专家对论文进行重复评议。另外，稿件在修改后会连同其他专家的评议意见一并再次寄给评议专家，由专家根据稿件修改的情况进行重复评议。评议后的稿件由编辑再次寄给作者修改，最后由编辑决定是否采用。一般来说，稿件要经过多次修改和评议，才能达到自然出版集团期刊的出版要求。当然稿件也可能经过一次评议后便适合发表。除了出版前专家对稿件进行评议外，自然出版平台上还设有稿件出版后供读者或同行专家进行在线重复评议的讨论区。① 读者或专家可以针对期刊上发表的文章进行评议，提出自己的看法或建议，作者可以在线回答读者或专家的问题，或根据他们的建议再次修改自己的文章。如此反复，不仅提高了自然出版集团期刊的出版质量，而且增强了期刊的学术影响力。

自然出版集团一直以出版高质量的学术期刊为目标，经过不懈的努力，取得了辉煌的成绩。2001—2011 年，其被美国科学情报研究所（Institute for Scientific Information，ISI）收录的期刊数量持续增加（参见表1），其中有很多成为各领域具有重要影响的学术期刊。如《自然遗传学》（*Nature Genetics*）、《自然免疫学》（*Nature Immunology*）、《自然医学》（*Nature Medicine*）等期刊第一次被收录时，其影响因子分别高达 26.494、27.586、30.550，具体情况参见表2。

---

① Peer to Peer［EB/OL］.［2007-11-15］. http://blogs. nature. com/peer-to-peer/.

表 1　自然出版集团期刊被 ISI 收录数量表

年份	收录期刊数量
2001	22
2002	32
2003	44
2004	44
2005	48
2006	64
2007	70
2008	76
2009	86
2010	87
2011	93
2012	86
2013	85
2014	88
2015	90
2016	91
2017	101
2018	95
2019	119
2020	93
2021	202

注：根据 JCR（Journal Citation Reports）2001—2006 年的数据和 www. nature. com 的相关内容整理所得。

表 2　自然出版集团主要期刊的影响因子

刊物名称	年份								
	2003	2004	2005	2006	2007	2008	2009	2010	2011
Nature	30.979	32.182	29.273	26.681	28.751	31.434	34.480	36.104	36.280
Nature Biotechnology	17.721	22.355	22.738	22.672	22.848	22.297	29.495	31.090	23.268
Nature Genetics	26.494	24.685	25.797	24.176	25.556	30.259	34.284	36.377	35.532
Nature Immunology	—	27.586	27.011	27.596	26.218	25.113	26.000	25.668	26.088
Nature Medicine	30.550	31.223	28.878	28.588	26.382	27.553	27.136	25.430	22.462
Nature Materials	10.778	13.531	15.941	19.194	19.782	23.132	29.504	29.920	32.841
Nature Reviews Cancer	33.954	36.557	31.694	31.583	29.190	30.762	29.538	37.184	37.545
Nature Reviews Drug Discovery	17.732	19.583	18.775	20.970	23.308	28.690	29.059	28.712	29.008
Nature Reviews Genetics	25.664	21.329	19.221	22.947	22.399	24.185	27.822	32.745	38.075
Nature Reviews Immunology	26.957	32.695	30.458	28.869	28.300	30.006	32.245	35.196	33.287
Nature Reviews Molecular Cel l Biology	35.041	33.170	29.852	31.354	31.921	35.423	42.198	38.650	39.123
Nature Reviews Neuroscience	27.007	21.225	20.951	23.054	24.520	25.940	26.483	29.510	30.445

注：根据 JCR 2002—2006 年的数据整理所得。

3　自然出版集团版权管理

出版活动从本质上来说是围绕著作权的持有、转让和保护等活动开展的。在数字出版使得研究成果的物理转移不再成为必要之后，这一点比以往任何时候都更加明显了。自然出版集团当前的版权管理策略是谨慎地结合传统出版业的版权策略和开放存取的最新要求。

3.1　版权转移

自然出版集团并不要求作者转移论文涉及的原始研究的版权，但要求作者在收到稿件录用通知时与集团签署同意出版论文和转移论文版权的协议，将最终发表论文的版权转让给集团，并要求作者在论文正式发表前不公开自己的研究结果，尤其不能向媒体发表有关稿件内容，否则 NPG 有权不发表该稿件。作为回报，自然出版集团允许作者在以后的著作中无需经集团许可就可以使用自己的文章，但是自然出版集团的特约文章，如评论、新闻等，版权将永远归自然出版集团所有，作者若再利用就必须获得集团的许可。

3.2　自我典藏

自然出版集团原来不允许作者对自己发表在其期刊上的论文进行任何形式的自我典藏。但从 2005 年 1 月开始，自然出版集团允许并鼓励作者在其论文公开发表 6 个月后，将发表在集团期刊上的论文和未经编辑的手稿存储在其资助机构、所属研究机构的仓储或个人主页上。自然出版集团要求作者必须在存储站点上正确标注论文出处和数字对象标识符，并建立指向出版该论文的期刊网站的超链接。作为开放存取运动的支持者和积极参与者，自然出版集团早在 2002 年就允许作者将其投稿发布在个人网站上，但要求作者与集团签署独家出版授权协议，尽管作者不需要转让稿件版权。今后，自然出版集团还将与作者、读者、客户等一起来发展和完善其典藏政策。

需要指出的是，作者必须在论文发表前向自然出版集团说明其论文的哪些内容是否将在或已在某个预印本仓储上发布。在论文发表的独占性方面，自然出版集团要求很高，它不会考虑发表那些被其他期刊考虑发表的投稿。如果一篇投稿的部分内容已经出现在其他地方或已经投往他刊，那么只要其主要结果、结论和意义并不能从另一篇论文中明显看出，则该论文不会被自然出版集团拒绝发表；但是作者必须向编辑说明论文的哪一部分将在或已在其他地方发表，并指出该出版物的名称。

3.3　向订户开放分享

2014年2月2日，《自然》杂志出版商麦克米伦宣布，《自然》将开放其自1869年以来所有的研究论文。通过专有的阅读软件——ReadCube，订户可以阅读论文全文，并能够分享和评论，但不能复制、打印或下载。这一开放政策同样适用于自然出版集团旗下的其他48本期刊，包括《自然遗传学》、《自然医学》和《自然物理学》等。

ReadCube类似于苹果公司的iTunes，它主要由麦克米伦投资。麦克米伦这一开放政策意在让科学家免费阅读论文并分享心得，同时又保住自然出版集团的最大收入源——用户的订阅费。正如麦克米伦科教部首席执行官Annette Thomas所言，她认为用户订阅和开放获取将并存很长一段时间。学界对这一政策的最初反应褒贬不一。有人认为它与完全的"开放获取"相去甚远；也有人认为这是一大进步，因为它消除了自然出版集团之前的对于全文获取的6月期限制。

4　自然出版集团收入来源

作为商业出版集团，自然出版集团非常清楚源源不断的收入是集团持续发展的基本前提，因此它积极探索盈利模式，并通过为客户提供形式多样的服务来增强其市场竞争力，提高营业收入。

4.1　向作者收费

作者在自然出版集团发表论文一般是没有稿酬的，相反，作者在收到论文录用通知时往往还会收到其论文抽印本的订购单，需要付费购买论文抽印本。另外，自然出版集团还出版了少量开放存取期刊，这些期刊会向作者收取相关费用，如《分子精神病》(*Molecular Psychiatry*)向作者收取每篇 4990 美元的论文处理费。2022 年，在完全 OA 期刊(如 *Nature Communications* 和 *Scientific Reports*)发表文章需要支付文章处理费(APC)。APC 因标题而异，从《科学报告》的 1570 欧元到《自然》的 9500 欧元不等。由于自然出版集团的开放存取期刊很少，而且它们都是在相关机构的资助下出版的，所以集团承诺只要作者能够证明其无力支付论文处理费用，或作者来自低收入国家，集团将免收论文处理费。自然出版集团还通过向作者提供诸如再版服务等增值服务的方式向作者收取相关费用，提高销售收入。

4.2　向读者或图书馆收费

自然出版集团通过向个人或图书馆等客户销售期刊或数据库来获得销售收入。这也是其主要的收入来源。目前，集团通过自然出版平台为客户提供在线订购服务。在期刊订阅方面，作为世界上最著名的科技期刊之一，早在 2007 年，《自然》就在全球拥有 6 万多个订户，覆盖 61 万以上的读者。按照当时每年 199 美元的订阅费计算，仅该刊的年订阅收入就高达 1200 万美元。另外，《自然生物技术》(*Nature Biotechnology*)的年收入也高达 410 万美元。在期刊的订阅价格方面，自然出版集团有不同标准，订阅价格因期刊种类、订阅者所在国家、订阅时间长短的不同而有所不同。① 自然出版集团还通过向图书馆等机构销售数据库产品来增加收入，其价格因数据库产品的不同和机构大小的不同而有所区别，具体价格需与集团的销售人员联系确定。

---

① 具体的订阅价格请参见在线订阅系统 secure. nature. com。

4.3 为客户发布广告

自然出版集团主要通过销售在线广告和印刷版期刊广告来实现其广告收入，进而增加集团的营业收入。客户可以通过付费方式选择在自然出版集团出版的任何一种印刷版期刊上发布经过集团认可的广告。广告发布的规格、形式、价格等因期刊的不同而有所不同。在在线广告服务方面，自然出版集团提供了旗帜广告、电子邮件广告、etoc 陈列广告等服务形式，客户可以根据需要与集团联系，确定广告价格进行在线投放。需要指出的是，集团为了帮助客户提高广告投放的准确性，发布了详细的期刊目标读者分析数据，以提高对广告客户的服务水平。

4.4 提供增值服务

自然出版集团主要通过提供论文再版服务来增加营业收入。它可以向用户提供黑白或彩色印刷版以及经过加密处理的 PDF 电子版论文再版服务。用户可以通过在线或电子邮件的方式向自然出版集团订购其三年内出版的全部期刊中的任何一篇论文，集团将订购数量为 100~500 份的再版服务称为作者再版服务，而将订购数量超过 500 份的再版服务称为商业再版服务。再版服务的价格则因论文的页数、订购的数量、版本种类的不同，以及是否增加客户产品信息或客户标识等而有所不同。此外集团还通过单本期刊销售、翻译出版、再版杂志封面海报等，提供增值服务，增加营业收入。

总之，作为一个国际性的 STM 出版集团，自然出版集团像其他同类出版商一样仍然在不断地开发、完善自己的期刊出版模式，开拓全球的学术出版市场，以满足不断变化的读者需求。

爱思唯尔网络科技期刊出版研究

郑珍宇　聂　银

1　励德·爱思唯尔集团概况

励德·爱思唯尔(Reed Elsevier)是世界第二大的上市传媒集团,是科学、医药、法律、风险投资、商业等出版领域的全球领先者。1993年1月1日,英国的励德国际公司(Reed Elsevier PLC)和荷兰的爱思唯尔公众有限公司(Reed Elsevier NV)两家出版公司将其业务合并,成立了励德·爱思唯尔集团(Reed Elsevier),并投资成立了两家合资公司——励德·爱思唯尔集团上市公司(Reed Elsevier Group PLC)和爱思唯尔·励德金融私人有限公司(Elsevier Reed Finance BV)。前者负责集团所有的出版和信息业务,其两个母公司分别控股50%。后者负责集团的各项金融业务,荷兰爱思唯尔公司占有61%的股份,英国励德国际公司控股39%。① 两家母公司分别完成了上市,并始终保有独立法人地位和国别属性。励德·爱思唯尔集团在伦敦和纽约证券交易所上市,爱思唯尔·励德金融集团在阿姆斯特丹和纽约上市。(见图1)

励德·爱思唯尔集团的出版和信息业务主要服务于三大目标市场,即科学和医学、法律和风险管理,以及商业。集团旗下有六个分公司,分别是:爱思唯尔公司(Elsevier)、律商联讯(LexisNexis

---

① 详见励德·爱思唯尔官方网站 www.reed-elsevier.com。

©）、励德会展（Reed Exhibitions）、励德商务信息英国分公司（RBI UK）、励德商务信息美国分公司（RBI US）、励德商务信息荷兰分公司（RBI NL）。

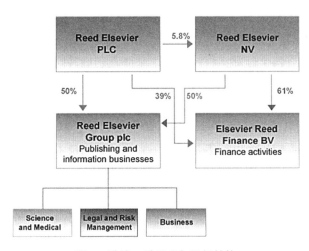

图 1 励德·爱思唯尔股权结构

  励德·爱思唯尔集团的战略目标是传递权威的内容和创新性的解决方案，使其成为用户更有价值的合作伙伴。励德·爱思唯尔集团一直致力于为用户提供高品质的、至关重要的信息内容，提供富有创新性的、基于解决方案的信息产品。它也重视战略重组和重塑产品线。近几年，它相继出售了哈考特教育出版公司、励德商业信息公司，收购 Choice Point 公司，代表了其由传统出版商向数字化发展的战略转向。

2 爱思唯尔公司

2.1 公司概况

  爱思唯尔公司的总部设立在荷兰的阿姆斯特丹，在全球 25 个国家拥有 8100 多名员工，产品在 180 多个国家销售。其亚太区总部设在新加坡，包括东京、首尔、新德里、悉尼和北京办公室等多个分部。它的历史可追溯到 1880 年，荷兰图书进出口商乔治·罗伯茨继承了爱思唯尔的学术出版传统，从事经典学术作品的出版和国际传播，并以爱思唯尔（Elsevier）的名字为自己的公司命名。1951 年，现代意义上的爱思唯尔出版公司（Elsevier NV）在荷兰成立。公司有两个分部：科技部和医学部。它们共同完成公司的科技出版业务。科技部的服务对象包括 1000 多万名图书经销商、图书馆员、科研工作者、作者等，医学部的服务对象是全球范围内 2000 多万名医生、医学专业学生和研究人员、制药公司、医院及医学科研机构。爱思唯尔是世界一流的科学、技术和医学信息及解决方案提供者。它同全球 7000 多名期刊编辑、7 万多位编委会成员、约 30 万审稿人、约 60 万名作者以及超过 20 万名的同行评议成员一起紧密合作，每年出版 2000 多种期刊，包括《柳叶刀》（*The Lancet*）和《细胞》（*Cell*）等世界著名期刊，还出版近 2 万种图书，包括 Mosby、Saunders 等著名出版品牌的图书。①

爱思唯尔的产品除纸质期刊、图书专著、教科书等传统出版物外，还开发了 63 种电子产品以提供信息服务：全文数据库 ScienceDirect，文摘索引数据库 Scopus，搜索引擎 Scirus，在线学习系统，电子版期刊、图书专著、教科书、参考书等。学科范围涵盖医学、生命科学、自然科学和社会科学等四大领域的 24 个学科。

2.2　爱思唯尔网络科技期刊

（1）爱思唯尔期刊的战略地位

爱思唯尔肯定期刊出版的价值。它强调期刊出版能促进学术传播，创造研究社群，从而形成一个促进传播沟通的循环体系。爱思唯尔期刊在质和量上有明显优势。其期刊 2008 年的被引用总次数占全球出版市场的 25%，位居整个出版市场的第一位；全球新研

---

①　详见爱思唯尔公司官方网站 www. elsevier. com。后文有关此公司的数据,如非特别说明,均搜集自此网站。

究发表的论文，26% 集中在爱思唯尔期刊，反映出爱思唯尔期刊的研究总产出位居出版界第一强。这使集团向全球传播权威内容的战略目标得以实现。爱思唯尔期刊拥有强大的作者和编辑队伍。近50 年来，88% 的物理学奖获得者，95% 的化学奖获得者，56% 的医学奖获得者及 76% 的经济学奖获得者都通过爱思唯尔发表过他们的成果。① 其中不少诺贝尔奖得主都成了期刊编辑。这些专业上颇有建树的作者和编辑队伍让爱思唯尔期刊的内容更具权威性和影响力，使集团拥有了强大的内容资源，从而有助于其完成数字化转型。

（2）爱思唯尔数字期刊的市场回报

数字时代，为了满足全球研究人员更便利和快速地使用爱思唯尔高品质学术期刊的需求，爱思唯尔推出了电子版科技期刊，并开发了 ScienceDirect、Scopus 等功能强大的数据库产品，实现了科技期刊的数字出版和全球传播。爱思唯尔科技期刊的网络化极大地提升了其全球影响力。根据汤姆森·路透公司 2021 年发布的期刊引证报告（JCR），有 6 本爱思唯尔期刊在影响因子排行榜上进入前20，有 5 本爱思唯尔期刊在被引用次数排行榜上进入前20。其中 *Lancetthe*、*Journal of Biological Chemistry* 和 *Cellthe* 三本杂志排名前三。② ScienceDirect 作为全球最大的 STM 期刊数据库，每年提供给全球 1100 多万用户使用，每个工作日平均每秒钟有 36 篇全文被下载。

爱思唯尔的网络科技期刊已经具备成熟的盈利模式，并为公司带来了丰厚利润。据 2012 年的公司年报，爱思唯尔旗下各类产品的营业收入占公司总收入的份额分别为：科学、技术、医学杂志和书刊占 34%，信息解决方案占 15%，商业信息占 11%，法定权利以及展览分别占 26% 和 14%。③ 可见，爱思唯尔网络科技期刊出版

① 李学华. 如何办好科技期刊——访爱思唯尔科技出版总监贾佩麒[N]. 科技日报,2007-06-12.

② ELSEVIER 杂志影响因子-2011 [EB/OL]. [2013-02-12]. http://wenku. baidu. com/view/e0cfcdcf08a1284ac8504325. html.

③ Reed Elsevier Annual Report-12 [EB/OL]. [2013-02-12]. http://reporting. reedelsevier. com/media/174016/reed_elsevier_ar_2012. pdf.

有值得借鉴的模式。下面将就爱思唯尔网络科技期刊的出版模式进行分析，主要从内容、发行和收入模式三方面展开。

3 爱思唯尔网络科技期刊内容模式

3.1 内容类型

爱思唯尔旗下共有 2340 种期刊，范围涵盖医学、生命科学、自然科学和社会科学等四大领域的 24 个学科。每种期刊都有各自的主页，亦是其实现数字出版的平台。爱思唯尔网络期刊的内容类型包括纯网络期刊和数据库型期刊两类。

除此之外，爱思唯尔还拥有期刊全文数据库科学指南（ScienceDirect①）。它是爱思唯尔旗下最著名的数字出版物。1997年，爱思唯尔发布了功能强大、拥有海量学术文献的 ScienceDirect 信息在线平台。如今，ScienceDirect 已经成为全球最大的科技信息全文数据库，收录全球 1/4 的科学、技术和医学（STM）文献，提供其旗下出版的 4675 多种学术期刊的全文下载。该平台还建有期刊回溯文库，收录各刊从第一卷第一期到 1994 年的 400 万篇学术论文，最早可回溯到 180 年前的古老文章。②

3.2 内容模块

爱思唯尔网络科技期刊都有各自的主页。期刊主页上有期刊封面、期刊简介、期刊主编的说明、影响因子及版本信息。在主页上用户可以进行的操作有：在线投稿、订购期刊、获得免费样本期刊、推荐给朋友以及加入书签。页面右边为不同的用户提供链接，包括以下几个模块：其他信息；读者；作者；图书馆员；编辑；审稿专家；广告商/赞助商。作者、编辑可以通过链接登入其在线投审稿系统 EES 平台完成提交文稿和编辑的工作。读者可以通过链

---

① 其官方网站为 www.sciencedirect.com。

② 详见 www.info.sciencedirect.com。

接进入爱思唯尔的全文数据库平台 ScienceDirect，订购期刊，获得全文，完成个性化定制，设定各类推送服务等。编辑也可以使用 OASIS（The Online Article Status Information Service）系统追踪期刊文稿所处的状态。

用户也可通过全文数据库平台 ScienceDirect 查找相关期刊。通过平台的导航条，用户可以获取期刊免费样本，获得期刊简介信息，链接到期刊 EES 主页提交论文及快速链接至该期刊的设定。用户同时可以对期刊进行个性化定制，如添加到"我的喜好"、邮件提醒服务及 RSS 订阅等。在浏览期刊内的单篇论文时，用户也可以使用论文工具箱（Article Toolbox）进行多样化的个性操作，如将论文通过电子邮件发送，添加至快速链接，添加到爱思唯尔旗下的产品 2collab（一种社会化书签）等。

3.3　爱思唯尔网络科技期刊的在线编辑系统（EES）

爱思唯尔科技期刊很早就应用数字出版模式，并开发了功能强大的在线编辑系统 EES（Elsevier Editorial System），可在线完成由投稿、审稿、编辑出版到意见反馈等的全过程。爱思唯尔编辑系统是爱思唯尔公司旗下 2000 多种期刊的通用编辑系统。它支持作者远程在线投稿、审稿专家在线评议、编辑人员完成编辑工作、编辑部门掌控出版流程，并且为作者、审稿专家和编辑提供个性化的功能。

（1）投改稿功能

作者以作者身份注册登录后即可创建个人主页。在个人主页上，作者可以获得在线投稿、编辑修改稿件等一系列指导。由于每种期刊的投稿要求和具体操作不同，作者首先要选择所要投稿的期刊，获得详细的指导说明，按要求编辑修改并完成远程投稿过程。作者还可以追踪稿件状态，在线修改稿件。系统还能将作者上传的各类文件自动生成 PDF 格式，并保存在 EES 安全的服务器上。通过 EES 平台，作者能方便地与审稿专家和编辑沟通，随时跟踪作者稿件的状态。

（2）审稿功能

审稿专家也有自己的个人页面。编辑人员在寻找到合适的审稿专家后，将论文的文摘、论文的审稿期限及接受或拒绝审稿邀请的链接通过 E-mail 发给专家。审稿专家决定接受审稿邀请后将收到确认信以及所审论文的详细信息。接下来审稿专家就可以在线浏览、评审编辑部委托审理的稿件。有时专家必须登入审稿专家个人主页，查看编辑发来的审稿邀请、论文摘要，而后决定是否接受审稿邀请。审稿完成后，审稿专家将审稿建议汇总为详尽的报告，在限定的期限内发回或者寄给编辑。审稿专家的评审意见将对稿件的录用与否起很重要的作用。

EES 为审稿专家提供全程在线指导，加速了期刊同行评议的进程。同样，审稿专家也可以通过系统跟踪其评审稿件所处的状态，而 EES 系统服务器也将为其存储各类数据和通信记录。

（3）编辑功能

期刊编辑可以在 EES 平台上完成整个编辑流程。期刊编辑可以通过 Scopus 数据库、其他数据库找到合适的审稿专家或要求作者推荐审稿人员，通过系统平台联系审稿专家，发送文稿，实现与审稿专家的实时交流，管理同行评议进程。编辑根据审稿专家的意见作出录用决定，与作者沟通，对作者提出修改意见，编辑文稿等。EES 平台还为编辑提供各种搜索服务，方便其查询和管理各类文稿数据等。

（4）出版流程

在 EES 系统平台上，爱思唯尔科技期刊的出版流程主要分为四步：①投稿（pre-submission）。作者根据各期刊的"作者指南"修改稿件，然后通过 EES 平台完成网上投稿（online submission）。②同行评议（peer review）。这过程包括：编辑部/编辑检查稿件的学科方向，邀请2~3位审稿专家审稿；审稿专家完成网上审稿，提出审稿意见。③制作（production）。即编辑依据审稿专家的意见决定接收、退修或退稿以及编辑编审稿件的过程。④稿件出版（publication）。值得一提的是，爱思唯尔公司将其期刊论文文字编辑、排版、编码及付印文稿的准备工作外包给了全球专门的供应商负责，这使其内部的期刊编辑能专注于管理整个生产流程并及时解决各类问题。例如，爱思唯尔提供语言文字编辑服务。爱思唯尔与全球不同地区的八家语言编辑公司合作，以优惠的价格为作者提供文字编辑活动。外包还降低了公司的运营成本。根据公司 2008 年年报，那几年公司期刊和书本生产运营已逐步实现外包；2008 年公司的软件技术支持和金融交易活动也实现了外包。除了这些一直在进行的外包项目，公司还在技术运营、采购及不动产管理等方面展开了与外部公司的合作，这些外包有效地控制了公司的运营成本。

系统之间的无缝式链接使得爱思唯尔期刊的出版完全是一个数字化的、无纸化的、由终端到终端的出版过程，这就最大限度地缩短了等待时间和邮寄时间。

EES 平台无须安装即可使用，具有强大的兼容性和互动性。通过它，作者、审稿专家和编辑能实现方便、快捷的沟通，并发送和接收各种材料，而且这些数据和往来通信信息都将被系统自动保存。

3.4 同行评议

爱思唯尔主要的研究期刊都会经过同行审议过程，并聘请各个领域资深的专家负责编辑工作。审稿专家由编辑指定。爱思唯尔坚信同行评议对于科学发展的重要意义，它认为同行评议具备两个主要功能：通过判断论文的原创性、正确性和研究的重要性，确保出版高质量的期刊；根据审稿专家的专业意见提高科技出版物质量。同行评议的时间依不同情况而定，一般评审一篇论文需要 3~4 个星期。每篇论文的成本大约需要 2000 美元，这些成本主要包括同行评议论文（article peer review）的费用、编辑费用、准备插图（illustrations）和必要的复印件的费用。在这个过程中，审稿专家并未获得报酬，而编辑却能获得一定酬劳。

3.5 网络科技期刊生产速度和版本控制

爱思唯尔网络期刊的编辑制作及全程追踪过程主要由三个系统支持，它们是 EES、制作流程跟踪系统（Production Tracking

System)以及电子仓储。制作流程跟踪系统和电子仓储能与 EES、全球供应商，以及包括 SD 数据库及文摘索引服务在内的各种出版平台实现无缝链接，使负责的期刊经理能够方便地管理期刊制作的各个流程，从而确保整个出版过程数字化、高效和高速。在这个过程中，编辑和作者可以随时获知期刊论文在出版过程中所处的状态。应用 EES 以来，由投稿到最后录用的整个编辑过程所耗费的时间比之前平均减少了 9 个星期。

爱思唯尔的期刊出版系统有版本控制功能。它可出版已接收论文的最早形式。论文被确定录用后的几天内，未修改和未格式化的论文就将在 SD 平台上出版。而对于大多数期刊而言，修改完成以后的格式化校样和带有可供引用的卷期信息的在线版出版物是出版物出版的考核标准。对于论文初稿和历次修改稿的出版和保存，各个期刊有不同规定。历次修改稿和再版论文的出版使得作者和读者能免于出版周期和整刊出版时间的限制。对于季刊及对出版速度要求较高的期刊，爱思唯尔采取先在线出版的方式以减少传统印刷出版流程带来的时间滞后，如《细胞》期刊即是如此。

4　爱思唯尔网络科技期刊发行模式

爱思唯尔网络期刊有各自的期刊主页，用户可以方便地通过主页订购期刊。为开拓全球市场，为不同地区的用户提供本土化服务，爱思唯尔在全球各处设立分公司处理本地销售业务。爱思唯尔还积极与本土有销售能力的公司合作扩大销售网络。与知名的全球代理商强强联合更为其用户提供了多样化的选择，提升了爱思唯尔产品的影响力。

4.1　网络科技期刊网站直销

爱思唯尔科技期刊的出版和发行已基本实现网络化。其旗下的各类科技期刊都有自己的网站。网站信息丰富，包括期刊最新出版信息、学科领域的最新研究进展等。它是宣传期刊的重要平台。订购用户在各个期刊网站上就可全文浏览该期刊的现刊和过刊。在网站上，读者可以很容易地找到订购期刊的界面，页面上有期刊订购方式、最新订购价格及订购联系方式等。爱思唯尔网络科技期刊的订购程序也完全网络化，读者只需在网上填写相应的用户信息、订购信息，而后通过网银转账等方式即可完成订购。在爱思唯尔主页上提供了美国、日本、亚洲(除日本)和欧洲四处的销售和客服联系方式。除欧洲以外的地区直接订购都需征收增值税。

4.2　各地分公司及销售代理

爱思唯尔公司总部位于阿姆斯特丹，并在全球 25 个国家设有70 多个办公处。爱思唯尔通过设立海外销售办公处来扩张海外市场和服务全球用户。拿亚太地区来说，1996 年爱思唯尔就在新加坡设立了第一家地区性销售办公处，之后在东京、首尔、新德里、悉尼等设立了多个分部，建立并开拓亚太市场。2001 年，爱思唯尔在北京设立办公室。爱思唯尔的销售网络遍布全球，它们的主要职责是开拓本地市场，服务本地用户。各个分公司负责发布、宣传产品信息，与图书馆等协作开展各种培训活动，协助用户订购爱思唯尔的产品，与用户签订合同和提供各类售后服务等。它们为爱思唯尔的客户提供各种服务，如各类讲座和活动、网络培训教程和资料下载等。各个国家地区的分公司都设有网站，订购者可以方便地获得销售部的联系方式和帮助。

爱思唯尔还在各地委派有销售能力的本土公司代理其销售业务。如 2008 年爱思唯尔任命创腾科技有限公司为中国市场销售代理，负责其旗下多个旗舰产品的中国销售业务。时任爱思唯尔企业销售部门高级副总裁彼得·卡兹(Peter Karz)曾称："创腾科技有着足够雄厚的实力在中国代理 Science Direct 和 Scopus 在企业市场的销售，因为它拥有丰富的地区市场信息、覆盖多家企业的关系网络以及广阔的科学技术专业知识。我们相信它会通过与爱思唯尔中国办事处的合作，为中国正在快速增长的企业科研研发机构提供优质的产品推广和产品培训服务。"①

4.3　全球著名的订购代理商

爱思唯尔还将产品的订购业务委托给全球著名的订购代理商。EBSCO、SWETS、Harrassowits 等全球知名的订购代理商能为全球用户提供各类数字资源的订购服务。这些公司历史悠久，分公司遍布全球，并实现了"全球化经营，本地化服务"，能为用户和出版商提供周到、全面的服务。如 EBSCO 公司与全球范围内约 79000 个出版商合作，为出版商的产品策划各类广告推介，提供链接服务、EBSCO A-to-Z 及谷歌学术的搜索服务；协助用户快速完成注册、许可使用和订购程序；及时收取汇款并提供多种支付方式；通过用户服务，提高文章使用率从而提高续订率；提供各类顾客使用数据，方便出版商分析等。

正是基于这些服务功能强大并且遍布全球的销售网络，订购代理商提高了客户满意度，提高了续订率，也提高了出版商产品的曝光度和使用率。出版商则可以专注于出版业务，同时通过订购代理商为用户提供更多样化的服务。这无疑是一条多赢的发行渠道。

4.4　爱思唯尔网络科技期刊的使用和开放存取情况

爱思唯尔的网络期刊面向订购用户和非订购用户。爱思唯尔认为其一百多年的出版经验证明了从传统纸质传播方式发展到数字传播方式，订购模式是最有效的方式。同时，爱思唯尔也积极响应一些倡议（initiatives），让发展中国家的疾病患者、公共部门、图书馆和协会等非订购者免费使用其产品。

这些倡议之中包括"开放存取"（Open Access）。对于开放存取，爱思唯尔持中立态度。2008 年 9 月，爱思唯尔科技部中国区

---

① 创腾科技公司成为爱思唯尔中国企业销售代理商［EB/OL］.［2013-02-12］. http://www. neotrident. com/newweb/News_View. asp? NewsID = 302& CataID = 0.

总裁张玉国先生在接受《科学时报》专访时谈到爱思唯尔的开放存取现状，他说所谓开放存取有四种主要模式：作者付费、赞助文章、延迟获取和机构存储。对于开放存取，当时爱思唯尔的立场是"摸着石头过河"，并不反对。爱思唯尔有 41 种期刊采用了某种形式的开放存取模式。在四种模式中，只有"作者付费"没有采取，因为其觉得这一模式对同行评审的公平公正有潜在威胁。他还认为，全球每年发表的 20 多万篇科研论文，采用开放存取模式的比例很小，以作者付费模式来看，还不到 1%。开放存取还没有证明它在商业模式上的可持续性。[1] 2015 年，爱思唯尔公布其正与科研团体合作，筹备于该年推出新开放获取期刊，该期刊将发表所有学科领域的论文，助研究人员"持续试验和创新"，未来会根据科研团体的意见调整期刊。爱思唯尔在官网中表示，对于希望将论文发表在没有特定学科领域的期刊的研究人员，此期刊能为他们提供更多选择。新期刊的出版及制作总监 Sara Grimme 指出，新的 OA 期刊切实反映出爱思唯尔"为所有完善的研究提供一个家"的目标。[2] 截至 2021 年，一共有 1100 万篇文章在经同行评审的期刊上以开放获取的形式发表。爱思唯尔的 2700 种期刊几乎全部支持开放获取出版，其中包括 600 余种完全开放获取期刊。现有 600 余种金色开放获取期刊，且在每月递增中。

5 爱思唯尔网络科技期刊收入模式

爱思唯尔网络期刊的收入来源主要有用户订购收入、广告收入、其他服务收入及期刊论文许可使用收入等。

---

[1] 何姣. 从传统出版商到科技信息解决方案提供商[N]. 科学时报，2008-11-10.

[2] 爱思唯尔将推出与科研团体一同合作的新 OA 期[EB/OL]. [2015-04-18]. http://www. editage. cn/insights/elsevier-to-launch-a-new-oa-journal-in-collaboration-with-research-community.

5.1　用户订购收入

爱思唯尔是网络科技期刊定价模式最早的探索者。早在 1997 年，其与密歇根大学合作进行了 PEAK（为电子资源的使用定价）项目，分别试验了三种不同的定价模式：单篇期刊购买模式（per article）、传统订购模式（traditional subscription）及合订订购模式（generalized subscription）。尽管实验似乎没有得出确切结论，但其中的一些原理对于后来的定价模式产生了重要影响。

个人或图书馆、协会、公司等订购期刊或数据库所付出的费用构成了爱思唯尔主要的收入来源。用户通过 ScienceDirect 平台订购爱思唯尔网络期刊。爱思唯尔网络期刊的订购主要有两个协议：基于订购的协议（subscription-based agreements）和基于使用的协议（access-based agreements）。基于订购的协议是指用户在拥有纸本期刊的情况下可以选择订购该纸本期刊的网络版。用户可以有三种选择：①完整模式，即购买其所拥有的纸本期刊所对应的电子版。②标准模式，用户选择其拥有的部分纸本期刊所对应的电子版，或单独订购几种期刊的网络版。③选择订购模式，单独选择订购几种期刊的网络版。爱思唯尔根据目标客户的特点设计了不同的订购方案，设计了基于使用协议的几种订购模式，主要有政府版、公司版、学院版以及商学院版等。这些订购方案根据用户群体的使用特性、人数及预算来设计相匹配的订购方案，颇为人性化，很好地服务了各类目标群体。

ScienceDirect 也支持用户购买单篇期刊文献（Individual-Article Purchase）。作为机构订购用户的成员，他们可以选择购买多篇论文或单篇论文，由订购机构付费。非订购用户也可以在 Science Direct 平台上购买感兴趣的单篇文章（Pay-Per-View）。

5.2　广告收入

广告收入也是网络期刊的重要收入来源。爱思唯尔的网络期刊主要为广告商提供以下服务：①标语广告和招聘广告。标语广告刊登在期刊网站的指定位置，可链接到广告商主页。在 SD、Scirus 等数字产品上发布标语广告，能有效地将广告信息传递给世界范围内目标客户群中的决策者和意见领袖。招聘广告能有效协助医院和医学协会的招聘人员找到合适的候选人。②网络广播服务（Webinars）。机构就某一话题，邀请专家发表看法、展开讨论并通过网络向注册用户推广。Webinars 可以是音频、视频或 PPT 等格式的内容。Webinars 由爱思唯尔负责管理、组织和营销。爱思唯尔协助顾客组织各种主题的网络推广活动，通过向相关读者和作者发送邀请，在爱思唯尔网站和相关期刊上刊登广告等方式帮助用户推广 Webinars。③副刊出版。副刊是汇总单一主题论文并具有特殊教育优势的出版物，它与爱思唯尔旗下著名的学术期刊一同出版，使顾客能有效高质地将所需传达的信息准确地送达目标群体。爱思唯尔的副刊出版同样要经过编辑审议、同行评议等出版流程，以确保内容的质量。出版时间为 8~12 周。副刊可在爱思唯尔 ScienceDirect 等各个数据库浏览和下载。

5.3 向机构作者收费

向作者收费是爱思唯尔另一收入来源。这里的向作者收费并不是应用于开放存取的一种出版模式，事实上它是爱思唯尔为一些团体或机构提供在线出版会议论文等文献的服务。爱思唯尔在 ScienceDirect 平台上出版的 Procedia 会议录文献开发了一种新的出版模式：向作者、会议主办单位收取费用；会议论文集在最短时间内完成网上出版，向所有人免费开放。这种出版模式为很多科研人员获得最新最快的会议信息提供了便利，同样也不失为一种赢利模式。

5.4 许可收入

当用户需要利用爱思唯尔期刊论文时，可以通过付费获得爱思唯尔的许可。爱思唯尔通过版权清算中心（Copyright Clearance Center，CCC）的"权利链接"（Rightslink）服务来完成许可使用的授权。在 ScienceDirect 浏览论文全文的页面上都提供了版权链接，该链接页面直接受理授权许可使用及再版事宜。CCC 提供终端至终端的电子版权许可使用和再版服务，用户可以根据需要申请再版、电子版（e-print）或翻译等订单。这些订单由爱思唯尔在两个工作日审核完成，并向用户返回确认信和收费信息。收费价格根据用户所选的服务形式和所需的数量等而定。爱思唯尔也满足顾客个性化的需求。顾客可以根据需要对版面、颜色、封面等提出要求，当然也要收取额外费用。爱思唯尔还给予作者等一些用户群体一定的折扣。

爱思唯尔专门为公司、协会等机构提供商业再版（commercial reprints）服务。机构可利用爱思唯尔期刊高品质的内容向医学和科学团体推广公司信息。再版内容可以是单篇论文，或是相关主题论文的合集。这些文献能在会议和会展上产生强大的影响力。爱思唯尔还提供其他有特色的服务，如多语种翻译、封面设计、特色排版、公司标志设计、包装服务等。再版书服务的价格根据图书页数、颜色和数量等来确定。一次订购的再版书数量不得少于100 册。

牛津大学出版社期刊部数字化报告

温 宝 聂 银

1 牛津大学出版社概况

1.1 出版社历史与现状

1478 年，英国印刷术启蒙者西奥多里克·路德（Theodoric Rood）创办牛津印刷所，也就是牛津大学出版社（Oxford University Press，OUP）的前身。在成立以后的几百年间，印刷所出版了不少图书，但牛津大学出版社的真正历史开始于 1671 年。1671 年，基督教会教长和牛津主教约翰·费尔（John Fell）博士开始负责牛津大学的出版工作。在他的努力下，出版社转到了大学名下。目前，牛津大学出版社在世界 50 多个国家和地区建有分社。这些分社都是独立的非营利公司，其中纽约分社是牛津大学出版社在全球的第二大出版中心。①

目前，牛津大学出版社在世界各国的雇员约 6000 人，每年出版 7000 多种新出版物，包括各个学术领域的著作、教科书、《圣经》、音乐图书、儿童书籍、词典、工具书等。② 其开放获取项目 Oxford Open 始于 2004 年，在此之前，该社有 13 种完全开放获取

---

① 朱勇．牛津大学出版社及其经营特色探析［J］．出版科学．2007（5）．

② 详见 highwire. stanford. edu。

期刊，有超过 120 种选择性开放获取期刊。① 2021 年，在很多国家局势不稳定的情况下，牛津大学出版社的全球销量依然比 2020 年增长了 5.9%。牛津大学现已出版 40 多个在线产品，出版的近 400 多种期刊中，2/3 是与相关学术研究协会及国际团体组织合作出版的。牛津期刊数据库包括六大学科库——医学、生命科学、数学和物理学、法律、社会科学、人文科学，其中超过 80% 的期刊被 SCI、SSCI 和 AHCI 收录。

牛津社在数字化出版方面沿袭了纸质书的出版重点，形成了以品牌产品的数字化经营为重点，辅以开发英语学习教材教辅的电子书，并建设网络平台的数字化发展道路。在数字化期刊出版方面，牛津社为读者提供了优质纸质期刊的访问、定制的邮件提醒、期刊的交互性检索和链接、HTML 和 PDF 格式文件、辅助数据和其他为网络用户的需要而开发的功能。

1.2　出版社特点

早在 1571 年，英国议会颁布法令给予牛津出版社以慈善机构待遇，此举旨在扶持教育与学术出版。直到今天，牛津大学出版社除了和其他出版社一样享受图书零增值税待遇之外，还免交营业税和所得税。这一措施对牛津大学出版社的发展壮大发挥了重大作用，也体现了政府对学术著作出版的重视。牛津大学出版社认为这种特权是对那些市场小而学术价值高的学术著作出版的一种强有力的扶植，同时也在支持牛津大学的教育办学方面发挥了重大经济支柱作用。②

牛津大学出版社与其他出版社的不同之处在于，由于它不必向股东分红，它有义务出版有价值但没有利润的图书。因此，该出版社的特点在于，它旨在出版艺术和科学类学术著作，以支持产生这些著作的研究。鉴于这一工作经常是亏损的，人们必须从事其他活

---

① 牛津大学出版社所有期刊实现开放获取［EB/OL］. ［2013-05-24］. http://www.gapp.gov.cn/news/1658/149797.shtml.

② 陶艺军. 历史悠久，创新长青［J］. 大学出版, 2004(1).

动来作弥补，但这并不表明那些活动只是为了盈利。例如，牛津大学出版社出版的教科书、乐谱和英语教材在盈利的同时，本身都是很有价值的。

牛津大学作为非营利机构，完全采用了商业机构的运作方式。出版商永远是内容创造者和潜在消费者之间的纽带。这种纽带作用能否成功发挥，取决于出版商获取版权的能力和把知识产品推向市场的能力。牛津出版社有相当长的历史，与大学、学术机构有很好的联系，有相关资源的支持。①

1.3　出版社组织结构

牛津大学出版社不以学科作为编辑部门的划分依据，因而没有设置类似医学部、人文部、物理部等学科部门，而是以出版物性质或者说以读者类型划出四个部门，即专业出版部、大众出版部、教育出版部和国际部。其中专业出版部规模最大，出版学术著作、参考书、词典及供大学生阅读的图书。大众出版部主要出版《圣经》和祈祷书、古典文学以及面向一般读者和儿童的精装书与平装书。教育出版部出版各种教科书和英语教育方面的图书。国际部是专门管理海外分社的组织机构。

其每一个编辑部内设有策划编辑（高级编辑）、文字编辑、美术设计、营销计划四种人员（出版社另有销售部门）。编辑部内设营销计划人员，实际上在编辑与发行之间多了一个有效的中介环节。②

2　牛津大学出版社电子期刊

2.1　牛津期刊概况

牛津期刊（Oxford Journals）是牛津大学出版社的一个部分。

---

① 刘丽娟. 牛津擅长的游戏[J]. 商务周刊,2003(10).
② 陶艺军. 历史悠久,创新长青[J]. 大学出版,2004(1).

1906 年，牛津大学出版社开始了它的期刊出版项目，并且在随后的一年印刷出版了《医学季刊》（*International Journal of Medicine*）。1985 年它开始在美国开展期刊出版业务。1988 年牛津期刊开办日本东京代表处。1995 年其出版第一本电子期刊《核酸研究》（*Nucleic Acids Research*）。牛津大学在全球有五个办事处，2007 年牛津大学出版社牛津期刊在北京成立代表处。目前，其与中国的许多大学建立了合作关系，并仍在积极推广期刊销售，促使更多的中国图书馆征订牛津期刊。牛津期刊还推出翻译和修改英语文稿的服务，帮助中国的研究者顺利地向国外期刊投稿，并与中国期刊和学术协会合作组织期刊间的研究论文交换。

　　作为世界上主要的学术和研究性期刊出版商，牛津期刊现在出版超过 500 种期刊，许多期刊都是与世界领先的学协会合作出版的。作为一个以教育为目的的非营利性组织，牛津期刊与学术机构、学协会组织达成的合作协议都是以为学术界提供最高品质的研究成果为目的的。在当下的学术市场中，研究人员、作者和图书馆员们日益感觉自己与研究成果的传播过程脱离了，尤其是通过一些商业出版社进行的传播。而牛津出版社的特征与其敏锐的商业感结合，展现出一种商业优势。作为一个非营利性慈善机构，牛津期刊是大量学会重视的合作伙伴，并受其委托提供出版服务。牛津期刊与学会的合作目标是相同的，即"开发学会期刊，提高发行量，尽最大可能扩展学会的范围和影响，把由此产生的利润再投入到学术机构里。给各学会提供最有创新性和高质量的出版服务"①。

　　牛津期刊覆盖的学术领域非常广泛，包括生物、医学、化学、心理学、数学、物理、工程、政治、经济、法律、语言、文学、艺术、哲学、社会科学等学科。其现刊库包含 1996 年至今的期刊全文内容。2004—2006 年牛津期刊完成并推出数字化过刊数据库"回溯文档数据库 1829—1995"，其中所有期刊回溯到第一卷第一期的全文内容。汤森·路透发布的 2021 年期刊引用报告（JCR）中，牛津大学出版社期刊的卓越品质再一次得到印证。2021 年，牛津大

---

　　①　详见牛津期刊官方网站 www. oxfordjournals. org。

学出版社出版的学术期刊中，84%的期刊的影响因子有所上升，实现了其不断提高期刊质量的承诺。2013 年 1 月 16 日，在牛津大学出版社学术出版年度论坛上，其总裁对中国学术论文发表的"质"与"量"都给出了肯定，至 2018 年，牛津大学出版社已与中国合作出版 8 本期刊，其中 4 种位列中国期刊影响因子排名的前十位。2021 年世界出版行业 50 强名单显示，牛津大学出版社在全世界出版社排名中名列第 23 位，年销售额近 10 亿美元。

牛津电子期刊包括世界上享有最高盛誉的刊物，如：《人类生殖更新》(*Human Reproduction Update*)在妇产科类别和生殖生物学类别中都排名第一，《经济学季刊》(*The Quarterly Journal of Economics*)在经济学类别中排名第一，《应用语言学》(*Applied Linguistics*)在语言学类别中排名第一，等等。

2.2 开放牛津计划

"开放牛津"(Oxford Open)计划是牛津大学出版社期刊出版部针对开放存取出版模式的第一次尝试。该计划启动于 2003 年 8 月，作者为参与这一计划的期刊所录用的论文支付一笔费用，在该刊正式出版后即可供读者联机自由获取。在"开放牛津"中可以获得数据库和 Web 服务器(databases and web servers)两个版本的 PDF 全文。① 作者在文章被接收后，可以选择是否让文章开放存取。牛津期刊对免费开放内容和开放存取内容的文献做了明显区分，以便作者和读者识别。

"开放牛津"有两种模式：一种是选择性开放模式(an optional open access model)，另一种是全部开放模式(fully open access journals model)。

牛津大学出版社期刊部曾于 2006 年 8 月 30 日公布了"开放牛津"所得到的全年相关数据。在计划进行的第一年，有 49 种期刊参与了选择性开放存取模式，在其中的 36 种期刊上以选择性开放

---

① Saxby C. Assessing the Impact of Open Access [R]. NAR Author and Reader Survey 2006 Preliminary Report.

存取模式发表了共约 400 篇文章。① 而到 2008 年为止，有超过 90 种期刊选择了选择性开放模式，包括《生物地平线》(*Bioscience Horizons*)、《数据库》(*Database*)、《DNA 研究》(*DNA Research*)、《基因组生物学与进化》(*Genome Biology and Evolution*)以及《全国房地产经纪人协会》(*NAR*)等 5 种期刊选择了全部开放。② 目前，牛津期刊为 41 个国家的超过 1200 个组织机构提供免费的开放存取服务，其中包括诸如苏丹和尼泊尔等发展中国家。

"开放牛津"计划实施的意义在于，通过这个项目，作者可以选择自己付费的方式使文章能够免费、快速地通过网络被获取，用户无须付费即可利用期刊内容。如果作者不选择这种出版方式，他们的文章将会按照传统方式出版，但是不能快速免费地被读者获取。开放存取期刊将会在期刊网站上标注出来。每种期刊中的开放存取文章和未开放存取文章的数量将被分别统计，分析结果将影响到未来该刊的在线订购价格。

3 电子期刊部的内容、发行和收入模式分析

3.1 内容模式分析

牛津期刊的 500 多种期刊涵盖了生命科学、数学和物理学、医学、社会科学、人文科学、法律学等六大学科专辑，其中许多期刊都是与世界著名的学协会以及其他国际组织联合出版的。

牛津期刊中，所有参加"开放牛津"的论文会受到严格的编辑审议和同行评议，以确保学术质量；并且只有在论文获得出版许可的前提下，作者才有权选择是否采用"开放牛津"方式出版论文。2007 年 8 月的研究报告显示，牛津大学出版社有 40% 的生物学期刊位列 ISI 的前 25%；有 69% 的生物医学期刊在其领域里排在前

---

① Mukherjee M. Full Year Resuits from Oxford Open Show Wide Variation in Open Access Uptake Across Disciplines[R]. 2006.

② 详见牛津大学出版社 2008 年年报。

50%，56%的生物医学期刊在其领域里排在前30%，并以2.80的中央影响因子排在生物医学类期刊的第二位。① 可见牛津期刊论文权威性之高。

在期刊的长期保存方面，2004年牛津期刊与荷兰国家图书馆Koninklijke Bibliotheek（KB）签订存档协议。2005年，牛津期刊成为斯坦福大学保存创始项目LOCKSS的成员。2006年，牛津期刊与电子存档服务商Portico签了协议，使其具备了提供全部OA性质期刊永久使用、存档备份和存取的能力。以上是牛津期刊参加的三个主要存档协议，以承担对全部期刊内容长期使用的责任。

除签订这些协议外，牛津期刊还参加了另三项创始活动。"CLOCKSS"源于LOCKSS，研究事故保障存储以保证灾难事件后的内容传递。"British Library Legal Deposit E-Journal Pilot Project"检测合法存放基础上存储电子内容的技术要求和可行性。牛津期刊还参加了"Library of Congress Pilot Testing of Voluntary Copyright Deposits"计划。

牛津期刊在过去几年内一直致力于引入在线投稿系统、在线快速出版模式、功能性连接和在线提醒服务。目前大多数牛津期刊都实现了在线投稿和同行评审。牛津期刊使用的投稿系统为Scholar One Manuscripts，作者可以通过系统提交论文或对既定的论文进行评审或同行评审，与期刊实现互动。目前100多种牛津期刊已经使用了这样的系统。这一数据还会不断增长。牛津期刊主页上也有详尽的投稿指南，因为不同期刊对投稿的要求略有不同，所以作者在投稿前需阅读投稿要求后再进行投稿。牛津期刊的投稿系统和论文提交后的进度可以在相关网页查看。

牛津期刊也制定了完备的在线投稿流程：作者应按期刊要求提交Word或RTF格式的稿件；除此之外可以接受的文件格式还包括TeX及LaTeX。要求出版的作品必须为原创作品，之前并未发表，同时也没有计划在其他刊物上发表。如果作品中的图形、表格或部分文本之前曾经发表过，则必须在提交稿件之前先行获得版权所有

---

① 详见牛津大学出版社2008年年报。

者的许可。论文必须以英语撰写，有关论文及引文的具体格式要求需参见各期刊规定。发表稿件的先决条件是作者必须向牛津期刊或相应协会提交独家出版许可，保证第三方要求复制文章的请求得到有效统一的处理，以便文章能够在尽可能广泛的范围内得到传播。进行版权授权以后，作者可以在其他刊物上使用自己的材料，但是必须标注该期刊为始发刊物，并以书面形式提前通知牛津期刊。编辑将对所有稿件进行编辑处理。牛津期刊将通过电子邮件将 PDF 格式的校对稿发送给作者。为避免延误，作者应在 48 小时内完成校对工作并发还校对稿。修改部分将通过电子邮件或传真形式以 PDF 评注文件返还。对文本进行更多修改的费用将由作者自行承担。如果已出版学术成果的信息对出版记录的准确性有重大影响，可以进行修改。如果这些修订涉及同行评论材料，则将于随后一期刊物上发表正式修订通知所有文章的相应作者，他们都会自动获取其撰写文章的完整免费链接。此外，作者还可出资购买其文章的单印本。

在"开放牛津"计划中，牛津电子期刊的版权管理经历了一个转变。在 2006 年 11 月 28 日牛津大学出版社与美国国立医学图书馆（National Library of Medicine，NLM）签订合作合同之前，选择"开放牛津"出版形式的作者不得自行存档。协议签署后，实现了真正意义上的开放存取出版。"开放牛津"允许作者自行将论文存储在开放存取仓储中，牛津大学出版社仅要求作者建立一个链接到该论文原始出处的牛津期刊网站超链接。

3.2　发行模式分析

牛津期刊的发行主要依托自有平台和 HighWire 平台。用户通过这两个平台可以访问牛津期刊现刊库和过刊库内容以及最新刊目消息。

在发行渠道方面，牛津出版社电子期刊将其设计好的版式内容传输到数字发行平台，再通过专门的软件程序把它们转换为 PDF 格式或者特有的文件格式，之后将其编入牛津出版社的期刊数据库。用户可以进行在线阅读或者单篇下载。

2004 年牛津期刊与斯坦福大学基础在线资源存储部门 HighWire 出版社合作，自 2005 年 1 月起所有牛津电子期刊从曼彻斯特全部移到 HighWire 平台上使用。用户不仅可以通过 HighWire 平台检索和浏览牛津大学出版社的 75 万篇期刊全文，还可检索和浏览 HighWire 上的免费资源。2008 年 9 月 1 日牛津期刊宣布延长与 HighWire 出版社的协议，根据协议直到 2010 年前 HighWire 可继续存储牛津大学出版社出版的所有期刊的在线内容。①

当前牛津电子期刊的论文主要有三种检索模式。①检索牛津大学电子全文期刊（Searching Oxford Journals）。②查询 HighWire 保存的 4500 种期刊、862 种免费全文期刊及其他重要相关期刊资料库（Search HighWire+Other Databases）。③使用布尔逻辑参数查询（Boolean Search Arguments）。

2009 年 4 月牛津期刊推出创新的开放存取期刊数据库 The Journal of Biological Databases and Curation。这个新的期刊平台提供数据库研究和生物信息管理的各种新颖观点，旨在加强数据库研发人员、管理者和使用者的沟通。除现刊库外，牛津期刊过刊库 2009 年版拥有五个学科分库，包括每本期刊从首卷首期到 1995 年的所有论文。文档涵盖了 130 多年的各学科研究成果，提供给读者以前很难手工找到的超过 340 万页的丰富内容。强大的检索功能和期刊间的交叉链接则使得读者能比以往更便利和全面地找到所需内容。②

在发行对象方面，牛津大学出版社美国区前副总裁埃文·施尼特曼（Evan Schnittman）曾说："我想不仅是美国，全世界数字出版都把重点放在机构用户上，直接面对消费者目前还不成气候。图书馆和大公司在向数字内容转型方面走得非常快。在美国，现在有许多公司正在大量投资，希望将仅向机构提供数字化内容转为向机构和消费者提供内容。这些公司包括谷歌、微软、雅虎、亚马逊、索尼和英格拉姆，它们在数字内容方面投入大量资金，以期将面向机

---

① 详见牛津期刊官方网站 www. oxfordjournals. org。
② 详见牛津期刊官方网站 www. oxfordjournals. org。

构转变为面向消费者。"①

同时，牛津期刊针对不同用户提供了众多期刊获取方式和服务。例如针对图书馆员用户，牛津期刊就有购买单本期刊、提供多种访问平台、提供使用统计数据、进行内容更新提醒、提供推广支持等多种服务。针对读者用户，牛津期刊提供多种检索渠道，以任意数量购买、查阅同期刊的其他文献，自由链接，引用追踪，内容通报服务等。牛津期刊与很多数据库和搜索引擎也有合作，作者在浏览某篇文章的同时，可以在 MEDILINE、ISI 等数据库中查找相似文章，也可以在 Google Scholar 和 PMC 上检索同一作者的其他文章。② 这些渠道和服务为扩大牛津期刊的发行市场创造了非常有利的条件。

3.3　收入模式分析

牛津大学出版社 2005 财政年度销售收入中，电子版权授权的收入还仅占牛津大学出版社版权总收入的 4%，而在 2008 年这个比例已经高达 72%。牛津大学出版社 2022 年年报显示，2021 年牛津大学期刊在在线收益方面保持了持续增长，纯数字业务的销售额增长了 6%。

牛津大学出版社期刊数据库最主要的盈利模式为收取会费和收取订阅费。会费因不同期刊收费标准不同而不同。订阅费受两种因素影响：订阅者规模和同时使用的用户数量。③ 一种期刊中的开放存取文章数量越多，其未来的在线订购价格越低。目前牛津期刊的订阅费用按三种模式收取：同时订阅在线和印刷版、只订阅在线版和只订阅印刷版。不同期刊的订阅价格不尽相同，和期刊合作的学会组织订阅可以享受不同程度的优惠。

---

①　陈昕，白冰 . Evan Schnittman：对话六：牛津大学出版社（OUP），内容提供商将更强大 [N]. 出版商务周报，2008-05-15.

②　详见牛津大学出版社 2022 年年报。

③　盖兆泉 . 数据库出版离我们有多远 [J]. 出版参考，2007（2）.

2008 年，牛津出版社针对参与"开放牛津"模式的期刊进行了电子版订购价格的调整，调整幅度取决于 2006 年度期刊中开放存取文章的数量，调整后有些期刊出现了降价情况。整体来看，完全在线出版的期刊价格从 2007 年到 2008 年平均增长 6.9%，而开放项目中的期刊价格仅增加 1.7%，而且在这 28 种开放期刊中有 8 种出现价格下降情况。①

牛津大学期刊为 2007—2008 年出版的期刊制定了三种折扣模式。①标准学术机构订单——印刷版加电子版，可使用印刷版并以站点授权的方式使用电子期刊。②单独电子版的学术机构订单。以站点授权方式使用电子期刊，价格是标准学术机构订单的 9 折。③单独印刷版的学术机构订单价格是标准学术机构订单的 9.5 折。印刷版订户将收到一套自然年度的所有纸本期刊。牛津大学出版社在其《牛津期刊快讯》(Oxford journals Update) 中讲道："同其他出版社的同类期刊相比，相信我们的价格还是最低的。"

牛津期刊的另一大收入来源是向作者收费。此收费标准根据作者是否为在线期刊订阅机构的成员而定。根据 2008 年的标准，如果是订阅机构成员，通常的收费是 1500 美元每篇；反之，价格就会涨至 2800 美元每篇。此外，来自某些发展中国家的作者可以享受特殊的收费政策，甚至免费待遇。另外，不同期刊收取的费用也不相同，如 2007 年 6 月牛津期刊宣布，如果作者所属的机构当前订购了《实验植物学杂志》(Journal of Experimental Botany) 一刊，2007 年 4 月 1 日后出版论文的相应作者无须支付任何公开获取出版费用。②

牛津期刊还有一部分收入来自广告，牛津期刊庞大的会员团体为其提供了很大的广告优势，除了在印刷版期刊提供广告外，牛津期刊也针对在线期刊提供许多在线广告方案。网站首页、期刊文章页面、搜索文章页面、浏览存档页面、提前访问页面都可以提供广

---

① 详见牛津期刊官方网站 www. oxfordjournals. org。
② 详见牛津期刊官方网站 www. oxfordjournals. org。

告栏，并针对不同客户采取灵活收费政策。埃文·施尼特曼曾说，新的数字出版的商业模式就是广告支撑的模式。在未来的营收结构中，直接的销售收入是一部分，另一部分就是广告收入。

另外，很多牛津期刊也提供论文翻译、文献复印、单行本印刷和增刊等增值服务，并向客户收取相应服务费用。

约翰-威利国际出版公司数字化战略分析

丛　挺　王一雪

1　约翰-威利国际出版公司概况

1.1　约翰-威利国际出版公司基本情况

约翰-威利国际出版公司(John-Wiley)1807年创建于美国，是全球知名的出版机构，旨在向专业人士、科研人员、教育工作者、学生、终身学习者提供必需的知识和服务。经过200多年的发展，它已经在全球学术出版、高等教育出版和专业及大众图书出版领域建立了卓越的品牌，成为全球唯一一家业务涵盖这三大领域并处于领先地位的出版商。截至2022年11月，约翰-威利国际出版公司在全球范围内全职员工数量为7500多名。2007年2月，约翰-威利以5.72亿英镑收购布莱克威尔出版公司(Blackwell Publishing)，并将其与自己的科学、技术医药及学术业务(STMS)合并，组建了威利-布莱克威尔(Wiley-Blackwell)。布莱克威尔出版公司曾是全球最大的学协会出版商，与世界上550多个学术和专业学会合作出版国际性的学术期刊。合并之后，威利-布莱克威尔成为当今世界最重要的教育和专业出版商之一，同时也是最大的学术出版机构，它与850多个非营利性学会合作，出版上千种同行评审的学术期刊与涵盖面广泛的书籍，涵盖科学、技术、医学、人文社会科学等众多学科领域。

1.2　约翰-威利国际出版公司组织状况

约翰-威利国际出版公司的最高权力机构是理事会(Board)，理事会成员由股东选举产生，享有公司业务运作的决定权。

理事会推举出首席执行官(Chief Executive Officer，CEO)和其他管理人员，直接负责公司的具体运作。理事会组建四个常设委员会，分别是行政委员会(Executive)、审计委员会(Audit)、薪酬委员会(Compensation)和管理委员会(Governance)，其中审计委员会和薪酬委员会只能由独立理事担任。每年薪酬委员会都要评议CEO的经营表现，批准其薪酬，并报理事会审核。理事会除了对CEO表现进行审核外，还要评议公司整体战略规划，审核财务目标和投资项目，监督审计过程与财务报告。理事会每年都会对理事会内部工作情况进行自我评估，同时对新理事成员进行公司管理、规章方面的指导，保证理事会工作的高效性。

2　约翰-威利国际出版公司出版情况

约翰-威利国际出版公司(简称约翰-威利公司)主要有三个业务部门，分别是科学、技术、医药及学术部门(Scientific，Technical，Medical and Scholarly，STMS)，高等教育部门(Higher Education，HE)，大众读物与专业出版部门(Professional/Trade，P/T)。作为约翰-威利公司的三大核心部门，它们虽然独立运行，但保持很强的协同性，支持公司的整体发展。

从业绩来看，由于威利-布莱克威尔的业务贡献，STMS业务成为公司的重中之重。① 另外，威利-布莱克威尔推出的专业在线出版平台Interscience实现了原先两个在线平台的整合，在网络科技期刊领域具有极强的代表性。因此，本报告着重研究其STMS

---

① John Wiley & sons, inc. 2009 annual report [EB/OL]. [2013-03-11]. http://www. wiley. com/legacy/annual_reports/ar_2009/10kWiley2009. pdf.

部门电子期刊的出版情况。

2.1 科学、技术、医药及学术部门(STMS)

约翰-威利公司的 STMS 部门即威利-布莱克威尔出版公司,如前文所述,是由布莱克威尔出版公司与原威利公司 STMS 部门合并而成的新出版公司。2022 年的数据显示,威利-布莱克威尔的学术期刊最早可回溯至 1799 年的过刊,其中同行评审的学术期刊超过 1900 种。另外其出版产品还包括涵盖面广泛的书籍、参考工具书、数据库和实验室手册,其中在线图书超过 7400 种,大部分资源都实现了在线与印刷两种出版方式。[①]

(1)期刊学科领域

威利-布莱克威尔的学术资源涵盖了 15 个学科领域,包括商业管理、化学、地球环境科学、教育、信息科学、法律与犯罪学、生命科学、数学与统计学、物理与天文学、医疗健康科学、高分子及材料科学、工程学、社会科学、心理学等。[②] 各学科领域出版的期刊数量统计参见图 1。[③]

(2)期刊影响因子

威利-布莱克威尔出版期刊数量庞大,期刊影响力和权威性也在学术界得到广泛认可,许多重要学科领域的顶级期刊都是它出版的。在 2021 年 JCR 的期刊引证报告中收录了 1200 多种威利-布莱克威尔期刊。[④] 表 1 是 2021 年威利-布莱克威尔出版部分优秀期刊的影响因子列表。

---

① 详见 www3. interscience. wiley. com。

② 详见 www3. interscience. wiley. com。

③ Journals Brochure [EB/OL]. [2013-03-11]. http://www3. interscience. wiley. com/aboutus/sharedfiles/brochures-flyers/2009_journals_brochure. pdf.

④ Journals[EB/OL]. [2013-03-11].http://olabout. wiley. com/WileyCDA/Section/id-406089. html.

Depth and Breadth of Quality Content Journals by Subject Discipline	
Medicine and Health Sciences	350+
Humanities and Social Sciences	270+
Life Sciences	180+
Business, Economics, Finance and Accounting	160+
Chemistry	100+
Earth and Environmental Science	60+
Engineering	60+
Psychology	60+
Education	35+
Mathematics and Statistics	30+
Polymers and Materials Science	30+
Information Science and Computing	20+
Law and Criminology	20+
Physics and Astronomy	20+
Animal Science	15+

图 1　威利-布莱克威尔期刊学科分布

表 1　2021 年威利-布莱克威尔部分期刊影响因子列表

期刊名称（Title）	影响因子（Impact Factor）
Addiction	7. 256
Advanced Synthesis & Catalysis	5. 981
American Journal of Transplantation	9. 369
Animal Genetics	2. 854
Birth	3. 081
Child Development	5. 661
Criminology	6. 667
Developmental Dynamics	2. 842
Evolutionary Anthropology	4. 766
Fish and Fisheries	7. 401
Global Ecology and Biogeography	6. 909
Human Brain Mapping	5. 399
Indoor Air	6. 554

（3）开放存取

作为一家优秀的学会出版商，威利-布莱克威尔尝试了很多具有可持续性的商业模式，开放存取模式便是其中之一。威利-布莱克威尔允许期刊作者将其作品发布到在线期刊平台以提供给非订阅者使用，期刊一般要求作者填写一份关于开放存取的表格并支付3000美元的预付费用。① 除了这种方式，威利-布莱克威尔也将部分期刊的过刊和评论性文章免费提供给读者。此外，它还积极向发展中国家的科研机构免费或低价提供期刊与其他学术资源。

2.2 高等教育部门

高等教育部门是约翰-威利公司的另一核心部门。约翰-威利公司面向美国、加拿大以及欧洲、亚洲、澳洲的在校大学生、研究生及终身学习者出版教科书与配套教学材料，包括印刷和电子制品，有英语、德语、汉语等多种语言版本，出版的学科领域包括自然科学、工程学、电脑科学、数学、商业管理、会计学、统计学、地质学等，其中以数学、统计学为代表的计量科学是其重点学科领域。

2004 年，高等教育部门推出数字化产品 WileyPLUS，它将约翰-威利公司传统的教科书、教学辅导材料等教学资源整合起来，为学生提供在线学习的交互式平台。WileyPLUS 平台的客户主要是教师和学生。利用该平台，约翰-威利公司不仅向用户提供内容，更重要的是提供一种在线解决方案，辅助教师和学生解决在教学过程中所遇到的问题。

2.3 大众读物与专业出版部门

大众读物与专业出版部门面向会计师、建筑师、工程师、心理学家等专业人士提供商业、金融、计算机、科学、建筑、烹饪等领域的图书、订阅产品与信息服务，向大众消费者提供丰富的大众读物。这一部门的出版产品借助多种渠道向全世界发行，如大型连锁

---

① 详见 www3. interscience. wiley. com。

店、网上书店、独立书店、图书馆、大学科学研究机构以及直销和网站等渠道。

进入 21 世纪后，约翰-威利公司加强了对一些特色企业的收购，并在一系列收购中继承和发展了众多优秀品牌。2001 年 9 月，约翰-威利公司完成了公司历史上第二大并购，向 IDG 集团购买了旗下的"饥饿思维"（Hungry Minds）出版公司，这次收购也为约翰-威利公司带来了一大批优秀图书品牌，包括"傻瓜"系列（For Dummies）、"克里夫笔记"学习指南丛书（CliffsNotes）和"弗罗姆"旅游指南（Frommer's）等。旗下其他品牌还有 Betty Crocker、Pillsbury、J. K. Lasser、Jossey-Bass 和 Pfeiffer 等。

大众读物与专业出版部门也积极推进网络平台建设，不仅提供印刷版产品完整的网络版本，还通过"傻瓜""克里夫笔记""弗罗姆"等网络平台的广告商和赞助商链接以及内容授权等方式实现了两位数的收入增长。

3　威利-布莱克威尔期刊运行模式

3.1　内容模式

2009 年，在整合原先布莱克威尔的 Synergy 数据库资源后，威利-布莱克威尔推出了全新的 Wiley InterScience（WIS）专业出版在线平台。该平台提供大约 1900 种在线期刊、7000 种在线图书以及超过 100 种在线参考工具书等资源，文章总量超过 300 万篇。① 除了整合原先两个平台的优质资源，新平台还更加强了界面和功能设计，尤其在检索功能与个性化服务方面，大大提高了用户获取数字资源的效率。

（1）检索功能

针对威利-布莱克威尔的海量数据库资源，WIS 支持多种检索

---

① 详见 www3. interscience. wiley. com。

方式，除了常规的基本检索外，还支持高级检索、交叉检索（Crossref/Google）和缩写词检索方式。①

基本检索，即用户直接在文本框中输入检索词进行快速检索。WIS 提供两个检索限定：一个是"all content"，表示检索范围包含所有数据库资源；另一个是"publication title"，表示检索范围限定在出版物名称中。

高级检索有一个独立检索界面，在该界面中，用户可以选择更多方式限定目标。在下拉式选单中，用户可以直接选择搜索范围，包括出版物名称、文章篇名、作者、全文/摘要、作者所属机构、关键词、经费资助机构、文章识别码（DOI）等。除此之外，还有四条检索路径，分别是出版物类型、主题范围、出版时间和排序方式。这些检索路径和选项基本满足了威利用户在精确搜索方面的要求。

公共检索其实是一个跨出版商搜索平台，通过 Google 搜索技术，29 家优秀的期刊出版商参与进来，为用户提供超过 340 万篇期刊全文。借助这一平台，用户可以实现跨出版商网站的搜索，有效解决了单个出版商数据库资源有限的问题。②

缩写词检索是 WIS 中非常有特色的检索方式，提供了查询首字母缩写词搜寻的工具。检索时，用户有两种检索限定方式：一个是匹配度限定，分别是精确匹配、词干匹配和通配符匹配；另一个是主题范围限定，通过下拉选单选定学科领域。该缩写词的扩展词组将显示在搜索结果当中。

（2）期刊内容架构

WIS 向所有读者免费提供数据库中所有期刊的摘要信息，包括刊名、刊号、出版周期、期刊影响因子以及相关服务信息。期刊文章方面，读者可以免费获取该文作者信息和文章摘要部分，而参考文献和全文等内容则一般只提供给订阅者。

---

① 张娣 . Wiley Interscience 全文电子期刊检索与利用 [J] . 情报探索，2006（10）.

② 详见 www3. interscience. wiley. com。

期刊文章一般设置有作者信息、出版时间、文章摘要、参考文献等文章信息，以及相关论文、被引用记录等辅助信息。WIS 为所有期刊全文提供 PDF 格式，部分期刊有 HTML 格式。HTML 格式具有页内链接和外部链接：页内链接可以实现各部分之间的跳转；参考文献部分提供与 CrossRef、Pubmed 等数据库的链接，读者可以实现跨平台资源搜索。另外，文中图片也集合形成序列，并提供高清晰图像。

（3）互动与定制服务

WIS 通过"我的档案"（My Profile）向用户提供一系列个性化服务。任何用户都可以注册并激活"我的档案"账户享受个性化服务。

"我的档案"具有保存重要记录和文件的功能。第一，保存并修改检索记录。在用户采取某种方式完成检索后，系统自动记录该条检索策略，保存在"Saved Search"中供下次检索使用。第二，对电子出版物进行保存。这可以在浏览数据库文章时完成。这两项服务功能提高了用户对个人文档的应用和管理效率。"我的档案"还提供电子邮件速报服务（E-mail Alert），建立速报服务的用户可通过电子邮件获取其感兴趣的期刊最新一期的目次或与保存检索策略相匹配的最新文献链接。这项服务为科研工作者及时获取最新科技信息提供了极大便利。

除此之外，作为用户信息服务管理工具，在"我的档案"界面中用户可以查看订购信息，查看并修改个人账户信息，保存管理出版物检索策略，修改电子邮件速报服务的设置等。

（4）采编系统与同行评议

威利-布莱克威尔电子期刊采用在线采编系统，所有稿件上传至稿件处理中心，经过严格的同行评议后出版。作者通过登录账户的方式进入稿件处理中心的作者通道，按照要求提交七个方面的信息，包括文章类型、主题、摘要，文章关键词，作者机构信息，评议人和编辑建议等。文章如果提交成功并通过评议被期刊接收，系统会发电子邮件通知作者，作者可以通过自己的账户查看文章编辑过程。评议人则进入稿件处理中心的评议人通道，对上传稿件进行严格评议，决定期刊采用是否稿件。

另外，WIS 提供名为"先读"（EarlyView）的期刊文章"在线预出版"服务。该服务将经过同行评议和编辑的期刊全文在印刷版出版之前提前在线出版。系统在收到作者认证后就会发布文章，为论文全文包括完整的图表、数据，并可被引用。

（5）投稿标准

作者在投稿之前，通过阅读作者指南，对希望投稿期刊本身的特点、所接收文章的类型等方面进行全面了解。在这之后，作者按照投稿的一般步骤上传稿件，并经历评议、修改等过程。

威利-布莱克威尔对于作者投稿有相应要求，首先文件格式一般建议用 DOC、RTF 或 PS。用以上这三种格式上传的稿件可以转化为 HTML 和 PDF 格式；其他格式文件也可以上传，但无法转化为 HTML 和 PDF 格式。大多数期刊对于文章页数，图表、数据类型格式等也作了明确规定，图片一般接受 TIF、EPS、PSD 等格式，页数方面则不同期刊类型有不同要求。针对母语非英语的作者，一些期刊还提供英文编辑服务，具体服务由作者安排并支付费用。①

（6）版权情况

威利-布莱克威尔公司有明确规定，作者在其期刊上发表文章必须与公司签订作品版权独家许可协议或版权转让合同，这一规定有效地保护合法作品的版权。作者可以在非商业目的的条件下发布作品的摘要部分（威利-布莱克威尔鼓励作者将该内容链接到 WIS 平台），也可以将作品用于教学和科研工作，或者完整准确地使用作品中的数据、图表等内容，但不允许将作品擅自授权其他出版商再次出版。

针对选择 OA 出版的作者，威利-布莱克威尔给予作者如下权利：①可将作品印刷版和电子版与同事分享；②可在未修改的前提下将作品的完整版或部分内容放入作者汇编本中；③可将作品用于作者所在科研机构的教学用途；④可将作品完整版发布在机构网站

① Tips for Uploading Files and Images on Manuscript Central［EB/OL］．［2013-03-11］．http://mcv3help. manuscriptcentral. com/tutorials/fileconversion. pdf.

或公共服务器上。①

3.2 发行模式

2013 年，威利-布莱克威尔公司发行的标准期刊种类为 1371 种，其中科学、技术领域期刊 788 种，医药领域期刊 381 种，人文社会科学领域期刊 583 种。② 目前，公司主要面向美国、英国、欧洲(不含英国)、亚洲、澳大利亚等国家和地区开展出版业务。今后，公司 STMS 业务的发展将以全球用户需求为导向，提供期刊印刷版、电子版或两者合并的多种订购选择，推出更多基于数字技术条件的新产品与新服务，继续加强期刊网络平台建设，以赢得用户的订阅支持。

(1)期刊发行流程

图 2 是威利-布莱克威尔期刊发行的基本流程图。作者通过注册账号登录系统，将稿件上传到稿件处理中心，评议人同样在该系统中对稿件进行评议。稿件经过编辑、修改、再次上传等过程，然后经过期刊编排推出电子版和印刷版，其中部分文章借助 EarlyView 功能实现预出版。最后，机构订户和个人订户向威利进行产品订阅。

(2) 期刊发行情况

威利-布莱克威尔的订户分为两类。一类是机构订户，一般包括科研机构、企业和政府，机构用户必须在机构的 IP 范围内登录访问。另一类是个人订户，通过独有的账号和密码进入电子期刊进行访问。如果个人订户只订阅了印刷版期刊，一般无法自动获得进入该期刊电子版的权利。威利-布莱克威尔向机构订户提供 ArticleSelect 服务，允许用户利用预先缴付的"代币"为本机构内授权的用户提供非订阅产品的全文内容访问；同时也向非机构订阅者提供 Pay-Per-View 服务，通过即时订购，个人订户可以访问非订

---

① 详见 authorservices. wiley. com。

② Journals[EB/OL].[2013-03-11]. http://olabout. wiley. com/WileyCDA/Section/id-406089. html.

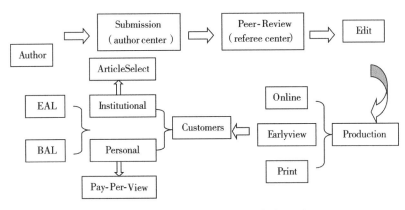

图 2　威利-布莱克威尔期刊发行流程图

阅内容。机构订户还分为增强访问许可类型和基本访问许可类型。增强访问许可的机构订户可以享受漫游存取功能。机构用户申请个人用户名和密码，在有效的 IP 地址内激活漫游功能后的 120 日内，可以使用用户名和密码在任何地方登录 WIS 而不受 IP 地址限制。①

2013 年，针对新推出的期刊，威利-布莱克威尔设计了面向机构客户的新商业模式"opt-in-access"，旨在建立合理的期刊定价方法，提高期刊利用率。② 机构订户可以获得头两年免费访问新期刊的机会，在此基础上机构还可以免费申请其中一份期刊的印刷版。未来这些期刊的定价将由客户需求总量和类型决定，目前可供选择的期刊参见表 2。

表 2　威利-布莱克威尔"opt-in-access"期刊名录

期刊名称	初始年份
Anatomical Sciences Education	2008

---

① 张娣. Wiley Interscience 全文电子期刊检索与利用［J］. 情报探索，2006(10).

② 详见 www3. interscience. wiley. com。

续表

期刊名称	初始年份
Asian Journal of Control	2008
AsianJournal of Endoscopic Surgery	2009
Asia-Pacific Psychiatry	2009
Autism Research	2008
ChemCatChem	2009
Drug Testing and Analysis	2009
Ecohydrology	2008
EMBO Molecular Medicine	2009
Journal of Biophotonics	2008
Journal of Diabetes	2009
Journal of Evidence-based Medicine	2009
Journal of Systematics Evolution	2009
Laser & Photonics Reviews	2007
LUTS（Lower Urinary Tract Symptoms）	2009
Mount Sinai Journal of Medicine：A Journal of Personalized and Translational Medicine	2007
Orthopaedic Surgery	2009
Personality and Mental Health	2007
PROTEOMICS-Clinical Applications	2007
Quality Assurance and Safety of Crop & Foods	2009
Research Synthesis Methods	2010
Review of Behavioral Finance	2009
Reviews in Aquaculture	2009
Security and Communication Networks	2008

期刊名称	初始年份
Shoulder & Elbow	2009
Sports Technology	2008
Statistical Analysis and Data Mining	2008

（3）期刊订阅价格

针对机构客户不同的订阅需求，大部分威利-布莱克威尔期刊都提供三种订阅方式，分别是印刷版、电子版与合并订阅方式，客户可以根据自身需要进行组合订阅，具体订阅方式包括仅订阅印刷版、仅订阅网络版以及同时订阅印刷版和网络版三种模式。①

威利-布莱克威尔在期刊价格制定上根据不同地区采取区别定价方法，分别采用美元、英镑和欧元计价方式。

4 约翰-威利国际出版公司经营情况

约翰-威利公司的收入模式可以从两方面来分析。从业务组成来看，② 公司整体收入主要来自旗下的三大业务部门，根据 2009 年的数据，其中 STMS 业务占据了最大份额 60%。从产品类型来看，期刊出版及相关版权、广告、重印等收入约占公司总收入的 51%，图书出版及相关收入占比则大约为 49%。目前，无论是三大业务部门，还是不同产品类型都在不断加强网络平台建设，以增强数字时代的竞争力。

---

① Products ［EB/OL］.［2013-03-11］. http://olabout. wiley. com/WileyCDA/Section/id-404508. html.

② John Wiley & Sons, inc. 2009 Annual Report［EB/OL］.［2013-03-11］. http://www. wiley. com/legacy/annual_reports/ar_2009/10kWiley2009. pdf.

4.1 整体经营状况

2009 财会年度，虽然面对宏观经济的不景气，约翰-威利公司总体情况依然良好。表3 为其 2009 财会年度与 2008 财会年度经营状况比较，从中可以看到：2009 年度公司总收入为 16.114亿美元，排除汇率影响，较 2008 年增长 3.4%；公司每股收益较去年上涨 22%，反映了公司在成本管理、费用控制方面的积极成果；受汇率波动影响，较去年下降 3.7%。另外，2009 年，约翰-威利公司在发展过程中也保证了现金流的充沛，自由现金流量较去年上升 40%，达到 1.64 亿美元，增加的现金流主要来自公司的经营活动。

表3 约翰-威利公司 2009 财会年度与 2008 财会年度经营状况比较

For the fiscal year ended April 30	2009	2008	CHANGE	
			Excluding FX	Including FX
REVENUE	$1,611,390,000	$1,673,734,000	3%	(4%)
OPERATING INCOME	$ 218,478,000	$ 225,211,000	11%	(3%)
NET INCOME				
ADJUSTED b	$ 128,258,000	$ 128,873,000	23%	—
GAAP	$ 128,258,000	$ 147,536,000	7%	(13%)
EARNINGS PER DILUTED SHARE				
ADJUSTED b	$ 2.15	$ 2.17	22%	(1%)
GAAP	$ 2.15	$ 2.49	6%	(14%)

从表4 可以看出，威利-布莱克威尔期刊收入主要来自已签期刊的续约收入和新签约期刊的收入，包括可预期的新签约期刊和可持续的续约期刊。对于约翰-威利公司来说，期刊的盈利是十分吸引人的，因为订阅和授权许可费都是提前支付，而资本运营的要求又很低。

4.2 各出版业务经营情况

21 世纪初，约翰-威利公司三大出版业务中，STMS 占据公司业务份额的60%，大众读物与专业出版业务（P/T）占26%，高等教

表 4　威利-布莱克威尔 2010—2012 年的期刊盈利情况

年份	新签期刊/种	新签收入/万美元	续约期刊/种	续约收入/万美元	未续约期刊/种
2010	32	—	90	—	2
2011	37	900	100	5600	1
2012（前三季度）	22	740	87	810	6

育业务（HE）占比则为 14%。2009 年，STMS 部门与 HE 部门发展强劲，利润上升，而 P/T 部门受消费市场疲弱尤其是美国市场走弱的影响，收益出现较大幅度滑坡。从收益地区分布情况来看，美国依旧是最重要的市场，占据 50% 的市场份额，接下来依次是欧洲、亚洲、加拿大和其他地区，分别占据市场 24%、14%、4%、3% 的份额。

由于较高的期刊续订率、新的业务项目以及国际市场的良好表现，2009 年度约翰-威利公司的 STMS 业务收益较去年增长 9%。威利-布莱克威尔公司与学会的合作也进一步加强，推出了 32 种新期刊，87 种期刊合同续签。2009 年对于威利网络期刊来讲也是里程碑式的一年，由于布莱克威尔的 Synergy 网络平台与 WIS 实现平台资源整合，大约 2.9 万名客户、200 万篇期刊文章纳入新的期刊平台。公司则进一步加强 WIS 平台的创新建设，尤其在功能设计上更加注重用户体验，如产品导航、搜索引擎等越来越具有人性化特点。

图 3 为约翰-威利公司 STMS 业务中不同产品收入图，从中可以看到期刊订阅是其最大的收入来源，占 64%；图书和参考工作收入占 17%；版权收入占 5%；广告收入占 5%；其他出版产品收入占 9%。

2009 年度，约翰-威利公司的大众读物与专业出版全球业务收入为 4.13 亿美元，较去年下降 10%（排除汇率波动影响）。这主要是由全球经济危机对消费市场的冲击所导致的。另外，库存报废、

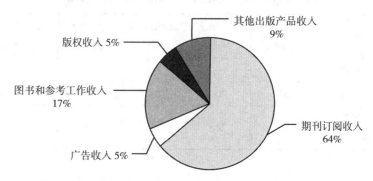

图 3　约翰-威利公司的 STMS 业务中不同产品收入

预付版税支出以及前一年度 200 万美元的坏账也对其业务产生了影响。当然，在谨慎管理支出的情况下，危机所带来的影响有所缓解，尤其在广告宣传和市场营销方面节省了不少开支。之后 P/T 部门进一步拓展在线品牌，建立重要的伙伴关系以支持业务增长。2009 年，公司成为管理学研究生入学考试学习指导的正式出版商，并与温哥华奥组委签订合作协议，成为 2010 年冬奥会和残奥会的出版商合作伙伴。

　　图 4 是 2009 年公司大众读物和专业出版业务中不同产品收入图，从中可以看到图书销售占据最大份额，为 87%；期刊订阅收入相对较少，仅占 3%；版权收入占 4%；广告收入占 1%；其他出版产品收入占 5%。

　　2009 年度，约翰-威利公司的高等教育出版全球业务收入为 2.3 亿美元，较去年增长 6%（排除汇率波动影响），几乎每个地区的业务和每个学科的业务都获得了一定的增长。该业务的发展主要来自教科书销售收入的超预期增长，与微软公司合作协议所带来的积极影响，还有就是在线教学平台 WileyPLUS 的持续发展。WileyPLUS 的良性运行主要从以下几个指标得以体现：教学平台营业额年增长 38%，数字产品销售额年增长 70%，用户验证率上升到 63%。2009 年度，HE 部门继续进行并购、合作等大规模拓展。约翰-威利公司向汤姆森学习集团收购了一系列现代语言教科

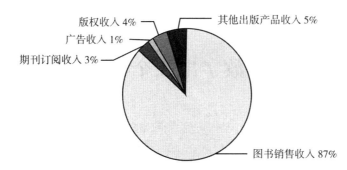

图4　2009年约翰-威利公司的大众读物和专业出版业务中不同产品收入

书，向重点大学出版社收购了数学和统计学教科书。另外，它还与亚马逊建立了合作关系，成功地应用 Kindle 网络定制教科书系统，实现其电子教科书的销售。

图5是2009年约翰-威利公司高等教育出版业务中不同产品收入图，从中可以看到图书销售收入占87%，占绝大部分；WileyPLUS 教学平台收入占9%，逐渐成为重要的收入来源；版权收入占2%；其他出版产品收入占2%。

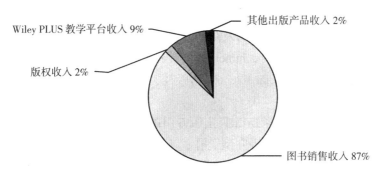

图5　2009年约翰-威利公司的高等教育出版业务中不同产品收入

Brill 数字出版个案分析

许 洁 卢 芸

Brill Academic Publishers(以下简称 Brill)即荷兰博睿皇家学术出版社，是荷兰著名的专业学术出版社，位于荷兰莱顿，在美国波士顿设有分部。该出版社创立于 1683 年，至今已经有 300 多年历史，是欧洲乃至全世界历史最悠久、成立时间最长的营利性出版商(commercial publisher)之一。经过 300 多年的发展，Brill 已经在学术出版领域自成体系，在世界学术出版市场尤其是人文社科学术出版市场有着很高的威望。

1 公司定位

Brill 在三个多世纪的发展过程中，始终将自己定位为学术性(academic)、营利性(commercial)、国际化(international)的人文社科(humanity and social science)出版社，使其在与其他出版商的竞争中脱颖而出。

"学术性"意味着 Brill 只出版专门的学术产品，其出版物集中于所涉及领域的高端研究型著作，不出版一般的介绍性书籍和教材。从创立之初，Brill 就以"服务学术"为经营理念，依托莱顿大学在欧洲的学术地位，用包括希伯来文(Hebrew)、阿拉姆文(Aramaic)、撒马利亚梵文(Samaritan Sanskrit)、波斯文(Arabic Persian)等在内的 30 多种文字，在包括东方学、哲学、历史学、语言学、天文学、植物学等在内的多个学科领域出版了无数权威著作。

458

　　"营利性"表示公司的一切经营活动和投资决策都是以获取利润为目的，从而将其与其他非营利性出版机构，比如大学出版社区分开来。从盈利模式上看，Brill 采取低印数、高价格策略。据 2022 年数据，Brill 每年出版新书 1000 多种，期刊 250 多种。其图书的首印数平均为 500 册，绝大多数图书的定价在 100 欧元以上。Brill 平均每年有 3000 万欧元的销售收入，其中利润大概占 1/3。①由于其涉猎领域的专业化程度高，出版物内容的不可替代性强，价格也高于个人读者的承受力，因此 Brill 的主要客户为大学图书馆或研究型图书馆。Brill 通过全球的图书馆代理商（library suppliers）将图书直接销往世界各国的图书馆。

　　"国际化"是 Brill 从创立之初就一直秉承的经营理念。18 世纪起，Brill 与德国、法国、意大利、英国、瑞士的学术出版商、书商开展合作，将欧洲其他国家的最新学术成果引进荷兰的同时，也把荷兰学者的著作介绍到其他国家。作为一家高度国际化的出版商，Brill 基本不用荷兰语出版。2012 年起，公司所有的出版物都含有英语版本，也有 22% 的期刊拥有其他语言版本，如德语、法语和其他小语种。2015 年起，Brill 销售额的 95% 均源自除荷兰本地之外的海外区域。Brill 的客户中有 45% 来自欧洲和北美。②

　　"人文社科"是 Brill 的主要出版方向。作为一家只有 100 多名雇员的中小规模出版社，Brill 的出版范围并不涵盖所有学科，而是集中在人文社科领域建立自己的品牌。目前 Brill 在全世界学术出版界具有声望的学科领域包括：古代近东和埃及研究（Ancient Near East and Egypt），中东、亚洲和伊斯兰研究（Middle East, Asian and Islamic Studies），中世纪早期和现代研究（Medieval and Early Modern Studies），圣经和宗教研究（Biblical and Religious Studies），古典研究（Classical Studies），社会科学研究（Social Sciences），人权和国际公法研究（Human Rights and Public

---

　　① 解读新兴出版——做按需出版是回归出版本[EB/OL].[2017-03-14].http://www.bisenet.com/article/201703/171537.htm.

　　② 详见 www.brill.com。

International Law)，斯拉夫和欧亚研究(Slavic and Eurasian Studies)。1999 年，Brill 收购了原来隶属于荷兰联合出版集团(VNU)的科学出版分支 VSP 出版社，并保留了 VSP 的社标，来出版生物医学、材料科学、人工智能等方向的图书和期刊。① 尽管 Brill 也涉猎少数自然科学和工程技术出版物，但其优势产品还是集中在人文社科领域。

2 出版内容和产品类别

Brill 的主要产品分为图书和期刊，另外也出版一些电子产品，比如光盘、电子书等。2012 年，Brill 的电子出版呈现出迅猛增长的势头，其持续期刊总收入(印刷版和电子版)较去年增加了7.6%，为历史最高纪录。其电子期刊的销售增长了 9.3%，达期刊总收入的 78%(2011 年为 77%)。其总营收额增长了 5%，2012 年电子期刊销售额相当于总销售额的 46%(2011 年为 41%)。2016 年，其线上销售较 2015 年增长了 15%，线上电子图书销售增长了22%，电子期刊销售增长了 8%。2016 年，Brill 首次在数字渠道实现了占总收入超过 50% 的收入。Brill 2012—2016 年的具体销售数据如图 1 所示。②

Brill 的主要产品包括：

①纸质图书。作为传统的以人文社科出版为主的出版商，纸质图书仍是 Brill 的主要产品。Brill 出版的纸质图书主要为学术专著(monograph)、主要参考书(major reference book)及百科全书(encyclopedia)。从书的装帧形式上看，Brill 的书以精装本(包括硬壳书、硬壳加布装书等)为主，平装本为辅。

②期刊。期刊是学术出版的一种主要形式，Brill 2013 年拥有各科目的期刊 175 种，每年出版 2~16 期不等。从 2000 年开始，Brill 的大部分期刊开始电子化，目前出版社所有期刊都同时拥有

---

① 详见 www. brill. nl。

② 详见 www. brill. com。

	2016	2015	2014*	2013	2012
Results					
Revenue	32,177	30,809	29,601	29,284	27,527
Gross profit	21,019	20,412	19,987	19,848	18,433
EBITDA [1]	4,496	3,794	3,680	4,504	4,235
Operating profit	3,712	3,015	2,675	3,478	3,238
Profit from continued operations	2,797	2,332	2,153	2,461	2,318
Profit for the year	2,797	2,332	2,153	2,461	5,733
Free cash flow [2]	2,329	3,201	822	2,634	5,616
Net investments in fixed assets	-2,016	-962	-2,765	-1,185	1,554
Average invested capital	21,049	21,223	21,120	20,697	20,378

[1] EBITDA = Earnings Before Interest, Taxes, Depreciation and Amortization. This is the operating income before the amortization of intangible fixed assets and the depreciation of tangible fixed assets. See note 23.

[2] Free Cash Flow = Net Cash Flow adjusted for cash flow from

图 1　Brill 2012—2016 年的销售数据

纸质版和电子版。Brill 于 2013 年出版的 175 种期刊中，有 138 种提供电子刊订阅服务，机构用户可以选择单独订阅电子版或者纸质版，也可以选择同时订阅两种版本，个人用户可以以针对机构用户价格的 1/3 订阅纸质版。① 2013 年，Brill 的机构用户订阅期刊电子版的价格大约是"纸质+电子"版的 83%。以机构用户订阅"纸质+电子"版的价格为指标，2012 年，订阅价在 100 欧元以下的期刊占总数的 2.9%，100~299 欧元的约占 53.7%，300~499 欧元的约占 28.6%，500 欧元以上的约占 14.8%。从涉及领域上看，科学、技术和医学类期刊的价格普遍高于人文社科类。

③在线数据库。目前，Brill 的在线出版物存储在三个不同的平台上：博睿在线（Brill Online）、耐恩霍夫在线（Nijhoff Online）和核心资源在线（Primary Sources Online）。从类别来看，Brill 的数字出版物主要有四种：电子书（E-book Collections）、电子期刊（E-Journals）、电子参考书（E-Reference Works）、在线资源集（Online Resources Collections）。工具书、百科全书和年鉴是 Brill 的主要出版类型。2011 年，Brill 出版的 1924 种工具书、百科全书和年鉴

---

① 详见 www. brill. nl。

中，有 22 种的电子版销售收入超过了纸质版。在线资源集是 Brill
分主题将已有内容重新整合后出版的在线数据库。目前上线运营的
有三大数据库，分别是世界经典在线(The Classical World Online)、
伊斯兰世界在线(The Islamic World Online)和世界宗教在线(The
World of Religion Online)。它们分别整合集中了各自领域已经出版
的所有资源，提供统一的入口给使用者，为其检索查询提供了极大
的方便。这些电子出版物的开发，为 Brill 在世界范围内扩大市场
和提升影响提供了有力保障。其相同内容电子版定价较印刷版平均
低 7%~12%，对于对价格敏感的个人用户和经费投入不足的机构
用户来说，数字出版物显然比昂贵的纸质出版物更有吸引力。

④其他出版物。除上述几类主要产品外，Brill 还生产少量其
他产品，包括光盘、胶片等。比如对于一些比较庞大的或具有视觉
价值的产品，Brill 会为其出版光盘。一些古籍、孤本、善本等，
主要以胶片或电子产品的形式出版。

3   数字出版推动国际化

过去十几年，数字化浪潮给科学信息交流和学术出版带来了巨
大变化，走过 300 多年历史的 Brill 在面临新技术带来的挑战时并
没有等待观望，而是采取开放包容的态度迎接数字化变革，并借助
数字出版之力走进更广阔的国际空间。

从 2000 年起，Brill 采用了"三条腿走路"的出版策略，在以印
刷纸质形式出版传统优势产品的同时，用数字化的形式开发新内
容，并且尝试混合出版模式，即以印刷形式和数字形式出版相同的
内容，为不同需求的读者提供不同的选择。2005 年，Brill 和
Google 展开合作，授权后者将其在版图书扫描上线。读者可以通
过"图书搜索"(Google Book Search)服务查询到 Brill 出版的所有书
籍。通过这一合作，Brill 曾经出版的许多古旧图书获得了第二次
与读者见面的机会。读者搜索查询到 Brill 出版的图书后，可以免
费预览每一本图书的标题页、目录、前言、后记和部分章节。一旦

需要购买该书，读者可以通过 Google 的链接进入第三方网络书店和 Brill 出版社网站的售书页面进行购买。如果读者需要的图书已经绝版或者断货，Brill 会以按需出版（Print on Demand）的方式出版，为读者提供定制化的服务。

除了和 Google 携手，Brill 还积极与世界各地的研究型图书馆及大学合作，以数字化方式永久性地保存书籍刊物，通过互联网使其内容得到最广泛的传播。2006 年，Brill 加入了荷兰皇家图书馆（Koninklijke Bibliotheek）发起的"数字化存档计划"（e-Depot），将自己拥有版权的所有内容文本在荷兰皇家图书馆数字化存档，并开放部分内容给公众免费阅读和使用。2007 年起，Brill 和全荷兰 13 所研究型大学建立合作，为其提供为期三个月的电子书免费使用权限，师生们可以通过自己学校的数字图书馆阅读 Brill 的电子书数据库，试用期结束后，图书馆可以根据需要购买相应的电子书。比如莱顿大学图书馆于 2011 年购买了 Brill 自 2007 年以后出版的"欧洲历史和文化"电子书系列（Brill e-books：European History and Culture）。2016 年，Brill 在美国部分图书馆实现了 POD（Pay on Delivery）功能，将书籍 POD 原先所需要的三个星期减少到一个星期，帮助图书馆员改善了向顾客提供的服务体验。①

开放存取运动的兴起，为学术出版提供了另一种模式。与自然科学和工程技术研究相比，人文社科研究存在科研经费投入较少，研究成果主要以书籍承载，出版周期长、时效性不强等特点。因此，作为人文社科学术出版社，Brill 并没有盲目采纳作者付费的盈利模式。到现在为止，Brill 在期刊的经济模式上还未采用真正意义上的"作者付费"，即向作者收取加工费而对读者免费开放；但作为市场的紧步追随者，Brill 对开放存取采取积极观望的态度，同时也积极寻求与机构和基金合作出版，将内容免费开放给读者。可以预见，一旦开放存取大规模冲击人文社科领域，Brill 的盈利模式也随之会发生改变。

---

① 详见 www. brill. com。

4 小结

与大众出版和专业出版不同，学术出版具有与生俱来的国际化特质：学术信息无国界，作者希望将自己的研究成果最大范围地传播，读者希望了解相关领域最新最全面的研究成果。学术出版商能否实现价值，直接取决于能否满足科研人员的需求。拥有辉煌出版历史的 Brill，从创立的第一天起就将满足学者传播交流学术的需要作为自己的经营使命。Brill 在世界范围内寻找特定的学科领域的顶尖学者，邀请他们做刊物主编或专著作者，以精益求精的态度管理控制出版流程，打造顶尖的学术出版物，在全球树立了良好的口碑和声誉。

对于 Brill 的学术出版事业来说，"走出去"和"全球化"并不是目的，而是做好出版的本质属性和必然要求，有了一流的作者、一流的研究成果，"走出去"水到渠成。数字时代的到来，给学术出版带来了前所未有的挑战和机遇，Brill 凭借其深厚的文化积淀、辉煌的出版历史，在新技术带来的变革中占据了有利地位，利用数字化手段传播学术信息，推进国际化进程，以成功经验证明了数字时代仍旧是"内容为王"。

生物医学中心(BMC)出版模式 *

刘锦宏　陈姜同

1　BMC 简介

1999 年成立的生物医学中心(BioMed Central，BMC)是英国一家独立出版公司，也是首个商业性开放存取 STM(Science、Technology、Medicine)出版商。BMC 通过向希望开办在线刊物的研究者免费提供在线交稿、同行评议和编辑决策的网络出版平台，以表明商业性出版社也可以采用开放存取模式来开展出版业务。1999 年 4 月 26 日，BMC 宣布要为用户提供对其所有期刊的在线免费访问服务；2000 年 6 月 19 日，BMC 提供了第一篇可以在线免费访问的文章；2002 年 1 月 1 日，BMC 开始收取论文处理费(Article-processing Charges)，用于弥补出版成本；2002 年 6 月，BMC 颁布了自己的《开放存取宪章》。目前，BMC 已经出版了 290 多种生物学和医学领域的开放存取期刊，所有期刊采用同行评议系统，[1] 少量期刊同时出版印刷版。目前，BMC 已经成为开放存取出版的重要力量。同时，BMC 是 OASPA(开放获取学术出版商协会)的创始者，该协会是一个旨在支持和代表所有科学、技术和医

＊ 本文根据《网络科技出版模式研究》一书第 159～166 页内容改写,该书由武汉理工大学出版社于 2010 年出版。

[1]　详见生物医学中心官方网站 www.biomedcentral.com。后文有关生物医学中心的数据,如非特别说明,均搜集自此网站。

学领域的开放获取期刊出版商的兴趣组织。

2　BMC 质量控制措施

　　为了保证在 BMC 期刊上发表论文的质量，提高其期刊的学术影响力，BMC 制定了严格的质量控制和管理体系。首先，BMC 倡导编辑人员要运用科学精神与方法，坚持编辑道德与规范，注重论文质量，公正处理稿件。其次，BMC 要求所有期刊尽可能采用同行评议系统对所有研究论文和大部分其他类型文章进行评审，以保证出版质量。BMC 的同行评议政策主要包括五个方面内容：①要求所有 BMC 出版的刊物都尽可能采用同行评议机制决定论文的取舍。②经过编辑初审合格的论文通常要送给两位同行专家进行评议，以尽快做出是否出版的决定；必要时 BMC 还会请第三位专家评议。③BMC 通常要求作者提供至少四名同行评议专家的联系信息供 BMC 选择。为了保证客观公正，BMC 要求所推荐的评审专家近五年内没有与待审文章作者中任何一人合作发表过论文，不能来自与作者相同的研究机构，也不能是编委会成员。④为了加快评议进程，BMC 采用在线提交稿件和在线同行评议的方法。⑤在某些情况下，BMC 期刊可以采用公开评议模式，将每篇论文的评议信息等与论文一起在互联网上刊出以供查阅。读者可以针对论文、审稿意见和作者的修改情况发表评论，指出问题与不足；作者可以随时修改和完善自己的论文，从而使文章的发表成为一个编者、审者、读者、作者互动的动态过程，大大提高了论文的学术质量。

　　与传统 STM 期刊出版相比，大多数 BMC 期刊具有同行评议和公众评议双重质量控制体系。论文不仅在发表前要接受专家的评审，发表后还要接受广大同行和读者的建议和意见，作者须据此修改完善论文。可见，其质量控制程序比传统出版模式更为严格。高质量的学术出版使 BMC 期刊获得科学界的广泛认可，它们不仅被 BIOSIS、CAS、ISI 等知名的二次文献数据库系统和 Google Scholar、Scopus 两大搜索引擎收录，还加入了引文链接系统 CrossRef 系统和 Open Citation Project 系统。在 2002 年 ISI 收录的

148 种开放存取期刊中，有 15 种是 BMC 期刊。① 2006 年 BMC 已经有 28 种期刊被 ISI 收录，其中《疟疾杂志》(*Malaria Journal*) 在热带医学领域的影响因子排名第一。截至 2022 年，BMC 已出版了 300 余种期刊，涉及 19 种专业学科。其中，被 WoS 收录的期刊有 215 种，被 Mediline 收录的期刊有 156 种，被 Pub Med/Pub Med Central 数据库收录的期刊有 270 种。

3　BMC 权利管理方式

传统 STM 出版模式下不平等的版权交易方式引起科学界的强烈不满。为了保障 BMC 和作者的合法权益，BMC 发布了以《知识共享许可协议》为基础的《BMC 版权许可协议》，该协议规定：在 BMC 期刊上发表独创研究成果的作者拥有对这一成果的版权，但要授权 BMC 作为原始出版者出版其研究论文，同时允许他人以免费和不受限制的方式非商业性地使用其研究成果。论文作者还要允许任何第三方在保证作品的完整性和尊重作者的首发权、正确引用并标注原始出版者的前提下，无限制地免费复制、传播、展示其作品，并允许制作其衍生作品。该协议还要求全部或部分引用他们文章的作者必须指明其出处，并明确标明 BMC 为原始出版者。此外，作者只需支付少量费用，便可订购该文章高质量打印件。但是，任何个人或机构需要大量(250 份以上)复制某一篇研究论文，则需要与文章的版权持有人联系。

在论文使用和保存管理上，BMC 设置了开放存取、免费注册订阅和付费订阅三种论文获得途径。凡是用" all content open access "标示的论文，则是用开放存取方式出版的，可立刻、永久在线获取，并可在任何媒介上不受限制地使用、复制和传递，但要正确标明引用。凡是用" free trial available "标示的论文，注册用户可免费在线获取。凡是用" subscription required "标示的论文，论

---

①　The Impact of Open Access Journals [EB/OL]. [2007-09-20]. http://scientific. thomson. com/media/presentrep/acropdf/impact-oa-journals. pdf.

文全文须订购才可获得，但可免费获得在线文摘。发表在订购刊的论文有两年的禁运期，两年后才对注册用户开放。在存档方面，BMC 出版的所有开放存取论文都由 PubMed Central 提供安全防护和存档，以保障数据的永久使用。这一方面可以保证无论 BMC 将来如何发展，都不影响其论文的开放存取；另一方面保证 BMC 出版的所有论文都可以被检索，且任何引用都可以被 ISI Web of Science 捕获。在个人典藏方面，BMC 允许作者将其发表的论文进行自我典藏。

4　BMC 的可持续经营策略

BMC 声称自身是营利性商业出版机构，为了保证其可持续发展，BMC 采用多种方式以增加其经营收入。

4.1　实施作者付费出版政策

BMC 规定论文出版费用由作者或作者所属的机构承担，每篇论文视刊物不同而支付 1500～3000 美元不等的论文处理费（2022年）。另外，BMC 还规定一些新出版的、处于推广期的期刊或其他收入来源不足以支付出版成本的期刊不收取论文处理费。作者要交纳的论文处理费不包含税金，居住在加拿大的作者必须加付 7% 的 GST 销售税，居住在欧盟国家的作者须额外交付 17.5% 的增值税。代作者交费的机构一般可以被退回增值税（英国除外），这些机构可以向 BMC 提供其增值税注册号，便可免交增值税。如果作者提交的是 Endnote、Reference Manager 或 Publicon 格式的文稿文件，可享受 30 英镑的优惠。如果作者不是用信用卡支付费用，则要额外加收 50 英镑。如果作者所属机构是 BMC 的成员机构，可自动免费。对于低收入国家的作者，或者有实际支付困难的作者，只要在投稿时如实在线填写一份申请免除论文处理费的表格，BMC 会根据个案的具体情况给予免除。2022 年，若作者来自被世界银行列入中等偏下收入经济体且国内生产总值低于 2000 亿美元的国家，可在提交期间请求享受 50% 的折扣。BMC 实施作者付费出版政策得到了世界各国一些基金组织的认可，并明确同意用它们提供的资助支付论文处理费。目前 BMC 有约 200 个组织和资助人提供 APC（Article-Processing Charge）资金来帮助作者通过开放存取来出版论文。

4.2　大力推广 BMC 会员计划

BMC 目前推出预付费会员、季度付费会员和支持者会员三种类型会员。预付费会员采用预先付费方式，消费者预先支付待处理和待发表的若干文章的费用，当文章发表时，减去相应折扣的优惠部分，论文处理费将从消费者账户中直接扣除。预先支付的费用越高，消费者可享受的折扣越多。季度付费会员是 BMC 每季度根据上季度各科学或医疗协会的会员在 BMC 期刊上发表的文章向该协会寄账单，收取费用，需要注意的是季度付费会员不能享受折扣优惠。支持者会员是根据其机构内的生物学及医学研究人员和研究生的人数支付一笔统一的会员年费。这些机构的成员在 BMC 期刊上发表文章可享受 15% 的折扣优惠。BMC 承诺会员机构的研究员成为 BMC 会员后，不需要直接支付全额的论文处理费；会员机构订阅 BMC 出版的任何增值的收费产品，均可享受 15% 的折扣。在 BMC 的网站专门创建的会员页面上，会列出本机构创作的所有相关研究论文，并标明会员的名称与标志。BMC 的会员计划得到了众多机构的支持，2007 年时它已经拥有来自 32 个国家或地区的 316 个会员或支持者会员。更可喜的是，芬兰和挪威在 2004 年先后成为 BMC 的国家会员，由这两个国家资助生物医学研究的所有大学、学院、研究所和医院都是 BMC 的会员。截至 2022 年，已经有 500 多个机构加入 BMC 会员计划与之进行合作，由此可见 BMC 会员计划的成功及其巨大的影响力。在费用方面，预付费会员和季度付费会员根据各自的实际情况预交或支付不等费用；而支持者会员交纳的固定费用则根据会员机构人员的数量来确定，具体情况见表 1。

表1　2013 年 BMC 支持者会员费用表

机构类型	机构规模	交纳费用
微型机构	21~500 人	1421 英镑/2563 美元/2143 欧元
小型机构	501~1500 人	2838 英镑/5123 美元/4289 欧元
中型机构	1501~2500 人	4259 英镑/7684 美元/6433 欧元
大型机构	2501~5000 人	5677 英镑/10246 美元/8577 欧元
超大型机构	5001~10000 人	7098 英镑/12807 美元/10721 欧元

此外，BMC 在出版物正式出版后，立即根据其版权许可协议，授权许可使用出版物和制作其衍生作品。唯一的例外是其旗舰期刊，保留对审查和评论内容的权利。这些期刊中的文章可以按订阅或按次收视的方式购买，6 个月后可免费获得（但不能全面开放）。然而，截至 2015 年 1 月，这些期刊或其中发表的任何文章并未收取订阅费。

4.3　提供增值附加服务

BMC 还通过提供多种增值附加服务的方式，来提高其营业收入。首先，对期刊的附加产品收取订阅费。例如《基因生物学》出版的特约评论只有订阅者才能获得；提供生物学和医学领域文献评价服务的 Faculty of 1000 也必须订阅才能获得。2008 年数据显示，BMC 共有 15 种产品需要收取订阅费，产品的收费方式也有所不同。其次，为机构用户提供建设和维护机构仓储的服务。为了促进开放存取运动的发展，同时增加营业收入，BMC 向用户提供建设和维护机构仓储服务。其 2008 年收费标准为：一次性建设费，标准版为 6600 欧元，银装版为 10560 欧元；年度维护费，标准版为 3300 欧元，银装版为 4620 欧元。再次，为个人用户提供建设和维护个人仓储的服务。BMC 可以帮助个人用户建设和维护先进的个人视频仓储，以记录科学家们的实验过程以及他们对实验的讨论，并供读者免费访问。2003 年数据显示，这项服务根据人员数量的多少收取 809~11556 美元不等的费用。最后，BMC 还通过向作者、读者收取附加服务(如对文章进行数字化处理、文献评估等)的费用,向书店销售刊物的复印件和打印件等方式来增加营业收入。①

4.4 积极寻求机构资助

BMC 积极寻求大学和基金会等机构的资助来维持财务上的健康运转。BMC 寻求机构赞助的方式主要包括:①由赞助机构支付论文处理费。已经有惠康信托公司、马普协会、哈佛大学、普林斯顿大学等超过 400 个欧美学术机构和资助机构愿意支付出版 BMC 文章所需的费用。②由赞助机构赞助 BMC 的各种活动。BMC 在举办各种活动时,都会尽力寻求机构的赞助,以节约运营成本。例如微软研究院就作为顶级赞助商赞助 2007 年 BMC 研究奖评奖活动,并提供奖金资助。③由赞助机构直接提供资金支持。

4.5 扩大网站知名度,增加广告收入

BMC 是广告方面的行家里手,它通过采取期刊免费获取政策和扩大网站知名度的策略来提高其网站点击率,进而提高广告收入。2003 年数据显示,每天有超过 140 万学术界和生命科学领域的专业人士使用其网站。BMC 制定了详细的广告政策及广告收费标准(参见表 2),并通过积极的宣传和推广,吸引客户在其网站上投放广告。21 世纪初,BMC 主要提供横幅广告、竖幅广告、关键字赞助、E-mail 直邮广告、依靠广告赞助的免费 E-mail 代管服务、电子时事通信等广告形式为客户服务。BMC 由专职人员负责广告经营业务,据统计,21 世纪初 BMC 一年的广告收入可达上百万美元。②

BMC 带来了全新的网络学术出版理念,它一经出现就受到了

---

① Lambert J. Developments in Electronic Publishing in the Biomedical Sciences[J]. Program:Electronic Library and Information Systems,2003(1).

② Willinsky J. Scholarly Associations and the Economic Viability of Open Access Publishing[J]. Journal of Digital Information,2003(2).

学术界的广泛关注。它的成功发展更是为开放存取出版模式树立了成功的典范，而后成为学术出版未来的发展方向。

表 2 21 世纪初 BMC 广告收费标准

广告形式	广告收费
网络标准广告	25 美元/CPM
目标统计广告	35 美元/CPM
选定地点独家赞助广告	50 美元/CPM（最少 1000 美元）
独家目标统计广告	50 美元/CPM
赞助套装广告（横幅和竖幅广告同时出现）	70 美元/CPM
可扩张横幅广告	50 美元/CPM
视频横幅广告	45 美元/CPM
关键字赞助广告	1000 美元/6 个月
依靠广告赞助的免费 E-mail 代管服务	200 美元/CPM
E-mail 直邮广告	375 美元/CPM
电子时事通信广告	1000 美元建设费；每收集一封邮件 10 美元

PLoS 经营模式分析

刘银娣　陈姜同

1　PLoS 产生的背景和历史

1999 年，诺贝尔奖获得者、生物医学科学家、时任美国国家健康研究院（National Institute of Health，NIH）主任的哈罗德·瓦穆斯（Harold Varmus）倡议由 NIH 建立一个包括已发表的和未发表的学术论文的开放存取（Open Access，OA）知识库，这个倡议的结果是 PubMed Central（PMC）于 2000 年 1 月建立。在此基础上，2000 年 10 月，哈罗德·瓦穆斯又协同斯坦福大学的生化教授、基因芯片技术的奠基人之一帕垂克·布朗（Patrick O. Brown）博士，以及加州大学伯克利分校的遗传学教授迈克尔·艾森（Michael B. Eisen）博士创办了 PLoS。[①]

PLoS 是公共科学图书馆（The Public Library of Science）的简称，它是一家由众多诺贝尔奖得主和慈善机构支持的非营利性学术组织，旨在推广世界各地的科学和医学领域的最新研究成果，使其成为一种公众资源。科学家、医生、病人和学生以及对科学和医学感兴趣的全体公众，可以通过这样一个不受限制的平台来了解最新的科研动态。PLoS 实行并推动开放存取出版，为在数字出版技术背景下推翻科学信息传播的障碍提供投资。它努力建立一个使得出

---

① 详见 PLoS 官方网站 www. plos. org。后文有关 PLoS 的数据，如非特别说明，均搜集自此网站。

版的科学和医学文献的所有内容都能够自由存取的网络仓储。其目标是通过为世界各地的科学家、医生、病人或学生提供不受限制地获取最新科学研究成果的访问途径，来打开进入世界科学知识宝库之门；通过能够免费搜索每篇已发表论文的全文来查找特定的思想、方法、实验结果和观察结果，以推动科学研究和基于可靠知识的医疗实践和教育；使科学家、图书馆员、出版者和企业家能开发出创新性的方法来探索和利用世界科学思想与发现的宝库。① 截至2017年，共有超过17000名科学家通过PLoS来发布其正在研究和相关关键课题的最新信息。

　　PLoS一成立就向科学家们寄发公开信，鼓励科学出版者通过如美国国家医学图书馆（National Library of Medicine，NLM）的PubMed Central（PMC）那样的免费网络公共仓储，让他们的研究文献可以被公众自由免费获取。全球180个国家的约34000名科学家签署了这封公开信，这为很多科学出版者能够更自由地获取研究文献迈出了重大的一步。不幸的是，因为当时缺乏经验，PLoS未能提出合理的政策，出版商很快对此失去了兴趣，甚至发起联合抵制行动。

　　瓦穆斯创办公共图书馆遭遇出版者的抵制以后，开始学习BMC（BioMed Central）的做法，出版开放存取期刊。2002年12月，PLoS从戈登和贝蒂·摩尔基金会（Gordon and Betty Moore Foundation）获得900万美元为期5年的赞助之后，开始招募工作人员成立了期刊编辑部，并于2003年10月成功地创办了其第一种OA期刊《PLoS生物学》（*PLoS Biology*）。与BMC不同，PLoS有着更高的目标，它将与《科学》《自然》《细胞》等国际上顶级水平的科学期刊进行竞争。为此，PLoS得到了一些重量级的科学家的支持。例如曾经在《自然》《科学》和其他杂志上发表过很多论文的德米格尔·尼古莱利斯博士就指出："这（PLoS）是我们所拥有的最好的杂志之一。我们曾经在其他所有主要刊物上发表过论文，我们

---

① 王应宽. 开放存取期刊出版：PLoS案例研究［J］. 出版发行研究，2006（5）.

也应该在该杂志上发表论文，以表示对它的支持"[①]2010 年，在 PLoS 成为出版社七年后，其收入模式超越以"文章处理费"为主要收入的收入模式，证明其开放存取出版模式是成功的。截至 2017 年，共有 190 多个国家通过 PLoS 发表了超过 165000 篇文章。

PLoS 由董事局管理。PLoS 在发展的过程中始终坚持 9 个核心原则。这 9 个核心原则包括：

①开放存取。PLoS 出版的所有材料，不管是否由 PLoS 提交或者创作，都是基于开放存取协议出版，允许无限制地使用、传播和以任何媒介形式重复生产，原创作品可以对其合理引用。

②精品。在内容、风格和版面设计等编辑的各个环节，在对科学团体和公众的透明性、论文资源可获取性以及教育价值方面，PLoS 都坚持高标准，致力于创造精品。

③科学正直。PLoS 履行公正、严格的编辑程序，文章是否发表的唯一标准是论文的科学质量和重要性，是否支付发表费不会影响稿件的录用决定。

④拓宽范围。尽管从实效的角度，PLoS 应当主要致力于出版生命科学类的具有重大影响力的研究成果，但是 PLoS 仍然倾向于尽可能快而有效地扩大其出版范围，为出版其他有价值的学术文章提供一个媒介。

⑤交流合作。PLoS 热情欢迎而且积极寻求与任何团体(科学团体、内科医生团体、患者申诉团体、教育机构)通过开放存取的方式分享它们的研究成果的机会，这种自由获取科学信息的方式，可以促进科学的进步和社会的发展。2015 年，PLoS 在 Redditscience 上举办"问我任何一个问题"系列活动，对任何人开放，为 PLoS 的作者提供了与公众更广泛接触的机会，一年内讨论了 70 多篇文章。通过这个活动，100 多位作者与公众进行交流，分享他们的研究过程与细节，使得他们的文章平均提高了 15% 的知名度。

⑥财务公正。作为一个非营利性组织，PLoS 向作者收取真实

---

① 林成林. STM 出版遭遇 OA 挑战[N]. 中国图书商报,2005-01-07(76).

反映出版成本的公平的费用，作者付的出版费用的多少并不会对作品的实际出版产生任何影响。

⑦服务社会。PLoS 是一个致力于使各种水平的在职科学家都能够积极参与进来的基层组织，其每一个出版决定实际上都是以其服务的顾客(科学家、内科医生、从事教育者和公众)的需要为基础的。

⑧国际性。科学是国际性的，PLoS 的目标是为所有人、所有地区提供科学文献的通路，通过出版每个国家的研究成果，雇佣不同地区的科学家加入编辑队伍，从而成为一个真正的国际性组织。

⑨科学是公共资源。创建科学公共图书馆的任务不仅包括提供对科学研究思想和发现的自由的访问，而且包括开发工具和材料以满足公众的兴趣与想象力，帮助非科学家了解和欣赏科学发现和科学方法等。

2 PLoS 的业务情况

2.1 PLoS 创办的开放存取期刊概况

从 2003 年创办第一份开放存取期刊《PLoS 生物学》(*PLoS Biology*)以来，PLoS 又陆续创办了《PLoS 医学》(*PLoS Medicine*)、《PLoS 计算生物学》(*PLoS Computational Biology*)、《PLoS 遗传学》(*PLoS Genetics*)、《PLoS 病原体》(*PLoS Pathogens*)、《PLoS 综合》(*PLoS ONE*)和《PLoS 被忽视的热带病》(*PLoS Neglected Tropical Diseases*)这六种国际著名的开放存取期刊①，以及一个在线出版渠道平台 PLoS Currents 和一个网络中心 The PLoS Hub for Clinical Trials。基本情况如下：

(1)《PLoS 生物学》(*PLoS Biology*)

这是 2003 年 10 月创刊的一种开放存取、同行评审的生物学综合期刊，同时出版在线网络版和印刷版，其中网络版为周刊，印刷

① 以下期刊信息均来自其官方网站。

版则为月刊。其主要出版那些生物科学各个领域的具有重要意义的原创性文章，从分子学到生态系统，也涉及其他相关学科，例如化学、医学和数学。其读者包括国际科学团体、从事教育者、政策制定者、患者申诉团体，以及世界上所有对这些学科感兴趣的公众。

（2）《PLoS 医学》（*PLoS Medicine*）

它于 2004 年 10 月创刊，是一种开放存取、同行评审的医学刊物，为医学各个领域重要的、同行评审的研究工作提供开放存取的平台，目标是改善人类健康，并鼓励和支持为减轻人类疾病痛苦而进行的所有研究和评论。该期刊提供网络版和印刷版，均为月刊。这是一份国际性的包含医学所有学科门类的期刊，其发表那些能充分加强对人类健康和疾病的理解的杰出研究成果，包括交叉学科的文章，主要发表那些源自医学实践的研究成果，有时也会发表那些与临床医学高度相关的动物模型研究成果。其目标是促进从基础研究向临床研究的转化，并进一步促进临床研究应用于临床实践。

（3）《PLoS 计算生物学》（*PLoS Computational Biology*）

它于 2005 年 6 月创刊，是一种开放存取、同行评审的期刊，由 PLoS 主办，国际计算生物学学会（International Society for Computational Biology，ISCB）协办，并作为国际计算生物学学会的官方期刊通过网络每月出版。其主要刊登采用计算方法研究各类生物系统的特别重要的成果，其刊登的文章局限于从生物学的视角来描述的新方法，这些新方法要能对计算生物学的发展产生重要影响，其刊登的研究文章要求有所突破和创新。需要注意的是那些描述常规和改进的方法、模型、软件和数据库的文章不予考虑，它们更适合刊登在《PLoS 综合》（*PLoS ONE*）上。其读者包括能够通过刊登的这些重要发现促进学科进一步发展的生命和计算科学家。

（4）《PLoS 遗传学》（*PLoS Genetics*）

它于 2005 年 7 月创刊，是一种开放存取、同行评审的期刊，通过发表杰出的、原创的科学发现反映生物学所有领域研究的广泛性和交叉性。该期刊只出版网络版，为周刊。其内容包括人类研究和组织模型——从老鼠到苍蝇，从植物到细菌。其偏向那些从组织学的视角来解释或证明生物过程的文章，主要包括而不局限于基因发现和功能、人口遗传学、基因组方案、比较功能基因学、医学遗传学、疾病生物学、生物进化学、基因式、综合体特性、染色体生物学和实验胚胎学。

（5）《PLoS 病原体》（*PLoS Pathogens*）

2005 年 9 月创刊，是一种开放存取、同行评审期刊，由 PLoS 每月出版网络版。此期刊刊登那些在帮助我们进一步了解病原体以及病原体和主要生物体如何相互影响方面具有重要推动作用的原创的高质量文章，出版内容范围包括细菌、真菌、寄生虫、朊病毒，以及造成多血症的病毒研究，具有重要的医学、农业和经济影响。其主题包括而不局限于先天免疫体和抗病原体、新兴病原体、病原体的演变、基因组学和基因调控，主要有机体模型、病原体细胞生物学、发病机理、朊病毒、蛋白质组学和信号转导、合理的疫苗设计、结构生物学、毒力因子。

（6）《PLoS 综合》（*PLoS ONE*）

此期刊于 2006 年 12 月开始在线出版经过同行评审的科学和医学各个领域的研究成果。与其他期刊不同的是，其同行评审过程并不审查作品的重要性，而主要是关注作品是否具有高度的科学性以及是否遵循出版道德。其出版科学和医学所有学科的原创性研究成果，包括交叉学科。

（7）《PLoS 被忽视的热带病》（*PLoS Neglected Tropical Diseases*）

此期刊于 2007 年 10 月创刊，是世界上第一种致力于研究世界上被忽视的热带病的开放存取期刊，例如象皮病、河盲症、麻风病、十二指肠病、血吸虫病以及非洲昏睡病。这份期刊关注那些被世界忽视的人群患有的被忽视了的疾病，其出版的作品是经过同行评审的在科学、医学和公共卫生方面高质量的、具有重要价值的作品。这份期刊最开始是由比尔和梅林达·盖茨基金（Bill and Melinda Gates Foundation）资助出版的。它专注于出版那些针对 NTD 的病理学、流行病学、治疗、控制和预防的研究成果，以及相关的公共政策。

（8）PLoS Currents

PLoS Currents 是一个创新性在线出版渠道平台，用于重点发布领域组织的新科学研究成果，旨在尽量减少新研究成果的产生和发布之间的延迟，发布经过同行评审的内容，可引用，公开存档于 PubMed，并有 Scopus 索引。① PLoS Currents 有以下几个优点：第一，平台具有开放灵活的文章格式和结构，简化作者提交文章的流程，作者可以发布单个数据或实验、研究进展、协议等；第二，简化的同行评审过程加快了作者发布文章的速度，并且同行评审着重放在作者发布文章的结果和数据上，作者的文章在经过编辑审核后几天内就能发布在平台上；第三，增强了作者之间和作者与用户之间的互动，促进了科学创新。作者之间和作者与普通用户之间可以通过平台对各自的学术成果进行互动交流。

(9) The PLoS Hub for Clinical Trials

它于 2007 年 8 月创办，是 PLoS 的第一个网络中心——一个针对某个专门领域的内容窗口。PLoS 网络中心会将很多期刊的开放存取的文章收集在一起，并会允许一部分对某一主题有相同兴趣的人分享他们的观点、知识，并最终建立一个有活力的交互性社团。提到 The PLoS Hub for Clinical Trials(以下简称 PLoS Hub)，就不得不提到 2006 年 5 月创刊的《PLoS 临床试验》(*PLoS Clinical Trials*)，其刊登所有的医学与公共健康学科领域的临床试验研究成果。不过在 2007 年 8 月，该期刊停刊，PLoS 随后就创办了 PLoS Hub，并完成了对《PLoS 综合》和《PLoS 临床试验》的合并。但是 PLoS Hub 本身并不是一种期刊，作者仍然需要将临床试验研究文章提交到最符合需要的期刊。其中被《PLoS 综合》所接收的临床医学研究文章会自动出现在 PLoS Hub，而如果作者将文章提交到另外一种 PLoS 期刊，在 PLoS 的主页上将会提供一个到那份期刊上那篇文章的链接。起初，PLoS Hub 的文章主要包括原来出版在《PLoS 临床试验》的文章以及《PLoS 综合》中的临床医学类文章。而后，PLoS Hub 在 beta 版本中将 PLoS 期刊中与临床试验有关的文章收集到一起，发表所有适合实施和报道的临床试验结果，并让

---

① 详见 currents. plos. org。

这些必要信息可以自由地为公众获取。①

2.2 PLoS 期刊遵循的出版政策

第一，知识共享署名许可协议（Creative Commons Attribution License，简称 CCAL 协议）。PLoS 认可百斯达宣言（Bethesda Meeting）对开放存取出版的定义，并选择遵循限制较小的知识共享署名许可协议作为自己的版权政策。知识共享署名许可协议是知识共享许可协议的一部分。知识共享许可协议是网络上数字作品的许可授权机制，2002 年 12 月由知识共享组织发布，目前提供 6 种许可协议：署名—非商业性使用—禁止演绎；署名—非商业性使用—相同方式共享；署名—非商业性使用；署名—禁止演绎；署名—相同方式共享；署名。② 其中知识共享署名许可协议限制最小，即任何人只要按照作者或者许可人指定的方式对作品进行署名，无须获得作者或出版者的允许，就可以自由复制、发行、展览、表演、放映、广播或通过信息网络传播本作品，创作演绎作品，对本作品进行商业性使用，这样作者有权使自己的作品能够公开、免费地获得。除此之外，知识共享署名许可协议还意味着任何人可以重复出版和发行作者的创作内容。过去，商业出版公司从重复发表作者的文章中可以获得巨大的利润，而现在，作者可以有自己的选择。

第二，禁止政策。③ PLoS 对于某些特定领域的即将发表的文章，会在文章发表前一周在某些媒体列表中提前发布公告，包括精心挑选的文章内容的 PDF 链接。在文章发表前对这些预先公布的信息的传播和使用，都适用于 PLoS 的禁止政策。PLoS 相信禁止政策可以更好地为科学家、记者和公众服务，因为它能够确保文章被媒体报道后可以为所有人自由获取。这项政策也提供了平等地获取 PLoS 出版内容的机会，确保没有任何一个记者或机构会受到优待。它确保文章在可供公众获取之前不被公开，同时也给媒体研究

---

① 详见 clinicaltrials. ploshubs. org。
② 傅蓉. 开放存取期刊及其影响分析[J].图书馆论坛,2007(8).
③ 详见 journals. plos. org。

和正确地报道文章的机会，并给予作者在文章出现在媒体之前评论其研究的机会。

适用于 PLoS 禁止政策的材料包括：PLoS 的记者和自由作家或记者写的那些在 EurekAlert 或 AlphaGalileo 登记了的日志或报道；在试验期的具有良好声誉的科学博客；那些申请进入 PLoS 出版目录、讨论主要出版内容的博客。

PLoS 禁止政策的条件包括：与文章有关的报道在禁止期内不得发布、传播、在网上张贴或者置于其他公共领域。在所有的提前材料（主要是指研究背景材料）中都标示禁止日期。接收材料的人只能跟这个领域的专家来分享材料以获得适当的评论，但是这些材料必须清楚标示为禁止材料，并标明禁止日期。接收者有责任采取必要的方式确保所有的第三方都尊重禁止政策，在禁止期内，公共信息官也不能在公共领域传播禁止材料，可以在解禁日一周前向媒体传递禁止材料，但是也必须要清楚标明为禁止材料并标示禁止日期。公共信息官有责任采取一切必要措施确保所有的第三方尊重禁止政策。

第三，PLoS 期刊论文的存档政策。所有在 PLoS 期刊发表的文章，自发表之时起就存储在期刊网站上，除此之外，其还遵守众多开放存取资助机构，例如美国国家健康研究院、英国维康信托基金会（The Wellcome Trust）、英国研究委员会（The Research Councils）以及德国的德意志研究协会（The Deutsche Forschungs emeinschaft, German Research Foundation, DFG）的政策（它们要求其资助的研究文章存储在可以自由获取的公共数据库中），每篇文章的全部内容都会立即存入美国医学图书馆（National Library of Medicine, NLM）的公共网络仓储——公共医学中心（PubMed Central, PMC）。① 文章的图表与全文可以通过关键词、作者、主题、卷期数等多种标准搜索查询。PLoS 也将致力于同其他机构合作在世界各地建立类似的文档库存储论文。此外，PLoS 还允许任何第三方如图书馆、机构或个人等建立 PLoS 期刊文章的档案库，

---

① 详见 journals. plos. org。

只要根据开放存取的原则使文章可免费获取即可。①

2.3 PLoS 期刊的出版方式

（1）PLoS 期刊间的关系

PLoS 期刊系列之间既相互独立，又相互联系。PLoS 出版的所有期刊都是自治的出版物，它们分别独立拥有自己的编辑团队和管理团队。其中《PLoS 生物学》和《PLoS 医学》都有一个专业编辑团队和学术编辑团队来评估发表的每一篇文章，如果收到的稿件是介于基础和临床研究之间，为了确保这种文章可以受到尽可能公正的待遇，这两种期刊的专业编辑可以对相关的手稿进行咨询。另外，PLoS 学术团体的期刊《PLoS 计算生物学》《PLoS 遗传学》《PLoS 病原体》《PLoS 被忽视的热带病》，由它们各自独立的主编和编委会运作。《PLoS 综合》同样也由一个独立的编委会运作。《PLoS 综合》出版所有科学领域的基础、主要研究，并通过开拓交互式的网络使得每篇文章的效用最大化。作者可能会要求或者编辑可能会建议，被 PLoS 某种期刊拒绝的文章或预先提交的材料（相关的评论）被转寄到 PLoS 的另一种期刊。PLoS 的编辑将会帮助促成这一转交，但是绝对不会在不经过作者许可的情况下进行这种转移。

（2）PLoS 期刊传统而新颖的同行评审

PLoS 旗下的所有期刊均实行严格的同行评审制度。PLoS 的每一种期刊都有一支优秀的、在某些特定领域内杰出的专业的国际化编辑团队。所有提交的论文首先要经过专业编辑和学术编辑的初审，通过初审的论文将进行同行评审，专业编辑和学术编辑在同行评审意见的基础上决定是否录用发表。此外，为了保证评审过程的客观性和公正性，PLoS 期刊还实行评审专家和编辑排除制度，即在作者提交论文之后，作者可以要求排除任何学术编辑或同行评审

---

① 王应宽. 开放存取期刊出版:PLoS 案例研究[J]. 出版发行研究,2006 (5).

专家去审理他们的稿件。只要这些要求不影响对文章的客观而全面的审查，编委会将会尊重这些要求。

如果说《PLoS 生物学》《PLoS 医学》《PLoS 计算生物学》《PLoS 遗传学》《PLoS 病原体》《PLoS 被忽视的热带病》这 6 种期刊遵循的同行评审过程只是在速度上比传统期刊的同行评审过程略有改进（这 6 种期刊的出版周期不超过 6 周，而传统期刊的出版周期多在 3 个月以上），实质上并没有太大改进的话，那么《PLoS 综合》的出现则可以说是对传统同行评审产生了颠覆性的影响。和一般期刊不同，首先，《PLoS 综合》的同行评审过程主要集中于技术而不是主观关系，即《PLoS 综合》发表任何在方法上可行的论文，审稿人只核查论文中的实验方法和分析是否有明显、严重的错误，而不在乎研究结果的重要性。其次，PLoS 其他杂志最多是将研究性文章公布后，再刊登另一篇与先前文章有关的文章来强化研究成果的影响力。但是在《PLoS 综合》，几乎在文章发表的同时，就开始接受全球同行的评审：作者和读者可以立即就文章展开讨论，讨论的话题可能是文章中描述的一种方法，可能是文章与另一项有意义的工作或者资源的关系，也可能是对一些实验现象的其他解释。也就是说，同行评审不仅存在于文章发表前，而且在文章发表后也要进行，这就使得读者和作者都能从中受益。

3 PLoS 的商业模式

我们知道，出版一份科学期刊是要花钱的——同行评审越严格，编辑过程效率越高，越专业，生产标准越高，出版者的成本就越高。大部分期刊依赖于订阅费和网络许可费形成其主要收益，但是这些使用费都不能与开放存取并行。因此，目前 PLoS 的经费来源包括作者付费、按需印刷、融资和会员费。

3.1 作者付费模式

第一，付费标准。为了弥补实行开放存取的费用，包括同行评审、期刊生产、网络应用和存储的费用，PLoS 采取了这样一种商业模式——向每一篇发表文章的作者或研究赞助者收取一定的出版费用。PLoS 的出版费是固定的，与文章长度等因素无关。PLoS 的收费标准一直在以上升的趋势发生变化，截至 2022 年，其各种期刊发表一篇文章的费用如表 1 所示。

表 1 PLoS 各种期刊的出版费用（截至 2022 年）

期刊名称	出版费用
《PLoS 生物学》（*PLoS Biology*）	5300 美元
《PLoS 医学》（*PLoS Medicine*）	5300 美元
《PLoS 计算生物学》（*PLoS Computational Biology*）	2655 美元
《PLoS 遗传学》（*PLoS Genetics*）	2655 美元
《PLoS 病原体》（*PLoS Pathogens*）	2655 美元
《PLoS 被忽视的热带病》（*PLoS Neglected Tropical Diseases*）	2495 美元
《PLoS 综合》（*PLoS ONE*）	1805 美元

在这 7 种学术期刊中，《PLoS 生物学》和《PLoS 医学》的出版费用最高，每发表一篇文章的费用达到 5300 美元；《PLoS 计算生物学》等 4 种学会期刊的费用相差无几，均在 2500 美元左右；《PLoS 综合》的出版费用最低，不到《PLoS 生物学》和《PLoS 医学》的一半。之所以费用差距这么大，是因为各种期刊的生产成本不同。《PLoS 生物学》和《PLoS 医学》是 PLoS 系列期刊中影响力最大的两种期刊。这两种期刊追求高质量，且分别有一支在国际著名学术期刊《自然》（*Nature*）、《柳叶刀》（*The Lancet*）、《英国医学杂志》（*The British Medical Journal*）、《临床研究杂志》（*The Journal of Clinical Investigation*）等工作过的经验丰富的专业编辑队伍，而且实行严格的同行评审制度，退稿率近 90%，因此需要较高的出版

费用来弥补成本。4 种学会期刊因为一方面得到学术团体的资助，另一方面其评审费用也低于前面两种期刊，因此费用较前者略低。而《PLoS 综合》因为其同行评审过程只审查技术，不审查结果，评审过程大大简化，评审费用也得以降低；另外，因为其每年发表文章数量较多，因此其出版费用相对较低。

第二，费用免除和折扣。PLoS 发表文章的费用较高，因此，对于那些确实没有经费来缴纳出版费用的作者，PLoS 会部分或完全免除其出版费用。另外，对那些附属于其成员组织的作者，也可以按规定在标准费用的基础上给予一定的折扣。同时，开发社会研究所(Open Society Institute, OSI)提供经费支持 50 个发展中国家和处于转型期国家机构成为 PLoS 的机构会员，享受一定的出版折扣。另外需要指出的是，PLoS 期刊的编辑和同行评审专家是在完全不了解付费信息的情况下审稿的，因此，是否付费并不影响他们的出版决策。

3.2 按需印刷

PLoS 还开办了个性化印刷服务。PLoS 期刊系列中，只有《PLoS 生物学》和《PLoS 医学》有印刷版，其他 5 种期刊均只有网络版。因此，为了给那些习惯于阅读传统出版物或需要印刷品的读者提供方便，PLoS 与奥德赛出版社(Odyssey Press)——一个国际知名的科学和医学出版物提供者合作，开展按需印刷服务。

PLoS 按需印刷服务提供以下三种购买选择①：

第一，为个人和机构提供文章再版服务。在这种购买选择下，PLoS 根据页面范围、是否需要彩色期刊封面、副本数量、国别、选择彩印或黑白印刷，分别给予不同的价格选择。总的来说，PLoS 针对个人和机构按需印刷服务的费用较高。根据 2008 年的数据，以最便宜的选择标准为例，美国或加拿大地区的读者不要彩色封面，仅仅印刷 32 页，1000 份副本，选择黑白印刷方式，其费用

---

① 详见 www.odysseypress.com。

是 5855.47 美元，即平均印刷一张纸的价格是 0.2 美元。如果一个中国地区的读者想要仅仅印刷 1 页，50 份副本，费用是 122.78 美元，这样印刷一张纸的平均费用就是 2.6 美元；如果加上彩色封面就更贵，一共是 260.91 美元，但这还不是最贵的。其他某些地区的印刷费用更在中国之上。因此，我们可以看到，PLoS 按需印刷的利润是相当高的。

第二，为商业机构提供的文章再版服务。针对商业机构的文章再版服务，PLoS 目前提供了 6 种可供选择的期刊：《PLoS 生物学》《PLoS 医学》《PLoS 计算生物学》《PLoS 遗传学》《PLoS 病原体》《PLoS 综合》。例如，笔者选择了《PLoS 生物学》上 Kristi L. Montooth 和 David M. Rand 写的一篇文章《不同物种的线粒体突变谱系》(*The Spectrum of Mitochondrial Mutation Differs Across Species*)，其首先要求笔者填写了一系列个人信息，包括地址、邮箱、单位，并在收到请求后很快(5 个小时之后)作出了回复，其印刷费用是 25.48 美元。

第三，全年订阅服务或单本复制品订阅服务。因为 PLoS 系列期刊中，只有《PLoS 生物学》和《PLoS 医学》有印刷版，因此，PLoS 也只提供这两种期刊的相关订阅服务。这两种期刊的订阅价格相同，根据 2008 年的数据，针对北美地区读者的订阅费用为每年 365 美元，针对其他国家和地区则是每年 415 美元，购买其中一本期刊的费用都一样，为 45 美元。

3.3 赞助

PLoS 鼓励企业和其他机构通过成为 PLoS 的赞助者直接支持开放存取运动。PLoS 将其赞助者列在赞助者主页上，并提供对这些机构的链接。赞助者在帮助 PLoS 开展新的出版计划时提供经费支持，数额不限。这些经费将投入到新技术开发中，推动公开开放存取的发展。

PLoS 最初在 2002 年 12 月从戈登和贝蒂·摩尔基金会(Gordon and Betty Moore Foundation) 获得 900 万美元为期 5 年的赞助，之

后陆续获得桑德勒家族支援基金会（Sandler Family Supporting Foundation）、开放社会协会（The Open Society Institute，OSI）、爱尔文·汉森慈善基金会（The Irving A Hansen Memorial Foundation）、多利斯·达克慈善基金会（The Doris Duke Charitable Foundation）、艾莉森医学基金会（The Ellison Medical Foundation）、布拉夫斯·威尔康姆基金（The Burroughs Wellcome Fund）以及很多其他基金会、大学、机构和个人的支持和赞助。

为了确保编辑的独立性，PLoS 要求其赞助人签署以下赞助声明：我们赞助 PLoS 的目的只是因为我们认可它的使命和核心原则——开放存取，出版精品、科学公正、博大、协作、财政公平、团体参与、国际化以及将科学视为公共资源。因为我们认识到向出版科学、医学作品的任何机构提供财政支持的内在利益与真实、公正的出版原则间的潜在冲突，因此，我们声明我们不会期望而且不会试图对 PLoS 期刊的编辑决策施加压力。

3.4 收取会员费

PLoS 的会员分为两种：个人会员和机构会员。PLoS 针对这两种会员分别制定了不同的政策。

第一，个人会员。PLoS 根据缴纳的会员费，将其个人会员分为 6 个等级，PLoS 为各个不同等级的会员分别提供不同的服务。具体情况见表 2。

表 2　PLoS 个人会员会费（2008 年）

会员级别	年度会费（美元）	享有的服务
学生	25	列入 PLoS 会员页面；通过电子邮件接收新的期刊内容；赠送 PLoS 开放存取标签、PLoS T 恤衫
朋友	50	列入 PLoS 会员页面；通过电子邮件接收新的期刊内容；赠送 PLoS 开放存取标签、PLoS T 恤衫

续表

会员级别	年度会费（美元）	享有的服务
支持者	100	列入 PLoS 会员页面；通过电子邮件接收新的期刊内容；赠送 PLoS 开放存取标签、PLoS 旅行杯
理想主义者	250	列入 PLoS 会员页面；通过电子邮件接收新的期刊内容；赠送 PLoS 开放存取标签、PLoS T 恤衫和旅行杯
提倡者	500	列入 PLoS 会员页面；通过电子邮件接收新的期刊内容；赠送 PLoS 开放存取标签、PLoS 专有会员包
革新者	1000 及以上	列入 PLoS 会员页面；通过电子邮件接收新的期刊内容；赠送 PLoS 专有会员包、T 恤衫、旅行杯和开放存取标签

2008 年的统计数据显示，除了一些匿名的个人会员之外，PLoS 共有 505 名个人会员。这些会员来自世界各地，其中美国的最多。他们缴纳的会员费在一定程度上弥补了 PLoS 的办刊成本。但是，会员提交的文章在同行评审过程中并不会受到格外优待，其文章的出版费用也没有任何折扣，会员对 PLoS 的赞助并不会对 PLoS 的编辑过程产生任何影响。

第二，机构会员。PLoS 从 2004 年 1 月开办 PLoS 机构会员项目以来，获得了巨大成功，在刚开始的 6 个月，就有 100 多个学院和大学加入，包括美国的哈佛大学、耶鲁大学，荷兰的阿姆斯特丹大学等。2013 年，其机构会员数量进一步增加，达到 220 个，其中亚洲 2 个，澳大利亚 1 个，欧洲 12 个，北美 200 多个(加拿大 14 个，美国 189 个)。这些机构会员主要由大学、学会和图书馆构成，同时，应很多研究基金的要求，PLoS 已经开始接受代表它们资助的调研人利益的基金会加入 PLoS 的机构会员队伍。

PLoS 的机构会员为以下两个目标工作：大学、研究基金以及其他机构通过支持 PLoS 的工作，使得世界上的科学和医学文献成为可以自由获取的公共资源；它们通过为它们的研究者在 PLoS 开放存取期刊上发表文章提供切实的激励性的折扣，而成为 PLoS 开放存取运动的重要推动力量。

不过需要指出的是，PLoS 机构会员与传统非开放存取的订阅期刊的机构会员有本质性的区别。其区别表现在，首先，PLoS 出版的所有作品，每个人都可以通过网络自由获取，PLoS 机构会员所享受的产品和服务，全世界的任何一个其他组织都可以享有。其次，在网络投稿形式下，对任何无法承担出版费用的作者，PLoS 都会酌情取消或者降低其出版费用，对任何人都一样，包括隶属于会员组织的作者和非隶属于会员组织的作者。PLoS 机构会员的会费是一种为改变社会而进行的志愿性的投资，PLoS 不会强制它们缴纳多少会费，它们也不能对出版决策产生任何影响，它们除了在出版费用方面按规定享受一定的折扣外，与非机构会员相比没有任何优待。因此，大学、图书馆，其他部门机构和其他类似组织选择成为 PLoS 机构会员，只是因为它们支持使得科学和医学公共信息可以自由在网上获得的目标。

4 PLoS 的社会影响

尽管早期曾经遭遇挫折，但是经过几年的发展，PLoS 已经成为全球最著名的科技论文网络发表平台之一，其主办的期刊也是目前具有代表性的公众可以免费获取全文的科技期刊，在科学和医学领域内具有较大的社会影响力。这主要可以通过以下几个方面反映出来。

4.1 PLoS 期刊被 JCR 收录情况

期刊引证报告（JCR）是美国科学信息研究所（Thomson ISI）建立在科学引文索引（Science Citation Index，SCI）期刊引证数据的基础上，利用计算机对期刊文献引用与被引用情况进行系统的归类、整理、分析得出的结果，是一种用于期刊引用分析的重要工具。① JCR 分为自然科学和社会科学两个版本，目前共收录了 8000 多种期刊，包括自然科学和社会科学。目前对科技期刊国际竞争力的评价，国内外的学者多是用文献计量学指标来实现的，如科技期刊进入国际著名检索系统的数量、被引频次、影响因子、即年指标等。因此，JCR 被认为是目前国际上一种权威的用于期刊国际竞争力评价的工具。②

从 2007 年和 2011 年的 JCR 对 PLoS 期刊的收录情况看，PLoS 期刊在其成立不到 10 年就已经在各领域内具有较大的影响力，具体情况见表 3。

表 3　2007 年、2011 年、2022 年 PLoS 期刊被 JCR 收录的情况及其影响因子

期　刊　名	2007 年影响因子	2011 年影响因子	2022 年影响因子
《PLoS 生物学》(*PLoS Biology*)	13.501	11.452	9.593
《PLoS 医学》(*PLoS Medicine*)	12.601	16.269	11.613
《PLoS 病原体》(*PLoS Pathogens*)	9.336	9.127	7.464
《PLoS 遗传学》(*PLoS Genetics*)	8.721	8.694	6.020
《PLoS 计算生物学》(*PLoS Computational Biology*)	6.236	5.215	4.779
《PLoS 临床试验》(*PLoS Clinical Trials*)	4.774	—	2.599
《PLoS 综合》(*PLoS ONE*)	—	4.092	3.752
《PLoS 被忽视的热带病》(*PLoS Neglected Tropical Diseases*)	—	4.716	4.781

---

① 何素清,刘数春. SCI-E 收录的中国生物医学期刊文献计量学指标的分析[J]. 中国科技期刊研究,2005(16).

② 方卿,赵蓉英. 科技出版国际竞争力研究[M]. 武汉:武汉大学出版社,2008:329.

根据表 3 我们可以看出，总的来说，2007 年 PLoS 期刊在其各自所属的学科领域内保持着较高的影响力。与 2007 年相比，2011 年，其旗舰期刊《PLoS 生物学》和《PLoS 医学》的影响因子情况，前者有所下降，而后者增长幅度较大。PLoS 的三种学会期刊《PLoS 计算生物学》《PLoS 遗传学》和《PLoS 病原体》的影响因子整体呈下降趋势，尤其是《PLoS 计算生物学》下降了 1.021，下降幅度较大，而到 2022 年则又下降了 1.859。这三种期刊影响因子的下降与 PLoS 社会影响的缩小是分不开的，质量控制有待加强。另外，2007 年《PLoS 临床试验》第一次被 JCR 收录，影响因子达到 4.774，由于此刊在 2007 年 8 月停刊，所以 2011 年未有此刊收录。2009 年以前汤姆森公司还没有将 PLoS 的两种新期刊《PLoS 综合》和《PLoS 被忽视的热带病》编入索引中，因此 2007 年没有这两本期刊的相关数据。2022 年《PLoS 综合》的影响因子为 3.752，《PLoS 被忽视的热带病》的影响因子为 4.781。

4.2 媒体覆盖面

另一个衡量期刊影响力的标准是媒体覆盖面。PLoS 所有的期刊一般都能吸引到媒体的高度关注。例如《PLoS 生物学》获得了电子科学内容的世界顶级奖项，《PLoS 综合》和《PLoS 被忽视的热带病》对于全球媒体而言也并不陌生。PLoS 期刊上发表的文章频繁地被国际媒体转载、报道，从纽约时报到 Le Monde 、BBC；而且很多享有国际声誉的作者也在 PLoS 上发表文章。例如《PLoS 综合》上发表的关于翼龙的一篇文章覆盖面相当广，被大量的刊物以及很多国家级和国际性的报纸提及。PLoS 经常会通过博客的"In the News' Channel"提供几种期刊在传统媒体和博客上覆盖情况的摘要。

基于维基的学术出版机制探析[*]

——以开放存取百科全书 Scholarpedia 为例

丛　挺　徐丽芳

1　背景概述

21 世纪以来，以维基百科（Wikipedia）为代表的 web2.0 技术如火如荼地展开。统计显示，截至 2020 年 1 月 24 日，维基百科的文章数量已经突破 600 万篇，总共有大约 10 万名活跃的内容投稿者。维基百科所倡导的开放共享、协作创新的理念更是在世界范围内受到越来越广泛的认同。另外，兴起于 20 世纪 90 年代的开放存取运动作为迈向"开放科学"的重要一步，对科学交流与学术出版的发展也产生着深远的影响。正如维基百科创始人之一拉瑞·桑格（Larry Sanger）所言，如果一篇文章能够由大量专家学者合作完成，那将使得文章的观点更加公正客观，并且获得更为广泛的影响力。[①] 正是怀着这样的美好愿景，一批学者开始尝试将维基（wiki）理念引入学术出版领域，以期实现基于维基平台的学术交流活动。

---

[*]　本文以发表在《出版科学》2012 年第 3 期上的同名文章修改而成。

[①]　Sanger L. Should Science Communication be Collaborative? ［EB/OL］. ［2011-12-15］. http://www. larrysanger. org/scicomm. html.

然而相关研究①表明，尽管维基平台对于知识交流和创新具有重大意义，但是由于缺乏传统学术出版相关机制的保障，如缺乏对科研成果的评价认可，缺乏学术质量控制，缺乏相对稳定的出版物质量保证以及版权管理等因素，学者群体并未真正接受维基的传播理念。

2006 年 2 月 5 日，尤金·M. 伊兹凯文契（Eugene M. Izhikevich）创立了 Scholarpedia 网站，它定位于面向专家学者的开放存取百科全书。当然，迄今为止 Scholarpedia 还算不上是真正意义上的百科全书，其涉及的学科领域主要为计算神经科学、动力系统、计算智能、物理学和天文学等。该网站与维基百科在外观和体验上具有很大的相似性，采用相同的 mediawiki 技术架构，任何用户都能阅读并修改其中的文章。此外，它还延续了维基百科中对话页、版本对比等功能模块。而与维基百科最大的不同在于 Scholarpedia 涵盖了传统学术出版的诸多特征：它的作者群体主要由相关领域的专家学者组成，它发布的内容需要经过严格的同行评议，它发表的文章经由开放存取期刊出版。

通过对学术维基相关文献的综合分析，以及对 Scholarpedia 网站的深入观察，本文提出自己的研究问题：作为一家兼容维基百科创新精神与传统学术出版特质的学术网站，Scholarpedia 如何平衡两种不同的出版模式，形成独特的学术出版机制？具体而言，我们希望回答以下几个问题：①质量控制方式。在允许用户对文献进行修改的前提下，Scholarpedia 采取什么办法维持网站内容的质量？②内容组织与利用方式。与维基百科一样，Scholarpedia 的内容具

---

① Pontea D, Simonb J. Scholarly Communication 2.0: Exploring Researchers' Opinions on Web 2.0 for Scientific Knowledge Creation, Evaluation and Dissemination[J]. Serials ReviewVolume 37, Issue 3, 2011; Procter R, Williams R, Stewart J, Poschen M, Snee H, Voss A, Asgari-Targhi M. Adoption and Use of Web 2.0 in Scholarly Communications [J]. Phil. Trans. R. Soc. A, 2011（369）; Engle W. The Collaborative Environment: The Use of Wikis in Scholarly Communication [EB/OL]. [2011-12-15]. http://tsc.library.ubc.ca/index.php/journal4/article/view/141/0.

有动态更新的特点，那么它如何实现对不断变化的内容进行组织和利用？③学术贡献评价方式。学术维基发展的最大诉求在于解决对投稿者的评价问题，Scholarpedia 在这方面做了哪些创新性的尝试？④管理方式。传统学术出版条件下，过分严苛的版权制度会对学术交流产生一定制约，而维基百科似乎又走向了另一个极端，Scholarpedia 是否能够在其中寻找到恰当的平衡点？

2　基于维基的学术出版机制

一个系统的顺利运行取决于一套良好的机制，而要使机制发挥作用，很大程度上归因于系统内部各组成要素间的联系与协调。具体就学术维基网站而言，出版环节中各要素之间的相互作用，共同保证了学术出版活动的有效运行。鉴于本文的研究目的，我们从质量控制、内容组织与利用、贡献评价、权利管理四个层面，剖析 Scholarpedia 网站的出版机制。

2.1　质量控制

随着开放存取运动的深入发展，质量控制成为学术出版活动中不可回避的话题。徐丽芳和方卿曾提出，OA 期刊应从组稿、审稿与编辑加工这三个主要环节对学术质量进行严格控制。① 沿着这一基本思路，我们发现 Scholarpedia 正是抓住以上三个核心环节，通过相应的角色与机制设置，有效保障了学术内容的质量。

（1）组稿控制

如果说维基百科采取的是一种平民创作路线，那么 Scholarpedia 完全可以称为一种精英创作。Scholarpedia 中文章的撰写者大部分是顶尖的专家学者，他们往往是受主编邀请，或是通过严格的公共选拔产生。目前，在 Scholarpedia 的作者名单中，总共有 20 位诺贝尔奖、8 位波兹曼奖、5 位菲尔兹奖、14 位狄拉克奖

---

① 徐丽芳,方卿．基于出版流程的开放存取期刊学术质量控制[J]．出版科学,2011(6)．

获得者和两位名人——一位为 NASA 主任，另一位创建了用于数学排版的 LaTeX 环境。通过浏览作者介绍发现，这些全球顶尖学者都为 Scholarpedia 创作过至少 1 篇文章。其中作为 1982 年菲尔兹奖的获得者，哈佛大学的丘成桐教授也在名单之列。① 正是由于在组稿层面邀请了全球一流的学者，才使得 Scholarpedia 最终呈现的文章堪称精品。

（2）审稿控制

审稿控制既是期刊出版的核心环节，又是期刊学术质量控制的基本机制。② 这是学术期刊出版得以健康发展的根本保障。Scholarpedia 选择在此基础上进行必要的创新。除了常规的作者和编辑角色之外，Scholarpedia 还在一些关键环节上设置了一些特殊角色，如管理者（Curator）、投稿者（Contributor）和保证人（Sponsor）。这里简单介绍一下这些角色。

①管理者。管理者主要对文章的内容质量负责，一般由该领域的权威学者担任，他不一定是这篇文章的直接作者。Scholarpedia 赋予管理者较大的自主权，从某种意义上说，管理者对文章的整个生命周期负责。截至 2017 年 5 月底，Scholarpedia 中管理者的数量已达到 817 名。

②投稿者。任何对文章有贡献的用户，无论是写作、评议，或是成功修改，都可立即成为投稿者。投稿者对文章今后的进一步修改拥有投票权。

③保证人。保证人主要在作者写作前对文章主题进行确认，判断该主题是否具有学术性，作者身份是否准确，并保证该主题不与 Scholarpedia 中已有的文章主题重复，等等。

基于以上角色设置，Scholarpedia 实行一套独特的评审机制，值得注意的是这种评审机制超越了传统期刊出版中狭义的评议环

---

① 详见 Scholarpedia 官方网站 www. scholarpedia.org。后文中关于 Scholarpedia 的数据，如非特别说明，均搜集自此网站。

② 徐丽芳,方卿. 基于出版流程的开放存取期刊学术质量控制[J]. 出版科学,2011(6).

节，而是贯穿于整个投稿、审稿乃至加工等环节。Scholarpedia 大部分稿源来自顶尖的专家学者，针对普通作者，一般建议其寻找优秀的合作者共同创作，以保证内容质量。在确定合作者之后，作者需要从现有的 600 多名管理者中选择 2 位充当文章的保证人。在获得保证人许可后，作者有 2 个月的时间完成写作。当作者创作完成后，一般会由文章的保证人连同另一位管理者对文章进行评议，评议时间为 2 周。在此期间，评议人有权以匿名方式邀请任何他所信赖的同行参与评议。对于评议结果，目前 Scholarpedia 所采取的方式是，如果文章获得录用，评议人的姓名将出现在文章下方；如果被拒稿，评议人姓名将不予公开。（具体流程见图 1）

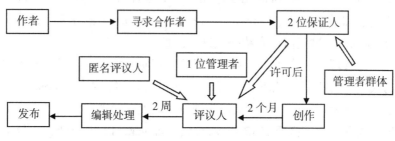

图 1　Scholarpedia 的学术出版流程

（3）加工控制

传统学术出版中，一篇文章的发表往往意味着成果的固化，读者只能在保证作品完整性的基础上对其进行利用。而在维基环境下，文章的发布预示着新一轮生命周期的开始，进入用户参与的修改加工环节。

文章发布以后，管理者对文章执行相应的管理职责。正常情况下，一篇文章只允许有一位管理者，Scholarpedia 对此做出的解释是，如果采取多头管理，可能导致两个显见的问题：一是管理者之间推卸责任，即没有管理者对错误的修改负责；二是管理者寄希望于其他管理者作出贡献，并担心意见相左时冒犯对方，从而丧失进一步提升文章价值的积极性。

与维基百科相似，Scholarpedia 的用户也可以对文章进行修改，但所有修改结果只有得到许可之后才会在网站上呈现。许可方式主要有两种，分别是管理者许可与团体许可。管理者许可相对简单，只要文章的管理者对特定的修改予以同意即可。团体许可得以实现的前提是，在收到修改提议一周内，管理者没有做出任何明确批示，但同时收到至少两位投稿者的许可建议，且无其他反对意见。在这种情况下，修改才得以执行。（具体流程见图2）

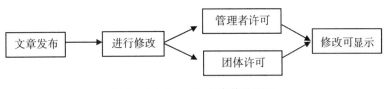

图2　Scholarpedia 文章修改流程

2.2　内容组织与利用

从内容组织的角度考察 Scholarpedia，其最大的特点在于它的一份开放存取学术期刊《学术百科学报》（*Scholarpedia Journal*），所有在 Scholarpedia 上经过同行评议和编辑的文章都会被收录到这份期刊中。该期刊的主编即 Scholarpedia 的创始人伊兹凯文契。

与普通期刊相比，《学术百科学报》每期的文章数量很不稳定。以 2010 年出版情况为例，其中第 7 期文章数量最多，达到 13 篇；第 6 期和第 12 期的文章篇数最少，仅为 4 篇（见图 3）。从中可以看到，该刊实质上已经不受期刊结构、栏目框架和篇幅的束缚，完全是根据当期接受的文章数量决定最终发表情况。

由于《学术百科学报》是有 ISSN 号的正式刊物，因此可以被其他同行评议期刊的文章所引用。但与传统期刊之间的相互引用不同，该刊提供一种动态引用方式。一般情况下，其他期刊作者在引用《学术百科学报》中的文章时，系统都默认为引用文章最新版本。如其他作者引 2006 年伊兹凯文契发表的《爆破》（*Bursting*）一文，参考文献应著录为：E. M. Izhikevich（2006）Bursting. Scholarpedia，1(3)：1300。其中末尾的 1300 代表该文章在《学术

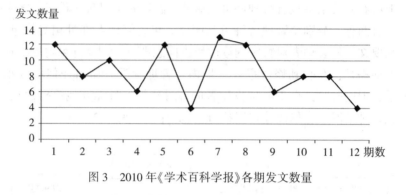

发文数量

图3 2010年《学术百科学报》各期发文数量

百科学报》中出现的虚拟页数，系统自动视作引用文章的最新版本。但由于该刊文章具有不断更新的特点，如果其他期刊作者希望引用文章之前的版本，可以通过查询该文章的修改历史来获得其他合适的版本，相应地，在参考文献中也要增加修改版本号，如：E. M. Izhikevich（2006）Bursting. Scholarpedia，1（3）：1300，revision 1401。其中，"revision 1401"代表该篇文章的修改版本号。

从本质上说，内容组织是为了更好地实现内容利用。Scholarpedia借助期刊在学术交流中的重要地位，将网站中的优质资源有效整合起来；同时又利用学术维基动态更新的特点，采取灵活的引用机制，扫除了传统学术期刊与维基内容之间无法相互利用的障碍，较好地吸收了传统学术期刊与维基百科两种出版模式的优势。

2.3 贡献评价

贡献评价一直是促进学术交流繁荣发展的重要方面。罗伯特·霍夫曼（Robert Hoffmann）指出："要实现科学维基的可行性，必须利用一切技术手段降低投稿者的辛苦程度，更重要的是对作者的贡献予以应有的认可。"①他进而提出疑问："有多少科学家愿意在

① Hoffmann R. A Wiki for the Life Sciences Where Authorship Matters[J]. Nature Genetics 40, 2008.

《自然》杂志上以匿名方式发表最新的研究成果或理论?"传统学术期刊之所以具有较高的质量,与其对作者贡献的显性与隐性评价密不可分。正是因为有相应的贡献评价机制存在,才使得无数优秀的作者愿意将稿件投给少数优质期刊,最终形成一种良性循环。贡献评价机制的显著作用主要体现为两点:一是给予投稿者必要的荣誉认可,以提高其创作积极性;二是通过清晰的名誉界定,进一步明确投稿者的责任,以保障学术质量。而长期以来,倡导自由平等的维基百科,在强调创作者积极参与创作的同时,缺乏一套严谨的贡献评价机制予以保障,这也是维基百科一直无法提升其在学术领域接受度的原因之一。①

而 Scholarpedia 在这方面有一系列制度予以保障。首先是规范的署名方式,除了一般期刊文章中必须设列的作者项之外,Scholarpedia 还将文章的管理者与投稿者列在文章边上,将保证人与评议人列在文章下部。这种署名方式超越了传统期刊的署名要求,使得读者对文章的创作情况有了更深层次的了解,如此既给予投稿者以明确的价值认可,同时也赋予其保证文章质量的责任。

Scholarpedia 另一项独具特色的贡献评价机制是建立管理者指数(Curator Index)。该指数主要用于评价用户被管理者认可的贡献,根据投稿者与管理者对每次修改所做决定的相符程度赋予分值,公式如下:

$$\text{Curator Index} = \frac{A - D}{T}$$

其中 A 代表投稿者与管理者决定意见相同的次数(包括同时认可或拒绝用户修改提议的次数),D 代表两者意见相左的情况,T 代表管理者所做决定的总次数。通过该公式,我们可以看到,就每篇文章而言,文章管理者本人的指数永远为 1,投稿者根据其做出决定与管理者相符情况而获得相应分值。假设其每次所做的决定都

---

① Procter R, Williams R, Stewart J, Poschen M, Snee H, Voss A, Asgari-Targhi M. Adoption and Use of Web 2.0 in Scholarly Communications[J]. Phil. Trans. R. Soc. A, 2011(369).

与管理者相反，那么管理者指数值将为 0，这将直接影响到该投稿者对于今后文章修改所拥有的投票权。由于投稿者一般并不只是为一篇文章作出贡献，因此其个人总的指数将是其所贡献各篇文章的指数加总。

2.4 权利管理

权利管理方面，Scholarpedia 既没有一味照搬维基百科的开放版权措施，也没有完全沿用传统出版过于严苛的版权条款，而是试图寻求一种平衡，将自主权交由作者。它的每篇文章都由作者自主选择相应的版权政策，主要包括三种：第一种是作者拥有版权；第二种是采用知识共享协议（Creative Commons，CC）；第三种是采用 GNU 自由文档许可协议（GNU Free Documentation License，GFDL）。

第一种情况，作者拥有版权。如果是合作作品，Scholarpedia 要求每位作者签署授权许可协议，或由合作者推举一位作者作为代表签署协议。该协议规定所有在 Scholarpedia 上发表的作品及其相关材料、数据都以不可撤销的方式授予 Scholarpedia，允许后者以任何载体形式（无论现有还是今后出现的新形式）对作品进行出版、复制、传播、展览、存储、翻译或衍生开发等。尽管作者许可 Scholarpedia 对作品进行可能条件下的各种方式的使用权授权，但版权仍然归属于作者。除了将首次出版的荣誉归于 Scholarpedia，作者可以以非商业形式对作品进行再利用。

第二种情况，采用知识共享协议。Scholarpedia 所遵循的是 CC 协议中的"知识共享—署名—相同方式共享 3.0"协议（Creative Commons Deed，简称 CC-by-sa-3.0），即用户在使用作品时须遵守三条规定：①必须按照作者或授权人所指定的方式进行署名；②不允许为商业目的使用作品；③不允许擅自篡改作品内容。

第三种情况，采用 GNU 自由文档许可协议。Scholarpedia 采纳的是 2008 年 11 月 3 日发布的 GNU 自由文档许可协议 1.3 版本。该协议赋予用户最宽松的使用方式，允许其自由地复制、修改，以及基于任何商业或非商业目的的使用。

3 启示

从学术出版机制的角度对 Scholarpedia 进行考察，目的是探寻学术维基网站如何有效协调维基百科与传统学术出版两种截然不同的出版模式，实现自身的价值诉求。笔者认为从中能得到如下启示。

首先，在质量控制方面，相比于维基百科，Scholarpedia 的质量控制机制明显要严苛得多，而从向学者提供权威可信的学术内容的价值目标来看，这样的做法是切实有效的。它在充分主张权威性的基础上，吸收并引导群体智慧。在机制设计层面，它采取由保证人对文章主题进行价值确认，由相关主题的权威学者担任文章管理者等措施，有效地保障了网站内容的质量。当然，它也向普通用户开放对文章进行修改编辑的权利，只是相应修改必须得到管理者许可才能最终发布。

其次，在内容组织与利用方面，Scholarpedia 有效协调了学术期刊内容静态化与学术交流日益动态化之间的矛盾。时至今日，学术期刊并没有如当初所预言的那样毁灭，反而在学术交流中的作用日益显现，其原因正是由于在信息过剩的背景下，用户与学术评价机构更加依赖质量信号以锁定优质内容。[①] Scholarpedia 与众多维基网站的不同之处也正在于它通过期刊将网站内容优化整合，以一种相对静态的方式对研究成果进行呈现。另外，许多学者都曾诟病传统学术期刊效率低下，因为在传统出版条件下，学术信息的更新需要通过发表一篇新文章来实现，[②] 而文章的发表往往要经过较长

---

① Davis P. Have Journal Editors Become Anachronisms？［EB/OL］.［2011-12-15］. http://scholarlykitchen. sspnet. org/2011/09/19/have-journal-editors-become-ana-chronisms/.

② Mietchen D,Hagedorn G,Förstner K U,Kubke M F,Koltzenburg C,Hahnel M J,Penev L. Wikis in Scholarly Publishing［J］. Information Services and Use,2011,31(1).

时间创作、反复审稿修改、编辑加工直到最终发布，其中对于学术价值的折损是显而易见的。在学术维基的环境下，用户不断参与修改编辑，使得文章理论上不存在所谓的最终版本，而只有不断更新的版本。这对提升学术交流的效率有着重要作用。同时，为了解决动态学术内容的利用问题，Scholarpedia 设定了相应的引用规范，用户可以根据实际需要引用文章任何时期的版本，使得学术维基与传统期刊文章之间实现了相互利用。

再次，在贡献评价方面，Scholarpedia 通过明确的署名机制与管理者指数等方式进行积极探索。随着新一代学术维基网站的涌现，针对创作者的贡献评价机制逐步得到重视，譬如基因工程领域的学术维基网站 wikigenes 就将对作者的贡献评价细化到句子层面。① 可以预见，在学术维基未来的发展过程中，包括投稿者、评议人等角色在内的署名机制将发挥愈加重要的作用。至于管理者指数，这是在保障管理者自主权的前提下所采取的贡献评价方式，其显见的优势是使投稿者的意见趋向集中，有利于维持文章的权威性。当然，我们认为其中也存在遏制观点多元化的问题，这似乎有违开放科学的发展理念。

最后，在权利管理方面，Scholarpedia 赋予作者更大的自主权。自开放存取运动以来，版权法就遭遇了深刻的挑战。数字时代学术出版的发展究竟是对版权法的价值延伸，还是全面颠覆版权法，尚存在一定争议。具体到每一位作者，其对作品的版权态度或许并不一致，Scholarpedia 的做法是给予作者选择权并与每位作者达成共识，以此来避免版权冲突。

通过以上分析，可以发现不同出版机制之间其实是相辅相成、紧密联系的，如果没有严格的质量控制机制保障，相应的贡献评价功能就会失效，而基于《学术百科学报》的篇章引用也就会失去意义。作为正在兴起的学术维基网站，Scholarpedia 已经走过了十几

---

① Hoffmann R. A Wiki for the Life Sciences Where Authorship Matters[J]. Nature Genetics 40, 2008.

年的发展历程，截至 2022 年 11 月，其网站注册用户接近 20000 人，有 1400 多个学者，今后它的发展依然需要不断平衡传统学术出版与学术维基出版两种模式之间的冲突，并从中汲取各自优势，最终以促进学术交流与出版活动的繁荣为旨归。

知识产权出版社数字化发展战略

聂　银　曾怡薇

1　背景概述

1.1　知识产权出版社简介

知识产权出版社(原名专利文献出版社)成立于 1980 年 8 月,由国家知识产权局主管和主办,是中国专利文献法定出版单位,是原国家新闻出版总署批准的国家级图书、期刊、电子、网络出版单位。

在原国家新闻出版总署首次经营性出版单位等级评估中,知识产权出版社被评为一级出版社,荣获"全国百佳图书出版单位"荣誉称号。在 2011 年国家新闻出版总署发布的中央各部门各单位图书出版社总体经济规模综合评价排名中位列第十。2013 年 12 月,知识产权出版社完成公司化改制,2014 年更名为知识产权出版社有限责任公司,为国务院出资的中央文化单位。同年,被国家新闻出版广电总局评为"首批数字出版转型示范单位"。① 2014 年知识产权出版社自助出版平台"来出书"获评"新商业模式提名奖"和"2014—2015 年度数字出版优秀品牌"。2015 年 9 月,获评 2014年"中国图书世界馆藏影响力出版 100 强"。同年荣获"数字印刷在中

---

① 详见知识产权出版社官方网站 www.ipph.cn。后文有关知识产权出版社的数据,如非特别说明,均搜集自此网站。

国"十年优秀企业奖。2019 年 9 月，中国新闻出版研究院批准该出版社为国家知识服务平台知识产权分平台。

1.2　主要业务范围

知识产权出版社主要业务涉及图书、期刊、专利文献的传统出版、数字出版和网络出版，专利信息服务，系统开发与集成，数字印刷、数据加工等多个领域，是集出版、印刷、数据加工和信息服务于一体的综合性出版机构。知识产权出版社旗下具体网站包括中国知识产权网、来出书、知了网、北京中献智兴广告有限公司网站、北京中献智农科技有限公司网站、I 译+、i 智库平台、创客IP——知识产权原创认证平台、《中国发明与专利》杂志、中国专利信息年会等。

1.3　机构组织

知识产权出版社主体由五大部门构成，分别是行政事业部、人力资源部、计划财务部、规划发展部和事业部。其中事业部具体包括七大子部门，分别是文献出版部、专利信息部、知识产权运营管理部、数据资源管理部、编辑部、数字出版部、图书自助出版平台运营中心。其中，编辑部每年出版 400 多种图书及《中国发明与专利》期刊，在知识产权、法律、建筑、创新方面的图书已经形成规模和特色。知识产权出版社还由 9 家独资公司和 10 家参股公司构成。9 家独资公司分别是北京海天一色商贸有限公司、北京大兴基地、烟台市中献养马岛天马宾馆有限责任公司、北京中献智兴广告有限责任公司、北京中献智泉信息技术有限公司、北京中知智慧科技有限公司、北京中献电子技术开发中心、北京中知智嘉物业管理有限公司、泰州专利战略推进与服务中心有限公司。10 家参股公司分别是青岛橡胶谷知识产权有限公司、北京中献智农科技有限公司、北京掌中经纬科技有限公司、北京康爱瑞浩生物科技股份有限公司、中知厚德知识产品运营管理、浙江知识产权交易中心、华智众创(北京)投资管理有限责任公司、中国高校知识产权运营交易平台、西安科技大市场创新云服务股份有限公司、四川中知慧智数据科技股份有限公司(成都大数据)。

2 知识产权出版社数字化战略

近年来，知识产权出版社站在技术发展前沿，以长远的眼光看待自身的发展，对于数字化的研究投入了极大的人力和物力，收到了不菲的研究成果，其数字化进程可谓十分迅速。而在数字出版发展过程中，知识产权出版社着重致力于数字处理、数字印刷与图书按需出版，不断改变自己的经营结构和营销方式，更好地适应了当今时代数字化发展的需求。

2.1 纸质载体电子化

数字出版最基础的工作是将内容电子化，而实际上大部分的出版内容在印刷前是拥有电子数据的，唯一的问题是由于格式、版本、保存等因素，还需要再进行电子化转换。通过扫描产生的电子文档，忠实于原稿，不能检索，不易修改和进一步加工；以扫描文档为基础，通过 OCR① 等技术手段产生的代码化文档，易于修改、加工。电子数据必须转换成标准格式，如 XML 适合网络出版，双层 PDF 适合于电子书。

将纸质载体电子化是实现数字出版的基础，能为资源利用打下基础。而知识产权出版社于 1992 年出版第一批 CD-ROM 光盘，1996 年取消纸质载体说明书，2000 年其所有专利文献通过互联网公开。这无疑为它今后的数字化出版和发展打下了坚实的基础。

不仅如此，知识产权出版社还通过自己的官方网站进行独立的图书销售(参见图 1)。不论是电子版还是实体书，都可以在该网站进行购买，给了了消费者便利快捷的消费体验。

---

① OCR，即 Optical Character Recognition，光学字符识别，是指电子设备检查纸上打印的字符，通过检测暗、亮的模式确定其形状，然后用字符识别方法将形状翻译成计算机文字的过程。也就是对文本资料进行扫描，然后对图像文件进行分析处理，获取文字及版面信息的过程。

图 1   知识产权出版社网上书店

2.2   建立数字内容加工平台

所谓的数字内容加工，即是将各种纸质文档、电子文档、排版文件加工成适合数字出版的内容产品。知识产权出版社于 2001 年建立了第一条 OCR 数据加工生产线。2008 年，又在原 OCR 生产线的基础上成功研发了面向数字出版的内容加工平台。

而建立在 OCR 生产线上的内容加工平台无疑具有更明显的技术优势，首先，OCR 技术可以实现大量原始资料的快速扫描、录入、校对、整理与保存，可以识别各种版式的现代书籍，以及各种年代的报纸杂志，并可以对其进行横竖对比校对，支持 PDF、HTML、RTF、TXT 多种电子文档存储格式，而这些功能能够帮助出版社在接手庞大数据项目时节省整理资料的时间，节约成本。其次，OCR 技术能自动进行各工序环节的高度协调和质量控制。质量控制是为保证和控制系统的录入质量而采取的一套方法和措施。OCR 整条生产线将生产过程划分为若干工序，由服务器给各岗位分配任务，进行任务协调，使各客户端的任务既相互独立，又形成完整的生产流程，进而提高工作效率。① 再次，OCR 技术能自动判断、拆分、识别和还原各种通用型印刷资料，做出令人满意的信息处理结果。它能自动分析文稿的版面布局，分析判断标题、横栏、竖栏、图像表格等相应属性，并将识别结果还原成与扫描文稿的版本布局一致的新文稿。最后，OCR 技术能将传统型文献上的文字信息转化成数字化的电子文本，这些无疑是数字内容加工平台的基础。

知识产权出版社通过建立起内容加工平台，承接国内大部分的数字加工项目，在一定程度上推动了国内出版行业数字化产业链的发展。其主要业绩包括接手中国国际图书贸易总公司"中国多语种外宣图书数据库"项目，完成图书电子化加工，形成 TIF、XML 等格式的电子文件；承接国家知识产权局专利局"国外专利文献数字化加工与处理"项目，完成了美国、德国、法国、俄国、日本、西班牙等国家专利文献数据加工和标准化转换工作；承接原新闻出版总署"中国共产党思想理论资源数据库与传播工程图书数字化"项目，在差错率万分之一以内，生成精确还原版式的 PDF 文档和对应的 XML 文档等。

知识产权出版社在数字处理技术方面拥有多年的研究经验，形成了自己完善的操作流程，并且作为专利文献和图书法定的出版单位，它也拥有一定的政策优势。

2.3　建立专利信息服务平台

2002 年，知识产权出版社的专利信息服务平台建设完成，在其官方网站上向公众提供中外专利文献的在线查询服务，后更名为 CNIPR（中国知识产权网）专利信息服务平台，其基本页面如图 2 所示。该数据库收录了 1985 年以来的全部中国专利数据约

---

① 卢贤中. OCR 技术在数字图书馆文档加工中的应用［J］. 科技档案，2003（4）.

680 万条，1985 年以来的全部中国发明授权数据 240 多万条,①以及另外 98 个国家、组织和地区的专利数据。将全部数据按其类型分为发明公开、发明授权、实用新型和外观设计四个既可以独立检索也可联合检索的数据库，并可即时查询每件专利的法律状态。

图 2　中国知识产权网专利信息服务平台

（1）专利信息服务平台所提供的服务

知识产权出版社所建立的中外专利信息服务平台，又称 CNIPR 服务平台，能够提供给公众的服务有以下内容：提供专利信息应用工具；按需提供中外专利文献副本；专利法律状态检索；查新检索，提供检索报告和相关专利副本；专利情报分析，提供分析报告；专利文献翻译；专利信息应用培训；专利信息个性化服务。

（2）专利信息服务平台的特点

知识产权出版社经过深入细致的分析、研究，购买了外国的专利信息，通过大量的数据加工处理，规范了基础数据格式，同时又对其他数据库进行了改进和整合，采用了 TRS（拓尔思公司的简

① 专利信息服务平台数据范围［EB/OL］.［2017-06-01］. http://search. cnipr. com/search! dataScope. action.

称)公司技术和产品构筑了专利信息服务平台，该平台具有以下特点：

①异构数据统一管理。

基于先进的内容管理平台构建而成的 CNIPR 服务平台，实现了多种数据库的联合使用，目前管理着中国专利文摘数据库、中国专利图形档全文数据库、中国中药专利数据库、外国专利文摘数据库、西药专利数据库、中国专利法律状态数据库等。这些基于不同数据结构的内容在 TRS CDS(内容分发服务器)下降低了数据库的维护成本，实现了异构数据的统一管理。①

②用户访问可实现 IP 控制。

CNIPR 服务平台通过 TRS CDS 技术实现了 IP 访问控制，集团用户可以通过使用指定的统一集团 IP 地址或 IP 段自由访问被授权的数据库。

③海量数据检索迅速。

CNIPR 服务平台提供全部中国专利信息数据库(包括中国发明、中国实用新型、中国外观设计、中国发明授权、中国失效专利及中国香港、中国台湾专利)，同时，平台拥有包括美国、日本、英国、德国、法国、加拿大、EPO、WIPO、瑞士等 98 个国家、组织及地区在内的海量专利数据库②，以及经过深度加工标引的中国药物专利数据库和中国专利说明书全文全代码数据库，总量达到7000 万件以上，而这样海量的数据内容在 TRS CDS 技术下能秒速检索出用户需要的相关信息。此外，平台还具有中外专利混合搜索、IPC 分类导航搜索、中国专利法律状态搜索、运营信息搜索等多种检索功能，同时还包括海量的检索方式，例如表格检索、逻辑检索、二次检索、过滤检索、同义词检索等。

---

①　吕容波. 整合专利信息资源,构筑专利信息服务平台[J]. 中国传媒科技,2004(5).

②　CNITR 中外专利数据库服务平台使用帮助[EB/OL]. [2017-06-01]. http://search. cnipr. com/pages! helpPage. action.

④灵活的服务模式。

CNIPR 服务平台根据个性化的要求灵活搭建，可以全部或部分镜像移植到任何互联网或局域网系统；可以基于专利全文说明书数据，也可以基于专利文摘数据；CNIPR 服务平台中心站点和镜像站点之间可以实现数据互联、远程自动更新。此外，数据更新的频率和方式也都可根据用户实际需要进行相应的调整。同时用户的服务模式也是灵活且个性化的，平台提供用户自建专题库、用户专题库导航检索、用户专利管理等功能。

⑤分析和预警功能。

CNIPR 服务平台开发了专利信息分析和预警功能，使用户可以对专利数据进行深度加工与挖掘，分析整理出其所蕴含的统计信息或潜在知识，以直观易懂的图或表等形式展现出来。这样，专利数据升值为专利情报，便于用户全面深入地挖掘专利资料的战略信息，制定和实施企业发展的专利战略，促进产业技术的进步和升级。①

通过 CNIPR 服务平台，用户可以方便快捷地查询、浏览、下载、打印中国专利权利要求书、全文说明书、外观设计图形、专利法律状态等信息。而为适应不同检索需求，平台设计了基本检索、高级检索、IPC 分类检索和行业分类导航等查询模式。并且，CNIPR 服务平台中国专利数据可在每周出版日当天及时更新，有效保证了数据的准确性和即时性。

2.4 图书按需出版

2004 年，在原新闻出版总署的支持下，知识产权出版社启动了图书按需出版工程，先后与上百家图书馆、大学、研究机构建立了合作关系，按需出版和恢复出版图书数千种，实现了永续出版。其中包括《茅盾译文集》、于光远《我的四种消费品理论》、粟裕《战

---

① CNITR 中外专利数据库服务平台使用帮助［EB/OL］.［2017-06-01］. http://search.cnipr.com/pages！ helpPage. action.

争回忆录》等书。

按需出版工程的启动，在我国出版业是一件意义非凡的重大事件，促进了我国整个出版行业的数字化发展。

按需出版，是一种可以按照社会各界对图书的个性化需求，采用先进的技术手段，通过数字印刷技术和网络出版系统的紧密结合而迅速快捷出版的全新出版方式。它突破了很多传统出版方式的局限，尤其对短版、断版图书及个性化图书而言，是一种改革性的拯救技术。

（1）按需出版的优势

首先，按需出版可降低库存，对于销售周期长的图书而言，出版社可进行试销，通过试销的信息反馈，来合理地制定印刷的数量，较少风险，降低库存；同时，也可解决市场上个别书籍积压或者供不应求的问题。

其次，按需出版可节约生产和销售成本。由于是按需出版，所以省去了传统的打样、晒版、冲版、挂版、水墨平衡、试车等工序，缩短了印刷周期，提高了印刷速度和效率，降低了成本。同时，对于异地销售也极为有利，它只需将数字式的文件传输到所需要的地方，再经由当地的设备进行打印出版，节约了运输成本，实现了真正的高效快捷。

再次，按需出版有效地促进了出版业的变革，改变了出版业的营销模式。正是由于按需出版，出版业传统的先产后销的出版模式转变为先销后产，这一顺序的改变，促进了出版业机构分工的变革，促使其经营方式更加灵活多变。

最后，满足了用户和作者的个性化需要。在这个消费时代，用户的个性化需求以及作者的个性化要求，在按需出版的模式下都得到了极大的满足。

（2）按需出版的必要性

知识产权出版社隶属于国家知识产权局，其核心业务与知识产权局的业务工作紧密相关，处于国际交流与合作的前沿，而按需出版则是数字化时代下对我国出版业数字化的时代要求。知识产权出版社实现按需出版，不光是为了自身的发展，更是为了整个中国出版行业进行的一次重大尝试。

同时，按需出版是知识产权出版社自身发展的迫切要求。知识产权出版社是专利文献和图书法定的出版单位，专利文献和图书印刷的特点是多品种、小批量、时效性强，对短版印刷有着很强的需求。比如在数以 10 万计的专利资料中，常常需要打印其中某几项专利、各 10 余份，一般不会超过 50 份，在这种情况下，上胶印不可能，只能通过短版的方式解决。以前需要用十几台复印机来完成专利文献资料的制作，经常是十几个人通宵达旦地加班复印、装订，工作效率非常低。而如今知识产权出版社可通过按需出版，来有效解决其面临的实际问题。

再者，实现按需出版是知识产权出版社争取自身长远发展的重大策略，是生存和发展的必需。在网络时代，数字出版是出版行业实现自身改革和发展的必经之路，而按需出版则是实现数字出版的重大关键。知识产权出版社通过在行业内率先实现按需出版，取得了商业发展、企业转型的先机，在数字化道路上能够比其他出版企业走得更远，抢夺更大的市场份额。

3　小结

知识产权出版社已经从以编辑加工、印刷出版为载体的传统出版社，转变为数字内容加工、在图书出版中大力推进按需出版的数字化出版社。它转型成功的经验，是值得其他出版企业学习和借鉴的。

它的转型是从四个方面进行的。第一是主载体电子化，也就是实现数字化的基础。第二是从文字加工转变为内容加工。第三是从产品销售转到信息服务。现在其同一个规格的出版产品越来越少，为用户开发的系统采取节省办法，而技术项目成为其主要收入来源，图书按需出版也具有一定的规模。第四，生产投入转入技术开发，着重开发数字出版业务。

　　这些宝贵的转型经验，都是值得其他企业学习和借鉴的。在数字媒体时代大发展的今天，数字化已经是出版行业不可逆转的发展趋势。顺应时代的潮流，才能继续生存和发展。但在数字化浪潮中，企业不能为改变而改变，而应该为更好地发展而改变，数字化不应是被动的，而应是企业主动去争取的。

中国科学院科技期刊开放获取平台

丛　挺　夏陈娟

1　背景概述

近十几年，随着开放获取出版理念在国内不断普及，相关实践也如火如荼地展开。蒋静对《2009 年版中国科技论文统计源期刊列表》中收录的科技期刊的调查显示①，截至 2010 年 6 月底，我国总共 1868 种科技期刊中，有 597 种期刊实行开放获取（Open Access，OA）出版，开放总期数达到 36621 期。开放途径方面，OA 期刊主要采取自建网站或加入 OA 期刊门户的方式；学科领域上，OA 期刊主要集中在医学、工业技术和自然科学总论领域。另外，以中国科学技术协会旗下科技期刊组成的开放获取期刊群同样发展迅猛，OA 期刊数量从 2007 年的 140 种（占全部科协科技期刊的 15.8%）增长至 2011 年的 308 种（29.3%）②，初步形成了开放获取期刊的规模效应。

当然，相比于国外开放获取期刊，国内 OA 期刊的发展面临更大的困难。首先是由于我国办刊体制与国外存在较大差异，我国大部分期刊是由各部委、地区或行业性机构管理，期刊编辑部并不具

① 蒋静. 我国科技期刊开放存取现状调查[J]. 中国科技期刊研究,2011(3).

② 初景利,李麟,沈东婧,张晓林,赵玉蓉. 我国科技期刊开放获取出版发展态势——基于中国科协科技期刊的调查[J]. 图书情报工作,2013(1).

有自主经营权，这使得我国在开展 OA 出版实践中面临较大的束缚；同时这种条块管理方式也导致 OA 期刊集中度较低，难以形成海量优质资源的规模优势。其次，我国大部分期刊是中文期刊，开放获取本身的优势在于无障碍传播，而语言上的障碍使得开放获取的传播效果大打折扣。最后，学术期刊的发展是一个长期积累的过程，在影响因子等评价指标的导向下，不仅国内优秀的论文存在大量流失的情况，国内最高水平的期刊尤其是英文刊也几乎被主要的国际出版集团所瓜分。要在期刊质量处于相对劣势的情况下发展开放获取出版，存在较大的瓶颈。由于上述问题之间相互交织影响，我国开放获取发展所面临的困难更加复杂。

破解上述难题并不是简单模仿国外 OA 期刊的运作模式就可以实现的，更多需要结合我国发展现状，采取针对性的措施。其中很重要的一点是有权威机构牵头，打破期刊之间的壁垒，从而实现规模效应。正因为如此，2010 年 10 月 25 日，中国首个国家部委组织建设的 OA 期刊集成平台——中国科学院科技期刊开放获取平台（CAS-OAJ）正式成立。该平台主要集中了中国科学院与科学出版社旗下的科技期刊资源，由科学出版社与国家科学图书馆共同设计开发，基于领先的云计算技术构建成庞大的开放文献数据库，具备集成检索与分类浏览、论文投稿和审稿编辑、全文开放获取与计量分析等功能。该平台还与中国科学院以外的其他机构建立合作，收录或创建新的 OA 期刊，同时与国外平台积极展开合作，打造一个国家级的 OA 期刊集群，将优秀的刊物集成到这一平台，从而扩大中国期刊的国际影响力。

以下主要从内容和服务两个方面对中国科学院科技期刊开放获取平台进行深入分析，探讨该平台在内容组织管理和数字出版服务方面的运营模式，为探索我国 OA 期刊平台的发展方向提供借鉴。

2　内容组织

作为一家学术资源门户网站，在成立初期，中国科学院科技期刊开放获取平台收录了中国科学院和科学出版社下属的 105 种期刊，约 43.5 万篇文章。① 随着后来平台整合能力的不断加强，截至 2016 年 6 月初，该平台收录的期刊数量增加到 654 种，论文超过 142 万篇。该平台收录资源的学科范围主要集中在自然科学领域，具体包括农业科学、医药卫生、天文学、地理科学、工业技术等，少量涉及人文社科领域。

2.1 期刊查询

针对上述期刊，该平台提供六种查询方式，分别是刊名查询、学科分类查询、主管单位查询、第一主办单位查询、出版单位查询、ISSN 查询。进入期刊页面后，右侧一般会有期刊的基本介绍，包括中英文刊名、联系方式、主编、所属学科、刊期等信息。左下角则是在线投稿按钮，点击按钮可进入对应网页，跳转后的网页包括了期刊介绍、编委会、作者指南、作者投稿系统、专家、编委、主编审稿系统等菜单，用户点击后可直接跳转至期刊网站进行操作。点击期刊图片，可进入期刊详情页，页面的中间则是相应的期刊目录，目录仅提供文章作者、文章名、刊期和页码、摘要、全文等，点击摘要和全文可跳转到对应页面（见图 1）。

2.2 文献架构

点击进入文章界面，网站提供较为丰富的元数据信息（见图 2），具体包括中英文文章名、作者名、作者单位、中英文摘要、关键词、文章编号、作者简介、文章引用信息等。由于大部分 OA 文章也被国内主要的数据库收录，因此读者通过点击链接的方式可以直接跳转到中国知网、万方、维普等数据库，获取全文信息。当然，如果该文章已被 OA 平台完整收录，读者可直接在该页面点击获取 PDF 版的全文信息。

除此之外，针对部分文章，网站还提供参考文献、引证文献与相似文献等重要的关联信息，并附带相应的链接（见图 3）。用户可

---

① 渠竞帆. 开放获取推动我们做信息增值服务 [N]. 中国图书商报，2010-10-29 (11).

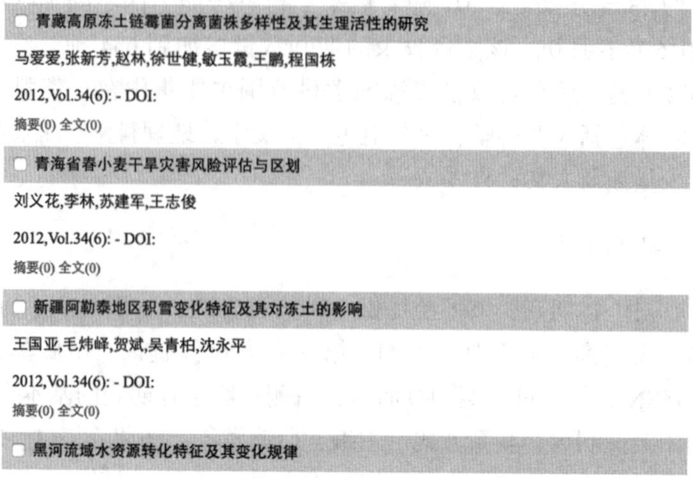

□ 青藏高原冻土链霉菌分离菌株多样性及其生理活性的研究

马爱爱,张新芳,赵林,徐世健,敏玉霞,王鹏,程国栋

2012,Vol.34(6): - DOI:

摘要(0) 全文(0)

□ 青海省春小麦干旱灾害风险评估与区划

刘义花,李林,苏建军,王志俊

2012,Vol.34(6): - DOI:

摘要(0) 全文(0)

□ 新疆阿勒泰地区积雪变化特征及其对冻土的影响

王国亚,毛炜峄,贺斌,吴青柏,沈永平

2012,Vol.34(6): - DOI:

摘要(0) 全文(0)

□ 黑河流域水资源转化特征及其变化规律

图 1 CAS-OAJ 平台期刊目录

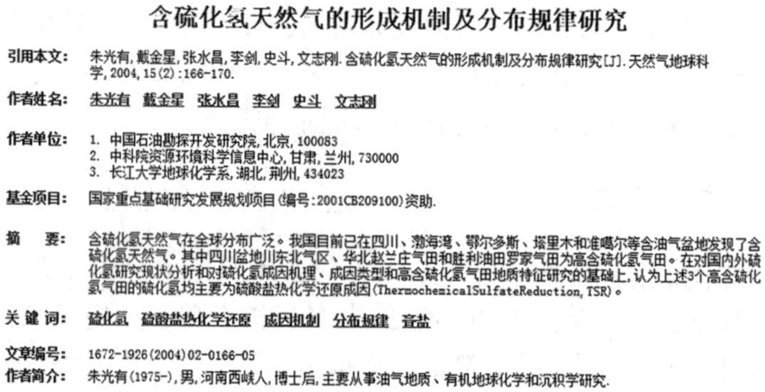

含硫化氢天然气的形成机制及分布规律研究

引用本文： 朱光有, 戴金星, 张水昌, 李剑, 史斗, 文志刚. 含硫化氢天然气的形成机制及分布规律研究[J]. 天然气地球科学, 2004, 15(2):166-170.

作者姓名： 朱光有 戴金星 张水昌 李剑 史斗 文志刚

作者单位：
1. 中国石油勘探开发研究院, 北京, 100083
2. 中科院资源环境科学信息中心, 甘肃, 兰州, 730000
3. 长江大学地球化学系, 湖北, 荆州, 434023

基金项目： 国家重点基础研究发展规划项目(编号:2001CB209100)资助.

摘　要： 含硫化氢天然气在全球分布广泛。我国目前已在四川、渤海湾、鄂尔多斯、塔里木和准噶尔等含油气盆地发现了含硫化氢天然气。其中四川盆地川东北气区、华北赵兰庄气田和胜利油田罗家气田为高含硫化氢气田。在对国内外硫化氢研究现状分析和对硫化氢成因机理、成因类型和高含硫化氢气田地质特征研究的基础上, 认为上述3个高含硫化氢气田的硫化氢均主要为硫酸盐热化学还原成因(ThermochemicalSulfateReduction, TSR)。

关 键 词： 硫化氢 硫酸盐热化学还原 成因机制 分布规律 膏盐

文章编号： 1672-1926(2004)02-0166-05

作者简介： 朱光有(1975-), 男, 河南西峡人, 博士后, 主要从事油气地质、有机地球化学和沉积学研究.

图 2 CAS-OAJ 平台文章元数据信息

以利用这些链接进入相关文献。通过以上元数据和超链接服务，网站为读者构建起较为完整的知识网络。

2.3 学科信息

除了文献资源的集成，该平台还是一个全方位的开放获取信息提供商，包含 OA 动态、学术会议、咨询中心等内容(见图 4)。但从实际浏览结果来看，相关信息内容较为滞后，更新频率有待提高。

参考文献(共43条):

[1] 戴金星,胡见义,贾承造,等.科学安全勘探开发高硫化氢天然气田的建议[J].石油勘探与开发,2004,31(2):待刊.

[2] 牛卓群,张津瑞.城市污水处理厂H2S气体的产生、危害及预防[J].中国沼气,2003,21(4):28-30.

[3] Krouse H R, Viau C A, Eliuk L S, et al. Chemical and isotopic evidence of thermochemical sulphate reduction by light hydrocarbon gases in deep carbonate reservoirs[J]. Nature, 1988,333(2):415-419.

[4] 戴金星.中国含硫化氢的天然气分布特征、分类及其成因探讨[J].沉积学报,1985,3(4):109-120.

[5] 樊广锋.中国硫化氢天然气研究[P].中国石油勘探开发研究院,1991-1-91.

[6] 徐文渊.浅论四川气区高含硫天然气净化及副产品加工利用[J].石油与天然气化工,2001,30(6):278-280.

引证文献(本文共被引51次):

[1]、 朱光有 张水昌 梁英波 马永生 戴金星 周国源.TSR对深部碳酸盐岩储层的溶蚀改造——四川盆地深部碳酸盐岩优质储层形成的重要方式[J].岩石学报,2006,22(8):2182-2194.

[2]、 李剑 谢增业 张光武 李志生 王春怡.川西北下三叠统飞仙关组沥青的油气H2S生成模拟实验研究[J].中国石油勘探,2006,11(4):37-41.

[3]、 冷继福 于召洋 李振虎 曾今 戴伟 郭福.超重力氧化还原法用于天然气脱硫的探索性研究[J].化工进展,2007,26(7):023-1027.

[4]、 ZHU GuangYou ZHANG ShuiChang LIANG YingBo LI QiRong. The genesis of H2S in the Weiyuan Gas Field, Sichuan Basin and its evidence[J].中国科学通报(英文版),2007,52(10):1394-1404.

[5]、 ZHU Guangyou ZHANG Shuichang LIANG Yingbo DAI Jinxing LI Jian. Origins of High H2S-bearing Natural Gas in China[J]. Acta Geologica Sinica, 2005, 79(5):697-708.

相似文献(共20条):

[1]、 张水昌,朱光有.四川盆地海相天然气富集成藏特征与勘探潜力[J].石油学报,2006,27(5):1-8.

[2]、 杨志彬,刘薔华,郭新江.通南巴地区下三叠统硫化氢成因及分布[J].天然气工业,2008,28(11):13-15.

[3]、 赵兴齐,陈践发,张晨,吴雷飞,刘娅昭,徐学敏.天然气藏中硫化氢成因研究进展[J].新疆石油地质,2011(5).

[4]、 朱光有,张水昌,李剑,金强.中国高含硫化氢天然气的形成及其分布[J].石油勘探与开发,2004,31(3):18-21.

[5]、 侯路,胡军,汤军.中国碳酸盐岩大气田硫化氢分布特征及成因[J].石油学报,2005,26(3):26-32.

图 3　CAS-OAJ 平台文章关联信息

新闻	
第八届科学出版社期刊出版年会成功召开	[2016/05/30]
互联网+时代科技期刊学术影响力的提升	[2016/04/08]
中科院借力SCI提升科研成果的国际影响力	[2015/07/30]
谷歌推出学术指标，影响因子面临颠覆	[2015/07/17]
开放存取：走进学术期刊数字出版新时代	[2015/05/25]
谈谈欧美"绿色"开放获取和机构知识库的发展	[2015/05/25]
大数据和开放获取政策-BYTE开放数据项目	[2015/04/17]
国家哲学社会科学学术期刊数据库	[2015/04/09]
中科院学术论文开放获取资助又一进展	[2015/04/09]
中国首个《自然》杂志冠名的期刊将问世	[2015/03/27]
印度主要科学资助者支持开放获取	[2015/03/11]
开放期刊《帕尔格雷夫-通讯》上线	[2015/01/23]
《测绘学报》加入开放获取平台DOAJ和COAJ	[2015/01/21]
《自然》集团和德国Springer合并	[2015/01/18]
开放获取让出版界更平等	[2014/11/03]

图 4　CAS-OAJ 平台动态信息

3 数字出版服务

利用较为丰富的期刊资源内容，该平台提供一系列数字出版服务，主要包括检索服务、期刊全文发布平台、学科咨询服务、期刊统计服务、文章 DOI 标识注册等。

3.1 检索服务

检索方面，网站提供文章和期刊两个层次的检索，其中文章检索又包含普通检索、高级检索和跨库检索三种方式。在文章的高级检索中，提供多个检索项，具体包括中英文的标题、关键词、摘要、作者名、单位名、基金名等，另外还可设定浏览次数、下载次数、被引用次数的范围进行检索(见图 5)。期刊检索则包含杂志中英文名、ISSN 号、主管单位、主办单位、主编、省份等检索项。除了上述两种基本的检索方式以外，网站还提供刊内检索服务，针对某本特定期刊进行关键词检索。

图 5 中国科学院科技期刊开放获取平台高级检索

3.2 平台文章发布管理

该平台的期刊全文发布包括后台管理和前台展示的网站系统。前端展示主要包括期刊的展示、期刊的分类、期次、文章元数据信息，还提供系统最新期刊文章的 RSS 订阅信息，普通检索、高级检索等功能，系统支持中英文的转换。提供给用户的功能包括注册、修改个人信息、密码找回、收藏、历史订单查看等。在后端管理界面提供的功能包括 E-mail Alert 设置、IP 地址管理、系统日志查看、期刊文章虚拟 URL 管理、评论管理、期刊主题分类管理、批量导入、杂志社管理、RSS 管理、电子商务管理、统计管理、文章发布管理等。

3.3 学科咨询服务

学科咨询服务主要是为科研用户提供便捷的帮助服务。用户如果在查询和获取科技文献的过程中发现问题，可以向中国科学院国家科学图书馆咨询馆员进行咨询。其中通过网络平台提供咨询主要有以下两种方式：①通过实时咨询在线与学科馆员交流，学科馆员在线实时回答用户的咨询问题；②通过延时表单提问，咨询馆员在两天内作出答复，并发送到用户邮箱。用户在填写完问题标题、问题描述、问题类别和问题期限等信息后，提供个人的邮箱地址，点击提交即可。

3.4 期刊统计服务

期刊统计服务主要通过对用户浏览和下载状况、文献引用频次等相关信息的统计，为用户提供全方位了解期刊的途径，具体包括期刊浏览排行、全文引次排行、摘要点击排行、全文下载排行等。期刊浏览排行中，网站依据用户浏览次数，对周刊、旬刊、半月刊、月刊、双月刊、季刊进行排行，用户可直接通过网站提供的网址进入相应的期刊。引次排行主要提供文章引用数据，除了总被引频次之外，还包括自引和他引频次的统计信息。摘要点击排行与全文下载排行则分别提供点击次数和下载次数的信息。

4 小结

开放获取平台的价值不仅仅是提供期刊的免费获取，更重要的是利用集成的技术和服务，提升 OA 论文的显示度，从根本上促进学术交流。通过上述分析，我们看到 CAS-OAJ 平台已经建立起比较完善的内容组织和服务体系。在内容组织方面，该平台提供较为丰富的元数据信息，包括参考文献、引证文献与相似文献等，使得用户能够较为全面地获取文献及相关信息，深化对文献的认识。在数字出版服务方面，该平台不仅提供多种检索方式，还推出包括RSS 订阅、E-mail Alert 在内的个性化服务。除此之外，期刊统计服务也为平台收录的各类文献的影响力评价提供了重要的参考指标，能帮助用户更好地判断文献质量。

当然，必须指出的是，CAS-OAJ 平台还处在发展初级阶段，无论是服务的完整性，还是服务深度，都存在不足。譬如，到目前为止，并不是所有 OA 期刊论文都可以全文获取，文章订阅功能还比较单一，仅有 RSS 订阅一种方式，容易造成用户使用上的障碍。另外，像出版动态、同行点评、博文推荐等栏目信息较为贫乏，难以为用户提供完整的开放获取信息服务。

当然，可以预见，随着开放获取期刊平台功能的不断完善，服务的不断成熟，中国 OA 期刊的影响力将获得进一步提升。正如原CAS-OAJ 工作组的负责人、原科学出版社副总编肖宏所指出的，建造这个平台的目标是打造一个国家级的期刊平台，不以追求盈利为首要目的，而是要以扩大中国期刊影响力为首要目标，然后要保证其可持续性。在此基础上，该平台未来还可以进一步探索开放获取期刊集群化经营发展模式。

第四编

集成商/技术商

Archer Jockers：用机器算法解密畅销小说基因[*]

陈　铭　徐丽芳

　　畅销书的概念最早起源于美国，《大不列颠百科全书》对"畅销书"（Bestseller）的定义是：在某个时期内受到大众欢迎，销量在同类书中位列前茅的图书，可作为反映大众文学趣味和评价标准的一种指标。作为市场产物，一本畅销书虽然不一定能成为经典，但出色的销量证明了它们相当契合某个时期内大众的欣赏趣味、心理需求和价值观念等。这也表明，一个作家要写出一本畅销书必须具备洞察人性和把控故事节奏的能力，在撰写时知道如何创造紧凑的情节和故事的高潮。畅销书应该是什么样的？这个答案也许在作家心中，也可能在出版社编辑和文学经纪人的运作里，但都要经过读者的检验。有些书评人和编辑认为一些书得以大卖是巧合和运气，毕竟暗藏于畅销书中的独特信号总是让人无法捉摸。

　　那么，畅销书是否有"规律"可循？来自斯坦福大学和苹果公司 iBooks 的自然语言处理专家茱蒂·阿切尔（Jodie Archer）和马修·乔克思（Matthew Jockers）自 2010 年共同组成团队，运用人工智能技术研究小说，花 5 年时间分析了近 30 年的 5000 本畅销小说，用机器分类算法得到畅销书一般的构成要素，定量和定性相结合探究畅销书的基本原理。乔克思认为："关于畅销书的分析，计算机能看到人们无法直接看到的信息，还能找到畅销书最常见和可

---

　　* 本文以发表在《出版参考》2019 年第 3 期上的同名文章修改而成。

预测的特征。"2016 年，阿切尔和乔克思在文学经纪人的推动下将他们的发现总结成《畅销书密码》(*The Bestseller Code*)一书(见图1)。该书被翻译成 8 种语言出版发行，两位研究者也因此成名。随后，二人于 2017 年一同创立图书咨询公司阿切尔·乔克思(Archer Jockers)继续他们的畅销书研究，致力于帮助不同领域的小说作家改进他们的书稿，从数据驱动的角度重新理解自己的小说创作。此外，Archer Jockers 还朝着为出版商、经纪人和其他书籍业务商提供定制化服务的方向努力，期望通过算法找到最佳的图书畅销方案。

图 1　《畅销书密码》封面

1　技术路线：用算法程序"揉碎"和读取语言数据

Archer Jockers 主要通过算法运行作家书稿，依靠自主研发的计算机程序 Bestselleromete 开展业务工作。这是基于计算机科学和文学两个不同领域的理论开发的运算程序，其核心是两位创始人在研究"畅销书密码"时开发的算法。机器擅长海量阅读和数据分析，可以大规模处理文本模式和细节；而人类更倾向于阅读故事情节而不会注意到文字的量化特征。Bestsellerometer 则可以将小说文本中的语言数据"揉碎"后进行分析和读取，并输出有用的数据点帮助作家理解其作品的文风、主题、角色和情节等主要元素。例如，小说中平均句子长度是偏短，还是偏长？叙述和人物对话的篇幅分别是多少？从情感角度出发得到的故事情节线起伏是否贴近畅销书的叙述节奏？经过阿切尔和乔克思在研究畅销书过程中长达 4 年的训练，Bestsellerometer 阅读了近万本品质不同的小说，已经可以通过计算判断一个作品是否将会畅销。例如，J. K. 罗琳的作品在Bestsellerometer 的算法模型中得出的畅销可能性为 95%，美国超级畅销书作家詹姆斯·帕特森作品的畅销可能性为 99.9%。

为了让 Bestsellerometer 的预测更为精确，二人进行了大量工作，主要包括三个部分：第一，文本挖掘（Text Mining）。发现和提取小说的文本特征，借助计算机程序从书面文字中挖掘信息。这一步骤属于自然语言处理（Natural Language Processing，NLP）领域的研究主题，涉及分词、识别句子、词性标注和依存句法等多个基本任务。但每一项"基本"任务对机器而言并不意味着"容易"，一旦真正深入研究小说语言和语法的工作方式，情况都会变得相当复杂。即使是教机器识别每个单词开头和结尾的分词任务，也会出现很多难以解决的情况，例如 can't 和 shouldn't 这类带着标点符号的词就不能依靠单词之间的空格来识别为两个不同的词。NLP 技术人员通过编写程序将基于规则的"解析"转向基于统计推断的算法，利用词典和统计推断算法教会机器在海量阅读时消除歧义和处理边缘情况，包括命名实体识别（Named Entity Recognition，NER）①等方法。第二，机器学习（Machine Learning）。筛选文本挖

---

① NER 是 Bestsellerometer 在自然语言处理过程中进行文本挖掘的一种语言处理方法，目的是识别语料中人名、地名、组织机构名等命名实体，判断小说是否畅销与小说人物以及地缘政治背景的选择等要素是否相关。

掘抓取到的文本特征，总结出与"畅销元素"强相关的代表特征。借助机器学习和分类实验，阿切尔和乔克思将最初得出的 28000 个文本特征进行筛选，只留下 10%，其中故事发生地和年份等文本特征被认为与"畅销与否"无关。而剩下的文本特征，例如亲密关系主题等被确定为判断是否为畅销书的依据。第三，机器归类。利用前两个步骤得出的畅销书判据对"未知"小说文本进行归类，放入由近 3000 个特征构成的维度空间内，判断它是否能够畅销。Bestsellerometer 采用的归类算法有三种：一是 K 近邻（K Nearest Neighbors，KNN）算法，会自动搜寻每本书在空间内和它最接近的 5 本书，由这 5 本书的畅销性质推测这本书是否具备畅销书潜质。

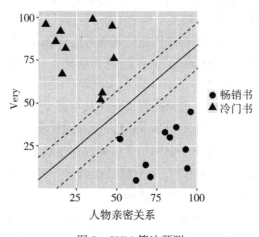

图 2　SVM 算法预测

二是支持向量机（Support Vector Machines，SVM）算法，如图 2 所示，假设畅销书量表只需要"very"①这个词的使用率和"人物亲密关系"2 个文本特征作为维度。SVM 算法先将每本书的位置在特征空间中标注出来，再通过统计推断出畅销书集合和冷门书集合之间的分界线，最后计算机根据小说文本的位置判断它是否会畅销。三

———————

①　阿切尔和乔克思通过研究发现，在畅销书中，"very"这个词的使用率不高，而且作家会重点落墨于人物之间的亲密关系，反之则可能为冷门书。

是最近收缩形心（Nearest Shrunken Centroids，NSC）算法，是先计算畅销书和冷门书的数学重心，并通过参数缩小重心之间的距离，然后通过比较每本书与 2 个重心的距离判断其是否能够畅销。三种算法的平均预测精确度达到 80%。

2　产品形态：多角度分析文本报告

作为一家图书咨询公司，Archer Jockers 致力于使用 Bestsellerometer 算法程序为作家提供文本分析服务，从小说的文风、主题、人物和情节等维度生成精细数据，并提供一份包含建议和反馈图表的详细书稿分析报告。分析报告涵盖小说主题分析、情节和情感分析、角色设置、人物性格和句子结构等多个板块；书稿中的语言数据会与从数千本书挖掘到的类似数据进行比较，然后由 Bestsellerometer 给每个板块评定一组代表星级的分数。就小说主题而言，大多数畅销书只有 3~4 个最显眼的主题，描写重要主题的篇幅大致占据小说篇幅的 30%。而新作家往往会在小说中引入太多主题导致情节变得难以控制，使故事走向"难以结束"和"迅速结束"两个极端。小说主题比重对 Bestsellerometer 的算法有重大影响：畅销书主题需要存在潜在的剧烈冲突，同时还不能太脱离现实生活。一般而言，特别离奇和过于缓和的主题都不太会畅销，例如摇滚和园艺等。Archer Jockers 使用不同的主题模型展示小说的主题焦点与主题的整体分布情况，并与畅销书主题作相应的比较。例如图 3 展示的是作家亚历珊德拉·范丽卡（Alexandra Velika）的小说《纽约脱衣舞小姐》（*Big Apple Strippers*，后文简称"BAS"）与畅销书以及市面上其他图书中占比前 10 的主题分布比例（T-1 是指书中占比第一的主题篇幅，T-2 是指书中占比前两名的主题篇幅总和，以此类推）。由于 BAS 前 3~4 个主题的总比没达到 30%，而且其前 10 个主题中每一个的占比不仅大大落后于畅销书，甚至也落后于其他一般正式出版的图书，因此 Archer Jockers 建议其针对主题焦点添加更为丰富的内容，删除一些与重要主题无关的故事描写。

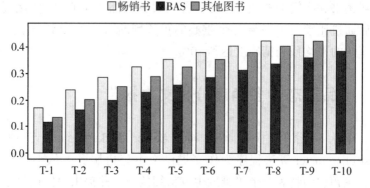

图 3　BAS、畅销书及其他图书中占比前十的主题
（Top Ten Themes）比例分布情况

　　除了小说主题，情节线的起伏和节奏也是 Archer Jockers 小说文本分析服务的关键。故事情节的高峰和低谷越密集，小说人物和读者的情绪起伏越频繁，越容易引人入胜。在剧本和小说中，最简化的故事曲线为三幕式架构：触发、冲突和解决。利用三幕式架构分析小说可以快速看出情节的基本轮廓，但还不够微观详细。为此，Bestsellerometer 在分析小说时会追踪情绪词语，并将各种故事情节归纳成七大曲线，从而可以直观地看出人物情绪是如何随情节推进而产生变化的。如图 4 所示的 BAS 情节线，图表中间的水平线代表毫无波动的情绪，水平线以上的部分表示人物处于积极情绪中，例如开心、兴奋、暧昧和雀跃等，水平线以下的部分则表明人物进入消极情绪中。向上的斜坡标志着读者将跟随故事情节的推动获得越来越积极的情感体验，往下的曲线波动则表明事态朝着消极的方向发展。垂直的虚线表明 BAS 的叙事节奏。它们在故事时间轴上的分布间隔越均匀，读者的阅读体验就越趋于平衡。整体而言，由于小说的大部分情节在水平线以下，这可能导致该书在市场上表现不佳，因此作者应设置更多积极的情节转折点，避免情节线长时间位于消极情绪中。另外，每一部小说都有自己特定的叙事焦点。叙事焦点的变化推动了情节的发展，从而影响读者的阅读节

奏。Bestsellerometer 的统计结果表明，情节线的振幅和频率与小说畅销与否高度相关，高低对称且韵律协调的情节线更容易吸引读者，例如现象级畅销书《达·芬奇密码》全书的情节线分布属于整体均匀对称、韵律感强的"W"线型。

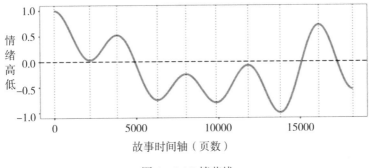

图 4　BAS 情节线

3　发展方向：从作家市场转向出版业畅销书业务

目前，Archer Jockers 主要聚焦于作家市场，为小说家的书稿提供基于算法的个性化反馈，并给作家一些出版社编辑不能提供的修订建议。它的服务包括个性化书稿分析、小说系列分析以及 VIP 服务。个性化书稿分析需要作家支付 200 美元服务费用，作家会在一周内收到 Archer Jockers 的报告。小说系列分析是帮助作家在写系列小说时，判断是否应该继续下一本的写作，它会为作家提供整个小说系列的情节走向和主题连续性等方面的反馈报告。根据小说系列的具体册数（5 册以内），服务费用为 340~750 美元。VIP 服务主要针对一些需要一对一专业指导的作家，由原先出版社编辑出身的阿切尔提供专业指导。阿切尔会依据书稿分析报告与作家一起探讨所有数据点对他们小说的意义，帮助作家打开思路。此外，阿切尔还会给作家提供关于出版方面的业务指导等。该项服务费用在 165 美元以上。随着 Archer Jockers 业务的逐步开展，已经有多名作家对他们的服务表示认可，而且有越来越多的作家开始尝试这项具有"算法智慧"的图书咨询服务。

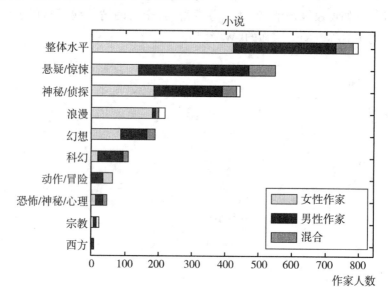

图5　畅销小说与作家性别的关系

［图源：Yucesoy B，et al. Success in Books：A Big Data Approach to Bestseller［J］. EPJ Data Science，2018（7）.］

此外，Archer Jockers 还朝着为出版商、文学经纪人和其他畅销书相关业务机构提供定制服务的方向努力，包括挑选书籍、撰写图书简介、书籍分析和畅销书趋势分析等。阿切尔和乔克思认为出版业内的畅销书销量存在一个可预测的模式。美国东北大学的 Albert-László Barabási 团队也对此表示支持。后者通过对"纽约时报畅销书排行榜"进行数据研究，提出了一个畅销书动力学机制。Albert-László Barabási 团队在调查中发现，在虚构类小说市场中，女性作家的作品每年销量更高，所占比例较男性作家更重（见图5）。而 Archer Jockers 发现，从语言风格的量化结果出发，女性作家掌握凭借简洁行文打动人心的写作技巧，文风更接近市面上畅销书的文风特征。如今，图书出版业的竞争相当激烈。每年仅是在美国印刷出版的新书就超过 20 万种，而位列《纽约时报》畅销书单的只有不到 500 本图书。阿切尔和乔克思认为，将大数据算法和人工智能应用于图书出版业能准确地预测小说作品的畅销品质以及当前市场动态，有望帮助出版商打造现象级畅销书。如今，Archer Jockers 不仅帮助出版商或经纪人将小说作品与市场上的畅销书进行比较并判断其发行潜力，还能提供其他方面的决策支持。例如，在出版商把某作家的书稿发给 Archer Jockers 后，后者会通过机器阅读该作家的作品，判断其是否具备畅销书作家的潜质，帮助出版商决定是否雇用这个作家。

4　结语

随着大数据和人工智能的应用渗透到出版的各个环节，已经有多家公司像 Archer Jockers 一样将机器算法用于畅销书运作中。例如，有的公司依靠大数据挖掘出大量用户搜索的非虚构题材，然后雇人按照数据分析所得的大纲快速创作，借助数据挖掘获得的先机获得利润。如今，虽然许多出版商开始认可大数据和机器算法等先进技术对行业运作的推动作用，但仍存在质疑的声音。部分业界人士认为，机器算法可能有助于出版商盈利，但如果将销量视为衡量小说的文学标准，会毁了小说本身。换言之，纯粹迎合读者的小说作品更像是机器进行文字切割和加工后的工业产品，将小说世界变成没有多种可能性和"美感"的科学领域，限制了读者的阅读体验。毫无疑问，出版业属于文化产业，文学作品需要百花齐放而不是标准化生产；机器算法等人工智能并不能取代作者所能给予读者的文学智慧。在这科技无处不在的世界里，未来的分析算法该如何运作才能做到不对小说创作产生影响，这是每个像 Archer Jockers 这样的图书咨询服务提供商都要思考的问题。

BooXtream：电子书数字权利管理方案提供商[*]

陆文婕　徐丽芳

关于数字权利管理系统（Digital Rights Management，DRM）的争议由来已久：一方面，出版商们对保护自身利益的数字版权保护有着切实需求；而另一方面，斥责 DRM 对用户使用不友好的声音也从未断绝。数字水印，有时也被称为社交数字权利管理（Social DRM），是一种对读者宽松有利的数字权利管理工具。长期以来，它是一种具有很大潜力但是尚未被充分利用的 DRM 方式。BooXtream（见图 1）是目前全球最大的数字水印服务商之一。其母公司 Icontact 是一家总部位于荷兰的软件公司，专门为出版业和图书馆界提供技术解决方案，自 2006 年起为荷兰的有声读物发行商提供数字水印服务。从 2011 年开始，它正式提供电子书数字水印服务。2012 年春，哈利·波特系列官方网站波特魔（Pottermore，它的在线商店 Pottermore Shop 亦提供电子书及有声书销售服务）在哈利·波特（Harry Potter）系列电子书中使用数字水印，后来的文件解码证实波特魔的水印技术提供商是 BooXtream。自此，它开始进入国际出版商们的视野，美国五大出版商（阿歇特、哈珀·柯林斯、麦克米伦、西蒙与舒斯特以及 2013 年合并重组成立的企鹅兰登书屋）向其抛出了橄榄枝。另外，一些中小型出版商也开始与之展开合作。目前，BooXtream 在全球范围内拥有的客户群，还包括

＊ 本文以发表在《出版参考》2019 年第 2 期上的同名文章修改而成。

维索图书(Verso Books)、卡普兰·达姆出版社(Cappelen Damm)、Firsty 公司(Firsty Group)等出版商。BooXtream 的水印服务得到了出版业界的认可，在 2015 年的伦敦书展上它荣获国际图书业技术供应商奖(International Book Industry Technology Supplier Award)。

图 1　BooXtream 公司标识

1　BooXtream 概述

BooXtream 对数字水印技术的关注应追溯到其母公司 Icontact。后者从 1993 年开始为书业和图书馆界提供软件技术方案。2006年，它上线了一个为荷兰出版商发布和分销有声书的平台。当时数字音乐产业还在使用传统的 DRM 技术，Icontact 十分了解这种技术的利弊。为了平台的用户友好性，它决定放弃平台专有的文件格式，而使用通用的 MP3 格式；但是，这样一来就无法防止用户复制文件并二次上传。因此，他们在每个售出的 MP3 文件中添加了有声书售出时的交易信息，如购买者、出售此有声书的网上商店等。这对于用户来说在某种程度上是一种威慑，并且确实取得了很好的成效。2010 年，Icontact 在荷兰的全国电子书会议上作了题为《社交 DRM 的经验与教训》(*Lessons Learned with Social DRM*)的发言后，有一些出版商对此表示出很大兴趣，并询问将此技术用于防止电子书盗版的可行性。当时荷兰的网上书店并不多，但 Icontact 看到了市场的潜力。于是，它成立了 BooXtream 来为电子书提供数字水印服务。

BooXtream 1.0 正式发布于 2010 年秋季。一家有前瞻性的荷兰小型出版商率先使用了它。而数字水印和 BooXtream 的真正机遇在 2012 年，波特魔网站决定在哈利·波特系列电子书中使用数字水印。这使得 BooXtream 和数字水印技术受到出版业的高度关注。随着技术研发的不断深入，BooXtream 能够支持 EPUB2、EPUB3 等国际标准电子书格式，并可为 Kindle 用户自动将水印转换为 MOBI 兼容格式。目前其主要客户包括全球五大出版商中的 2 家以及众多规模不等的独立直销（Direct-to-Consumer，D2C）出版商。定价方面，BooXtream 的网页版按添加水印的 EPUB 文件数量收费：数量越大，单价越低。如数量较少，每份文件收费大约 0.6 欧元，数量达到 50000，则每份文件收费降至 0.1 欧元。BooXtream 客户端版也采用相似的滑动定价方法，但还需额外收取安装费和每年的使用许可费。

2　核心技术：可追溯的多重数字水印

考虑到电子文件极低的复制成本，DRM 对于电子书出版商来说从来就不是一个陌生的命题。总的来说，DRM 一般包括加密文档和数字水印两种实现途径。在北美，许多出版商采用 Adobe 的 DRM 技术来防止用户的二次上传行为，但这种侵入性较强的 DRM 方式也受到许多诟病。其中一个重要原因，是由于不同终端设备之间 DRM 的不兼容性，使得产品不能在不同终端上使用。同时，苹果的 iOS 系统不能直接支持 Adobe DRM，而需要安装第三方软件——这导致用户使用起来十分不方便。所有这些，使得出版商对于对 iPad 友好的 EPUB DRM 解决方案的需求越来越大。

数字水印技术，首次出现于 20 世纪 90 年代中期。它也被称为社交 DRM，因为它可以限制非法上传，但又不影响关系亲密者之间的共享。BooXtream 的 CEO Huub van de Pol 说："数字水印最大的缺点就是不能阻止朋友间的短时文件共享。尽管图书借阅对于传统阅读形态来说是常事，但在数字形态下，却让出版商感到害怕。"数字水印的这一特点，从出版商的角度来说是缺点，但从读者的角度来说却是福音。

与纸本印刷中的"水印"类似，数字水印是数字文件中的隐藏标记。但不同的是，这些标记可以是肉眼可见的，也可以是隐藏在文件代码中、仅在特殊检测手段下才可见的。在多终端使用和云服务越来越普及的今天，越来越多的出版商选择使用数字水印，欧洲的出版市场尤其如此。在德国，包括兰登书屋在内的许多出版商放弃加密型 DRM，而选择水印；在意大利，超过半数的电子书使用数字水印；瑞典最大的电子书分销商 eLib 出售的电子书中 98% 带有水印。

  BooXtream 核心技术的实质是通过几种不同的特殊算法，将数据添加到 EPUB 电子书的所有文件中，但同时不改变 EPUB 文件的本质，文档内容的读取也不需经过转译解码过程，因此不影响文件在各种终端的使用。这些数据包括额外的可见内容，如个性化定制的页脚（见图 2）、章节末尾页等，也包括在文件代码中的隐藏信息。BooXtream 使用多种方式向 EPUB 文件添加可识别信息。除了在 EPUB 电子书的文件名称中添加序列号之外，BooXtream 还会在标题页上以及每章末尾的页脚中嵌入原始买家的姓名和电子邮件。水印还可以在图像元数据和 CSS 文件中找到，并且有一个时间戳记录了原始电子书下载的具体时间。

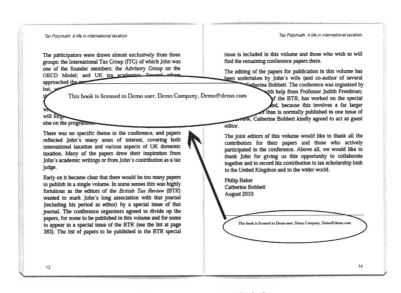

图 2　BooXtream 页脚水印

向电子书文件中添加特殊信息并不意味着整个数字权利管理过程的完成。实际上，这些含有购买者信息的文件对于用户来说只是一种合理的威慑，并不阻止用户的二次上传行为。BooXtream 也不提供监控非法上传的服务——这部分工作由出版商自理，或由 BooXtream 把专门提供文件追踪服务的第三方服务商推荐给出版商。但是，一旦出版商在其他网站发现了非法上传的电子书文件，BooXtream 将提供水印解码服务，使出版商能够追溯到出售该电子书的网上书店及购买者，以便采取下一步行动。

BooXtream 将其数字水印技术描述为"可溯源的、自由的、兼容的"。将含有购买者信息的内容作为水印加入电子书文件中，其优点一是防止了大量的二次上传行为，因为文件中含有购买者名称、身份信息（ID）、电子邮件地址等信息，而这些信息如果是因为用户的非法上传行为泄露，将由用户自己承担责任，大部分用户不会冒此风险；二是对于已经非法上传的文件，可以追溯上传者，尤其是对于一些故意购买电子书然后恶意上传的盗版者，只要他们无法将文件中的所有数字水印全部删除，BooXtream 就能通过解码找到原始交易信息，为出版商维权提供证据；三是数字水印并不影响原文件的使用，因为没有"真正的 DRM"的存在，EPUB 或 MOBI 文件的本质没有改变，所以客户可以在其拥有的所有阅读设备上读取和使用信息。

3　隐私争议：保护者还是监视者？

但 DRM 始终是一种毁誉参半的版权管理技术。尽管社交 DRM 已经在设备兼容性和使用便利性上做出了改进，但质疑的声音仍然存在。数字水印的目的是阻止用户"过度分享"，但其中嵌入的个人信息也引起了部分读者的不安与技术人员对隐私泄露的担忧。

较为激进的数字水印方案会在电子书中嵌入用户的电子邮件地址、电话号码等较为私密的信息，其中一个比较典型的例子是微软目前已停用的读者技术（Microsoft Reader Technology）。这一技术

图 3

允许出版商在电子书中嵌入购买者的信用卡 ID。较为温和的如波特魔网站，嵌入的是仅有分销商能辨认的用户 ID。

但无论是哪种数字水印方案，都涉及不同程度的用户隐私问题。而当这些个人信息通过非法上传文件泄露，将由用户而不是出版商承担责任。这虽然也是阻止非法上传的手段之一，但并不是所有人都能接受这种方法。

当 BooXtream 的客户之一维索图书出版了 Aaron Swartz 的《改变世界的男孩》(*The Boy Who Could Change the World*) 带水印的电子书版本时，他们很快收到了一些人的反对意见。Aaron Swartz 的代理人 Sean B. Palmer 要求维索图书删除水印，但是遭到了拒绝。这一事件引起了技术人员的关注，一群来自 Biblio-Immunology 的技术人员针对带 BooXtream 水印的电子书进行了解码，在接受 TorrentFreak 网(torrentfreak.com)的采访时，他们说道："书籍应该是传播知识和信息的载体，而所谓的'Social DRM'则通过监视谁在何处传播何种信息将书籍变成了监视和压迫的工具。"他们认为，如果电子书中含有购买者的个人信息，阅读就不再是纯粹的知识传播行为，它将受法律、意识形态等诸多条件的制约；阅读本应是自由的、不受抑制的知识传播，而数字水印系统则在通过将读者卷入诉讼来毁灭它。

图 4

尽管 Biblio-Immunology 的观点仅是一家之言，但确实代表了部分反对的声音。同时由于网络上已有完整的水印解码报告，因此对于技术人员来说要完全删除水印也不是特别困难。但从出版商角度来看，完全放弃 DRM 始终是一件太"过火"的事。数字水印在兼容性和便利性上的独特优势毋庸置疑，其在欧洲出版市场的普及趋势是不争的事实。并且，用户所担心的隐私泄露问题的前提是用户确实有非法上传行为。就 BooXtream 而言，他们也在不断开发隐蔽性更好的信息嵌入算法，以反制删除 DRM 的手段，保护信息安全。Huub van de Pol 表示，他非常清楚无法彻底阻止那些蓄意删除 DRM 手段的盗版者，其工作中心是阻止主流受众之间（大规模——本文作者注）的文件共享，因为他们对 BooXtream 和作者来说弥足珍贵。他唯一担心的是大型出版商转向数字水印技术所需要的时间可能很久——建立合作关系可能要经过很多程序，同时它们大部分使用第三方分销商，这使得它们如果要转向使用 BooXtream，还要和它们的分销商达成一致，这就需要更多时间。

4　小结

DRM 的理想目标是利用技术手段达到版权人合法权益保护与公众知识获取之间的平衡。在这一点上，社交 DRM 兼顾了出版商保护数字出版物版权不受侵犯与用户对便捷、友好、多终端使用的需求。虽然这种通过嵌入用户信息和交易信息来实现追溯的版权管理技术尚存在争议，但总的来说，BooXtream 已经在出版市场取得了不错的成绩，可以对这家公司与它的数字水印技术持乐观态度。

Episode：互动小说移动应用
市场的先驱*

徐丽芳　　陆文婕

如果说奈飞（Netflix）的"黑镜"系列圣诞特别篇——互动电影《黑镜：潘达斯奈基》（*Black Mirror：Bandersnatch*）是引发观众热议的互动叙事的重磅炸弹，那么互动小说（interactive fictions）则以一种更为缓和但持续的方式不断拓展着这一新兴领域。事实上，一批互动小说应用（App）自 2013 年起便陆续登陆移动市场，并取得了不错的市场表现。这包括当年发行的 Episode，2016 年发行的 Choices，2017 年发行的 What's Your Story。据移动应用市场数据提供商 Apptopia 发布的数据，2018 年 2 月 7 款最受欢迎的互动小说应用（包括前述 3 款，另外 4 款为 My Shelf、Chapter、Lovestruck、My Story）在苹果应用商店（Apple App Store）和谷歌应用商店（Google Play）中的总收入超过了 1400 万美元。①

作为其中最早发布的应用，Episode（见图 1）现在已经走到了其生命的第六个年头，而其营收和活跃用户数量等各项数据仍然稳定保持在同类应用的前列，堪称全球最大的互动叙事平台。这款应用程序所属公司 Episode Interactive 的母公司 Pocket Gems 是一家成立于 2009 年的旧金山手机游戏开发公司，旗下还有 Wild Beyond、War Dragons 等手机游戏项目。母公司于 2015 年和 2017 年先后获

＊　本文以发表在《出版参考》2020 年第 4 期上的同名文章修改而成。

①　Blacker A. Interactive Story Games Are Trending［EB/OL］.［2018-12-01］. http://blog. apptopia. com/interactive-story-games-tap-into-our-love-for-storytelling.

得腾讯 6000 万美元和 9000 万美元的投资①，可见其品牌潜力和影响力得到了投资市场的认可。

图 1　Episode 标识

1　Episode 应用概述

Episode 应用是 Daniel Terry 的创意。2012 年年底，作为 Pocket Gems 联合创始人和时任首席执行官，他将首席执行官一职交于 Ben Liu，转而担任公司首席创意官，专心研发 Episode。最初的开发团队仅有 8 名工程师，以及一些自由撰稿人。约一年之后，Episode 于 2013 年 12 月 18 日成功在苹果 App Store 上线。

Terry 从 Pocket Gems 过去的游戏开发经验中看到了移动互动叙事市场的潜力。当他们在游戏中加入故事或类似元素时，收到了玩家不错的反馈。但在移动市场，很少有游戏专注于剧情。因此，Terry 计划要做一个弥补这一市场空白的产品。②"我觉得这个领域值得我投入全部精力，"Terry 在接受采访时曾说，事实上他也是这么做的："我们对产品的定位是，第一个有着无限故事库、能让用户以玩游戏方式观看动画故事的移动平台。"③

---

① 互动叙事, 风口将至? 腾讯海外投 Episode1.5 亿美元［EB/OL］. ［2019-05-31］. https：//user. guancha. cn/main/content? id＝123021&s＝fwtjgzwz.

② Ha A. Pocket Gems Launches Episode, A Platform for Interactive Mobile Stories［EB/OL］. ［2014-02-20］. https：//techcrunch. com/2014/02/20/pocket-gems-launches-episode/.

③ Takahashi D. Mobile Game Maker Pocket Gems Expands to Interactive Stories with Episode［EB/OL］. ［2014-02-20］. https：//venturebeat. com/2014/02/20/mobile-game-maker-pocket-gems-expands-to-interactive-mobile-stories-with-episode/.

尽管无论在 iOS 端的苹果 App Store 还是在安卓端的 Google
Play，Episode 都被归类为游戏，但 Episode 看起来其实并不太像一
个游戏，或者说，将其定性为内容平台或阅读应用更为合适——它
的界面看起来更像奈飞或葫芦网（Hulu）的内容列表（见图 2）。
Episode 的重心更多地放在内容和角色上，而非游戏玩法。其团队
也并未将目标定位于游戏市场，而是一个更广阔、更新的领域——
互动娱乐内容，如可以交互的电影或电视。但是，相较于互动电影
和互动剧集（interactive drama）来说，故事的长度又更短，而复杂
程度则要低得多。这使得相较于饱受争议的《黑镜：潘达斯奈基》，
Episode 叙述互动内容的形式几乎没有遇到什么困难就得到了市场
的接受。

图 2　Episode 内容界面与奈飞、葫芦网（左、中、右）对比

目前，Episode 的研发和运营团队已经扩展至 80 人。运营至
今，他们的内容获得了 70 亿次的浏览量，有 500 万周活跃用户，
用户总浏览时间超过 97000 年。他们还有世界上最大的互动小说创
作者社区之一，其中包括 1200 万个注册用户和 10 万个用户创作
（UGC）的故事。他们在苹果 App Store 的同类应用中一直名列前

茅，并曾取得"苹果 App Store 畅销应用 Top35"的好成绩。①

2　Episode 互动小说出版生态

正如前文所述，Episode 的核心特色在于故事与角色，而非游戏玩法。这也是将其更多地称为互动小说而非叙事游戏的原因所在。一定程度上，可将其视作类似于《惊险岔路口》(*Choose Your Own Adventure*)系列游戏书②的数字化产品。它运营逻辑的基点仍然是内容经由平台从作者到读者的出版过程。因此，以下将从内容及其创作者、读者和收入来源三方面对其出版生态进行分析。

2.1　内容及其创作者

从内容及其创作者来看，Episode 内容有三种来源：其一，Episode 团队自行开发的内容；其二，个人作者创作的内容，其中既包括作为普通用户的作者，也包括职业作者；其三，IP 改编内容。

Episode 工作室内部有一个小型创作团队为其创作故事内容，但用户生成的内容(UGC)从数量上来说是其故事更加主要的来源。而平台开发的故事创作工具使用户生成自己的故事成为可能。具体来说，平台为用户提供了一个简单的脚本引擎，另外应用程序内部也有一个可以用拖放生成故事的创作工具。二者功能基本相同，但在 UI 设计和使用形式上有较大差异。前者看起来更像一个软件集成开发工具，在进入后台之后，可以添加、删除、发布故事章节，创建人物并修改外观，事件和对话则需要进入编辑页面后通过代码键入和修改；后者则是一种所见即所得的编辑工具，在编辑页面，创作者可以直接通过点击和拖放修改人物、事件、对话等，使用起

---

① Episode. About[EB/OL].[2017-08-17]. https://home. episodeinteractive. com/about.

② 20 世纪八九十年代畅销书种类，故事以第二人称口吻写作，读者扮演主角，在分歧点做出选择，并将书翻到对应的页码来查看选择结果。

来更加方便。面向用户提供的创作工具和工作室团队自己使用的工具在功能上差别不大。这些工具的使用无需编程基础，也不需要特别烦琐的步骤。换句话说，用户并不会在制作上花费特别多的时间或遇到比较大的困难。而作者只要参加 Episode 的"作者报酬计划"（Writer Payments Program），就可以基于作品人气按比例获得收入分成。此外，能让许多人看到自己的作品，在网络社区获得一定人气和声望，也是一种十分诱人的回报。这些因素激励用户向作者转化，最终形成了具有一定规模和活跃度的创作者社区。另一大内容来源是 IP 改编。Episode 在 2015 年拿到腾讯的注资之后，开始着手引进一些知名 IP 来提高平台的知名度，并取得了不错的效果。当年，Episode 在其平台中引入知名歌手 Demi Lovato 的角色。同年又买下电影《贱女孩》（*Mean Girls*）的 IP，将其移植为互动小说，并在次年上线。① 2016 年，Episode 和华纳公司（Warner Bros. Interactive Entertainment）达成合作并获得授权，将青少年电视剧《美少女的谎言》（*Pretty Little Liars*）改编为互动小说，并在同年年底上线。② 这些热门 IP 的引入吸引了一批新用户的加入，使 Episode 的各项运营数据有了显著进步，并最终取得了稳定的市场地位。

从 Episode 购买的 IP 资源可管窥其主推的内容类型，即面向年轻女性群体的校园、爱情类主题故事，并以一种欧美漫画的风格呈现。用户通过点击推进对话，并在分支点进行选择以使剧情朝不同走向发展。故事中的对话往往都不长。这是为了适应青少年偏好用短对话交流的习惯。类似于电视连续剧，Episode 中的故事也分为许多章节，而章节篇幅一般比较短小，用户可以在碎片化时间里快速看完 2~3 集。

---

① Jarvey N. Pocket Gems Reviving "Mean Girls" with New Mobile Game [EB/OL]. [2015-06-10]. https://www. hollywoodreporter. com/news/pocket-gems-reviving-mean-girls-801605.

② Takahashi D. Pocket Gems' Episode Brings Back Clueless as an Interactive Mobile Game [EB/OL]. [2017-08-16]. https://venturebeat. com/2017/08/16/pocket-gems-episode-brings-back-clueless-as-an-interactive-mobile-game/.

2.2　读者

从读者构成来看，Episode 的读者绝大多数是年轻女性。从 2017 年 Episode 在游戏开发者大会（Game Developers Conference，GDC）上给出的受众画像来看：她们是 13~25 岁的女性；往往是重度手机使用者——14% 的 Episode 用户每天花费在手机上的时间超过 12 小时；她们有着很强的自我价值认同需求，是社交媒体上的活跃用户。①

从本质上看，Episode 牢牢把握住了当下年轻群体内容消费的几大特征：①内容消费渠道向移动媒体的转移；②对媒体消费过程高度的控制和参与能力，如选择自己将要消费的内容主题，随时可以暂停或播放内容，并在消费过程中进行评论和分享等互动；③利用碎片化时间快速阅读短篇内容；④对喜剧、悬疑、爱情、推理等主题的偏好。这是其内容在年轻女性群体中大获成功的原因。

2.3　收入来源

Episode 的主要收入来源有二：广告和收费道具。虽然 Episode 应用本身可以免费下载，但正如众多采用"下载免费，道具收费"模式的游戏一样，Episode 内置了两种可以购买的道具："钻石"（gems）和"通行证"（passes）。前者用于开启故事中的某些分支点；后者作为一种控制用户观看进程的机制，作用类似于存在"体力"设定的游戏中的体力补充道具，用于解锁后续剧情。同时，"通行证"机制的设计也激励着用户观看广告。当用户没有"通行证"而又想观看后续剧情时，除了购买之外，还可以通过观看广告获得该道具。因此，广告收入也是 Episode 的主要收入来源之一。

---

① Dawson M. Designing Interactive Fiction on "Episode" in Three Phases［EB/OL］.［2018-07-28］. https://www. gdcvault.com/play/1024449/Designing-Interactive-Fiction-on-Episode.

3 市场竞争

虽然 Episode 凭借其对移动互动小说市场的敏锐嗅觉取得了先发优势，但随着 2017 年融资和市场的火爆，便没有什么能阻止后来者蜂拥而至。由于移动互动小说应用和游戏不同，用户难以在其中沉淀等级、装备、社交关系等资本，因此要保持用户的黏性和忠诚度是十分困难的。加上应用间的同质化现象又较为严重，这对于本就竞争激烈的市场来说无疑是雪上加霜。

2017 年发布的 What's Your Story 可谓一匹异军突起的黑马。2018 年年初，其下载量超过 Episode 和 Choices，跃升同类应用下载榜榜首。这三款应用是收入最多的移动互动小说应用，虽然 Apptopia 没有透露谁的收入最高，而且 Episode 和 Choices 的月活跃用户比 What's Your Story 多，但后者的崛起是不争的事实。What's Your Story 采用了类似于 Episode 的推广策略——通过购买热门 IP 的改编权来推广平台。不过，Episode 的重点始终是 UGC 内容，而 What's Your Story 的产品定位就是 IP 衍生的互动内容平台。目前，它已引入了《惊声尖叫》《河谷镇》《飞跃比佛利》等 IP。

尽管 Episode 的背后是有着雄厚实力的腾讯和红杉资本（Sequoia Capital），但其他竞争者的实力亦毫不逊色，要凭借资本力量做到一家独大并不现实。长期与 Episode 领跑同类应用的 Choices，其母公司 PIxelberry 于 2017 年 11 月被韩国游戏公司 NEXON 收购，后者开发的游戏包括玩家耳熟能详的《跑跑卡丁车》《地下城与勇士》《洛奇英雄传》《泡泡堂》等，是游戏界的权威企业之一。Chapter 的背后是中文在线，并曾成功跻身国产手游海外市场营收前 30。育碧（Ubisoft）也在 2018 年收购了互动视觉小说"Is It Love?"系列的开发者 1492 工作室，进军移动互动小说市场。①

---

① Tandon O. Will You Pay ＄2 to Kiss a Game Character？"Episode：Choose Your Story"—The Good. The Bad. The Ugly［EB/OL］. ［2017-01-03］. https：//www. gamasutra.com/blogs/OmTandon/20170103/288564/Will_you_pay_2_to_kiss_a_game_character_Episode_Choose_your_Story The_Good_The_Bad_The_Ugly.php.

同时，除了 Episode 及类似的互动漫画式的移动小说应用，移动互动叙事市场上还有一类产品：聊天小说（Chat Fictions）。这类应用采用文字对话的形式展开剧情，故事中同样设置有选项和分歧。惊悚、悬疑、推理等内容是此类应用的常见主题。主要产品包括 2015 年发布的 Hooked、2016 年发布的 Tap 和 2017 年发布的 Yarn。虽然就目前来说，聊天小说的营收和活跃用户数量并不如 Episode 等互动故事应用，但二者的受众市场重合度较高，聊天小说应用在某种程度上也会抢夺一部分市场资源。

作为世界上最大的游戏和娱乐市场之一，进入中国市场的想法看起来非常诱人，但对于这些应用来说实现难度并不低。先搁置语言与文化问题，中国市场的大部分女性受众更偏好日系画风，欧美漫画风格的角色可能难以获得受众的认同。同时，中国市场中已有橙光这个有着 6 年运营历史的成熟产品，其内容创作工具、创作者社区建设和出版生态与 Episode 均十分类似。还有易次元、巧书这样的互动阅读平台。因此至少从目前来看，这些应用并没有在中国乃至亚洲市场大力扩张的打算。

拓展全球市场难度较大，这些互动小说应用转而通过自身特色的建设和运营策略的调整谋求差异化，以使自己从激烈的市场竞争中脱颖而出。如日本开发商 Voltage 推出的 Lovestruck 就采用了与欧美厂商不同的日系画风，使人耳目一新。Choices 也在不断丰富其故事种类，在常见的爱情类之外还添加了冒险类、悬疑类和恐怖类的内容板块。

对于竞争，Episode 表示并不特别担心。它的信心来自庞大的用户基础和多年来在用户创作社区上的耕耘。Pocket Gems 的总监 Michael Dawson 曾说："任何人都很难在短期内和 1.25 亿下载量竞争。"正是由于用户群足够大，所以它有能力为用户创造更多优质内容，这反过来又有助于进一步拓展用户数量，最终形成一个良性循环。① 同时，创作者社区的存在也使得用户不仅仅是用户，他们

---

① Chapple C. 125 Million Downloads Later Narrative Game Episode is Ready to Fend off New Competition[EB/OL]. [2018-05-24]. https：//www. pocketgamer. biz/interview/68179/episode-is-ready-to-fend-off-new-competition/.

还在此创作并分享内容、评论他人的作品，同时也接受他人对自己作品的评论。他们在读者和作者的身份间不断转换，一方面深化了自身的参与感，另一方面加深了其对平台的认同感和忠诚度。因此，Episode 重视 UGC 内容，不仅因为这是它重要的内容来源，更重要的是其有助于增强用户黏性。再加上资本积累，Episode 已经为迎接市场竞争做好了准备。

4 小结

互动数字叙事作为一个快速发展的领域，在全球范围内掀起了一股浪潮，并被许多人认为是媒介未来发展趋势之一。[1] 无论是互动电影、互动视频、叙事游戏还是互动小说，越来越多的互动叙事产品在各方的积极探索创新下不断涌现。其作为数字时代新兴的内容产品形式，有着巨大的市场潜力。而互动小说凭借碎片化的阅读形式和贴近年轻人口味的阅读内容，无疑是互动叙事产品中的佼佼者。它在移动市场上的实战成绩也令人眼前一亮。其中，Episode 凭借对市场潜力的敏锐嗅觉，率先在这个新兴市场中开辟了一片属于自己的天地，构建了成熟的出版生态和商业模式，并拥有世界上最大的互动叙事创作者社区之一。虽然由于受众群体、内容主题和资本博弈等因素的影响，移动互动小说市场的竞争将异常激烈，但凭借良好的用户基础和在 UGC 领域的多年耕耘，Episode 已为竞争做好了准备，让我们拭目以待。

---

[1] 徐丽芳,曾李. 数字叙事与互动数字叙事[J]. 出版科学,2016(3).

Sutori：类时间轴数字叙事工具提供商[*]

徐丽芳　　何　珊

　　数字传播技术和新媒体的兴起，对内容的生产加工、传播和消费方式产生了深远影响。在 Web2.0 时代，用户开始创作内容，受众参与创作的热情和能力被进一步激发。可面对泛滥的信息和工具，用户如何能便捷高效地创造并分享真正有价值的内容？ Sutori（见图 1）提供了一种类似时间轴的交互数字叙事工具，帮助用户创造、分享故事。"叙事"（narrative）又称讲故事（storytelling），是人类组织现实经验、表达内心情感、学习接触事物的方式。随着媒介技术的不断革新与发展，用数字化工具讲故事已在各个领域中践行。目前，Sutori 为老师、教育机构和商业企业推出了多种服务，注册用户在 50 万以上。

图 1　Sutori 公司标识

---

　　* 本文以发表在《出版参考》2018 年第 12 期上的同名文章修改而成。

1　源起与演化：从基于时间轴的历史叙事开始

　　Sutori 的前身是 HSTRY——去掉英文单词 History（历史）中的元音字母所得，从中不难推断出其与"历史"的密切关系。2012 年，公司创始人托马斯·凯切尔（Thomas Ketchell）在北京一家环保组织工作时，和朋友史蒂芬·赵（Steven Chiu）计划在社交媒体上重现 1952 年伦敦烟雾事件，并将当时的空气污染与北京进行对比。但是，在当时的信息洪流中，普通新闻报道已很难引起公众的关注与警觉，所以他们采取了一种特别的形式：创造一个虚拟人物，这个人物在自己的推特（Twitter）上按照时间顺序讲述伦敦烟雾事件的全过程。该账户在 5 天内以"GREATSMOG"（大雾）为话题发送 422 条推文。这种借助社交媒体将历史事件重新带入生活、让人们讨论一个事件的方式得到了网民的积极回应。于是，在数字平台上依照类似时间轴的垂直结构创建和分享多媒体内容，亦即 HSTRY，便在这种想法的基础上应运而生。最初，HSTRY 主要用于帮助历史老师绘制历史事件的时间线。但不久，团队就意识到了它应用于其他学科领域的可能性。

　　当托马斯和另一位创始人约伦·布朗德森玛（Yoran Brondsema）开发出 HSTRY 后，两人发现历史学科以外的老师也愿意按照 HSTRY 的风格分享他们的教学故事。这让他们意识到了 HSTRY 在教育领域的潜力。于是，他们开始向不同学校介绍这个教育产品，并推行试用。在与大量教师沟通后，HSTRY 增加了许多迎合教学的实用功能，并逐渐被学校、媒体和投资者注意到。自 2013 年成立后，HSTRY 先后加入比利时 NEST、美国 LearnLaunch、美国因特尔教育（Intel Education Accelerator）等多个加速器项目，得到了这些教育科技风投公司在资金、技术、管理等方面的支持与帮助。2014 年，HSTRY 被评为比利时最具创意的企业之一。同年，它还被教育科技公司 EdSurge 评选为当年领先的第二大酷炫课堂工具。2015 年，HSTRY 被美国学校图书管理员协会（American Association of School Librarians）评选为年度最佳教室资源之一。这些荣誉不仅证实托马斯和约伦最初的判断是正确的，也让两人开始思考 HSTRY 更深层次的价值。

2016 年，HSTRY 更名为 Sutori——在日语中的意思是"故事"。Sutori 提供一种垂直结构的互动叙事工具：一条垂直轴线两边分布着具备不同功能的输入框(见图2)。在最初的形式中，历史事件按照时间顺序自上而下排列演示，时间轴两侧的输入框展示有关该事件的文字、图片等内容，从而逻辑清晰、内容丰富地演示历史事

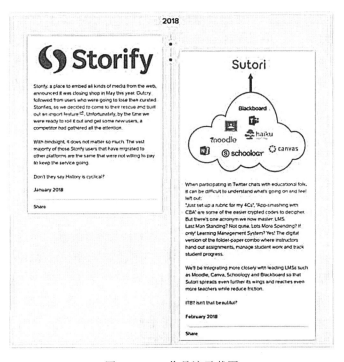

图 2　Sutori 作品演示截图

件。随着 Sutori 在其他学科和领域的潜力不断被发掘，Sutori 对原先的时间轴做了一些调整——既保持从上至下的线性结构，又允许故事按照其特有的内在逻辑展开。类时间轴上的节点，既可以对应时间，也可以代表故事环节、事件进程等。比如，在教案中，类时间轴按照教师授课进程展开，轴上的每一个节点都对应具体的授课

环节，两侧输入框则提供与该环节相应的学习资料。其次，Sutori
输入框的功能也在不断丰富中。内容上，用户可以在输入框中嵌入
任何形式的资源，如文档、图片、视频、超链接等。这些资源可以
是用户在 Sutori 中首次生成的，也可以是其他平台的内容。目前，
Sutori 对 Thinglink、EdPuzzle、Buncee、Flipgrid 等多种教育工具开
放，以方便用户管理内容。事实上，Sutori 十分关注与自己同类型
产品的成长情况。当一家践行"用社交媒体讲故事"的初创公司
Storify 倒闭时，两位创始人意识到这家公司的用户与 Sutori 使用者
的定位十分契合，于是想要收购这家公司。虽然由于种种原因收购
计划未能实现，但 Sutori 最终决定为 Storify 用户提供"一键导入"
内容服务，这样后者的用户就可以将自己在 Storify 上的全部内容
一次性导入 Sutori 中。这可算是 Sutori 在商业策略上漂亮的"存亡
续绝"之举。

2　产品定位：垂直结构的数字叙事工具

数字叙事在教育领域的应用最早起源于美国，起初是研究多媒
体和视频在教学过程中的作用，后来逐渐发展为"教育叙事"，即
教师或学生用数字工具来编写自己的教学或学习故事。而这也正是
Sutori 的首要使命。在教案《永恒的莎士比亚》（*Shakespeare Lives*）
中，教师将方案从上至下划分为"课题目标""威廉·莎士比亚及其
作品""不幸的恋人：罗密欧与朱丽叶""阳台示爱一幕""哈姆雷
特"和"解读方案"共 6 个部分，每个部分都包含丰富的内容。首
先，教师开头即指出该教案的最终目标是解读哈姆雷特的独白以及
罗密欧与朱丽叶的阳台幽会场景。紧接着，教师介绍大文豪莎士比
亚的生平及作品。在这一部分中，教师先后展示一张图片和一段视
频（见图 3），并对这些素材的内容提出学习要求。以视频素材为
例，教师规定：①第一遍观看视频时应理解视频大意；②第二次观
看视频时应记笔记；③用几个形容词来定义莎士比亚的戏剧；④确
定莎士比亚最著名的作品及其主题；⑤了解莎士比亚去世多少年
了；⑥找出莎士比亚剧本创作成功的原因；⑦了解莎士比亚写了多

少剧本和十四行诗；⑧解释为什么人们今天仍然读他的作品。尽管学生按照相同步骤学习这段视频，但每个人的理解和表达是高度差异化的。这种基于项目的启发式教学恰好印证了"一千个人眼里有一千个哈姆雷特"这种说法。在介绍完莎士比亚后，教师再分别解读其他两部作品，仍以多媒体素材和提问展开。教学方案的内在逻辑与 Sutori 的垂直结构十分契合，时间轴上每一个节点都对应教学方案里特定的内容或步骤。而教师通过 Sutori 为学生构建了一个完整、严密的学习过程。引人入胜的故事情境和可视化的故事展现让学习过程变得有趣，同时也能激发学生的创作欲望，开发其智慧和张扬其个性。

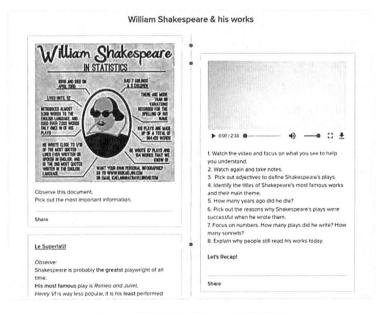

图 3　教案《永恒的莎士比亚》页面展示

　　叙述和互动的结合是数字叙事的另一特征。美国麻省理工学院的珍妮特·穆瑞（Janet Murray）把数字环境的特性概括为程序性、参与性、空间性和百科全书式，并强调正是由于人们参与意识的加强，才导致数字叙事模型在各个领域的广泛应用。Sutori 的使用者可以利用作品中已经设置的选项参与叙事，比如在教案《永恒的莎士比亚》中，学生回答老师的问题、完成测试，最终形成一个全新的解读方案。其次，使用者可以将平台上任意的公开内容复制到自己的面板上作为模板使用，并在此基础上创造新内容。最后，使用者可以完全按照自己的意愿形成新的叙事。进一步讲，任何内容都可以被改编为可互动的小故事。还有，简洁美观又别具一格的页面设计也为 Sutori 增色不少。Sutori 希望通过在功能和内容资源上做加法、在页面设计上做减法的策略，为用户提供最流畅的学习体验。

3　订阅服务：从教育市场到企业市场

如何确立适合的盈利模式、提升用户付费意愿，是每一家新创公司面临的难题。Sutori 采用订阅收费的服务方式，这有助于其从主要面向教育市场，到同时为企业市场提供服务。Sutori 采取的策略是针对不同消费市场提供差异化订阅服务（见表 1）。

表 1　Sutori 的用户付费方案

个人用户	基本服务（Sutori Essential）永远免费	创建和导入故事，添加文本、图片，学生协作功能，课堂管理（仅适用谷歌课堂）
	无限服务（Sutori Unlimited）99 美元/年	所有免费功能之外，还可添加音频、视频、问卷，从合作平台导入内容，使用指定的输入框类型 Sutori 分析工具
教育机构用户	部门级 Sutori 750 美元/年	允许 10 人同时使用 Sutori Unlimited 的功能
	学校级 Sutori 1500 美元/年	允许订购学校的所有教师和学生使用 Sutori Unlimited 的功能

续表

个人用户	基本服务（Sutori Essential）永远免费	创建和导入故事，添加文本、图片，学生协作功能，课堂管理（仅适用谷歌课堂）
	无限服务（Sutori Unlimited）99 美元/年	所有免费功能之外，还可添加音频、视频、问卷，从合作平台导入内容，使用指定的输入框类型 Sutori 分析工具
企业用户	基础服务（Sutori Essential）永远免费	创建和导入故事，添加文本、图片，协作功能
	高级服务（Sutori Pro）299 美元/年	所有免费功能之外，还可添加音频、视频、问卷，从所有合作平台导入内容，移除品牌 Logo

在教育市场，Sutori 推出了 4 种按年订阅的付费服务。根据价格高低，用户能享受的服务也有所不同。对于个人用户而言，免费用户在创建故事时，只能插入文本和图片；管理学生作品时，教师只能通过谷歌课堂（Google Classroom）导入名册。而对于付费用户，Sutori 无限版定价 99 美元/年，除了可嵌入文本、图片、视频、音频等来自合作平台的多媒体内容外，还可以添加"测试""论坛"等多功能的输入框（见图 4），以丰富表现方式。此外，付费的

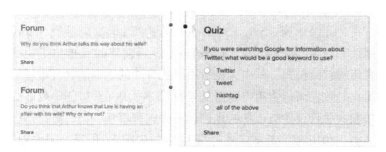

图 4 "测试""论坛"输入框截图

教师用户还能使用更加成熟的学习管理系统，功能包括在个人账户面板下统一布置、管理学生作业和跟踪学生学习进度，根据数据评估每一个学生的表现（见图5）。除了可以导出 Sutori 产生的数据，它还一直与黑板（Blackboard）、帆布（Canvas）、力量学校（PowerSchool）和魔灯（Moodle）等数字学习平台和公司合作，用户可以将合作平台的数据导入 Sutori 统一管理。而对于机构，750 美元/年的订阅模式可允许 10 个账户无限使用 Sutori 的全部功能。若想要全校范围内的教师和学生无限使用 Sutori，则为 1500 美元/年。为了吸引新用户，Sutori 为其提供一个月的试用期。在此期间，新用户可免费使用 Sutori 的全部功能。

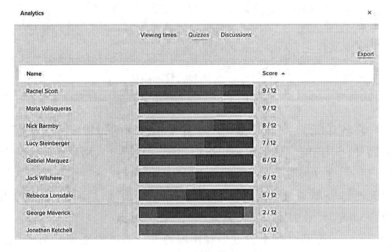

图 5　Sutori 教师管理面板

在企业级市场，Sutori 自信地表示："组织机构热爱 Sutori 的易用性和独特的展示方式。"同教育市场一样，Sutori 推出了免费和付费两种订阅模式。其中，免费用户能享受的服务同教育市场的免费用户一致，而付费用户则需每年花费 299 美元获得创建故事的全部功能。尽管企业级市场的规模远不如教育市场，但其潜力却已得到证实。2016 年，英国广播公司（BBC）为纪念"国家公园服务"百年庆典，曾用 Sutori 以时间顺序讲述美国国家公园的故事：从

1872 年建立的黄石公园开始一共介绍 59 个公园。Sutori 与英国广播电视台、维吉尼亚大学、西班牙知名日报《国家报》(*El País*)的合作都为 Sutori 的业务拓展起到了宣传作用。

4 结语

教育领域的许多技术进步和应用都集中在 STEM 学科上，人文和社会学科领域获得的关注较少。Sutori 却另辟蹊径，结合人文学科适合讲故事的特点，开发了一种全新的数字叙事工具。从历史等人文学科扩展到自然全科，再从教育市场延伸至企业级市场，Sutori 用五年时间逐渐明确了自身的品牌文化、发展策略和商业模式，在数字叙事应用领域小有成就。尽管数字叙事在教育领域的应用还未形成固定模式，但在学术领域已产生诸多研究课题和丰硕的研究成果。如乔治敦大学(Georgetown University)的数字叙事项目列出了三个主要研究方向：第一，数字叙事教学中，学习处理多媒体因素对学生造成的影响是怎样的；第二，数字叙事学习中明显的社交因素如何改变学生的学习；第三，数字叙事教学中强调的情感因素如何改善学习效果。而这也正是 Sutori 等新创公司需要回答和反思的问题。可以想象，随着数字叙事的完善和普及，在不久的将来，越来越多的数字叙事平台和工具会涌现出来。

参与式内容创作分发平台研究*

——以 Playbuzz 为例

徐丽芳　周　伊

2018 年年末，热门英剧《黑镜》推出了圣诞特辑《黑镜·潘达斯奈基》。与以往剧集不同的是，其剧情走向由观众决定——观众需在观看过程中不断替主人公做出"二选一"的抉择（见图 1）。这部互动特别版剧集一经上线立刻引起了全球剧迷、科技爱好者和内容行业的强烈关注，然而播出效果并不尽如人意。剧集拿到了有史以来的最低评分，观众普遍认为这种互动形式虽然创新有趣，但影响了内容的表达和观影的连续性，有些"形式大于内容"。可以说，其制片商奈飞（Netflix）做出的实验性尝试并不算成功。现在，尽管这部圣诞特辑的热度已经过去，但其代表的新型互动叙事方式依然是内容商们关注的焦点。神经科学家已经证明，当用户在互动叙事中边接收信息边做出选择时，大脑神经元之间的联系会加强；相比被动接收，此时摄入的内容会更令人难忘、更具有影响力。① 因此，当用户深度参与叙事时，数字内容的价值可得到放大。那么如何在叙事中插入互动元素才是行之有效的呢？Playbuzz 给出了自己的答案。

　　Playbuzz 是一个参与式内容创作与分发平台（图 2），上线于

＊ 本文以发表在《出版参考》2019 年第 10 期上的同名文章修改而成。

① Orren S. What Brands Can Learn from Netflix's Bandersnatch［EB/OL］.［2019-01-11］. https://www. marketingdive. com/news/what-brands-can-learn-from-netflixs-bandersnatch/545778/.

560

图 1 《潘达斯奈基》剧照

2012 年，用户可在平台上创作趣味性强或可交互的数字内容，并
分享到社交网络或 Playbuzz 的社区中。2014 年，根据美国社会化
新闻分析服务平台 NewsWhip 的统计，Playbuzz 上线仅两年就成为
脸书（Facebook）上被分享最多的十大内容网站之一。① 2015 年，
公司更被美国《连线》（Wired）杂志评为"欧洲最热门的创业公司之
一"②。最初，Playbuzz 从以色列风险投资基金 ViolaVentures（前身
为 CarmelVentures）处获得 300 万美元的 A 轮融资，并于 2015 年 3
月获得由 83North 领投的 B 轮融资 1600 万美元。2016 年 3 月，
Playbuzz 宣布完成 C 轮融资，由萨班风投（Saban Ventures）领投；
除了原有投资方，跟投方还新增了传媒娱乐企业巨头华特迪士尼公
司（Walt Disney Company）。③ 最新一轮融资于 2017 年 9 月完成，

---

① Corcoran L. The Biggest Facebook Publishers of August 2014 [EB/
OL]. [2014-09-10]. https://www. newswhip. com/2014/09/biggest-facebook-
publishers-august-2014/.

② Franklin-Wallis O. Europe's Hottest Startups 2015: Tel Aviv [EB/
OL]. [2015-08-05]. https://www. wired. co. uk/article/100-hottest-european-
startups-2015-tel-aviv.

③ Gallivan R. Disney, Saban Invest in Content-Platform Maker Playbuzz
[EB/OL]. [2016-03-31]. https://blogs. wsj. com/digits/2016/03/31/disney-
saban-invest-in-content-platform-maker-playbuzz/.

由 Viola Growth 领投，迪士尼、萨班等投资方均再次参与。① 目前，Playbuzz 融资总额已达 6600 万美元。随着业务发展，它逐步上线了内容监测分析平台，成功搭建了从创作到分发、再到监测评估的三级内容体系。

图 2　Playbuzz 公司标识

1　提供互动编创工具，为内容增色

Playbuzz 自身并不生产内容，而是为数字内容出版商或是个人用户提供编创工具，为内容增色。用户通过网站导航栏上的"创建"（Create）按钮即可进入编辑平台。Playbuzz 编辑器共提供 10 种内容编创组件，包括文本、图像、视频、对话框、引用卡片、摘要卡片、翻转卡片、投票、趣味测试和趣味问答。其操作流程非常简单：用户只需在编辑框中根据需要添加不同组件，按照模板进行修改即可；不同组件以卡片形式纵向排列，互不干扰，且可随意移动，改变先后顺序（如图 3 所示）。这种组合方式不仅令编辑过程更加灵活，也使得内容呈现方式有了多种搭配选择。创作者在编辑文本时，可使用引用卡片突出人物观点，使用摘要卡片总结内容要点，或使用对话框模拟人物对话。这样将大段文字拆分成更小的信息单元，既减少了传统线性布局的枯燥感，在视觉上更具美观性，又能够让读者在短时间内快速抓住内容重点。在处理图片时，除了

---

① Shead S. Playbuzz Raised ＄35 Million for Its Platform That Aims to Help Publishers Engage with the Snapchat Generation［EB/OL］.［2017-09-27］. https://www.businessinsider.com/playbuzz-raises-35-million-from-disney-and-a-bunch-of-other-investors-2017-9.

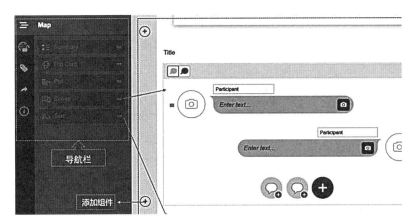

图 3　Playbuzz 编辑器操作界面

传统静态展示外，还可进行模糊处理，读者须手动点击图片才可看到清晰图像。模糊给内容带来了一定的悬念，能够引导读者参与"揭秘"过程，而最终显示的优质图像往往能令读者收获更大惊喜；对于一些冲击性较强的图片，模糊也能起到一定的预警作用，避免给读者带来不适。翻转卡片的功能与模糊图片类似，即读者须点击卡片进行翻转方可看到正反两侧文字或图片内容，可用于描述利弊、前后对比、谜面谜底等。同时，Playbuzz 也允许添加小段视频并进行简单的诸如调整画面时长、改变色调、添加文字和音乐等编辑操作，极大地丰富了内容的表现形式。而投票、趣味测试和趣味问答则是读者参与性最强、也是互动最直接的内容组件。读者需要根据自身情况不断作出反馈并完成交互操作，以投票、测试、问答形式展现的内容将会通过这种参与过程给读者留下更深刻、更直接的印象。与行业平均值 15 秒相比，读者在 Playbuzz 创建内容页面的停留时间高达 2 分 17 秒。① 另外，Playbuzz 还与全球著名视觉素材网站 Getty Images 达成合作，创作者可直接使用 Getty Images 的图像、视频素材（非商用）。此外，网站中还提供专门的学习教

---

① 本文数据如非特别注明，均来自 Playbuzz 官方网站 www.playbuzz.com。

程，不仅指导如何使用各种组件，更总结了让内容参与度更高的实用技巧，帮助用户轻松上手。

Playbuzz 为创作者提供了便捷的参与式内容创作工具，如何根据内容特点灵活运用不同组件以发挥最大吸引力，则是创作者们需要思考的问题。例如，英国脱欧一直是一个复杂而有争议的政治话题，也是一个极具价值、不容忽视的新闻热点。2016 年，新闻博客和聚合网站"赫芬顿邮报"（Huffington Post）在跟进此次事件时灵活运用了 Playbuzz 的对话框组件来呈现激烈的政治观点交锋，不仅清晰明了，更营造了一种你来我往、唇枪舌剑的紧张阵势。同时，"赫芬顿邮报"设置了多项投票、测试作为读者表达意见、参与话题讨论的出口，如让读者投票"你中意的报纸对英国脱欧的立场是否与你一致？"，或测试"在多大程度上你与新首相特雷莎·梅（Theresa May）的政见一致？"，如图 4 所示。数据显示，这些文章

图 4 "赫芬顿邮报"通过 Playbuzz 制作的测试

最终的效果都非常好，平均分享率达到 2%，互动参与率高达 90%，完成率超过 70%。对于重度依赖公众舆论的新闻主题，参与式内容能够有效激发读者表达自身意见的积极性，"赫芬顿邮报"对 Playbuzz 组件的灵活应用可谓非常成功的案例。

2　构建分发网络，实现价值变现

信息网络时代，内容的传播范围必须足够广才能更容易被读者发现，进而才有更大的变现可能，因此，内容去往何处是 Playbuzz 必须考虑的问题。自建网站、社交网络和出版商网络是 Playbuzz 的选择。其网站有自己的内容集成页面，从网站导航栏点击"最新的故事"即可进入。内容创作完成后，创作者可点击发布将其上传至 Playbuzz 网站，供 300 万用户浏览；创作者也可将其嵌入其他任何网站，只需复制内容脚本，嵌入目标网站即可（如图 5 所示）。Playbuzz 还可直接与内容管理系统（Content Management System，CMS）WordPress 对接，在 WordPress 中使用 Playbuzz 插件即可快速导入已经创建好的 Playbuzz 内容并进行统一管理。正是由于操作上的便捷性，Playbuzz 的参与式生成内容可以被带到脸书（Facebook）、推特（Twitter）等社交媒体中，借助社交网络的力量进行更广泛的传播，并且内容被转发后依然会链接回原始发布者，发布者不用担心分流的风险。此外，出版商通过 Playbuzz 的参与式内容获得流量增长的同时，其自身也成为 Playbuzz 分发网络中的一员。因此，以 Playbuzz 为桥梁，全球有 16000 多家出版商共同构建了一个独家内容分发网络。

广泛的分发网络意味着内容能到达尽可能多的用户，也就意味着能通过广告实现另一种形式的价值变现。在 Playbuzz 平台上，广告投放方式有两种：一种是直接通过 Playbuzz 平台编辑广告内容，然后通过分发网络进行投放推广。通常投票、测试等内容参与性更强，广告效果也更佳，且更容易被用户接受。例如，世界知名汽车品牌福特公司（Ford）在推出新款汽车时，与 Playbuzz 合作创建了一个人格测试，并根据测试结果判断测试者对汽车颜色的偏好。该项目一经分发，便吸引了目标受众源源不断地参与。仅几周时间，项目参与度便远远超过预期目标。项目最终持续了4个月，参与人次超过了10万，完成率高达93%，平均分享率超过了5%。在达到广告效果的同时，福特公司还能通过收集到的测试数据、留言评论进一步分析目标受众特征以及对汽车的看法，对制定未来品牌营销战略十分具有价值。另一种广告形式则是在相关文章中直接插入广告，例如在与食品相关的文章中插入百事可乐的视频切片广告(可随时跳过)，或是在文章末尾贴上横幅广告。

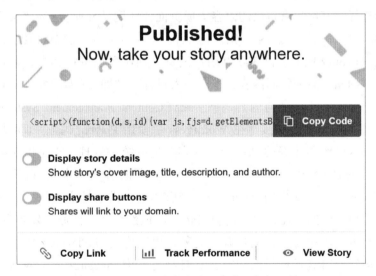

图5　Playbuzz内容脚本，可嵌入任何网站

要说明的是，Playbuzz所有广告均有明确的赞助标识。在收入分成模式下，其营收与广告效果息息相关。因此在投放过程中会严格筛选，确保广告与文章内容的合理匹配，尽量避免广告"过硬"引起读者反感。根据公司官方网站数据，经由Playbuzz投放的广告内容经尼尔森(Nielsen)测量平均能为品牌带来91%的提升效果，在全球数字品牌效应排名中排进10%。

3 搭建监测平台，创新评估指标

大数据时代，数据的价值无须多言。对已发布内容的监测能有效帮助创作方实时掌握内容的传播渠道、传播效果以及读者行为数据等，对创作方后续的内容生产策略有诸多裨益。Playbuzz 的监测平台 Analytics 上线于 2016 年，用于跟踪所有通过 Playbuzz 创作分发的内容。至此，从创作到分发、再到监测评估，Playbuzz 构建起了完整的三级内容体系(如图 6 所示)。

图 6　Playbuzz 从创作到分发、再到监测分析

监测平台上既可看到所有 Playbuzz 项目的总浏览量、页面平均停留时间，也可看到单个项目的浏览量和停留时间，以及以图表形式呈现的单日浏览量数据(如图 7 所示)。同时，Playbuzz 还可监测内容在社交媒体上的表现情况，例如在脸书上的分享数、评论数、点赞数等。这些宏观视图能够帮助创作方直观地了解不同类型内容的传播效果。除此之外，Playbuzz 还允许深入追踪单个项目，例如翻转卡片的点击次数；或者某项目中插入了测试组件，创作方即可看到测试到达人次、测试参与人次、测试完成人次以及人们会

在遇到哪个测试问题时退出。这些细化的数据能帮助创作方衡量不同互动组件在不同类型内容中可能带来的活动效果，并据此优化组件选择策略。过去，出版商总是为关键绩效指标（Key Performance Indicator，KPI）所累，过分追求页面浏览量、点击率等，但实际上，这些指标只停留在现象表层，并不能反映读者与内容真正的接触程度。而 Playbuzz 的参与式内容使更深层次的评估体系成为可能。Playbuzz Analytics 以用户参与交互为计算前提，不仅关注表层浏览量，更关注参与度，例如平均分享率、停留时间、交互完成度等，从而重新定义了 KPI。虽然统计数据可能没有以前那么好看，但却以细化的数据真正衡量了内容到达用户并引发参与的效果。通过 Playbuzz Analytics，出版商可以深度挖掘内容的数据价值，分析读者行为，包括读者对某一特定主题或某一类型内容的反应、影响内容参与的相关因素等，进而有针对性地作出调整，提升内容质量。

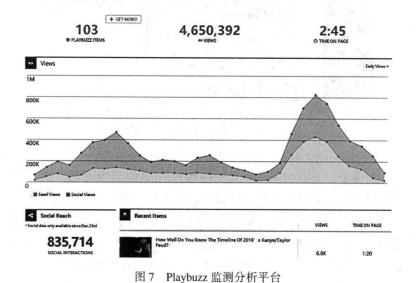

图 7　Playbuzz 监测分析平台

4　小结

注意力经济时代，如何从众多媒介信息中脱颖而出是内容创作者们必须思考的问题。随着互动叙事概念的兴起，以参与式内容吸引读者互动或许是出路之一。① Playbuzz 为创作者们提供了便捷的参与式内容创作渠道，强大的分发网络更能让内容广泛传播。当然，也有人认为诸如投票、趣味测试这样的小工具只是用来增加噱头、拉高点击量的。但事实证明，在精心加工内容的基础上，只要合理使用这些小工具，就能将死板的线性文本表现得生动有趣，与读者形成良好互动，并在不影响读者体验的情况下达成广告目标。从编创到监测评估，Playbuzz 一直致力于为创作更好的参与式内容服务，更尝试将最新的人工智能技术运用到辅助创作中。例如，在创作者输入标题和内容后自动匹配上合适的视觉效果，根据检索条件给出合适的互动设计建议等，② 未来也会有更多新型互动技术出现，Playbuzz 取得了阶段性成功，但还有很长一段路要走。

---

① 徐丽芳,曾李. 数字叙事与互动数字叙事[J]. 出版科学,2016,24(3).

② Orren S. Interview with Shachar Orren, Chief Storyteller, Playbuzz [EB/OL]. [2019-01-11]. https://martechseries.com/mts-insights/interviews/interview-shachar-orren-chief-storyteller-playbuzz/.

基于区块链的去中心化出版平台研究*
——以 Scriptarnica 为例

徐丽芳　田峥峥

　　在传统出版从作者、出版社、书店到消费者的链式流程①中，较多中间商的存在带来了高昂的成本。在这种流程中，作者无法与读者进行直接的沟通交流，更无法掌握主导权，因此在合同签订与利益分成等方面也处于劣势。一般情况下作者所能得到的收益仅为作品销售收入的 7%~25%。②在新兴的数字出版活动中，由于缺乏必要的版权登记机制，数字出版物的确权存在一定困难；在交易过程中也因无法对消费者进行动态跟踪而难以保证版权人利益，招致了频繁的版权纠纷。这些问题无疑是出版产业继续发展的障碍，而区块链技术的产生与应用则可以为以上问题的解决提供一条新路径。

　　区块链是一种将数据区块以时间顺序相连而成、以密码学方式保证不可篡改和不可伪造的分布式账本技术（Distributed Ledger Technology，DLT），具有去中心化、时序数据、集体维护、安全可信等特点。③ 去中心化是区块链技术最突出的特征，原因在于区

---

　　* 本文以发表在《出版参考》2021 年第 4 期上的同名文章修改而成。

　　① 刘声峰，陈志钧．站在未来看现在——关于运用区块链技术破解出版业"痛点"的几点思考[J]．中国传媒科技，2020（6）．

　　② Scriptarnica. Scriptarnica Whitepaper：Problem Space[EB/OL]．[2020-12-29]．https：//poc. scriptarnica. com/books/794de62a-8c07-4768-a687-880dfe718270/chapters/64d28486-841c-40cf-9c8a-98cdd87c9c98.

　　③ 袁勇，王飞跃．区块链技术发展现状与展望[J]．自动化学报，2016，42（4）．

块链数据验证、存储、传输与维护均采用分布式系统结构。出版平台应用这一特征，便可以消除出版中介，削弱第三方机构权力，重塑传统出版流程，加快出版速度，并增强作者与读者间的互动等。其中，时序数据是用加盖时间戳的链式区块结构为数据增添时间维度，保证数据的可验证性与可追溯性。它有利于版权登记、版权证明与维护。集体维护则是通过设置特定的经济激励等机制发动所有节点参与维护。在采用区块链技术的出版平台上，体现为全体成员均有可能介入内容生产过程，共同助力作品创作。最后，借助加密算法实现数据的不可篡改与不可伪造，可确保出版平台的数据安全可信，保证每一笔交易都是"诚实"的。这也为作者与读者点对点交易的实现奠定了基础。因此，独立作者联盟（The Alliance of Independent Authors，ALLi）已经正式宣布将区块链技术作为解决出版领域难题的方案。

在出版领域，除了将区块链技术应用于版权保护、出版物信息存储、出版物智能交易、出版各参与方数字代币激励等方面，近年来还涌现出不少整合这些应用后打造出来的出版平台。不同平台有着各自的特色。如以 Publica、Bookchain 和 Authorship 为代表的出版平台主要满足作者自主或自助出版的需求，构建了以著作权人为中心和主导的出版模式。其在帮助作者避开出版商复杂条款约束、简化出版流程的同时，降低了出版成本。Po.et、CERTO、ICST 等平台通过哈希计算与时间戳信任机制，着重解决数字作品所有权的追溯问题，创新了版权管理手段。另外，以数字代币为激励手段的出版平台 Publish0x、Creary，通过数字代币来发动用户共享内容；Eureka、Orvium 借此鼓励开展高效高质的审稿与编辑活动；Custo 则专门建立了赏金猎人社区，用数字货币作为奖励，促使社群成员主动提供侵权消息，有效打击非法文件共享与盗版行为。还有，基于区块链的出版平台也越加重视作者与读者之间的精准社交。如 Decentium 提供点对点消费模式，读者可以为喜欢的作者打赏支持。2020 年，专注区块链开发与设计的塞尔维亚 MVP 工作室（MVP Workshop）正式上线基于去中心化理念、采用区块链技术建立的出版平台 Scriptarnica。这个以促进出版业革命为目标的去中心化阅读、写作、出版、内容交易平台采用智能合约构建去中心化的出版收益模式，而且基本能够实现前述的所有功能。

1　出版流程

自 2018 年开始，MVP 工作室便开始着手建设 Scriptarnica 平台，并在脸书(Facebook)、推特(Twitter)、米迭姆（Medium）等社交媒体上展开宣传。2020 年 11 月，开发团队正式上线 Scriptarnica 的公开测试版本 Beta 版。① 作为以区块链为支撑技术，以去中心化为发展理念的出版平台，Scriptarnica 重塑了传统出版流程：平台去除作为中介的出版社和经销商，作者完稿后可直接在平台发布；读者在进行内容消费之外，还可以对内容进行评议；平台在正式出版一部作品前，会专门安排审稿人审议内容以保证质量，以及安排专业人员进行形式设计等工作，再将完善后的作品提供给读者。平台出版流程如图 1 所示。其中，Scriptarnica 目标用户至少包括作者、读者和审稿人、其他相关贡献者三类，平台现在的出版流程并未包含出版商，但这并不意味着平台完全将出版商排除在外了。出版商可以将作品发布在平台上以扩大销售，还可以借助平台更好地评估目标作者的影响力和市场潜力，以降低未来同该作者签订合同的风险等。②

1.1　作品创作、存储与确权

Scriptarnica 为作者提供了两种不同的写作模式，作者可以自由选择逐章创作或是整本创作。其中，逐章创作能够为作者带来读者的实时反馈，而根据读者反馈修改与完善后的作品更容易让读者满

---

① Scriptarnica. The Beta Version of Scriptarnica is Out! ［EB/OL］. ［2021-03-12］. https://twitter. com/scriptarnica/status/1323282940424523777.

② Atanasovski P. Low Risk Publishing：How to Find the Most Promising Book to Invest in［EB/OL］. ［2020-12-29］. https://medium. com/scriptarnica/low-risk-publishing-how-to-find-the-most-promising-book-to-invest-in-ade87b5641fa.

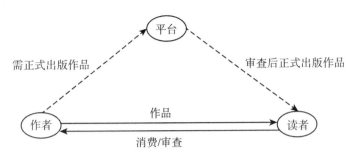

图 1　Scriptarnica 出版流程

意与认可。至于写作的具体过程，作者可直接借助 Scriptarnica 平台所提供的编撰功能进行写作，也可选择导入 MD 或 EPUB 格式的作品。平台可为作者提供完整的图书分析报告以帮助其调整后续创作思路。

对于作品的存储，Scriptarnica 采用星际文件系统（IPFS）将其分散存储于区块链各节点上。IPFS 实际上是一种点对点的分布式文件系统①，适合用于区块链中实现底层存储角色。一方面，分散存储于各节点的作品会通过被其他用户浏览这一过程向其他节点扩散，这使任何节点都不必独自存储全部作品数据，因此任何攻击者都无法完全阻断对该作品的访问，保证了平台作品的安全存储；另一方面，将平台作品存储于 IPFS 系统而仅在区块链上保留相应的编号（ID），可极大地减轻区块链的存储压力，提高用户访问与获取平台作品的速度与效率。

另外，采用区块链技术的 Scriptarnica 可以让作者内容创作完成即登记版权。区块链本质是一串相连的数据区块，数据区块中一般包含区块头（Header）和区块体（Body）。区块头中封装了当前版本号、前一区块地址、时间戳、随机数、当前区块目标哈希值、哈

① Benet J. Ipfs-Content Addressed, Versioned, P2P File System［J］. arXiv preprint arXiv,2014(7).

希树/墨克树根植等信息,① 其中的时间戳是版权登记的有力依据。根据《伯尔尼公约》、TRIPS 协议以及我国《著作权法》等，著作权自作品创作完成之日起产生，作者无须履行任何手续便可成为著作权主体。② 但是，时间戳可以记录作品完成时间，从而能够作为作品的存在性证明(proof of existence)，帮助实现作品的版权登记和确权。

1.2　内容评审

Scriptarnica 平台采用集体审议与审稿人审稿两种制度，以保证在控制作品质量的前提下，使其以较快速度进入市场。集体审议充分发挥去中心化的平台特色，通过区块链技术发行通证(Token)作为激励手段，充分动员全体读者对某部作品中的问题内容进行标记、提出意见与建议等。对于拟正式出版的作品，平台会安排审稿人审议。这些审稿人同样会得到一定数量的通证作为报酬，其中收益的 50% 归第一位审阅该书的人员，另外 50% 根据剩余审稿人数量再具体划分与确定。通常而言，审稿人可由另一位作者或是读者担任，也可由作者所要求的特定作家或其他人担任。在审稿人审查时，作品将进入"即将出版/出版"列表。该书第一批读者将有机会集体式评审该书。为方便审稿人开展评审，平台制定了一系列标准以供参考，其中明确要求审稿人应全面注意内容与形式两方面：一是需要确保图书中未包含问题内容，如淫秽色情内容，宣扬恐怖行为和煽动暴力内容，鼓励销售炸药、手枪、子弹、枪支配件、毒品等非法活动内容，关于种族、民族、国籍、性别、年龄、残疾、严重疾病的仇恨言论或误导性内容，违反法律、侵犯隐私或其他权利的内容，且没有其他读者所做出的问题内容标记；二是需要保证图书版式满足平台所给定的标准，在完整包含封面、前页、正文、末

---

①　张岩,梁耀丹. 基于区块链技术的去中心化数字出版平台研究[J]. 出版科学,2017(6).

②　吴汉东. 知识产权法学(第七版)[M]. 北京:北京大学出版社,2019:38.

页与封底的前提下，同时具备美观与艺术性。

1.3 内容消费与版权保护

图书出版后，读者可以根据自身需要选择购买整本图书或某个章节、页面、段落。内容消费过程中会涉及平台发行的两类通证：Character Token(CHR)与 Script Token(SCRPT)。"token"目前在区块链领域的译名尚未统一，常被译为"代币""通证"等。在中文语境中，这两个词语有一些差异：代币是指借助区块链技术发行的加密数字货币；通证的内涵则更为宽泛，指在区块链上发布的任何数字和电子权益，可代表货币、股票、债券等。① "通证"这一译法自 2017 年由孟岩和元道提出后很快得到业界及学界的认可与应用，因此本文采用它作为"token"的译名。Scriptarnica 平台规定必须以 CHR 购买图书，换言之，CHR 即为购买图书的"货币"。它可通过 SCRPT 兑换或用美元购买。SCRPT 采用 ERC20 (Ethereum Request for Comments 20)主流通证标准协议。② 协议明确了通证流通所应遵循的运作方式与其他规则，因此，SCRPT 可以通过同样采用 ERC20 协议的外部以太坊钱包购买获得。平台支持以 Fortmatic、Metamask、Wallet Connect 购买 SCRPT，同时，也可以直接用美元购买 SCRPT。Scriptarnica 通证体系见图 2。

瑞士金融市场监管局根据通证潜在的经济功能，将其分为支付类、应用类和资产类。③ 支付类通证(Payment Token)代表加密数字货币，如比特币等；应用类通证(Utility Token)用于提供对特定应用程序或服务的数字访问；资产类通证(Asset Token)代表资产，近似于股票、债券或衍生品。Scriptarnica 平台采用的通证经济模型为燃烧—铸币均衡模型(Burn-and-Mint Equilibrium Model，BME)。

① 刘金婷. Token 在不同领域内的中文译名浅析[J]. 中国科技术语，2020,22(5).

② 李晓宇. 以太坊代币智能合约形式化验证技术研究[D]. 中国科学技术大学,2020.

③ 张榕榕. 区块链技术促进国际供应链融资的机理研究[D]. 天津商业大学,2020.

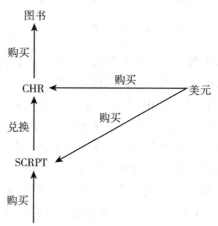

图 2　Scriptarnica 通证体系

存在于 BME 模型中的两种通证体系均为应用类，具体包括用于价值积累的交易通证和专门用于支付的通证，① 对应于 Scriptarnica 所发行的 SCRPT 和 CHR。读者购买图书时，将首先燃烧用于价值积累的交易通证 SCRPT 以获得专门用于支付的通证 CHR，同时，为方便不愿持有加密货币的读者使用平台，加上考虑到随着平台发展 SCRPT 可能增值或贬值，为保持交易价格相对稳定，平台选择将图书价格单位 CHR 与美元直接挂钩。② 因此，Scriptarnica 允许以美元购买 CHR，而不必经由 SCRPT。但 Scriptarnica 平台所获得的 CHR 不可逆、不可转让，只能用于购买图书。由于目前仍处于 Beta 阶段，Scriptarnica 允许用户将 SCRPT 转换为泰达币（Tether USD，USDT）或其他稳定的加密货币，而后可转换为美元或其他

① Adams G. Burn and Mint Equilibrium［EB/OL］.［2020-12-29］. https://messari. io/article/burn-and-mint-equilibrium.

② Atanasovski P. Burn and Mint Equilibrium Pro's and Con's［EB/OL］.［2021-03-12］. https://medium. com/mvp-workshop/burn-and-mint-equilibrium-pros-and-con-s-c27d83748cf5.

法定货币。① 在支付 CHR 后，读者将得到平台分发的一个密钥，通过该密钥读者可实现对图书的访问。

另外，区块链的区块头中包含了哈希树/墨克树根值。该值是通过两两合并哈希树/墨克树叶子节点的哈希值得到的；叶子节点之上存储的是每一笔图书交易。因此，借助哈希树根值可以追溯到区块链上任意一项版权记录，从而使每次授权许可、转让付费情况等都是可循的；同时，由于区块链去中心化的特点，全网每个节点都将持有最近的图书交易记录；每个新产生的区块在存储新的图书交易数据之外，还会储存上一个区块的散列值，这就意味着每个区块中的最近交易记录包含截至该交易发生时的整个交易记录，如此紧密缠绕的区块链交易数据很难被篡改。② 这将有利于版权维护，而且即使发生侵权行为，版权索赔也较为容易，从而能够保障版权所有者权益。

2 运营机制

以区块链作为底层技术保障，Scriptarnica 形成了显著区别于传统出版的运营机制：一是动员全体读者参与图书内容评审的分布式开放质量控制机制；二是以字符为基础所设置的多元、多粒度定价机制；三是基于社群开展关系营销、定制营销与口碑营销的营销机制；四是借助智能合约自动实现图书购买与价值分配的交易机制。以上各机制共同发挥作用，构建了一个公平、去中心、透明的出版市场。

2.1 开放的质量控制机制

以我国传统图书出版为例，作品在正式出版前会经历由编辑初

① Scriptarnica. Scriptarnica Terms of Use[EB/OL]. [2021-03-12]. https://app. scriptarnica. com/terms-of-service.

② 徐丽芳,刘欣怡. 基于区块链的在线教育平台研究——以按需教育市场公司(ODEM) 为例[J]. 出版参考,2019(9).

审、编辑室主任复审、总编辑终审的三级审稿责任制度，以决定是否采用稿件，并对拟采用稿件提出修改意见，继而对不需退修或退修后决定采用的稿件进行修改润色。在将已修改完成的书稿发给生产部门后，还需要对生产厂家制作的清样进行三次校对。就传统学术期刊而言，收到稿件后编辑首先需要对稿件进行筛选并将其分配给同行评议专家，作者需要根据专家建议进行修订，对于决定录用的稿件，还会有专门的编辑（如文字编辑、技术编辑、校对）对稿件形式与技术规范展开加工，包括文字校对、引文标注等工作，以保证所发表文章无形式与技术差错。① 以上冗长的流程虽然保证了作品质量，却也延长了发行周期，降低了出版效率，并增加了沟通成本。Scriptarnica 基于去中心化理念改变了这一传统的审稿机制。平台将内容质量的控制权下放至各节点，而非集中于平台本身抑或其他某些特定的人手中，由此实现了对中心话语权力的分权。采用这种分布式的开放质量控制机制，平台上的所有用户都可以对所发布作品内容进行审议。同时考虑到积极的社会行为多需要合理且有效的激励机制尤其是物质激励的触发、推动，② 平台会奖励参与审查的用户一定数量的交易通证 SCRPT。具体地说，评议人对作品问题内容的标记将会直接显示在作品中，评分将会展示在作品首页，所提出的意见与建议也会展示在作品首页的"Book Club"中，如图 3 所示。作者除了受到集体评议的被动型约束，还会因处于众人凝视的"共景监狱"这一控制体系中而主动、积极地提升作品质量，以建立或维护良好声誉，吸引更多读者，售出更多作品。

2.2 多元、多粒度的定价机制

目前多数电子书仅设置了整本图书的价格，少量电子书交易平台如亚马逊等设置了章节、页面的价格。这与各平台所制定的销售

---

① 徐丽芳,方卿 . 基于出版流程的开放存取期刊学术质量控制[J]. 出版科学,2011(6):78-81.

② 谭小荷 . 基于区块链的新闻业:模式、影响与制约——以 Civil 为中心的考察[J]. 当代传播,2018(4):91-9.

图 3　Scriptarnica 作品首页相关功能设置

策略相关。同时，由于以图书、章节、页面等为单位的交易量势必远高于仅以图书为单位的交易量，而大量交易的处理需要高运行速度和强大计算能力的支撑，加之非传统的细粒度内容交易需要涵括出版合约、支付、利益分成机制等功能的整套基础设施的支撑，这种内容定价和交易的门槛是很高的。而 Scriptarnica 不仅给定了整本图书以及章节、页面、段落的价格，且区分了付费与免费的部分，以满足读者不同层面的需求。图书中某些章节或段落免费，以便让读者通过阅读这些段落或章节对内容有一个初步了解，从而更准确地确定自身的内容需求；同时，在知识完形心理的作用下，①读者很可能会选择购买图书其他部分。而具体定价机制的实现，除依靠区块链技术每秒能处理大量交易的特性外，还得益于平台以字符数为基础的定价方式。根据区块链坎普（Blockchain Camp）提供

① 杨石华,陶益然.知识的诱饵:"在线试读"的图书营销功能研究[J].科技与出版,2016(6).

的交易压测报告，区块链每秒可处理 1599.6 笔交易,① 局域网 Fabric 每秒可处理 368.8 笔交易，广域网 Fabric 每秒仅能处理 77.3 笔交易。由此可见，区块链为大量交易的处理提供了技术支撑。另外，平台采用预先定义的公式分别计算图书中免费字符与付费/高级字符数目，根据作者确定的图书价格除以付费字符数目，得到每个付费字符价格；章节价格为该章节付费字符数与所得到的单个付费字符价格相乘；页面与段落价格计算方式类似；内容若为图片，其价格的确定则是将整本图书付费字符数除以图书段落总数，得到这本图书平均每个段落的付费字符数，并将其作为图片的付费字符数，再与单个付费字符价格相乘。② 由此，平台实现了按章节、页面、段落等不同粒度单位的多元定价。

2.3　基于社群的营销机制

传统通过广告、图书签售会、读者见面会、图书折扣等开展的营销活动已经无法完全满足当今时代的要求，基于社群的营销机制为图书营销提供了全新的思路与方法。社群由拥有相同或相似兴趣爱好及价值观的成员集合形成，多显示出高聚合度、高交互性以及自组织等特征。Scriptarnica 通过为每本图书开设一个名为"Book Club"的交流社区来打造社群，并以此为基础进一步建立基于社群的营销机制。读者在该交流社区内可以对作品词汇、语法、情节等发表意见和建议，并同包括作者在内的其他社区成员自由交流。另外，由于平台并不强制要求整部作品完成后才发布，作者便可将仍在写作过程中的作品向读者展示。这给予了全体读者全程介入作者创作过程的机会，从而大幅提高了社区成员之间沟通的频率与强度，增强了读者的参与感以及读者对作者及其作品的忠诚度。如

---

① 冉景刚．区块链在数字出版业中的应用研究[J]．出版发行研究,2018 (6).

② 中国电子技术标准化研究院．中国区块链技术和产业发展论坛标准[EB/OL]．[2020-12-29]．http://www.cbdforum.cn/bcweb/resources/upload/ueditor/jsp/upload/file/20201120/1605854180778072939.pdf.

此，最终能够构建具有高凝聚力与强向心力的社群。

Scriptarnica 平台主要通过三种方式开展社群营销：首先是关系营销，即依靠作者与读者在社区长期互动形成的良好关系，以读者对作者及其作品的高忠诚度和高信任度为基础展开营销；其次是具有针对性与精准性的定制营销，这是由于作者在与读者互动中积累了对目标受众偏好详尽且深入的了解，便可推动实现与读者需求无缝对接，进而实行定制营销；再次是口碑营销，即通过社区内成员的口碑进一步传播扩大作品影响力，吸引更多受众。由此可见，Scriptarnica 的营销机制不再是由营销主体一方主导，而是在营销主体与受众的双向互动与沟通中形成一种新型营销关系，从而有效促进读者对平台作品的了解及购买等。

2.4 基于智能合约的交易机制

在传统出版流程中，图书从生产到销售需要经过多级渠道。此过程中的经销商可能会采用赊销形式，导致回款速度慢、回款效率低、回款周期长；同时，多级渠道的存在也提高了交易成本。Scriptarnica 通过智能合约创建了无须作者和读者双方互相了解或信任，只需满足预设条件便可自动执行的交易机制，这便消除了对第三方中介的需求，实现了作者与读者点对点的交易，从而可解决以上问题。

智能合约(smart contract) 概念最早由尼克·萨博(Nick Szabo) 于 1994 年提出。萨博认为智能合约就是执行合约条款的可计算交易协议。中国区块链技术和产业发展论坛标准中进一步丰富了智能合约的定义，认为其是以数字形式定义的可自动执行条款的合约。[①] 具体而言，智能合约是一套以数字形式定义的承诺以及合约参与方可以执行这些承诺的协议，其中承诺是指合约参与方同意的权利和义务，而协议一经制定与部署便不再需要人为干预，而可自

---

① 朱建明,高盛,段美娇. 区块链技术与应用[M]. 北京:机械工业出版社,2017:254.

我执行(self-executing)和自我验证（self-verifying）。[1] 但囿于技术发展水平，智能合约在很长一段时间内都仅停留于概念层面，直至区块链技术的出现为其提供了可信执行环境。区块链中的智能合约是指基于预定事件触发、不可篡改、自动执行的计算机程序。[2] 概括而言，Scriptarnica 在交易方面的智能合约具体包括图书购买合约和价值分配合约。借助智能合约，读者购买作品所支付的 CHR 通证可以不通过第三方中介到达作者。为此，平台事先设定"支付 CHR 通证"作为合约的触发条件。一旦满足这一条件，平台便会自动为首次购买图书的读者生成一个密钥，读者通过该密钥便可访问图书。访问行为的具体实现有赖于代理重加密机制。该机制是密文间的一种密钥转换机制，就 Scriptarnica 平台而言，"图书"便是所指称的"密文"。在该机制中，图书的加密与解密将使用不同的密码来完成，交易中所需密码被分为公钥（public key）和私钥（private key）两类。首先，作为交易一方的作者使用自身所持有的公钥对图书进行加密后将其发送至网络，同时为网络生成一个"转化密钥"。读者向网络发送图书访问请求，网络根据所存储信息自动判断此用户是否购买了该书。若已购买，网络便借助"转化密钥"将经作者公钥加密的图书转化为能够用读者私钥解密的图书，即重加密该图书，并将其分发给读者。这一代理重新加密机制可以保证当图书版权被侵犯时，平台能迅速确定发生泄漏的密钥，并阻止该密钥进一步分发图书。具体流程见图 4。

随后，Scriptarnica 将进行价值分配，通过智能合约中预定义的规则实现收益及时、自动分配。平台坚持作品所得收益主要归属于作者，将作者置于收益分成前端。同时，区块链技术所具有的可追溯特点又使各项操作有迹可循，因此，在图书出版流程中所有从事某项工作的贡献者也都能获得一定收益。其中，作品收入的

---

① Scriptarnica. Benefits for WRITERS[EB/OL].[2021-03-25]. https://scriptarnica. com.

② Scriptarnica. Benefits for WRITERS[EB/OL].[2021-03-25]. https://scriptarnica. com.

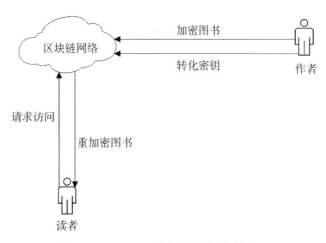

图 4　Scriptarnica 下读者访问图书的流程

94% 归作者所有；剩下 6% 一部分归包括审稿人、设计者、翻译人员等在内的相关人员所有，另一部分归平台所有。① 平台交易机制具体如图 5 所示。

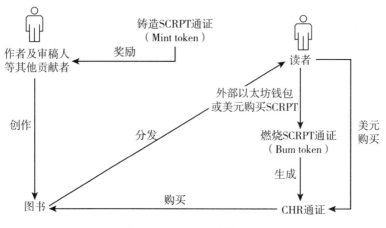

图 5　Scriptarnica 交易机制

① 中国电子技术标准化研究院 . 中国区块链技术和产业发展论坛标准［EB／OL］.［2020-12-29］. http：//www. cbdforum. cn/bcweb/resources/upload/ueditor/jsp/upload/file/20201120/1605854180778072939. pdf.

3 小结

Scriptarnica 利用区块链技术构建了一个由作者主导的高效的去中心化出版流程。但不可否认的是，此类出版平台的未来发展仍然面临着一些需要解决的难题。首先是区块链技术本身存在的局限性，如作为激励手段的通证在购买和使用等方面存在一定的入场门槛；通证未来也可能会面临监管困局；区块链需要投入强大算力和耗费较多的资源。其次，去中心化的出版模式颠覆了传统出版中各主体的利益关系，可能会触及多方利益。因而，其是否能真正有效地解决出版领域的问题，还需要未来不断地实践检验。

IngentaConnect 学术信息平台

邹　莉　陈姜同

1　Ingenta 情况简介

IngentaConnect 网站是 Ingenta 公司于 1998 年建成的学术信息平台。随后，其收购了巴斯大学的巴斯网络图书馆。在几年的发展中，该公司先后兼并了多家信息公司，合并了这些公司的数据库。2001 年，Ingenta 公司兼并了 Catchward 公司，并将两家公司的信息平台整合为一体。在整合之前，用户可分别从 Ingenta. com 和 Catchward. com 查询对方提供的全部信息。2007 年 2 月，Ingenta 宣布与 Vista 国际公司合并组建新公司——出版技术公司。它已经在伦敦证券交易所的另类投资市场上市。

2013 年数据显示，Ingenta 公司在英国和美国多个城市设有分公司，拥有分布于世界各地的 350 多个出版商用户，180 多个出版机构，10000 多个团体用户和 2500 多万个个人用户。IngentaConnect 平台拥有 30000 多种专业学术出版物，每月拥有 250 万访问者和 650 万页面浏览量，其中 25% 的页面访问者为大学生，25% 为研究生群体，50% 为商业用户和研究者。在艺术、科学、医学、商业等学科领域，它经常出现在 Google 搜索结果的顶部。它早已成为全球学术信息服务领域的一个重要的文献检索系统。①

---

① 详见 www. ingentaconnect. com。

2 IngentaConnect 收录期刊情况

2.1 收录范围

IngentaConnect 是目前世界上最大的期刊目次数据库之一。2009 年 12 月数据显示，该库收录期刊超过 12017 种，拥有期刊文章索引(或文摘)5950884 篇，广泛覆盖了自然科学与社会科学领域的多种学科。① 到 2018 年，其收录期刊已超过 18000 种。为了让读者对学科分类一目了然并方便地浏览内容，IngentaConnect 采用了世界通用的美国国会图书馆(Library of Congress)分类法，将所有学科划分为 15 个学科大类、125 个学科子类。其中大类包括农业与食品科学、人文艺术科学、生物与生命科学、化学、计算机与信息科学、地球与环境科学、经济工商、工程技术、数学与统计学、医学、护理、哲学与语言学、物理与天文学、心理与精神病学以及社会科学。如果订购了其中的某些出版物，用户可以直接在网上获得它们的全文，但同时也可以通过付费订购和全文传递服务获取。

2.2 页面基本功能

IngentaConnect 提供关键词检索、期刊浏览和分类浏览的功能。对于注册用户还提供保存和调用检索式、邮件定购等服务。注册用户可以在线查看论文全文，非注册用户可以免费看论文书目和文摘信息。

IngentaConnect 提供的用户界面非常友好，任何时候都可以点击页面上部的"help"链接以获取帮助。各项功能按钮都集中放在一个导航条上，始终位于各页面右边，用户随时可以点击各按钮进行操作。

在期刊检索结果中，系统对订户已订购的期刊给出标识，并提

---

① 详见 www. ingentaconnect. com。

供馆藏信息。对于没有订购的期刊，用户可以向 IngentaConnect 订购其论文的复印件。

（1）期刊浏览

用户任何时候都可以点击页面右边导航条上的"browse"按钮进入期刊浏览页面，并根据自己不同的需求、爱好来选择不同的浏览方式，包括按出版物首字母顺序、按出版机构名称首字母顺序，或者按学科浏览。当按出版物首字母顺序浏览时，可以将范围限定在已购买的资源中，或者已订购并且免费的资源中，从而减少检索时间。

选择其中一种期刊，可进入期刊书目信息页面。每条记录下都设有"current"和"all issue"按钮，点击前者可查看最新一期的论文目录信息，点击后者可查看期刊各期的目录信息。如果在浏览前用户选择的数据库是"online article"，则还可给出每种期刊站点及其与出版者站点的超链接。每个期刊记录前面都有一个标志，标明用户是否订购了该刊，以及订购用户的馆藏信息。

此外，IngentaConnect 将该站点收录的电子期刊和外部站点提供的重要免费信息资源统一按主题分为 15 个学科大类，125 个子类。在 Ingenta 首页右边"主题区域"中按字顺列出了这 15 个大类的类名。点击类名，显示该类目中包含的子类名称。每一栏目下列有相关信息资源的站点名称及其超链接，使用起来极为便捷。

（2）期刊检索

用户既可以使用 IngentaConnect 首页的检索入口进行检索，也可以利用网页右边导航菜单中的"快速检索"。

①快速检索。在页面右上的"Search"检索框中输入论文标题、关键词或摘要等检索词进行检索。若在检索文本框中选择系统默认，则系统立即在平台的电子数据库或电子论文范围中执行检索，查找满足条件的记录；如果需要通过传真或者 Ariel 方式传递的文献，选中"传真/Ariel 内容"后执行检索则获得相关检索结果。

②高级检索。点击页面右边的"Advanced Search"按钮进入高级检索界面。按提示分别在关键词、作者、出版物名称检索框中输入检索式。这三个选项可同时使用，也可单独使用。用户还可以按

提示填上卷、期和年代，对检索范围作进一步限制。最后点击下方的"检索"或"检索最新"（此功能只有适用于注册用户）即可。

2.3　开放存取情况

IngentaConnect 上所有的期刊内容都是由相应的出版机构或者其排版公司提供的。Ingenta 只能将它们提供的内容展现给读者。在 IngentaConnect 平台，每家出版社的图书或期刊主页中已提供了机构网站的链接，用户可以通过直接与相应出版机构联系获得最新内容。平台上大多数出版机构都能在第一时间提供资料以便更新，但有时由于出版机构出版周期发生问题，也会影响到期刊内容的正常提供。IngentaConnect 平台上的期刊或者文章前方会有不同的标识符，如 F 表示"Free Content"，其内容是可以免费获取的；N 表示内容是最新发表的，有利于用户搜索最新出版的期刊或者文章；S 表示该期刊是订阅者才能获取的；T 表示该期刊内容在一定时期内可以免费获取；H 表示该期刊属于图书馆机构所有。其中 F 所提供的期刊多为过刊，滞后期一般长达 4~5 年，但也有部分期刊在出版几个月内即提供印刷版上网供免费获取。因此，总体而言，该平台为了保证出版商的利益，其开放存取力度还不够。

2.4　个性化服务

（1）针对个人用户

一是管理个人账户。个人用户可以利用平台提供的管理个人账户功能管理个人信息、订阅信息以及交易信息等。通过管理个人信息，可以修改个人的联系信息等；管理订阅信息，则可以通过其获取全文出版物；管理交易信息，可以方便快捷地购买需要支付费用的期刊。

二是通报服务。IngentaConnect 平台提供的通报服务主要包括刊物出版通报和检索策略新知通报两种。用户可以通过电子邮件方式获取平台上出版物的最新出版信息，但最多只能建立 5 种出版物的新知通报服务。5 条以上的新知信息则需要付费才能获取。此外，用户还可预存一些检索策略（最多包括 5 个检索式），一旦有新的文章被本系统收录，系统将自动执行预先准备好的检索策略，并把检索结果发到用户的电子信箱中。

其他针对个人客户的服务还有以下几种：①查询账单。查询订阅账单的发货状态，并可以打印账单。②创建标记列表。用户可以对自己感兴趣的文章创建标记列表，从而将其打印或者通过电子邮件发送给自己或者同事。③保存检索。用户可以对检索式进行保存以备后用；如果用户拥有通报服务授权，则当有符合检索条件的文章出版时，用户也可以通过邮件第一时间获知该信息。④订阅 RSS。用户可以通过 RSS 聚合器订阅平台上的最新出版信息，由此获知出版物的目录、摘要和全文。⑤IngentaConnect 实验室。实验室能将 IngentaConnect 技术组的技术实验和革新介绍给用户，如 IngentaConnect 的博客"All My Eye"将技术和生产组的最新新闻和观点发布在网络上。

此外，如果个人用户所在的机构已经购买了 IngentaConnect 平台的相关资源，则个人将拥有更多的终端客户消费体验，如在个人购买期刊时享受一定的折扣，在图书馆 ID 的基础上快速注册登记，享受无限制的新刊通报和检索策略通报服务而没有个人用户的数量限制，此外平台丰富的出版物资源还提供参考文献链接、引文回溯链接和印刷版补充数据等服务。

（2）针对出版机构

IngentaConnect 平台给学术出版社、专业出版社、公益性组织和政府间组织等相关的出版机构提供使其内容产品和数字资产实现价值最大化的服务。具体包括线上出版、网页设计、网站开发、信息商务、信息建设、市场营销方案等。

（3）针对图书馆用户

IngentaConnect 平台给学术机构、公司、政府以及特殊机构的图书馆提供了一个包括更多高质量网络期刊的平台，其提供的服务一般都包括文献传递和在线内容获取等。

此外，对于订阅 IngentaConnect 平台期刊的图书馆用户，Ingenta 提供防止重复订阅的模块以确保图书馆订购的期刊是未曾订阅过的，从而帮助图书馆优化馆藏资源。如果机构自身有链接服务器，则通过平台开放的 URL 链接服务可以避免网站内容"死链接"的发生。

COUNTER-Compliant 数据报告是 IngentaConnect 平台提供给图书馆的另一项特色服务。报告内容为图书馆订阅产品的基本情况，包括目录信息、每期所下载的摘要和全文信息、期刊检索量和浏览量等。这有助于图书馆机构了解其所购买内容的产品质量，从而优化购买行为。

3 内容模式

Ingenta 为每家出版机构在 IngentaConnect 平台的主页上增加了出版机构网站链接。作者可以进入机构在 IngentaConnect 平台上的主页，浏览查询到完整的出版机构名单，找到适合发表文章的机构，再转到出版机构网站与其联系。

3.1 编辑方案

IngentaConnect 囊括众多各具特色的出版机构的出版物，但本身并不是一个出版公司。因此平台并没有为所收录的期刊制定统一的编辑规范，相反，它在最大限度上保留期刊印刷版的本色。在为各个出版机构制定 IngentaConnect 平台的网站方案时，它也充分考虑各个出版主体的不同风格定位。截至 2013 年，它依靠自身强大的技术能力为 200 多个出版机构制定了网站方案，网站中一般都有期刊自身的"作者投稿须知""编辑方案"等明细规定。

3.2 版权安排

IngentaConnect 平台上所有的电子全文论文都是在 Ingenta 与相应出版机构达成协议后才向用户开放的。从 Ingenta 获取的信息来看，出版机构是资料提供者，拥有一切必需的权限来向用户安全地开放资源，出版机构也将全权处理所有版权问题。若有任何有关电子论文版权的疑问，IngentaConnect 作为第三方机构并不参与其中，而是通过平台提供的图书或期刊主页中的出版机构信息让用户直接与出版机构联系。如果读者想获得 IngentaConnect 平台上某一文章或者图像的重印权，或者作者想获得自己论文的再版授权，都需要与出版机构进行直接联系。

IngentaConnect 平台所提供的服务获得了英国图书馆内部系列数据库的许可，因此该平台能够通过英国图书馆向读者提供若干出版商内容的传真或者 Ariel 文献递送服务（即非电子的）。英国图书馆针对参考文献资料的使用和文献递送服务，与相应的出版商签订了版权和版税协议。英国图书馆会对这些事项负责。IngentaConnect 自己并没有集成相应内容以通过电子方式传递文献。

此外，IngentaConnect 平台上的期刊或者文章只有免费内容（标题前带有蓝色 F 标识）才被允许共享和提供邮件提醒服务。对于用户已经订购的论文（标题前带有黄色 S 标识）或者试用内容（标题前带有绿色 T 标识），这些资源的使用是在用户和出版机构之间的协议之下严格进行的。对于直接从平台订购的论文，使用受版权法约束，即禁止内容未被授权的复制、分发、公开展示、公开场合执行以及其他衍生工作。

4 发行模式

IngentaConnect 平台上所有标题前带有蓝色 F 标识的论文为免费资源，没有此标识的期刊或图书资源需通过信用卡订阅，单篇论文要购买才能获取文献。如果用户或用户所在的机构已经订阅，论文标题前会带有橙色 S 标志，用户无须额外付费就可以浏览全文。

4.1 滞后免费期刊

IngentaConnect 平台上的一些期刊提供免费服务，滞后时间不尽相同，从 3 个月、4 个月、半年、1 年、1 年半、2 年、3 年至 5 年不等。根据布达佩斯开放存取计划（Budapest Open Access

Initiative，BOAI）对 OA 期刊的定义，这种形式的免费期刊不属于 OA 形式或者说不完全是 OA 期刊。

4.2　付费期刊站点服务

IngentaConnect 平台上的大部分期刊需要付费才能获取全文信息，且价格都相当昂贵。非订阅用户可选择在线下载、传真或 Ariel 传递方式按件订购（Pay-Per-View）文章，费用包括版权费、税费和传递费三部分。订阅用户检索到免费资源或者是其已经订阅的文献时，将会在论文摘要下方看到 PDF 文档的下载标识。平台上全文信息绝大多数是以 PDF 格式提供的，但也有些资源同时采用 HTML 格式和 PDF 格式制作，用户将在 HTML 格式的全文链接里找到下载选项；若论文是单次浏览收费的，则需在付款手续完成后才能看到 PDF 或者 HTML 格式全文的下载链接。

IngentaConnect 平台上绝大多数出版机构都允许单篇文章按单次浏览收费，以便用户订购感兴趣的文章作研究之用，订购价格在文章摘要下显示。若想查看一篇文献的全文，则先要在平台上注册，按照提示使用个人信用卡或机构储蓄账户完成网上支付后，就可以立刻获取文献全文。平台上一些出版机构允许用户订购单独一期期刊，在这种情形下，用户可以在期刊页面找到订购一期期刊的事项，而不是单篇文章的。如果没有相关信息，则表示这家出版机构不允许单独订购一期期刊。用户可以根据自己的需要，选择在一笔交易中订购不同类型的资源。值得注意的是，对于电子论文，必须在订购后 48 小时内从平台下载内容，否则订购将作废。

4.3　机构订阅

对于机构订阅用户，IngentaConnect 通过对 IP 地址的控制来实现网络期刊的销售。机构内的个人用户可以直接登录获取全文和摘要信息。

5 收入模式

5.1 发行收入

IngentaConnect 在欧洲、南美洲、非洲、大洋洲、亚洲、北美洲都占据一定的发行市场份额，其中以北美洲和欧洲为主，分别占据了其发行市场的 33% 和 43%。具体情况如下图 1 所示。

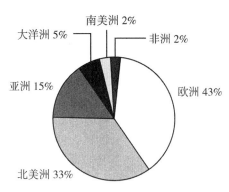

图 1　IngentaConnect 收入的地区分布

在发行环节，2013 年相关数据显示，IngentaConnect 对付费阅读期刊收取每篇 13 美元的文献传递费。此外，对于通过平台发生的网络销售，IngentaConnect 会在出版商制定的订阅价格中保留 20% 份额作为管理费用。

5.2 广告收入

若想在 IngentaConnect 平台的出版物上做广告，需要跟相关出版机构的图书或期刊部直接联系。在平台的每家出版社图书或期刊主页中，都有出版机构网站的链接。客户可以通过平台提供的完整出版机构名单找到最适合刊登广告的机构，再转到其网站与出版机构联系。此外，IngentaConnect 平台自身也对出版物提供广告服务。

Questia 的"专注"前行

刘　艳　卢　芸

2000 年，纳斯达克综合指数达到有史以来的最高水平——突破了 5000 点大关。这使得当时的许多人不禁希冀还有更大的上涨空间。孰料，在后来的短短 18 个月内，纳斯达克指数暴跌 78%，创下 6 年来的新低。随着这种从云端跌至谷底的萧瑟景象不断蔓延，曾经被认为提供了"几十年一遇的商业机会"的互联网似乎也遭受当头棒喝。互联网提供的巨大商机，使得许多公司都获得了资助，而不管该公司是运营良好还是其商业计划有待考量。这无疑为后来的互联网泡沫破裂埋下了隐患。而 Questia，在建立初期，也正面遭遇了这次市场动荡。

在数字化时代，发展成为今日这般教育资源和版权信息的领先供应商的 Questia 电子图书馆，缘起何事呢？其创立者特洛伊·威廉姆斯(Troy Williams)此前任职于《哈佛法律评论》。作为该媒体的一名编辑，他可以搜索到关于法律案件的全文本，却无法在网络上对某部书籍进行全文搜索，这引起了他的注意。工作期间繁重的搜索经历以及本身对书籍和教育的热爱，令威廉姆斯最终确定了成立 Questia 电子图书馆的构想。1998 年，Questia 成立初期就已经募集到 1 亿 5500 万美元①作为风险投资的资本，且多来自私营个体，如 TA Associates of Boston、Oppenheimer's Emerging Technology 等。当时，公司雇员达到 280 名。但实际上，由于 2000 年公司仍

---

① Questia Turns Page with New Financing[EB/OL]. [2013-03-12]. http://www. bizjournals. com/houston/stories/2004/02/16/story3. html.

处于建设 Questia 电子图书馆的最后阶段，因此，直到 2001 年，威廉姆斯才算是真正意义上将计划变成现实。雄厚的资金投入以及可观的员工规模，却在一场以迅雷不及掩耳之势到来的互联网泡沫破灭灾难面前，显得不堪一击。屋漏偏逢连夜雨，"9·11"事件的发生，对受到重创的经济而言，更是雪上加霜，许多以技术为支撑的公司面临严重的资金匮乏问题。而且，Questia 的订阅量也未达到公司当初的预期值。处在这样环境下的 Questia，其最初的商业计划是预计注入 1 亿 5000 万美元来打造数字化图书的大型数据库，另外还有 6000 万美元是用作此数据库的推广营销。在互联网的全盛时代，资金的自由流动可以为生产基于订阅的独特产品提供足够的资金支持。但是当现金停止流入，留给市场营销的费用也所剩无几，Questia 面临的正是这种尴尬的境地。

2002 年，Questia 已背负着 2300 万美元的债务，而手头上也没有资金。身陷经营的困境，威廉姆斯曾想过结束 Questia 的运行，但后来凭借着对互联网以及公司未来发展前景的信心，他坚持了下来。威廉姆斯拒绝用公司的大量股份来换取投资商的风险资本，因为他并不想由此造成已有投资者投资额比例的减少。考虑到市场环境的变化，Questia 也适时改变了最初的计划：停止向电子图书馆加入新的书籍，而是将焦点锁定在现有馆藏书籍的市场营销方面。昔日的人员优势变成了负担，Questia 不得不精简机构、裁退职员，职员数目一度降至 68 人。[1] 此外，Questia 得到了 Technology Investment Capital Corp（TICC）的融资。在当时，TICC 是格林威治一家刚成立的财务公司。TICC 的融资包括连续 5 年持有 800 万美元[2]的高级债券，当 Questia 达到顶峰时又增持它 200 万美元高级债券。这些债券有 12% 的收益，如果现货交割还会增加 6%。一系列的措施，使得 Questia 挺过了这次低潮，雇员尽管在数量上达不到最开始的水平，却也在逐步增加。2003 年年末，Questia 开始恢

---

[1] 详见 www. vancouversun. com。

[2] Questia Turns Page with New Financing[EB/OL]. [2013-03-12]. http://www. bizjournals. com/houston/stories/2004/02/16/story3. html.

复增加书目。

以下这组数据，或许更有力地说明了后来的 Questia 在电子图书馆领域所取得的成就：2013 年数据显示，公司成立以来，订阅者数量超过 50 万人，且他们来自 200 多个不同的国家，涵盖了世界上包括南极洲在内的各大洲；图书馆每个月的访问量最高峰时超过 400 万次，而平均月访问量也接近 200 万次。① 而在背后，究竟是什么力量推动着 Questia 成为当今世界上最大的电子图书馆之一呢？

1　明确定位，脱颖而出

互联网快速迅猛的发展，变革了传统信息服务的格局，引发了信息采集、加工、传输和获取方式的根本改变。电子出版物的出现和普遍化，加速了电子图书馆的发展。同时，因为电子出版物本身具有的特点(由电子存储技术生成、容量大、体积小等)，图书馆已经由个体的概念转化为群体的概念。传统图书馆仅可以向读者提供自己馆藏的书籍，而电子图书馆突破了这一局限，使读者可以利用互联网检索到其他图书馆的电子出版物。

雨后春笋般涌现的电子图书馆，也给领域"新人"Questia 抛出第一个需要解决的课题：如何实现自我定位，在激烈的竞争中分一杯羹，找到自己的"奶酪"。与古登堡计划和青空文库等非商业性电子图书馆相同的是，Questia 是作为数据库存在的，而非有的人理解的电子书供应商。但在市场定位方面，Questia 显然在成立伊始，便为自己披上了色彩鲜明的"外衣"。严格来说，古登堡计划和青空文库面向的是所有读者，尽可能大量免费为其提供版权过期的书籍(青空文库馆藏的是日文作品，且有部分书籍是原作者答应无偿提供阅读的文学作品，仍旧享有著作权)。Questia 立志"捍卫"的领地，则圈定了"学生"这一独立存在的个体，致力于吸引学生个人的订阅。至于学校等团体机构，除了中学以外，Questia 并

---

① 详见 Questia 官方网站 www. questia. com。

未将触角伸向其他类型学校。有人会疑惑，Questia 为何不趁此机会，把目标市场扩大到各类学校，以占领更大的市场份额？殊不知，这样的举动会无意中损害到与 Questia 有合作协议的出版商的利益。众所周知，大部分的出版商都拥有向各大学直销的电子化内容产品。它们会担心，如果每一个在校大学生都能够使用 Questia，学校图书馆便会减少购买其图书的数量。反观市场上的电子书生产商，几乎都将大学或是其他机构定位为目标核心市场。在现代社会的合作关系里，双方追求的是一种互利共赢而不是在背地里相互蚕食。正如威廉姆斯在 2005 年接受 ATG 采访时所说，个人订阅量之所以成为关键，原因在于每一个 Questia 订阅都是为个人而设立的。这就使 Questia 避免了与各出版商形成利益冲突，也抓住了自己的细分市场。该采访过程中，威廉姆斯也透露出，Questia 要应对的真正的竞争对手，实则是自由的互联网环境。浩瀚的网络资源，免费使用的先天优势，对学生而言确实具有强大的吸引力。为了使学生心里的天平往自身一方倾斜，Quetia 做出了一系列的努力。

2 坚守市场，步步为营

俗话说，攻城容易守城难。Questia 电子图书馆瞄准的学生个人这个目标市场，"奶酪"足够明确特别，那怎么样才能使它保持"新鲜可口"呢？在威廉姆斯确定目标群体的过程中，除了市场环境因素外，行业的发展趋势也被纳入考虑的范围。他认为，在未来的十年或者更长的时间里，电子化使用方法会成为获取学术信息的首要手段；在线获取学术信息是在线和远程教育所涵盖的内容；最重要的是，互联网引发了读者对于个性化的追求，人们越来越期望能够实现完全移动化。Questia 的目标也是为读者建立能够随时随地使用的"个性化图书馆"。为达到这一目标，Questia 在各个方面都不断摸索，稳扎稳打。

2.1 内容层面：保证品质，强强联合

正如前文提及的，Questia 最强大的竞争对手是互联网。互联

网信息量大的负面效应深刻地表现为内容质量的参差不齐。Questia抓住网络环境的这个缺陷，从内容把关到图书管理员的选择，为读者(尤其是学生读者)决定付费订阅 Questia 提供的服务添加筹码。2013 年数据显示，Questia 的馆藏内容作品包括来自 300 多家出版商的超过 83000 本书籍和 1000 万篇取自各报刊的文章。① 这些文献资料以社会科学内容为主。乍看这些数据或许比不上当时某些传统图书馆，但每一份进入 Questia 馆藏的文献，都必须符合严格的标准：公认的名著；被广泛引用的篇目；学院和图书管理员推荐的作品；著名的商业和学术出版社出版的作品；引文分析等。因此，相比于互联网上存在的虚假内容和宣传，Questia 可以确保用户获得内容的准确性、可靠性和学术性。除此之外，在网络环境里，Questia 馆藏的大部分书籍，只有其自身拥有这些文献的全文本复制品。这样的排他性，对引导用户选择 Questia 电子图书馆也起到了推波助澜的作用。有别于公益型电子图书馆古登堡计划的一个方面是，Questia 的图书管理员都是由有多年图书管理经验的人员担当，他们反复检查馆藏文献内容以保证其准确度和整合性，而前者则主要由志愿者对图书的选择、录入负责。"帮助学生运用更广泛的学术资源来出色完成调查研究以及撰写更深思熟虑的论文"，这一直是 Questia 的学术目标。学生写作论文用到的某些资料，有时候会因为学校图书馆本身就缺少或是被他人借阅而无法掌握；有时候图书馆传统的检索方式也会导致相关信息无法被学生及时关注。Questia 在内容作品上实现的超链接笔记和参考书目，帮助学生有效记录下自己的检索历史，从而克服了传统图书馆的不足，同时Questia 还提供了用以完成大学核心课程任务的专业资源，亮点是可以通过如自动索引创建、通知和引语等研究工具，进行高效便捷的查阅和使用。针对团体用户，Questia 启动了一个"Volume Subscription Program"项目，而学校在这个项目里扮演的角色并非是被授权的机构站点。学校只是决定订阅数量并确认参与项目的学生名单，学生亲自填写个人账户后，便可分享 Questia 所具有的功

---

① 详见 Questia 官方网站 www. questia. com。

能和特点。

在 Questia 的发展历程里，不乏和一些著名的出版社达成合作协议的案例。如 2001 年，Questia 和普林斯顿大学出版社在合作项目上取得一致意见：在未来 5 年内可以添入该社超过 2500 种①的人文社科类书籍。2005 年，剑桥大学出版社同意增加 1000 种书目到 Questia 的馆藏书库。另外，不得不提到 2010 年 5 月 Gale 对 Questia 的收购行动。Gale 公司以其庞大和鲜活的内容储备，满足全世界的信息、教育需求，并且以自身数据的准确、有深度和方便而闻名。其公司市场战略的核心目标是接近信息的终端消费者。这就不难理解为什么它会选择 Questia 作为收购对象了。Questia 的内容是吸引 Gale 的一个明显因素，这对它本身就巨大的资源库是一种有益的补充。另外，Questia 的用户也会从 Gale 公司的财力和附加的内容资源获益，因为在向读者提供有质量保障的信息产品方面，Gale 公司具有良好的声誉。

2.2 营销层面：针对形势，因时制宜

早期时候，Questia 的订阅量并未达到预期效果，这与营销经费的缺乏不无关系。从互联网泡沫破裂所带来的经营困境缓过来之后，Questia 加强了市场营销的资金投入。一开始，公司的计划是花费 7500 万美元来推广图书馆的服务，使其成为家喻户晓的品牌。考虑到学生个体始终是 Questia 的目标对象，理所当然地就形成了以学生为中心的营销计划。

从债务中挣脱开来后，Questia 改变了原有采用的向电视或纸媒投放广告的做法，转而向互联网的搜索引擎(譬如 Google 等)发放广告。互联网泡沫破裂后，人们对于网络营销的期望从概念变为实际收益。从 2000 年后半年开始，以网站推广为基础的网络营销越发受到企业的重视和青睐，而传统的基于免费搜索引擎登录的营销手段已然无法满足企业的需求，付费搜索引擎应运而生。也由于

---

① World's Largest Online Library of Books Partners [EB/OL]. [2013-03-14]. http://www. thefreelibrary. com/World's+Largest+Online+Library+of+Books+Partners+with+Princeton. -a078675795.

网络的发展，学生们更倾向于在方便快捷的网络世界找到自己所需的资料。当学生搜索大量主题内容时，容易被这些广告吸引。公司70%的营销费用使用在了付费关键词的搜索上，但面对付费搜索成本的上涨，Questia 开始寻求更能带来经济效益的营销手段。

威廉姆斯思忖，图书馆每月上百万的访问者，对于采取 E-mail 营销所需建立的邮件列表是必要的基础，这也就促使他再一次转变营销策略。而实际上，E-mail 营销对 Questia 而言，并非新鲜事物。几年前，它便开始使用这种营销手段，只是后来出现的窗口弹出拦截技术，使得邮件列表跟不上变化的步伐。针对这样的情况，它进行了技术改进。首先是采用新闻邮件征订的拦截层来获取 E-mail 地址；用户进入邮件征订列表后，立即发送一封欢迎邮件来介绍图书馆的特点、研究和学习技巧，不求硬销，但求诱导，使用户自觉发现并承认图书馆服务的优点；用户订阅图书馆的服务后，Questia 会根据不同的主题发送优惠信息 E-mail，以实例宣传订阅的好处（如付费订户平均在每个研究作业上可以节省 4 小时）。E-mail 营销实施后，最终的数据也表明，此手段还是显示出了不错的成效：E-mail 带来的付费订阅收入从 2005 年的占比 1% 提高到 2006 年的占比 10%。

2.3 技术层面：注重合作，构筑平台

在 Questia 为用户建设的 24 小时全天候的个人图书馆里，包含了一组先进的工具，可用来记笔记、标注文字、准确引用以及自动创建具有正确格式的书目。对于学生而言，这节省了他们用来搜索资料的时间，可以快速找到以往的搜查记录，跟踪到相关的信息资源。

1999 年 11 月，Questia 与重要的数字内容外包服务商 Innodata 签署了一份战略合作协议。根据这份协议，Innodata 承诺在三个不同的阶段分别向 Questia 提供数据转换服务。第一阶段时，Questia 需要的所有数据转换业务均只由 Innodata 负责，包括将纸质文献或电子化材料的文字和图像转化成标注着 XML 的可搜索的电子化全文本。Innodata 开创的 XML 战略，适合产生高价值、大规模的网站内容，鼓励采用此项目的公司专注于产品生产和市场营销，从而

使其成为行业的佼佼者。Questia 看中了它基于此战略所具有的对复杂信息建设和转换的丰富经验，希望通过它可以向更多的大学生提供 Questia 的服务。

2007 年 6 月，提姆·哈里斯(Tim Harris)接棒威廉姆斯，成为 Questia 的新任总裁。此前，他早在 1999 年就开始担任该图书馆的首席财政官，负责公司的财政战略计划和商业发展。随着时代的进步，人们生活节奏加快，信息搜索程序被要求具有更强大灵活的流动性。一项关于 3400 名 Questia 订阅者的调查数据显示，其中 25%①的订阅者在寻求更方便的搜索渠道，而这个比例将会越来越大。如果 Questia 想要在瞬息万变的市场环境里抓住用户的注意力并占领更大的市场份额，就必须求新求变。哈里斯显然也意识到了这个问题。由于 Questia 面对的用户群是以学生为主，他们并没有具备雄厚的经济基础，降低他们获得资料的成本就自然而然成为图书馆考虑的因素。这一切都促成了 Questia 在企业发展过程中涂抹上"运用 iPhone 应用程序"这浓墨重彩的一笔。2010 年，其图书馆正式投入使用此应用程序。当你在 iTunes 商城搜索一本书的时候，或许你会发现有许多电子书阅读器的应用程序，但图书馆应用程序，却只能发现 Questia 这一家。这也就是当哈里斯在接受 *Dailya* 采访，面对记者提出的"你如何确定 Questia 的产品能在众多的供应商中脱颖而出?"这个问题时，能够如此自信的原因。Questia 的 iPhone 应用程序的目标受众主要是本科生和已毕业的大学生，同时也吸引了许多高中生和专家学者、老师等。iPhone 的便携和移动性，使学生们通过指尖轻碰屏幕的那一刻，便可浏览 Questia 电子图书馆 76000 种馆藏书目和众多的其他文献。难怪，程序一推出，就得到用户的拥护、支持。与传统的电子书不同(它们的设计构想是使读者进行从头到尾的全文本阅读)，Questia 的 iPhone 应用程序如同它的网站版本一样，可以让读者挑选具体章节或页码进行阅读。2013 年数据显示，一个月 7 美元就可以分享 Questia 所有的馆

---

① 数据来自 www.prnewswire.com。

藏文献,① 相比于亚马逊书店不低于 9.95 美元一本的电子书价格,这更适应学生的实际经济支付能力。哈里斯在接受采访时也表示,在未来的日子里,除了 iPhone 这个平台,也会有计划地建立与其他移动设备相匹配的平台,来满足更多学生的需求。

3 保护版权,自有一套

数字化时代,内容产品的版权问题一度被推到舆论的风口浪尖。谷歌数字图书馆的侵权问题便是这样一个典型的代表。谷歌倾力打造的这座"免费数字图书馆"并未得到图书版权著作人的共同认可。尽管免费政策可以为企业带来成群涌现的读者,但如果采集馆藏图书并未在法律规定的范围内进行,则很容易侵犯作者的权益。同样是免费为读者提供电子化图书的古登堡计划和青空文库等公益型电子图书馆,在对待版权问题时,也和前者不同。古登堡计划根据美国版权法,只收录那些版权过期的图书,并且不会在该图书上声明新的版权,这也鼓励了人们对图书的再利用。

有的电子书和 PDF 文档不加设限地给予用户下载(有时甚至是全文下载),一定程度上侵犯了作者的著作权。前车之覆,后车之鉴。Questia 在浏览权限上设置了一些巧思,有效避免了前人的缺陷。Questia 电子版的书籍依照纸质本的原样,从题目、作者、出版社到书籍结构和分页都依样复制下来。而且,馆藏的每一份文献都收入 Questia 受保护的数据库内。Questia 时刻关注着学生当中图书使用情况的变化,适时更新图书馆的书目。订阅者使用 Questia时,一次只能浏览一个页面,当他们需要点击新页面时,旧的页面也同时被覆盖。订阅者仅能将自己正在浏览的页面打印出来而不能进行全文打印;如果遇到自己想引用的书页内容,他们可以轻点"剪切"和"粘贴"键将其放入文字处理器。引文粘贴后,文章中被引用的部分将会出现标识,每页后的脚注也会以正确的格式供订阅者快速找到原文出处。更重要的是,Questia 并不提供其他电子书

---

① 详见 Questia 官方网站 www. questia. com。

具有的下载功能。每项限定，都像一道防线，牢牢保护着著作者的权益。

正如 Questia 的创立者特洛伊·威廉姆斯所说，互联网使得人们获取信息的途径更加民主化，Questia 将会是实现这个目标的组成部分。纵观它一路走来的痕迹，正好也印证了这位对图书和教育拥有别样激情的爱好者的话。Questia 划定的这块"服务疆域"，过去、现在以及将来，都有许多地方亟待去开发。

Jellybooks：数据驱动出版的技术提供[*]

谢天池　张　攀

在大数据时代，各大电视台或电视剧投资商在收视率的排位上精确到小数点后三位；日常网页的浏览痕迹被后台数据监测工具所记录，并以繁复的计算方式来统计网站转换率、回访率和回弹率等各项指标。而在此之前，图书出版业却通常依靠编辑的个人经验和市场单薄的销售数据来判断什么书籍可以流行和畅销，对于人们的阅读行为与习惯甚至更深层次的联系无从知晓。而且，出版行业从内容生产到读者（消费者）获取的过程是一个单向度的信息流通过程，加之读者口味多变，实际上很难预测哪一本书会成为下一本畅销书。而随着互联网技术的发展，读者网上购书、移动终端读书的行为已经十分普遍，因此如何精准地利用这些海量的行为数据决定着出版社能否做出科学、合理的出版决策，从而对各出版社的发展前景也产生了深远的影响。

针对上述问题，2012年创建于英国伦敦的图书公司Jellybooks无疑给出了可供参考与借鉴的做法。它致力于读者各方面信息的搜集与分析，揭示读者的阅读习惯，进而对出版行业版权购买、编辑审核以及图书营销产生革命性的改变，是该行业内无可争议的佼佼者。

诚然，随着网络世界的高速发展，其弊端也逐步显现，用户隐私及信息安全问题受到网民越来越多的重视，因而许多网站为了吸

---

* 本文以发表在《出版参考》2015年第11期上的文章《Jellybooks：读者数据分析的新尝试》修改而成。

引和留住用户，往往允许用户采用匿名的方式进行注册，以获取用户信任，出版、销售图书与电子书的各种网络平台也不例外。由此导致在读者数据搜集方面，集合数据较普遍，而个体用户的行为数据与个体行为之间的联系难以预测与监控，但这些看不到的数据恰恰是市场的核心价值所在。长期以来，Jellybooks 也一直想方设法突破这些困境与阻碍，试图搭建更优化、科学的信息交互桥梁，寻求读者之间或读者与图书之间如何相互作用的可视化信息。①

1　记录读者的图书发现行为

"图书发现性"在出版行业一直处于重要位置，放置于现在的"大数据"环境中，它的地位更加显著。数字图书世界（Digital Books World）的调查报告显示，读者每年在各大图书信息网站（如亚马逊、谷歌）、实体书店以及图书馆等渠道能接触到的图书信息超过 3000 万种。除非读者清晰地知道自己需要哪本书，否则找到一本适合自己的图书并非易事。当当网上的"主编推荐"、亚马逊上的"购买此商品的顾客同时也购买"等推荐模式也许帮助读者找到了其可能感兴趣的热销图书，但很多冷门的好书在这种模式下却似乎永无"出头之日"。

为了收集读者是如何发现图书的相关数据，Jellybooks 借鉴实体书店在图书发现方面的优势，开发出一种随机或半定向的发现图书的功能（代码为"红梅"）来给予用户类似浏览图书馆书架或书店的体验：采用书籍大封面的滚动式布局，将图书按类别与流派进行排列（见图 1）。

为了突破畅销书排行榜的封锁，Jellybooks 采用与 last. fm 相似的算法来找到并陈列"冷门"的好书。在等公交、约见朋友的间隙，读者通过移动终端无限滚动浏览海量列表的图书，点击封面就会显示相应的图书信息、部分可视章节与购买链接等（见图 2）。

---

①　纽约时报：你的阅读行为，出版商都看在眼里［EB/OL］.［2016-03-21］. http://cn. nytstyle. com/books/20160321/t21readingdata/.

图 1　Jellybooks 书籍陈列页面

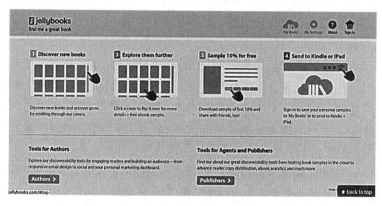

图 2　Jellybooks 网站操作演示

一旦读者开始有浏览、下载和分享图书的行为，Jellybooks 就会利用后台监测的数据为其提供图书的半折优惠，称之为"甜蜜交易"（Sweet Deals）①。这个交易与读者的选择是极其匹配的，用户的阅读过程与分享行为将帮助网站确立哪种服务是必要的，所以不是每个用户都能获得这份"甜蜜"。正如读者对书籍的喜好具备个性化的特点，Jellybooks 也只向用户提供精简、关联度高的通告。

2　激励读者的图书分享行为

Jellybooks 上的可视化样章一般为书籍的前 10%，当用户发现感兴趣的书籍后，这部分内容便可下载到个人的云端图书馆中，以便于用终端设备进行阅读。更难得的是，电子样章是在图书出版的 2～6 周前便可提供给用户下载的，且都没有 DRM（数字权利管理系统）限制。这就意味着读者可以无限制地通过邮箱、社交网络（如 Twitter、Facebook 等）向朋友推荐喜欢的图书。Jellybooks 的创始人安德鲁·隆伯格（Andrew Longberg）以 Youtube 上视频短片的爆炸式分享来类比电子书的分享过程，同时激励式的图书发现方式也存在于分享过程之中。

出版商知道读者总会被免费阅读和价格促销吸引，因此消费者能感受到越来越多的数据驱动式、社交式、个性化的图书发现方式与激励式相结合的浏览体验。Jellybooks 的交易达成与团购相似：只有用户在 12 小时内通过分享获取一定数量规模的购买人数的条件下，图书才会被下载，信用卡的钱随即自动进行扣除。因此在整个购买体验中，用户感受到的是社群分享的力量，而不是自动实现的团购。这点与普通团购网站细微的差别使 Jellybooks 更具备社交与推荐功能。②

Jellybooks 本身并不销售图书，样章后面附带的链接是引导用

---

①　Jellybooks Reader Analytics：Sweet or Sour Deal for Authors？［EB/OL］.［2016-07-15］. http://alanrinzler. com/2016/07/jellybooks-reader-analytics-sweet-or-sour-deal-for-authors/.

②　Jellybooks：New Book Discovery Tool Offers Groupon-Style Deals［EB/OL］.［2011-12-14］. http://publishingperspectives. com/2011/12/jellybooks-new-book-discovery-tool/#. WDKXuPkQgzs.

户到网上零售商店购买，原因在于该平台的真正目的是搜集大量的"读者如何发现图书"的用户行为信息。毫无疑问，这些信息是出版商、作者十分感兴趣的。通过海量的数据，知晓读者下载的章节、分享的内容、做出的评价以及他们是如何被影响的，对于作者写作方向的确定、出版商对版权的选择性购买、编辑与审核的方向都具有重要的启示意义，为此 Jellybooks 专门开发了针对出版商与作者的图书发现工具——Jellyfactory。该工具借助免费云平台的形式，允许出版商和作者利用社交媒体（如主页、博客等）作为宣传与促销图书的平台，在平台上分发无 DRM 与分享限制的书籍样章，作者的朋友、粉丝等再通过社交媒体进行二次传播。这些书籍样章会通过电子邮件发送给其他的联系人，也可以嵌入各种相关的网页。Jellybooks 的图书微件（bookwidget）功能为图书样章的免费嵌入与无限分享提供了技术支撑，使内容生产者的社交平台变成了一个虚拟书架，潜在地为读者发现、分享和消费感兴趣的书籍提供了更多的机会。

3　获取读者的图书阅读行为

读者在发现、分享并购买图书之后，究竟是怎样阅读图书的呢？传统上，出版商与作者对读者的阅读状况知之甚少，而电子书改变了这一切。为了搜集读者的阅读行为数据，如翻页时间、阅读时间和收藏行为等，Jellybooks 提供了一种"电子书分析"（Analytics for Ebooks）服务。对于同意让 Jellybooks 跟踪采集自己数据的读者用户，只需点击一个链接，就能将数据发送到网站后台，从而使出版商和作者获取数据，读者也能获得免费阅读图书的奖励。另外，隆伯格先生在纽约出版商大会"电子书世界"上表示，为了避免读者对隐私泄露的不满，这些数据都是由读者自己掌控的。但遗憾的是，该技术目前仍处于测试阶段，仅支持 iBooks 出版物、Adobe 的数字出版物、Kobo 的电子阅读器和电子书以及 Montano 阅读器。

那么又是什么能让作者和出版社源源不断地获取用户的各项阅读行为数据呢？EPUB3 恰好让这一切成为可能。EPUB3 的"前身"

EPUB 是放置于电子书中用来获取用户行为的数据的软件，是数字出版业的工业标准之一，而 EPUB3 是其革新的第三代。① 第三代的着眼点不是为读者极力提供类似阅读纸质书籍体验的电子阅读器如 Kindle，而是平板电脑设备。

EPUB3 与 EPUB2 相比，在技术上新增了对 HTML5、CSS3、Metadata、MathML 语言、EPUB 内嵌字体、SVG 图形文件标准的支持（见图 3），而在 Jellybooks 的"电子书分析"服务中，最重要的组成部分就是 EPUB3 对 JavaScript（JS）的支持。这种支持具体体现在 Jellybooks 的电子书分析项目可以添加自定义的 JavaScript 文件到 EPUB3 格式的电子书中，并使用这些脚本来搜集用户在电子书籍上的画线、批注、评分、加星标等多种阅读行为指标。

HTML 5 + CSS 3 + JS

图 3　EPUB3 电子书的构成

运用这项技术，Jellybooks 也曾对 7 家出版商的 200 本书进行过测试，每次阅读数据采集通常包括 200~600 位读者，其测试结果表明：女性读者比男性读者拥有更多的耐心（男性读者在 30~50 页停止读书，女性读书停止在 50~100 页）；商业书籍读完的比例明显低于其他类型的书籍。如今，Jellybooks 打造的技术平台还在不断地创新和发展，可以预见当其广泛应用于各类阅读器和电子书中时，读者的阅读时间、字体字号、书签情况、点击习惯甚至地理坐标、App 使用频率等其他数据都能被跟踪与搜集。

---

① 叶兰. 电子图书新规范 EPUB3.0 及其应用[J]. 图书馆杂志,2012（8）.

4　思考与总结

总体来说，根据 Jellybooks 搜集的数据从根本上改变书籍的版权购买与作者创作的格局来促成图书销售的格局尚未形成，但不排除将来的出版行业会出现这种由读者喜好决定出版内容的现象。如图 4 所示，一个欧洲的出版商得知 80% 的读者在读 Book2 时只读到中间章节就放弃了阅读，他可能会适当削减在该书上的营销预算；一个德国的作者知道侦探类小说 Book3 的整书阅读率高于 75%，也许在创作后期他会更倾向对侦探类文本的撰写，从而促使出版商在对其书作的推广和营销上增加预算。可以预见在市场数据

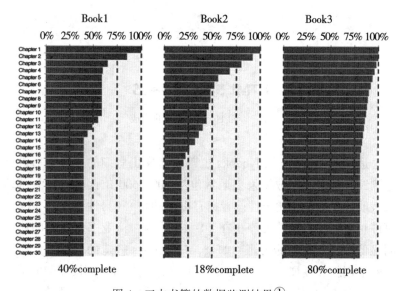

图 4　三本书籍的数据监测结果①

———————

①　Jellybooks：Tracking Reader Engagement for Better Marketing ［EB/OL］.［2016-09-11］. http://publishingperspectives.com/2015/08/jellybooks-tracking-reader-engagement-for-better-marketing/#.WDKDIPkQgzs.

的压力下，作者与出版业者必定会日益感受到这些测试结果的压力。那么反观读者群体，日后他们所习以为常的阅读，是依赖有才华的作者与伯乐般的出版商，还是配合"大数据"的一群协作者的产品，是值得让人深思的问题。

2012年，西普泰普（Hiptype）公司曾做过类似 Jellybooks 的读者数据搜集尝试。其设想对读者阅读过程进行监视，从而将数据直接传送给出版商，但没有任何主流的电子书平台愿意接受这种极易引发用户反感的设想，计划很快夭折了。而且 Hiptype 一直采用流数据传回服务器的方式进行数据的搜集，最终被苹果公司排查了其依赖的 iBooks 软件的安全漏洞，整个公司至此销声匿迹。① 相比之下，Jellybooks 平台结构与技术的科学性可能不会走向类似 Hiptype 短命的结局，但用于跟踪与记录用户阅读行为的技术也可能遭受黑客攻击与不法分子的利用，造成移动电子设备的故障与用户信息的大范围泄露，所以也需要时刻保持警惕性与危机意识。

可以预见的是，大数据分析影响的不仅是图书出版业，媒体世界的每一个角落都将随着技术的革新发生深刻变革。数字驱动出版的技术正处于起步阶段，通过追踪读者阅读行为的各项指标，很可能对出版工作流程、业务活动、产品导向甚至整个图书出版产业链产生连带效应。Jellybooks 抓住了时代的机遇并走在了时代的前列，其"电子书分析"项目甚至获得了英国"技术创新委员会"的支持。接下来该公司还将与国际数字出版论坛进行深入合作，继续开发和完善跟踪读者阅读行为、收集用户阅读数据的技术与平台，我们有理由相信处在数据推动出版的技术领军位置的 Jellybooks 公司也将推动这一新兴领域向前发展。

---

① Hiptype：让出版商更懂读者的大数据分析工具［EB/OL］．［2012-08-07］．http：//tech. sina. com. cn/i/csj/2012-08-07/10177476268. shtml.

九华互联：数字环境中的艺术家

阳 杰 张 攀

1 九华互联发展概况

成立于 2004 年的九华互联即北京九华互联科技有限公司，是国内最大也是最早的多媒体播放解决方案提供商，同时也是国内首家公共空间数字环境服务商，其总部位于北京清华科技园。自创立以来，九华互联一直专注于为客户提供多媒体播控和数字环境建设的全方位解决方案和服务。现在它已经形成三大业务体系，即多媒体智能播控、数字环境建设和数字体验馆，为客户提供数字媒体播控与数字媒体集成、多媒体互动、电子沙盘的全方位服务。

九华互联一直致力于数字媒体技术的革新与发展。目前，公司已获得 5 项发明专利、4 项外观设计专利，获得 30 多项计算机软件著作权，通过国家高新技术企业认定，入选北京市专利试点单位。公司广角数字环境系列软硬件产品通过了原铁道部动车实验组的严格测试，并获得了北京市自主创新产品认定。九华互联不仅是技术派，也是艺术家。公司拥有涵盖多个专业领域的强大设计、创意团队，运用公司强大的数字媒体技术和研发实力，来实现创意与科技融合的挑战，创造人与空间新界面，营造全新的数字环境。九华互联广角多媒体播控系统运用广泛，应用领域已成功覆盖奥运场馆、科技馆、博物馆、体育馆、展览馆、图书馆、影剧院、酒店、商场、政府部门、银行、医院，以及教育、电信、传媒、餐饮等各行业。九华互联更是业界唯一同时服务于 2008 年北京奥运会、

2010 年上海世博会、2010 年广州亚运会三大国家级工程的专业数字环境服务商。

2 数字环境

数字环境是人与空间的新界面，它将显示材料、空间形式、交互模式、内容界面、播控平台等形成一个可控的环境空间，为环境中的人带来特定的体验和感受，能够有效地传递与收集信息。简单来说，数字环境等于多媒体显示终端设备加智能播控系统加创意设计。数字环境作为一种前沿性的设计理念，是多领域交叉设计的结晶，融合了多门面向人与环境的学科，如行为科学、认知科学、社会科学、认知心理学、建筑设计、艺术设计等，能打造出超强震撼力的视觉效果。①

2.1 数字环境的技术支撑

九华互联推出的广角服务产品系列，包含了覆盖各个层次的服务，可以满足客户所有关键性服务请求。目前，它的广角智能播控平台主要有广角播放器、广角智能屏(一体机)、广角直播编码器、广角电源控制器、广角照片墙、广角播控管理软件及各种功能模块。如今，广角数字媒体播放系统是市场上占有率最高的媒体播放解决方案，有超过 1000 家不同行业的客户，拥有超过 20 万块联网屏幕，客户数量与项目规模均居全国同行第一。广角数字媒体播放系统可广泛应用于信息发布、广告播放、产品演示、教育培训、娱乐服务等领域，并且适合运营商、企业以及政府机构等不同领域、不同规模的客户，为各种数字环境提供了技术支持。

(1)广角多媒体显示组件

九华互联拥有多款广角多媒体显示组件，包含数字魔方、数字橱窗、数字方盒、数字球屏、数字艺术屏等，这些组件都打破了传

---

① 唐凤雄,沈晓玲.缔造数字环境的完美世界[J].中国高新技术企业,2010(20).

统数字标牌单一的表现形式，能适应多种数字环境，自然地融入环境，为环境增色。科技与互动相融合，多媒体组件真正考虑观众的需求，让观众通过显示屏进行互动，展示不再是单方向的。同时，组件功能强大的后台操作系统能让播控更加智能化。作为数字环境终端的多媒体组件是数字环境视觉的最直观载体，能够让用户获得全新的审美体验，同时还能让管理变得更加智能和方便。

（2）广角播控管理软件

广角播控管理软件是一套用于编辑、管理、播放和控制多媒体信息的软件，可任意组合播放视频、音频、字幕、文本、图片、实时信息、时钟、天气预报、网页信息等各种多媒体信息。它是国内最优秀的播控系统软件，可自定义传输策略、管理策略、维护策略。九华互联的广角播控管理软件提供强大的管理分区功能，用户可以自由任意地将屏幕划分为多个区。扩展的播放器多级缓存，将传输、校验、储存过程分离，使得素材传输与播出相独立，播出更加流畅，软件升级更加可靠，升级过程断电不会导致系统出错。此外它还提供完备的人机互动功能、画面屏幕联动策略控制、屏幕跨区操作联动，提供触摸查询与信息发布有机结合、无缝切换等功能，让表现更加丰富，更加灵活。数字环境以广角智能播控平台为支撑，对各个多媒体终端进行播控，再融入空间环境创意设计，对空间环境进行改造、优化，提升空间环境的品质与体验。

2.2　数字环境的特征

数字环境全面激发设计创意人员的智慧、技能和天赋，同时借助数字媒体高新科技对空间环境设计进行创造与提升，让每个身临其境的人以无边的想象感受"科技＋创意"的无限可能。综合分析，可发现数字环境具有全面智能、充分聚合、完全环保和交叉设计四个特点。

（1）全面智能

全面智能，即利用任何可以随时随地感知、测量、捕捉和传递信息的设备，实现无所不在的智能化。技术创新成为数字环境取得成功的关键因素，一项新产品或新技术便可以给设计带来重大的改变。数字环境服务商把设计过程分为两个互补的部分，分别是概念设计团队和技术发展团队。概念设计团队往往不满足于运用现有技术满足人们的空间体验需求，他们希望技术跟上自己的想象力，挑战种种不可能的任务，通过利用最新的技术，提出独具匠心的设计概念和空间体验。技术发展团队研发先进的媒体技术，探究国内外领先的智能技术，并将这些技术运用到数字环境的各项服务中。

（2）充分聚合

充分聚合，即无缝整合所有数字媒体设备，一体协调视频、图文、灯光、音响、感知和交互等元素。数字环境是一个全服务、专业化、个性化发展的新领域，所需要的技术、产品、设计和服务，不是数字环境服务商单方力量所能提供的，而要依靠建筑承包商、弱电承包商、系统集成商、技术服务商、设计服务商、工程服务商等产业各方力量的合作和协同，最后由数字环境服务商将各方面的技术、产品、设计和服务进行充分整合。

（3）完全环保

完全环保，即完全基于数字媒体新技术、新材料，以前沿环保设计创造一个绿色生态空间。数字环境完全基于数字媒体新技术、新材料，以真正的绿色设计创造一个环保生态的空间，并且全面顺应节能减排大潮流，以透彻的智能化对所有数字设备实现策略计划控制，确保相关设备在非使用状态下自动转入休眠状态，最大限度降低能耗。

（4）交叉设计

交叉设计，即对文化、美学、商业和技术等方面进行通盘考虑，以跨领域设计营造高度人性化的空间体验。数字环境注重各个功能区间的和谐统一，将创意与实用密切关联，设计是数字环境的重中之重。以政府数字环境建设为例，它融合了认知心理学、行为科学、社会科学，以及建筑设计、弱电设计、装饰设计、艺术设计等学科，从外在到内容信息，与办公环境完全协同，实现功能性与艺术性的完美结合。

2.3　数字环境空间组成

数字环境在空间上主要分为三类，分别是公共空间、商业空间和移动数字空间。公共空间是一个开放且受众较广的场所，数字环境力求在公共空间集中客户的注意力，让客户获得良好的视觉体验。其将空间内的公共走道、休息室、排队等待处等公共领域，打造成一个休闲类数字环境，增加客户黏度，让公共空间变成令人愉悦的地方，使客户的排队等候时间变得有趣。相对公共空间，商业空间设计显得更专业，其包括对商业场所进行展位设计、货架设计、商品摆放的设计，以及提供智能的自助消费终端、个性广告窗、数字橱窗、商品查询终端等服务，来增加销售机会，让用户获得良好的购物体验，让展示的产品给观众留下深刻的印象。而移动数字空间旨在让用户随时随地体验数字环境，它结合移动通信技术，融合互联网服务，打造虚拟、现实为一体的综合营销环境，增加移动交互体验，提升用户对产品信息的了解程度。

3　数字环境的应用

数字环境目前广泛应用于多媒体展览、数字营销、公共空间和车载多媒体系统，另外在多媒体信息发布、场馆智能引导、可视化管理、公共信息平台方面也有应用。多媒体展览数字环境基于广角智能播控系统，实现对各种多媒体终端、展项及第三方信息的全面智能管控，在带给人们全新审美体验的同时，消除整合障碍，以一体智能的方式科学应对多媒体展览的实际应用需求。数字营销环境是涵盖数字环境技术、创意设计、商业逻辑等多维度的综合系统。九华互联为客户提供数字环境组件、智能播控平台、创意设计、空间体验梳理改造等产品的一体化专业服务。

3.1　数字环境营业厅：服务更智能

数字环境营业厅的核心在于采用更加智能化、体验化的创新技术来合理规划营业厅功能布局，打造高度智能的数字化环境，进而为决策终端提供覆盖全局的可视化服务，创建统一的多媒体空间视图，在多渠道中实现营销和服务。目前数字环境营业厅已广泛运用在银行业、通信运营业等行业。数字环境营业厅运用前沿传感技术来感知客户的行为，预测客户的各种需求，进而对业务流程加以整合，随时随地为客户提供个性化的产品与服务；同时还通过多媒体与多维度来强化业务传递，以求为客户提供更加及时和更加个性化的实用内容信息。数字环境营业厅不仅实现了以客户为中心的业务优化和创新，还能让客户在多种多样的业务中进行自我管理，从种类繁多的产品中选择适合自己的产品，这种高协作的自助管理有助于提高营业厅的盈利能力。目前数字环境营业厅的价值已经开始显现，未来，更多的新兴技术将会应用在数字环境，提高营业厅对客户行为的理解和预测能力，"科技"与"创意"的结合将会大大提升营业厅的竞争力。

以中信银行数字环境为例。中信银行总行营业部以及多个分行，都相继采用广角多媒体智能播控系统，顺利建设起一套符合网络时代特征和方向，具有国际水准的营业厅信息服务体系。九华互联的广角多媒体智能播控系统将门楣 LED 屏、LED 利率屏、排队叫号信息显示屏等各类终端，通过中心平台实现统一管理。它支持 LCD、PDP、LED、CRT、DLP 和多屏幕拼接墙等主流显示终端，还支持各种新型显示材料，确保银行应用最适合营业厅布局与不同功能区的显示材料、显示尺寸与显示方式。针对中信银行的全方位信息服务需求，广角多媒体智能播控系统在每块屏幕上提供高达 15 个分区供任意组合播放，设置丰富多样的基于模板的播出模式，并支持简便的可视化编辑，有力推动中信银行信息发布流程走向标准化和自动化，在运营和维护方面节省大量时间及人力。在中信银行，客户通过营业厅多媒体终端所做的每一项选择，都会通过九华互联研发的广角多媒体智能播控系统予以记载，并成为银行业务研究分析的依据之一，这是广角多媒体智能播控系统的独创运用。

3.2 场馆数字环境：体验创新化

场馆数字环境可以通过场馆中的传感设备和移动终端收集感测

数据,有效感知和监测涉及场馆引导和服务的信息和行为,还能通过网络及其他感知工具的连接,形成关于场馆的全面影像,使场馆管理者可以更好地进行管理,同时观众也可以更好地观看赛事或演出。场馆数字环境与之前的场馆信息化项目比较,其根本创新之处并不在于技术层面,而是强调"以人为本",致力于提供一种注重高科技与高情感平衡、高理性和高人性平衡的"体验创新"。场馆数字环境在规划时首先考虑的是人的感情因素,首先了解的是"人需要什么"。场馆数字环境设计是涵盖外观、交互界面、观众行为、赛事、演出服务等多专业、多层次、全过程的"大设计"概念。对于在赛事服务之后还必须考虑赛后运营的场馆来说,只有能够创造经济价值的创新才是好的创新。场馆数字环境不仅细致划分场馆观众,提供最周到的个性化服务,同时充分利用数字媒体的互动特性来拓展业务,赋予场馆新的生命。

(1)"水立方"数字环境

2008年北京奥运会后,国家游泳中心既可承担重大水上比赛和各类常规赛事,同时也是具有国际先进水平的集游泳、运动、健身、休闲于一体的多功能国际化时尚中心。"水立方"拥有4000个永久座椅、2000个可拆除座椅、11000个临时座椅,建筑面积达到了79532平方米。① 作为世界上最大的游泳中心,"水立方"在2008年北京奥运会及残奥会期间进行了游泳、跳水及花样游泳比赛。如此庞大的一个赛事场地,需要处理并发布海量信息,包括全程播放奥运新闻、媒体广告、天气预报、比赛安排等,在比赛过程中显示名次、成绩、比赛项目介绍等,为运动员和观众提供全面的资讯服务。九华互联的奥运项目团队在结合水立方整体空间布局和功能区分的基础上,构建了全面智能化的多语言引导系统,以多媒体动画加语音提示的方式为奥运观众提供快捷、便利的引导服务,将各个空间协调成一个整体,同时支持灵活插播相关赛事与授权广告,在宜人的数字环境中为观众提供全面的奥运资讯服务。同时,

———————

① 成功案例——水立方[EB/OL].[2017-05-31]. http://www.99view. com/Page/cgal_con.aspx? Id=9.

九华互联还未雨绸缪，确保为赛后运营创造良好的经济效益。遍布场馆的显示屏，声色效果丰富，在信息显示之外，为增值服务提供了很大的拓展空间。九华互联率先在模块化结构的基础上预置了丰富的可选功能组件，帮助"水立方"顺利建设起一个增值业务的支撑平台，快速推出各种高质量的内容服务。（见图1、图2）

图1　水立方数字环境（一）

图2　水立方数字环境（二）

（2）2010年上海世界博览会中国馆数字环境

中国馆展馆的展示以"寻觅"为主线，带领参观者行走进"东方足迹""寻觅之旅""低碳行动"三个展区，在"寻觅"中发现并感悟城市发展中的中华智慧。2010年世博会中国馆通过高科技手段全面呈现了中华五千年文明。在中国馆，声、光、电的巧妙运用下，参观者从千年前走向现在，再通往未来，并从中感悟到中国城市发展的智慧。参观过程中，移步换景般的视听冲击无处不在，并且，观众可以充分发挥想象力，参与有趣的互动项目，一起畅想未来的城市生活。(见图3、图4)

图3　世博会中国馆数字环境(一)

图4　世博会中国馆数字环境(二)

3.3　政府数字环境：以人为本，完全交互

对于政府部门而言，改善公众服务是一个不断革新的过程，数字环境在各级政府向服务型政府的转变中，是越来越被重视的。九

华互联在这方面也提供了完备的服务。政府数字环境面向的主体是广大人民群众，在信息化的基础上打造更加人性化的服务环境，全面提升服务质量。政府数字环境，不仅对分布在政府大厅、宣传墙和休息区等场所的显示终端实现集中化管理和分级分区控制，支持各类政府信息的灵活发布，有效保障公众获知相关政府信息的权利，同时还开放吸纳虚拟现实、智能感知和交互等前沿技术，实现无所不在的智能化，帮助建立起完全交互式、满足公共服务需要的"增强现实"政府，为公众提供贴心、便利的全方位服务体验。政府数字环境的本质在于"以人为本"，它会从不同角度来进行多层次的人类学研究，对弱势群体关怀备至，找出老龄群体、残疾群体、特殊职业群体等较为特殊的群体因素的关联性，力争让其享受与正常人平等的待遇。目前政府数字环境运用各种先进媒体技术，设立了各类关爱弱者的自助配套设施，为他们带来了实在的帮助。绿色环保可持续发展也是政府数字环境强调的重点，充分运用数字媒体新技术和新材料创造一个绿色的环保生态空间，利用智能手段对所有数字设备实现策略化控制，这样设备在非使用情况下自动进入休眠状态，实现节能。

3.4 商场数字环境：智慧商场，数字体验

商场数字环境利用任何可以随时随地感知、测量、捕捉和传递信息的设备，将每一位顾客纳入统一的信息管理体系，构建一个覆盖全商场，以促销为导向的广告发布平台，而且将技术融于生活，多领域交叉设计数字媒体的外观、交互行为，通盘考虑整体空间环境在文化、美学和商业方面的影响，为顾客创造一个最佳的购物和娱乐环境。一个拥有数字环境的商场，拥有智能引导、商户促销、周边服务与休息服务等功能，同时还能通过个性化服务平台，为客户提供预约服务，可以在特定的时间之前为客户量身选购所需服装与饰品等，以应对各种复杂场合，切身为客户提供各式便捷服务。艺术时尚氛围与主题娱乐体验已经成为商场吸引顾客的重要法宝，商场数字环境的数字媒体设计和气氛，能让顾客觉得自己受到了特别尊重，而且总能让顾客觉得买到了物超所值的商品。同时，商场

数字环境充分展示数字媒体的丰富效果及无尽流动性，融入顾客喜闻乐见的沟通方式，使顾客得到异常丰富的差异化享受。

3.5　酒店数字环境：个性化娱乐

酒店数字环境利用任何可以随时随地感知、测量、捕捉和传递信息的设备，将所有数字媒体纳入统一信息管理体系，构建一个覆盖全酒店，以客人为中心的信息服务平台，同时为客人创造一个最佳的休闲和娱乐环境。多媒体信息可以有效地加强酒店与客人的信息沟通，提升酒店的整体形象和竞争力。九华互联的酒店多媒体信息发布系统可为旅客提供全方位的信息服务，包括地图、景点、生活及娱乐设施在内的当地信息服务，比如最新的城市旅游信息和最新的交通状况，实时外汇牌价和航班信息，城市娱乐设施分布概况等。未来，酒店数字环境可以应用前沿的数字媒体技术，使酒店休闲服务更加个性化、智能化，从而有效增加客人的满意度与忠诚度。

3.6　医院数字环境：人性化医疗服务

医院数字环境面向的主体是患者，其在医院前期信息化建设的基础上努力营造人性化医疗服务环境，提升服务质量，改善患者体验。九华互联提供的广角医院数字环境平台是基于整个医院的文化数字环境建设项目，将大厅、电梯口 LCD、住院区病房电视统一集中到一个平台，在播放内容上可以整齐划一，也可以区别播放，对医院的整体文化展示起到不可或缺的作用。医院数字环境的智能化引导系统可以显著改善患者流与医院资源之间的协调问题，简化就医流程，同时整体协调各类关爱弱者的自助配套设施，确保从挂号就诊开始，为患者在整个治疗期间提供完整且具有针对性的舒适体验。

4　小结

九华互联作为国内最优秀的数字环境服务商，凭借一支高素质的专业技术服务队伍，一直以专注的精神引领着数字媒体技术的革新与发展。九华互联有着完整规范的服务体系，由多名顶级设计师、技术专家、策划师和分析师组成的专业团队通过强大的服务流程"发现—设计—实施"来应对创意与科技融合的挑战，将创新的视野和可行的方案完美结合起来。九华互联的成功还离不开其"让科技人性化，让空间体验化"的企业文化，在数字环境建设中始终贯彻"以人为本"的理念，力求为用户创造最佳的体验。

基于人工智能的开放式文字冒险游戏[*]

——AI Dungeon 个案研究

徐丽芳　左　涛

随着人工智能技术、动作捕捉技术与软件开发水平的进步，互动叙事产品形态日趋多元。从早期的超文本小说、文字冒险游戏，发展至添加了更多元素的交互纪录片、互动电影、电子游戏①，互动叙事产品越来越成为大众娱乐产业的重要组成部分。在众多媒介中，电子游戏无疑是互动叙事实践的最佳场域，其中不乏《生命线》(Lifeline)、《底特律：变人》(Detroit：Become Human)等可读性与可玩性兼备的佳作。这是因为电子游戏能够实现文字、声音、影像等多种叙事符号的完美融合，为读者传递最佳的视觉效果与沉浸感。

作为互动叙事发展初期诞生的产品形态，文字冒险游戏又被称为电子小说或互动小说(Interactive Fiction，IF)，其作为游戏的最大亮点是对故事的承载和表达能力。最早的文字冒险游戏《巨洞冒险》(Colossal Cave Adventure)诞生于 1976 年，设计灵感来自桌面角色扮演游戏《龙与地下城》(Dragon and Dungeon，DND)。这种全新的交互设计在当时的游戏领域引起广泛关注，并出现了不少模仿之作。1987 年，《巨洞冒险》资深玩家罗贝姐·威廉姆斯(Roberta Williams)、肯·威廉姆斯(Ken Williams)夫妇共同开发了

＊　本文以发表在《出版参考》2021 年第 2 期上的同名文章修改而成。
①　徐丽芳,曾李. 数字叙事与互动数字叙事[J]. 出版科学,2016(3).

世界上第一款有图像的冒险游戏《谜之屋》（Mystery House），一经推出便大受欢迎，并对日式文字冒险游戏的发展产生了深远影响。① 此后，冒险游戏不再局限于单纯的文字描述，不断加强在视觉和听觉方面的呈现效果，并融合动作、策略、卡牌等多种玩法。最终，以《古墓丽影》（Tomb Raider）为代表的动作冒险游戏逐渐成为美式冒险游戏的中坚力量，而推理类和恋爱类冒险游戏则在日本、中国的游戏市场中展现出旺盛的生命力，出现了诸如《命运之夜》（Fate/Stay Night）、《迷雾之夏》（The Vigilant Villa）等代表性作品。相较之下，AI Dungeon（见图1）更像是原始版文字冒险游戏，与读者的交互方式只有文本的输入与输出，其创始团队则是名不见经传的研究人员，也几乎没有宣传推广措施。但是，在第二版上线的6周内，AI Dungeon便获得100多万用户，并产生了约600万个故事。② 目前，它的用户规模已突破150万③，平均月营收约1.5万美元④；其所在公司更被数字出版资讯平台"数字图书世界"（Digital Book World，DBW）列入2020年度"最佳新兴出版公司/技术"候选名单。⑤

---

① 一机游戏. AVG 冒险游戏消亡史（一）：源于跑团桌游亦是恐怖游戏鼻祖［EB/OL］.［2021-01-07］. https://zhuanlan. zhihu. com/p/283419298.

② Walton N. How We Scaled AI Dungeon 2 to Support over 1000000 Users［EB/OL］.［2020-09-26］. https://medium. com/aidungeon/how-we-scaled-ai-dungeon-2-to-support-over-1-000-000-users-d207d5623de9.

③ Lim H. Can AI Make Video Games? How Nick Walton Created AI Dungeon［EB/OL］.［2020-09-26］. https://lionbridge. ai/articles/can-ai-make-video-games-how-nick-walton-created-ai-dungeon/.

④ Robertson A. The Infinite Text Adventure AI Dungeon 2 is Now Easy to Play Online［EB/OL］.［2020-09-26］. https://www. theverge. com/2019/12/30/21042942/ai-dungeon-nick-walton-openai-gpt2-text-adventure-game-web-version-launch.

⑤ The 2020 DBW Awards［EB/OL］.［2020-09-26］. https://www. digital-bookworld. com/the-dbw-awards.

图 1　AI Dungeon 标识

1　AI Dungeon 概况

AI Dungeon 是尼克·沃尔顿（Nick Walton）在一次"黑客马拉松"（Hackathon）中突发奇想的产物。当时他还在杨百翰大学（Brigham Young University）的深度学习实验室工作，研究方向主要是自动驾驶技术。他一直深为《龙与地下城》中玩家所拥有的高自由度而着迷。那么，能不能利用人工智能技术来设计一款类似的冒险游戏呢？这个想法很快成为现实。AI Dungeon 1（亦称 AI Dungeon Classic）于 2019 年 5 月上线。它采用最小 GPT-2 模型（Generative Pre-Training，即生成式预训练），玩家只能在由人工智能生成的有限的交互动作列表中进行选择，最终形成的故事连贯性也较差。与以往的互动叙事产品相比，AI Dungeon 1 的表现形式并无多大突破，在叙事设计上甚至比大多数作品更加粗糙。2019 年 11 月，人工智能研发公司 OpenAI 发布完整版 GPT-2 模型，其参数从初期的 1.26 亿个增长到 15 亿个。这意味着 AI Dungeon 做出针对性反馈的准确性将大大提高。1 个月后，应用了全新机器学习模型的 AI Dungeon 2 上线。它的训练文本主要来自冒险类互动小说生产社区"choose your story.com"。[①] 这使得新版本能够更好地把

---

① Boog J. How the Creator of AI Dungeon 2 Used GPT-2 to Create Neverending Adventure Games ［EB/OL］.［2020-09-28］. https://towardsdatascience. com/the-creator-of-ai-dungeon-2-shares-gpt-2-finetuning-advice-e5800df407c9.

握目前冒险故事的流行趋势。一开始，AI Dungeon 2 以开源形式发布于谷歌云端服务器 Colab 上，玩家只有下载 5GB 的模型后才能试玩游戏。但是，这个充满实验性的作品以爆炸般的速度吸引了大批玩家，其强制性下载所产生的带宽费用在几天内便超过 2 万美元。① 沃尔顿不得不因此暂时封存游戏。

这次事件后，沃尔顿意识到 AI Dungeon 所拥有的商业潜力，于是成立一家初创公司 Latitude，由团队中的其他成员负责公司长期战略规划，他则担任首席技术官一职。此后，AI Dungeon 2 陆续发布了更为方便的网页版和移动端游戏，并在著名的众筹网站 Patreon 上推出会员服务来维持公司长期运转，这也是公司目前主要的营收来源。AI Dungeon 将会员分为银、金、铂金三档，每月依次须交会员费 4.99 美元、9.99 美元、29.99 美元。用户在支付会员费后即可解锁相应专属服务，如语音旁白解说、自定义场景和角色，甚至创建非游戏内容。在稳定的资金支持下，AI Dungeon 2 的基本功能日渐丰富，陆续上线了多人游戏模式、交流社区、用户生成内容(User Generated Content，UGC)以及个人故事库等，而这些也进一步延长了游戏寿命。2020 年 7 月，AI Dungeon 的开发人员引入 OpenAI 最新发布的 GPT-3 模型。该模型支持的参数达到了 1750 亿个，其学习能力与维持故事连贯性的能力都远超 GPT-2。这个全新版本被称为 AI Dungeon Dragon，目前尚处于测试阶段，仅对会员开放。

2　技术赋能：完全开放的叙事结构

玩 AI Dungeon 的流程并不复杂。以网页版为例，玩家在注册并登录后便可开始选择游戏模式，如单人模式、多人模式或特色方案。在单人模式中，玩家首先需依次确定故事背景如"幻想""世界

---

① Harris J. Creating the Ever-Improvising Text Adventures of AI Dungeon 2 [EB/OL]. [2020-09-28]. https://www.gamasutra.com/view/news/356305/Creating_the_everimprovising_text_adventures_of_AI_Dungeon_2.php.

末日",人物形象如"公主""幸存者"等。玩家可以对预先给定的故事背景和人物设定进行自由组合,付费玩家还可以自己创建背景和人物。在输入角色姓名后,AI Dungeon 会自动生成故事开端和主线任务,玩家需要不断输入文本来续写故事,以完成主线任务并最终逃出地下城(见图2)。在每次输入文字后,AI Dungeon 会在瞬间给出相应反馈文字,来阻止玩家快速通关。这听起来有点像枯燥的人机版故事接龙,因此 AI Dungeon 添加了一些传统文字冒险游戏的小功能来优化体验:当玩家不知道输入什么文字时,可以从游戏提供的 4 个选项中选择;如对当前叙事支点的情节不满意时,玩家可不断点击"刷新"按钮来使游戏生成新的故事情节;玩家还可以回到上一个动作处重新输入文字,以更好地把握故事走向。而在多人模式中,发起游戏的玩家需要手动设置故事背景和人物,再以短代码或超链接形式邀请其他玩家加入。此外,付费玩家可将自定义的游戏故事发布于名为"特色场景"(Featured Scenarios)的游戏内置社区中(见图3)。其他玩家则可在点击"播放"按钮后,无须接受邀请而直接体验该故事世界,并在下方留下评论以帮助创建者完善故事世界。

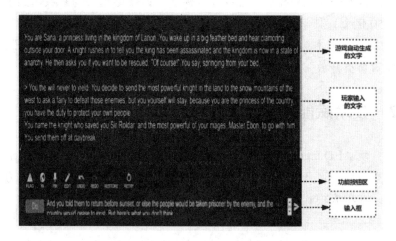

图 2　AI Dungeon 中玩家与游戏互动页面

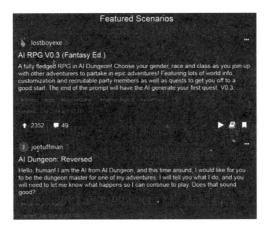

图3 AI Dungeon 的特色场景

　　与常见互动叙事产品相比，AI Dungeon 最大的特点在于完全开放的叙事结构。故事语法理论认为，可以把故事情节中的事件或状态切割成一个个节点；节点可按照故事环境、发生事件、反应、行为（解决）、结果的顺序依次串联起来，最终使故事呈现稳定的线性结构。① 但是，由于互动元素的引入，叙事节点的次序、关联和组合方式不再固定，并且通常在交互过程中临时构成②；叙事结构因此变得更为复杂和多元。总的来看，目前大部分互动叙事作品采用类线性叙事结构和树状结构。前者是线性叙事结构的变形。玩家在故事推进过程中的所有行动都不会影响主线剧情的发展，叙事分支的指向大多殊途同归。后者则是大多数互动游戏采用的叙事结构，即单一视角下的多支线选择。开发者预先设计几条剧情线，玩家选择将会影响剧情走向，但故事也无法脱离预定结局。然而，AI Dungeon 是完全开放的叙事世界。它没有特定开端，角色和故

① 王钰. 电子书互动叙事结构研究［J］. 出版科学,2018,26(4).
② Koenitz H. Towards a Specific Theory of Interactive Digital Narrative ［M］//Koenitz H,Ferri G,Haahr M,Sezen D and Sezen T B,eds. Interactive Digital Narrative:History,Theory and Practice. New York and London:Routledge,2015:99-100.

事背景均可由玩家自定义；叙事支点处不存在选择限制，支点间没有权重区别，也就没有预先设定的故事走向；虽然生成的故事总是以逃出地下城结束，但逃出地下城的方式并没有限制。也就是说，AI Dungeon 的游戏时长与趣味性完全取决于玩家的想象力，而非开发人员的叙事设计。

GPT-2、GPT-3 技术是这种高度自由的开放性叙事结构得以实现的关键。它们是由 OpenAI 发布的语言预测模型，基于 2017 年提出的 Transformer 模型而架构，使用非监督预训练和监督式微调相结合的机器学习方式来处理语言理解任务。其基本原理是根据句子的一部分预测下一个有可能出现的词语及其出现概率，然后自动生成下一个词语，如此循环往复，直到形成一段完整文本。目前最常见的例子是输入法的智能联想功能。原始 Transformer 语言模型由编码器(encoder)和解码器(decoder)组成，而 GPT-2 和 GPT-3 是通过一套堆叠得尽可能多的 Transformer 解码器模块构建的；为了保证预测的准确率，需要用海量文本和算力来对其进行训练。在训练过程中，模型通常会学习更长的文本序列，并且一次处理多个词(token)。完整版 GPT-2 使用的是从网上爬取数据的名为"WebText"的 40GB 超大数据集。AI Dungeon 2 在此基础上还额外增加了冒险类文本的训练。GPT-3 的训练文本达到 45TB，其自动生成的文本具有更完整的逻辑和更仿真的情感，因此可为 AI Dungeon 玩家提供更优质的阅读体验。由于 GPT-2、GPT-3 都采用半监督学习模型，因此大大节省了游戏开发的人力成本。

当然，最新版 AI Dungeon 仍无法在内容质量上与《底特律：变人》等互动叙事佳作相媲美。首先，由于现有 GPT 模型无法保持长期的逻辑连贯，AI Dungeon 2 至多只能根据玩家最近 8 次输入的文本给出反馈。因此，当游戏进程过长时，故事很难拥有完整而连续的世界观——即便玩家一开始便限定了故事背景。其次，一般而言富媒体互动叙事作品能够为读者提供多感官体验，并赋予其主动参与甚至操纵环境和对象的权利，因此读者在阅读时更容易混淆现实与虚拟的边界，从而进入沉浸状态。但受限于成本，AI Dungeon 2 的叙事符号只有单一文字，没有音乐和音效，也没有能造成视觉冲击的动态影像，因此互动叙事作品本可具有的优点无法充分体现。最后，AI Dungeon 2 仅可在开头用一段话来简单交代背景，无法通过图像、声音、关卡、人物等环境因素间接传递游戏内容和情感，因此玩家的代入感并不强，很难从"旁观者"视角转换为主动参与者身份。①

3 真实度 VS 游戏性：开放一定好吗？

尽管玩法上仍显粗糙，但不可否认 AI Dungeon 独特的叙事结构让一直热衷于打造更加开放、更逼近现实的游戏的开发者看到了希望的曙光。游戏的魅力本就来源于玩家在其中所获得的"被赋权的感觉，源自可以在世界中采取行动的能力，并且这种能力或倾向可以切实改变此一世界"②。当前，游戏玩家可操纵"身体"来完成奔跑、跳跃、攀爬、种植、畜牧、战斗等各种动作，也可以通过不同选择来影响故事走向。看起来，他们似乎已经成为游戏世界的主人。然而，还缺少了最关键一环，即通过与游戏世界里的"人"（非玩家角色，Non-Player Character，NPC）互动来"改变世界"。一般而言，NPC 在游戏中充当玩家与游戏世界的介质，起着提供信息或者道具的作用，其与玩家的良性互动可有效提高故事可信度。但受限于人工智能的发展水平，现有 NPC 有时反而破坏了游戏的真实感：尽管 NPC 视觉逼真度不断提高，但其行为模式仍过于简单，往往沿着预定路径推进游戏；而由于 NPC 无法理解自然语言，玩家与之进行的对话通常是人为的、受限制的，只能在固定语句选项

---

① 浅谈游戏的互动叙事设计［EB/OL］.［2020-09-30］. https://gameinstitute. qq. com/community/detail/129027.

② Mateas M. A Preliminary Poetics for Interactive Drama and Games［J］. Digital Creativity，2001，12（3）.

中进行选择。显然，NPC需要更加丰富的行为类型，并应能响应玩家的各种话题。① AI Dungeon首次展现了玩家与NPC用自然语言交流的可能性，并拥有了初步模拟人物性格的能力。可以设想，当GPT模型强大到可以模拟多个人物、自动生成的文本更符合人类表述和情感模式时，架构玩家与玩家、玩家与NPC、NPC与NPC之间完整的社交系统将不再是幻想，而游戏的真实程度也将因此得到极大提升。

然而，这种开放叙事结构也饱受争议。抛开人工智能伦理问题，仅从游戏性角度来看，如果每次选择都很重要，就意味着每次选择都没那么重要。因为很难在每一条叙事线上都创造足够大、足够多的波动，来使每一个分支故事都具备强大的戏剧张力。因此，在许多互动叙事作品中，用户选择的乐趣并不来自行为本身，而来自对相关信息的掌握量和选择后得到的差异化回馈。据此，柯瑞斯·克劳福德(Chris Crawford)曾提出应该赋予互动故事世界用户的能力：一是用户需要能够做出戏剧性的重大决策；二是呈现给用户的选择必须是经过权衡的；三是故事必须向用户提供足够多的选择，但其中大部分选择的权重都应该相对较小；四是互动叙事不能只提供促成圆满结局的决定，必须允许用户做出可能导致各种结果的选择。② 他认为只有这样，才能充分激发用户持续体验多种故事可能的积极性，而这与AI Dungeon的叙事结构可谓南辕北辙。另外，开放互动叙事的内容质量在很大程度上取决于玩家的艺术素养和逻辑能力，无疑变相拔高了作品进入门槛，缩小了受众范围。

问题根源在于互动与叙事之间似乎天然存在矛盾。互动叙事赋

① Mateas M, Stern A. Structuring Content in the Fa ade Interactive Drama Architecture[C]//Proceedings of the First Artificial Intelligence and Interactive Digital Entertainment Conference, Marina del Rey, California: AAAI Press. June 1-5, 2005.

② 克里斯·克劳福德. 游戏大师Chris Crawford谈互动叙事[M]. 方舟，译. 北京：人民邮电出版社，2015.

予读者做出叙事决策的权利，使原本属于作者的叙事权部分转移给了读者，由此产生的作品具备了不同于传统叙事的非线性结构，同时也引发了叙事性差、叙事难度增大等问题。而这些问题在作为互动叙事竞技场的游戏领域格外突出。部分游戏学研究者认为，游戏与叙事文本归属于完全不同的媒介。尽管游戏中也存在时间、角色、环境、事件等叙事元素，但因其更强调竞争、任务、动作、探索等游戏性元素，因此不能将传统叙事规则和经验完全移植到互动环境中来。面对质疑，叙事学研究者指出这种判断犯了将游戏整体视为一个叙事而存在的错。实际上，叙事只是游戏设计的一个层面。这派学者提出，可以将游戏理解为"一个可以提供跨媒体叙事功能的环境"；就像叙事在文学和电影两种不同媒介中的差异化表现，以计算机为载体的电子游戏也可以有自己独特的叙事特征。①游戏同样可以讲故事，只是叙事模式与传统线性叙事模式不同，由此产生多种叙事结构。正如媒介研究学者亨利·詹金斯（Henry Jenkins）所说："如果游戏讲故事的话，那么它讲故事的模式不可能像其他叙事媒介一样，故事不是一个可以从一个媒介管道任意传送到另外一个的空泛的内容。"②

4 小结

大众对互动性、个性化内容的集体追求，使互动叙事越来越成为数字内容产业的风口。AI Dungeon 利用 GPT-2、GPT-3 技术，为读者提供了一个完全开放的故事世界，使人机之间的自然语言交流成为现实，也为游戏设计师们打开了开放式叙事结构的大门，并因此赢得广泛关注和好评。实际上，它并不是唯一应用 GPT-2 的

① 甘锋,李坤. 从文本分析到过程研究:数字叙事理论的生成与流变[J]. 云南社会科学,2019(1).

② Jenkins H. Game Design as Narrative Architecture[M]//Noah Wardrip-Fruin and Pat Harrigan, eds. First Person: New Media as Story, Performance, and Game. Cambridge: The MIT Press, 2004:117-131.

产品。AI Dungeon 1 出现不久，与沃尔顿同为神经学博士的内森·惠特摩尔（Nathan Whitmore）开发了一款名为 GPT-2 Adventure 的游戏，其流程与 AI Dungeon 几乎一模一样，但它所生成的文本比后者更加机械，重复也更多。另外一家名为"Talk to Transformer"网站的人工智能可参照用户提供的文本示例自动完成故事①，但这种互动是一次性的，用户与人工智能之间无法通过长期交流来调整故事发展方向，因此其对叙事的控制权极其有限。最终，只有 AI Dungeon 顺利完成了从实验品到商品的转型。在文字冒险游戏之外，玩家还能通过它的自定义功能来进行其他活动，如和虚构的名人互动②、与心理学家交流等③。这是因为除冒险内容外，AI Dungeon 的训练文本还包括大量的万维网内容如整个英语维基百科，因此其足以模仿任何已知的人物形象。尽管目前语言预测模型还不够完善，其游戏性也还存在争议，但 AI Dungeon 的开放性叙事结构颠覆了长久以来的游戏叙事设计理念，其对人工智能的创新运用依然存在可取之处。因此，其未来走向值得持续关注。

---

① Hitt T. Meet the Mormon College Student Behind the Viral A. I. Game That Took Dungeons & Dragons Online [EB/OL]. [2020-09-30]. https://www. thedailybeast. com/meet-the-mormon-college-student-behind-viral-artificial-intelligence-game-ai-dungeon? ref = scroll.

② Papadopoulos L. 10 of the Most Entertaining AI Dungeon Stories out There[EB/OL]. [2020-09-30]. https://interestingengineering. com/10-of-the-most-entertaining-aidungeon-stories-out-there.

③ Kriss A. I Talked to an AI About Life, Death, and Happiness [EB/OL]. [2020-09-30]. https://www. psychologytoday. com/au/blog/virtually-alive/202001/i-talked-ai-about-life-death-and-happiness.

基于人工智能的小说自编辑平台[*]

——Authors A. I. 个案研究

徐丽芳　　何　倩

人工智能正在颠覆金融、医疗、交通等各个行业，出版业也不例外：市场营销部门可以使用新工具来为更广泛的受众制作个性化广告，编辑部门可以通过大数据和智能分析辅助选题策划和校对工作，机器自动化写作在新闻领域也已经实践多年。小说创作似乎最不可能受到人工智能的影响，毕竟它具有复杂的叙事线和情感表现，似乎难以量化成计算机可处理的数据。迄今为止，虽然已有许多用人工智能创作小说的实验，但几乎都以失败告终，因为人工智能生成的文本仍存在许多不合逻辑的内容，或文本虽符合逻辑却缺乏可读性和内在意义。科技初创公司"智能作家"（Authors A. I.）于是转变视角，不再执着于利用人工智能生成文本，而是将人工智能的洞察力与人类的创造力结合起来，利用畅销书数据对小说书稿内容进行分析并给出建议，以帮助作家写出能登上畅销书排行榜的书。

1　Authors A. I. 概况

2016 年，美国圣马丁出版社（St. Martin Press）出版了《畅销书密码：大热门小说解剖学》（*The Bestseller Code：Anatomy of the Blockbuster Novel*）一书。该书作者乔迪·阿彻（Jodie Archer）和马

---

*　本文以发表在《出版参考》2021 年第 9 期上的同名文章修改而成。

修·L. 约克斯(Matthew L. Jockers)耗时 5 年用文本挖掘算法对 2 万多部《纽约时报》畅销小说进行数据分析,试图揭示出畅销书在内容上的共同特征。① 两位作者在斯坦福大学相识,分别拥有出版行业背景和数字人文学术背景。他们在 4 年的时间里构建并完善了算法,声称其能以 80%的准确率推断出一份没有标记的手稿是否登上了《纽约时报》畅销书排行榜。②

作为将机器学习原理和文本挖掘技术应用于长篇小说分析的世界领先的专家之一,约克斯并不是用人工智能算法去自动生成小说,而是将其作为分析人类创作的小说作品的有力工具。2019 年 6 月,他和作家约瑟夫·丹尼尔·拉西卡(Joseph Daniel Lasica)开始致力于为图书爱好者创建新的社交中心,并为小说家们提供一套新工具。Authors A. I. 公司由此成立。拉西卡是惊悚小说作家,同时也是新闻工作者。他对约克斯与阿彻合著的《畅销书密码:大热门小说解剖学》非常感兴趣,而约克斯希望与一群才华横溢的作家合作,对其人工智能算法进行实测和改进。两人一拍即合。随后,畅销言情小说家亚历山德拉·托雷(Alessandra Torre)作为第三位创始人加入。在短短几个月内,Authors A. I. 组建了一个由 120 多位畅销书作者和专家顾问组成的团队来改进和扩展约克斯的原始算法。同时,他们不再只专注于《纽约时报》畅销书排行榜,而是在各种流行小说排行榜中广泛地寻找成功案例,不断优化算法以使其适于分析流行小说市场。③

2020 年 1 月,Authors A. I. 公司用其小说分析算法创造出名为 Marlowe 的小说智能机器人,并进入封闭测试阶段。6 月,Authors A. I. 正式推出官方网站 authors. ai,Marlowe1. 0 正式发布。Marlowe

---

① 陈铭,徐丽芳. Archer Jockers:用机器算法解密畅销小说基因[J]. 出版参考,2019(3).

② Tolentino J. "The Bestseller Code"Tells Us What We Already Know[EB/OL]. [2016-09-23]. https://www. newyorker. com/books/page-turner/the-best-seller-code-tells-us-what-we-already-know.

③ Authors A. I. About Authors A. I. [EB/OL]. [2021-07-12]. https://authors. ai/about/.

是一个集读者测试、策划编辑和文字编辑等功能和角色于一身的精通小说艺术和技巧的智能机器人，可以在 15 分钟内阅读一本小说，并对其作出评价。评价工作主要基于该小说与数据库中数万本畅销小说的比较。评价内容包括主题分析、叙事原型与情节结构分析、高低潮分析、主要人物性格特征、潜在冒犯性语言、句子统计和可读性分数、对话和叙述比率、动词选择和被动语态使用、可能的拼写错误、标点数据等。作者可以根据 Marlowe 给出的分析报告对作品进行修改，在送呈专业编辑审查之前完善自己的手稿。2021 年 6 月，Authors A. I. 发布 Marlowe2.0。这次升级增加了一些新功能，可将手稿与 4 本具有相似情节线索或写作风格的畅销书进行比较，从而给作者提供更加精准的写作建议。除此之外，还增加了故事节奏、情感色彩和语言使用频率分析等功能。①

Authors A. I. 目前提供 3 个版本的产品和服务，分别为基础版、会员版和一次性支付版。基础版为免费服务，用户不需要支付费用就可以无限制地获得基础分析报告。该报告内容比较简单，主要为单词和短语重复性识别、语法分析等。会员版又分为两类：按月订购为每月 29.95 美元，按年订购为每年 199 美元。会员用户每个月可以获取 2 份会员版分析报告，以及无限制地获得基础分析报告。此外，用户也可以选择在不加入会员的情况下购买一次性报告，价格为每份 89 美元。会员版分析报告和一次性报告比基础版报告多 9 项内容，包括主题、情节、人物性格等作品分析的核心内容。Authors A. I. 还为会员作者提供额外的社区服务，包括加入作者脸书（Facebook）群组、参加网络研讨会和特别活动、获得 BingeBooks 网站的营销机会等。BingeBooks 是 Authors A. I. 旗下一个由作者和书籍爱好者创建的在线社区。它推荐各种类型的书籍，旨在为用户提供发现新书和新作者的渠道。除了为个体用户服务，Authors A. I. 还为出版机构提供行业通行证。有了行业通行

① Authors A. I. Writing Analysis Platform Authors AI Releases Major New Features［EB/OL］.［2021-06-07］. https：//authors. ai/writing-analysis-platform-authors-ai-releases-major-new-features/.

证，出版商、编辑、学术机构和教育机构每季度可以生成多达 25
份 AI 分析报告。

2　工作原理：从文本到模式

人工智能(Artificial Intelligence，AI)是一个宽泛的术语，涵盖
了多种技术。这些技术使计算机能够感知、理解、行动和学习。目
前，人工智能在出版业的所有应用都涉及机器学习(Machine
Learning，ML)或深度学习(Deep Learning，DL)——要么单独使
用，要么与自然语言处理(Natural Language Processing，NLP)、文
本数据挖掘(Text Data Mining，TDM)、语音识别或计算机视觉等
其他技术结合使用。Marlowe 的技术基础为自然语言处理和深度学
习，两者在相关过程中是相互依赖、相互渗透的。

自然语言处理包括自然语言理解(Natural Language Understanding，
NLU)和自然语言生成(Natural Language Generation，ULG)两部
分。Marlowe 比较侧重 NLU 功能。其实质是对人类阅读的模仿。
机器无法像人类一样理解所阅读内容的意义，只能将人类认为有意
义的单位——字母、单词、句子、标点符号和章节当成二进制符号
输入计算机。自然语言处理中最基本的任务是分词、句子识别词性
标注(Part-Of-Speech tagging，POS tagging)和依存句法分析
(Dependency Syntactic Parsing)。分词和句子识别看似简单，但其
实有许多困难的情况需要解决，如英文缩略语会用到下脚点，而机
器可能会把这个标点当作句号；一些英文复合名词有时会由空格隔
开，机器可能把它当成两个词；而中文词汇不像英文单词由空格隔
开，机器分词也就更复杂。在分词和句子识别完成后，就可以计算
每个词出现的频率、平均句子长度以及对话句与纯叙述句的比例。
词性标注是分词的下一步，其中名词识别是小说主题识别算法建模
的前提条件。完成部分词性标记后，就可以总结不同作者使用的名
词、动词和形容词的类型及频率，确定特定作者写作的典型模式。
由于人类语言的复杂性，很难编写一个程序处理所有情况，因此许

多自然语言处理和文本挖掘研究工作已经从基于语法规则的句法分析转向基于统计推理的方法。这种方法不再编写一大堆规则去处理所有可能的语言书写方式，而是从统计学视角让机器学习不同句子结构和单词组合出现的概率。① 依存句法分析被用来识别句子中词汇与词汇之间的相互依存关系，找出哪些单词一起构成短语，哪些单词构成句子中的主语、宾语和动词，然后通过角色的动作可以分析其性格特征。文本情感分析(Text Sentiment Analysis)目前在商业领域应用广泛，在 Marlowe 中则被用来绘制故事的情节线索。机器会识别每个句子的情感倾向，而肯定句或否定句的出现频率可以揭示主人公的命运以及情节走向。自然语言处理完成文本的初步处理，为下一步深度学习提供基础数据。

对于 Marlowe 来说，深度学习就是对输入计算机的成千上万本畅销书内容进行分析，发现和提取关于每本书的详细信息及特征，识别这些故事的相似之处，总结其写作模式，包括主题、故事节奏、情感起伏、角色特征和故事结构等，以及一些语言统计数据。该过程在机器学习领域被称为模式识别(Pattern Recognition)。它指"基于已经获得的知识或从模式和它们的表示中提取的统计信息对数据进行分类"②，核心是计算机算法理解所"看"到的东西，对事物进行分组，并最终识别出模式。对 Marlowe 而言，就是筛选在文本挖掘阶段挖掘出的特征，确定哪些特征会影响一本书成为畅销书。识别过程需要经过反复多次训练，也就是机器学习的过程；输入数据越多，训练时间越长，Marlowe 的信息识别和处理能力就越强。当用户上传作品后，Marlowe 会提取该书的文本特征，并与数据库中的畅销书特征数据进行比对，通过比对结果给出详细的图表分析，并根据分析数据给出相应的修改建议，然后将完整的报告通过电子邮件发送给作者。

① Archer J, Jockers M L. The Bestseller Code: Anatomy of the Blockbuster Novel[M]. New York: St. Martin's Press, 2016: 77-79, 177-194.

② Murty M N, Devi V S. Pattern Recognition: An Algorithmic Approach [M]. London: Springer London, 2011: 1-6.

3　AI 报告：小说特征可视化

　　Authors A. I. 提供的最终产品为一份人工智能分析报告。Marlowe 要求作者提交的手稿长度不少于 2 万字，且文件格式要求为 MS Word(doc、docx)或纯文本(txt)。最后生成的报告是可视化的，每个特征对比都以图表形式展现。下面以其官方网站提供的案例《达·芬奇密码》(*The Da Vinci Code*)为例，介绍报告的主要内容。①

3.1　叙事原型和情节转折

　　叙事原型的概念最早由德国学者古斯塔夫·弗赖塔格(Gustav Freytag)于 19 世纪提出，其提出的金字塔叙事原型包括开场(exposition)、上升(rising action)、高潮(climax)、回落(falling action)和解决(resolution)五个部分。② Marlowe 对语料库中的流行小说内容进行分析后，归纳得出了七种叙事原型。以《达·芬奇密码》为例，智能报告将其叙事脉络进行了可视化处理，并将之与和它最相似的叙事原型进行对比(见图 1)。图中水平虚线表示平稳状态，线条向上表示故事向积极方向发展，线条向下则表示事态恶化。通过对比图，可以清晰地看到该书与名为"紧急情况"(emergence)的故事原型最吻合。该故事原型通常遵循从消极开端到积极结果的路径。③ 叙事原型从宏观角度进行对比，情节转折则涉及更多细节。情节转折的可视化报告也包含与和被分析作品最接近的一本畅销书

---

　　①　Marlowe. Marlowe Analyzes *The Da Vinci Code*[EB/OL]. [2021-07-12]. https://authors. ai/.

　　②　Boyd R L,Blackburn K G,Pennebaker J W. The Narrative Arc:Revealing Core Narrative Structures Through Text Analysis[J]. Science Advances,2020,6 (32).

　　③　Lasica J D. Examples of Narrative Arcs in Modern Fiction[EB/OL]. [2021-02-22]. https://authors. ai/examples-of-narrative-arcs-in-modern-fiction/.

进行的对比(见图2)。与《达·芬奇密码》情节转折最相似的畅销书是托马斯·麦圭恩(Thomas McGuane)的《阴暗处的九十二》(*Ninety-Two in the Shade*)。

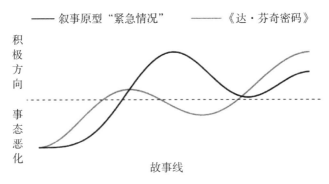

图1　《达·芬奇密码》的情节和故事线

(注：图片来源于 authors. ai)

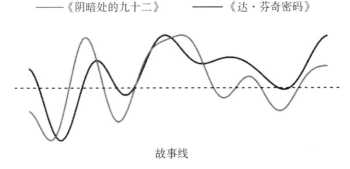

图2　《达·芬奇密码》和《阴暗处的九十二》情节转折对比

3.2　叙事节拍和叙事进程

在戏剧创作中，故事通常可分为五个结构层次：节拍(Beat)、场景(Scene)、序列(Sequence)、幕(Act)和故事(Story)。叙事节拍是故事的最小单元，指角色动作与其引起的反应之间的行为交流瞬间。这些瞬间往往伴随场景中的情绪或关系变化，使故事发生转折。①《畅销书密码：大热门小说解剖学》指出：畅销书大多具备稳定的叙事节奏，故事转折点之间的间隔通常是均匀的。②《达·芬奇密码》的叙事转折点之间的篇幅间隔约为10%，其中，向下转折意味着冲突的发生，向上转折表示冲突得以解决（见图3）。此外，报告还提供了叙事进程图（见图4）。它模拟读者跟随作者叙事时的阅读体验：高峰区代表叙事推进快、读者紧紧跟随，低谷区代表叙事节奏慢，读者翻页也随之慢下来。良好的叙事节奏可以持续吸引读者阅读，持续的快节奏或慢节奏叙事则都会引起读者的疲劳。从图4可以看出，《达·芬奇密码》的叙事进程快慢有致、起伏均匀。这样的节奏显然更符合大多数读者的阅读偏好。

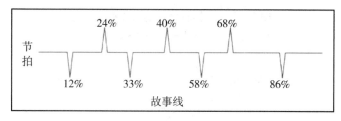

图3　《达·芬奇密码》的叙事节拍

3.3　主要人物性格、主题分析和情绪色轮

性格分析由Marlowe基于人物动作和行为得出。Marlowe分析了《达·芬奇密码》中兰登（Langdon）、赛拉斯（Silas）、索菲（Sophie）和提宾（Teabing）四个主要人物的主要性格特征，包括"招人喜欢""自信""快乐""勤奋""思维敏捷""现实""被动""敏感"等指标。主题分析则列出小说十个重要主题及各自所占百分比，同时

---

① Beemgee. Story Structure and Plot Beats [EB/OL]. [2021-07-31]. https://www.beemgee.com/blog/story-structure-plot-beats/.

② Archer J, Jockers M L. The Bestseller Code: Anatomy of the Blockbuster Novel[M]. New York: St. Martin's Press, 2016: 77-79, 177-194.

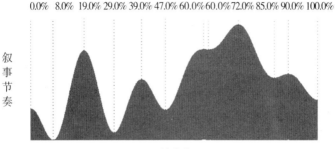

图4 《达·芬奇密码》的叙事进程

标注语料库中所收录畅销书使用这些主题的数量。《达·芬奇密码》的重要主题依次为宗教、艺术、恐怖主义和梦想等，它们在该书所有主题中约占 30%。心理学家罗伯特·普鲁契克（Robert Plutchik）曾提出情绪之轮（Wheel of Emotions）模型，其中包含八种基本情绪：愤怒、期待、厌恶、恐惧、喜悦、悲伤、惊讶和信任。就像颜色一样，原始情绪可以用不同的强度表达，并可以相互混合形成新的情绪，如期待和喜悦结合起来就是乐观。① Marlowe 据此提供了八种主要情绪的分布评估报告。在《达·芬奇密码》中，主要传达的情绪是喜悦、信任、恐惧和惊讶。此外，报告还包括对话和叙事比例、冒犯性语言和不良内容数量、陈词滥调、重复性短语、句子统计和可读性得分、词性统计、标点符号统计等内容，以及主题和语言风格与此书相似的四本书的对比。

4　智能编辑：人工智能改变出版业

目前人工智能已被广泛用于整个出版产业链，渗入内容获取、内容生产、产品营销、客户服务等诸环节。常见的应用领域如内容

识别和文本标记，机器可以自动生成任意长度的元数据标签来标记书籍及其简介。这些标签与推荐引擎一起可以提高内容的可发现性。同时还包括使用人工智能识别市场趋势、辅助翻译和支持推荐平台等。国际电子书和有声读物分销平台书线（Bookwire）使用人工智能工具分析出版物在各个历史数据点的价格，并追踪每本图书的销售表现，然后可在任何给定时间提出有关定价的建议。它还根据标题相似性和用户偏好自动将推荐广告集成到电子书中。该技术推动了 Bookwire 销售额的显著提升。① 众所周知，将已出版作品翻译成不同语言可以扩大作品的受众范围。目前许多翻译服务提供商开始向细分行业提供服务，比如劳雷特（Laoret）就采用机器和人工相结合的方式为传媒、出版和娱乐行业提供翻译服务。人工智能图书营销平台博克斯比（Booxby）等则应用自然语言处理和机器学习技术解析作者的独特风格，然后预测读者对该风格的体验，从而帮助作者和出版商有效地定位书籍，实现精准营销。

　　人工智能在编辑环节的早期应用主要为语言检查和剽窃检查。自动文本分析可以检测出剽窃段落和句子，减少版权纠纷，还可用于监控第三方出版平台上的版权侵权行为，维护出版商和作者利益。在 Authors A. I. 之前，一款名为"Grammarly"的人工智能写作助手程序允许用户检测并修正英文拼写、语法和标点符号错误，并于 2019 年发布了语气检测和修正功能，允许用户根据文本的使用情境来调整文字的语气。相比之下，Authors A. I. 更具有针对性，因为它只专注于小说特别是长篇小说的分析，而且分析内容也更加深入。它不再只提供语法和拼写的校对检查功能，而开始涉及作品主题、情节和人物分析。在此之前，这些工作都是人类编辑的职责。Authors A. I. 拓展了人工智能在编辑环节的作用范围，使其开始涉足编辑的核心工作。它不仅可以帮助编辑减少校对工作量，提

①　Team WNiP. "The Impact Will be Immense"：How AI is Reshaping the Publishing Industry［EB/OL］.［2019-11-07］. https：//medium. com/whats-new-in-publishing/the-impact-will-be-immense-how-ai-is-reshaping-the-publishing-industry-16dea969c299.

升总体错误检测准确率，还能将作者手稿特征与畅销书特征进行比较，以找出可以改进的地方，并预测小说的畅销潜力，帮助编辑专注于最具市场价值的内容。

5 小结与讨论

人工智能编写非小说类书籍、博客文章和新闻文章已经成为现实，甚至可以编写代码，模仿 J. K. 罗琳的风格自动生成内容，但目前并没有产生一部由人工智能创作的优秀小说作品。[①] 因此，Authors A. I. 拓展了 AI 技术的应用方式和范围。它不是直接根据数据计算写出一本畅销书，而是将人工智能从作者的对手转变为助手，以便作者更好地了解读者、市场和竞争对手，帮助其写出更符合市场需求的作品，并拉近与读者的距离。这种模式似乎是一种双赢的方案：既保留了作者的创作主体地位，同时发挥了人工智能的优势，使人工智能可以增强而不是取代人类智能。

但是，Authors A. I. 挖掘的畅销书模式可能会进一步导致畅销文学作品的同质化和套路化，消解或阻碍作者的创造力以及作品的创新性。其实，畅销文学作品本来就没有一般人想象的那样天马行空。此前已有许多人提出有关故事结构或模式的观点。克里斯托弗·布克(Christopher Booker)在《七个基本情节：我们为什么讲故事》(*The Seven Basic Plots：Why We Tell Stories*)中提出从古代神话到戏剧小说、再到流行影视剧，各种故事都可被归纳在七种原型中。[②] 美国著名作家库尔特·冯内古特(Kurt Vonnegut)认为故事具有普遍形式，除了少数例外，经典文学和现代文学故事可以归纳为少数几个原型。这些原型可以简单地用坐标图来表示，横轴表示

---

① Rutkowska A. How AI is Disrupting The Publishing Industry [EB/OL]. [2020-10-20]. https://www. forbes. com/sites/forbesbusinesscouncil/2020/10/20/how-ai-is-disrupting-the-publishing-industry/? sh = 48cef68f5237.

② Booker C. The Seven Basic Plots：Why We Tell Stories [M]. New York：Bloomsbury Continuum, 2019：1-13.

叙事时间，从故事开始到结束；纵轴表示故事的起伏波折，随着情节推进，故事线索通常会经历危机、复杂情况、戏剧性转折和解决方案等过程。① 计算机是模式识别专家，可以在人类无法顾及的尺度和粒度级别上研究模式，甚至比最老练的文学评论家更接近小说细节。因此，Authors A. I. 对冯内古特提出的故事原型理论进行了扩展应用，除了情节结构和情感节奏，还对故事主题、人物性格特征和叙事节奏等进行分析。

Authors A. I. 是人工智能在辅助小说写作和编辑应用上迈出的重要一步。它利用算法为人类作者提供改进小说创作的建议。显然，把人工智能当作人类助手而不是人类对手在现阶段更为现实。但从 Authors A. I. 目前提供的分析报告来看，其呈现结果仍较为有限，图表内容不够详细，分析的准确性有待提升。如叙事原型和情节转折等都只有一个大概趋势，并没有精细到具体章节；与四本畅销书的对比数据也只是通过雷达图简单呈现；提供的修改建议仍较为宽泛，缺乏针对性；只有一个人物的名字出现得足够频繁，Marlowe 才能够识别该人物并根据其行为判断其性格特征，而且它无法判断人称代词所指，因此人物性格判断准确性还有待提高；总结归纳的主题存在交叉和重叠等。但无论对于作家还是编辑，这都是有益的尝试。技术总是不断向前发展的，随着人工智能领域研究的不断进展，Marlowe 在未来或许可以变得更加有效。

---

① Lasica J D. Do Stories Have a Universal Shape? ［EB/OL］. ［2021-02-02］. https：//www. janefriedman. com/do-stories-have-a-universal-shape/.

面向学术出版的数据增强解决方案*
——基于 67Bricks 的案例研究

陈　铭　　徐丽芳

在互联网技术的推动下，数据化、算法化、智能化的巨大浪潮席卷着我们迈入一个前所未有的大变革时代。世界正在迅速发生变化，各行各业面临大规模变革活动。对学术出版而言，现在正是发展、转型、创新的不确定时期，需要非常认真地审视和思考技术和行业的发展走向及战略部署。转型、升级已不仅仅是将期刊、书籍放到网络上的简单数字化活动。而当下的用户，则比以往任何时候都更期待适时或即时的个性化服务。在技术和用户需求变化的驱动下，学术出版企业应依据对用户根本性需求的洞察，重新确立价值主张，整合内容、渠道和技术等各类资源，并在广泛的竞争与合作中积极酝酿和促成一场结构化转型。

67Bricks 是一家位于英国牛津的软件开发咨询公司（见图1）。它着眼于海量数据及数据技术给学术出版业带来的巨大变化和机遇，并利用人工智能等技术帮助出版商从传统内容提供商转型为数据驱动的内容服务商。① 其联合创始人山姆·赫伯特（Sam Herbert）认为："学术出版商并不确知自己的业务在 5 年及以后会是什么模样，因为数据时代正在改造一切。基于此，出版商越来越意识到，自己需要一个模块化平台来适应这种复杂、不稳定的出版

＊　本文以发表在《出版参考》2021 年第 11 期上的同名文章修改而成。

①　67Bricks. Information Products for the Data-driven World［EB/OL］.［2021-09-23］. https://www.67bricks.com/.

环境。在模块化平台的帮助下，学术出版商可以不断创新、学习和扩展其业务。"67Bricks 将数据视为辅助出版商转型升级的核心，并引入产品开发数据成熟度模型（Product Development Data Maturity Model），通过提升出版商的数据成熟度以推动业务创新。① 此外，它还着眼于长远发展，帮助学术出版商规划其产品路线图，以及在模块化发展的产业生态中找到新的生存位置和发展路径。

图 1　67Bricks 品牌标志

1　技术理念：以数据技术和人工智能为核心设计模块化平台

赫伯特起初在一家内容管理系统开发公司工作，并在工作过程中结识了后来成为 67Bricks 技术总监的伊尼戈·苏尔盖（Inigo Surguy）等技术专家，组建了一支专门从事内容管理和数据增强的技术开发团队。目前，67Bricks 有 2/3 的员工是软件开发人员，专门处理产品开发、平台交付、内容管理和数据增强项目。作为开创者，赫伯特和苏尔盖早在 15 年前就意识到，自身的技术专长可以很好地帮助学术出版企业理解可用于助力出版的新兴技术，以助其准确地洞察科研人员的学术交流需求，并据以打造全新的学术出版技能，开展新型学术出版业务。尤其是随着亚马逊、奈飞（Netflix）、谷歌、维基百科（Wikipedia）等网络服务平台的不断涌现并与大众日常生活、娱乐、工作和学习紧密结合，基于数据处理

---

①　Herbert S. The Road to Data Maturity—Why Publishing Has to Stay Relevant in the Digital Age and Why It Needs to Start Now[J]. Information Services & Use,2019,39(4).

和机器学习的人工智能技术为用户提供流畅、即时的用户推荐、检索、内容阅读等网络服务已经是普遍的。科研人员作为这些网络服务平台的消费者，也已经习惯了此类流畅、高效和定制化的网络服务，因而越来越期望学术出版平台能够提供同样优质的使用体验。基于此，67Bricks 认为在某种程度上，学术出版商未来成功与否，取决于它们对用户期望的变化作出反应的能力，而那些未能适应变化的企业将被抛在后面。

67Bricks 在内容处理和数据增强（Data Enrichment）方面拥有丰富的专业知识和高超的专业技术。它开发了数据成熟度模型（见图2），用于测评出版商数据及相关内容产品的成熟度。数据成熟度越高，出版商需要为开发内容和数据资产所付出的努力就越少。通过获取出版商对内容资产的管理和利用情况，可以判断其是处于仅具备文档元数据的原始内容资产阶段，还是已进入拥有用户偏好等元数据的个性化阶段等，即可测量出版商的数据成熟度。据此可以帮助其探索下一步的优化路径。这一模型应用机器学习、人工智能和自然语言处理等新兴内容处理技术对内容进行分类，为内容添加结构数据、上下文和元数据；制作专门的受控词表，采用领域内预先确认或经过权威认定的术语，组织和整理该领域的知识。这些术语可用于对期刊论文或其他内容进行标记，使编辑和用户能够更加便捷地搜索和获取相关内容；对原始数据进行增强、改进，以便将之转换为有用的信息，从而使数据成为出版商的宝贵资产；合并来自外部权威来源的第三方数据，通过打造灵活的数据结构，将不同数据源的数据收集、整理、清洗、转换后，无缝集成到自身平台中，为用户提供统一的数据视图等。

针对学术出版商的需求，67Bricks 通常使用高性能的内容和数据技术构建模块化平台，运用现有技术能力选择最佳编程语言、框架和工具组合，并通过部署到云端等措施确保平台系统的稳健性、高性能和可扩展性，从而使出版商可以在模块化平台上更快、更可靠地创建和管理内容，并进一步了解数据的复杂性和价值所在。例如，它为英国医药学出版社（Pharmaceutical Press）设计的模块化平台可以替代其原有的管理分散、效率低下、局限性强的旧系统，以

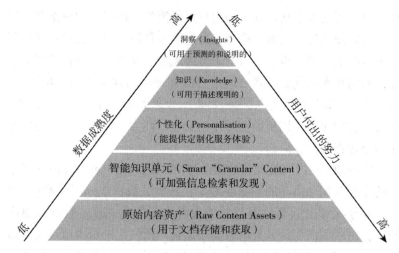

图2 67Bricks数据成熟度模型

帮助出版社员工在一个可交互系统中完成输入、管理和输出药物相关知识内容的工作。① 该出版社旨在建立一个全球药剂师、社会保健专业人员可以依赖的知识体系，业务重点是药物的设计、制造和应用。其旗下的顶尖出版产品——英国国家处方集（The British National Formulary，BNF）以多种格式制作和发布，并在整个英国卫生服务系统中使用。67Bricks开发的新系统允许出版社编辑通过大量使用受控词汇来填充字段，从而创建新内容；系统可结合上下文语境，将从受控词汇表中选择的术语自动生成语法正确的形式（包括时态、单/复数）。当用户输入字段和参数时，系统可即时创建人类可读的实时预览语句。系统还可为编辑提供必要的反馈，并自动检查它们正在构建的信息，确保写作的一致性。英国医药学出版社发布的内容和数据交互中的任何错误都有可能造成患者护理工作上的失误，而那些平台功能可在一定程度上消除出版社业务的主要风险。未来，这一新系统将允许底层数据通过接口传输给各种接

---

① 67Bricks. Case Study：Drug Interactions at Pharmaceutical Press［EB/OL］. ［2021-09-23］. http：//www. 67bricks. com/index. php/case-study-drug-interactions-at-pharmaceutical-press.

收者，并支持将其接入外部系统以支持临床决策等工作。和英国医药学出版社一样，正是得益于 67Bricks 对数据技术以及机器学习等人工智能技术的运用，与其开展合作的学术出版商才能在内容处理和数据增强上赢得战略优势。

2 业务模式：深度参与出版商变革活动

早在 2007 年，赫伯特就看到了以增强数据为基础的新型内容产品和服务领域的创业机会。同年 5 月，67Bricks 正式成立。对数据进行增强不仅可以帮助人类和机器理解内容，还可用于支持增强出版产品功能，协助学术出版商从期刊论文、图书等传统静态知识资源中动态、灵活地获取新的使用价值。而这正是科研人员期望从学术出版商那里寻求的价值增值服务。基于此，67Bricks 将业务重点定位为通过构建具有内容可发现性、可重用性的平台系统来支持现有和新型商业模式，充分满足出版商、科研人员和作者等的特定需求。为了达成这一目标，67Bricks 花费大量时间了解每个学术出版商的发展目标，全程参与出版商的变革活动，并设计和实施灵活的、基于组件的技术架构，以满足出版商当前和未来的需求。

在与学术出版商开展合作时，67Bricks 会在变革开展之前就参与其中，帮助学术出版商确定平台系统的主要功能范围和优先级排序；在信息搜集阶段，通过研讨会等形式为平台搭建征集思路；在分析阶段，对解决方案进行原型化设计，以评估方案的可行性。此外，通过对利益相关者和用户(如作者、编辑、产品团队、图书馆员、研究人员等)进行深入访谈，以全面理解出版商业务发展方向，并协商如何通过数据技术等工具、手段，来支持学术出版商实现业务目标。在研发阶段，67Bricks 以敏捷的方式构建平台系统，即尽可能提前创建好测试系统，让科研人员等相关用户对平台功能进行测试，并提供早期反馈，从而快速推出解决方案和平台系统的迭代版本。这些做法有效地塑造和优化了出版商的信息产品和平台的服务功能。学术出版商也十分认可 67Bricks 在项目实施过程中的灵活性和敏捷程度。以《英国医学杂志》(*British Medical Journal*)要求其开发的知识库(Knowledge Base)平台为例。① 该平台实际上是一个定制化编辑制作系统,旨在满足《英国医学杂志》现在和未来创建和管理内容的需求。67Bricks 按照敏捷项目管理模式,分为"细化""构建"两个阶段来实施知识库项目。首先,仔细规划和明确平台功能及其优先次序,改变内容的底层数据结构,使其更加精细。在构建阶段,它在《英国医学杂志》需求尚未完全明确的时候,以在较短周期内研发出可用的平台系统为目标,来帮助《英国医学杂志》相关用户描述自身需求。在迭代过程中,《英国医学杂志》和67Bricks 的开发人员共同设计、开发和改良内容模型等关键要素,同时,将用户的需求变更不断加入项目需求池中,从而丰富和细化平台功能。如图 3 所示,与《英国医学杂志》原来使用的旧模型相比,改良之后的内容模型对文档对象的结构、形式、要素等进行了统一规范,在编辑内容方面的适用性更强。以《儿童哮喘》(Asthma in Children)为例(见图 3),新模型为编辑提供了分割内容、重用内容的功能,且内容粒度可以更加精细。如它允许编辑人员在内容容器(topic container)中定位到"哮喘治疗方法"(Asthma Treatment Algorithm)等任一内容片段进行更改和重用,而不需要根据页数索引,通过阅读长文档来寻找和确定需要重新编辑的位置。

总之,67Bricks 通过协作方式,深度参与到学术出版商数据增强变革的全流程活动中,促进出版商对技术工具和数据等业务驱动要素的理解。并且,在平台发布之后,67Bricks 会将平台系统的管理权完全交给出版商;如果出版商不具备管理和扩展系统的业务能力,67Bricks 则会继续支持平台系统的运行和维护等后续管理和优化工作。

---

① 67Bricks. Case Study: BMJ Best Practice, Knowledge Base [EB/OL]. [2021-09-23]. http://www. 67bricks. com/index. php/case-study-bmj-best-practice-knowledge-base.

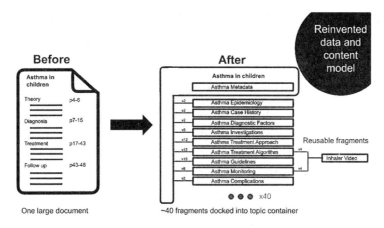

图 3 《英国医学杂志》知识库平台的内容模型(以 *Asthma in Children* 为例)

3 市场定位：成为学术出版商的长期合作伙伴

数据作为学术出版领域的新型内容资源和市场要素，不仅可以被开发成服务用户的内容产品，同时还可以是关于用户、业务活动、内容产品的数据资源，并以服务形式嵌入学术出版中。因此它也成为促进学术出版发展的潜在力量。[①] 当前大多数学术出版商都在积极开拓和发展数据驱动型业务，67Bricks 则以其对如何提取和最大化数据内容价值的深刻理解赢得了许多学术出版商的信赖。

作为学术出版商在数字转型升级时代的支持者和合作者，67Bricks 密切关注学术出版商的需求和发展方向。它通过调研发现，许多软件开发服务商虽然面向学术出版商出售现成的技术解决方案，但出版商对软件系统却没有完全的控制权，并且对系统灵活性和敏捷性的要求无法得到满足，最终结果往往是给出版商留下一个僵化的服务平台，无法适应出版商和科研人员不断变化的期望。因此，67Bricks 以与学术出版商建立长期合作伙伴关系为中心，积极开拓市场，而不仅将自身定位为提供技术资源和支持的软件供应

---

① 徐丽芳,陈铭. 媒介融合与出版进路[J]. 出版发行研究,2020(12).

商。这样的市场定位对双方都是有益的。一方面，发展长期合作关系可以保证67Bricks的业务资源，使其可以适当减少在市场营销上的时间和资金投入；另一方面，对学术出版商而言，长期合作能保证67Bricks投入充分的时间执行项目，更准确地理解出版商组织结构、业务目标、数据和内容资源的特色，从而有助于其开发满足不断变化的用户需求的新产品和服务。以英国皇家化学学会（Royal Society of Chemistry，RSC）为例①，67Bricks与英国皇家化学学会维持了5年以上的合作关系，并参与了后者多个连续的平台优化项目。随着开放存取（Open Access，OA）格局的迅速变化，67Bricks帮助英国皇家化学学会构建了自动化开放存取系统，以改进和加快其管理开放存取的流程，并结合英国皇家化学学会的系统使用体验、开放存取发展规划和学术出版领域发展态势，灵活扩展系统功能。例如，67Bricks建议英国皇家化学学会在系统中同时处理开放存取许可和非开放存取许可的期刊论文，以避免必须根据期刊论文是否为开放存取论文而分别进入两个独立系统，对论文进行许可管理。随着英国皇家化学学会和67Bricks磨合得越来越好，新系统带来的效果十分显著。例如，越来越多的科研人员通过改进后的开放存取流程无缝获取文章；选择和签署许可证的过程从3周缩短到3分钟；专门管理开放存取需要的人力由2名全职人员变成0.3名。② 正是由于67Bricks更倾向于成为学术出版商的长期合作伙伴，帮助出版商在技术能力上实现稳定的内部增长，它收获了越来越丰富的客户资源，如威利（Wiley）、牛津大学出版社（Oxford University Press）、德古意特出版社（De Gruyter）等。此外，对学术出版商而言，与其将自身与软件服务商提供的软件产品进行一次性绑定，也许不如与67Bricks长期合作以换取模块化平台在功能上的

---

① 67Bricks. Case Study：The Royal Society of Chemistry Open Access System[EB/OL].［2021-09-23］. http://www. 67bricks. com/index. php/rsc-case-study.

② 肖超学术出版场域变革与欧美学术出版机构的差异化策略[J]. 出版科学,2020(6).

持续改进，因为后者显然是一种更具成本效益的首选方案。

4 结语

如今，已有多家学术出版商将数据技术和人工智能视为业务拓展的必要手段。尤其是随着开放存取等学术出版模式的兴起，学术出版领域内的经济资本、内容资本、知识资本的数量分布和结构发生了变化，开放存取出版或许将在未来几年内成为科学界和学术出版领域的主流形式。① 而随着开放存取不断普及，学术出版商需要通过对内容和数据等资源进行激活、配置与耦合，使其成为具有较强价值性、系统性和协调性的增强出版产品，或将其整合为模块化平台，从而保护和提升自身盈利能力。② 未来，学术出版领域发生的技术变化将会更加深刻和多样，并将持续处于复杂变动之中。因此，无论是67Bricks这类站在出版商身后的软件开发服务商，还是直面机遇和挑战的学术出版商，都必须认真审视技术背景之下的"变"与"不变"，积极借助技术的力量，在学术出版的广阔版图中找到立足之地。

---

① Aspesi C, Brand A. In Pursuit of Open Science, Open Access is Not Enough[J]. Science, 2020, 368(6491).

② Herbert S, Surguy I. 67Bricks—Helping Publishers Survive in the Modern Digital Age[J]. Insights, 2019, 32(1).

汤姆森数字公司：端到端数字出版解决方案提供商[*]

龙金池　何　珊

　　谈及出版数字化，人们首先会想到技术发达的欧美国家。然而，印度成为学术、教育出版商外包数字出版业务的重镇，已是不争的事实。考虑到印度当地丰富的人力资源和廉价的人工成本，很多跨国出版企业基于自身全球化拓展的考量，大多在印度选择数字业务提供商进行合作。其中，汤姆森数字公司(Thomson Digital)是印度为全球出版企业提供综合数字解决方案的先驱(见图1)。

图1　汤姆森数字公司标识

　　解决方案(Solution)是以满足客户商业需求为目的，包含定制化产品和服务的整体组合方案，一般具备三个特征：通常为产品和服务的组合；依据客户个性化需求进行定制化设计；是一个协调统一的整体。而所谓数字出版解决方案，是指由专业机构或个人为从

　　＊　本文以发表在《出版参考》2019年第6期上的同名文章修改而成。

事数字出版业务所提供的技术、产品、服务和运营相关的一整套软硬件工具和解决方法，其既可以贯穿内容采集、数字编辑加工、数字排版、数字发行、新兴渠道运营、数字资源交易以及阅读使用等数字出版全产业链，也可以只针对其中的一个或几个环节。随着全球越来越多出版企业踏上信息化建设和数字化转型道路，数字出版解决方案能够更好地帮助其强化自身管理、辨识目标市场与用户价值、控制成本，最终形成特色鲜明的产品和服务。Adobe DPS、Ingenta、Syon 等都是国外著名的数字出版解决方案提供商，国内则有方正、博云科技和圣才等。

而汤姆森数字公司正是内容处理、数字内容开发、电子学习解决方案和富媒体开发领域端到端（end-to-end）解决方案的领先提供商。它隶属于汤姆森印刷公司（Thomson Press），印度次大陆最大的商业印刷商之一。该印刷商成立于 1967 年，在印刷优质产品方面已有 50 多年历史，为所有与排版、印前、印刷、装订、包装和交付到仓储等相关工作提供一站式服务，产品出口至 90 多个国家和地区。汤姆森印刷公司的母公司印度今日集团（India Today Group）则是该国最大的媒体集团之一，业务涵盖多个领域，如杂志、报纸、广播、电视、印刷和数字平台等。汤姆森数字公司目前与爱思唯尔（Elsevier）、约翰·利比出版社（John Libbey Publishing）、牛津大学出版社（Oxford University Press）、蒂姆医疗出版商（Thieme Medical Publishers）以及威科集团（Wolters Kluwer）等全球知名出版商建立了合作关系。为确保全面开展全球业务，除印度本国的三家分部（新德里、钦奈和甘托克）外，它还专门设立了满足法国出版业需求的毛里求斯业务部，并在美国和英国设有销售和营销办事处。从端到端的角度来看，汤姆森数字公司的解决方案涵盖数字内容解决方案、数字流程解决方案以及数字发布解决方案三种。

1　数字内容解决方案

内容是传统出版商的核心资源，数字化时代如何提升内容的应用价值，如何快速实现传统出版业务的数字化转型？如何抢占数字出版的盈利先机？这些都是摆在传统出版商面前亟待解决的问题。一般来说，数字出版解决方案提供商所提供的数字内容解决方案主要有两种：一是提供数字资源管理服务，对数字内容资源进行收集、存储和统一管理，供出版企业使用；二是提供面向业务应用的产品加工，对大批量内容进行数字化加工处理。汤姆森数字公司所提供的数字内容解决方案将二者有机结合起来，在数字内容生产环节为出版商提供大批量内容的数字化加工服务，可处理包括文字、图片、音频、视频等多种媒体格式。其中，在预处理阶段对包括纸质内容、排版文件、扫描文件等在内的内容进行快速数字化处理，并提取通用的元数据描述信息，进行基础内容架构设计与定义、元数据标引、通用文本编辑以及稿件导入等。在插图设计和图像管理方面，汤姆森数字公司可以定制独创性和专业化的插图以满足出版商需求，并结合排版、视觉艺术和页面布局，最大限度地提高读者的阅读体验。同时，其图像管理小组可基于出版商需求、全面的内容评估、受众概况等，为出版商开发和部署独特的图像解决方案，并始终提供适当的版权管理(即以最具成本效益的方式获取所需授权)。动画师和平面设计师还可结合脚本，利用软件工具及其数字内容资源库，通过图像、视频或动画，以 2D 或 3D 格式创建出版商所需的教育性或娱乐性内容。

汤姆森数字公司的数字内容业务主要集中于教育出版、STM出版以及专业出版三大细分领域，内容涵盖医学、科学、法律、建筑、金融等多个行业或专业。最具特色的是，印度本土语言种类繁多，其出版业共使用 24 种语言。其中，英语和印地语大约占 50%的市场，剩下 22 种语言占据其余的市场份额。每种语言出版的图书在各自的语言区内都有一定数量的作者、出版商和读者。因此，借助其"语言博物馆"的优势，汤姆森数字公司迎合市场需求，致力于提供多语种的内容解决方案。

2　数字流程解决方案

数字时代，出版流程完全由技术驱动。基于云的数字出版、自动化合成系统、在线智能编辑和机器语言学习等，都是当今的研究热点。出版企业需要基于全流程的智能内容和技术解决方案，帮助其将更多精力集中于核心业务以创造更大价值。数字流程解决方案往往集成多种加工工具，帮助出版企业完成面向某加工环节或某应用场景的多维度加工管理。2013年10月，汤姆森数字公司推出的数字出版套件 TD-XPS（见图2）即追求 One Person/One Project 的理念：高度自动化地捕获生产流程中大多数步骤的精细本质，尽量减少项目流程管理中的人工干预，从而帮助出版商提高生产力并降低人力成本。在这个基于网络的平台中，可以实现统一的加工任务管理，进行加工任务的创建、修改以及查询，完成加工需求的状态管理、监控以及审核等。数字内容的编辑过程则基于自动化的页面排版工具，流程主要包含布局的自定义模板、内置的过程检查以及错误报告，从而使编辑过程更为简化高效。使用 TD-XPS，数字出版的生产周期可缩短至接近实时生产，且已经能够将现有客户的生产

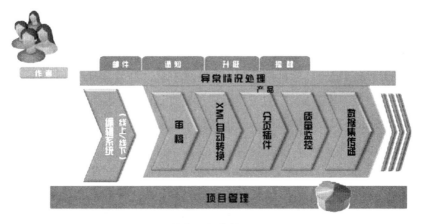

图2　数字出版套件 TD-XPS

659

周转时间缩短 50% 或更多。

此外，基于流程管理的子系统工具集为流程解决方案提供核心技术支持，对于提高整体业务功能大有裨益。例如，内容管理系统（CMS）使从发货到收货的整个生产过程都可通过基于 Web 的流程管理，自动化更新项目信息；开源业务流程管理系统（BPM）可高度灵活地根据出版企业需求定制可配置流程；智能电子书系统（Smart e-Book）可以自动从 InDesign 文件创建电子书；在线校对系统（OPS）为作者提供在线查看文章机制，允许多个评论者同时添加评论，同时包含完全自动化的水印插入和在线查看功能，以便在PDF 中编辑和插入注释；索引创建工具 Quick Index3.0 可供高效创建索引，等等。

3　数字发布解决方案

数字发布解决方案通常包括将不同格式的原始数据加工成通用的标准格式，针对不同的数字内容形态，通过不同的版式输出，制作成面向不同终端的数字产品，并最终完成数字产品交易。汤姆森数字公司支持开放的国际标准，其内容发布平台可提供多种格式转换功能，如将 ePub、eMOBI 等格式文件同时输出至平板电脑、电子书阅读器、PC 端和打印机等。同时，它主要提供基于 XML 的数字发布解决方案，服务主要包括：开发基于 XML 的 Word 文档或基于 LaTeX（一种排版系统）的编辑工具；开发定制工具和应用程序以支持基于 XML 的工作流程；开发 XML 质量控制验证工具，用于检查 XML 文件质量；提供其他格式解决方案，如 HTML 或将XML 输出为 PDF 格式，等等。

其中，增强型电子书是汤姆森数字公司重要的数字出版物发布形式。印度十分重视教育与信息化的发展，其本土出版行业中60% 为教育类出版物，随着书籍与其他形式的教育和娱乐产品竞抢人们的屏幕时间，面向电子学习行业的教育出版从为多平台和设备创建基础培训内容，向提供高度体验式学习解决方案发生转变。为此，汤姆森数字公司注重从文化差异、本土口味以及客户的特殊需求出发，开发多学科和多语种的交互动画和电子学习模板，以及与客户战略业务目标相一致的定制电子学习计划，提供基于网络、视频、移动设备、场景的电子学习方式，并辅以游戏化学习、模拟学习等模式，最后还允许客户对教学效果进行评估。它的独特之处在于其自定义和自我导向方法，即动画课程、评估工具和交互式白板可自由组合，允许学习者根据自己的独特需求、技能水平和兴趣选择合适的内容和工具，使教学内容从简单的阐述演变为生动的电子学习解决方案(见图3)。

图 3 汤姆森数字公司基于移动终端的电子学习解决方案界面

4 结语

印度的语言优势和信息技术优势使其成为数字内容服务的外包中心和图书出版外包服务的全球领先者，大量出版商选择到印度寻求外包服务。全球图书出版业约 60% 的外包业务在印度完成。因此，印度的图书内容服务行业比主流出版业增长更快。在出版商与外包服务商双方的合作中，出版商只需要负责提高其内容的完整性和丰富性，而外包服务商则基于技术为出版商提供全流程解决方案，极大地提高了数字出版的智能性、便捷性和高效性。

汤姆森数字公司的技术团队擅长开发软件解决方案，通过工具集成满足业务需求，提高生产力以获得更大的市场速度优势。而其多样化的服务范围也有助于满足全球出版商的需求，提供规模化及个性化的解决方案，包括组建交互性、集纳性的内容媒体资源，建立直观而动态的出版流程，实现跨越平台的出版发行，并在运用灵活多变的技术抵达终端用户等方面都发挥了不可小觑的作用。从传统出版到数字出版，软件解决方案及其背后的服务提供商为数字出版产业链上的每一个环节都带来了价值提升的潜力和空间，对调整产业结构、推动产业变革起到了助推作用。

童书定制服务个案研究[*]

——以 Wonderbly 为例

徐丽芳　宁莎莎

　　数字阅读在技术的助推之下正不断解构并重塑图书出版行业形态，但是对传统阅读艺术失落的隐忧也时刻困扰着包括图书出版商在内的相关群体。儿童作为受数字阅读冲击较小的读者群体受到了各大图书出版商的密切关注。在个性化亲子教育需求凸显、新消费崛起的大背景下，童书定制出版服务成为少儿图书出版行业新的增长点。其中，一家来自英国的科技文创公司 Wonderbly[①] 引领个性化童书出版浪潮，创下了超过 400 万册童书的销量奇迹，将个性化童书定制服务提高到了新的水平。

　　2012 年，这家公司创始人之一阿斯·沙拉比(Asi Sharabi) 发现市面上的定制童书并没有实现真正的个性化，文本创新程度与技术水平都存在很大缺陷，于是组建了一个合伙人团队(见图 1)，耗时 18 个月开发出使该公司日后一炮走红的个性化定制图书产品——《失去名字的小孩》(*The Little Boy/Girl Who Lost His/Her Name*)，公司也由此命名为"失去我的名字"(Lost My Name)。随着公司业务不断拓展，也为了破除单品销售可能造成的局限，公司于 2017 年正式更名为 Wonderbly。公司总部位于英国伦敦，核心业务是为 0~12 岁的读者提供个性化的在线图书定制与出版服务。

---

[*]　本文以发表在《出版参考》2020 年第 1 期上的同名文章修改而成。

[①]　贺钰滢,徐丽芳.《失去名字的小孩》掀个性化童书出版浪潮[J].出版参考,2016(6).

图 1　Wonderbly 创始人团队

不同于传统出版企业，Wonderbly 的童书礼物属性较强，且均为私人订制，而它对自己的定位则是一家集开发、印刷、分发、销售为一体的科技文创公司。① 因此，它虽然开发生产童书，但其图书并不申请国际标准书号（ISBN）。此外，它生产的实体书也不在亚马逊或其他书店销售，而是把所有的图书设计、产品预览及购买行为均放在公司官方网站上。经过 7 年发展，Wonderbly 在童书定制领域取得了傲人成绩。2014 年，《失去名字的小孩》一举成为英国年度最畅销图书，两年内在 160 多个国家销量达到 100 万册，并数次荣膺畅销书榜首。2016 年，公司入围由英国权威科技加速器 Tech City UK 评选的"未来 50 家"（Future Fifty）公司名单，② 并先后获得 5 轮总计 2300 万美元的融资。截至目前，Wonderbly 已经研发 20 多套个性化定制图书产品，平台可支持 12 种语言，图书销量超过 400 万册，销售额也在过去 3 年中增长了 294%。显然，它的内

---

① Wonderbly［EB/OL］.［2019-09-21］. https://www. wonderbly. com/pages/our-story.

② The Telegraph. Deliveroo and Lost My Name Among Tech Stars Likely to Make Spectacular IPOs［EB/OL］.［2019-09-21］. https://www. telegraph. co. uk/finance/yourbusiness/12051832/Deliveroo-and-Lost-My-Name-among-tech-stars-likely-to-make-spectacular-IPOs. html.

容生产方式、产品推广手段以及业务整合策略都对童书出版行业有
着重要参考价值。

1　内容组织：技术赋能儿童"作者身份"

Wonderbly 个性化定制童书的核心理念在于通过技术手段，帮
助儿童从"他人故事的消费者"转变为"我的故事的创作者"。当前
市场上定制图书所采纳的消费者主体素材主要包括录音、书面文字
和图像三类，① 主要的个性化实现手段就是进行简单的模板嵌套。
这种形式单薄且略显无聊的内容生产方式不仅限制了消费者的创作
自由，使其想象力无法在产品设计层面获得有效表达，而且抑制了
消费者的创作冲动。因此，Wonderbly 在成立之初就决定将产品与
市面上简单嵌入读者身份等信息的机械型定制童书区隔开来。对此
沙拉比曾明确表示："我们正在开创一种全新的、彻底的后现代文
学体裁，拒绝确定性，接受偶然性，抛弃传统的、固定的作者观
念，转而支持多元化的声音、意义和叙事结果。"②其做法是出版商
和读者共同创作一本书：出版商提供故事背景、架构和技术支持，
读者提供想法和创作素材。由于读者个人背景和思维方式的不同，
加上先进的编码技术极大地拓展了内容创作过程中的变量范围，因
此创作结果的偶然性和独特性得以同步放大。这种内容组织方式不
仅使得叙事本身更具吸引力，实际上赋予了儿童"作者身份"。

而如何最大限度地保留读者个人素材的差异性，并将这些差异
个性化地表达出来，成为读者转换为作者的关键。图书的个性化程
度往往取决于所容纳的个性因素数量和质量，而简单置入录音、文
字和图像的定制方式对读者素材的加工过于粗浅直接，并没有充分

①　Kucirkova N, Flewitt R. The Future-gazing Potential of Digital Persona-
lization in Young Children's Reading: Views from Education Professionals and App
Designers[J]. Early Child Development and Care, 2018.

②　Canva. How Wonderbly Sold 3 Million Books Worldwide with No Publishing
Connections [EB/OL]. [2019-09-21]. https://www. canva. com/learn/how-
wonderbly-sold-3-million-books/.

挖掘素材的独特性。而且在内容组织的整个过程中,读者的处境相对被动,更多是作为部分素材的提供者而非内容的创作者。Wonderbly 则采用一种多维度个性化(Multi-Dimensional-Personalisation,MDP)内容加工方式①,将个人细节编织到故事情节中,并根据消费者的需求、偏好、情境、定位以及使用历史等信息来不断调整读者素材与产品设计之间的结合方式。以 Wonderbly 推出的第二本书《不可思议的星际归旅》(*The Incredible Intergalactic Journey Home*)为例(见图 2),其不仅聘请了 14 位程序员和工程师承担马拉松式编程工作,还与美国国家航空航天局(National Aeronautics and Space Administration,NASA)、微软和卫星运营商等机构合作创建了一个专有渲染引擎。它将不同网络应用程序的不同数据点转换为微服务,然后使用微软必应地图(Bing Map)应用程序编程接口(Application Program Interface,API)来获取儿童住址附近的 4K 卫星图像,并建立了一个涵盖 500 个以上地标的当地地标数据库,进而与儿童居住地进行匹配,生成与儿童最具关联性的故事内容。此外,Wonderbly 借助 NASA 共享的公开卫星图像,将星球的运行轨道和位置做成程序,使儿童的名字能够生成星座图的样子。② 如此,这本技术密集型书籍为儿童打造了一场从卧室到太空的史诗之旅:主人公与机器人朋友一起寻找家园,冒险从宇宙逐步拉近至星球、国家、地区、城镇,进而精确到儿童所在的街道,故事的每一步都是个性化的。也因此,这本书被称为"世界上最有技术含量的儿童绘本"。另外,为了打造沉浸式场景体验,公司还参与"太空故事时间"(Story Time From Space)项目,让宇航员从外太空为儿童朗读这本书。这些做法提升了读者创作的自由度、内容输出的精度以及与创作者身份信息的耦合度,将读者的创作素材以

---

① Kosela J. Mass Customisation and Personalisation:One-to-One Customer Approach on a Mass Scale [J/OL]. [2019-09-22]. BA (Hons) Greenwich University, https://portal. gre. ac. uk.

② Tan A M. High-Tech Space Adventure Book Knows Where Your Child Lives[EB/OL]. [2019-09-21]. https://mashable. com/2015/11/10/lost-my-name-book/.

十分富于想象力的方式进行创新呈现，因此可以为儿童营造出"这本书是我写的""这本书写的是我"这样双重的感觉，从而同时实现身为作者的满足感与身为读者的惊喜感。

图2 《不可思议的星际归旅》图书封面

2 产品推广：基于大数据的口碑营销和客户关系管理

在产品推广层面，通过对营销策略的不断试错与优化，Wonderbly 最终探索出一条基于大数据的营销路径，不仅借力社交媒体进行口碑营销，横向扩大产品的辐射面积，还通过用户画像来反哺客户关系管理（Customer Relationship Management，CRM）系统，纵向挖掘用户需求，形成营销合力。

Wonderbly 在成立初期主要靠小范围的口碑营销来打开产品销路，在收到良好的市场反应之后，它开始与一些知名的购物博客合作，走上了社交营销之路。其社交营销策略主要是通过内容发布与话题互动来巩固人气，通过数据分析和用户反馈来调整广告投放的密度和方式，并低成本地充分利用社交媒体强大的传播效果加强口碑效应。凭借庞大的粉丝基数，Wonderbly 开展了许多产品推广活动，其目标不仅仅是推销产品，更重要的是提供价值。如在 2017年 4 月 23 日"世界读书日"到来之际，Wonderbly 曾发起一项名为"雪书峰"的活动：儿童可以在阅读过的每一本书上插上一面旗帜，以此来提高阅读的趣味性，鼓励儿童阅读更多书籍。它还十分注重基于图书内容开展衍生活动，例如曾根据《你的王国》（*Kingdom of You*）一书创设"食物怪兽"（Food Monster）奖，让儿童用食物手工制作怪兽，获胜者由艺术家 Marija Tiurina 将其作品绘制成专业插画。① 这不仅能提高用户黏性，也反向推广了该图书产品。目前，Wonderbly 还经常在众多社交媒体上利用主题标签来建立互动并鼓励用户生成内容。这些与用户直接对话的互动性活动不仅扩大了产品辐射范围，还成为掌握用户消费偏好变化的风向标，为产品的迭代升级积累了重要的用户数据。而通过这些数据的深层次分析，Wonderbly 在社交媒体上的广告投放也更加有针对性。它一般采用专注于单一产品的营销策略，避免由于提供过多产品信息而导致用户注意力分散以及转换率降低的情形。由于生产的图书礼物属性较强，其大部分销售额（约 60%）发生在一年的最后 3 个月内。因此在销售淡季，Wonderbly 选择在社交媒体上尝试不同的营销创意和概念，并注重积累经验，为旺季期间的营销决策提供借鉴，以便更加有效地完成最后的销售冲刺。

而产品推广的另一个着力点是通过对用户数据的深度整合，来优化 CRM 系统，实现从同质化大众传播转向异质化的点对点个性传播。Wonderbly 在用户创作和购买的过程中都需要获取一定的数据，通过对众多数据的系统追踪与分析，它得以重新定位消费者需求。例如，通过用户的创作记录掌握诸如用户男女比例、角色偏好、叙事特点等信息，这对于创作方式的设置、图书内容的调整、

---

① Gilliland N. How Wonderbly Uses Data and Personalisation to Create a Magical Ecommerce Experience [EB/OL]. [2019-09-21]. https://econsultancy. com/how-wonderbly-uses-data-and-perso-nalisation-to-create-a-magical-ecommerce-experience/.

配色方案的设计等都有重要借鉴意义；通过用户消费记录，获知诸如用户地区分布、市场盲点、消费水平等信息，这对于图书定价的调整、营销手段的侧重、区域市场的开拓等也有重要参考价值。此外，借助众多社交媒体的算法及其预测功能，辅以一定的在线调查及反馈活动，它得以掌握较完整的用户画像。利用多点触控归因模型捕捉对应的客户互动信息，然后深度整合分散在多个平台的用户数据，再加上与诸如 Ometria 等营销平台合作，使用基本的邮件营销服务（Email Service Provider，ESP）发送营销信息，Wonderbly 大幅度优化了 CRM 系统，营销活动也更有针对性。例如，它曾尝试将广告嵌入动态内容，根据顾客之前的消费记录具象化用户画像，利用已捕获的数据和电子邮件中的深层链接，① 将个性化信息预先嵌入书籍，并结合电子邮件的收件人特征调整推送内容。顾客可通过邮件在线预览图书商品，跳过了转化路径中对产品页面的需求，点击打开率提高了 127%，广告转化率因此大幅提升。值得注意的是，为了消除消费者对于用户数据被泄露甚至滥用的顾虑，Wonderbly 所获取的所有用户数据都存储在其位于欧盟的安全服务器上；必要时，还能在用户同意的前提下，将数据转移到欧洲经济区以外地区的第三方，并且建立了严格的监管程序用以保护用户数据安全。② 这也降低了用户数据获取的难度，提高了 CRM 系统的可信性和科学性。

3 全栈式出版：补偿纸质书生产边际成本

童书市场竞争日趋激烈，为了实现弯道超车，不少出版商全力拥抱数字化，希望通过一些强交互性、强临场感的阅读媒介来吸引

---

① Adedeji A. Four Examples of Next-level Personalised Marketing from Wonderbly[EB/OL].[2019-09-21]. https://blog. ometria. com/four-examples-of-ingenious-personalised-marke-ting-from-wonderbly.

② Wonderbly. Privacy Policy of Wonderbly[EB/OL].[2019-09-21]. https://www. wonderbly. com/uk/pages/privacy-policy.

儿童读者的注意。因此，以有声朗读和虚拟现实技术作为创新点的童书层出不穷。作为技术密集型企业的 Wonderbly 却背道而行，并没有一味追逐最新数字技术，而是注重让技术优势服务于内容生产和电子商务。其经营理念是优化传统的纸质书阅读体验，复刻老式的亲子阅读氛围，将尖端技术与"安静"的印刷产品和定制资源相结合，在儿童的"读者身份""作者身份"和家长的"代理人身份"之间找到平衡点，实现阅读形式从数字到物理的反向过渡。而为了保证亲子阅读过程中必要的参与度，提高亲子互动的强度，Wonderbly 并没有在印刷图书中置入任何可以由数字化设备代替完成的选择点或链接，比如有声朗读、动画展示等，而是保留了所有的纸质书特点和阅读传统。

由于 Wonderbly 的产品内容最终需要依托纸质书这个载体来呈现，因此并不完全具备数字出版商所拥有的边际成本趋向于零的独特优势，而且个性化定制图书所需要的前期产品开发成本也较高，因此，它对业务流程进行集中管理以补偿实体书籍生产所需的边际成本。它采用一种全栈式（full stack）出版模式，通过对业务流程的垂直整合来将整个供应链内部化，即公司集开发、印刷、分发、销售为一体。这种去中介化的线上线下全渠道业务模式不仅能够控制消费者体验的每一个环节，更能够直接控制各环节所需的成本。在产品开发阶段，Wonderbly 从单纯的内容生产者转变为内容生产的组织者和版权的拥有者，并且通过产品品种最少化、严格控制内容质量等方式降低开发成本与获客成本。在产品推广阶段，凭借着前期积累的产品口碑，并辅以点面结合、多方联动的营销组合，极大地降低了营销成本，提高了投资回报率。在产品流通阶段，与传统图书出版公司有所不同，它本身就是一个独立的零售电商平台，可以通过电子商务解决方案直接向客户销售产品。它还与全球多个国家的印刷供应商签订了合作协议，建立了共用的后端接口，印刷商可以实际打印、装订和运输用户定制的书籍，从而实现零库存运营。也就是说，一旦有订单就发送到离用户最近的合作印刷商，这使得 Wonderbly 能够做到在定价保持不变的情况下，在 48 小时内全球免费配送，真正实现百分之百按需印刷。这种业务体系不仅降低了物流成本和仓储成本，还节约了发行费用。此外，Wonderbly还通过用户反馈不断优化平台建设，在销售额不断增加、规模效应逐渐形成的同时，通过提供特色服务来获取一定的衍生利润，并确立了较高的竞争壁垒。

4　结语

诚然，Wonderbly 所打造的这种充分满足读者需求的图书产品也存在着一些问题，需要引起警惕，比如应建立专项保护机制，进一步确保用户数据的安全等。但是，它对于用户需求的深刻关切，对于产品质量的精益求精，以及对于传统阅读文化的珍惜都是值得借鉴、学习的。Wonderbly 的出现和发展极大地拓展了童书创作的边界，改变了孩子们与书籍互动的方式，用技术和创意重新定义了童书定制领域。

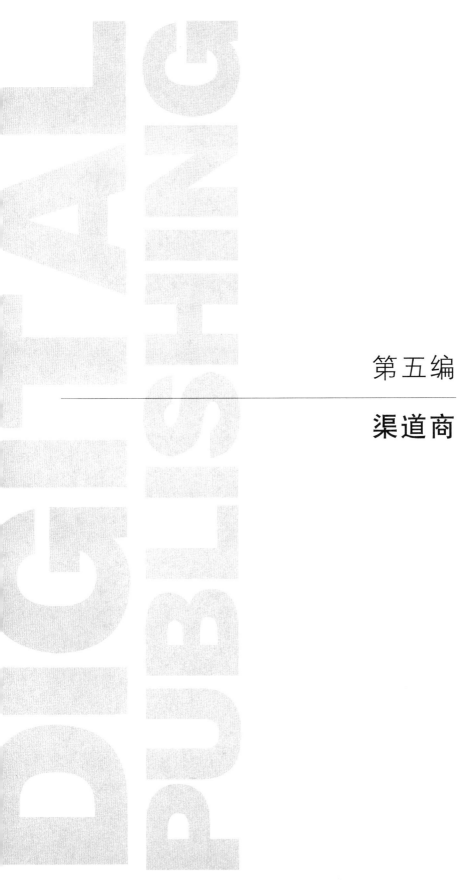

第五编

渠道商

BookBites：儿童电子书自适应阅读平台[*]

王一鎏　　徐丽芳

　　信息技术的发展带来了阅读方式的变革，数字阅读风潮席卷全球。儿童作为数字原生代，对数字阅读有着天然的亲近感；越来越多的家长也开始支持儿童使用数字阅读设备。不过，儿童数字阅读目前处于初期发展阶段，仍有很大发展空间。一方面，儿童的阅读频率在下降。2020 年美国出版商学乐公司（Scholastic）发布的第 78 版《儿童与家庭阅读报告》（*Kids & Family Reading Report*）指出，孩子越长大，越不爱读书，尤其在三年级出现"阅读滑坡"。另一方面，目前儿童的数字阅读需求普遍难以得到满足。各国与儿童阅读息息相关的学校及公共图书馆中，电子书服务都很有限。而电子书供应商将重心放在零售客户和电子书捆绑订阅业务上，忽视儿童的阅读需求，无疑又加剧了这一局面。

　　BookBites 即在此形势下应运而生。这是一个致力于促进儿童课外阅读的电子书借阅平台，由创始人 Lasse Nyrup 与软件设计公司 Redia 以及图书馆服务供应商 Biblioteksmedier 联手打造，具有数字图书馆和个性化阅读软件的双重属性。自 2015 年在丹麦诞生后，BookBites 陆续上线了适用于苹果 iOS、安卓、微软 Windows 等大多数操作系统的版本，打通了市面上所有的终端阅读设备。这一平台不仅拥有丰富的电子书资源，而且借由高科技实现了先进的阅读理念。其中，每本书以一系列基于时间量度的内容片段呈现。这些片段的数量和长度能够自动适应儿童个人的阅读，帮助其降低

---

　　* 本文以发表在《出版参考》2019 年第 7 期上的同名文章修改而成。

阅读难度，从而有利于其对文本内容的消化和理解。此前也有类似的"分段阅读"平台，如 Serial Reader，它对长篇文学作品进行拆解，并以连载形式更新推送。两者最大的区别在于 BookBites 能根据读者差异化的阅读行为自适应分段。

1 核心技术：自适应分段阅读算法

阅读是在一定时间内持续进行的认知活动，要求读者深度参与：读者通过对文本信息的感知，调动心智资源对信息进行加工处理，从而获得对文本意义的理解。阅读也是读者的个性化行为，不同读者的阅读能力和阅读方式存在差异。儿童正处于阅读习惯养成的关键时期，需要一定的干预和引导。基于上述因素，BookBites 给出了自适应分段阅读的解决方案。其技术核心是追踪读者的阅读进度，收集其阅读过程中的行为数据，进而对其阅读能力进行量化分析和评价。基于阅读行为的量化分析是大数据时代学习分析的重要方向，在深化对学习者学习特征和规律的了解、优化阅读过程、提升出版服务质量等方面均具有重要意义。

在所有阅读行为数据中，阅读速度是 BookBites 选择的主要量化指标。研究者认为，学生的阅读速度可以反映其对内容的理解程度，并且可以作为预测其阅读理解结果的指标。因此，BookBites 会根据读者的实时阅读速度来估量其读完某本书需要花费的时间，并随时决定给电子书剩余部分划分片段的数目和片段长度。这样每节片段就都具有针对特定读者的自适应时间标签。其背后是基于瑞典可读性指数(Lasbarhetsindex，LIX)公式设计的算法，具体是将句子长度(指句子的平均单词数量)和长单词比率(指超过 6 个字母的单词的出现频率)作为可读性的量度指标。该公式能够客观、量化地反映阅读文本的难度，保证所预估阅读时间的可靠性。

自适应分段阅读模式方便记录读者的动态阅读行为信息，掌握其在一定时间内的阅读变化情况，并可对其阅读能力进行针对性的培养。BookBites 在对儿童的阅读行为数据进行采集和分析挖掘的同时，也以实时分析报告的形式给予个性化反馈(界面见图 1)。报告反映了儿童当天的阅读情况，如图 1 所示，奥利佛（Oliver）的阅读时长为 34 分钟，平均阅读速度为 165 字/分钟，获得两颗星。此外，还回溯了儿童在近一周内的阅读情况，以柱状图形式展示其期间每一天的阅读时长，并对总体阅读时长和得分情况进行了统计。这种报告一方面可以让儿童直观地看到自己在某段时间内的阅读变化情况，并作出相应改进；另一方面，家长也可以充分了解孩子的阅读水平、进度等情况，参与其阅读过程，并对其进行指导和监督。

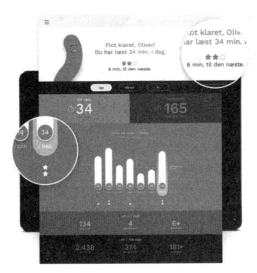

图 1　BookBites 中个人阅读数据实时统计展示界面

此外，鉴于教师是指导儿童阅读不可或缺的角色，BookBites 为其充分参与儿童阅读过程提供了空间。平台阅读能力的量化分析便于教师对儿童的阅读过程进行实时监测和适当干预，保证儿童能够用正确的方法阅读。教师通过个人账号登录后，可以准确地把握整个班级的课外阅读情况，比如阅读积极性、阅读能力、阅读水平分布等；也可以点击进入某个学生的阅读报告，追踪其近期的阅读进度，了解其阅读状况，从而提供有针对性的指导（界面见图 2）。由于天性爱玩，儿童可能会受到数字设备上娱乐类软件的吸引，难以专注于阅读。而 BookBites 实现了学生、家长、老师三种角色的互联互通，可有效地对儿童阅读进行监督、指导和约束，从而有效地促进儿童的阅读兴趣、阅读习惯和阅读能力的培养。

图 2　BookBites 中教师监测班级阅读情况展示界面

2　产品亮点：引入游戏思维

作为儿童数字阅读类应用程序，BookBites 的一大设计亮点是加入了部分游戏化元素，增加了阅读的趣味性和对儿童的吸引力。首先是阅读进度的可视化设计。在"分段阅读"功能的基础上，BookBites 将一本书的具体分段情况和预估阅读时间进行了可视化呈现，以反映使用者的阅读进度（图 3）。其设计灵感来自创始人 Nyrup 的纸质阅读经验。他认为对书籍厚度的感知是人们判断自己阅读时间的关键。这种感知伴随整个手动翻阅过程，是阅读能否继续下去的决定性因素之一。而在数字阅读活动中，页码成为一个抽象的概念，纸质书的感官输入（sensory input）功效被冲淡，削弱了人们在对书本的触觉"把握"中获得的安稳感。基于这一观察和思考，BookBites 将纸质书的特性及读者体验整合到数字环境中，为读者提供了模拟的纵览视角和翻书感觉。

其次是目标激励机制的应用。认知心理学认为当学习者达到某一目标时，会刺激大脑产生令人愉悦的多巴胺作为奖励。将一本书

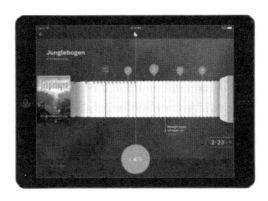

图 3　BookBites 中读者阅读进度示意图

已读和未读的章节可视化，比只显示"50%"的进度条更能激发读者阅读的积极性。

最后，是读者可以与平台虚拟形象进行交互。成人(教师、图书馆员、家长)在儿童的阅读活动中必不可少。他们可以矫正儿童的不良阅读习惯，而且往往拥有一定的阅读辅导经验，能够为儿童推荐图书。但是，由于对成人在阅读指导中所扮演角色的刻板印象，儿童往往将其推荐的图书视作必须完成的任务，而对其背后的良苦用心视而不见，因此往往难以达到好的推荐效果。BookBites 引入了活泼生动的虚拟形象"书虫"(bookworm)，代替成人为儿童推荐图书。"书虫"是儿童贴心的阅读伙伴，它掌握儿童的个人阅读行为数据，了解其阅读水平和阅读偏好，能推荐与其当前阅读能力和喜好相匹配的图书。成人可以不用自己出面而通过"书虫"为儿童荐书，然后由儿童自己决定下一本要阅读的图书。显然，这样的设计对于儿童阅读的各个参与方都有利、有益：平台能根据客观阅读数据和与儿童的交互情况精准推送图书；成人仍然可以施加自己的影响；儿童则既可以阅读到适合自己的图书，也能自主选择感兴趣的图书，因此阅读积极性和阅读效果都得到提升。

3　商业模式：创新电子书借阅模式

作为数字图书馆和个性化阅读 App，BookBites 需要从上游供应商处采购足够的电子书资源，以尽可能满足下游用户的数字阅读需求。BookBites 的电子书资源十分丰富，有超过 1 万种电子书供用户选择。在传统的图书馆电子书借阅服务模式中，存在多个利益相关方的博弈，其中图书馆和出版商的竞争关系尤为突出。一方面，出版商担心图书馆免费的借阅服务会造成部分潜在购买者的流失，影响图书的销售；另一方面，电子书的公共借阅与版权保护之间存在矛盾。尤其是，信息技术的发展使得电子书极易被无限复制，而公共借阅增加了其被盗版侵权的风险。因此，出版商常常通过苛刻的许可协议（如限制借阅次数）和提高定价等手段限制电子书的公共借阅。目前在美国的五大出版商中，哈珀·柯林斯（Harper Collins）和麦克米伦（Macmillan）限制每本电子书的借阅次数，企鹅兰登书屋（Penguin Random House）、西蒙与舒斯特（Simon & Schuster）限制对图书馆的电子书授权时间，阿歇特出版集团（Hachette Book Group）采用高于精装书 3 倍的电子书定价。这些限制条件阻碍了电子书借阅服务的发展，也不利于形成健康的电子书商业生态。

上述问题归根结底在于可持续的电子书商业模式难以确立。而在公共资源尚未到位的情况下，也许可以从商业角度尝试解决问题。BookBites 就另辟蹊径，将目标市场聚焦到学龄儿童以及他们的家长。儿童有刚性的阅读需求，而家长在参与儿童阅读的同时也有自己的阅读需求。这些是重要的市场空白点。BookBites 认为人们对拥有数字内容不感兴趣，而更愿意为自己的实际阅读量买单。不过，为了向用户提供尽可能丰富的电子书资源，必须保障出版商的利益。于是它创新电子书借阅模式，读者按阅读次数付费，出版商则可以根据电子书的质量、数量和出版年限制定价格。为此，BookBites 一方面开发平台独有的、经过安全加密的电子书格式，保护图书版权；另一方面，它为出版商提供读者行为洞察报告，反馈电子书的使用情况，方便出版商对选书、定价等作出调整。BookBites 把自己视为出版商的合作伙伴，为其提供新的电子书销售渠道。时至今日，它已经与丹麦众多出版商建立了合作关系。

Booktopia：亚马逊阴影下的"书托邦" *

宁莎莎　　徐丽芳

当前，在许多经济发展情况良好的国家，其国民在吃饱穿暖等基本消费需求得到满足以后，产生出了新意识消费需求。基于这种心理需求的消费呈现出"更高品质、更深层次、更广范围"的特征，其所占的市场份额也在逐年上升，在新消费时代迸发出强大生命力。① 图书零售行业作为支撑意识消费的重要支点之一，也在新零售的风口中进行着"人、货、场"的要素重构：读者被重新定义；图书产品的边界被放大；消费场景被精细化运作。在这样的大环境下，图书电商纷纷创新发展理念，开始进行新一轮商业尝试，重塑自身业态结构，以应对日趋激烈的竞争局势。Booktopia（可译为"书托邦"）公司便是其中的佼佼者之一（图1）。

![booktopia]

图 1　Booktopia 的公司标识

Booktopia 由托尼·纳什（Tony Nash）、西蒙·纳什（Simon Nash）以及史蒂夫·特劳里格（Steve Traurig）合作于 2004 年成立，

　＊　本文以发表在《出版参考》2020 年第 9 期上的同名文章修改而成。
　①　亿欧网. 消费升级来临：功能+场景+体验，挖掘消费者意识消费的关键[EB/OL].［2020-06-28］. http：//www. woshipm. com/it/595574. html.

是颇负盛名的家族企业。它在创立伊始仅仅是作为澳大利亚知名连锁书店 Angus & Robertson 的附属项目而存在。其创始人并不具备独立的分销管理权和品牌所有权，每天的营销预算只有 10 美元。项目启动 3 天后才卖出该网站的第一本书。但是，到第一年年底 Booktopia 的月营业额达到了 10 万美元。2007 年，三名创始人认为其母公司无法跟上 Booktopia 的发展速度，于是决定独立运营，将 Booktopia 的资产从 Angus & Robertson 旗下剥离。2015 年，它从企鹅兰登书屋（Penguin Random House）手中正式收购 Angus & Robertson，以及 Booktopia 最大的竞争对手 Bookworld，并将二者合并为 Angus & Robertson Bookworld，从而一举将 Booktopia 在澳大利亚在线图书市场的份额从 2014 年的 62% 提升到 80% 以上。① 随着商业规模的不断扩大以及业务体系的不断成熟，Booktopia 已经连续 10 余年保持 30%~45% 的同比年增长率。截至 2019 财年，Booktopia 的年度收益已经达到 1.31 亿美元。据统计，Booktopia 目前在澳大利亚和新西兰分别拥有 520 多万名和 180 多万名客户，平均每分钟能卖出 10 余本书，且重复购买率超过 35%。这意味着超过 20% 的澳大利亚人是 Booktopia 的用户。② 即便是 2017 年年底亚马逊在澳大利亚全面上线的巨大威胁之下，Booktopia 的增长势头依然强劲。此外，Booktopia 还曾连续 8 次入围由《澳大利亚金融评论》（*The Australian Financial Review*）评选出的"年度发展最快的100 家澳大利亚公司名单"（BRW Fast 100），7 次进入澳洲电信商业奖决赛（Telstra Business Awards），并多次将"年度最佳书店""年度图书零售商""人民选择奖"等重量级奖项揽入麾下。

在亚马逊凭借其成熟的商业生态系统将行业门槛抬得很高的时

---

①　The Sydney Morning Herald. Booktopia to Take on Amazon After Buying Rival Bookworld［EB/OL］.［2020-06-28］. https：//www. smh. com. au/business/booktopia-to-take-on-amazon-after-buying-rival-bookworld-20150803-giq9qg. html.

②　Equitise. Why Booktopia Can Compete with Amazon［EB/OL］.［2020-06-28］. https：//blog. equitise. com/whybooktopiacancompetewithamazon.

候，Booktopia 却在"狼来了"的重压之下不断强化竞争优势，探索出了一条独具特色的发展路径。

1 后端发力，以实体零售逻辑嫁接电子商务

在 O2O 模式(Online to Offline)不断完善，实体零售与线上零售的融合不断加深的趋势下，许多在线图书零售商选择通过增强线下的场景体验来进行线上引流，并通过各种形式的跨界着力扩展自己的业务范围，从而实现理想的经济效益。然而，Booktopia 却选择了一条不同的路径。它没有开设相应的实体书店或任何体验场所，交易只能通过线上来完成，也没有在拓展业务形态方面投入过多。它选择用实体零售的逻辑来嫁接电子商务，通过对供应链后端的严格控制与优化管理来倒逼前端的高效运作。

据统计，截至 2019 财年，亚马逊澳大利亚站总营收为 5.62 亿美元，在澳大利亚提供 1.25 亿种产品。① 从图书、音像制品在线销售起步的亚马逊向其他行业和产品类别的快速扩张，使得图书和电子书在其总收入中占比不到 5%。相比之下，Booktopia 没有像亚马逊那样进行业务的横向扩张，而是专注于图书这一垂直领域，进行精细化商业运作。事实证明，只要能获得某一细分市场的控制权，企业也能从中获得可观的经济回报。② 在过去 16 年里，Booktopia 虽然不断扩充所销售的产品数量，但仍旧只销售印刷书、电子书、有声书、DVD、杂志、地图、日历、期刊和文具等图书及其衍生品种，坚持"书店只卖书"的理念和做法。此外，不同于亚马逊所采用的向第三方销售者收取 20% 以上佣金的模式，Booktopia 没有引入第三方销售机制，也没有采用"左手买、右手

---

① The Sydney Morning Herald. Amazon Australia Nearly Doubles Its Revenue But Fails to Turn a Profit[EB/OL].[2020-06-28]. https：//www. smh. com. au/business/companies/amazon-australia-nearly-doubles-its-revenue-but-fails-to-turn-a-profit-20200316-p54aej. html.

② 徐丽芳，陈铭. 谷歌：远征教育市场之路[J]. 出版参考，2018(1).

卖"的中间商模式，而是选择全球化采购、买断制供货的自销机制。为此，它摒弃了仓储外包的物流形式，在悉尼出资建立了一个面积超过1.3万平方米的配送中心，库存容量超过70万册，种类近20万种；配送中心结合灵活高效的实时调度与采购系统为其网站所提供的600多万种图书产品持续供货。这种自营仓储的方式使得Booktopia能够直接对物流系统进行控制管理，无须等待图书供应商的分发与调配，减少了物流周转环节，放大了规模效应。Booktopia在后端诸如自动化、网站建设、仓库升级、数据库、定价算法、重新排序算法、存货、数字营销计划以及供应链技术等方面已经投入数千万美元。① 这使它建立了一支现代化、信息化、自动化的仓储物流团队，整个分销系统也得以不断完善。Booktopia能够确保上午的订单当天发货，下午的订单第二天发货，并且它的物流系统遍及全国各个角落。这一点在人口极度分散的澳大利亚可谓至关重要，也直接成为它击败众多竞争者的有力武器。

除了在物流方面表现亮眼，Booktopia在图书价格方面也占据一定优势。它目前不仅是图书零售商，还被指定为许多出版商的分销代表，开始向市场上众多书店和企业供应图书，从而跻身澳大利亚重要的发行商队伍。② 加上精简后的产品供应链，Booktopia可以控制所销售图书的质量，直接主导产品定价，从而为让利于消费者争取了更大空间。

这些后端的垂直整合直接影响着前端图书零售平台的表现，而前端积累的消费者数据也能直接通过仓储系统反映出来，并间接影响采购决策的制定与变动。此外，Booktopia一直竭力避免像亚马逊那样由于规模急速扩张外加第三方介入所造成的个性化缺失以及

---

① Equitise. Booktopia［EB/OL］.［2020-06-28］. https：//equitise. com/booktopia.

② Insideretail. Booktopia：Booktopia to Start Printing Books［EB/OL］.［2020-06-28］. https：//insideretail. com. au/news/booktopia-to-start-printing-books-201906.

对用户而言缺乏亲和力的现象，一直努力将读者在实体书店空间文化语境中的各种消费习惯与消费行为移植到网络平台中。① 它选择直接与用户对话，网站的每一页都标有办公室地址、电子邮箱和电话号码，允许并且鼓励消费者即时联系客服人员表扬、抱怨或者咨询相关问题。更重要的是，这种实体零售逻辑在电商平台的辅助下得到了有效践行，使得传统意义上的图书选购流程得以复刻：仓库变成了一个远距离的实体书店；客服人员变成了书店店员；消费者购买图书的整个过程只是将挑选图书、支付商品费用的环节以一种更便捷的方式展开，创始人将其称为"虚拟现实零售商"（VR Retailer）。②

2　股权众筹，反常规的融资思路

图书电商上市早已屡见不鲜。通过将未来的预期利润折现，将静止资产盘活，企业可以在短期内筹措大量资金用于业务扩张、供应链完善以及分销渠道升级等，并能够获得持续稳定的融资通道，改善财务结构，提高抗风险能力。③ 这对于发展势头向好的Booktopia 来说，无疑也是巨大的诱惑。2016 年上半年，它计划在同年年底进行首次公开募股（Initial Public Offering，IPO），预期融资额为 1 亿澳元。但是，最终它在募股开始前放弃了在澳大利亚证券交易所上市的计划，原因主要包括以下几点：一是亚马逊即将于澳大利亚全面上线的消息给银行及部分潜在投资者带来了一定压力；二是鉴于在此前的 12~18 个月，一些上市图书电商表现不佳，甚至出现严重"翻车"事故；三是客观来说，Booktopia 并不需要接

---

① 　江凌.论实体书店空间的文化治理性[J].出版科学，2019(5).

② 　Foundr.233：How a Bootstrapped Ecommerce Company Took on Amazon，with Steve Traurig of Booktopia[EB/OL].[2020-06-28]. https：//foundr.com/amazon-steve-traurig-booktopia.

③ 　AGUGOU.A 股 IPO 漫谈：上市的本质与好处[EB/OL].[2020-06-28]. http：//www.agugou.com/1/1013.html.

受外部投资来维持每年两位数的复合增长率。那一年，包括 Booktopia 在内的约 2/3 的拟 IPO 上市项目都未能成功浮出水面。①

2018 年，Booktopia 发布了一项股权众筹活动，决定在众筹融资平台 Equitise 上以每股 1 澳元的价格向普通投资者融资，融资总额对应其 8.1% 的业务，旨在筹集高达 1000 万澳元的资金，用于提高配送中心的自动化程度、扩充产品种类以及扩大市场份额。② 这也是澳大利亚历史上规模最大的股权众筹融资活动。股权众筹的融资方式并不是 Booktopia 首创，但却与它所奉行的"顾客本位"理念相得益彰。其创始人曾公开表示："我们不是向基金经理索要资金，而是向了解我们的人介绍我们的业务。"这种吸引普通用户投资的融资思路不仅能够实现公司与用户的利益共享、风险共担，而且对于增强用户忠诚度、优化客户关系、提升转化率与重复购买率有着极重要的促进作用。

不过，由于澳大利亚证券和投资委员会（Australian Securities and Investments Commission，ASIC）的诸多审查以及一些投资者没有意识到他们可以投资 Booktopia 这样的非上市公司，导致 Booktopia 的第一轮众筹融资金额仅达到 300 万澳元。③ 因此，Booktopia 不得不暂时放弃该众筹计划，转而将目光投向成长型基金、高净值个人等私人投资方，并成功于 2020 年 2 月获得 2000 万澳元的私人投资。不过，Booktopia 创始人表示，会等待一个更加

---

① ACBNEWS. 澳最大图书电商 Booktopia 弃 IPO 转向众筹［EB/OL］.［2020-06-28］. http：//www. acbnews. com. au/hotspotradar/20181130-28800. html.

② Which-50. Booktopia Wants to Raise ＄10 Million Through Equity Crowdfunding［EB/OL］.［2020-06-28］. https：//which-50. com/booktopia-wants-to-raise-10-million-through-equity-crowdfunding/.

③ Startupdaily. Online Retailer Booktopia Abandons Crowdfunding After Falling Short of Its Target［EB/OL］.［2020-06-28］. https：//www. startupdaily. net/2019/06/online-retailer-booktopia-equitise-crowdfunding-cancelled/.

成熟的时机再次发起股权众筹活动，让用户成为 Booktopia 利益相关者的想法不会改变。

3 社区运营，创新客户关系优化路径

长期且稳定的客户关系对于提高客户转化率、客户保持率以及客户推荐率有着至关重要的影响，客户关系管理（Customer Relationship Management，CRM）也因此一直为电商平台所重视。可是单纯的客户关系管理系统并不能满足电商交易的现实需要。在某种程度上，"客户不再需要被管理"[①]。超越 CRM，利用各种因素来进行客户关系优化（Customer Relationship Optimization，CRO）似是大势所趋。Booktopia 为优化客户关系所作出的一般性努力可简单归为以下几个方面：一是寻求和监控反馈，对官方平台所收集的消费者数据以及海量的消费评价信息都会进行严格的数据分析。二是快速关闭反馈回路，数据分析的结果会直接对下一步的采购及销售决策造成影响。由于没有第三方分销商的介入，这种采纳反馈的效果对于 Booktopia 而言会更加明显，也更加准确。三是坚持与顾客进行人性化的实时交流。尽管诸如智能回复、聊天机器人等新兴通信工具层出不穷，Booktopia 始终坚持与顾客进行人工交流，自公司成立之初就存在的客服中心直到现在还在正常运作，所有的邮件与消息回复也仍然由人工来完成。

除了上述常规性的为优化客户关系所采取的措施，Booktopia 在优化客户关系方面也付出了其他努力，并最终确立了自己的特色。其中最重要的一点，就是坚持双向的社区化运营。其目标是不仅确保让消费者感到自己处在由 Booktopia 组织构建的社区场域内，更要让消费者感觉到 Booktopia 作为一家百分之百的本土企业，同样也处在澳大利亚这个由地缘联系起来的更大范围的场域里。Booktopia 的社区运营主要涉及三大要素：内容、用户以及活

---

① Computerworld. CRM Being Replaced by CRO？［EB/OL］.［2020-06-28］. https：//www. computerworld. com/article/2585965/crm-being-replaced-by-cro-. html.

动。就内容方面而言，优质的内容供应是经营社群关系的基石。它十分重视优质内容的输出，不仅与众多优质出版商建立合作关系，还赞助了众多优秀的作者进行内容生产。此外，Booktopia 经常根据消费者的现实需求来调整采购决策。例如自 2008 年金融危机爆发以来，澳大利亚虽未遭受严重影响，但是调研发现消费者在困难时期买书更多的是为了自我教育，而不是出于娱乐休闲的目的。因此，它及时减少了旅游、娱乐等方面图书的采购量，并加大了学术、教育以及其他内容更深刻的图书的采购比重。① 就用户及活动方面而言，Booktopia 针对不同的用户群体有差别地组织了众多活动。从微观层面来看，为了优化与普通消费者的关系，Booktopia 不仅保留了与读者直接交流的客服中心，在官方网站开设博客互动专栏，还多次组织抽奖活动，并建立了读书俱乐部，使读者在享受一定折扣的同时，也能加强彼此之间的交流互动。此外，它还曾多次赞助诸如读者见面会、图书分享会之类的活动。从中观层面来看，Booktopia 与图书出版行业以及其他社会群体的交流也甚是频繁。例如，为了加强与作者团队的联系，Booktopia 曾赞助伊斯兰作家节，还曾赞助各种各样的图书行业奖励计划来扶植澳大利亚本土作家的写作；为了支持图书出版行业的健康运行，还曾赞助过包括澳大利亚图书行业奖、澳大利亚图书设计奖、浪漫读者奖等在内的行业活动与相关会议。② 此外，Booktopia 与其他社会群体的合作往来也颇密集，例如曾多次参与图书馆的筹款活动，向众多学校捐赠书籍、文具、资金等。从宏观层面来看，作为一家本土企业，Booktopia 一直将民族利益放在重要位置，不断强调自己是本土品牌，自成立以来一直参与澳大利亚原住民的扫盲工作，还曾出资同相关基金会一起为澳大利亚土著儿童提供教育解决方案，并且多次

---

① Insideretail. Booktopia：The Next Chapter ［EB/OL］. ［2020-06-28］. https：//www. insideretail. com. au/news/booktopia-the-next-chapter-201908.

② Booktopia. Why Buy from Booktopia? ［EB/OL］. ［2020-06-28］. https：//www. booktopia. com. au/why-booktopia/news19. html? utm _ source = booktopia-blog&utm_medium = social&utm_campaign = blog-footer.

参与各种形式的慈善活动。这不仅为其赢得了良好的品牌声誉，也进一步优化了客户关系。Booktopia 在社区推广计划和慈善方面的种种努力，不仅为其赢得了 Smart 50 Awards 评选出的 2018 年度"社区英雄奖"（Community Hero Award），更重要的是，大大扩增了 Booktopia 邮寄名单的客户数量，提高了投资回报率，吸引了大批新用户。业内普遍表示 Booktopia 在几年内就会超越 Big W（澳大利亚的一家折扣百货连锁店），成为澳大利亚最大的图书零售商。

4　结语

Booktopia 用实体零售逻辑布局电子商务，通过建立高效的后端系统来促进前端交易活动的顺利进行。为了确立自身特色、巩固"客户本位"的经营理念，它有着与一般图书电商平台不同的融资思路，并通过社区运营来加强与消费者的交流对话、扶持图书行业生态系统的建设、提高公众对其品牌的认可度。综上所述，Booktopia 一定程度上实现了在亚马逊阴影下的"野蛮生长"，在澳大利亚本地建立起了一个以书籍、阅读和知识为中心的"书托邦"。

Vearsa：数据驱动的电子书解决方案供应商*

何　珊　徐丽芳

纸质书与电子书的拉锯战一度让出版业为纸质书的未来深感担忧。直至 2015 年，全球电子书销售开始呈现下滑趋势且持续增长乏力。同时，越来越多内容提供商和平台提供商的进入使整个电子书产业面临新的洗牌期。电子书出版商如何顺应市场趋势，增强自身竞争优势，采取积极策略以获得更大市场份额，成为亟待解决的问题。因此，致力于提供全球电子书解决方案的 Vearsa 应运而生（图 1）。

图 1　Vearsa 公司标识

Vearsa 是全球领先的电子书分销服务、尖端数据追踪和综合销售分析平台。其前身是曾屡获殊荣的电子书发行公司 ePubDirect，2010 年成立于爱尔兰科克市，创始人兼首席执行官为加雷斯·卡迪（Gareth Cuddy）。ePubDirect 曾以先进的技术帮助出版商简化流程，处理电子书存储、发布、管理、销售和计费等各个环节，从而以更经济、高效的方式为全球范围内的在线图书零售商和图书馆提

＊　本文以发表在《出版参考》2019 年第 1 期上的同名文章修改而成。

供电子书。2015 年，ePubDirect 在电子书分销这一主营业务的基础上，开始关注电子书数据追踪和销售分析，以发现和助推具有销售潜力的图书，或为图书寻找新的市场。为反映公司从电子书分销商向基于大数据的行业解决方案提供商发展这一巨大转变，ePubDirect 于当年 4 月 8 日正式更名为 Vearsa(www. vearsa. com)，并分别在英国和美国设立办事处。Vearsa 在盖尔语中意为"诗歌"，指爱尔兰悠久的故事叙述传统，以及公司在数字时代协助出版商向世界传播故事以延续这一传统的目标。同年 12 月，Vearsa 在德勤高科技高成长企业 50 强(Deloitte Technology Fast 50 Awards 201)中排名第二。

1　电子书分销

Vearsa 的电子书分销服务主要由其电子书经销平台(Ebook Distribution) 提供，是从 ePubDirect 时代延续下来的主营业务。Vearsa 提供 400 多家出版商出版的 50 余万种电子书，其上游企业不仅包括全球排名最靠前的跨国出版商如企鹅兰登书屋、麦克米伦、哈珀·柯林斯等，也有专门的电子书出版商，如儿童电子书出版商鲍勃图书、奥斯本(Usborne) 等。它的分销渠道遍及 100 多个国家和地区的 1000 多家零售商以及超过 65000 家图书馆。其中包括亚马逊、苹果网上书店、谷歌在线商店、巴诺网上书店等在线零售商，Overdrive、EBSCO、BiblioBoard 等数字图书馆、电子书馆配商和数据集成商，Scribd、Bookmate 等社交阅读平台和订阅服务提供商，以及 12000 多个学校图书馆。除英、美及欧洲(不含英国)市场外，Vearsa 还将触角伸向中国市场，与我国英文电子书零售渠道建立合作关系，为电子书销售提供广阔的国际市场。

由于电子书销售平台的垄断性和议价能力，出版商往往只能依赖亚马逊、苹果等少数零售平台，而无暇顾及具有"长尾效应"的小零售商。在电子书营销活动中，其通常以短期降价方式促销电子书，而无力对销售渠道进行全面、精细的管理。但是，只有更多分销渠道才能带来更多销售。Ebook Distribution 平台灵活而直观，易于使用。出版商无须费心管理电子书销售渠道，专业团队将为其处理电子书存储、发布、管理、销售和计费等一系列复杂流程。在平台上，出版商可自由选择电子书销售终端(图2)，以每天或每月为周期，完整、实时地查看电子书的销售表现，并及时做出调整。同时，可选择将特定图书在特定时间段发布给特定零售商。Vearsa为电子书提供了一个安全的数据仓库，使用最新技术保护电子书版权的安全和可靠，并以最新加密标准来存储和传输电子书。它还在与每个零售商建立合作前，从安全角度对其进行审查，并使用最新技术保证电子书版权完好无虞。

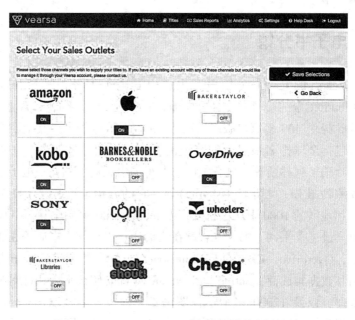

图 2　Ebook Distribution 平台销售渠道选择界面

Ebook Distribution 平台的分销服务使出版商得以将电子书销售范围扩展到全球，为它们寻找利基市场，拓宽销售渠道，增加了电子书的可见性和曝光率。出版商由此可以拓宽收入范围，通过多个销售渠道实现收入最大化，在增加销量的同时降低管理成本和工作量。Vearsa 统计显示，出版商使用其分销服务可将电子书的平均销量环比增加 12%，并可以节省高达 40%的电子书管理工作量。

2　数据追踪

以往，出版商一般通过手动抽查方式了解电子书销售概况，例如电子书相关信息是否正确列出、是否处于最佳销售状态，等等。由于不清楚数据的全部含义和关联性，数据的可用性有限。结果往往是出版商做了大量工作，结果却一无所获。Vearsa 在提供电子书分销服务的过程中，对主要零售商进行了广泛核查，发现高达20%的电子书存在滞销现象。为帮助出版商找回这些图书的销售机会，Vearsa 在业务扩张重组后推出了图书追踪平台（Book Tracker）。该平台对世界各地零售商网站上的数百万种电子书进行监测（图 3），并将可用性、定价、地理权限执行和竞争对手策略等数据即时整合进简单易用的仪表板和报告中，以确保出版商及时了解并调整电子书销售状况。

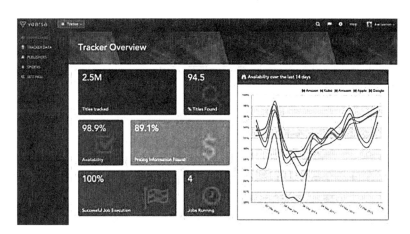

图 3　Book Tracker 数据监测界面

Book Tracker 主要从两个角度实施电子书数据追踪。一是调整电子书定价。出版商的定价策略需要包含固定价格——即计划中的电子书标准价格点，以及提供折扣和其他价格调整的灵活时间表，选择最能达成目标的价格区间，尝试不同的价格点并衡量顾客行为。Book Tracker 通过收集数百万本电子书的实时定价数据，按类别和格式对定价进行系统挖掘、即时调整和促销结果反馈，在定期检查销售数据以确定市场趋势和机会的同时改变定价策略。Vearsa 的调查结果显示，通过考虑本地和区域内的定价变化程度，出版商可以将销售额提高至少 30%。二是优化电子书元数据。元数据（Metadata）是描述电子书属性并对其进行定位、管理，同时有助于数据检索的数据。详尽地设定每本电子书的元数据，是增进电子书销售最简单、最快速，也最经济的方式。因为，元数据是电子书被读者检索到的关键，拥有更好元数据集合的电子书将会获得更多被发现和购买的机会。因此，出版商需要在选择分类方案时确定所有相关类型；而标题名称、关键字、描述语、定价、作者信息和封面图片等数据也都可以被利用来最大化电子书销售。元数据集需要根据时间和销售情况的变化随时进行调整更改，没有始终正确和标准的元数据组合。

通过使用 Book Tracker，出版商获得了高质量的销售报告，从而可在短时间内从复杂的销售报告中得到清晰见解，并据此测试和监控销售计划，做出营销决策，最终增加销售量。显然，平台有利于电子书出版商在群雄逐鹿的电子书市场上获得竞争优势，争夺更大的市场份额。

3 综合销售分析

在日益全球化和复杂化的电子书市场中，出版商面临的主要挑战之一是管理和协调数十种电子书销售报告。大多数电子书销售平台推送的报告主要是年度电子书行业发展趋势报告，或该平台各类别电子书月度销售情况，且以文字和图表形式呈现。这些报告提供的仍是一些静态信息。如果出版商想知道更多呢？例如，某出版商想知道其在亚马逊上卖了多少本传记类电子书，那该怎么办？如果出版商想进一步深入了解亚马逊传记类电子书的订单源自哪些国家和地区呢？一旦有了这些数据，又该怎么处理？

出版商们往往缺乏专业知识和技术来分析复杂的电子表格和数据透视表，Vearsa Analytics 为出版商提供了解决途径。一是提供动态销售数据。Vearsa Analytics 平台可在单个屏幕上显示整个书目的销售数据（见图 4，显示的是主要零售商的日度、月度及年度销售数据图，且可按国家地区、标题和类别等不同方式进行直观查看）。例如电子书在欧洲市场的表现、各零售商销售情况随时间的变化情况等，只需登录、查看并下载来自所有主要零售商的每日销售报告即可。借助该平台，出版商可以在几天内了解营销决策对销售的影响。二是整合销售报告。Vearsa Analytics 可将所有电子书销售报告整合在一起，供出版商在一个易于使用的系统中管理并挖掘销售数据，使其获取具有可操作性的重要见解，而不用在大量数据图表中浪费时间。三是扩大销售市场。出版商的未来在于确保电子书在尽可能多的市场中销售。进入新市场是一回事，而了解什么是有效、有影响力的策略是另一回事。将电子书销售数据按国家或地区划分，可发现各零售商不断增长的区域市场及其发展趋势；按主题划分，可了解出版商的电子书明星产品；按类别划分，可以找

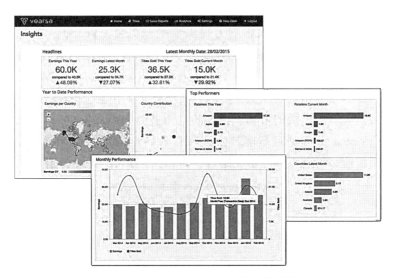

图 4　Vearsa Analytics 平台销售报告图

出高潜力的利基市场并策略性地建立电子书单。

基于数据的管理是出版业未来的发展方向。这样，出版商可以为更重要的工作腾出时间，避免基于模糊性数据进行决策，同时可减少低效率的行政工作。基于大规模精准数据的预测分析使出版商能够了解读者的购买行为与习惯，准确地调整营销工作，从而帮助其在国际电子书销售版图中扩大疆域。

4　小结

在推出 Ebook Distribution、Book Tracker 和 Vearsa Analytics 三大平台的基础上，Vearsa 还致力于为出版商提供高质量、低成本的电子书格式转换服务。转化现有的纸质图书是 Vearsa 格外推崇的电子书生产方式。它认为将高品质的纸质书转换成高质量电子书，比任何其他方式都更容易且更便宜，但转换工作又绝不仅仅是将源文件转换成 ePub 文件这么简单。制作一个尽可能忠实于纸质版的 ePub 文件，需要从捕获和纠正格式错误到验证文件的复杂流程，以确保转换后的电子书可以在零售商网站上完美地显示。

时下，图书出版正经历自印刷革命以来最具变革性的时期，数字化技术为出版商扩大影响力提供了绝佳机会。Vearsa 为出版商提供从电子书格式转换到电子书分销服务，再到尖端数据追踪，最后进行综合销售分析的完整的电子书解决方案。通过对数据的分析和预测，帮助出版商以更少时间、更小管理工作量、更高效率和更小投资收获更广阔的市场、更高的电子书销量和更多收入。总而言之，Vearsa 希望通过智能技术连接世界各地的出版商和读者，相信将智能技术与卓越故事相结合，可以给世界带来巨大变化。

付费新闻出版平台的复兴?*
——Substack 个案研究

刘　蓁　徐丽芳

随着互联网技术的发展，新闻出版行业受到前所未有的冲击。一方面，为了应对数字革命所带来的机遇与挑战，新闻出版行业尤其是报纸行业急需转型升级；另一方面，媒介融合导致原本泾渭分明的媒介系统逐渐走向趋同与统一，[1] 使得内容产业各领域之间的界限日益模糊，很多原本的"局外人"，如社交媒体，都想进入新闻出版领域分一杯羹，使得竞争越发激烈。很多传统新闻媒体面临着裁员甚至破产的危机，而社交媒体作为新闻平台，又常常因其专业性与真实性方面的不足遭到质疑。这一领域独特的生态与发展趋势催生了许多新兴媒体企业，美国的付费新闻出版平台 Substack 就是其中之一。Substack 由通信应用 Kik Messenger 的联合创始人克里斯·贝斯特（Chris Best）、前 PandoDaily 记者哈米什·麦肯锡（Hamish McKenzie）以及技术开发人员贾拉杰·赛提（Jairaj Sethi）在 2017 年创立，致力于以网络时事通讯（newsletter）的方式，为作者提供付费订阅内容的发布通道。Substack 的愿景与使命是"为作家创造一个更美好的未来"，希望作者通过 Substack 平台直接从自己创作的内容中获利，从而支持独立写作。经过四年发展，Substack 平台已经网罗了一大批来自《纽约时报》《华盛顿邮报》等老牌媒体的记者和专栏作家，收获了超过 100 万名付费订阅用户。

＊　本文以发表在《出版参考》2022 年第 2 期上的同名文章修改而成。

[1]　徐丽芳,陈铭. 媒介融合与出版进路[J]. 出版发行研究,2020(12).

根据 Backlink 的数据，目前 Substack 上排名前十的作者年收入加起来超过 2000 万美元，公司估值也达到 6.5 亿美元。① 它在当下的大火也带来了疑问：付费订阅和时事通讯这些相对老套的方式，在今天的新闻出版领域真的还可以获得成功吗？

1 作者：重获内容生产收入控制权

"内容是有价值的"，这是新闻出版行业持续运营的基础和原理。但纵观行业发展历史，收入并不直接与内容创作者挂钩。中世纪尼德兰的人文主义思想家和神学家德西德里乌斯·伊拉斯谟据说是第一个可以靠稿费养活自己的人。但是，他在那个时代是个个案，而且生活也并不十分富裕。随着社会的数字化转型，广告商的赞助越来越多地转移到新型媒体中，分配给传统新闻出版企业的份额一直在减少，造成其营收下滑，很多企业只能通过裁员来减少支出，报业尤其如此。根据皮尤研究所的调查数据，2008—2019 年，美国新闻机构的雇员减少了 23%，报纸的雇员减少了 51%。② 即使没有失业，在拥有学士学位的人当中，记者这一职业的薪酬也比平均薪酬要低。新冠疫情使这种现象更严重——根据《纽约时报》的报道，在疫情影响下，约有 3.7 万名新闻公司的员工被裁员、强制无薪休假或降薪。③ 同时，许多报纸入不敷出，只能选择关停或宣布破产。还有一些在破产边缘的报纸被投资公司收购后"做空"。在这场技术与资本主导的转型中，受到影响的作者数量是惊人的。

---

① Dean B. Substack User and Revenue Statistics（2021）［EB/OL］.［2021-10-11］. https://backlinko. com/substack-users.

② Grieco E. 10 Charts About America's Newsrooms［EB/OL］.［2020-04-28］. https://www. pewresearch. org/fact-tank/2020/04/28/10-charts-about-americas-newsrooms/.

③ Tracy M. News Media Outlets Have Been Ravaged by the Pandemic［EB/OL］.［2020-04-10］. https://www. nytimes. com/2020/04/10/business/media/news-media-coronavirus-jobs. html.

新闻出版行业陷入转型升级的困境。付费墙、会员制、知识付费平台相继涌现，但作者的收入危机仍然没有得到解决。这些付费制是基于媒体或媒体平台的付费，作者的收入仍然依赖组织的分配。媒体付费制的缺陷在于，其内容中总会有读者不感兴趣的部分，而读者仍然要为此付费。拥有大规模受众的知名媒体可能成功，但对于小众的、地方的媒体企业来说，他们从订阅者处获得大量收入的概率并不高，因此分摊到单个作者身上的就更少了。

基本收入无法维持时，陷入经济困境的作者就急需新的收入来源。这也是新冠疫情期间很多作者转入 Substack 平台的原因：它实行的订阅制是基于作者的订阅。在 Substack，作者可以直接获得读者的订阅费，收入不由公司、人力资源部或其他什么人决定，一切只取决于内容。只要内容足以打动读者，作者就可以从中获利。假如订阅费是每月 5 美元，只需要有 1000 人订阅，作者就可以获得相当不错的收入——这就是《连线》(*Wired*) 杂志的联合创始人凯文·凯利 (Kevin Kelly) 提出的千名粉丝理论 (One Thousand True Fans)。① 早在 2008 年，他就曾预言，电子邮件和互联网会让创作者更加独立。不需要依附媒体公司的独立创作者正是 Substack 追求的理想状态下的作者，他们希望为这样的作者打造属于他自己的"个人商业帝国"。这意味着作者对于他的时事通讯享有完全的权利，其内容和邮件列表都完全属于作者本人。如果作者不愿意继续在 Substack 上创作，他的读者群是可以被带走的。这也是基于作者订阅的另一个特征：读者是属于作者本人的私域流量，可以跟随作者本人进行流动，不需要依托平台而存在。

从创作内容中直接获利固然诱人，但在选择加入 Substack 平台之前，作者们还有一些其他的顾虑，包括分发内容的操作问题、订阅用户的数量问题、全职创作者的社会保险问题等。Substack 也针对这些问题提出了解决方案。首先，它提供的作者服务是全包式的，作者除了创作之外无须担心其他，邮件集成、分发投递、费用

---

① Kelly K. 1000 True Fans [EB/OL]. [2008-03-04]. https://kk.org/thetechnium/1000-true-fans/.

收取、数据分析等写作之外的事项都由平台完成。除去这些最基本的内容之外，它还为作者准备了一系列的激励和保障服务，以消除作者的担忧，使其能专注于写作。作者服务可以分为三类：交流指导类、创作激励类和权益保障类。交流指导类服务包括 Substack Grow 和官方主持的各种活动。Substack Grow 是专门为新手作者准备的一系列关于 Substack 时事通讯的免费速成课程，包括六次系列研讨会，涵盖了作者在 Substack 上发展读者群和付费订阅所需的基本知识。官方活动的形式有答疑会、主题研讨会、交流会、工作坊等。作者可以和同行分享经验技巧，也可以获得官方团队对疑问的答复。创作激励类项目很多，主要有预付款计划 Substack Pro、独立作者资助项目 Substack Independent Writer Grant Program（SIWGP）、作者激励计划 Substack Fellowship 以及旨在鼓励地方作者的 Substack Local。其中，Substack Pro 计划向新加入的作者支付一笔预付款，为其在 Substack 上写作的第一年提供经济上的支持。SIWGP 是利用 Substack 捐出的 10 万美元，旨在帮助在新冠疫情期间出现经济危机的独立作者度过困难期。Substack Local 旨在通过鼓励撰写地方新闻的独立作者来推动本地新闻的发展。该计划向符合要求的申请者支付一笔预付款，同时还邀请专家对他们进行指导。Substack Fellowship 用于激励平台上的优秀作者，根据内容质量、主题领域、发展潜力等选择作者进行资助。权益保障类项目主要有两个：Substack Defender 为作者提供法律支持；Substack Health 则为作者制订个人医疗保险计划，年订阅费超过 5000 美元的作者还可以向平台申请 500 美元的医疗保险费用。

在 Substack 启动初期，平台的目标群体是记者和专栏作家。随着时间的推移和业务的扩张，Substack 吸引了各种类型的内容创作者，包括美食家、漫画家、小说家等。许多小说作者拒绝了传统出版商的合约，转而在 Substack 上连载自己的小说；很多漫画家也放弃了与漫威、DC 的合作，选择在平台上提供独家内容。新内容创作者的涌入说明，这种商业模式受到了认可，Substack 所打造的"个人商业帝国"不仅适用于记者，对于各种类型的作者来说，都具有很大的吸引力。

2 读者：失而复得的阅读自主权

进入电子媒介时代以来，广告投放越来越倾向于新型媒体，如电视、广播、社交媒体等。这种看似免费的媒体实际上带有隐形收费的性质。麦克卢汉曾指出："电视台实际上是在不动声色地租用我们的眼睛和耳朵做生意……电视台实际上是通过隐性收费——观众在不知不觉中以对节目的关注来'交费'——获取巨大资源，然后，将这一宝贵资源以不菲的价格卖给急需这一资源的人们——需要做广告或作宣传的人。"①在当下，这一现象更加明显。信息过载，注意力成为稀缺资源并成为媒体争夺的焦点。1971年诺贝尔经济学奖获得者赫伯特·西蒙就指出："在一个信息丰富的世界，信息的丰富意味着另一种东西的缺乏——信息消费的不足。非常清楚，信息消费的对象是其接收者的注意力。信息的丰富导致注意力的贫乏，因此需要在过量的可供消费的信息资源中有效分配注意力。"②但是，有效分配注意力在信息过剩的时代也注定要受到重重阻碍。在注意力经济中，媒体占据中心位置，在内容生产和消费环节中扮演最重要的角色；读者选择阅读内容的决定并不由自己做出，而是很大程度上受到媒体的控制和影响。以社交媒体为例，社交媒体通过算法确定向用户推荐的内容。"推荐"这一行为本身就带有很强的控制意味。此时，用户阅读的内容并不一定是自己感兴趣的，而是平台算法认为用户感兴趣的内容。阅读的选择也并非自主，因为所有内容都是算法推荐的内容。用户在这一场景下很有可能凭借当下的直觉随机选择一篇，而并不经过比较和思考。这种对感性与直觉的强调正是注意力经济的一大特征。"注意力经济学派

---

① 马歇尔·麦克卢汉. 理解媒介:论人的延伸[M]. 北京:商务印书馆, 2004:283.

② Simon H. "Designing Organizations for an Information-Rich World", in Computers, Communications, and the Public Interest [M]. Baltimore: The Johns Hopkins University Press, 1971:40-41.

发现在信息过剩时代不仅完全的理性不可能，就是'有限理性'的经济疆土也越来越小，而一个'感性主导'的世界版图却在不断扩大。"①从这一角度来看，可以说用户是在被动地接受算法的决定。同时，即使是推荐的内容，仍然数量庞大；只要一直刷新，就永远没有终点。这种没有结束点和目的地的内容流容易让读者产生数字疲劳心理。于是"无法穷尽"的焦虑从阅读开始之前就一直伴随读者，阅读的动力被大大削弱，最终结果很可能是读者走马观花式地浏览标题。

在注意力经济中，由于阅读自主权逐步让渡给了媒体，因此大部分读者很多时候只能被动地接受信息的灌输。但在 Substack，游戏的规则被颠倒了。平台创始人反对注意力经济对读者的控制，重视读者注意力的珍贵价值，并强调注意力的意义在于支持其真正喜欢的内容和作者，而不是媒体二次售卖的商品。Substack 没有推荐算法，每位作者都会有免费阅读的文章供读者试读，读者可以根据自身情况、主题领域、作者信息、行文风格、文章长度、更新频率、订阅费用等信息做出决定，自由选择作者进行订阅。这种选择不是随机的或被动的，而是经过深思熟虑的理性决策。Substack 的订阅是按月度或按年度付费，而不是按篇付费。长时间的订阅留给读者的试错空间较小，且试错成本直接与金钱挂钩。这也为读者原本理性的决策更添加了一层谨慎的理由。更重要的是，读者本人对此知情，而不是无意识地被动选择。与注意力经济相反，这种意识不仅不会带来阅读的焦虑，反而会促使读者进行阅读——因为这是"我"主动选择的结果。与社交媒体中铺天盖地的内容不同，大部分 Substack 作者以周为单位进行更新；即使读者订阅了多位作者，非常有限的文章数量也是很容易完成的目标，阅读完毕的成就感又会使读者期待下一次的更新。在这种良性循环中，新的阅读习惯被建立起来，其中媒介力量的占比大大减少，读者开始重新掌握阅读的自主权，阅读的内容、主题、篇幅、时间、频率等都再次回到读

---

① 张雷. 经济和传媒联姻:西方注意力经济学派及其理论贡献[J]. 当代传播,2008(1).

者掌控中。这一权利的交接既符合读者心理，也顺应时代的发展趋势。自从新媒体技术席卷全球以来，读者期待的注意力经济时代本应该是注意力稀缺导致产能过剩的内容产业向买方市场转变，但结果它却沦为媒介与广告商的共谋，导致读者失去自主权的被动状态。有些读者已经开始意识到或隐约察觉到阅读是被操纵的：新闻出版机构在产品上激烈竞争从而使读者受益的场景并没有出现，而自己对于优质内容的需求也没有得到满足。不满意的读者在迫切等待自主阅读模式的出现，而 Substack 的付费订阅制就是这个问题的一种答案。

3　订阅模式：重塑古典的读者—作者关系

Substack 通过电子邮件列表向读者们提供订阅内容，也就是时事通讯。时事通讯并不是什么新兴事物，它拥有非常悠久的历史。最早的时事通讯可以追溯到古罗马时期，人们通过手抄政府公报等内容来传递权威信息；中世纪的欧洲商人之间也会通过时事通讯来追踪商品价格、汇率、税收等的实时变化。时事通讯可以看作是报纸的先驱，但今天的时事通讯早已摆脱了报道新闻的刻板印象，成为全领域内容的分发渠道。在古典时事通讯时期，其生产方式是手抄，有限的生产力限制了时事通讯的进一步传播。其内容的创作通常带有强烈的作者个人风格，类似于与熟悉的人分享见闻；而且因为朗诵的需要，内容中包括大量口头表达。这一时期的读者与作者呈现出一种相对平等的互动关系。在我国的魏晋南北朝时期也有类似情况，抄本文化的兴起使得诗文作品在公众间自由传播，读者与作者之间的交流成为可能，在此基础上形成了当世读者群与当世评论。① 随着印刷术的兴起，生产力得到质的提升，大规模传播成为可能，作者转变为一种职业。职业和业余的划分带来了一种区隔，

---

① 陈静. 抄本传播与魏晋南北朝时期的作者、读者和作品［J］. 出版科学，2010(2).

书面语作为写作的规范逐渐固定下来。阅读丧失了口语的亲密感，一个作者可能拥有成千上万的读者，反馈的障碍开始浮现。从此作者与读者之间的沟壑开始显露，并随着传播技术的发展而不断加深。数字时代的到来曾被认为是鸿沟弥合的契机，但实际上，互联网的兴起使得平台的中心化效应更加明显。

Substack 则致力于通过邮件订阅重塑古典的读者—作者关系。电子邮件与任何其他公共传播渠道都不同，它带有独特的私密性。当读者查看邮箱时，会在潜意识里将时事通讯的内容与自己的私人邮件同等看待，认为这是专门为"我"准备的，作者通过这封邮件在和"我"进行交流。这种想法会让读者产生被重视的感觉。很多作者也很了解这一点，甚至会对此加以利用。在创作电子邮件内容时，作者倾向于采用更人性化、更非正式的语气和行文风格，因为订阅的读者绝大部分已经熟悉了该作者，大致了解其观点和内容背景，并且已通过付费表达了对该作者的理解与支持。与其他出版物相比，电子邮件中的内容会更加随意，甚至会包含作者本人的口语表达习惯。这也是亲近读者的一种方式。电子邮件的分发形式也允许读者进行回应，而读者真的倾向于回应——因为电子邮件天然带有双向互动的特性。

除了距离外，信任也是读者—作者关系中重要的一环。注意力经济不仅剥夺了读者的阅读自主权，而且摧毁了读者的信任。注意力经济将读者的注意力视为一种资源，在进行抢夺的过程中衍生出种种增长手段与数据指标。例如，可以在短时间内生产大量低质量文章的内容工厂用各种手段引诱误导读者点击的点击诱饵、推荐算法、点击率、曝光度、关注数、互动量等。这种根据点击量计算广告收入的商业模式催生了以利润为导向的内容生产，导致了信任关系的瓦解。现在，只有 7% 的美国人非常相信媒体。[①] 88% 的美国

① Brenan M. Americans' Trust in Media Dips to Second Lowest on Record[EB/OL]. [2021-10-07]. https://news. gallup. com/poll/355526/americans-trust-media-dips-second-lowest-record. aspx.

成年人认为社交媒体偏爱旨在吸引点击的耸人听闻的内容。此外，79% 的人认为某些媒体可以从社交平台获得优惠待遇。①Substack 希望能改变这一现状，一方面，作者的内容不再需要根据编辑意见进行修改，也没有点击率指标需要完成，可以根据自己的想法进行创作，来吸引特定读者；另一方面，读者仅仅订阅自己认同的作者的内容，在电子邮件中进行阅读，大大降低了被纯粹感官刺激手段欺骗的可能。

4 小结与讨论

Substack 的创始人相信，内容是有价值的，正如读者的注意力也是有价值的。在内容这一领域里，自主权应该掌握在作者和读者手中，而非平台、广告商等其他角色手中。从目前来看，它的商业模式显然是奏效的，从脸书、推特等社交媒体巨头纷纷启动自己的付费新闻出版平台也能看出 Substack 的成功。但是，它的发展还面临诸多威胁。许多主流媒体批评 Substack 对创作自由的过度推崇，认为彻底摒弃"把关人"的功能可能会造成混乱的局面。对此，Substack 的回复是，其定位是技术公司而不是媒体公司，因此不会行使媒体的权利与履行义务，只帮助作者打造个人媒体品牌。同时，Substack Pro 项目也为其招来了许多攻击。该项目的资助对象是由 Substack 决定的，它可以在社交媒体等平台上发现受欢迎的或者有潜力的作者，通过该项目提供预付款，邀请其入驻平台。包括《卫报》在内的很多主流媒体认为，挑选 Substack Pro 的预付款对象从根本上说就是一种编辑决定，而这与 Substack 宣称的编辑中立主张、技术公司而非媒体公司的定位是相悖的。而 Substack 目前仍未公布资助对象名单。这种不透明更加剧了外界对于其决定的猜测。麦肯锡在一篇文章中回应了这一批评，他解释对于作者的选择不是编辑决定而是商业决定。Substack 既不雇用作者也不管理作

---

① Djordjevic M. 25 + Remarkable News Consumption Statistics [EB/OL]. [2021-02-17]. https://letter.ly/news-consumption-statistics/.

者，更不会试图影响他们创作的内容；而 Substack Pro 这一项目才启动数月，仍处在摸索阶段，因此没有公布，但 Substack 并不禁止作者承认受到该项目资助。①

2017 年 Substack 成立伊始时的目标在于挽救新闻业。正如贝斯特和麦肯锡在《新闻更美好的未来》一文中提到的："Substack 的核心使命是，通过将作者开创独立业务所需的工具民主化，帮助他们在一个新闻整体市场急剧增长的时代取得成功……自《纽约太阳报》首次上市以来的 184 年，我们正站在新闻业新革命的风口浪尖上。哀悼旧媒体模式损失的时代已经过去，现在是展望未来新世纪的时候了。"②现在的争议已经导致部分作者离开和部分读者流失，而 Substack 正在通过完善平台功能挽回局面。它开始接受各个领域的主题内容，甚至还扩展对音频、视频的支持。虽然对订阅制充满信心，但其创始人也并不认为这是唯一或最佳的内容模式。读者的阅读习惯、阅读偏好等都会导致其阅读需求不同，阅读自主性的强弱也会随读者个人意志而改变。在内容市场上，许多种模式共存才能构建和谐健康的媒体生态。

---

① McKenzie H. Why We Pay Writers [EB/OL]. [2021-03-13]. https://on. substack. com/p/why-we-pay-writers.

② Best C, McKenzie H. A Better Future for News [EB/OL]. [2017-06-18]. https://on. substack. com/p/a-better-future-for-news.

面向图书馆的美国有声书借阅模式[*]

——以 OverDrive 为例

刘欣怡　徐丽芳

　　有声读物出版商协会(Audio Publishers Association，APA)的报告显示，美国的有声读物销售连续 8 年呈两位数增长趋势，2019年有声读物销售总额超过 12 亿美元，比 2018 年增长 16%，① 新出版有声读物超过 6 万种，比 2018 年增长 18%。有声书近些年已经成为美国出版商发展最为迅猛的业务板块。艾迪森市调公司(Edison Research)的调研报告显示，2020 年美国 18 岁以上的成年人平均每年听 8.1 本有声读物，高于 2019 年的平均数 6.8 本，其中有超过一半(57%) 的高频受众年龄为 45 岁以下。② 由此可见，有声读物具有巨大的发展潜力，已成为年轻一代青睐的阅读方式。③

　　但是与纸质书和电子书相比，一部优质有声书的制作过程更加复杂，通常需要经过策划、试音、排练和录制、后期编辑等步骤，

---

　　* 本文以发表在《出版参考》2021 年第 3 期上的同名文章修改而成。

① Audio Publishers Association. Another Banner Year of Robust Growth for The Audioboo-Kindustry [R/OL]．[2021-01-25]．https://www. audiopub. org/uploads/pdf/2018-Consumer-Sales-Survey-Final-PR. pdf.

② Edison Research. The Infinite Dial 2019 [EB/OL]．[2021-01-25]．https://www. edisonresea rch. com/infinite-dial-2019/.

③ Kowalczyk P. Audiobook Prices Compared to Ebooks and Print Books [EB/OL]．[2021-01-25]．https://ebookfriendly. com/audiobooks-price-comparison-ebooks-print-books/.

是对作品的二次创作，其间包括人力、智力和技术费用，因此成本较高，定价也相对较高。根据 Ebook Friendly 的估算，在美国，一本 8 万字的小说大概可以转换成 9~10 小时的音频，平均每小时的制作费用为 100~500 美元，那么这本书制作成有声书的成本为 900~5000 美元。在欧美，一部有声书的定价通常为 20~30 美元。① 如表 1

表 1 亚马逊 2020 年图书热卖榜

单位：美元/本

书名	精装书	平装书	Kindle 电子书	Audible 有声书
《应许之地》(*A Promised Land*)	17.99	23.96	23.99	39.81
《永不满足:我的家族如何制造出世上最危险的人》(*Too Much and Never Enough:How My Family Created the World's Most Dangerous Man*)	14.99	17.77	40.97	16.53
《蝲蛄吟唱的地方》(*Where the Crawdads Sing*)	14.99	11.00	11.16	27.56
《午夜阳光》(*Midnight Sun*)	14.99	13.32	26.52	29.93
《不驯服》(*Untamed*)	14.99	15.89	19.96	26.56
《白色的脆弱性:为什么白人很难谈论种族主义》(*White Fragility:Why It's So Hard for White People to Talk About Racism*)	9.99	21.95	9.60	23.95
《事发之室:白宫回忆录》(*The Room Where It Happened:A White House Memoir*)	16.99	11.96	43.61	30.62
《鸣鸟与游蛇之歌:饥饿游戏前传》(*The Ballad of Songbirds and Snakes*)	17.99	14.38	30.90	18.37

---

① Amazon Best Sellers［EB/OL］.［2021-01-25］. https://www. amazon. com/best-sellers-books-Amazon/zgbs/books/ref = zg_bs_nav_0/144-7867904-388 2442.

所示①，笔者统计了亚马逊 2020 年图书热卖榜（排除无有声格式的儿童绘本）中各类格式图书的价格，由此可见，有声书的定价通常会高于电子书和传统纸质书。

美国有声书市场常见的付费方式有三种：第一种是零售式，即读者直接购买有声书，永久性地获得该有声书的使用权。这种方式价格较高，对于没有收藏需求的用户来说并不划算。第二种是订阅式，也是目前应用最广泛的模式。Audible、Downpour 等主流有声书运营平台都采用会员订阅制。只要用户支付一定费用即可在一定时期内获得该平台有声书的使用权②（目前美国主流有声书平台的订阅费见表2）。该方式适用于使用频率较高的用户。但是，由于市场竞争的缘故，有声书版权垄断和平台私有格式导致资源无法共享，用户的使用会受到较大限制。第三种是图书馆借阅模式，即由图书馆批量购买有声书，免费为读者提供借阅服务，从而减少平台壁垒，提高有声书的利用率。

表 2　目前美国主流有声书平台的订阅价格

平台名称	订阅价格（美元/月）
Audible	14.95
DownPour	12.99
Audiobooks	14.95
Scribd	8.99
Bound	3.99

① 庄廷江. 美国有声书出版与发行模式探析[J]. 出版发行研究,2017（2）.

② OverDrive. Library Readers Borrow Record Numbers of eBooks and Audiobooks in 2015 [EB/OL]. [2021-01-25]. https://company. overdrive. com/2016/01/05/library-readers-borrow-record-numbers-of-ebooks-and-audiobooks-in-2015/.

1 面向图书馆的有声书借阅服务

有声书借阅服务作为图书馆传统借阅服务的延伸，在美国已有数十年历史。早在 1931 年，美国国会图书馆就联合美国盲人基金会设立了一个开发有声书籍的项目。1955 年安东尼·棣娄（Anthony Ditlow）、海伦·棣娄（Helen Ditlow）创办聆听图书馆公司（Listening Library），初步建立了有声书库，成为美国最主要的面向图书馆和学习者提供有声书分销服务的公司。不过那时的有声书主要是为了满足视障读者的阅读需求，而且有声书依托实体CD、磁带等载体，可以看作一种特殊的"图书"，其借阅方式也与图书类似。

而数字有声书早已突破载体的限制，可以实现网络传播，大大改善了图书馆借阅服务。其一，图书馆作为公共服务提供方，其资源能够最大限度地突破商业平台的局限，丰富了有声书资源的数量和类型，而且特殊属性的图书馆（例如学校图书馆）面向特定受众，其资源还具有一定的针对性；其二，数字有声书不会因多次使用而遭到损耗，较好地实现了重复利用；其三，数字有声书突破了图书馆借阅服务的时间和空间的限制，其借阅流程更加便捷，读者只需一款终端设备即可在线上获得有声书的访问权，且可以通过云端技术实现跨平台的同步；其四，数字有声书的借阅模式免除了传统模式下的"滞纳金"问题，"过期无效"机制为图书馆和读者减轻了负担。

基于以上优势，有声书借阅服务受到了读者的欢迎。美国最大的图书馆有声书经销商 OverDrive 的数据显示（图 1）：2015—2020年，公共图书馆和学校图书馆的有声书借阅量（统计口径：全球通过 OverDrive 借阅有声书的公共图书馆和学校图书馆）增长了221%，2020 年超过 1.38 亿次，且每年都保持两位数增长速率。2014—2019 年，有声书的借阅量增长率连续 6 年高于电子书的借阅量增长率（2020 年受到新冠疫情的影响，人们通勤减少，图书馆数字借阅量增速有所放缓），预计未来仍会保持高速增长，基于图书馆的有声书借阅服务具有巨大的市场潜力。

在美国，为图书馆提供有声书服务的公司主要有 OverDrive、

（单位：百万次）

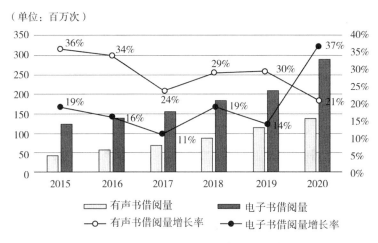

图 1　OverDrive 电子书和有声书借阅量及其增长比

3M(Aka Cloud Library)、HOOPLA 等，其中 OverDrive 凭借强大的资源优势占据了超过 3/4 的美国市场份额。OverDrive 成立于 1986 年，2000 年建立数字图书馆仓储(Digital Library Reserve)，开始开展数字内容分发服务，为图书馆提供数字资源下载服务。2004 年，OverDrive 开始提供 DRM 有声书下载业务。2011 年，亚马逊与 OverDrive 达成合作，并通过后者向图书馆提供数字资源，从而拓展了 OverDrive 的资源库。2015 年后，OverDrive 被乐天(Rakuten)收购，并改名为 Rakuten OverDrive，其实力进一步增强。目前，它已经发展成为美国最大的面向图书馆的数字内容经销商，与全球 84 个国家和地区的 6.5 万余所图书馆建立了合作关系。2020 年，它通过收购 RBmedia 的图书馆业务，将 RBdigital 平台(北美、英国和澳大利亚的图书馆数字内容平台)的资源转移到 OverDrive 产品中，进一步丰富了数字资源库。借助 RBdigital 业务板块，OverDrive 扩大了自己的业务板块和全球网络。① 至此，它构建了以自身为中心的有声书产业链(图 2)：OverDrive 沟通上游

---

① 　OverDrive. Publisher FAQs[EB/OL]. [2021-01-25]. https://company. overdrive. com/publicsher s/faqs/.

的出版商，并与以 Abode 为代表的技术服务商合作，最后将加工完成的有声书分销给下游的图书馆、学校以及其他零售商。

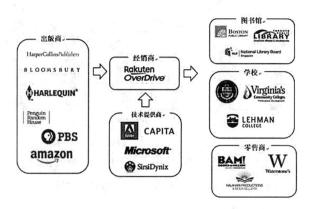

图 2　以 OverDrive 为中心的有声书产业链

2　B2B2C 业务模式

作为有声书经销商，OverDrive 通过统一的管理对资源、服务以及用户终端进行整合：首先打通出版商和图书馆的资源，其次帮助图书馆为读者提供服务，最后借助自身平台建立起三者之间的联系。这种模式类似于电商的 B2B2C（Business to Business to Customer）模式（图 3）。具体来说，出版商（B1）将资源放在OverDrive 平台上，形成虚拟数字仓储；再通过平台与图书馆（B2）信息系统进行对接（B2B）；然后由图书馆面向读者（C）开放资源借阅（B2C）。在整个过程中，图书馆需要向 OverDrive 支付访问资源的许可费用；OverDrive 再根据图书馆收入向出版社支付费用；读者在遵守图书馆借阅规定的前提下，直接通过 OverDrive 提供的应用程序（App）登录图书馆账号，免费借阅有声书。

对产业链上游的出版商而言，OverDrive 的优势主要体现在以下两点：一是 OverDrive 采用灵活的版权管理模式。它将受版权保护的音频转换为 WMA（Windows Media Audio）格式，并通过

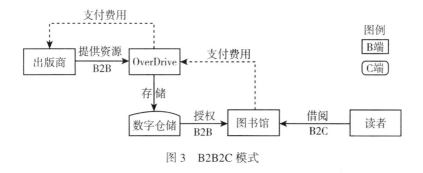

图3　B2B2C模式

Windows Media DRM(系 Windows Media 的数字权利管理系统)进行加密保护,用户只有在借阅期才能获取该音频的访问权限,从而有效保护出版商利益。① 对于部分需要 MP3 等格式播放音频的图书馆,OverDrive 在保证资源安全性的前提下也支持无 DRM 模式。② 二是 OverDrive 拥有强大的图书馆合作网络和数据资源,可提供个性化的数字营销服务。它针对出版商打造了在线目录管理系统 OverDrive Connect(图4)。该系统能够结合其每个合作图书馆的特点,帮助出版商精准定位到买方,并且能够追踪和分析销售数据,帮助出版商更好地决策。目前哈珀·柯林斯(Harper Collins)、企鹅兰登书屋(Penguin Random House)、美国公共电视台(PBS)等全球知名出版商、媒体都与 OverDrive 建立了合作关系。

　　对产业链下游的服务对象图书馆和书店,尤其是核心服务对象图书馆,OverDrive 细分出一般性图书馆(包括公共图书馆和企业图书馆)和学校图书馆两大主体,有针对性地提供服务。首先,基于 OverDrive 强大的资源库和目录管理系统,图书馆可以根据需要选择有声书,并获取资源使用情况的数据报告,从而更好地了解读者需求。其次,它推出了"电子书和有声书馆藏分享"(Shared

---

① 吕淑丽.Overdrive 图书馆移动阅读平台的特点与借鉴[J].图书馆学刊,2013,35(9).

② 付跃安,黄晓斌.OverDrive 图书馆移动阅读解决方案及其特点[J].图书馆杂志,2012,31(2).

图4　OverDrive Connect 在线目录管理系统

Ebook & Audiobook Collection)项目，实现各图书馆间的资源共享，提高了资源利用率。此外，OverDrive 还为图书馆提供一系列专业培训和图书馆服务，比如为图书馆举办展会和特色阅读活动等，帮助图书馆提升服务水平。

　　此外，随着独立书店的发展，OverDrive 还开拓了书店业务。它为独立书店的会员提供有声书借阅等增值服务，增强书店竞争力。目前，它已经与英国的水石书店、美国第三大书店 BAM 等达成合作。

3　基于移动端的精细化服务

　　OverDrive App 是 OverDrive 公司最早的一款数字资源借阅软件。它拥有丰富的格式，适用于手机端(Android、iOS)、电脑端(Windows、Mac)以及 Kindle Fire 阅读器；它基于云技术，可跨平台使用，能够基于用户阅读习惯进行个性化推荐，用户则可以在不同客户端同步阅读数据；同时，它支持 Android 和 iOS 系统下的视频播放，以及电脑端的 MP3 音频文件下载和转换。目前，该 App 已经在全球 70 多个国家和地区的 4 万多家图书馆得到推广，中国的一些图书馆也与 OverDrive(中国版命名为"赛阅")合作，推出线上电子资源借阅服务。

在移动互联网技术高速发展的今天，移动智能设备成为大部分人收听有声书的选择。OverDrive App 尽管在内容资源和功能上都有无可比拟的优越性，但是其复杂的功能似乎有些"不合时宜"。于是公司在 2016 年年底推出一款针对移动端的图书馆有声读物借阅小程序 Libby(图 5)。它的诞生标志着公司运营重心的转移。作为 OverDrive App 的升级版产品，Libby 保留了前者登录、资源管理和收听三大基本功能，同时结合移动智能终端的特点以及人们的使用习惯，优化了 OverDrive App 的交互功能以提升用户使用体验。针对登录和绑定功能，Libby 简化了烦琐的自助查询操作，可以基于地理位置精准定位图书馆；优化绑定功能，支持一个账号绑定多个图书馆 ID，并通过更好地整合图书馆资源，避免用户频繁登录、退出的麻烦(图 6)。针对资源管理功能，Libby 进一步简化借阅流程，实现了一键化操作，并且将最常用的"借阅""预约""标签"功能一并放在首页"书架"中，方便用户使用。针对收听功能，Libby 优化 HTML 跳转播放模式，支持 App 内在线收听、缓存以及下载，且于后台同步进行，省去了读者的等待时间。此外，Libby 的播放界面保留了 OverDrive 的基本功能，包括添加标签、调整进度、定时关闭、调整语速和快进、倒退等，但细化了进度条，突出显示时间和章节信息，强化进度调整功能，以方便读者选择。从整体来看，Libby 可以视为 OverDrive 的功能升级版和操作简化版。它更适应人们的移动阅读习惯，符合数字阅读平台发展的必然趋势。

图 5　Libby 标识

图 6 OverDrive 和 Libby 的"绑定"和"播放"界面对比

除此之外，OverDrive 开始进军教育市场，推出"学生版 OverDrive"——Sora App，把学校的数字教育资源与 OverDrive 资源库整合到 Sora 上，并向学校图书馆提供借阅服务，方便学生使用和学校管理。目前 Sora 仍处于试运行阶段，未来业务将拓展到高校以及学术机构，打造专业化的数字阅读平台。

4 小结

随着有声书市场的蓬勃发展以及图书馆公共数字文化服务功能的完善，图书馆借阅模式拥有广阔的发展前景。为了扩大市场，一方面 OverDrive 积极扩大合作范围，不仅开拓新的海外业务，还与苹果公司达成合作，将 Libby 推广到 Apple CarPlay（苹果的车载应用系统），为驾驶员提供人性化的有声书服务，拓展新的使用场景；另一方面，OverDrive 正在逐步降低使用门槛，推出线上申请借书证等服务。它的产品和运营仍然存在一定问题。如长期以来，图书馆都面临资源有限性与需求无限性的矛盾，而该借阅模式似乎并没有很好地发挥数字内容的优势，部分有声书的预约期仍长达数月（部分原因是 OverDrive 与出版商的授权条款续约需要一定处理时间）。不过，OverDrive 也在探索馆际资源共享等方式，努力寻找更好的解决方案。

我国有声书市场经过多年发展，已经逐步规范化。目前有声书付费方式主要是单次购买和订阅两种方式，图书馆借阅式服务并没有得到很好的发展。国内图书馆的有声书服务则主要分为两类：一类是针对老年群体和视力障碍者的有声书推广，如南京市金陵图书馆发起的"朗读者"项目；另一类是面向大众的有声书数据库，如湖北省图书馆的"云图有声数据库"、福建省图书馆的"天方有声读物数据库"等。① 值得注意的是，这两类服务大多是公益性的，当前国内公共图书馆的商业有声书资源匮乏、更新较慢，且缺少成熟的借阅体系和产品支持。但是随着我国公共数字文化工程的推进以及图书馆服务的完善，基于图书馆的有声书借阅模式是有发展前景的。

纵观 OverDrive 的发展经验，有以下几点或可参考借鉴：一是整合有声书资源。目前我国绝大多数有声书资源都掌握在以喜马拉雅为代表的商业运营商手中，图书馆掌握的资源非常有限，因此可以参考 OverDrive 与亚马逊的合作模式，整合有声书资源，扩大图书馆的数字资源库。二是集中运营。不少图书馆或学校都推出了自己的数字服务平台或小程序，但是大部分利用率较低，因此打造若干像 OverDrive 这样的集成式有声书管理平台也许更能有效解决问题。三是加大推广力度，借鉴 OverDrive 举办特色活动的经验，结合我国图书馆现状与特色开展有声书推广活动，提高公众的认知度和参与度。

---

① 赵继海.DRM 技术的发展及其对数字图书馆的影响[J]. 大学图书馆学报,2002(1).

日本电子书分销商的融合发展模式探究[*]

——以 Media Do 为例

陈姜同　李梁玉

随着互联网及电子设备的广泛普及，人们的阅读介质发生了很大变化，读者对纸质图书的依赖程度也在逐渐降低，电子阅读成为新的习惯，数字出版市场迎来蓬勃的发展。2021 年 12 月，国家新闻出版署印发的《出版业"十四五"时期发展规划》中"融合"一词就出现多达 34 次，并明确提出"支持产业链上下游深度融合"，出版融合要从"相加"向"相融"阶段的持续推进。[①] 因此，出版融合创新成为新时代出版行业的必由之路，而数字化更成为其发展引擎。

作为日本最大、世界第二大的电子书出版分销商，Media Do 与日本国内大约 2000 家出版商和 150 多家在线图书馆、电子书店有合作关系，占日本国内电子书分销市场份额的 35%。[②] 一直以来，Media Do 以电子书分销业务作为发展的基础，不断将新兴技术与核心业务融合，努力为分销提供各种支持；通过出版业领域的并购、合作，不断整合行业资源，探索跨界融合发展之路，努力打通产业上下游，致力于构建一条完整的融合产业链，从而更好地对出版业务起到支持的作用。

[*] 本文以发表在《出版参考》2022 年第 8 期上的同名文章修改而成。

[①] 本刊编辑部. 专家解读《出版业"十四五"时期发展规划》关于融合发展的战略思路[J]. 科技与出版, 2022(4).

[②] Media Do[EB/OL]. [2022-04-10]. https://mediado.jp/.

1　基于业务数字化的转型升级

数字技术已成为当今企业营收实现普惠性增长的核心驱动力。随着新一轮科技革命和产业变革的不断深化，出版行业在加速转型升级，传统出版和数字出版也在加快融合发展。没有技术支持难以应对时代的新要求与新挑战，单一依靠底层技术又难以实现利润规模化增长，因此 Media Do 在数字化转型过程中不仅重视技术研发，也不断推进技术与业务的深度融合，从而实现转型升级，现已取得一定成效。

Media Do 于 1999 年在日本名古屋成立，最初以手机销售和网络服务为主要业务。早在 2006 年，Media Do 就把握先机，在日本国内率先开始提供电子书出版和流通服务。在被称为日本"电子书元年"的 2010 年，Media Do 更是将公司的业务重心转向电子书分销市场。由于公司的业务主要通过互联网展开，因此在出版市场大环境还未强调"数字化发展"的情况下，Media Do 已经开始注重数字服务能力。在开展电子书分销业务的同时，Media Do 也加快步伐开发独家的内容分发平台，之后还基于此内容分发平台开发"内容代理系统"（CAS），并进一步更新完善后推出适用于智能手机的电子书分销商店解决方案。如今，Media Do 不仅完善了电子书分发基础设施，还推出运用区块链进行交易的数据智能平台，能够为出版商和电子图书馆、电子书店提供包括系统数据管理在内的一站式支持服务，这些举措为 Media Do 核心业务实现数字化转型提供了基础与保障。目前，该电子书分发系统每月处理大约 8 亿个文件，区块链平台每秒进行交易处理超过 7000 个。

发展至今，Media Do 的业务范围大致可分为三个方面：其一，在出版商和电子书店之间进行协调，如协调出版商和电子书店的合同签订、承包电子书店的数据验证工作等；其二，对电子书数据、图书信息、销量、销售业绩等进行集中管理，包括将出版商委托的数据链接到电子书店、集中管理销售汇总报表、了解并提供电子书店的作品销售状况；其三，提供电子书店的开发、策划与促销推广，包括向电子书店提供畅销作品的信息、销售最大化的企业促销提案等(图 1)。得益于技术与业务的深度融合，Media Do 如今已形成完善的服务体系，能够满足前期图书出版、中期发行管理、后期营销推广等不同阶段的需求。

图 1　Media Do 业务图

2　基于并购合作的纵向深度融合

在新的市场格局中，出版行业的综合性逐年增强，长期在单一化领域内走常规路线，并不能应对市场内部增值不平衡的现状。为了在维持市场地位的基础上实现市场保值增值的发展目标，Medio Do 通过横向并购、纵向收购、合作联盟等方式，整合电子书分销行业资源，追求协同效应，努力打通产业上下游，从而构建完整的融合发展链条，同时不断扩大其海外市场。

2.1　整合行业资源，提高分销竞争力

为拓展企业规模以最大限度凸显产业规模经济效应，已成为业界第二的 Media Do 在 2017 年 3 月收购排名第一的"数字出版组织"，一跃成为日本最大的电子书出版分销商。后又在 2021 年，与日本主要纸质书代销商之一东贩达成资本和业务合作，进一步促进图书分销行业的资源整合。

为夯实业务基础以提高核心竞争力，Media Do 在 2017 年收购主营网页开发的公司 Lunascape，进一步优化电子书发行功能和基

于人工智能的文件总结功能，从而提升用户体验；2020 年 10 月收购提供漫画、"2.5 次元"产业及声优相关 App 开发与手机视频分发服务的公司 Nagisa，旨在丰富数字产品交付方式，从而满足客户的多样化需求。此外，与欧美相比，日本 POD（Print on Demand）市场持续稳定增长但仍然很小，因此，Media Do 还在 2022 年 4 月将其主要面向中小型出版商开发的"PUBRID"与 Impress R & D 主要面向个人开发的"Nekpub Authors Press"整合，合资成立 PUBFUN 有限公司，从而提供更一致的 POD 服务，也能更有效地进行投资与市场开发活动。这些收购、合作使得 Media Do 在更好应对数字出版时代挑战的同时，进一步扩展客户群体，扩大市场规模。

2.2 产业链向上扩张，从源头掌握 IP

出版产业链上游的内容提供商通过版权贸易、原创内容生产、版权合作等方式，掌握了大量的数字版权。① 为集成更大规模的数字出版内容资源，Media Do 收购日本自费出版社文艺社与女性小说网站 Everystar，通过子公司 Jive 接管宙出版社的少女漫画品牌"Next F"等，利用现有的资源储备构建创作者平台，以此发掘和培养更多的作者资源，从源头掌握 IP 的生产。

作为知名网络小说网站，Everystar 在日本原创小说社区网站中地位稳固，拥有众多用户和知名 IP。Media Do 收购 Everystar 后，强化其作为创作交流社区的建设，并促进网站作品出版和媒体相结合。除丰富的作者、内容资源与 Media Do 战略规划匹配外，Everystar 与 Media Do 的国际化业务发展也高度适配。Everystar 曾与双叶出版社共同出资成立新公司 DEF STUDIOS，主要业务方向是将平台高人气作品向以中国为中心的海外市场进行 IP 推广，并于 2019 年与中国的快看漫画网站达成战略合作。近年来，Media Do 陆续发布了更详细的海外业务发展规划，重点提及"跨国境内

---

① 吴志海,邓婷燕. 数字出版产业链构成要素及合作模式研究[J]. 情报探索,2019(2).

容制作与发行",向中国、韩国、北美地区输送电子书和条形漫画等作品,故 Everystar 已有的合作关系及经验也为 Media Do 海外业务发展带来便利。

2.3 产业链向下延伸,助力营销推广

内容销售商处在出版产业链下游,在数字出版物分销渠道建设中发挥着重要的作用。Media Do 作为电子图书分销商,其业务虽未涉及直接面向读者的内容销售,但在将产业链向下延伸的过程中,围绕数字作品的发行销售开展系列收购。Media Do 能够有效地帮助出版商和电子书店将数字内容投送到各个平台与渠道上进行销售,从而获得更大的盈利。

为优化其数字作品发行销售的服务,Media Do 先后收购提供书籍摘要服务的"Flier Co. , Ltd. "、出版服务公司 Firebrand 和图书营销平台 NetGalley,并在 2021 年推出电子书销售版税管理系统 PUBNAVI。Flier 的主要服务是引导读者快速了解图书要点,同时其在线服务与书店联能更精准地挖掘具有销售潜力的图书,为书店的营销提供信息帮助。Firebrand 能够帮助出版商管理其内部工作流程、数字分发和营销工作,在主要零售渠道中为书籍提供市场信息。而 NetGalley 则通过向行业专业人士和阅读爱好者推广数字作品副本,收集详细阅读报告,为洞察流行趋势提供便利,如今作为其提供的特色基础性支持服务之一,深受出版商的喜爱。PUBNAVI 是由 Media Do 与拥有丰富纸质书运作经验的 Kowa Computer 共同开发的 SaaS 型业务支持服务系统,具备电子书销售管理、版税计算、包括纸质书在内的版税支付管理等功能,能够帮助出版商提高工作效率。完善的电子书发行销售服务是 Media Do 构建完整融合发展链条的重要基础,因此这一系列收购、合作就显得更为重要。

除收购日本国内图书营销服务外,Media Do 还收购美国动漫社交目录网站 MyAnimeList(MAL),向海外扩张的同时也能更好地联系读者,便于图书推广。截至 2021 年 2 月,Media Do 不仅使得 MAL 月活跃用户大幅增长了 80%,达到 1800 万人,规模遥遥领

先于其他动漫服务平台，更促进了 MAL 和日本动漫的全球推广。

3　基于多元发展的横向跨界融合

互联网技术的不断突破与创新带动了新的市场需求，新需求又推动着不同产业之间的跨界与融合。Media Do 正是深谙此道，顺应市场需求，积极拥抱不同产业，进行跨界与融合，拓展多元业务，以谋求市场盈利的新增长点。

3.1　扩展电子图书馆服务

随着移动阅读的逐渐流行及公共图书馆数字化发展，图书馆借阅模式在美国凭借价格和服务优势，吸引了越来越多人的选择。①正因如此，Media Do 在 2014 年与美国图书馆数字资源经销商 OverDrive 结成战略业务联盟，开始提供电子图书馆服务。图书馆用户可以在网络上搜索、租借、浏览和归还出版商委托的日本或海外电子书、有声读物和数字杂志等。Media Do 则通过图书馆借阅模式丰富其原有的电子书分销方式，为图书馆和出版商提供更为多样化的服务。截至 2020 年 12 月，OverDrive Japan 已发行日本国内图书 4.9 万册、国外图书 300 万册，为图书借阅提供了极大的便利。在新冠疫情期间，OverDrive Japan 更是启动"数字图书馆紧急引进支援活动"——学校图书馆引进其服务的第一年仅需支付内容购买费，为因疫情而无法使用图书馆的学生提供紧急支持。随后，因收到许多来自公共图书馆的相关咨询，还将此支援活动扩展至公共图书馆，免除电子图书馆服务的初始费用和每月运营成本。

3.2　与新兴技术跨界融合

区块链技术在多个领域应用取得良好效果，其去中心化、不可逆性、信息透明性等特点也受到数字出版行业的重视。为促进区块

---

① 刘欣怡,徐丽芳.面向图书馆的美国有声书借阅模式——以 OverDrive 为例[J].出版参考,2021(3).

链技术应用于电子书相关业务，2020 年，Media Do 与全球领先的区块链娱乐公司 Digital Entertainment Asset（DEA）开展投资和商业联盟，以最大限度地发挥各自专业知识和资源的协同作用。一方面，双方计划通过在 Media Do 和 MAL 上流通 DEA 发行的 DEAPcoin 来扩大用户数量，另一方面利用 Media Do 的网络将日本 IP 转化为 DEA 的 PlayMining 平台上的区块链游戏，以获得新的发展机会。此外还将创建一个电子书平台，利用不可替代的代币（NFT）确保版权所有者之间的利润分享，双方将共同运营这个基于利用区块链技术的电子书平台。从双方合作起到 2021 年 5 月，DEA 的区块链游戏平台 PlayMining 注册用户超过 100 万；其第一款产品纸牌对战游戏 JobTribes 注册用户超过 30 万，成为全球最大、用户最多的区块链游戏；新推出的两款区块链游戏 PlayMining Puzzle×JobTribes 和 PlayMining Dozer Lucky Farmer 也吸引了不少用户。而 Media Do 则是先将加密货币支付纳入 MAL 的电子书平台，使 DEAPcoins 在 MAL 平台上开始流通，并在引入新投资后，积极搭建、运营这一新的电子书平台。

Media Do 还将虚拟现实技术与电子书店信息资源建设相结合，推出世界上第一个可以与电子书店链接的 VR 电子书查看器系统 XR Manga，其带来的真实感与沉浸感颠覆了传统的 2D 漫画阅读方式，极大地提升了用户的阅读体验与电子书店信息资源建设的服务质量和水平。面向大众读者，Media Do 在 App Lab 发布了一款漫画和拳击游戏结合的 VR 应用《XR Manga：新北斗神拳》，在故事推进的过程中加入与剧情相关的虚拟场景，这些场景会根据漫画的剧情变化而动态切换，除此之外，还可以体验《新北斗神拳》中的拳击战。面向自有电子书店 Cominavi 的读者，Media Do 推出与之配套的应用程序 Cominavi VR，用户 ID 与 Cominavi 网站相链接，购买的书籍可通过 XR Manga 在 VR 书架上展示，可阅读 Cominavi 提供的约 8 万部电子漫画。

3.3　新增服务布局平台化

平台化是推动深度融合必然且可行的路径。2020 年以来，

Media Do 以"模式变革"为主题，拓展新型业务模式，并针对新业务进行平台化布局，发布相应的应用程序，以实现跨越式发展。

FanTop 是日本首个面向 NFT 市场推出的具有 3D/AR 功能的应用程序，仅允许 NFT 持有者查看与 NFT 链接的内容，提供显示 3D 房间和 AR 展示功能，用户可收集、查看、分享所喜爱的 NFT 物品，也可转让、买卖所持有的 NFT 物品。Media Do 除了推出 FanTop 应用程序外，其网站更是在日本率先实现了基于 Flow 的二次分发市场功能，目前已被日本国内各大公司陆续采用以管理 NFT 持有者信息。Media Do 还计划从 MAL 开始，通过 FanTop 向海外市场分发日本动漫的 NFT 数字粉丝项目，目前已推出经过 MAL 社区成员 3 个多月的讨论后诞生的漫画碎片 NFT 项目。

随着视频分发服务需求的增加，Media Do 推出一款社交视频应用程序 GREET，这是一款专注于为用户提供共同观看视频服务、为视频内容持有者提供在线增值机制的 App。GREET 上的内容受到 DRM 处理的保护，每一笔为举行放映所支付的费用都将退还给内容持有者。对于内容持有者，GREET 提供了不与订阅或广告收入模式竞争的额外收入来源。GREET 还与 Fan Top 合作，推出"票根"和"周边商品"等适用于收藏的 NFT。截至 2021 年年末，Media Do 旗下的 GREET 已与摇滚乐队山崎澪、免费独立音乐平台 Eggs、电影发行公司 Shinka、视频制作公司 Ice Climb 达成合作。

4 结语

出版融合是全球出版业的共同趋势，在融合发展的要求下，出版数字化的进程已势不可挡。Media Do 在 20 多年的发展历程中，以电子书分销业务作为发展的基础，不断将新兴技术与核心业务融合，践行数字优先战略，积极推行业务转型升级，夯实其核心业务，努力为分销提供各种支持；在积累大量优质出版内容资源的基础上，企业发展战略分别指向出版价值链的上游、中游和下游，以出版分销渠道和市场的融合为保障，通过出版领域的并购、合作深度整合行业资源，以打造一条包括创作、出版、分销、销售的全产业链，从而更好地对出版业务起到支持作用；在响应市场需求的背景下，与不同领域、不同产业实施合作，推动深层次的跨界融合发展，从而实现自身技术水平的提升、多元业务的拓展和盈利模式的创新。

　　加快出版业融合发展是推动我国由出版大国迈向出版强国、助力文化强国建设的必由之路。虽然受中日出版政策差异的影响，图书代销商在中国出版行业的重要性并没有与日本等同，但是在全球出版融合发展的浪潮下，出版企业如何应势而上，进行数字化建设和高质量融合发展，如何行之有效地推进纵向深度融合与横向跨界融合，纵观 Media Do 的发展战略和战略实现路径，或能寻得可借鉴之处。

新华书店：传统老店的数字转型

胡华倩　王一雪

2016 年《出版商务周报》8 月发布的一篇文章表示，数字出版继续保持高速增长，已经成为产业发展的主要增长极。2015 年，数字出版实现营业收入 4403.9 亿元，较 2014 年增长 30.0%，占全行业营业收入的 20.3%，提高了 3.4 个百分点，对全行业营业收入增长贡献率达 60.2%。① 与此同时，网络图书销售已经悄然占据图书销售市场的近半壁江山。2015 年，全国网上书店零售市场规模达 280 亿元，同年全国图书零售市场规模 624 亿元，且呈现"三足鼎立"（京东、天猫、当当）的态势，其中天猫、京东增速较快，保持 30% 左右的增长，第三方平台的优势更加明显。②

2020 年，数字出版产业全年产业收入超过万亿元，达到 11781.67 亿元，比上年增加 19.23%。除了移动出版、在线教育等新兴板块继续保持良好的发展势头，收入分别达 2448.36 亿元、2573 亿元之外，传统书报刊数字化的收入增幅也有上扬——互联网期刊、电子图书、数字报纸的总收入为 94.03 亿元，相较于 2019 年的 89.08 亿元，增长了 5.56%，高于 2019 年 4% 的增长幅度。③

---

① 我国 2015 年新闻出版业的大数据与大趋势 [EB/OL].［2016-04-23］. http://www.cptoday.cn/news/detail/1604.

② 2015 年中国图书零售市场情况分析 [EB/OL].［2016-04-23］.http://www.askci.com/news/chanye/2016/01/25/104543smr0.shtml.

③ 韩寒. 中国数字出版:逆势上扬 未来可期 [N]. 光明日报,2021-10-29.

现在看来，这些数据无疑不是一种征兆，数字化已是出版行业的主流发展方向，网络图书销售大有可为，大势所趋，而在这种时代趋势下的新华书店，一个拥有着 80 余年发展历史的传统老店，为了顺应数字化浪潮，势必进行数字转型。

1 新华书店简介

新华书店是我国一家国有图书发行企业，也是国家官方刊物宣传与发售渠道之一。于 1937 年 4 月 24 日成立于延安清凉山的新华书店至今已有 85 年的历史，是中国目前规模最大的图书发行和销售机构，具有广泛的影响力。新华书店在发展的 80 多年中，历经了转企改制、连锁经营、转型升级等一系列变化，因此在了解新华书店数字转型之路之前，首先得对其发展历史有一个初步的全面把握。

1937 年 4 月 24 日，新华书局——新华书店的前身，在中央党报委员会的领导下成立了。同年 10 月，新华书局改名为"新华书店"，在延安清凉山万佛洞最底层的一个石窟中开张，这也意味着中国第一家新华书店就此开张，新华书店的历史也由此铺写开去。

1939 年，新华书店独立建制，由毛泽东亲自提笔为其题写店名，并正式设立门市部，将其划归新成立的中共中央出版发行部领导。

1950 年 4 月 1 日，中央人民政府出版总署成立新华书店总管理处。全国各大行政区设新华书店总分店，在业务、财务上受新华书店总管理处领导。总分店下设分店，分店以下设支店。新华书店从分散经营走向统一、集中，是我国图书发行事业的一个历史转折点。

1951 年国家出版总署决定把新华书店总管理处一分为三，即分别成立人民出版社、新华印刷厂总管理处、新华书店总店三个独立的专业单位。全国新华书店由总店实行人、财、物、业务统一领导和管理，成为专职发行机构，不再负责出版和印刷业务。

1956—1965 年，新华书店改变管理体制，总店承担着全国新华书店系统业务的指导责任。

1987 年之后，新华书店的体制又再度历经几次重大改革。1997 年新华书店总店代表全行业根据新闻出版署关于做好商标注册的指示，委托中国商标专利事务所，向国家商标局提请了"新华书店"商标注册的申请。1998 年"新华书店"商标获准注册。2002 年后，新华书店也开始着手推进股份制改革。2003 年新华书店协会成立，总店将"新华书店"商标注册及持有权转让给新华书店协会。

2 新华书店的数字化转型举措

新华书店作为国有老字号品牌，其发展道路有得天独厚的先天优势，例如遍布全国的实体店给予的实体销售渠道优势等。然而随着其企业股份制改革的推进，近 10 年来图书销售市场竞争激烈，线上电子商务图书平台亚马逊、当当网等崛起，新媒体技术的发展改变了读者阅读方式，读者数字化阅读习惯逐渐养成，数字化已成为出版业的主流发展方向。新华书店采取了一系列数字化转型措施，并取得了不小的成果。

2.1 适应跨界融合发展新常态，积极推进教育信息化建设

"十二五"期间，国家不断加快推进实施教育信息化建设，不断加大对教育信息化的投入，因而教育信息化俨然成为时代一股新浪潮，作为出版企业更应响应国家政策积极采取"互联网+教育"的数字化措施，进行教育信息化布局和探索，从而构建互利共赢模式。新华书店，作为老牌国有出版发行企业，教育行业正是其赖以生存和发展的重要土壤，教材、教辅及学习用书的征订更是其主营业务，因此新华书店的数字化转型必不可少的一步便是适应跨界融合发展的新常态，积极推进教育信息化建设。新华书店通过两个重要举措，来完成对教育信息化的探索与实践。

第一，与公共图书馆进行数字化合作。新华书店抓住时代发展的机遇，主动介入现代公共文化服务体系建设，建立了与公共图书馆的紧密合作型、共存共生型、深入介入型三种合作模式。① 紧密合作型模式，简单来说是新华书店与公共图书馆达成一项协定，在兼顾双方利益的情况下，在新华书店开展以"读者选书—图书馆买单"为常态服务模式的活动。以内蒙古新华书店为例，2014 年 5 月该店与当地内蒙古自治区图书馆达成协议，开展了"彩云服务——你选书我买单"活动，读者只需要持有内蒙古图书馆读者证，在图书馆的馆藏参考标准的基础上便可直接刷卡办理借阅手续。每月末，新华书店根据其计算机平台与内蒙古自治区图书馆平台的联网记录，与内蒙古图书馆结算相关款项。共存共生型合作模式指的是规模相当的新华书店与公共图书馆在一栋建筑物内共存共生，共同为读者服务。以铜陵新华书店为例，其经营面积 4800 平方米，与当地市图书馆、当地职业技术学院图书馆共处一栋建筑内，开创了我国首家书店与图书馆的结合体，共同经营"你读书、我买单"的电脑系统，取得的成果显著，开业 10 天收获 13.6 万元的销售成绩，单日销售甚至达到 3 万元。深入介入型合作模式，是指新华书店加入公共图书馆理事会，参与图书馆的发展规划、财务预决算等方面的决策。新华书店可以从中多方面、多角度地了解读者需求，从而有利于自身的数字化转型进程，促进新华书店长远发展，同时与图书馆形成互利双赢的局面。

第二，与高校进行教材出版系统合作。新华书店计划与各高校达成"全国大中专教材网络采选系统"的战略合作，目前已与郑州大学、郑州大学出版社达成该项战略合作。战略达成后，为该校师生提供便捷优质的一站式教材选购使用服务。该系统包括四大子系统，即教材信息发布系统、纸质教材选购系统、数字化教材发行系统和教材分析评价系统。作为我国规模最大、数字化教材资源最全面的高等教育资源服务平台，该系统以教材采选网络化、知识获取

---

① 王云石、王祎. 新华书店与公共图书馆的创新合作模式研究[J]. 科技与出版,2016(8).

信息化、教材效果可控化为目标，推动教育信息化的发展，从而实现新华书店的数字转型。

2.2　搭建自有电子商务平台

随着 O2O(Online to Office)模式的日益兴起，新华书店也紧紧地抓住了这一时代发展机遇，联合全国新华书店系统组建了基于 O2O 模式的电子商务平台——中国新华发行网(图 1)。全国各省新华书店通过 10 余年的建设和发展，都拥有覆盖全省城乡的营销网络。同时，各省新华书店普遍实行了统一采购、统一配送、统一结算的连锁经营管理模式，① 因而中国新华发行网利用这些自身优势，再结合电商平台与实体书店的优势，实现了全网络平台的覆盖，从渠道上全面整合了纸质书与电子书。新华书店发挥了其图书资源的传统优势，又结合了数字化的潮流趋势，为顾客提供了全面的图书资源。在此基础上，新华书店对其顾客进行了个性化定制服务，使得每位顾客通过该平台可获取专属于自己的文创产品推荐，形成了与顾客一对一的良好交流互动。此外，全国各地的新华书店也搭建了各自的电子商务平台，或者借助天猫、亚马逊、京东三大平台开设网上新华书店，也取得了不菲的销售成绩。以四川文轩网天猫旗舰店为例，2013 年"双 11"当天，其销售量突破 3000 万元。② 文轩网在 2021 年"双 11"取得亮眼成绩，销售规模持续增长，在儿童文学、时事政治、考试教辅、少儿科普等多个图书品类上均取得了 100% 以上的销售增长；同时 163 家出版机构的销售额同比增长 100% 以上。值得一提的是，其直播销售业绩实现了大幅攀升，成交额同比增长了 320%。③

---

① 田建辉．数字网络时代新华书店如何转型升级[J]．中国经贸，2014(9)．

② 2015"双 11"，"文轩网"单日销售突破亿元码洋用实力续写辉煌[EB/OL]．[2015-11-30]．http://www. 360doc. com/content/15/1130/07/12350374_516850725. shtml.

③ 拒绝价格战后,图书电商今年双 11 销售如何? 释放出哪些新信号? [EB/OL]．[2021-11-30]．https://new. qq. com/rain/a/20211116A0AR0R00.

图 1　中国新华发行网首页界面

除此之外，新华书店还致力于区域总部与区域子公司合理分工、相互协同、优势互补，合力打造区域新华书店的集群电商架构，逐步建立 O2O 的新型营销体系。区域总部发挥了组织、指挥、规划、协调等管理功能，并集合了货源、物流、谈判能力等资源优势，成为全省区域电商的指挥中心和服务保障中心。在此基础上，新华书店还注重以技术为先导，打造集官网、手机移动 App、微商城于一体，并同时支持第三方平台运营的垂直电商技术平台，帮助其下属子公司按照电商运营的行业规律，从组织架构、业务流程、销售方式、价格政策、销售服务等多方面，构建新华书店移动电商运作新机制，拓展了其移动商务渠道。

至此，新华书店形成了实体渠道、电子商务渠道与移动商务渠道的多渠道全面发展的局面。

2.3　线上与线下双线联动，优化读者阅读体验

电子商务时代，读者的阅读体验越发重要。实体书店的优势在于能提供一个舒适良好的阅读环境，而电子商务图书平台的优势则在于向读者提供高效、信息全面的购买体验。因此新华书店致力于结合两种模式的优点，打造 24 小时数字化书店。以河南省新华书店为例，该书店进行了数字化改造，设置了数字化体验区，读者可

以在数字化体验区通过数字终端设备查看作者简介、内容摘要、名人推荐以及相关推荐等更多图书信息，同时读者还可以完成在线订购、电子书下载等多种服务功能。① 此外，新华书店还采取系列措施以扩大数字化新华书店的覆盖面。以大连市新华书店为例，该书店从 2000 年开始逐步实现 24 小时自助售书机在当地学校、街道、社区及农村乡镇、中小学校等公共场所全面覆盖，形成公共资源配套。为城乡居民提供丰富的阅读资源，使其随时随地动动手指就能在线逛书店，极大地提高了读者的阅读体验，扩大了读者的覆盖面，实现了数字化新华书店与实体新华书店互动互补。因此新华书店的数字转型就是通过采取多种方式，借助现代化技术手段，实现线上与线下的双线联动，发挥两者的优势，从而最大限度优化读者的阅读体验。

2.4 加强行业内合作，助力公益性为主的经营性数字项目

在新华书店改制陆续完成之后，各地区的新华书店基本处于区域分割状态，传统业务及经营方式的局限性开始逐渐凸显，系统的整体优势难以发挥，集体品牌不能充分利用。② 因而新华书店发挥遍布全国的实体店的优势，整合资源，启动了"一网通"项目。"一网通"项目是一个跨地区协作网的建设项目，即一个将全国各省级新华书店的信息平台、物流平台、卖场平台以及服务支持平台等有机整合起来的跨地区协作网平台(图 2)。它由若干个子项目组成，子项目之间相互独立，又互相联系。此项目是以公益性为主的经营性项目，它变全国新华书店的千网为一网，为各项业务的开展提供强大的支持和想象空间。它能充分发挥新华书店品牌和网络优势，为出版业同仁提供优质服务。

新华书店"一网通"委托东方出版交易中心承担"一网通"出版物零售网点销售信息监测项目，发挥以下作用：第一，中国图书商

---

① 林疆燕. 新华书店借势全渠道转型升级探析[J]. 出版发行研究,2014(5).

② 张颖. 全国新华书店"一网通"开通[J]. 全国新书目,2011(2).

报社是中国新华书店"一网通"的合作单位，这些数据和相关信息将在《中国图书商报》上披露，供业内同行和广大读者参考；第二，主要数据和基本信息将向各出版发行单位无偿提供，对各出版发行单位特殊需要的信息可以量身定制；第三，根据政府管理部门的要求，及时提供数据分析和市场行情，为政府制定政策、加强管理提供信息参考服务。① 因而新华书店通过加强行业内合作，助力公益性为主的经营性数字项目来使得自己的数字转型之路走得更加顺畅，并有利于整个出版行业健康前行与蓬勃发展。

图 2　新华书店"一网通"信息平台界面

3　总结与启示

3.1　新华书店数字化转型措施的不足及改善对策

新华书店数字化转型措施中存在未能充分利用大数据优势、国

① 张颖. 全国新华书店"一网通"开通[J]. 全国新书目,2011(2).

际品牌意识不足、与读者互动不够等不足。针对这些不足，新华书店应采取以下对策：

第一，应依托大数据，提升用户体验。现在是大数据时代，无论是营销还是渠道都越来越依赖数据。利用好大数据时代的优势，可以更精准地找到用户，帮助企业实现"千人千面"的精准营销。新华书店在这个时代背景下拥有得天独厚的优势，例如可以通过电商网络渠道，获取卖场信息、销售信息、图书信息、客户信息等，再在分析、整合数据的基础上，优化用户体验，提升终端服务的精准率和效率，从而更进一步在技术上将用户具体到个人，真正实现为个人打造定制服务。

第二，应通过实体卖场渠道，运用 Wi-Fi 无线定位等技术，满足读者的购书需求。相比传统的读者访问等方式，Wi-Fi 无线定位技术具有准确方便和不易侵犯读者隐私等优点。实体书店可植入这一要素，分析研究动线的通过率、停留率和销售率等指标因素，合理设计卖场布局，提高卖场的便捷舒适度，① 从而增强用户黏度和读者忠诚度。

第三，应提升品牌意识，加强国际合作。尽管新华书店享誉国内，但国际知名度却有待提升。因而新华书店应该积极在发挥现有品牌优势的情况下，走出国门，更进一步地提升品牌国际知名度，加强国际合作。例如与国外的知名发行商、渠道商合作，从而扩大市场份额，实现新华书店全球数字化联网合作。此外，也可以将国外较好的数字资源引入国内，将国内较好的数字资源推出国门，实现国内外优质资源合理互换，满足国内对国外数字资源有需求的用户，国外对中国数字资源感兴趣的用户，扩大读者的选择面，提供更优质的服务。

第四，应迎合新媒体热潮，提高与用户的互动程度。微博、微信因其与用户之间良好的互动性，热度近年来只增不减，用户数量

---

① 林疆燕．新华书店借势全渠道转型升级探析[J]．出版发行研究，2014(5)．

均已达到亿万级别，各个企业为赶上这股时代的热潮纷纷开设官方微博、官方微信平台。因此新华书店应在开设微博、微信等社交平台的同时细化服务，从而在这场激烈的新媒体战争中突出重围，顺利实现自己的数字化转型之路。例如积极地回答读者群里热议问题，鼓励、引导读者表达自己的个性化需求，形成数字化口碑链。在这个过程中，新华书店要对读者实际表达的心声进行感知和度量，智能地洞察读者需求。根据这些需求，提供个性鲜明的文化沙龙、公益活动、节日体验等活动或咨询服务，以及个性化的图书推荐名单、网络评价等。①

3.2 对其他传统老店的启示

新华书店，作为一个有着 80 多年历史的传统老店，它的数字化转型之路亦能给其他传统老店数字化转型一些启示。

第一，寻求线上线下的交互融合、跨界创新。运用互联网思维，建立 O2O 营销，加强与新媒体的融合。传统老店可以以 O2O 平台为切入点，首先建立属于自己的电子商务平台，整合数字资源，推出自己的优质数字产品，打通线上线下各个渠道，逐步实现各个门店的信息共享、资源整合、精确营销，把实体门店经营与网络经营有机结合，以达到拓展营销渠道，提升全省门店竞争力的目的。例如，可以形成线上门店、微书城、线下网络支付等多种形态的线上线下、全媒体融合发展之势。

第二，对传统老店进行数字化改造，优化用户体验。传统老店可以对其实体店进行数字化改造，可以在传统老店设置数字体验区，数字体验区内可以放置包含本店商品信息的机器，实现用户自助购物等功能，从而创新顾客的购物体验，引领顾客从单纯注重价格到多层次注重服务体验的转变，让顾客在浏览的过程中不断地产生超出预期的喜悦感，形成指向购买行为的高转换率。

---

① 林疆燕. 新华书店借势全渠道转型升级探析[J]. 出版发行研究,2014(5).

第三，迎合新媒体时代发展，建立企业的用户社交圈。新媒体时代，开通微博、开设微信公众号等对企业宣传、品牌知名度提升、企业建立粉丝社群等方面起着至关重要的作用，因此传统老店更应该借此加强与顾客的多元化互动，从而培养消费者对企业的忠诚度，建立企业的用户社交圈。

Inkshares：利润共享的专业性众筹出版平台[*]

纪　蕾　刘锦宏

　　互联网时代下，纸质图书生产成本高、效率低，市场逐渐缩水，无法满足消费者对知识的快速获取的需求，传统出版业受到社交媒介、移动互联网和云计算等各类新媒体技术的冲击，受到了严峻的挑战。因此，传统出版业如何成功转型，受到业界人士和大量学者的关注。众筹概念的引入和其在各领域的成功案例，为出版带来一丝希望。Inkshares 作为国外优秀的图书众筹出版平台之一，通过对优质资源的全面整合，不仅为作者提供全流程出版服务，还通过分区特色服务和利益共享机制实现各参与方的利益最大化。Inkshares 的成功经验可以为我国传统出版业的数字化转型提供些许参考。

1　Inkshares 简介

　　2013 年 4 月，杰瑞米·汤姆斯、萨德·伍德曼、亚当·葛墨林和劳伦斯·列维茨基共同创办了专业性的众筹出版平台"Inkshares"。平台的标志是一个钢笔笔头，"Inkshares"直译过来是"墨水分享"的意思，这些都体现出了平台创办的理念：一个将传统出版商和日渐兴旺的众筹融资模式相结合的平台，为那些热爱写

---

　　* 本文以发表在《出版参考》2017 年第 4 期上的同名文章修改而成。

作的创作者和热爱文字的读者所搭建的一座更便捷高效的桥梁。几位创始人都没有完全否认传统出版行业，而是认为传统出版流程成本高、效率低、风险大。因此，他们希望通过互联网众筹平台解决传统出版业的种种问题，为作者提供更个性化的服务和更高的版税收入，帮助有创作才能的民间作者实现写作梦想，同时也为读者找到其喜爱的作者和作品。公司初创时采用的是股权众筹形式，即面向公众买卖图书的投资份额，分享图书利润。然而，由于美国JOBS 法案对公众小额集资相关法律的不完善，买卖股权的模式在实践中还是转向了奖励性众筹，这个方式相对来说更为保险。

在众多欧美众筹出版平台中，Inkshares 凭借自身独特的经营模式，吸引了众多的项目参与者。截至 2022 年 11 月，Inkshares 众筹成功的共有 11700 个图书项目。其中，已出版 204 本图书。图书总订购量达到了 231153 份，作者版税总收入达到了 1658088 美元。2017 年 2 月数据显示，平台上有 7516 个创意草稿以及 253 个正在发起的项目。① 详细分析 Inkshares 平台的项目运作、特色服务和商业模式成功之道，对国内的众筹出版平台运营具有一定的借鉴意义。

2　Inkshares 商业模式分析

Inkshares 强调在风险均摊、保证图书质量的同时，实现各方利益最大化。其最大的特色之一就是通过与第三方合作进行项目运作，将专业的编辑团队、成熟的市场营销合作方以及知名的分销商等出版环节的最优资源整合在一起，为平台项目提供全流程出版服务。

2.1　全面整合资源，提供图书全流程出版服务

首先，为项目运作提供专业的编辑和设计团队服务。Inkshares 不仅拥有自己专业的编辑团队，同时还与得力助手制作公司（Girl

---

① 详见 Inkshares 官方网站 www. inkshares. com。

Friday Production）、当纳利集团（RR Donnelley）等专业机构合作，为平台项目提供专业的出版服务。得力助手制作公司是一个在线自助出版平台，为作者提供出版策略、主页和商标设计等服务；当纳利集团则是世界财富 500 强之一的综合性通信公司，为客户提供市场营销、企业通信、商业印刷等相关服务。Inkshares 上众筹成功的书籍由得力助手制作公司提供专业的出版设计，当纳利集团负责图书印刷，以保障图书出版质量。①。

其次，与知名图书分销商合作，确保图书销售渠道畅通。为了确保平台众筹出版图书销售渠道的畅通，扩大图书的发行量，Inkshares 与英格拉姆、亚马逊、巴诺书店、苹果等 200 多家各类书商合作。在分销模式上，Inkshares 平台不仅可直接与书店进行交易，还可以以折扣价将电子书和纸质书批发给分销商，再由分销商分销给各独立书店。可以说，畅通的销售渠道为 Inkshares 的成功提供了保障。

最后，通过第三方平台为项目提供全程营销服务。Inkshares 主要通过第三方平台为项目提供全程营销服务，利用第三方平台的影响力和自身平台资源来增加作者粉丝量，提升作品知名度，进而促进图书销量。如果作者对合作方提供的营销活动方案不满意，可以随时撤回自己的作品。合作方可以通过与 Inkshares 上优秀作品资源合作，获得较好的版税收入。此外，Inkshares 还利用社交媒体、电子邮件等为出版项目开展形式多样的营销活动。

2.2　提供特色分区服务，增强用户黏性

Inkshares 为参与者提供浏览区、竞赛单元区、第三方合集区和辛迪加社区四种特色分区服务，为潜在的项目参与者提供多样化选择的同时，通过社区互动增强用户黏性。不同特色分区将兴趣相同的作者和读者汇集在一起，通过社群营销不仅方便项目发起人更好地了解读者需求，还方便项目参与者找到自己心仪的作品。

在图书浏览区，读者可以自行挑选图书试读，以确定是否对项

---

① 详见 Inkshares 官方网站 www. inkshares. com。

目进行投资。试读时，读者可以选中作品中的一部分进行评论、修正和点赞，作者可以针对这些留言进行互动，以增强用户黏性，激发粉丝经济。为了方便读者试读，浏览区将众筹图书项目划分为Inkshares 读者推荐、Inkshares 员工推荐、辛迪加社区推荐、项目筹集中、项目制作阶段、已出版项目、最近更新项目、草稿和创意点九大类，每个项目都会清楚标明图书属于科幻小说、喜剧、悲剧、恐怖故事还是成人读物，以便于读者选择。

在竞赛单元区，Inkshares 以竞赛形式提升平台热度并挖掘更优秀作品。通常，在规定的一到两个月赛程内，排名前三或前五的获胜作品将得到平台的出版服务。由于项目投资者会持续关注并积极宣传自己支持的项目，因此胜出的作品会得到不错的销量。此外，Inkshares 还会在所有参赛作品中选择三部优秀作品投放到平台第三方合集区，为这些作品提供编辑、设计、印刷、营销以及分销到独立书店的全流程出版服务。机会好的话，这些作品还有可能被改编成电影、电视、数字产品和其他衍生作品等。

在第三方合集区，Inkshares 致力于帮助那些拥有好作品但不擅长营销推广的作者推广作品。通常，Inkshares 与已经有一定影响力的 Nerdist、The Sword and Laser、Geek & Sundry 等第三方平台合作，借助第三方平台的光环和成熟营销模式为作品吸引更多投资者。作者要加入第三方合集，需要由合集管理者邀请方可，且每本书只能加入一个合集。被邀请的作者可以选择是否接受邀请，如果作者接受邀请，其作品会被放到合集页面进行推广。此外，依据作者个人意志或者市场反馈，作者和合集管理者都可以随时将作品从合集里撤走。

在辛迪加社区，Inkshares 参照辛迪加运作模式，设立项目投资人俱乐部，利用社区意见领袖的影响力，帮助投资人挑选优秀项目。Inkshares 共设立了 14 个分类辛迪加社区，每个辛迪加社区都可以设定为科幻小说、历史、喜剧、都市奇幻等特定主题。社区每个月选定一部作品进行统一运作，每个社区成员必须出资支持辛迪加选中的项目。当前，Inkshares CEO 杰瑞米·汤姆斯设立的"CEO辛迪加"、盖里·惠特设立的"游牧辛迪加"等名人辛迪加社区更受投资人欢迎，并取得了优秀成绩。

2.3 兼顾各参与方利益，力争共赢局面

Inkshares 在实现风险均摊的同时也兼顾各参与方利益，力求实现共赢，调动各方积极性。对项目投资人来说，平台以多样化和等级化的回报方式满足不同的投资需求。Inkshares 的投资回报分为三个等级：10 美元为最低筹集资金，项目成功后出资人可获得一本电子书，并且可以阅读作品草稿和更新内容；20 美元为第二等级，项目成功后筹资人可获得一本电子书和一本有作者签名的平装书，同样可以阅读作品草稿和更新；60 美元为第三等级，项目成功后除了资助者姓名会被印在作品最后外，还可以享受 20 美元等级的全部回报。

作者、平台、第三方以及书商等也能在合作中获得利益平衡。对作者而言，在扣除相关成本之后，作者和平台共享净收益，作者可获得高达 35% 的净收益。对合集中的第三方而言，第三方可以参与项目的利益分享。通常，合集项目成功出版后，第三方可以获得总收入的 20%，作者获得总收入的 30%，Inkshares 获得总收入的 50%。以售价为 10 美元的电子书为例，如果通过 Inkshares 平台分销，在扣除 5% 的支付手续费后，作者可以获得销售净收入的 35%，即 3.325 美元。如果通过网络分销商分销，在扣除支付给经销商 6% 的费用和 5% 的支付手续费后，作者仍可以获得净收入的 35%，即 3.115 美元。(见图 1)

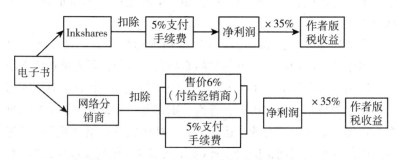

图 1　Inkshares 电子书销售渠道及利润分享

由于纸质书在出版和销售过程中需要支付印刷成本和邮寄费用，因此其利益相关方的收入分成模式与电子书不同。通过 Inkshares 平台销售纸质书，在扣除 15% 左右的印刷成本、5% 的支付手续费以及数额不等的邮费后(平台提供包邮促销时免费)，作者分享 35% 的净收入。通过批发商分销，在扣除 15% 左右的印刷成本、5% 的支付手续费以及数额不等的邮费后，还需要多扣除支付给批发商 20% 的分销和储存费用，作者再分享 35% 的净收入。(见图 2)

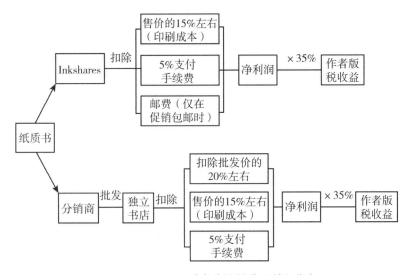

图 2　Inkshares 纸质书分销渠道及利润分享

2.4　基于社交网络的互动与营销

出资人除了直接在 Inkshares 上参与项目之外，还分别通过媒体报道、Twitter、Facebook、Google、E-mail、Producthunt、Reddit、Goodreads 和 LinkedIn 来关注和支持 Inkshares 上的众筹出版项目。这些渠道几乎都是互联网社交平台。Twitter 是时下最火的微博客平台，人们在此发送不超过 140 字符的消息进行信息传递。Facebook 则是通过发送图片、视频和链接等多媒体形式的信息与自己的朋友圈保持社交联络的平台。LinkedIn 是世界范围内最受欢迎的职场类人士进行信息分享和互动的平台。Reddit、Product 以及 Goodreads 等则是互联网用户们关注娱乐、流行文化、各类新闻，发现新媒体作品以及出版物作品的社交平台。可以看出，用户参与通道非常多样化，Inkshares 通过各大社交媒介将流量引入自己的平台，利用社交化特性吸引有兴趣的粉丝，并在此基础上对作品进行营销和推广。

其中，Facebook、媒体报道、Twitter 和 Google 是为 Inkshares 上的众筹项目引流最多的渠道，几乎在每类图书的渠道构成中都占主导性的比重。而在所有的图书项目中，从 Inkshares 上发现并参与的用户占比较小，均低于 18%。表 1 为 Inkshares 最受欢迎的几类图书的用户参与渠道数据。

表 1　Inkshares 最受欢迎四类图书的用户参与渠道构成

用户参与渠道 图书种类	玄幻类	硬科幻小说	创业	历史小说
Inkshares	7.04%	9.24%	17.41%	6.45%
媒体报道	14.16%	13.75%	35.27%	5.86%
Twitter	11.24%	7.78%	1.31%	5.51%
Facebook	35.76%	46.68%	4.51%	42.56%
Google	9.23%	3.10%	10.67%	25.09%
E-mail	18.81%	17.32%	24.54%	12.08%

此外，Inkshares 自身也具有社交平台的功能特性。读者与受众可以在平台上保持紧密的互动。作者在创建了个人主页后，可以时常更新自己的作品进度或者发布个人生活近况，例如作者在 Inkshares 上关注了哪些书和哪些作者，以及哪些作者和读者关注了他们等。对于作者来说，这是一个互相学习、互相推荐好的作品和扩大社交网络的方式；对读者来说，能找到更多类似的好作品。在试读页面，用户可以选中文中的某几个字、某句、某段文字内容

甚至是故事情节进行评论，讨论写作手法，以及对发现的问题提出疑问和建议等；资助者可以与作者互动增强情感联系。这样，能帮助作者获取新的创作灵感，促进创作进程。

总体来说，作为一家提供全程出版和"轻出版"服务的平台（达到 250 份预购量可获得编辑排版、出版电子书服务），Inkshares 除了将众筹出版与自助出版相结合而满足了不同的出版需求外，还通过与优秀的第三方合作提高其出版全流程服务质量。也就是说，Inkshares 不仅是一个有技术支撑的出版商，更是一个快速、高效运作的出版管理公司。Inkshares 通过对优质资源的高效整合，使其能在担负起传统出版商角色功能的同时，有效管理、协调各参与方，通过"合作共享、正和博弈"实现参与者的利益最大化。

天翼阅读文化传播有限公司：数字技术下的"阅读"

阳 杰 魏 瑜

1 天翼阅读文化传播有限公司发展简介

天翼阅读文化传播有限公司（简称"天翼阅读"）成立于 2012 年 8 月 7 日，其前身为成立于 2010 年的中国电信数字阅读基地，是中国通信运营商中第一家数字出版文化公司。2013 年 8 月，天翼阅读有声版发布听书新品牌"氧气听书"；2014 年 4 月 22 日，氧气听书联合多家听书机构，共同发起中国听书作品反盗版联盟，这也是国内首个听书行业反盗版联盟；2014 年，公司成功实现 A 轮融资，引入中文在线、凤凰传媒、新华网三家战略投资者，同年 12 月，由新华网、天翼阅读公司强强联手打造的政企定制手机学习馆——"悦读中国"客户端在北京正式首发上线，并成为首批入驻"4G 入口"的手机应用。

2015 年，氧气听书获得 2014—2015 年度数字出版优秀品牌；2016 年 4 月 13 日，第二届中国数字阅读大会上，天翼阅读"书香浙江"项目入选"2015 十大数字阅读创新案例"，天翼阅读平台作品《我在最温暖的地方等你》入选"2015 十大数字阅读作品"，天翼阅读 App 读者邹秋虎入选"2015 十大数字阅读人物"。天翼阅读一直秉承绿色阅读、价值阅读的经营理念，致力于为用户提供高品质的数字阅读产品服务，现今已建成可多屏无缝连续阅读的一站式超大规模数字阅读平台。

2 天翼阅读文化传播有限公司阅读品牌

目前，公司已形成了"天翼阅读""氧气听书""智慧云书院""阿尔法文学网"四个数字阅读品牌。

2.1 天翼阅读：更懂阅读的你

天翼阅读是天翼阅读文化传播有限公司旗下一款多屏无缝连续阅读的一站式数字阅读平台，以手机、专用阅读终端、互联网、平板电脑、PC 等为主要载体，能为用户提供书籍、连载作品、杂志、漫画等各类电子书的订购、下载、阅读等服务，具有在线阅读、本地书籍支持、手势书架操作便捷等性能。同时，天翼阅读还运用大数据分析用户的阅读偏好，智能地向用户推荐其可能会喜欢的书单，提供个性化的阅读服务。语音服务也是天翼阅读的一个亮点，能为用户提供高品质、个性化的语音朗读，实现看书、听书随心切换。

目前，天翼阅读拥有海量的正版图书资源。天翼阅读倡导正版阅读和品质阅读，拥有海量正版在线书库，涵盖浪漫言情、穿越幻想、现代都市、名家经典、玄幻奇幻、武侠仙侠、惊悚小说等全品类图书。高清漫画、杂志种类也十分丰富，图文阅读内容超过 35 万册，现今注册用户数量已经突破 2.6 亿。平台内容主要由内容提供商提供，天翼阅读与阅文集团、中文在线、凤凰传媒、中信出版等 200 多家内容供应商建立了长期合作关系。天翼阅读客户端的分类首先从"男生""女生"两大板块入手，根据性别再来细分阅读板块，让读者在选书时一目了然。天翼阅读还提出了"快乐阅读"的口号，面向追求快乐阅读的用户提供以阅读为基础的互动娱乐服务；为增加读者与读者之间、读者与作家之间的互动，平台开通了评论可回复功能，并推出了打赏功能。在"发现"频道中还设置了"影视奥斯卡""游戏者联盟"等板块，将各频道的书籍进行关键词和关键内容的筛选，将与影视和游戏相关的所有书籍、杂志、漫画等内容都整合后集中呈现。为了吸引更多的读者，并提高阅读体验，每逢新版本发布或节假日，天翼阅读都会推出相应的活动。在天翼阅读积分商城内，用户积分能随时兑换成相应面值的阅点用于阅读平台上的付费书籍，阅读之余，还能利用积分参加抽奖活动，也能随时兑换礼品。此外，除了平台本身有免费书籍外，平台每周会有"限时免费"阅读的书籍，在限定时间内可以免费阅读。

2.2　氧气听书：让有声阅读融入生活

氧气听书是天翼阅读文化传播有限公司旗下的一款移动互联网阅读进阶产品，拥有目前国内最大的高清正版听书作品库，超 30 万小时，8 万部作品，包含有声小说、文史经典、经管励志、育儿宝典、评书相声、综艺搞笑等 10 个大类，能够全方位满足用户的听书需求。氧气听书与央广之声、中文在线、浙江数字出版集团等 100 多家内容供应商建立合作关系，通过购买或资源互换提供高质量作品，另外氧气听书还进行音频自制，邀请知名主播高保真录制，能提供媲美 CD 音质的听觉体验。

氧气听书支持离线下载音频，并提供自由订阅类目，实现听书的个性化定制。此外，还进行场景化作品推荐：一是"猜你喜欢"，根据用户的收听行为，自动为用户推荐作品；二是按场景推荐，根据时间段或主题，配置不同的推荐内容。氧气听书的语音搜索和智能反馈功能可以根据书名、作者等信息精准地进行语音识别搜索，即时语音反馈搜索结果。2015 年年初，氧气听书引入最新的录音棚设备，建立了自己的录音工作室"氧气声工坊"，开启了出品氧气自制剧的新模式。目前，氧气听书自制打造的节目有《花千骨》《灵车》《氧气段子铺》《氧气点歌台》等，还开始签约优秀播客，积极寻找和选择优秀作品，在文学作品上深度挖掘录制品质音频，让用户释放眼睛，用耳朵轻松阅读。

2.3　智慧云书院：阅读专而精

针对企业、政府等阅读群体，天翼文化公司在 2014 年推出智慧云书院企业定制阅读学习平台，智慧云书院为政府和企业等机构客户提供个性化的一站式数字阅读解决方案，在企业定制的客户端内，将员工阅读与企业培训通过数字云服务的方式有效结合。

"智慧"指拥有完整的阅读数据记录，可定期提供企业员工的各类阅读分析，并形成相应的阅读指导。云书院中的"云"是基于网络技术、信息技术、管理平台技术等，将信息交互、管理、发布等系列活动统一起来：企业"0"成本硬件投入，快速地服务部署到位，"云"交付，省钱；企业内部资料云管理、"云"分享，安全；新书发布、读书推荐等通过"云"同步，高效；企业自助式管理平台维护、客户端升级、新功能发布通过"云"交互，省心。2015年，为助推全民阅读，智慧云书院还加入了原国家新闻出版广电总局启动的"书香中国 e 阅读"工程，向进城务工人员免费推送电子图书。一年多后，有 100 多万用户受益，每人每月平均阅读 1.7 本书，平均阅读时长为 37 分钟。①

2.4 阿尔法文学网：影视（网络文学）原创数字阅读平台

天翼阅读积极实施业务创新，布局泛娱乐 IP 产业。阿尔法文学网是天翼阅读文化传播有限公司旗下的一款影视（网络文学）原创数字阅读平台，以网站为主要载体，具有在线阅读、影视和游戏合作等功能，能够为读者提供优质的原创内容，为作家提供良好的展现平台，为合作方提供堪称精品的原创 IP 资源。

阿尔法文学网倡导正版阅读和品质阅读，拥有精品正版原创书库，涵盖浪漫言情、穿越幻想、现代都市、名家经典、玄幻奇幻、武侠仙侠、惊悚小说等全品类作品，种类丰富。更有多家影视、游戏合作方在平台上发布需求、寻找合作资源，建立了适合改编的原创作品与合作方之间的高效连接。同时，许多优秀的作家在平台上进行创作，在平台提供的专业编辑指导、诱人的收益体系和多元化的作品推广渠道下，作者们更能全身心创作。阿尔法文学网通过线

---

① 天翼文化：让数字阅读融入大众生活［EB/OL］.［2017-05-31］.http://www.cnii.com.cn/telecom/2016-05/13/content_1728971.htm.

上线下培训作者的方式发掘适合改编的作品，并根据全网数据进行专业筛选，之后借助传统和新媒体力量的营销宣传来孵化 IP，将成功孵化的优质 IP 资源推向全产业链进行开发。

3　天翼阅读文化传播有限公司成功经验探索

天翼阅读公司在短短几年内建成一站式数字阅读平台，离不开公司在市场细分、跨媒体阅读、终端布局、精品内容和交互体验这五个方面的探索。

3.1　细分市场，提供个性化服务

天翼阅读公司将目标客户进行细分，目前公司的主要客户群有两类：一类是高端商务客户，这类客户知识水平高、经济基础好，是对资讯高度敏感的精英阶层，如企业领导者、公务员、经理人等；另一类是年轻成长客户，指追求流行、时尚和经典，强调个性的新生代青年，如学生群体、年轻白领等。针对不同客户群，天翼阅读公司为其量身定制并提供个性化的数字阅读服务。天翼阅读 App 主要针对年轻用户群体，其中的书籍主要是浪漫言情、穿越幻想、现代都市、名家经典、玄幻奇幻、武侠仙侠、惊悚小说等类型的网络图书，在 App 中还根据男生、女生再次进行细分，充分满足不同用户的不同需求。智慧云书院提供的则是专而精的数字阅读，其主要面向企业和政府客户，里面的书目更加专业化，更能契合读者的阅读需求，同时还提供信息发布、自主管理、在线培训学习、考试等功能。阿尔法文学的主要受众有三类，一是喜欢优质原创作品的读者，二是作家和写手，三是对 IP 有需求的合作方。

3.2　跨媒体数字阅读

天翼阅读公司的产品从一开始就与其他的阅读软件不同，它大大扩展了数字内容的范围，让阅读从原来单一的文字向富媒体转变。公司的"双媒"战略，就是运用从视觉出发的数字图书媒介和从听觉出发的音频媒介，让用户进行数字阅读。天翼阅读中拥有多种类的漫画、杂志等资源，这大大丰富了用户的数字阅读，图文阅读让用户的阅读体验变得更加美好。氧气听书则是将文字内容转变为音频，是声音阅读的重要布局点，看书变成听书，用户的阅读方式更加多样化。进入 4G 时代之后，出版内容的展现形式和渠道得到了进一步的拓展，因此天翼阅读开始布局全媒体出版。2014 年11 月，天翼阅读公司在北京召开"女神 1.0"全媒体出版项目发布会，发布了"女神"同名电子书、实体书、影视剧、广播剧、游戏、漫画等六大全媒体出版系列。① 这次项目的启动，预示着出版的形式将不仅局限于实体书和电子书，相关的有声书、电影、影视剧、漫画、游戏都将成为出版产业重要的表现形式。

3.3 全终端布局，多屏无缝连接

阅读终端是影响用户阅读体验的一个非常重要的因素，天翼阅读在成立之初不仅决定对手机、电子书等终端进行完善配套，还决定布局数字阅读的所有终端。同此前中国移动、中国联通的手机阅读业务相比，天翼阅读着力覆盖手机、个人电脑、平板电脑、电子阅读器、IPTV、可视电话等多个终端，且试图为优质内容提供更具吸引力的分成比例。② 目前天翼阅读可使用的终端有手机客户端、专用阅读终端、WAP、WWW 门户、彩信、PC 客户端六种。用户只需一个天翼阅读账号，就可在手机、电脑、电视等多个屏幕享受在线阅读或下载图书、资讯、杂志、漫画、有声读物等内容。用户不再局限于在手机上进行数字阅读，在任何终端均可阅读天翼的书籍，各个终端的购买记录可互通，还可以根据自己的需求任意设定和提取书签，查询历史状态。一个账号多屏使用，在任何时间、任何地点都可以阅读，这符合现代人快节奏和碎片化的阅读习

---

① 天翼阅读发布女神 1.0 项目 打造全媒体出版［EB/OL］.［2017-05-31］.http://tech. sina. com. cn/t/2014-11-26/00529825408. shtml.

② 陈琛. 三年 3 亿投资带动 75 亿消费 中国电信天翼阅读布局"全终端"［J］. 通信世界,2010(34).

惯。用户脱离了单一终端的限制，也突破了传统互联网与移动互联网无法互通的障碍，做到一次订购、多终端阅读。

3.4　精品内容，品质阅读

天翼阅读公司自成立以来，一直秉持"正版阅读、绿色阅读、品质阅读"的理念，致力于与各大出版集团、出版社、互联网文学网站、版权机构等进行多渠道的合作，把更多、更精彩的正版书籍带给广大用户。海量的正版读物带给用户愉悦的阅读体验，诠释了品质阅读的定义。对天翼阅读而言，内容审核上最主要的一项就是版权审核。从技术角度来说，天翼阅读做到任何了一个数字内容的版本，只销售给一个固定的账号用户，因而用户无法进行传播，这是天翼阅读为尊重版权专门做的技术支撑。2014 年 4 月 22 日，氧气听书联合多家听书机构，共同发起中国听书作品反盗版联盟，更加显示了天翼阅读公司维护正版的决心。天翼阅读拥有连载小说、出版精装、短篇小品、高清漫画、精美杂志等各类正版图书约 35 万册。

3.5　互动分享，快乐阅读

天翼阅读公司一直都有着"快乐阅读"的口号，并为追求快乐阅读的用户打造了以阅读为基础的互动娱乐服务。在天翼阅读 App 中，用户可以进行粉丝打赏、PK 投票、评论盖楼、点赞、签到、一键分享等全方位的互动，轻易实现读者与读者之间、读者与作家之间的互动，让阅读变得更愉悦；氧气听书也支持微信、QQ、微博、短信、邮件等多种方式分享，实现与好友一起听书。自动书签、白天/黑夜模式、仿真翻页、眼保健操、个性化字体、背景设置等人性化的服务，为用户打造舒适贴心的数字阅读体验。同时，天翼阅读公司在产品的设计上也有更多娱乐元素，让阅读富有趣味。每逢节假日，天翼阅读还会推出相应的活动，让更多的用户参与其中，真正体会到快乐阅读的含义。

Slicebooks 按"片"出版的电子书服务平台

阳　杰　徐丽芳

1　Slicebooks 简介

Slicebooks 创立于 2010 年，属于厄利艾克塞斯公司（EarlyAccess），总部位于美国科罗拉多州，它是"按章节出售"电子书理念的先行者和成功代表。Slicebooks 的创始人吉尔·托米奇（Jill Tomich）认为，在数字音乐市场，用户可以根据自己的喜好下载歌曲或专辑，同样，在电子图书市场，用户也可以按照章节来购买电子图书，由此他提出了按章节出售电子书的观念。①Slicebooks 为出版商提供自动化的出版服务，出版商将他们的内容（电子书、期刊或其他数字内容资源）上传，然后系统自动根据标题将整本内容分解成较小的内容包，这种内容包可以单独出售，在商店里用户能够购买和下载分章或完整的书。通过切片内容出售，出版商与用户实现了双赢：出版商能重新调整内容结构，提高内容的可发现性，实现章节的变现潜力；读者也获得了更多、更便捷和更实惠的选择。

目前，Slicebooks 的总员工数不到 50 人，拥有 30 万册电子书

---

① 徐丽芳,张琦. 按"片"出版:电子书服务平台 Slicebooks[J]. 出版参考,2015(4).

的网络零售平台——电子书派(eBookPie)是公司的前身。2011 年，电子书派正式改名为 Slicebooks，更名后公司不再销售所有的电子书，专注于电子书章节的销售。该公司的发展有三步：第一步是始于 2011 年的 Slicebooks 内容管理服务阶段，Slicebooks 提供切片技术服务，让出版商轻松、快速地生成一节、一章或数章电子书内容；第二步是着力打造 Slicebooks 商店，建立了新的零售模式，开发 Slicebooks 版应用程序，让任何网站或者出版商都可以拥有自己的 Slicebooks 版网上书店；第三步是创新销售模式，将营销与即时支付相结合，开拓移动市场，让消费者发现想要的内容后就可以直接购买。经过近 10 年的发展，Slicebooks 取得了不俗的成绩。商店里约有 10 万个电子书章节内容，Slicebooks 成为全球最大的电子书章节销售、出版商之一。① 目前已有超过 300 家出版商与 Slicebooks 签署协议，建立了合作关系，其中包括爱思唯尔、环球皮科特出版社(Globe Pequot Press，GPP)、孤星出版社(Lonely Planet)等。②（见图 1）

图 1　Slicebooks 主要合作出版商

① Slicesbooks 商店［EB/OL］.［2017-05-31］. https://store. slicebooks. com/products/all/list? preset_filter_id＝4&publisher_ids＝.

② Who's Using Slicebooks? Over 300 Publishers Have Signed up so Far［EB/OL］.［2017-05-31］.https://cms. slicebooks. com/en.

2 切片技术：重新定义出版内容

Slicebooks 的内容管理系统（Content Management System, CMS）操作十分便捷，使用它能快速将电子书、杂志和其他文件切碎，创造新的、完全打包的短内容。Slicebooks 的自动化过程可以快速将数百本书籍切割成不同大小的单位章，再运用系统的重组应用程序对内容进行混合与匹配，进而创建新的自定义电子书。而后只需几步，就能将电子书、切片章节和自定义电子书上传到 Slicebooks 商店发布销售。

Slicebooks 的 Remix 服务很容易将现有的电子内容进行重组，它是全球首个电子书重组应用。使用 Remix 服务，消费者可以在各种电子书中选取自己所需的章节进行下载，生成自己的个性化电子书；另外，任何出版商、作者、博客使用者或其他网站都可以将自己的内容嵌入电子书重组程序。使用重组服务，教师能及时创建课程包，旅行者能定制所需的旅行指南，程序员可只选用得上的教程。使用 Slicebooks 的 CMS 工具还能编辑和更新切片电子书的元数据，这大大加强了出版商对出版内容的掌控。Slicebooks 内容管理系统支持在个人管理面板跟踪和管理商店应用程序，这就意味着出版商可以对所有的设置和销售报告进行查询跟踪，同时还具有添加应用程序、编辑应用程序设置和在 Slicebooks 商店检索标题等功能。Slicebooks 内置分析表，在分析页面，出版商可以清楚直观地了解自己的使用情况和已发布的统计数据，包括有多少文件切片、存储和相关商业活动，还能了解到用户的个性化定制情况和实时销售总结。

3 定价策略

Slicebooks 切片发行销售图书的定价策略也是值得关注的亮点，目前其定价主要针对出版商和普通消费者。在出版商方面，Slicebooks 提供两种定价模式，即订阅服务模式和佣金模式；而普通消费者则能在 Slicebooks 商店买到更为实惠的电子书。

订阅服务模式适用于出版商自己发行，其分为按月付费和按年付费两种，其中按年付费可以帮助出版商节约 15% 的费用。Slicebooks 将出版商分为五种水平，分别是独立个人出版商、小型出版商、中型出版商、大型出版商和集团企业出版商，出版商只要付了年费或月费便可享受 Slicebooks 的各种服务，服务包括源文件切片、内容存储、设置应用、电子书重组、文件下载、元数据下载、上传内容到 Slicebooks 商店等。五种出版商只在可切片文件数量和内容存储上有差别，大型和集团水平的出版商所付费用较高，因而可切片的源文件和存储空间就较大。如独立个人出版商每月花费 9 美元，包含 10 个切片的源文件和 500 MB 的存储空间，而企业水平出版商每月花费 999 美元，包括 1000 个切片的源文件和 1TB 的存储空间。Slicebooks 为所有的出版商提供 14 天的免费试用服务，如果出版商试用愉快便可以购买月度或年度会员。另外 Slicebooks 还提供一些附加的服务，向 Slicebooks 导入文件和元数据的价格是 2 美元一个文件，切片服务是 1 美元一个文件。

佣金模式适用于出版商通过 Slicebooks 商店发行，出版商只需将内容交给 Slicebooks，其余的切片、重组与销售等步骤都不用参与，最后 Slicebooks 抽取零售价的 30% 作为佣金，出版商得到全部销售额的 70%。就普通消费者而言，Slicebooks 出售的电子书或章节定价不等，价格十分低廉，从 0.99 美元至 7.99 美元不等，消费者在购买前还可浏览切片的前几页内容，更精准的内容和更低廉的价格对消费者有较大的吸引力。

4 创新销售模式

Slicebooks 不仅开创了切片的电子书销售模式，其在切片图书的销售上也进行了相关的探索。目前，Slicebooks 实践了两种销售模式，一种是即买即付费的苹果音乐商店模式，另一种是基于移动场景来进行电子书销售的模式。

4.1 Slicebooks 商店：即买即付费

Slicebooks 商店是一个中立的切片内容的存储库，它主要销售的产品是分片或整本的电子书、自定义重组电子书。Slicebooks 商店采用 iTunes 风格零售平台(图2)，实行即买即付费的方式，即是说消费者能像在 iTunes 购买歌曲一样购买电子书章节。Slicebooks 商店是第一家提供按章节销售电子书的平台，在该商店，数字内容不再局限于一本完整的电子书，消费者可以自由选择购买整本书或期刊的某些章节，同时还能将不同来源的内容章节进行匹配重组，最后得到自己定制的电子书。目前，Slicebooks 商店主要提供计算机、心理学、商务与经济、旅游、教育、艺术、社会科学等各个领域的非小说类电子书，因为这类书籍都是提供较离散的单元信息，易于切分，而消费者大多对某本书的一部分感兴趣。但这并不是说商店里没有小说类的电子书章节，2012 年诺贝尔文学奖得主莫言的短篇小说就在商店里切片销售。为了满足出版商的各种要求，Slicebooks 积极开展了与一些大型分销商的合作，如英格拉姆核心资源(CoreSource) 数字资产管理平台上的内容就能直接切片并上传。

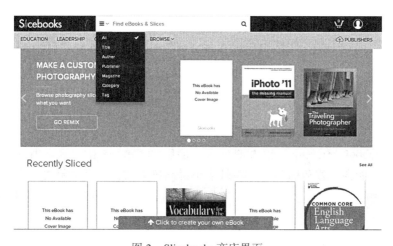

图 2　Slicebooks 商店界面

4.2 移动情景内容：书店无处不在

移动情景内容是 Slicebooks 最新和最具雄心的项目。在这个用户为王的时代，Slicebooks 建立了一个平台，将出版商的分片内容在准确的时间和确切的地点送到消费者面前，这样消费者一旦产生需求就会发生购买行为，这种方式称为移动情景内容。移动情景内容的主要目的是在消费者的兴趣达到顶峰时，让他们产生购买冲动，即不经过搜索和信息浏览，消费者便能快速冲动地发生购买行为。移动情景内容平台其实是一个自定义的分销平台，它能让出版商把小众的内容分发到可能感兴趣的观众会参与的任何场景中，场景可以是墙壁、零售空间、博物馆、出租车后座、机场大门等物理空间。在场景里附上二维码，这些场景内容能够刺激用户对相关的书籍内容产生兴趣，进而扫描二维码，对分章节的内容进行购买、重组和下载，然后在任何设备上阅读。移动情景内容真正将书店部署到消费者生活的各个场景，让书店无处不在，时时刻刻、随时随地满足用户的阅读需求。

5 小结

伴随电子书市场的逐步稳定化，数字出版要取得发展，势必要开拓更为丰富多样的内容模式和商业模式。Slicebooks 的按片出版模式不仅能帮助图书出版商有效利用手中的数字资源，调整内容结构，提高内容的可发现性，迅速满足消费者临时和快速的内容需求，实现内容的迅速变现，同时还能让消费者定义自己的电子书、成为自己的出版商，并以最实惠的价格获得自己最需要的内容。但 Slicebooks 存在一个较大的弊端，能够切片的书籍多是非小说类的，而在泛娱乐时代，存在较多小说阅读人群，因而容易失去小说类书籍出版这一大块市场。移动情景内容是一个很好的分销平台，但在消费者更加趋向于理性的时代，让他们快速冲动地发生购买行为是否现实，还有待考量。

Netflix 与 Oyster 的订阅模式比较

夏陈娟　魏　瑜

1　背景概述

进入 21 世纪，随着网络技术与移动设备的普及，人们对数字内容的消费需求势不可挡，各类视频、音频、电子杂志和游戏等都逐渐使用订阅机制。[①]　在订阅机制下，用户只需要按月缴付费用，就可以随心所欲地享受各种各样的在线娱乐方式，在享受期间不再收取任何其他费用。这种机制满足了用户想要"吃到饱"的需求，得到众多网民和公司的支持，比如在影片视频领域，美国的 Netflix 就采取的这种形式，用户每月支付一定的订阅费用，就可以随意观看上千部正版影片，其实惠便捷的优点吸引了大量用户，服务商也因吸引到忠实用户获得盈利。在电子书领域，美国一家创业公司 Oyster 于 2013 年 9 月也率先将订阅模式引进电子书领域，打破了传统电子书消费模式，用户不需要一次性购买一本书，只要按月缴纳订阅费，就可以没有限制地阅读书库里的任何一本书。这种新型电子书订阅模式不仅改变了用户以前的消费习惯，也冲击了传统图书行业。在移动设备流行的今天，这种模式或许是阅读电子书的最佳模式。

Netflix 与 Oyster 能在同行业众多竞争者中脱颖而出，成为各

---

① 陶蕾,刘华,徐刘靖. 电子书订阅模式研究[J]. 图书馆学研究,2015 (12).

自领域的领跑者，都是依靠传统经验和现代意识的融合，将各自优点最大化，不断寻求创新，最终找寻到一条适合自身的发展道路。二者的成功都与其独特的订阅模式密不可分，本文将从以下几个方面对 Netflix 和 Oyster 的订阅模式进行对比。

2 海量高质的内容资源库

Netflix 公司创立者哈斯廷斯发现在传统租赁市场，主要经营的产品是新上映影片和热门影片，观众对于内容的可选择性很小。对于在线订阅而言，传统片源供给经常出现购入量小于需求量的情况。因此在以在线订阅的方式进行 DVD 租赁业务时期，Netflix 就关注到独立电影（Independent Movie）以及好莱坞的低知名度影片等资源，巧妙利用长尾内容扩大库存量，避开内容同质化，大幅度降低采购成本，此外那些乐于发掘优质小众电影的用户也能得到更好的体验，培养了大量忠实消费群，同时努力和小型电影制作公司建立友好合作关系。Netflix 在 2000 年 5 月聘请美国 Video City 的特德·萨兰多斯（Ted Sarandos）担任首席内容官，通过其强大的人脉关系全面负责和管理内容采购。① 此后，Netflix 通过不到一年的时间，就几乎与所有大型电影制作公司签订了内容共享协议，片库种类和数量得到很大提升。

为了提高平台的内容质量，Netflix 一方面加大独播热门内容的引进，在 2008 年 10 月与美国有线付费电视频道 Starz 签订协议，增加 2500 部新片，计划让用户随时随地可以同步观看正在影院热映的大片；另一方面大力生产原创剧，如接连推出政治剧《纸牌屋》、惊悚片《铁杉树丛》等热门作品。

同为数字出版领域的佼佼者 Oyster，是一家提供阅读服务的网站。Oyster 在创立之初由于采取图书订阅模式，便被人们称为"图书界的 Netflix"。它的电子书订阅模式虽然与视频领域的 Netflix 模

---

① 高山冰. 大数据背景下 Netflix 的创新与发展研究［J］. 新闻界. 2014（8）.

式相近，但是还是存在一定的差异性。最突出的差别就在于电子书的产品线很难集中覆盖所有图书内容，Netflix 却基本上能覆盖所有的电影电视节目。Oyster 一直和出版社维持着友好关系，得到了一些重量级出版商的支持，如哈珀·柯林斯（HarperCollins）、霍顿·米夫林·哈考特（Houghton Mifflin Harcourt）、沃克曼（Workman）以及自助出版巨头 Smashwords 都是 Oyster 的合作伙伴，这些出版社的电子书在 Oyster 包月订阅中都有提供，既保证了入选图书的整体质量，也丰富了用户的订阅选择。然而即便如此，由于图书市场自身的运营特性，Oyster 拥有的内容资源库仍十分有限，Oyster 在模仿 Netflix 的道路上依然存在很多障碍，其中最显著的一点就是 Oyster 的订阅用户很难找到刚出版的图书，因为一般情况下都是最新的作品出版销售后，才会出现在相关应用上，中间会有几个月的时间滞后，这可能会成为 Oyster 发展道路上的巨大阻碍。

3　机器算法和人工运营的个性化推荐

Netflix 拥有大量用户的收视习惯数据和全球最好的个性化推荐系统，也被业界誉为最会挖掘数据价值的网络视频租赁公司。Netflix 还学习亚马逊（Amazon）的成功经验，采用了算法保密的 Cinematch 推荐引擎，记录用户每天留下的大量搜索、评分等行为数据以及用户浏览的内容和所使用的设备，它甚至比观众自身更了解他们的观看习惯。然后通过分析这些数据更好地预测用户喜好，建立个性化影片列表，从而提高产品价值，改进用户体验。据调查，3/4 的订阅者都会接受 Netflix 的观影推荐。[①] 数据挖掘技术也被 Netflix 团队用来从小众电影中发现市场，例如法国的一部电影《不要告诉任何人》在美国只有 600 万美元的票房，但是 Netflix 通过数据分析发现了它的价值，将其放在播放序列里，在很短时间内

---

① 高山冰. 大数据背景下 Netflix 的创新与发展研究［J］. 新闻界, 2014（8）.

就变成了最受瞩目的节目，曾排名第 4。① 此外 Netflix 的第一部原创电视剧《纸牌屋》的巨大成功也是借助大数据的分析，Netflix 通过数据分析发现用户很喜欢政治惊悚类型的影片，在此基础之上，还挖掘出看 BBC 剧的人也会看看凯文·史派西出演和大卫·芬奇导演的电影，因此促成了《纸牌屋》的剧本和演员搭配，可以说是海量的用户数据分析造就了这部电视剧的成功。Netflix 把该剧称为其大数据分析技术的第一次战略运用，《福布斯》也指出《纸牌屋》可能是美国电视产业的未来。

Oyster 一直把 Netflix 视为标杆，同样重视数据分析技术的应用，并将这种技术应用到自身的个性化图书推荐当中。Oyster 拥有专业数据团队和编辑人员，借助算法和人工结合，提升推荐的准确性。根据公司统计，80% 的阅读来自"发现"模组。同时 Oyster 提供给出版社的不只是钱，它还将与读者相关的数据用来反哺出版社，出版社可以根据读者的具体情况精准地做一些图书预售或者新书首发之类的活动。

互联网平台通过直观的数据搜集比传统媒体更容易知道用户的喜好。从某种程度而言，互联网平台的内容都是针对用户受众的各个特征量身打造的，而以"大数据"为依据的内容推荐则更贴近用户需求。

4 订阅式固定付费的盈利模式

在互联网影视付费收看的盈利模式方面，Netflix 是目前盈利模式最为成熟的美国互联网影视企业。一方面 Netflix 用低廉价格和优质服务来吸引用户，另一方面也另辟蹊径，以"优质原创内容+无广告付费制运营"为基石，使其订户与日俱增，然后借助庞大用户规模所带来的议价能力来创造效益，降低内容供应商的要价，以优惠价格购买优质内容，利用性价比高的优势又能继续吸引用户，从而形成良性循环。这种盈利模式值得目前国内视频网站效

① 秦建秀. Netflix 利用大数据的三步法［J］. 软件和信息服务, 2013(11).

仿。Netflix 在 1999 年推出了 DVD 邮寄服务，并且承诺用户无到期日和滞纳金，这一举动直接颠覆了美国人在实体店租看电影的习惯。随着宽带技术以及互联网设备的发展，在线流媒体业务成为新的趋势，Netflix 兼具传统与创新，将公司业务拆分为两个板块：Netflix 主营视频点播的流媒体业务、Qwikster 继续推行邮寄 DVD 业务。流媒体服务开始仅仅是作为 DVD 租赁服务的补充和 Netflix 多元化发展的一个项目，但是随着技术改革，Netflix 逐渐将经营重心转到流媒体业务上，借助已有的用户群体和深厚的大数据底蕴，在视频付费市场赢得了先机，这也成为它重要的收入来源和扩散影响力的主要平台。Netflix 在战略转型的探索中，尝试过多种付费模式，最终选择包月制的订阅付费模式，即用户一个月只需花费 7.99 美元订阅费就可以同时获得 Netflix 的流媒体服务和 DVD 租赁服务，观看线上所有视频资源。在以后的发展中，Netflix 通过进一步涉足原创内容领域，从"有渠道的内容商"转变成了"有内容的渠道商"。Netflix 的商业模式颠覆了传统电视剧的制作和观看模式，开创了电视剧制作、发行、播放方式为一体的全新商业运行模式。

Oyster 的盈利模式和 Netflix 很相似，都是订阅式的固定付费模式，即按月付费，订阅者每月付费 9.95 美元，就可以没有限制地浏览和下载书籍，改变了消费者购买电子书的方式，用户不再需要对电子书进行逐一购买。Oyster 盈利模式的创新不但冲击了传统图书行业，同时也影响了很多现有的电子书行业，最终在图书行业中脱颖而出。Oyster 的模式很简单，即推出一款简单易用的智能手机应用，用户一旦付费，就可以在应用里选择任意一本书阅读，这中间不会再产生额外的费用；为了提高用户的互动性和使用黏性，还在应用里增添了相应的社区功能。Oyster 的独特之处还在于它不仅仅是简单地让用户阅读各类书籍，还会利用自己的大数据和"图书馆推荐引擎"主动给用户推荐一些他们感兴趣的好书，这些图书都是通过机器算法加人工运营筛选后显示出来的，这就意味着 Oyster 在扮演出版角色的同时也起到了图书发现的作用。它不是囫囵吞枣似的把所有书都搬到自己的平台上来，而是只引入其中一部分好书，并根据一本书的阅读次数支付给出版商费用。Oyster 公司订阅模式的功能参见图1①。

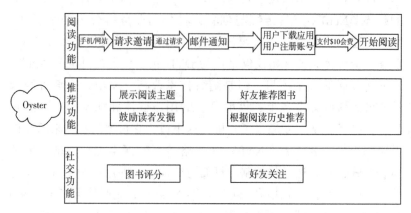

图 1　Oyster 公司订阅模式的功能框架

5　总结

通过前面的比较分析，可以发现 Netflix 与 Oyster 公司的崛起之路都离不开在内容、技术、运营、盈利模式上的布局创新，而这一切都是为了给用户提供更好的体验。随着网络和移动设备的不断普及，订阅式的固定付费模式或许将成为视频、音频、图书等行业的最佳模式。对于国内的一些产品来讲，也许 Netflix 与 Oyster 的成功之路不可复制，但可以借鉴它们优秀的商业模式、独特的内容运营策略以及不断革新的技术。

---

①　陶蕾,刘华,徐刘靖．电子书订阅模式研究［J］．图书馆学研究,2015（12）．

英格拉姆：数字时代的华丽转身

丛　挺　张榕洁

当20世纪60年代，布朗森·英格拉姆全心经营着一家由教材发行起家的图书批发公司时，他一定不会想到，40年后，他的儿子约翰·英格拉姆将带领着这个家族企业经历一场波澜壮阔的数字化转型之旅。的确，从1997年创立闪电印刷公司（即后来的闪电资源公司）开始，英格拉姆（Ingram）就不断加快在数字发行领域开拓的脚步，并且成为世界领先的数字发行商。而在它华丽转身的背后，留给我们的却是关于图书发行未来的诸多思考。2009年的数据就显示，作为全美第一大图书批发商，英格拉姆图书集团经营着超过500万个图书品种，与全世界18000多家大、中型出版社建立有合作关系，同时与35000多家渠道商保持业务往来。它的年营业额超过20亿美元，几乎占美国图书批发市场营业额的55%。①

面对这样一个传统出版领域的巨人，我们的问题接踵而来。经历前所未有的数字化浪潮时，它究竟是如何开始它的数字化转型？其庞大的传统发行业务又是如何与新兴的数字发行业务相结合？它是不断寻求向产业链上下游的延伸，还是坚守一贯的发行服务商的角色定位？传统发行所留下来的"遗产"将会是一种巨大的财富，还是沉重的包袱？以上所有的疑问将在探索"英格拉姆的华丽转身"的过程中得到答案。

---

① 王海明. 数字化提升全方位服务［N］. 中国图书商报,2009-05-15.

1　信息化战略

　　究竟如何判断英格拉姆数字发行的战略起点呢？是 2006 年建立的数字集团，抑或是 1997 年成立的按需印刷公司？或许我们应该追溯得更远一些。

　　其实在美国出版业真正步入数字化之前，信息技术在这个纸书当道的传统产业中的应用早已普及开来。如果说电子书发行是美国图书发行行业在 21 世纪上演的一场华丽转身，那么 20 世纪八九十年代，由传统人工为主的业务模式向信息技术服务模式的转变，无疑是一次更为重大和基础性的转身，因为它使得出版商、发行商、批发商、零售商之间的信息交换变得畅通而迅捷，图书批发商已经不再是简单的产品分销渠道，而是信息流、资金流、物流密集交汇的中转站。英格拉姆把握住了时代赋予它的重要机会，将自身定位为"产品分销+信息分销"的集成服务商。这里不得不提的是 1992 年推出的 iPage 信息服务系统，英格拉姆凭借从庞大的物流中获取的流通信息，进行高效的整理归类，为上下游客户提供完备的信息产品，如包括样章、书评、作者简介在内的图书信息数据库。另外，出版商还可以通过 iPage 便捷的搜索工具查到批发商的销售信息及业内资讯；零售商则通过 iPage 提供的管理账号，了解销售记录、账户信息和退货状态等。当然，除了 iPage 信息服务系统，英格拉姆还有先进的数据交换系统、互联网平台等与之相配套。这一系列信息系统大大提高了一个看似简单事情的效率，就是帮助上游出版商把产品更好地推向市场，帮助下游客户购买到更适合的产品。

　　图书发行的信息化转型是一个艰难而痛苦的蜕变过程，英格拉姆在此期间进行过系统的大规模更新，管理软件版本的多次升级，资金投入巨大。然而，建立起信息分销基础上的增值服务体系，对于英格拉姆的意义也是重大的。因为即便是纯粹的数字出版物的发行，基于销售信息、选题资讯等加工而成的信息增值服务依然是整个行业所不可多得的价值财富，作为图书出版业的中间商，英格拉姆早在经历数字化冲击之前，就将此项技能熟稔于胸。

2 前瞻性的按需印刷

时间走到了 1997 年，这一年英格拉姆投资设立了闪电印刷公司(Lightning Print)。很多人将此视为英格拉姆数字发行战略这一宏伟蓝图的开篇之举，但是与其生硬地将其作为数字化的起点，不如将它视为传统出版技术升级的延续。按需印刷技术的兴起，本身就带着解决传统印刷时代因大起印量而造成的库存积压、退货严重，以及部分类别图书短版等遗留问题的历史使命。作为占据美国批发市场半壁江山的龙头企业，英格拉姆当然最直接地感受到上下游客户所面临的现实困境，率先试水按需印刷可谓"义不容辞"。而正因为是面向传统出版业运行中所存在的问题，也就不难解释，为什么闪电印刷起初是设立在英格拉姆图书集团下的一家子公司。

然而，事情的发展有时候是超出设计者的想象的，自从引入按需印刷业务以来，英格拉姆每年 40% 的新增图书品种都是由它带来的，这不仅扩大了公司整体的品种规模，还让公司借此掌握了大量宝贵的电子文档信息，为接下来数字资源的综合开发奠定了坚实的基础。鉴于此，到 2000 年 6 月 22 日，该公司正式独立出英格拉姆图书集团，并更名为闪电资源公司(Lightning Source)。[1] 新成立的闪电资源公司的主席兼首席执行官 Ed Marino 就表示，两者拆分将有助于闪电资源公司更加灵活地处理从出版商方面获取的数字资源。而在此之前，他已经与亚马逊签订了一份合作协议，利用按需印刷技术向亚马逊网站客户提供超过 9000 种[2]缺货书籍的快速传输服务。接下来，闪电资源公司持续为英格拉姆带来丰富而且稀缺的数字资源，2005 年数据显示，闪电资源公司的数字图书馆已有

---

[1]　Lightning Source, Ingram Book Group Enter Supply Deal for Delivery of E-Books and Print-on-Demand Titles［EB/OL］.［2013-03-22］. http://www. lightningsource. com/NewsItem. aspx? id=CST56.

[2]　Amazon.com, Lightning Source Team up to Deliver Books "On Demand."［EB/OL］.［2013-03-30］. http://www. lightningsource. com/NewsItem. aspx? id=CST54.

超过 760 万种图书，并且以每月数十万的速度不断增加，而且它本身也在 2004 年顺利实现盈利，① 这一步走得扎实而有力。截至 2013 年 8 月，英格拉姆已拥有 590 万以上可以印刷的图书品种，印刷量在 170 万册/月和 5000 册/天以上，可以实现平装、精装甚至彩印版的图书印刷。当时，英格拉姆闪电资源公司按需印刷的业务模式主要包括开展出版商代理品种的按需印刷业务、开展英格拉姆批发与零售客户订单需求中涉及断版图书的按需印刷业务、接受英格拉姆内容集团传统书业经销图书的"造货"印刷业务三个层面。② 到了 2022 年，英格拉姆拥有的可以印刷的图书品种已超过 2000 万。

3　最后的总攻

至 2005 年，英格拉姆经过近十年的厉兵秣马，终于开始向最后一座堡垒发起总攻。2006 年 1 月英格拉姆数字集团成立，这家公司独立经营数字内容资源仓储、传输与数据应用等核心业务。做出这样一个战略选择，英格拉姆的决策层是有充分把握的，因为此时它手中至少握有两大王牌：一是基于传统发行领域积累的内容与渠道关系。随着出版业数字化转型步伐的加快，整条产业链都对数字资源开发有迫切的需求，而原有的合作关系就成为英格拉姆进一步获取数字资源并且高效利用的有力保障。二是以客户需求为中心、信息分销为基础的先进的供应链管理体系。撇除载体形态不同所造成的应用差异，作为原有这套体系的核心——信息共享平台成为数字化时代的核心竞争力。

完成了这一重大的机构设置，英格拉姆前进的方向越加明确：一方面通过合作的方式，加强引入出版商的数字内容，同时积极开拓下游的机构和零售客户市场，从而不断扩充自身的内容和渠道资

---

① 董铁鹰. 美国按需出版掠影[N]. 中华读书报,2005-11-29.

② 英格拉姆内容集团的庐山真面目[EB/OL].[2014-01-11]. http://www.bkpcn.com/Web/ArticleShow.aspx? artid=116091&cateid=A21.

源；另一方面，通过收购或创立的方式，打造面向不同类型市场的数字发行产品与服务，为上下游客户提供完美的数字化解决方案。就在数字集团成立的同一年，两起重磅收购诞生了。

2006 年 7 月 17 日，英格拉姆数字集团收购了一家著名的电子教材发行商 VitalSource 科技公司。① 利用 VitalSource 平台，英格拉姆可以为客户提供数字产品的创建、管理、发布和销售跟踪等服务，教学资源以电子教科书、电子演示、课程包等多种形式展现。该平台还与闪电资源公司合作，开辟了大量按需印刷业务，使得大学出版社成为闪电资源公司服务的核心市场。因此，这也被看作一手多赢之举。英格拉姆图书集团主席约翰·英格拉姆称，VitalSource 平台不仅有助于扩展数字集团的数字发行服务范围，而且进一步提升了包括图书集团、闪电资源公司在内的兄弟企业在数字内容供应链上的实力。

同年 12 月 18 日，数字集团再次出手，收购了 Coutts 信息服务有限公司及其核心产品 MyiLibrary，② 此举意在进军学术图书馆与研究机构市场，而这是一个英格拉姆此前从未直接涉足的领域。由于 MyiLibrary 所具备的强大功能，它已成为世界上数百个著名的学术图书馆和研究机构优先选择的集成性电子书平台。当时该平台收录了来自近 300 个学术和专业出版商的 8 万多种电子书，几乎涵盖了世界上著名的学术出版商和出版社的数字产品。这一次，英格拉姆果断地选择"拿来"，并且希望将自己在图书批发、信息交换、按需印刷等方面的专长投诸这个很可能在未来给它带来丰厚回报的产品和市场上。

除此之外，英格拉姆数字集团也在积极拓宽自身的渠道和产品线。2007 年 3 月 15 日，集团耗资 310 万美元收购了一家面向手机

① VitalSource Acquired by Ingram Digital Ventures[EB/OL]. [2013-04-11]. http://www. vitalsource. com/news/vitalsource/2006/07/17/vitalsource-acquired-by-ingram-digital-ventures/.

② Ingram Enters Academic Library Supply Field Acquiring Coutts Information Services and MyiLibrary[EB/OL]. [2013-04-18]. http://www. couttsinfo. com/About/news/news_ingram. htm.

等无线终端渠道的发行服务商 MobiFusion。① 2008 年 5 月 28 日它收购了 Audiofy 公司的 iofy 数字有声读物平台，② 可视为进军有声读物市场的标志。随后，2009 年 5 月 27 日又推出 MyiLibrary Audio 产品，③ 为图书馆用户提供面向 iPod、iPhone 等移动终端的有声读物。

至此，加上自主建立的综合性数字资产管理平台 CoreSource，英格拉姆数字集团手握 CoreSource、VitalSource、MyiLibrary 三大拳头产品，形成了一套基于数字内容资源的解决方案。它由四套子方案组成，分别是出版商解决方案、图书馆机构解决方案、教育发行解决方案与零售商解决方案。有了坚实的"骨架"，英格拉姆所要做的是通过和上下游客户大规模合作的方式向"骨架"上加"肉"。2007 年 6 月，德国著名传媒集团霍兹布林克（Holtzbrinck）确定将使用英格拉姆的数字资产管理平台（CoreSource），作为其下属出版社数字基础设施的延伸。④ 2007 年 9 月，著名的数字资源订阅商 Swets 成为英格拉姆的市场合作伙伴，英格拉姆向 Swets 的全球用户提供优质电子期刊与电子书。⑤ 2008 年 5 月，全球最大的基督教出版商 Thomas Nelson 与英格拉姆数字集团签订合作协议，向 CoreSource 平台提供上千种图书。⑥ 2008 年 12 月，麦格劳-希尔集

①　Ingram Digital Ventures Acquires Mobifusion for ＄3. 1 Million［EB/OL］.［2013-04-19］. http：//www. dealipedia. com/deal_view_acquisition. php？r＝8830.

②　Ingram Digital Acquires Assets of Audiofy Corporation［EB/OL］.［2013-04-28］. http：//www. ingramdigital. com/news/14/.

③　Ingram Digitalsm Launches MyiLibrary ⓒ Audio［EB/OL］.［2013-04-28］. http：//www. ingramcontent. com/newsroom_detail. aspx？id＝249.

④　德美联手启动数字出版计划［N］. 中国图书商报，2007-06-13.

⑤　Ingram Digital Group Chooses Swets for Customer Access to eBooks［EB/OL］.［2013-04-28］. http：//www. swetswise. com/web/show/id＝46021/langid＝42/contentid＝183.

⑥　Thomas Nelson Selects Ingram Digital's Content Solutions［EB/OL］.［2013-04-30］. http：//www. 24-7pressrelease. com/press-release/thomas-nelson-selects-ingram-digitals-content-solutions-51991. php.

团确定通过 VitalSource 将电子书供应到拉丁美洲市场。① 据报道，仅到 2007 年 9 月 17 日，加入 MyiLbrary 平台的出版商数量就增加到 350 家。② 更具有代表性的事件发生在 2008 年的美国书展，英格拉姆数字出版部在书展上表示，对于之前有过合作的出版商，英格拉姆数字出版部将把之前的所有项目免费延续到英格拉姆的数字出版业务中去，包括英格拉姆的"图书搜索"和"图书发现"两个项目，③ 这一举措无疑打开了英格拉姆通向内容海洋的闸门。2014 年 10 月，在法兰克福书展上，中国图书进出口总公司与英格拉姆正式签署了"中国图书全球按需印刷协议"，通过该协议，中国的图书可以借助英格拉姆的平台通过按需印刷更好地走向世界，而英格拉姆则可以借助中国图书进出口总公司的渠道优势，将出版物更好地出口到中国。④

因为具有与出版商和零售商长期打交道的经历，英格拉姆对于当下和未来的出版业有着独立而敏锐的判断。我们生活在一个传统与数字出版都要兼顾的时代，这不是一道单选题——这或许就是英格拉姆 2008 年以后重大机构和人员调整的原因所在。2008 年 6 月 5 日，其总部宣布成立一个全新的组织机构——英格拉姆闪电集团（Ingram Lightning Group）⑤，曾经"分道扬镳"的一对兄弟——英格拉姆图书集团与闪电资源公司重新回到了同一个屋檐下。其实这并不是一种简单的反复，而恰恰体现了英格拉姆战略布局的精妙。

① Ingram Digital,McGraw-Hill Partner to Bring Digital Learning Resources to Latin America[EB/OL].[2013-04-30]. http://www. ingramdigital. com/news/22/.

② More Publishers Select MyiLibrary Services [EB/OL]. [2013-04-30]. http://www. ingramcontent. com/newsroom_detail. aspx? id=142.

③ 彭致.2008 美国书展劲吹数字出版风[N]. 中国新闻出版报,2008-06-11.

④ 中国图书进出口(集团)总公司与英格拉姆正式签署中国图书全球按需印刷协议 [EB/OL]. [2014-10-11]. http://www. cnpubg. com/news/2014/1011/22358. shtml.

⑤ Ingram Establishes a New Operating Group to Drive Innovative Supply Chain Solutions for the Book Trade [EB/OL]. [2013-04-05]. http://www. ingramcontent. com/newsroom_detail. aspx? id=200.

数字出版兴起的初期，作为按需印刷的代表，闪电资源公司需要以独立机构的形式去尽可能广地获得客户的关注和支持，而随着按需印刷服务逐渐被行业所熟知，闪电资源公司与图书集团的业务相关度反而不断提高，这就需要两者重新结合以适应新的需求变化。此时，出任闪电集团主席兼首席执行官的 David Skip Prichard 实际上被总部赋予更大的使命，即重组和建立一个优质整合传统与新兴业务，能够为出版商、零售商与机构客户提供数字化与印刷发行相结合的一站式解决方案的内容集团。一年后的 2009 年 5 月 24 日，这位有着传统出版与数字出版改革经验的领袖完成了这一历史使命，英格拉姆内容集团(Ingram Content Group)正式成立,① 它是一个包括图书集团、闪电资源公司、数字集团等核心机构在内的全新组织。对于客户来讲，这一机构调整最直接的好处就是，当客户既需要按照原有渠道发行纸质书，又希望在新的网上书店发布自己的电子书，同时还要将自己的部分图书品种按需印刷以补足缺货时，不再需要分别和英格拉姆旗下不同集团签订合同，而只需与内容集团签订一次合同。业务的整合将英格拉姆带到了一个崭新的高度，到当时为止，作为长线投资的数字业务尚未实现盈利，然而闪电资源公司 7 年收回成本的成功经验给了领导层足够的信心，他们敢于为自己的决策买单。学者可以预言纸书即将灭亡，实业家不行，任何一个战略决策的背后都是对现实以及长远商业需求的稳健判断。

4 坚守的力量

"这是最好的时代，也是最坏的时代；这是智慧的时代，也是愚蠢的时代。"这是狄更斯以法国大革命为时代背景所撰名著《双城记》的开篇，以此来形容当下的数字出版时代似乎并无不妥。上游的内容提供商积极向下游延伸，希望主导电子书的销售渠道，甚至

---

① Ingram Will Realign and Reorganize to Serve the Physical and Digital Content Trade "Faster, More Effectively" [EB/OL]. [2013-04-05]. http://www.ingramdigital.com/news/35/.

开发电子阅读器；下游的厂商则不满足于终端产品的微薄利润，大肆搜罗内容，建立网上书城；还有不知从何而来的技术商，可以从任意一个角度切入数字出版产业。这是我们今天所看到的一个繁荣而又混乱的数字出版景象，似乎谁都可以做，可似乎谁都没有真正赚到钱。

约翰·英格拉姆曾在一次公开讲话中表示，今天的英格拉姆已经不是他父亲当年的英格拉姆了。言下之意，英格拉姆发生了很大的变化。但在谈到英格拉姆的公司宗旨时，他的回答却异常熟悉："帮助我们的客户销售出更多的产品"。英格拉姆的选择看起来并不高明，曾经的批发商而今还是选择做一个批发商。

当我们从发行服务商的角度再来审视如今的英格拉姆内容集团，就会发现，英格拉姆长期以来所做的努力都是围绕着"帮助客户销售出更多的产品"这一宗旨和使命，它一直在坚守自己的选择，并争取把它做到最好。

为了保护合作者的利益，闪电资源公司明确自己的定位既不是出版者，也不是图书零售商。比如一本图书出版定价 17.95 美元，批发价 8.08 美元，含印制费（200 页平装）、运费，闪电资源公司收取其中加工服务的费用 3.5 美元，另外 4.58 美元返回给出版者，这样它每月向 1000 多家合作出版社返回出版收入达 140 多万美元。[①] 另外，闪电资源公司通过技术升级，竭力在合理的利润条件下扩张按需印刷的印制范围，在 2005 年已实现单册起印，同时将数字印刷与传统印刷印制成本的平衡点提高到 1500 册左右。[②]

CoreSource 作为英格拉姆的核心产品，不断进行技术改进，以为出版商提供更加贴合实际需求的数字资源管理方案。它由三大模块组成，包括面向发行的数字内容仓储中心，综合数字内容管理、加工、发布的数字资源管理套件，内容搜索与发现工具。这组模块可以为面向 Myilibrary 平台、VitalSource 平台以及闪电资源的内容管理和发布提供基础保障。从战略上评价英格拉姆开发这套系统的

---

① 王海明. 数字化提升全方位服务[N]. 中国图书商报,2009-05-15.

② 董铁鹰. 美国按需出版掠影[N]. 中华读书报,2005-11-29.

价值，就在于当大部分出版商已经被传统出版业务弄得焦头烂额时，它们没有更多的人力、物力和财力去设计开发一套完整的数字出版解决方案，而英格拉姆所做的就是通过自身的技术优势以及对出版商的全面理解，为它们提供全方位的解决方案，从而使出版商将精力投注于如何以最佳的方式设计、开发和呈现内容上。

有人评价，英格拉姆是将内容、技术与市场三者完美结合的代表，或许这种褒奖正是对它角色定位的肯定，因为只有当内容、技术、市场这三个层面的探索都朝向统一的战略目标时，它们的结合才是牢固的。回首英格拉姆在数字化进程中所走过的路途，我们应该承认，所谓的华丽转身并不是任何一个时间点上的突变，它是一个不断积累、不断延续，最终水到渠成的过程。

附表	英格拉姆大事记
1997 年	在图书集团旗下设立闪电印刷，最先使用 IBM 的按需印刷技术印制图书，拉开了出版发行业革命性变化的序幕
2000 年	闪电印刷与亚马逊合作，提供亚马逊网站 9000 个短版图书品种； 闪电印刷公司在增加了电子出版业务后更名为闪电资源公司（Lightning Source），具体负责英格拉姆按需印刷的图书制作业务，抽离出图书集团独立运营
2001 年	闪电资源公司与哈珀·柯林斯签订合作协议，为后者提供电子书服务； 7 月 31 日，闪电资源英国公司成立
2004 年	闪电资源公司与英格拉姆图书集团主导新的商业项目，真正实现按需印刷——先出售，后印刷； 闪电资源公司实现盈利
2006 年	1 月英格拉姆数字集团成立； 7 月 17 日收购 VitalSource； 12 月收购 Coutts 及旗下产品 MyiLibrary
2007 年	5 月 28 日与微软达成战略合作关系，向出版商提供英格拉姆搜索与发现功能的选择机会，进一步丰富其内容资源库

2008 年	5 月 28 日收购 Audiofy 数字公司的 iofy 数字有声读物平台； 6 月 5 日成立闪电集团（Lightning Group）； 6 月 12 日在美国书展上宣布，整合所有合作出版商项目到数字出版业务中
2009 年	5 月 27 日，推出 MyiLibrary Audio，为图书馆提供面向 iPod 等移动终端的有声读物； 6 月 17 日重组为英格拉姆内容集团，整合旗下的传统发行与数字发行业务部门
2010 年	4 月 5 日，与苹果公司达成合作意向，提供出版商面向移动终端的服务，可以将内容发布到 iPad 的 iBook store
2011 年	9 月 2 日，英格拉姆启动全球连接，它能够使英格拉姆按需印刷技术和网络出版技术及当地零售商更为紧密地结合
2012 年	3 月 22 日，英格拉姆引进 EPAC 技术并扩大闪电资源公司的运营范围
2013 年	年初，开展并推广喷墨按需印刷服务
2014 年	3 月后，英格拉姆内容集团旗下公司开始兼并美国电子教材租赁及销售平台 CourseSmart 6 月 24 日阿歇特出版集团、英格拉姆内容集团、珀修斯图书集团宣布：阿歇特买下珀修斯，并将其发行经销业务转售英格拉姆内容集团
2015 年	12 月 22 日左右，英格拉姆内容集团收购了 Aer.io 平台
2016 年	在"2016 数字图书世界大会"上，英格拉姆内容集团副总裁凯利·加拉格尔为到场观众展示了数据分析的效用，以及出版商如何利用数据分析进行决策，以提高图书销量
2017 年	英格拉姆内容集团旗下的出版服务公司收购了英国的图书发行公司 NBNi
2018 年	英格拉姆学术服务部与宾夕法尼亚大学出版社签署协议，协议约定通过英格拉姆内容集团扩大宾夕法尼亚大学出版社的出版物市场

2019 年	英格拉姆内容集团旗下的出版服务公司将负责其客户 Ginkgo Press 在美国和加拿大的销售和分销
2020 年	闪电资源公司更名为英格拉姆内容集团
2021 年	牛津大学出版社将其在美国的仓库和执行业务转移到英格拉姆的第三方物流品牌——Ingram Distribution Solutions 上
2022 年	英格拉姆内容集团开始在英国提供图书批发和按需印刷服务

图书经销渠道的数字化创新[*]

——Constellation 数字经销项目个案研究

徐丽芳　丛　挺

1　背景概述

近几年，数字技术的发展极大地改变了图书出版与经销的方式，给出版业的发展带来了崭新的机遇。但与此同时，图书数字化经销渠道的建设依旧存在诸多障碍，如高建设成本、复杂性以及短期较低的投资回报率等。这使得许多小型独立出版商由于缺乏高数字化经销能力而无法分享数字出版带来的丰厚回报。

2008 年 9 月 4 日，珀修斯图书集团(The Perseus Books Group)旗下的美国西部出版商集团(Publishers Group West，PGW)正式推出名为 Constellation 的一站式数字经销项目。① 该项目主要面向集团 300 多个中小出版商客户，包括集团旗下的出版公司，提供数字经销服务。② 项目的推出改善了独立出版商销售和传播数字内容的商业环境，使它们能够以较少的时间、资源和经济成本进入数字化领域。

---

* 本文以发表在《出版发行研究》2010 年第 10 期上的同名文章修改而成。

① 详见 www. perseusdigital. com。

② Woods S. Big Deal for Small (U. S.) Publishers [EB/OL]. [2008-09-05]. http://www.quillandquire.com/blog/index.php/2008/09/05/big-deal-for-small-publishers/.

　　Constellation 项目强大的功能建立在集中存储和管理数字图书资源的基础之上，具体来说，主要包括内容在线浏览、电子书分销、短版印刷和按需印刷四项业务模块。需要说明的是，此处的短版印刷和按需印刷都是以数字存储、数字印刷等数字化技术为基础的，属于广义的数字出版范畴。① 或者反过来，可以据此推断数字经销的对象物完全可以是经由数字化出版流程产生的纸质出版物。这对拓展数字经销或数字发行的思路是具有启发意义的。

　　Constellation 项目的积极影响主要有以下三个方面：一是拓展了小型出版商的客户群，并成功地将这些出版商的数字内容传递给更多终端客户，拓宽了营销渠道；二是提供快捷的数字内容和格式转换服务，使小型出版商能够与大型出版商享有类似的技术水平、数字出版效率和灵活性；三是向 Constellation 描述出版商自身图书的特点与销售目标，有助于出版商准确锁定目标市场，尤其对专业性较强的数字图书的发行工作具有重要价值。

2　数字经销业务模块

　　Constellation 作为数字经销服务组合项目，可以根据每个独立出版商的特殊需求为其量身定制服务项目，减轻其在数字经销管理方面的压力。目前，Constellation 项目提供内容在线浏览（Online Content Sampling）、电子书经销（E-book Sales and Distribution）、短版印刷（Short Print Run）和按需印刷（Print on Demand）四种业务。由于这些独立出版商此前大多与美国西部出版商集团存在经销关系，因此一旦打算开展图书的数字发行工作，则只需在印刷出版物经销合同中补充相应的数字经销条款即可，操作十分简便。②

---

① 徐丽芳. 数字出版:概念与形态. 出版发行研究,2005(7).

② Constellation[EB/OL]. [2008-09-04]. http://www. perseusdigital. com/constellation/constellation_perseus. pdf.

2.1 在线浏览

在线浏览实际上是对传统书店经营场景的模拟，强调读者网上购书过程中的翻阅体验，也就是在销售环境中将图书内容传递给潜在消费者，帮助其做出购买决策。在线浏览不直接完成发行任务，而是"助推"发行任务的完成。21世纪初，亚马逊图书搜索（Amazon Search Inside the Book）、巴诺书店（B&N）和谷歌公司（Google）都可以提供此项服务功能，而且各具特色。例如，谷歌模式的图书浏览主功能建立在图书内容的相关性基础之上，即将相关图书推荐融入读者的在线搜索结果之中，使许多包含在读者阅读期望域内的图书得以被"发现"，从而脱颖而出。2003年，亚马逊公司在推出"书内搜索"服务5天后就宣布，参与"书内搜索"的图书销售额增长率较不参与该项目的图书高9%。[1] 谷歌公司则声称参与其图书搜索计划的绝大多数图书平均每月至少会被终端用户浏览一次。谷歌还将由用户搜索图书内容而获得的相关广告收入与出版商分成，分成比例取决于客户需要支付给作者的稿酬。

鉴于上述机构的在线浏览技术和业务已经相当成熟并具有广泛影响力，Constellation 并没有自行开发相关业务平台，而是作为居间者将出版商客户的图书交由合作伙伴亚马逊、巴诺或谷歌来完成图书转换及展示等相关工作。出版商可以决定在一定时间内提供给读者多大比例的免费阅读内容。这个比例一般为10%~30%，时间大致是1个月。[2] 具体来看，Constellation 的图书浏览业务流程如图1所示。首先，与美国西部出版商集团有印刷图书经销关系的出版商可以在经销合同中添加在线浏览条款，以达成合作。其次，要由出版商指定具体的下游机构作为其提供在线浏览服务的合作伙

[1] Amazon. com Announces Sales Impact from New Search Inside the Book Feature [EB/OL]. [2003-10-30]. http://www. encyclopedia. com/doc/1G1-109467316. html.

[2] Constellation[EB/OL]. [2008-09-04]. http://www. perseusdigital. com/constellation/constellation_perseus. pdf.

伴。通常 Constellation 建议出版商和亚马逊、巴诺以及谷歌三家机构都建立合作关系，以增加图书被读者发现的概率。决定以后，出版商根据不同机构对图书元数据的不同要求修改自动导出（auto-populated）的元数据。再次，出版商通过网络界面或 CD、U 盘等便携式工具向 Constellation 提供图书的 PDF 文件，Constellation 负责将 PDF 文件发送给指定的下游机构。最后，经过 3～4 周时间，图书电子版内容就将被发布在下游机构的网站上，供读者在线翻阅。

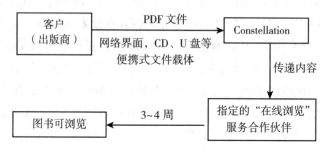

图 1　Constellation 图书浏览业务流程

2.2　电子书经销

电子书销售这一新渠道很重要的作用是使出版商得以最大限度地利用内容资源，并因此而获得新的收入来源。21 世纪头 10 年，整个电子书市场与传统图书市场相比仍比较小，但该领域销售额的迅速上升和用户对电子书日益增长的热情都让人们期待电子书未来的发展前景。美国出版商协会公布 2008 年一季度电子书销售额达到 1000 万美元，同比增长 150%。① 2009 年 12 月，亚马逊公司宣布其电子书销量已超过传统印刷图书的销量。② 到 2021 年，美国

---

①　Constellation［EB/OL］.［2008-09-04］. http://www. perseusdigital. com/constellation/constellation_perseus. pdf.

②　亚马逊电子图书销量首次超过传统印刷书籍［EB/OL］.［2013-04-21］. http://tech. qq. com/a/20100107/000008. htm.

全年电子书销售额已高达 11 亿美元。随着电子书本身的优势日益得到认可，销售和发行也日渐畅旺，许多国家的大学和公共图书馆等机构也逐渐将更多预算投向电子书。如 2007 年，加拿大渥太华大学图书馆就与多伦多大学和世界上众多图书馆机构合作参加了一个由互联网存储和文献开放存储机构主持的图书数字化项目，其目标是建立一个永久免费的数字化学术资料库，其中就包括电子书类别。

虚拟世界的图书经销同样需要完成产业链上下游的衔接。其中，出版商参与电子书经销业务的前提是必须拥有电子书销售权，否则出版商需要与作者或其他版权所有者商谈以获得该权利。Constellation 电子书经销业务一般包括以下步骤（参见图 2）：首先，与美国西部出版商集团有印刷图书经销关系的出版商可以在经销合同中添加电子书销售条款。其次，出版商指定具体下游合作伙伴；鉴于每家分销商在不同的细分市场上拥有独特的销售和促销优势，Constellation 通常建议出版商选择所有合作下游机构。由于每家与 Constellation 合作的下游销售机构对于元数据有不同要求，因此出版商需要根据其不同要求修改自动导出的图书元数据①。再次，出版商向 Constellation 提供图书的 PDF 版文件并为电子书定价，Constellation 将 PDF 文件转换成 epub 或其他格式的电子文件，并发送给出版商指定的下游销售机构。最后，通过下游销售机构的电子书发行平台将图书发送到读者手中。在此过程中，尽管和印刷图书一样不可能完全杜绝盗版，但数字权利管理（DRM）技术的应用可以有效降低盗版风险。

目前，Constellation 选择的下游合作机构主要分为两类：一类是面向最终消费者的电子书零售商，包括 Amazon Kindle 和 Sony Connect 等；另一类是面向图书馆的电子书批发商，包括 Ebrary、

---

① 电子书元数据包括书名、作者、ISBN 号等。国际 ISBN 中心表示任何一种电子出版物的不同文件格式都要有相应的 ISBN 号。但目前在出版实践中，不同出版商在这个问题上采取不同的做法，如 Perseus 和一些大型出版公司就没有给每一种格式的电子出版物都分配单独的 ISBN 号。

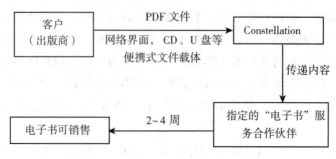

图 2　Constellation 电子书经销业务流程

OverDrive 等。当然，这个合作名单还在持续地建设和扩张过程之中。在电子书发行过程中，出版商可以有效地监测合作伙伴的销售情况。Constellation 大约每个月或每季度从销售商方面获取销售信息，在收到信息后立刻将之发布到销售报告系统（Sales Reporting System），客户在下个月中旬左右可以从客户端界面获取销售报告。

2.3　短版印刷

短版印刷主要指图书小批量印刷。与传统胶版印刷相比，短版印刷的印制数量非常少，但不是定制印刷。这种印刷方式可以有效缓解图书小众化趋势所带来的印数决策以及销售方面的压力，同时也可以为尚未全面上市的图书进行试销提供可行的造货方式。

Constellation 的短版印刷业务，一般适用范围是 12 个月内销量小于 500 本的平装书。目前，其该业务的合作伙伴是爱德华兹兄弟公司（Edwards Brothers）。短版印刷具体的业务流程如图 3 所示。首先，出版商可以在经销合同中添加短版印刷条款，并选择采取自动重印模式或人工重印模式。其次，出版商确定需要进行短版印刷的图书，并修改自动导出的图书元数据，然后通过网络界面或 CD、U 盘等便携式载体向 Constellation 提供这些图书的 PDF 文件。再次，Constellation 将 PDF 文件发送到爱德华兹兄弟公司的数字印刷服务器。最后，出版商发布短版印刷的图书供读者订购。

如前所述，Constellation 的短版书业务分为自动重印和人工重

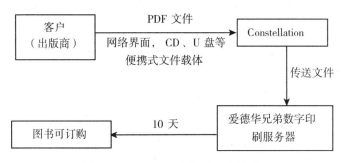

图 3　Constellation 短版书业务流程

印两种模式。自动重印主要根据库存量水平进行配置，经销系统每天会产生数字印刷指令，同时将该指令发给 Constellation 予以执行。一旦图书库存量低于 1 个月的供应量(根据当前的 ROM① 而定)，重印指令将被激活。重印数量是 2~3 个月的市场供应量(20~500 册)。如果推荐重印数量超过 500 册，该指令将会被标记并在 48 小时内连同数字印刷报价和胶版印刷报价发送给客户，并寻求客户进一步的指示。对于采用自动重印模式的图书，客户可以通过 Constellation 进行数字印刷，也可以根据 Constellation 的定价标准交由爱德华兹兄弟公司印刷。② 如果采用人工重印模式，每周系统会自动产生数字印刷建议指令。当库存量低于 1 个月供应量时，重印建议指令会被激活，重印数量同样是 2~3 个月的市场供应量(20~500 册)。重印建议指令将以电子邮件形式发送给客户，客户可以选择重印(Y)或不重印(N)。如果客户希望重印，那么经过标注的订购单必须在 72 小时内发回至 Constellation 处。③ 所有推

---

①　ROM 指流转率计算，它基于以下标准：如果该书出版超过 24 个月，则根据此前 12 个月的销量计算；如果该书出版不足 24 个月，则根据此前 6 个月的销量计算。

②　Constellation[EB/OL].[2008-09-04].http://www.perseusdigital.com/constellation/constellation_perseus.pdf.

③　Constellation[EB/OL].[2008-09-04].http://www.perseusdigital.com/constellation/constellation_perseus.pdf.

荐重印而未得到允许的书目将会出现在接下来一周的推荐重印图书列表中。

基于数字印刷技术的短版书印刷和发行，为出版领域"长尾理论"的有效实践提供了基础，不失为对那些具有一定需求但需求量少，而且需求周期长的图书品种的一种发行解决方案，可避免图书滞销、库存积压等传统问题。近几年来，数字印刷在半色调、灰度和线条等方面都有跨越式发展，纸张质量相比传统胶版印刷用纸也有了很大提高，从而有效保证了短版印刷的质量和运行。

2.4　按需印刷

按需印刷的图书通过特定指令进行印刷，以保证没有库存。当某品种图书销售速度下降到相当低的水平，传统的胶版印刷和短版印刷都无法保证不出现库存积压时，出版商可以选择按需印刷以有效控制库存。同时，面对突然上升的市场需求，按需印刷模式也可以快速作出反应实现按需印刷。除此之外，出版商可以利用国外合作伙伴的按需印刷设备，将电子文档快速打印以后供应当地市场，而不需要为少量图书增加额外运输成本。针对当前按需印刷价格仍明显高于传统印刷的情况，出版商可以在定价过程中将采用按需印刷的成本计算在内，以保证销售利润。当然，随着按需印刷成本的不断下降以及顾客对按需印刷需求的上升，小众化教材等书籍的按需印刷前景十分广阔。

Constellation 的按需印刷业务适用于普通平装书和精装书，一般适用范围是 12 个月内销售量小于 120 本的图书。目前，其合作伙伴是书浪公司（Booksurge）和闪电资源公司（Lighting Source）。该业务具体的工作流程如图 4 所示。首先，出版商在经销合同中添加按需印刷条款，并根据杰克逊客户服务中心提供的信息指定按需印刷服务提供商。其次，出版商修改自动导出的图书元数据，并向 Constellation 提供图书的 PDF 文件。再次，Constellation 将文件发送给指定的按需印刷合作商。最后，根据该合作伙伴的印刷效率，出版商发布图书供读者订购。

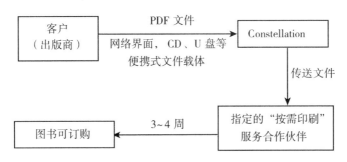

图 4　Constellation 按需印刷业务流程

Constellation 的按需印刷服务提供商采用先进的印刷技术满足客户多元化的需求。在裁剪尺寸方面，书浪提供一定的裁剪尺寸范围供客户选择，闪电资源则是给定几种尺寸标准由客户挑选。在封面印制方面，前者可提供平装封面，后者不仅有平装封面，还有精装封面。另外，两者都提供黑白与彩色打印。参与按需印刷项目的出版商还能够对销售情况实时监测。书浪和闪电资源在报告周期结束后 10 天内将销售数据提供给杰克逊报告系统（Jackson Reporting Systems），出版商可以通过 Constellation 的客户界面及时查看图书销售情况。①

3　上下游产业链研究

美国西部出版商集团作为长期以来服务于美国中小出版商的图书经销机构，在图书发行的数字化转型过程中做出了大胆、有益的尝试。它的 Constellation 数字经销项目在数字出版产业链建设方面起到了极大的推动作用，为掌握内容资源的独立出版商与拥有渠道资源的数字销售机构搭建了良好的产业合作平台，简化并改善了数

---

① 　Constellation［EB/OL］.［2008-09-04］. http://www. perseusdigital. com/constellation/constellation_perseus. pdf.

字出版发行流程，从根本上促进了产业链的健康运行。

3.1 合作伙伴

作为一家传统的图书经销商，美国西部出版商集团的业务优势是长年积累的图书出版产业链两端大量的客户资源，包括上游的出版商客户和下游的各种图书分销机构客户；而开展图书数字化出版、印刷和发行所需要的技术则是其"短板"。为此，它通过大量的战略合作来扬长避短，开始其数字经销业务的尝试。早在美国西部出版商集团宣布启动数字经销服务项目 Constellation 时，它已经与数家一流的技术公司建立起伙伴关系。项目启动以后，它们分别通过不同业务参与到图书的数字经销活动中来，其中谷歌与巴诺书店提供图书搜索和图书在线浏览服务，亚马逊、索尼、OverDrive 和 Ebrary 支持电子书项目，爱德华兹兄弟公司提供数字化短版印刷服务，书浪公司与闪电资源公司则提供按需出版服务。

同时，美国西部出版商集团还选择北平原望远镜出版平台（North Plains TeleScope）为 Constellation 项目提供数字出版流程的优化设计。该平台对包括选题策划、编辑、生产、销售以及营销推广等业务环节在内的整个图书出版发行流程进行了革命性改造和提升，大幅削减了图书营销及其他传统出版流程中产生的成本，对图书内容进行多种格式的灵活存储，实现了电子书、按需印刷等方式的快速出版和发行。据报道，在北平原望远镜出版平台的支持下，Constellation 可以在 48 小时内完成图书印刷出版和电子出版等多种业务活动。①

3.2 产业链分工

Constellation 项目旨在建立一种可持续发展的数字图书经销模

---

① North Plains' TeleScope Publishing Platform Powers Book [EB/OL]. [2009-05-28]. http://www.redorbit.com/news/entertainment/1696558/north_plains_telescope_publishing_platform_powers_book/.

式，不仅保持上下游产业链的完整性，而且鼓励上游出版商与下游销售机构积极参与、互利共赢，不断强调面对出版业的数字化转型时所应抱有的分享精神。

该项目在充分利用现有技术水平和管理能力精简出版流程、扩大销售渠道方面有突出进展，符合中小出版商的核心利益。在传统出版环境下，中小出版商没有多余资金和精力拓展新的出版发行渠道，也无法为新型的数字化出版发行工作进行相应的前期数据转换工作。但通过 Constellation 项目，中小出版商只需提供图书内容的任何版本(印刷版或数字版)，项目团队就会负责之后的出版发行工作。美国西部出版商集团代表众多参与项目的出版商与技术合作伙伴签订合同，负责对出版商的图书进行格式转换，并对渠道销售提供相应支持。在这种情况下，出版商可以将更多资金和时间投向对目标读者的阅读需求分析，而无须在单独建立销售渠道和图书推广方面牵扯过多精力。另外，美国西部出版商集团作为经销商，由于中小出版商的参与，更多图书产品进入其销售渠道，其产品线也得到了丰富，从而可以更好地满足读者需要。这无疑是产业合理分工下良性运行的结果。

在大幅减少建设成本的前提下，出版商依然掌握着图书出版的主动权，包括对参与项目的图书的定价权，选择 Constellation 提供的服务项目，以及限制数字经销商的权利，等等。与此同时，出版商需要向 Constellation 出具其图书电子版展示、分配以及销售的权利证明。

3.3 账期

出版商参与项目支付的费用是根据它选择的业务决定的，不同业务在渠道建设、数据转换、文件传输上的费用不同，表 1 是 2008 年 Constellation 业务费用账期图表。① 这些费用都从销售出版

---

① Constellation[EB/OL]. [2008-09-04]. http://www.perseusdigital.com/constellation/constellation_perseus.pdf.

商图书取得的收入中扣除。除了按需出版业务费用在销售当月扣除，其他业务都在实际发生交易后 1 个月扣除。因此，实际上参与 Constellation 项目的出版商基本上无须预先投入成本以获取数字发行服务。

表 1 2008 年 Constellation 业务费用账期结算表

	交易日期	可通过客户界面预览时间	费用扣除时间	结算期
"短版印刷"服务费用	8 月图书付印	8 小时内可浏览	9 月	9 月末或 10 月初
"按需印刷"服务费用	8 月图书销售	—	8 月	8 月末或 9 月初
"电子书"数据转换服务费用	8 月电子书格式转换	—	9 月	9 月末或 10 月初
Constellation 文件传输费用	8 月图书传输到 Constellation	—	9 月	9 月末或 10 月初

4 小结

如何利用先进的数字技术将合适的内容准确地传递到合适的目标读者手中，已成为出版业未来发展的关键所在。但是时至今日，传统出版业在这个方面仍然趑趄不前，国内的图书出版发行机构在此领域一筹莫展的情况尤其显见。而美国西部出版商集团的 Constellation 项目为图书经销渠道的数字化创新提供了良好示范。

通过 Constellation 数字经销这一中间环节，美国的中小型出版商实现了图书内容的数字化，而且经过这种转化后，图书能够直接进入理想的销售渠道并到达目标读者手中。更重要的是，该项目针对中小出版商资金实力、技术水平等方面相对弱势的客观现实，采取多种措施提高其数字出版领域的参与度，如代表出版商与数字销售机构进行谈判，为图书内容进行必要的格式转化，减少其开展新业务所需的预付业务成本等。

不过，美国西部出版商集团在 21 世纪头几年大规模的收购行为也让业界对 Constellation 项目的未来发展存在一些担忧。尽管集团一再强调独立出版商在该项目中所拥有的主动权，但面对其掌握 80% 左右中小型独立出版商业务市场的现实，一旦今后出版商对这一经销模式产生依赖，独立出版商出版图书的独立性也许会面临较大冲击。①

其实，无论是对 Constellation 项目的期许还是担忧，归根结底都是以对包括发行环节在内的整个产业链的数字化转型的思考为前提的。能否通过经营合作方式，为中小型出版商搭建开放的商业平台，提升而非削弱其在数字出版产业链中的实际地位，真正维护产业健康发展，才是判断创新性数字经销项目成熟与否的关键点。这对由于成本和技术原因长期徘徊在数字出版发行门外的图书出版机构，以及面临出版业数字化转型而倍感压力的传统图书发行机构，都提供了良好的借鉴和示范。

---

① 独立出版商正在消失［EB/OL］．［2007-06-22］．http://discovery. cctv. com/20070622/106961. shtml.

亚马逊：行走在从 A 到 Z 的路上

邹 莉 魏 瑜

亚马逊（Amazon），如其商标里那个可爱的箭头所示，从 A 到 Z，囊括所有，如其名字含义所示，黄河万里，泥沙俱下，而那个貌似笑脸的箭头，则意味着顾客满意。这个 1994 年贝索斯徒手创建的"车库公司"，在 2003 年首度实现全年盈利。而据其 2009 年年度报告，其图书、音乐、DVD/视频等在内的媒体净销售额达到 127.74 亿美元，占全年净销售额的 52%；电子及其他一般商品净销售额为 110.82 亿美元，占全年净销售额的 45%；其他如非零售活动、亚马逊网络服务等的净销售额为 6.53 亿美元，占全年净销售额的 3%。而其中，图书一项的全年收入接近 60 亿美元，占其总收入的 25%。而到了 2016 年，其全年净销售额达到 1360 亿美元。历经 20 余年的发展，这个网络大亨留下了太多的惊叹号。

它的成功，是电子商务界的传奇。曾经，贝索斯用网络给传统图书零售业描上了浓墨重彩的一笔，而在电子书盛行的今日，他使用互联网在其 Kindle 阅读器上销售电子书，改变了图书业的数字化运作制度。据亚马逊 2010 年二季度财报，2010 年上半年的 Kindle 电子书销量是 2009 年同期 3 倍之多，Kindle 电子书销量是其精装书销量的 1.43 倍。而在 2010 年 6 月，每销售 100 本精装书，Kindle 电子书的销量则达到 180 本，其中免费的 Kindle 电子书并未进入统计结果，如果加入其中，这一比例将更大。截至 2008 年 7 月 6 日，阿歇特出版集团宣布其畅销书作家詹姆斯·派特森（James Patterson）已售出约 114 万册电子书，其中超过 86 万册是

Kindle 电子书。其他作者如 Charlaine Harris、Stieg Larsson、Stephenie Meyer 以及 Nora Roberts 都在 Kindle 平台都有超过 50 万册的电子书销量。根据尼尔森的统计，市面上精装书的平均销量占纸书的 23%，非常粗糙地计算一下，当时 Kindle 电子书销量可能占到了亚马逊总售书量的 1/4。2016 年，纸电同步被越来越多的出版机构接受。在亚马逊的平台上，2016 年纸电同步的图书总量相比 2015 年增长了逾 60%；同时，纸电同步也帮助图书接触到了更多的读者，在 2016 年实现纸电同步的图书与未实现纸电同步的图书相比，平均销售量多出一倍。

战略眼光，长期规划，精简程序，降低成本，技术创新，战略投资，专注客户——或许这几个简单的词组不足以概括其 20 多年发展历程的经验，而每一条成功经验的背后都是其运筹帷幄、步步为营的实践。正是有这样持续的积淀与开拓，在这个范式转移的数字化时代，亚马逊这一求全、进取、贪婪、霸道的网络巨鳄在电子书分销领域占据了 80% 的绝对控制地位，"师夷长技以自强"，深入地了解它会给我们今天的电子书发行带来更多的启示。

1　数字出版蓝图的构建

传统出版商感到恐慌，因为它们曾经所熟知的，通过纸质书和传统书店构建起来的物理发行渠道正遭遇前所未有的巅峰变革，而这一切，是缘于电子书概念的兴起和数字发行虚拟时代的到来。

贝索斯曾认为，图书是互联网时代继电影、音乐之后唯一未被攻克的碉堡。而现在，不，似乎应该是在 1995 年载着他和他妻子开往西雅图的车上，他就已经勾勒出图书出版业发展的未来蓝图，而这一切高瞻远瞩的预测和决定，都注定他要成为改变图书出版业经济学的旷世奇才。亚马逊将资金投放在未来图书行业的增长领域，在数字内容蓝图的构建上能大能远，在具体的操作执行层面又步步为营。事实上，图书业正处在一个迅速变化且日益复杂的一周 24 小时全天候的电子商务世界里，而贝索斯在过去 20 余年 18 项与图书业直接相关的收购和投资活动就已经证明了他的决断和信心。

1998年4月27日，亚马逊同时收购了Bookpages和Telebook。其中，Bookpages是英国最大的网络书店，而Telebook则是德国最大的网络书店，而这两者也成为亚马逊在英国和德国图书市场的网络图书销售渠道。此后，亚马逊先后在加拿大、法国、日本和中国建立分店，其网络图书销售的国际版图也无限扩张。亚马逊年报显示，其2012年实现净营收约610亿美元，同比增长30%；2011年和2010年净营收同比增速分别为43%和46%；这610亿美元营收当中，来自北美地区的营收约占57%，海外营收占43%。而在1998年，亚马逊在美国的图书、音乐、DVD/音频毛利润约为12.8万美元，其国际市场毛利润只有约5000美元，只占约3.9%的份额。据当时的预测，其国际市场利润将在最近几年达到甚至超过50%。而从现在的市场情况来看，这一预测早已成为现实。在传统图书销售领域，这个零售巨人通过虚拟空间的模式吞噬物理空间的传统模式，给出版业带来了翻天覆地的变化。通过纸质图书销售与出版社建立的良好合作关系让其能够完成对内容资源的全面掌控，庞大的用户人群和完备的销售运营体系为其阅读器和数字付费阅读提供了坚实的用户基础，扩张版图上积攒的丰富的图书资源、数量庞大的顾客群体、渠道以及品牌优势恰是电子书盛行时代的美妙画笔——高筑墙、广积粮，20余年时间和资本的未雨绸缪，才让亚马逊建立起数字时代旁人难以企及的高门槛。亚马逊曾表示，在Kindle系列电子阅读器在英国推出两年后，电子图书的销量已经超过了精装和平装纸质图书销量的总和。该公司2018年的数据显示，自2012年年初以来，其网站平均每销售100本纸质图书，相应的电子书下载量就已达到114本。亚马逊表示，这些数据包括尚未推出Kindle版本的电子书，且并未将免费电子书的下载量包含在内。2012年5月，亚马逊公司曾做出了一项惊人的决定，与英国最大的纸质图书销售商Waterstones公司合作。令出版界吃惊的是，与对待纸质图书的态度不同，亚马逊拒绝公开审计后的电子书销量数字，该公司曾表示，不愿谈论亚马逊未来在该领域的策略。

亚马逊全数字产品线的开发战略远非图书所能填饱，1998 年 4 月 28 日，它收购了互联网电影数据库（Internet Movie Database，IMDb），它是目前全球互联网中最大的一个电影资料库，此举显示出亚马逊对好莱坞的兴趣，是为未来图书交易铺好基石还是其他原因，外人无法得知。但可以肯定的是，这个最初不盈利的电影爱好者社区摇身一变，通过其庞大的信息资源、上百万的潜在客户以及才华横溢的员工为亚马逊录像带、DVD 等音像制品销售添花增翼。目前，该数据库拥有 800 多万部电影和电视节目的相关信息，此外，诸如最新电影、海报片花、名人生日、八卦精选、IMDb Top 250 电影排行榜等成为电影发烧友热捧的板块。此后，IMDb 的价值也越发显现。2002 年，亚马逊推出了收费的 IMDbPro 服务，并收购电影票房统计网站 Box Office Mojo 与之相呼应。2006 年秋天，Amazon Unbox 成立，它支持用户下载电影或电视节目到其电脑或 TiVo 机顶盒。2010 年 4 月，第二个可以在 iPad 上应用的程序——IMDb 资料库投入使用，它可供用户在 iPad 上检索电影的相关资料，甚至可以直接点播高清电影预告片。2010 年 8 月，亚马逊又向 NBC 环球、时代华纳、新闻集团和维亚康姆公司等伸出订阅电视和电影节目的橄榄枝，以 1.99 美元每集的价格出售电视节目，同时还提供数字电影的销售和租赁服务。无疑，在亚马逊抢占数字视频下载市场上，IMDb 作为最权威的影视信息源，发挥了强大的社区聚合功效。

2000 年之后，贝索斯开始进军有声书市场。2000 年年初在这一领域数百万美元的投入、5% 的份额明显满足不了这位大鳄的胃口，但 Audible.com 给予其的回馈却相当丰厚——3 年 3000 万美元，而亚马逊明显不是冲着数字后面几个零去的。2008 年 2 月，亚马逊以 3 亿美元现金收购了 Audible.com，该网站共有 7.5 万多本有声书，占据音频下载市场 75% 的份额，此举不仅帮助亚马逊进一步改善了业务结构，控制了音频下载市场，而且进一步增强了其在数字内容下载领域的竞争力，这不得不说是一石三鸟的一着妙棋。除此之外，Brilliance Audio——这家全美最大的独立有声读物出版商在 2007 年也被其顺利收入囊中，其进军音频市场的决心昭然若揭，控制内容的企图也逐渐显现。就在这一年，亚马逊成立了自己的数字音乐商店，全部采用无版权管理(DRM)限制的 MP3 格式，可以在任何设备播放，仅仅 6 个月，它就迅速成长为仅次于 iTunes 的美国第二大网络音乐商店。所以，当你看到 Kindle 2 发布时右下方的音频按钮时，你是不是已经在唏嘘，就如《爱丽丝梦游仙境》的爱丽丝一样，循着那只兔子掉入树洞的那一瞬之后的所有都无从知晓，而我们永远也不知道贝索斯下一步会有怎样的举动。

2005 年的收购无疑使亚马逊的数字出版蓝图进一步扩大并且深入，短短 1 个月的时间，亚马逊就收购了两家公司——BookSurge 和 Mobipocket，前者专注于按需印刷，后者则是电子书发行商。这对于数字出版商和传统出版商都是一个明显的信号，亚马逊已经将其投资目光转向了未来的图书出版业。的确没错，就如当初贝索斯选择图书进行网络销售一样，这两个出版趋势在 2005 年的收购之后得到了飞快发展，时间证明了这个伟大的电子商务之父明智的抉择。BookSurge，这家全球最大的按需印刷公司，通过 BookSurge Publisher Services 和 BookSurge Publishing 分别向发行商和作者提供自己的书籍发行网络服务，此外，零售商、批发商和分销商均可以利用 BookSurge Direct 批发平台促进自己的业务发展，这不仅实现了发行量低和市场需求不稳定图书的商业盈利，也帮助亚马逊用户拓展了其读书渠道。当然，亚马逊更大的野心则是依靠其在网络图书销售市场的强势地位垄断按需印刷市场，这一切都在日后得以印证。2008 年 3 月，亚马逊宣布所有通过其美国网站销售的按需印刷图书，必须经由 BookSurge 印刷，出版商如果不加入该计划，仍可选择通过 Advantage 项目与亚马逊合作，但需另外付费。宣告一出，非议之声绵延不绝，出版商认为这个声明就等同于对垄断权力的滥用，是违反反托拉斯法的不道德举措，而第三方印刷公司更是对此颇为不满，尤其是按需印刷的领头羊 Lightening Source，它隶属于美国最大的图书批发商 Ingram，是图书进入书店销售的重要渠道，亚马逊的分庭抗礼之举无疑将蚕食 Lightening Source 更多的市场份额。而对于一般出版商和作者而言，鉴于 Lightening Source 和亚马逊双方皆有的强大分销实力，似乎必须同时选择两者，而这也意味着它们要根据其各自按需印刷的要求创立两种格式文件，并向双方都支付相关费用，程序烦琐，成本也无疑陡增，霸道的亚马逊就这样给了出版商没有选择的选择。2009 年 11 月，亚马逊将 BookSurge 并入其旗下自出版公司 CreateSpace，它与 CreateSpace 共用一个服务平台，向作者和出版商提供按需印刷服务，BookSurge 品牌自此消失。

从 2000 年《骑弹飞行》打响网上电子书销售第一炮后，亚马逊无疑已经嗅到了图书电子化的浪潮。2003 年亚马逊推出 Search Inside the Book 功能时，就已经实现了来自 190 个出版商 12 万种图书、3300 万页图书内容的数字化，① 我们可以将其称为亚马逊电子书发展第一步：转换内容。就在 2005 年，亚马逊的另一个重大战略举措就是收购法国的一家提供电子书和移动阅读技术服务的公司 Mobipocket，这也是 Kindle 书籍格式"mobi"的由来。此举为亚马逊寻找电子书打包格式奠定了基础，当然，这或许也为亚马逊电子书生态系统的健康可持续发展埋下了隐患。面对 ePub 格式的推举和盛行，对 mobi 格式是该坚持还是妥协退让，成为一个问题。贝索斯说，亚马逊从来都不缺乏被误解，那我们暂且认为这是另一个巨大"阴谋"前的有意而为——亚马逊电子书发展的这第二步迈得充满了悬念。

这之后便是 Kindle 电子书阅读器的呼啸上市，枕戈待旦至少五年，这第三步迈得沉稳而坚定。我们暂且将 Kindle 的议题搁置，重新回到亚马逊数字化版图的构建中去。

这一次，亚马逊瞄准了社交网站。Web2.0 的发展让"社区"的

① Quint B. "Search Inside the Book"：Full-Text on Amazon［N］. Information Today，2003-11-03.

概念进一步深化和火爆，深谙网络驾驭之道的贝索斯必然明白其中的奥秘，已经品尝 Amazon. com"读者评论"甜头的贝索斯这次将触角伸得更远：2008 年 8 月，它收购了两家书评读者社区网站——作为竞争对手的 Shelfari 和 LibraryThing。Shelfari 是第一个以读书为主题的社区媒体网，而在 2007 年，它就已经接受过亚马逊对其提供的部分风险投资基金，它允许用户创立个人虚拟书架，并与好友分享图书目录，是图书爱好者良好的交流平台。LibraryThing 则隶属于一家加拿大网络旧书销售商 AbeBooks，该公司共有 1.1 亿本最常用的、稀有的、绝版的图书供销售，为全球数千家独立销售商服务，亚马逊已经将其收购，而 AbeBooks 恰拥有 LibraryThing 40%的股份。此前，亚马逊自身书籍社区用户群关系较为松散，而收购的二者用户关系更为紧密，社会化网络功能也更加凸显。可以预见的是，虚拟社区交往，如好友推荐书目、读者评论等会为读者体验添加更多价值，这的确能为亚马逊赢得更多忠诚稳定粉丝，对两个图书评论社区的收购也有助于亚马逊将 web2.0 互动工具整合到其 Kindle 电子书店中，从而有力驱动其电子书销售。此外，Shelfari 还提供针对 Facebook 的应用，帮助亚马逊利用这个成长最快的社交网络的流量。① 为了推动 Kindle 销售，亚马逊也构建了自己的 Kindle 社区，用户可以绑定其 Facebook 和 Twitter 账号，分享阅读笔记和标注等。社区的发展和亚马逊自身核心业务以及电子书等产品深度整合，形成了相对独立而又互为纽带的产业链条，能创造更大收益。

2009 年是电子书概念全面火爆的一年，Sony Reader、iRex、Nook 等先后面世，当然，还有蠢蠢欲动的苹果、Google 蓄势待发。当时，稳坐电子书阅读器头把交椅的 Kindle 历经两次升级改造，还在寻求进展的道路上突围，这个不以硬件著称的公司，必须在更强对手拔出屠龙刀前占领绝对优势，而这个拥有屠龙刀的人，

---

① 商业周刊:亚马逊实施收购战略拓展电子图书业务[EB/OL].[2008-08-28]. http://www. enet. com. cn/article/2008/0828/A20080828350816. shtml.

就是缔造苹果神话，用 iPod 和 iTunes 彻底颠覆唱片业的乔布斯。2009 年 4 月，亚马逊宣布收购 Stanza 电子书阅读应用软件开发商 Lexcycle。Stanza 是苹果公司 iPhone、iPod 以及之后 iPad 上的一款深受欢迎的电子书阅读应用软件，而对 Lexcycle 的收购将扩大其电子书相关产品线。2010 年 2 月，亚马逊又一举收购专门从事触屏技术的 Touchco 公司。

亚马逊的收购或者投资从来都是复杂多样的，而就在这期间，亚马逊的角色定位也更加多样化——经销商、出版商、移动平台软件开发商、社区网络创建者、印刷商、制造商……似乎每一种描述都只是盲人摸象的一部分。作为图书出版业中枢，眼下，它正在供求之间形成纽带，为产品和顾客牵线搭桥，或许，"信息经纪商"这个回归本质的定位更为合适。而这些收购给了亚马逊互相平衡的业务组合能力，从物理领域的图书、CD、DVD 扩展到数字图书、数字音乐甚至数字电影，全品种的数字领域攻略让其实现供应链不同业务类型的横向和纵向扩展。而 Shelfari 和 LibraryThing 作为社交站点帮助其稳定并发展客户群体，CreateSpace 和 BookSurge 提供按需印刷和自主出版服务，Brilliance Audio 和 Audible 作为音频生产商，帮助其实现对音频内容生产的控制，Amazon.com、Mobipocket、Audible.com、AbeBooks 为其搭建完善的数字内容销售平台，Lxcycle/Stanza、Touchco 则拥有一流的技术支持，这足以弥补数字内容分销领域的每一个缺口，构建每一道防线。而当我们再次回顾这些收购时，不难寻觅出其出发点——丰富品种，掌握技术，收购客户平台。全品种让顾客有最广泛的选择；购买技术，则可以更好地完成商业交易，达成更好的客户关系；而购买客户平台（Audible& Mobipocket）能加速其市场渗透。而这所有一切又回到一点——以客户为中心，这是亚马逊给顾客的承诺。

2　Kindle 策略

亚马逊对出版业的影响无疑深远至极，贝索斯创造了更加便利地购买图书的方式，随着电子书的到来，他甚至想用其完全取代纸质书。贝索斯说，Kindle 的目标是让每一本已出版的任何语种的图书都可以在一分钟内下载下来。对于读者，这的确是一幅美妙的画卷，而之于出版业，那特有的"退货"也将从出版商的字典里消失，库存、印刷、运输，这些物理空间烦琐的链条可以完全通过赛博空间的比特流实现。唯一的缺憾就是没有人知道电子书将通过什么媒介阅读，电脑屏幕不能随身携带，而手机屏幕又太小，这时，电子书阅读器似乎就成为其中一个不可忽视的利基市场。可是，许多大型商业出版商似乎将此遗忘，而苹果，这个我们翘首以待的王者，根本就不屑图书出版业的"蝇头微利"，但王者虚位以待的时间不会长久，因为有人已经磨刀霍霍数年——亚马逊通过其纸本书销售建立起庞大的读者群，它还拥有丰富的电子内容资源、独到的经验和操作手段等，这些有形无形的资产皆帮助亚马逊建立起旁人无可企及的高门槛。而在解决了电子书内容问题和格式问题后，亚马逊才真正如履薄冰地进入了电子书领域。

2007 年 11 月 19 日，亚马逊首款 Kindle 横空出世，同步字典查阅、变更字体、1 分钟内无线传输，这些内置的服务功能使其在上市后仅 5.5 小时内即被抢购一空。著名的《脱口秀》节目主持人奥普拉称其为"最喜欢的新用品"后，Kindle 再次引发脱销。2009 年 2 月 23 日，亚马逊推出 Kindle 2，而这一次，贝索斯连 3 个月也等不及，5 月 6 日，他在纽约佩斯大学又推出了新款 Kindle DX 电子书阅读器，售价为 489 美元，这款产品更加适宜报纸、杂志和教科书阅读。而此后，为了在硝烟迷茫的电子书阅读器市场拔得头筹，Kindle 2 和 Kindle DX 分别降价至 139 美元和 379 美元，与此同时，其电子阅读器的性能也一直处在不断升级改造中，这是亚马逊追求卓越的进一步体现。2010 年 8 月 27 日，Kindle 3 面世，纯 Wi-Fi 版售价仅为 139 美元，3G 版售价为 189 美元，可内置 3500 本书，与 Nook、Sony Reader 等针锋相对。而据 The Street 2010 年的一项调查，48.7% 的受访者认为 Kindle 的价格还将进一步降低，甚至跌破 99 美元，31.8% 的读者甚至认为会降得更低。① 2011 年亚马逊推出的三款全新 Kindle 中，Kindle touch 的售价为 99 美元，而最低价格的新款 Kindle 售价仅为 79 美元。当然，除了 Kindle 自身的低价策略，其数量丰富、内容新颖、价格低廉的电子书也为 Kindle 销售保驾护航。2011 年数据显示，美国 Kindle 书店拥有 67 万多种书，正版率为 100%，包括纽约时报畅销书 111 种中的 109 种。这些书中，超过 51 万种图书的价格是 9.99 美元或者更低，其中又有 80 本《纽约时报》畅销书。Kindle 还提供约 180 万本免费图书，它们是 1923 年以前出版的已经超过版权期限的图书。作为全球最大的数字图书销售平台，有声书、期刊、报纸、博客等也能以较低廉的价格从亚马逊网站获取。

数百万的网络购书人群，67 万多种电子书庞大书库的支持，难以匹敌的顾客和内容优势，让亚马逊与索尼、松下等老牌电子书阅读器硬件厂商有了截然不同的命运。目前，亚马逊 Kindle 店已经同美国 6 家巨头出版商签订协议，出版商在有限制的条件下为电子书定价，亚马逊作为出版商代理商获得 30% 的分成，其余由出版商和图书作者进行分配。亚马逊还加紧与中小出版社的合作谈判，它打算与美国 4 家主要的教材出版商中的 3 家交易，与 37 家报纸签订订阅协议；此外，禾林出版公司、企鹅兰登书屋、学术出版社等还向亚马逊提供免费的电子书。除了传统出版商为其提供源源不断的电子书资源，其自出版平台上作者自己上传的作品也成为 Kindle Store 主要的电子书来源。2009 年 5 月 4 日，亚马逊启动了 "Kindle Publishing for Blogs Beta" 项目，支持任何人在 Kindle 平台出售自己的博客，定价由亚马逊根据博客内容确定，这是亚马逊 "自出版" 迈向博客的一步。大多数拥有广大读者群的博客，如 The Huffington Post、Daily Kos、纽约时报等每期定价为 0.99 ~ 1.99 美

---

① Poggi J. Amazon Kindle Will Hit ＄99：Poll［EB/OL］.［2010-08-09］. http://home. donews. com/donews/article/1/141925. html.

元，根据订阅销售所得，亚马逊获得七成收入，而作者拥有三成收入。①

阅读最看重的还是内容，亚马逊的成功也让硬件制造商明白了一件事：只有足够多的内容供应，才会让读者去买你的阅读器。2009 年 3 月，索尼与谷歌合作，使索尼阅读器的用户免费获得谷歌数字图书工程中超过 50 万种版权公共领域的图书。2010 年 1 月，苹果公司专门建立了一个电子书商店——iBooks Store，并不断扩充其电子书销售内容，而亚马逊能够做到的明显更多，全平台数字内容提供、Kindle 社区、E-ink 技术，这些都为亚马逊 Kindle 以及电子书销售锦上添花。此外，Kindle 还利用 Sprint Nextel 的高速数据网支持无线下载图书，其自身还内置了用户的亚马逊账号，免费提供每本书第一章节的试阅读。相比硬件配置，Kindle 的网络服务功能显然更加吸引人。而在 Kindle 社区内，用户还能在购买前翻阅他人的点评或者阅读后发表自己的意见，这些都是 Kindle 的对手难以匹敌的。

贝索斯这个创新变革成瘾者这一次成为"苹果定律"的效仿者，你相信这个结论吗？Kindle 硬件和 Kindle Store 电子书商店，就如当年数字音乐领域经典生态系统 iPod 硬件和 iTunes Store 数字音乐商店一样，硬件设备和匹配内容这一黄金搭档组合将唱片业市场彻底颠覆，而亚马逊对"苹果定律"的使用，是否真要革了传统出版业的命，未来无法预料。

9.99 美元的电子书价格引来非议一片，尤其是抱残守缺的出版商们颇为不满，而亚马逊真正想做的就是让电子书的价格足够低，不久读者就不会购买纸质书籍，这足够让出版商感到恐慌。但随后，苹果大刀阔斧地进入电子书市场似乎给了出版商喘息的机会，这个新进入者用代理销售模式给了出版商部分自主定价的权

---

① Paul I. Amazon Puts Any Blog on the Kindle, for a Price[EB/OL]. [2009-05-14]. http://www.pcworld.com/article/164879/amazon_puts_any_blog_on_the_kindle_for_a_price.html.

利，又或者，这仅仅是一个"缓刑"。亚马逊的出版商美梦无疑因苹果的强势"入侵"而遇到阻碍，这时，这个网络巨鳄不得不重新坐下来和出版商谈判。

试想，如果没有苹果的"入侵"，亚马逊是否可以借"苹果定律"如愿完成对出版业的改造？苹果的成功经验的确可以借鉴，但贝索斯明显不是一个简单的"效仿者"。"顶级的电子书阅读器制造商"这样的称号赋予苹果这样依靠硬件盈利的公司更为合适，而亚马逊真正想要的则是打造全世界最大的电子书书店，依靠内容成为最大的电子书零售商，而 Kindle 只是其辅助销售并实现阅读的媒介。当然，当 Kindle 与亚马逊电子书生态圈完美融合，Kindle 的普及能推动电子书销售，丰富的电子书资源又能增加用户对 Kindle 的黏性，贝索斯苦心经营的"Kindle 策略"就算大功告成，这是最理想的预期，而实际情况显然更复杂，亚马逊也不得不在电子书定价上向出版商"妥协"。从经销制向代理制的转变让出版商掌握了图书自主定价权，这表面上是出版商的胜利，而实际并非如此。9.99 美元似乎成为电子书的定制价格，在亚马逊网站上，甚至有读者发起"9.99 美元抵制行动"的倡议，号召大家不要购买超过该定价的图书，甚至对高定价电子书给予一颗星的差评。而据 Kindle 收费电子书排行榜（2013 年 6 月 10 日统计结果），在前 100 名中，只有不到 20% 的定价超过 9.99 美元，最高定价为 12.99 美元，最低定价为 0.99 美元，前 10 名中有 2 本超过 9.99 美元，大部分书以低于 9 美元的价格出售。随着其电子书销售增长，亚马逊在电子书广告业务中也率先迈开步伐。2009 年 7 月 7 日，亚马逊申请两项专利——"随需应变地生成有广告的电子图书内容"和"在随需应变生成的内容中加入广告"，借助于 Kindle 终端优势，亚马逊可以根据用户喜好以及电子书正文进行针对性的广告投放，精准营销的广告价值帮助亚马逊创造了电子书在内容、硬件、服务之外的盈利点。

2009 年 2 月，亚马逊推出了一项新功能——Whispersync，它可以使一台 Kindle 与另一台 Kindle 或者移动电话等阅读平台实现同步。此外，免费的 Kindle for iPhone/iPod Touch 阅读软件也相继诞生，它可供苹果公司 2000 多万 iPhone 手机和 iPod Touch 用户使用。如今，通过亚马逊购买的电子书可以在 PC、Android 手机、Mac、iPad 电脑上阅读，也可以在 iPhone 和黑莓手机上阅读。亚马逊希望人们即使不在 Kindle 上阅读电子书，也要阅读 Kindle 格式的电子书，至少是买亚马逊的电子书，开放的心态让亚马逊开辟出了电子书更广阔的增长空间。但是，数字盗版的猖獗也正威胁着亚马逊业务的增长，有黑客称其破解了亚马逊 DRM 系统，这样读者可以不必在 kindle Store 购买电子书，而直接从网络上获得盗版图书，直接导致亚马逊电子书销量的下滑，而出版商也对此深恶痛绝。据 Venture Beat 报道，美国 2010 年头 3 个月因电子书盗版损失就达 28 亿美元，但出版商毕竟不能因噎废食，为此，它们一般选择在纸质书籍出版一段时间后再发行电子版本，而有些作者甚至拒绝销售其电子版图书，这无疑对亚马逊数字图书发行有一定阻滞。

3 出版商"被 Amazon"？

内容和渠道彼此需要，而在数字时代，渠道的力量似乎更强大。

对出版商来说，图书的数字化经销也许是从战略高度推动销售增长的重要源头，尤其针对那些印数少、市场需求稳定的独立出版商，亚马逊强大的分销能力已经成为其最好的销售渠道。投资银行巴克莱资本（Barclays Capital）分析师道格·安慕斯（Douglas Anmuth）在 2011 年表示，亚马逊当年可能销售 500 万部 Kindle 电子书阅读器，Kindle 销量到 2012 年将达 1150 万部。如果每个顾客全年至少购买了 4 本标价为 9.99 美元的电子书，这也就同时意味着潜在的 380 万册的电子书发行量（亚马逊声称 Kindle 顾客在其网站购物比其他顾客要频繁很多，因此，一年购买 4 本书是一个非常保守的数据）。随着 Kindle 这一强大客户端影响力的逐渐扩张，借此将销售链条向上延伸至图书出版环节无疑是自然而然的选择。亚马逊对电子书统一定价为 9.99 美元的经销制销售模式就已经让出版商叫苦不迭（现已改为代理制三七分成模式），而这个触及出版业底线的选择似乎真的要让出版商失去市场话语权，这不是一个已然成为事实的结果，但的确是一种快速演进的趋势。

一开始是几个文学代理机构表示，亚马逊高层已经开始向其询问应该雇佣什么样的编辑。不久之后，亚马逊就开始出版在其网站上受到好评的自出版作者的作品。2010 年 1 月，亚马逊已经开始和作者签订电子书出版版权合同，只要作者同意其电子书直接给亚马逊销售，并且销售价格在 2.99 美元到 9.99 美元区间，作者就能获得图书销售 70% 的版税，这对于作者而言无疑是巨大的利润诱惑，但跨过出版商与作者直接进行交易的举动也让出版商们感到了巨大的恐慌。就如一个愤怒的出版商所言，亚马逊此举无所顾忌地破坏了作者和出版商之间的合作，当然，这也是亚马逊所希望看到的。亚马逊的现有“装备”Kindle、POD、E-book Store 等已经能够提供给作者全套的出版平台，并且还具备强大的网络营销影响力。目前，Amazon. com 和 Amazon. co. uk 网站上皆有数百位作者详细信息的页面，包括作者自传、作者推荐书目或者音像制品等。这让亚马逊不仅能够附带销售与作者作品相关的关联产品，也能在服务读者的同时和作者建立良好的私人关系。在其自出版平台 CreateSpace 上，作者能够使用其按需印刷服务，而更大的好处则是通过该平台扩充其销售渠道，包括在 CreateSpace 直接实现销售，通过书店或者在线零售店销售，向图书馆以及教育机构销售等。这一切以作者中心的服务项目都助其斩获了更多优质作者资源以及文学代理机构。美国著名恐怖小说作家斯蒂芬·金就宣布，其新创作的小说将通过 Kindle 阅读器独家销售。2010 年 7 月文学代理商安德鲁·怀利（Andrew Wylie）与亚马逊达成独家电子书销售协议，亚马逊获得美国最著名文学作品独家数字访问权，此抛开传统出版商之举在出版界引起一片震惊。一个月后，安德鲁·怀利与出版商休战，亚马逊暂时痛缺电子版权，但该事件却也足以给出版商敲响警钟：作家当时的电子书版税不高，而在安德鲁·怀利模式下，作者却可以得到零售收入60%～63%的分成，比当时一般水平提高300%，①高额版税收入无疑是作者或者文学代理商直接走向亚马逊的"深度诱惑"。

或许有人会质疑，亚马逊、苹果乃至谷歌都没有和作者打交道的实际经验，它们不知道作者所想，或者，它们的DNA里根本就没有招募、培育、编辑、推销作者的因子。在工业化生产所需要的效率里，作者强调的"慢工出细活""板凳十年冷"等似乎都被直接忽略。不管怎样，亚马逊对作者的"笼络"让我们看到了这个想在出版产业链上、中、下游通吃的巨鳄凌厉而又持续的攻势。而通过社区聚拢读者，借助读者评论、社区交流等促进并且巩固销售的举措，更是让竞争对手难以望其项背。而反观生产内容的出版商，没有谁能如亚马逊般对读者的真实需求和市场反馈有真正的了解。2009年，其遍布世界各地网站的读者评论增加了700万条。口碑营销的潜力是无限的，亚马逊自身网站及其收购的专业读书社区，包括Kindle社区，在为读者营造完善的交流分享平台的同时，也正默默地推动其产品销售。在Kindle社区内，读者可以自己管理自己的读书记录，并对书籍进行评分，进入阅读状态、查看笔记全部都只需一次点击；此外，分享笔记、流行标记等功能则能够实现更多图书相关信息的发布和共享，为潜在读者消费提供前瞻性的指导和推荐。而对于社区内读者反响良好的电子书，亚马逊则会据此出版该书的印刷版。正是对读者信息的掌握和对读者需求的了解，让亚马逊能够比出版商更加清晰地洞察市场需求，这无疑是出版商需要学习的。

但是未来到底如何，我们都无法预料。就如贝索斯所说，今天

---

①　美国知名文学代理商开拓数字出版市场引争议[EB/OL].[2010-08-03].http://www.21sckn.com/read_xyxinwen.asp? NewsID=5701.

我们所知道的部分，只不过是未来数年里我们所将要获知的 2%。亚马逊用一台叫作 Kindle 2 的电子书阅读器揭开了电子书时代元年的序幕，在其数字发行话语权越来越大的今天，我们依然无法确定亚马逊模式是否就一定会成功实现。事实上，亚马逊在中国市场就遭遇了失败。不管怎样，亚马逊对出版业传统销售链条的范式变革都具有创新性的指导意义，不管将其作为一种威胁，还是机遇，或是二者兼而有之，它都向我们预示了无纸化图书数字发行的可能，以及这个占据电子书分销市场 80% 份额的大鳄给出版业所将带来的改变。

开放与封闭：App Store 数字经销模式

蒋雪瑶　任秀杰

1　App Store 概况

2008 年 7 月，苹果公司推出 iOS 应用程序商店（App Store）服务，希望通过应用程序商店吸引第三方应用程序。此举开创了新的模式——App Store 模式，即苹果公司作为服务提供商，通过整合合作伙伴资源，以互联网等通路形式，搭建手机增值业务交易平台，为客户购买手机应用产品、手机在线应用服务、运营商业务、增值业务等各种手机数字产品及服务提供一站式的交易服务。①

针对苹果公司的智能手机 iPhone 所推出的应用程序商店 App Store 中，除了由苹果公司主导的应用程序，还迅速吸引了大量的第三方开发者，App Store 与开发者三七分成。这种全新的模式引起了极大反响。2008 年 7 月，苹果公司公开的数据显示当时有 25 万人下载 iPhone 开发工具包（iPhone SDK），2.5 万人和机构申请在 App Store 销售。② 一年后，即 2009 年 6 月，其开发商总量突破 1 万。2016 年 9 月在 iPhone 7 发布之际，苹果 CEO 库克称 App Store 商店累计下载已经突破 1400 亿次，7—8 月下载量同比增长 106%，iOS 平台已成为最流行的游戏平台。

---

①　杨敬慧. 走进 App Store 模式[J]. 中国传媒科技,2009(4).

②　MacMillan D,Burrows P,Ante S E. Inside the App Economy[J]. Business Week,2009(4153).

就目前而言，全球主要应用商店主要有苹果的 App Store、谷歌的 Google Play、亚马逊的 App Store、黑莓的黑莓应用程序世界 BlackBerry App World 以及微软的 Windows Store 等。其中，以安卓系统为服务对象的 Google Play 商店发展势头最劲，谷歌的安卓应用商店应用数量在 2015 年 6 月首次突破了 60 万款。考虑到近年来全球经济的低迷，Google Play 中大量免费应用的存在受到了消费者的极大欢迎。《App Annie：2016—2021 年全球移动应用市场预测报告》中称未来 5 年间，iOS 应用程序商店预计仍将是收入最高的应用商店，2021 年将产生超过 600 亿美元的总消费额。而这一预测已经变成了现实。

苹果公司一向秉持"创造需求"，而不是满足消费者的需求，这种需求捕获型（Need Seekers）①公司深深理解构建与消费者之间关系的重要性。因此其创新策略往往围绕着成为首家推出满足某类尚未开发的需求的产品的公司。苹果的一系列硬件产品所取得的良好市场反响也印证了这一策略的独到性。综合而言，苹果硬件和软件产品的经销渠道包括线上和线下两大部分，苹果产品的销售成功有赖于两方面的紧密结合。

2　硬件与软件结合，线上与线下结合

在下载量方面，2022 年 iOS、Google Play、中国安卓第三方 OS 主要的应用商店在全球范围内全年下载量达到 2180 亿。收入方面，2020 年全球应用商店的用户支出规模达到 1430 亿美元，同比增长 20%，仅第一季度，消费者在游戏上的支出就超过 167 亿美元。安卓用户在游戏、社交和娱乐应用程序上花费最多，这特别要归功于 Disney+ 和 Twitch。与此同时，iOS 用户在游戏、娱乐以及照片和视频应用程序上的支出最多，其中 TikTok（抖音海外版）在第一季度 iOS 消费者支出中跻身前五行列，仅次于 Tinder 和

---

① Jaruzelski B, Dehoff K. Beyond Borders：The Global Innovation 1000[J]. Strategy+ Business,2008(53).

YouTube，排名第三。进入 2021 年，全球应用商店用户支出规模持续增长，2021 年上半年支出规模达到 660 亿美元，同比增长 31.7%。

　　苹果产品销售额屡创佳绩，除了丰富的线上内容资源，强大的产品线对它的支撑功不可没。Apple Store 是苹果线下销售商店，自 2007 年发售 iPhone 以来，Apple Store 的营业额一直保持着较高的增长速度。仅 2012 年，全球 Apple Store 的顾客人流量就达到了 3.7 亿次，收获约 400 亿美元。①

　　相对于飞速增长的营收，Apple Store 的数量增长速度相对缓慢。2011—2015 年，平均每年的新增店面是 40 家，而在上一个 5 年，则是每年新增 30 家，相比之下增长速度仅为 33%。截至 2021 年，Apple Store 分布在 17 个国家，共计 511 家。苹果公司在 2021 年全年营收达到 1239 亿美元，净利润为 346 亿美元，直接推动了苹果线上应用商店的发展。在 Apple Store 中，用户可以体验到最新的苹果产品，并可与店员展开交流。不同于其他的体验店或电子产品商店，Apple Store 旨在为消费者提供最纯粹的美学和科技感的享受。苹果公司将零售店视为销售渠道，同时也视为沟通渠道，注重对 Apple Store 的品牌文化打造，突出精致感，凸显自身高端定位。这很可能就是 Apple Store 的数量增长速度相对缓慢的主要原因之一。

　　苹果的这一线上与线下结合、硬件与软件结合的战略在最早可以追溯到 iTunes 与 iPod 的结合。2001 年，苹果推出 iTunes，彼时还只是纯音频播放器。2003 年 4 月，iTunes 4.0 发布，用户可以通过它在线购买和下载、管理音乐内容。后来逐渐发展成功能完善的内容商店，包含电子书、视频、游戏等诸多媒体内容。苹果软件组件主要包括 iWork 系列(包括 Pages、Numbers 和 Keynote)、iLife 系列(包括 iMovie、iTunes、iPhoto 和 GarageBand)、操作系统产品

---

　　①　Asymco：2012 年苹果国际零售战略 Apple Store 收入达 191 亿美元[EB/OL]．[2013-2-26]．http://www.199it.com/archives/96534.html.

(包括 iOS 和 OS X，已包含在硬件设备售价中，但更新需要另外收费)、专业级别的工具(包括 Final Cut Pro、Logic Pro、Aperture、Compressor、Motion)、其他工具类(包括免费的 Xcode 和收费的 Apple Remote Desktop)等。以往这些产品会通过传统渠道销售，如顾客可以在 Apple Store 付费购买，由店内工作人员帮助升级或安装，但之后可以通过 iTunes 在线完成。iTunes 的出现示范了如何整合外部内容，随后，苹果将应用开发者社区变为了 App Store 应用商店推向市场，获得了大量的支持和好评。

在 2020 年 9 月—2021 年 9 月的收入比重上，iPhone 达到 52%；排在第二的是服务收入，占比达 18.7%；其他产品收入占比为 10.5%；Mac 产品线的收入占比达到 10%；iPad 产品的收入占比最小，为 9%。苹果并不算严格意义上的硬件公司，但其收入的主要构成部分来自硬件销售。相比之下，安卓是免费提供给合作伙伴的，谷歌是依靠安卓系统上的搜索、广告等相关服务来获得营收；微软的 Windows Phone 的营收来源主要是向合作伙伴收取系统使用的授权费用；三星则是以硬件为核心。① 对比来看，在未来，三星将会在软件领域继续掘进，进一步整合平台内容，谷歌将进一步在创新性上迈进，如谷歌眼镜等产品的开发，而苹果则需要统筹线上和线下的合作。2021 年的财报分析指出，苹果全年营收达到 1239 亿美元，其中，大中华区营收为 257.83 亿美元，与去年同期的 213.13 亿美元相比增长 21%。如今，随着 Apple Store 人流密度的增高，在线下店的用户体验会下降，这将会导致用户流失或转向其他渠道。如何改善这一问题，值得苹果仔细思考。此外，对苹果硬件产品的创新也是苹果需要慎重考虑的。毕竟线上内容的发展依托于硬件，如果用户对苹果硬件产品的持有量下降或是用户体验度

① Kim H J, Kim I, Lee H G. The Success Factors for App Store—Like Platform Businesses from the Perspective of Third-party Developers: An Empirical Study Based on A Dual Model Framework[J]. Weidenhiller: Erfolgsfaktoren Mobiler Content-Apps im Vergleich, 2010(131):272.

衰退，将会直接影响线上服务和软件产品的发展。

3 代理销售制

早在 App Store 刚推出时，它的定位就是中介商。所有借此平台发售的应用，苹果都要从中抽成 30%。这一做法一直遭人诟病，但在很长一段时间内，苹果的这一策略都取得了成功。蜂拥而至的应用开发者积极开发基于 iOS 平台的应用程序，虽然苹果从中抽成很高，但是面对苹果如此众多的用户群体，一旦某个应用程序获得成功，为开发者带来的回报将极为丰厚。下面以电子书的销售为例。2015 年 3 月 3 日，时任苹果 CEO 史蒂夫·乔布斯（Steve Jobs）在 iPad 2 发布会上宣布，iBooks 上线 11 个月以来，其图书下载量已达 1 亿次。苹果向图书出版商伸出橄榄枝，给它们与 iPhone 开发者同样的待遇：图书出版商可自由决定 iPad 电子书价格，只需将销售所得利润分给苹果三成。根据 iBook 市场评测给出的 iTunes 费用构成，则其中出版商的费用占 8%，App 代理商费用占 8%，开发者费用占 18%，App 软件费用占 23%，iTunes 视频发行商费用占 7%，Media Transaction 公司费用占 16%，iTunes 音乐标签管理工具费用占 22%。可见，在剔除成本后，苹果获利不菲。

这一模式在电子书的营销上继续沿用。2010 年 3 月，苹果与美国最大的独立出版商和图书分销商珀修斯图书集团（Perseus Books Group）签署了电子书销售协议，合作销售适用于 iPad 的电子书。根据协议，珀修斯图书集团为图书定价，苹果公司从中抽取 30% 的销售佣金。苹果与出版商协商后以折扣价格从出版商处进货，然后自行定价，并在 iBookstore 中售卖。2010 年之后，当时美国六大出版商巨头中的五家，以及坎农盖特等出版公司相继与苹果展开合作，以代理制销售电子书，创立了一种新的模式以使其他零售商与亚马逊保持竞争。为了赢得消费者，亚马逊惯常地通过"贱卖"电子书，赔本赚吆喝，即花 12~15 美元买到流行的电子书，然后以 9.99 美元的价格出售。根据新的代理模式，出版商可以规定各平台电子书产品的定价，最畅销的书可以规定定价为 12.99~

14.99 美元，但苹果作为零售商要从中分走三成。也就是说，出版商与苹果达成的计划中，每本电子书苹果赚的反而比出版商们还多。出版商们在打一场持久战，它们试图保护实体书店和纸质版图书的销量，一点点地削减亚马逊压倒性的电子书市场份额。另外，根据代理制协议，出版商承诺其他电子书零售商不得以低于苹果电子书城的价格销售它们的产品。

2012 年 4 月 11 日，美国司法部在纽约曼哈顿地区法院对苹果和五大出版商提起反垄断诉讼，指控其联手操纵电子书的定价。五家出版商包括阿歇特出版集团（Hachette Book Group）美国公司、哈珀·柯林斯出版集团（HarperCollins Publishers L. L. C.）、麦克米伦出版公司（Macmillan）、企鹅出版集团（Penguin Group）美国公司、西蒙与舒斯特出版公司（Simon & Schuster Inc）。苹果公司的"代销模式"涉嫌垄断。从短期来看，这一做法增加了少数出版社的利益，是它们与亚马逊抗衡的手段，但从长期来看，加重了对苹果的倚重，且对知识的流动和创新造成阻碍。最终，美国司法部判决垄断"罪名"成立，亚马逊将判决结果描述为"Kindle 用户的巨大胜利"。

虽判决结果如此，苹果公司仍然坚持三七分成制。从长期角度来看，这并不能保证开发者或是出版商的持久热情。如果苹果能向开发者和出版商开放 App Store/iBookstore 的数据，并提供更好的应用管理与分析界面，为开发者和出版商提供基于跳转跟踪的分析数据，对下载量与使用率（阅读率）进行监测并将分析结果反馈给开发者和出版商，相信对于苹果在线商店的发展能有重要意义。

4 小结

苹果的创新策略中除了软硬件结合，最突出的就是对线上平台进行巨额投资，无缝地整合开发者的应用和内容提供商的内容，帮助用户方便地获取及购买。同时其硬件设计方面也不断创新，积极整合相邻业务，在创新设计上探索（如 iWatch）。庞大的用户群促进线上内容繁荣，线上内容丰富多样，又刺激硬件产品消费。同时，线下商店服务别具一格，增强用户体验，也同样刺激了消费者的购买欲。

从图书销售的角度来看，几个世纪以来，图书和其出版过程变化甚微，数字技术的发展使得更多人以新方式参与图书出版业务。这一场转变始于在线图书零售商亚马逊的崛起，并加速了实体书店的衰退。随着人们逐渐转向电子书——现在大出版商有20%的收益都来自电子书，2008年的时候还只有1%①——现有结构的方方面面都值得探究：成本耗费、生命周期、编辑方式、出版商选择等。未来趋势不是任何一家企业能够左右的，借由科技工具的发展和人们阅读、消费习惯的转变，图书业务将逐渐变得更加开放，允许更多的人参与进来。

一方面，实体书店的消亡令出版商感到了整个图书业务的举步维艰。调查显示，读者并不倾向于使用网上书店找书挑书，他们在别处——大多数情况是在实体店——先看好，然后去网上购买。若没有了实体书店供人浏览，图书销量会遭到重大打击。另一方面，公众对电子书的接受度也越来越高。由此产生了一个令出版商忧心的问题——脱媒现象。

脱媒现象（disintermediation），是指在进行交易时跳过所有中间人直接在供需双方间进行。举例而言，如果在 App Store 中看到了一款新应用，评价非常高，星级也很高，用户很可能会直接下载。同样的道理，如果是在亚马逊上看中了一本书，读者可以凭页面上的书评和星级对这本书作出评判，然后决定是否购买。在这两个例子中，苹果和亚马逊扮演的都是中间人的角色。如果用户发现 App Store 或亚马逊上的评价失实严重，或是购买到的产品让他们感到失望，就会选择通过其他渠道购买产品，App Store 或亚马逊的入口地位就会开始动摇。Google Books 是苹果和亚马逊的有力竞争者。Google Books 上的书籍大多有免费试读功能，可以供读者自

---

① Hughes E. Book Publishers Scramble to Rewrite Their Future［EB/OL］.［2013-3-19］. www.wired.com/underwire/?p=137788.

行阅读后决定是否购买，而不再是仅靠参考他人意见。加上谷歌搜索引擎提供了大量零售商的外链，方便读者在当地图书馆和线下书店找书。如果以消费者一般性的找书目的来论，Google Books 是非常好的入口。①

如今已经有越来越多的用户通过 Twitter、Facebook 和 RSS Feeds 来追踪自己喜欢的作者，并通过 Twitter 等社交媒体和客户端与作者直接建立交流。新闻阅读器、博客与社交媒体信息串流，让新闻读者注重的不再是传媒公司品牌，而是作者。苹果需要意识到这一点，并尽快拿出解决方案。如《金融时报》放弃 App Store，源于《金融时报》认为其 iOS 应用的相关数据价值巨大，弥足珍贵的用户数据应该掌握在自己手中，不愿再让苹果插足其中，因此宁愿牺牲一些订阅量也要获得数据以及灵活性。许多出版商也看到了这一发展动向，充分利用社交媒体，直接与读者建立联系，在与苹果、亚马逊等合作保持销售量的同时，建设好自己的网店。

苹果已经拥有了业内领先的硬件利润率，目光应放长远，仔细思考未来在代理制和抽成制施行受阻时该如何应对。

---

①   Charman-Anderson S. Amazon is Ripe for Disruption［EB/OL］.［2013-03-21］. http://www.forbes.com/fdc/welcome_mjx.shtml.